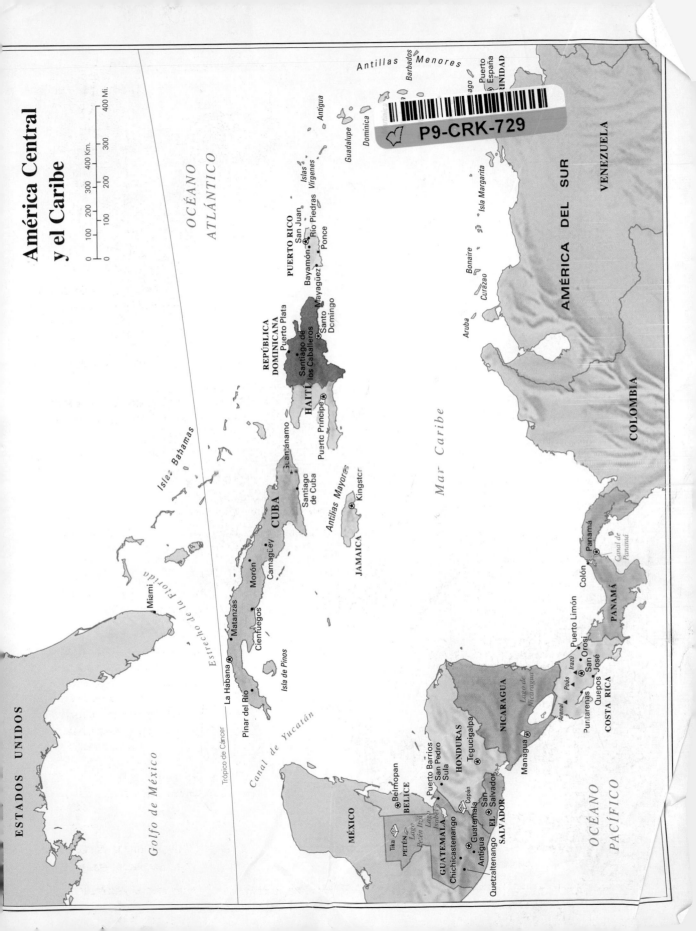

América Central y el Caribe

ESTADOS UNIDOS

Golfo de México

Trópico de Cáncer

OCÉANO ATLÁNTICO

Islas Bahamas

Miami

Pinar del Río
La Habana
Matanzas
Cienfuegos
Morón
Camagüey
CUBA
Isla de Pinos
Santiago de Cuba
Guantánamo

Antillas Mayores
Kingston
JAMAICA

HAITÍ
Puerto Príncipe

REPÚBLICA DOMINICANA
Puerto Plata
Santiago de los Caballeros
Santo Domingo

Mayagüez
Ponce
PUERTO RICO
San Juan
Bayamón
Río Piedras

Islas Vírgenes

Antigua

Guadalupe

Dominica

Antillas Menores

Barbados

Puerto España
TRINIDAD

Mar Caribe

Estrecho de la Florida

Canal de Yucatán

MÉXICO

Belmopan
BELICE
Tikal
PETÉN
Lago Petén Itzá
Lago Izabal
Puerto Barrios
San Pedro Sula
Copán
HONDURAS
Tegucigalpa
GUATEMALA
Guatemala
Antigua
Chichicastenango
Quetzaltenango
San Salvador
EL SALVADOR

NICARAGUA
Managua
Lago de Nicaragua
Arenal
Poás
Irazú
Puntarenas
San Orosi
San José
Quepos
COSTA RICA
Puerto Limón
Colón
Panamá
PANAMÁ
Canal de Panamá

OCÉANO PACÍFICO

Aruba
Bonaire
Curazao
Isla Margarita

COLOMBIA

VENEZUELA

AMÉRICA DEL SUR

0 100 200 300 400 Km.
0 100 200 300 400 Mi.

P9-CRK-729

FUENTES: A COMBINED TEXT

FUENTES:
Conversación y gramática
Third Edition

Debbie Rusch
Boston College

Marcela Domínguez
Pepperdine University

Lucía Caycedo Garner
University of Wisconsin—Madison, Emerita

FUENTES:
Lectura y redacción
Third Edition

Donald N. Tuten
Emory University

Lucía Caycedo Garner
University of Wisconsin—Madison, Emerita

Carmelo Esterrich
Columbia College Chicago

HOUGHTON MIFFLIN COMPANY
Boston   New York

FUENTES: CONVERSACIÓN Y GRAMÁTICA
by Debbie Rusch, Marcela Domínguez and Lucía Caycedo Garner
Copyright © 2005 by Houghton Mifflin Company. All rights reserved.
Publisher: Rolando Hernández
Sponsoring Editor: Van Strength
Senior Development Editor: Sandra Guadano
Senior Project Editor: Rosemary R. Jaffe
Editorial Assistant: Rachel Zanders
Art and Design Manager: Gary Crespo
Senior Composition Buyer: Sarah Ambrose
Senior Photo Editor: Jennifer Meyer Dare
Manufacturing Manager: Karen Banks
Associate Marketing Manager: Claudia Martínez

FUENTES: LECTURA Y REDACCIÓN
by Donald N. Tuten, Lucía Caycedo Garner and Carmelo Esterrich
Copyright © 2005 Houghton Mifflin Company. All rights reserved.
Publisher: Rolando Hernández
Sponsoring Editor: Van Strength
Senior Development Editor: Sandra Guadano
Senior Project Editor: Rosemary R. Jaffe
Editorial Assistant: Rachel Zanders
Art and Design Manager: Gary Crespo
Senior Composition Buyer: Sarah Ambrose
Senior Photo Editor: Jennifer Meyer Dare
Manufacturing Manager: Karen Banks
Associate Marketing Manager: Claudia Martínez

Custom Editor: Dan Luciano
Custom Publishing Production Manager: Kathleen McCourt
Project Coordinator: Christina Battista

Cover Photograph: Harold Burch Design, NYC
Credits for texts, photographs, illustrations, and realia are found following the index at the back of the book.

This book contains select works from existing Houghton Mifflin Company resources and was produced by Houghton Mifflin Custom Publishing for collegiate use. As such, those adopting and/or contributing to this work are responsible for editorial content, accuracy, continuity and completeness.

Printed in the United States of America.

ISBN-13: 978-0-618-58676-9
ISBN-10: 0-618-58676-8
N-04489

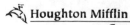 **Houghton Mifflin**
Custom Publishing

222 Berkeley Street • Boston, MA 02116

Address all correspondence and order information to the above address.

Preface Contents

To the Student

Fuentes: Conversación y gramática and *Fuentes: Lectura y redacción,* Third Edition, present an integrated skills approach to intermediate Spanish that develops both your receptive (listening and reading) and productive (speaking and writing) skills simultaneously, and also combines the skills in many of the activities you are asked to carry out. For instance, you may be asked to read a list of actions and mark those that you have done, then talk to a classmate to find out which he/she has done, and finally report orally or in writing on the experiences you have in common. In this way, you use multiple skills at once, as in real life, to develop your communicative skills in Spanish.

Learning Spanish also means developing an appreciation of the cultures that comprise the Hispanic world. In *Fuentes: Conversación y gramática* conversations, interviews, and other listening passages, as well as short readings expose you to information about diverse topics and Hispanic countries. You will also hear directly from Spanish speakers from numerous countries about their opinions, experiences, and individual perspectives in the **Fuente hispana** quotes that appear throughout the chapters. *Fuentes: Lectura y redacción*, the companion volume to *Fuentes: Conversación y gramática*, contains additional readings, as well as writing practice, coordinated with the topics and grammar of each chapter. The magazine and literary selections, as well as informational readings in *Fuentes: Lectura y redacción* are designed to further enrich your understanding of Hispanic cultures.

As you work with the *Fuentes* program, remember that learning a language is a process. This process can be accelerated and concepts studied can be learned more effectively if you study on a day-by-day basis. What is learned quickly is forgotten just as quickly, and what is learned over time is better remembered and internalized.

More important, envision yourself as a person who comprehends and speaks Spanish. Don't be afraid to take risks and make errors; it is part of the learning process. Finally, enjoy your study of the Spanish language and cultures as you progress through the course.

Study Tips for *Fuentes: Conversación y gramática*

The following study suggestions are designed to help you get the most out of your study of Spanish.

Tips for listening:

- Visualize the speakers in the listening passage.
- Listen for a global understanding the first time you hear the passage and listen for more specific information the second time, as indicated in the activities.
- Remember that you do not need to understand every word of each listening passage.

Tips for grammar study and activities:

- Prepare well before each class, studying a little every day rather than cramming the day before the exam.
- Focus on what you can do with the language or on what each concept allows you to express.
- Work cooperatively in paired and small-group activities.
- Do corresponding activities in the Workbook, on the CD-ROM, or on the Web when assigned or as additional practice.

Tips for vocabulary study:

- Pronounce words aloud.
- Study new words over a period of days.
- Try to use the new words in sentences that are meaningful to you.
- Do corresponding activities in the Workbook, on the CD-ROM, or on the Web when assigned or as additional practice.

An Overview of Your Textbook's Main Features

Fuentes: Conversación y gramática contains a preliminary chapter followed by 12 chapters.

The Chapter Opener identifies the thematic and functional goals of the chapter.

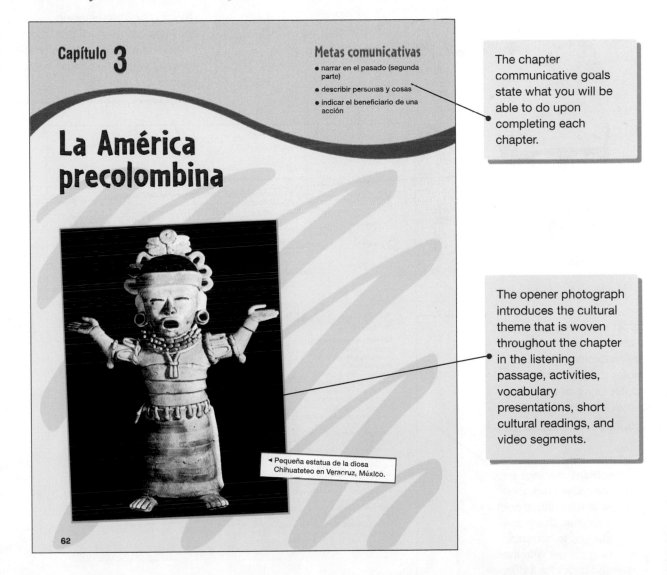

Capítulo 3

La América precolombina

Metas comunicativas
- narrar en el pasado (segunda parte)
- describir personas y cosas
- indicar el beneficiario de una acción

◄ Pequeña estatua de la diosa Chihuateteo en Veracruz, México.

62

The chapter communicative goals state what you will be able to do upon completing each chapter.

The opener photograph introduces the cultural theme that is woven throughout the chapter in the listening passage, activities, vocabulary presentations, short cultural readings, and video segments.

Integrated listening practice develops listening comprehension skills.

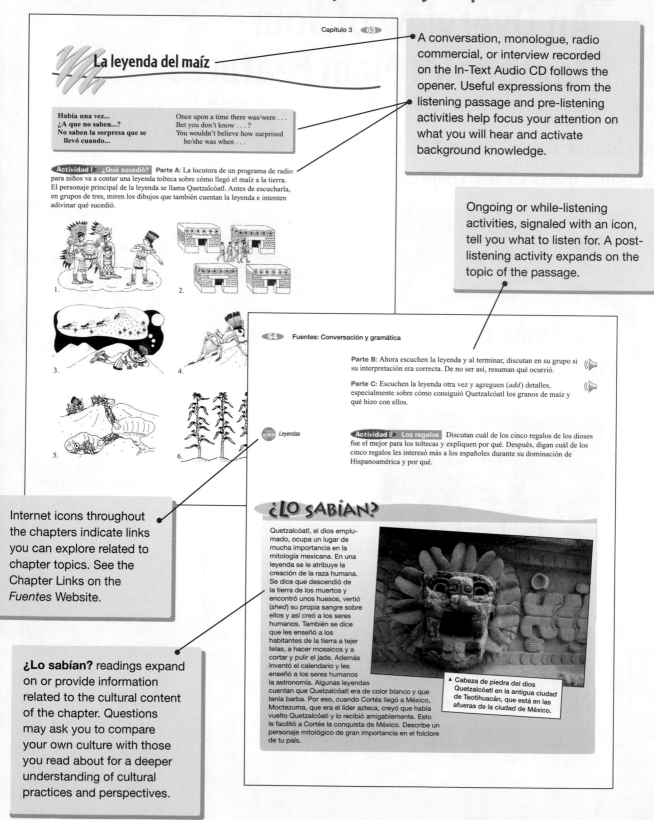

La leyenda del maíz

Había una vez...	Once upon a time there was/were . . .
¿A que no saben...?	Bet you don't know . . . ?
No saben la sorpresa que se llevó cuando...	You wouldn't believe how surprised he/she was when . . .

Actividad 1 ¿Qué sucedió? **Parte A:** La locutora de un programa de radio para niños va a contar una leyenda tolteca sobre cómo llegó el maíz a la tierra. El personaje principal de la leyenda se llama Quetzalcóatl. Antes de escucharla, en grupos de tres, miren los dibujos que también cuentan la leyenda e intenten adivinar qué sucedió.

1.

2.

3.

4.

5.

6.

A conversation, monologue, radio commercial, or interview recorded on the In-Text Audio CD follows the opener. Useful expressions from the listening passage and pre-listening activities help focus your attention on what you will hear and activate background knowledge.

Ongoing or while-listening activities, signaled with an icon, tell you what to listen for. A post-listening activity expands on the topic of the passage.

---

64   Fuentes: Conversación y gramática

Parte B: Ahora escuchen la leyenda y al terminar, discutan en su grupo si su interpretación era correcta. De no ser así, resuman qué ocurrió.

Parte C: Escuchen la leyenda otra vez y agreguen (*add*) detalles, especialmente sobre cómo consiguió Quetzalcóatl los granos de maíz y qué hizo con ellos.

www *Leyendas*

Actividad 2 Los regalos Discutan cuál de los cinco regalos de los dioses fue el mejor para los toltecas y expliquen por qué. Después, digan cuál de los cinco regalos les interesó más a los españoles durante su dominación de Hispanoamérica y por qué.

¿LO SABÍAN?

Quetzalcóatl, el dios emplumado, ocupa un lugar de mucha importancia en la mitología mexicana. En una leyenda se le atribuye la creación de la raza humana. Se dice que descendió de la tierra de los muertos y encontró unos huesos, vertió (*shed*) su propia sangre sobre ellos y así creó a los seres humanos. También se dice que les enseñó a los habitantes de la tierra a tejer telas, a hacer mosaicos y a cortar y pulir el jade. Además inventó el calendario y les enseñó a los seres humanos la astronomía. Algunas leyendas cuentan que Quetzalcóatl era de color blanco y que tenía barba. Por eso, cuando Cortés llegó a México, Moctezuma, que era el líder azteca, creyó que había vuelto Quetzalcóatl y lo recibió amigablemente. Esto le facilitó a Cortés la conquista de México. Describe un personaje mitológico de gran importancia en el folclore de tu país.

▲ Cabeza de piedra del dios Quetzalcóatl en la antigua ciudad de Teotihuacán, que está en las afueras de la ciudad de México.

Internet icons throughout the chapters indicate links you can explore related to chapter topics. See the Chapter Links on the *Fuentes* Website.

¿Lo sabían? readings expand on or provide information related to the cultural content of the chapter. Questions may ask you to compare your own culture with those you read about for a deeper understanding of cultural practices and perspectives.

Functional organization of grammar reflects the focus on communicative use of language in *Fuentes*.

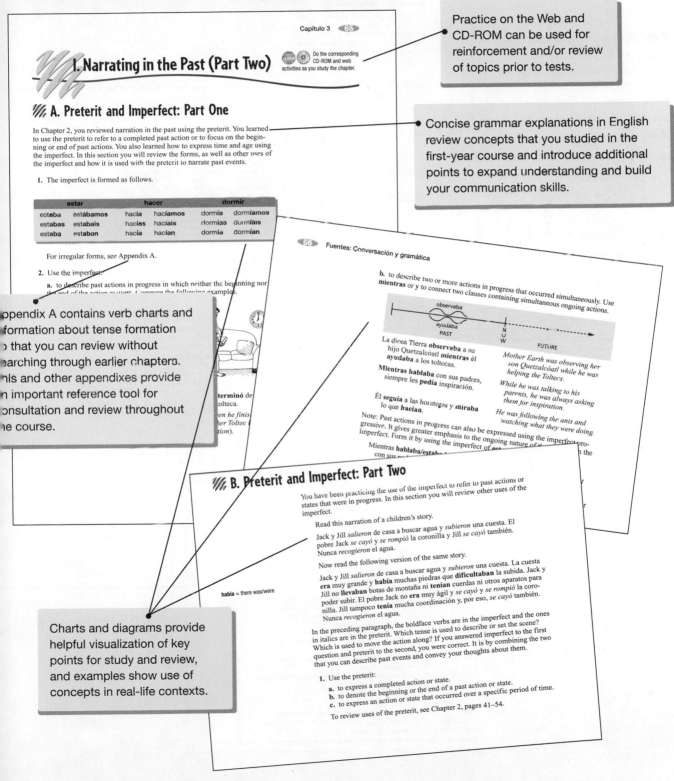

Capítulo 3 65

I. Narrating in the Past (Part Two)

Do the corresponding CD-ROM and web activities as you study the chapter.

A. Preterit and Imperfect: Part One

In Chapter 2, you reviewed narration in the past using the preterit. You learned to use the preterit to refer to a completed past action or to focus on the beginning or end of past actions. You also learned how to express time and age using the imperfect. In this section you will review the forms, as well as other uses of the imperfect and how it is used with the preterit to narrate past events.

1. The imperfect is formed as follows.

estar		hacer		dormir	
estaba	estábamos	hacía	hacíamos	dormía	dormíamos
estabas	estabais	hacías	hacíais	dormías	dormíais
estaba	estaban	hacía	hacían	dormía	dormían

For irregular forms, see Appendix A.

2. Use the imperfect:

a. to describe past actions in progress in which neither the beginning nor the end of the action matters. Compare the following examples.

...terminó de ...olteca.

...en he finis... ...her Toltec... ...tion).

había = there was/were

Practice on the Web and CD-ROM can be used for reinforcement and/or review of topics prior to tests.

Concise grammar explanations in English review concepts that you studied in the first-year course and introduce additional points to expand understanding and build your communication skills.

Appendix A contains verb charts and ...formation about tense formation ...o that you can review without ...earching through earlier chapters. ...his and other appendixes provide ...n important reference tool for ...onsultation and review throughout ...e course.

Charts and diagrams provide helpful visualization of key points for study and review, and examples show use of concepts in real-life contexts.

---

66 Fuentes: Conversación y gramática

b. to describe two or more actions in progress that occurred simultaneously. Use **mientras** or **y** to connect two clauses containing simultaneous ongoing actions.

observaba
ayudaba
PAST   NOW   FUTURE

La diosa Tierra **observaba** a su hijo Quetzalcóatl **mientras** él **ayudaba** a los toltecas.

Mientras hablaba con sus padres, siempre les **pedía** inspiración.

Él **seguía** a las hormigas y **miraba** lo que **hacían**.

Mother Earth was observing her son Quetzalcóatl while he was helping the Toltecs.

While he was talking to his parents, he was always asking them for inspiration.

He was following the ants and watching what they were doing.

Note: Past actions in progress can also be expressed using the imperfect progressive. It gives greater emphasis to the ongoing nature of ... Form it by using the imperfect of *es...* ...the

Mientras **hablaba/estaba...** con su...

B. Preterit and Imperfect: Part Two

You have been practicing the use of the imperfect to refer to past actions or states that were in progress. In this section you will review other uses of the imperfect.

Read this narration of a children's story.

Jack y Jill *salieron* de casa a buscar agua y *subieron* una cuesta. El pobre Jack *se cayó* y *se rompió* la coronilla y Jill *se cayó* también. Nunca *recogieron* el agua.

Now read the following version of the same story.

Jack y Jill *salieron* de casa a buscar agua y *subieron* una cuesta. La cuesta **era** muy grande y **había** muchas piedras que **dificultaban** la subida. Jack y Jill no **llevaban** botas de montaña ni **tenían** cuerdas ni otros aparatos para poder subir. El pobre Jack no **era** muy ágil y *se cayó* y *se rompió* la coronilla. Jill tampoco **tenía** mucha coordinación y, por eso, *se cayó* también. Nunca *recogieron* el agua.

In the preceding paragraph, the boldface verbs are in the imperfect and the ones in italics are in the preterit. Which tense is used to describe or set the scene? Which is used to move the action along? If you answered imperfect to the first question and preterit to the second, you were correct. It is by combining the two that you can describe past events and convey your thoughts about them.

1. Use the preterit:
   a. to express a completed action or state.
   b. to denote the beginning or the end of a past action or state.
   c. to express an action or state that occurred over a specific period of time.

To review uses of the preterit, see Chapter 2, pages 41–54.

Ample practice fosters communication skills.

A series of activities follows each topic so that you apply what you are learning, and a range of activity types—from more guided to more open—ensures numerous practice opportunities for mastery of concepts.

Frequent pair and group activities develop your oral communication skills with practice that encourages you to express your own ideas and opinions.

Open-ended activities that present and practice common phrases or rejoinders used in conversation also help improve your speaking ability and fluency.

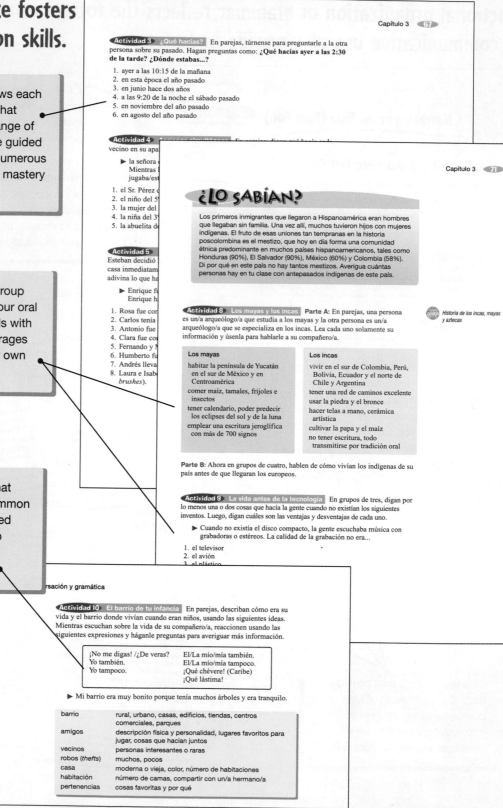

Actividad 3   ¿Qué hacías?   En parejas, túrnense para preguntarle a la otra persona sobre su pasado. Hagan preguntas como: **¿Qué hacías ayer a las 2:30 de la tarde? ¿Dónde estabas...?**

1. ayer a las 10:15 de la mañana
2. en esta época el año pasado
3. en junio hace dos años
4. a las 9:20 de la noche el sábado pasado
5. en noviembre del año pasado
6. en agosto del año pasado

Actividad 4   Acciones simultáneas   En parejas, digan qué hacía cada vecino en su apa...

► la señora ...
Mientras ...
jugaba/est...

1. el Sr. Pérez ...
2. el niño del 5º ...
3. la mujer del ...
4. la niña del 3º ...
5. la abuelita de ...

Actividad 5
Esteban decidió ...
casa inmediatam...
adivina lo que ha...

► Enrique fu...
Enrique h...

1. Rosa fue ...
2. Carlos tenía ...
3. Antonio fue ...
4. Clara fue co...
5. Fernando y ...
6. Humberto fu...
7. Andrés lleva...
8. Laura e Isab...
brushes).

¿LO SABÍAN?

Los primeros inmigrantes que llegaron a Hispanoamérica eran hombres que llegaban sin familia. Una vez allí, muchos tuvieron hijos con mujeres indígenas. El fruto de esas uniones tan tempranas en la historia poscolombina es el mestizo, que hoy en día forma una comunidad étnica predominante en muchos países hispanoamericanos, tales como Honduras (90%), El Salvador (90%), México (60%) y Colombia (58%). Di por qué en este país no hay tantos mestizos. Averigua cuántas personas hay en tu clase con antepasados indígenas de este país.

Actividad 8   Los mayas y los incas   Parte A: En parejas, una persona es un/a arqueólogo/a que estudia a los mayas y la otra persona es un/a arqueólogo/a que se especializa en los incas. Lea cada uno solamente su información y úsenla para hablarle a su compañero/a.

Historia de los incas, mayas y aztecas

Los mayas
habitar la península de Yucatán en el sur de México y en Centroamérica
comer maíz, tamales, frijoles e insectos
tener calendario, poder predecir los eclipses del sol y de la luna
emplear una escritura jeroglífica con más de 700 signos

Los incas
vivir en el sur de Colombia, Perú, Bolivia, Ecuador y el norte de Chile y Argentina
tener una red de caminos excelente
usar la piedra y el bronce
hacer telas a mano, cerámica artística
cultivar la papa y el maíz
no tener escritura, todo transmitirse por tradición oral

Parte B: Ahora en grupos de cuatro, hablen de cómo vivían los indígenas de su país antes de que llegaran los europeos.

Actividad 9   La vida antes de la tecnología   En grupos de tres, digan por lo menos una o dos cosas que hacía la gente cuando no existían los siguientes inventos. Luego, digan cuáles son las ventajas y desventajas de cada uno.

► Cuando no existía el disco compacto, la gente escuchaba música con grabadoras o estéreos. La calidad de la grabación no era...

1. el televisor
2. el avión
3. el plástico

...rsación y gramática

Actividad 10   El barrio de tu infancia   En parejas, describan cómo era su vida y el barrio donde vivían cuando eran niños, usando las siguientes ideas. Mientras escuchan sobre la vida de su compañero/a, reaccionen usando las siguientes expresiones y hágale preguntas para averiguar más información.

¡No me digas! /¿De veras?	El/La mío/mía también.
Yo también.	El/La mío/mía tampoco.
Yo tampoco.	¡Qué chévere! (Caribe)
	¡Qué lástima!

► Mi barrio era muy bonito porque tenía muchos árboles y era tranquilo.

barrio	rural, urbano, casas, edificios, tiendas, centros comerciales, parques
amigos	descripción física y personalidad, lugares favoritos para jugar, cosas que hacían juntos
vecinos	personas interesantes o raras
robos (thefts)	muchos, pocos
casa	moderna o vieja, color, número de habitaciones
habitación	número de camas, compartir con un/a hermano/a
pertenencias	cosas favoritas y por qué

Vocabulary practice builds a solid foundation for discussing chapter topics.

ew vocabulary words and
rases are presented in thematic
oups—such as adverbs of time,
escriptive adjectives, food, the
vironment—to make learning
sier. An illustration, **Fuente**
spana quote, or other material
ustrates and/or shows selected
ords used in context.

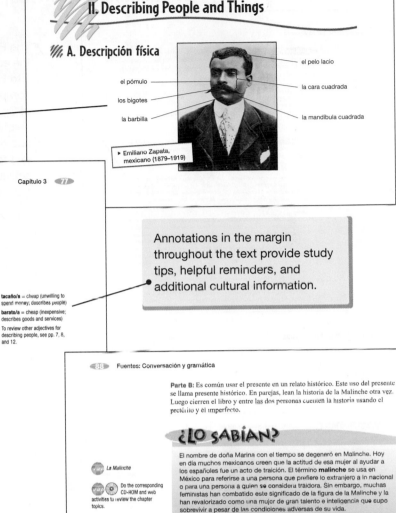

II. Describing People and Things

A. Descripción física

el pómulo
los bigotes
la barbilla

el pelo lacio
la cara cuadrada
la mandíbula cuadrada

▶ Emiliano Zapata,
mexicano (1879–1919)

Otras palabras

acogedor/a	welcoming, warm
atrevido/a	daring (*negative connotation*), nervy
caprichoso/a	capricious, fussy
cariñoso/a	loving, affectionate
celoso/a	jealous
espontáneo/a	spontaneous
holgazán/holgazana / perezoso/a	lazy
juguetón/juguetona	playful
malhumorado/a	moody, ill-humored
orgulloso/a	proud (*negative connotation*)
osado/a	daring (*positive connotation*)
tacaño/a	stingy, cheap
travieso/a	mischievous, naughty

tacaño/a = cheap (unwilling to
spend money; describes people)

barato/a = cheap (inexpensive;
describes goods and services)

To review other adjectives for
describing people, see pp. 7, 8,
and 12.

Annotations in the margin
throughout the text provide study
tips, helpful reminders, and
additional cultural information.

¿LO SABÍAN?

En muchos países hispanos, con frecuencia la gente llama o se refiere a
sus familiares, amigos o a su pareja usando palabras que en otras
culturas pueden considerarse ofensivas. Por ejemplo, es común que los
novios o una pareja casada se llamen **gordo** y **gorda** como términos de
afecto, aunque las personas no pesen mucho. También es común que la
gente les diga a sus amigos **flaco** o **flaca** como sobrenombre (*nickname*).
Además en países como Colombia, Venezuela y Argentina se suele utilizar
negro y **negra** como términos de afecto para una persona de tez morena.
A menudo estas palabras se usan en diminutivo: **gordito, flaquito,**
negrita y no son consideradas como insultos. Di si puedes usar estas
palabras en inglés al hablarles a tus amigos o a tu novio/a.

Actividad 16 ¿Quién tiene esto? Parte A: Mira a tus compañeros y
escribe el nombre de personas que tienen las siguientes características.

pelo lacio y largo	un tatuaje
un lunar en la cara	ojos color café
cara ovalada	pecas
una cicatriz	barba o bigotes
pelo rizado	cola de caballo o trenza(s)

Parte B: En grupos de tres, comparen sus observaciones.

Actividad 17 Lo positivo y lo negativo En grupos de tres, escojan tres
adjetivos de la lista de la personalidad y digan qué es lo positivo y lo negativo
de poseer esas características.

▶ Si una persona es muy, muy prudente cuando maneja, siempre va a llegar
tarde, pero sí llegará porque no va a tener accidentes.

Activities reinforce the vocabulary
presented so that you can increase
your vocabulary and use it in a
variety of contexts.

At the end of each chapter, a
Vocabulario activo list provides
a wrap-up of vocabulary with
translations to help you study
more productively.

Parte B: Es común usar el presente en un relato histórico. Este uso del presente
se llama presente histórico. En parejas, lean la historia de la Malinche otra vez.
Luego cierren el libro y entre las dos personas cuenten la historia usando el
pretérito y el imperfecto.

La Malinche

Do the corresponding
CD-ROM and web
activities to review the chapter
topics.

¿LO SABÍAN?

El nombre de doña Marina con el tiempo se degeneró en Malinche. Hoy
en día muchos mexicanos creen que la actitud de esa mujer al ayudar a
los españoles fue un acto de traición. El término **malinche** se usa en
México para referirse a una persona que prefiere lo extranjero a lo nacional
o para una persona a quien se considera traidora. Sin embargo, muchas
feministas han combatido este significado de la figura de la Malinche y la
han revalorizado como una mujer de gran talento e inteligencia que supo
sobrevivir a pesar de las condiciones adversas de su vida.

Vocabulario activo

Adverbios de tiempo

a menudo/con frecuencia/ frecuentemente	*frequently*
de repente	*suddenly*
durante mi niñez	*during my childhood*
generalmente	*generally*
mientras	*while*
normalmente	*normally*
siempre	*always*
todos los días/domingos/ meses/veranos/años	*every day/Sunday/ month/summer/year*
una vez/dos veces/muchas veces	*once/twice/many times*

Descripción física

Forma de la cara — *Shape of the face*

cuadrada	*square*
ovalada	*oval*
redonda	*round*
triangular	*triangular*
la barbilla	*chin*
la mandíbula	*jaw*
el pómulo	*cheekbone*

Color de ojos — *Eye color*

azules	*blue*
claros	*light colored*
color café	*brown*
color miel	*light brown*
negros	*black*
pardos	*hazel*
verdes	*green*

Color y tipo de pelo/ cabello — *Color and type of hair*

ser calvo/a	*to be bald*
ser pelirrojo/a o rubio/a	*to be a redhead or a blond/e*
tener cola de caballo/ flequillo/trenza(s)	*to have a ponytail/ bangs/braid(s)*
tener pelo castaño/ canoso/negro	*to have brown/gray/ black hair*
tener pelo lacio (liso)/ ondulado/rizado	*to have straight/ wavy/curly hair*
tener permanente	*to have a permanent*

An emphasis on culture gives you insights into other ways of thinking and living, and...

---

74 Fuentes: Conversación y gramática

Actividad 14 Una leyenda Al principio de este capítulo escuchaste una leyenda tolteca sobre el maíz. En grupos de tres, usen la imaginación para crear una leyenda sobre cómo apareció el búfalo en Norteamérica. Utilicen las siguientes ideas como guía.

- quién era el personaje principal de la leyenda
- qué hacía en su vida diaria
- qué quería para su gente
- qué ocurrió un día
- después de crear al búfalo, cómo lo empezaron a utilizar los seres humanos para mejorar su vida

Actividad 15 El encuentro Parte A: Lee lo que dijeron un colombiano y una venezolana sobre los aspectos positivos y negativos del encuentro entre los españoles y las culturas indígenas. Después contesta las preguntas de tu profesor/a.

"El principal aspecto positivo es que los europeos entendieron que el mundo era más grande, rico y diverso de lo que pensaban hasta ese momento; que había personas con una experiencia cultural totalmente diferente de la tradicional europea y se plantearon otra vez las características que formaban no sólo la cultura sino la humanidad en general.

El principal aspecto negativo es que la comprensión del mundo como más rico y diverso se hizo totalmente desde la perspectiva española y europea, sin darle oportunidad a la cultura indígena para manifestarse por sus propios medios; por eso, aunque se conoció la existencia de un "nuevo mundo", esta experiencia sirvió para que la cultura europea se entendiera a sí misma, pero no para entender a las culturas indígenas."
colombiano

"La conquista española trajo como consecuencia que diversas civilizaciones fueran exterminadas, los indígenas tuvieron que someterse al rey español, aprender un nuevo idioma y nuevas costumbres. Pero no todo fue malo pues de ese encuentro resultó el mestizaje étnico y cultural que existe en Latinoamérica. El ser mestizo forma parte de nuestra manera de ser y sentir. No somos blancos, ni negros, ni indios;

Fuentes hispanas

Videofuentes 319

Capítulo 3 /// Los mayas

Antes de ver

Actividad 1 Indígenas de América Latina Antes de mirar un video sobre un grupo indígena de América Latina, habla sobre la siguiente información.

- grupos indígenas que habitan América Latina
- la zona con que los asocias
- algo sobre sus tradiciones o conocimientos

Mientras ves

Actividad 2 La cultura maya Parte A: Mira la primera parte del video sobre la cultura maya, hasta donde empieza a hablar el guía turístico, y busca información sobre los siguientes lugares.

- Mérida
- Tulum
- Chichén Itzá

Parte B: Lee las siguientes preguntas y luego mira el resto del [video] contestarlas.

1. ¿Quién era Kukulkán?
2. ¿Qué ocurre dos veces al año en su templo de Chichén Itzá?
3. Según el guía, ¿cómo desaparecieron los mayas?
4. ¿Cómo son físicamente los mayas?
5. ¿Por qué los jóvenes mayas se sienten avergonzados de ser mayas?

---

320 Fuentes: Conversación y gramática

Después de ver

Actividad 3 La revalorización En las últimas décadas se han empezado a apreciar más las culturas de los pueblos originales de América Latina. En grupos de tres, discutan las siguientes preguntas sobre las culturas indígenas de su país.

1. ¿Qué grupos indígenas existen hoy día en su país?
2. ¿Qué lugares indígenas se pueden visitar? ¿Han estado en alguno de ellos?
3. ¿Conocen a alguien de origen indígena? Si contestan que sí, ¿saben si habla o no el idioma de sus antepasados? Si eres de origen indígena, ¿hablas el idioma de tus antepasados?
4. ¿Qué grupos indígenas conservan su idioma?

Capítulo 4 /// La legendaria Celia Cruz

Antes de ver

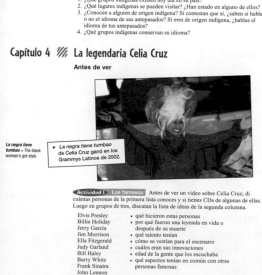

La negra tiene tumbao = The black woman's got style

► La negra tiene tumbao de Celia Cruz ganó en los Grammys Latinos de 2002.

Actividad 1 Los famosos Antes de ver un video sobre Celia Cruz, di cuántas personas de la primera lista conoces y si tienes CDs de algunas de ellas. Luego en grupos de tres, discutan la lista de ideas de la segunda columna.

Elvis Presley	• qué hicieron estas personas
Billie Holiday	• por qué fueron una leyenda en vida o después de su muerte
Jerry Garcia	• qué talento tenían
Jim Morrison	• cómo se vestían para el escenario
Ella Fitzgerald	• cuáles eran sus innovaciones
Judy Garland	• edad de la gente que los escuchaba
Bill Haley	• qué aspectos tenían en común con otras personas famosas
Frank Sinatra	
John Lennon	

The **Fuente hispana** quotes, signaled by a tab on the edge of the page, provide a personalized view into Hispanic cultures and an opportunity to compare your experiences and ideas with those of Spanish speakers. About thirty speakers from nearly a dozen countries express their opinions and relate events and experiences on many of the text topics. The quotes may form part of an activity, introduce vocabulary, or appear in a **¿Lo sabían?** reading.

The **Videofuentes** video segments expand on the cultural theme of the chapter to give you added insights into Hispanic cultures. Filmed in Mexico, Spain, Argentina, and the United States, the varied segments include interviews, a short-subject film from Chile, and informative pieces related to music, historical events, agrotourism, and study abroad.

Pre-, ongoing, and post-viewing activities guide your viewing while reinforcing chapter vocabulary and functions as well as viewing and listening strategies.

exposes you to the diversity of the Spanish-speaking world.

Student Components

Fuentes: Activities Manual

The Workbook portion of the Activities Manual allows you to practice the functional grammar and vocabulary presented in *Fuentes: Conversación y gramática* in order to reinforce what you learn in class as you progress through each text chapter. A Workbook Answer Key is also available at the request of your institution or instructor.

The Lab Manual section provides pronunciation and listening comprehension practice. The lab activities, coordinated with a set of recordings, can be done toward the end of each chapter and prior to any quizzes or exams.

Quia Online Activities Manual

The online version of the Activities Manual contains the same content as the print version in an interactive format that provides immediate feedback on many activities. The lab audio program is included in the online version.

In-Text Audio CD

Packaged with *Fuentes: Conversación y gramática,* the audio CD contains the listening selections at the beginning of the chapters so that you can listen to them outside of class.

Lab Audio CD Program

A set of recordings to accompany the Lab Manual portion of the Activities Manual contains pronunciation practice, listening comprehension activities based on structures and vocabulary presented in *Fuentes: Conversación y gramática,* and a final conversation dealing with the chapter theme. The CDs are available for purchase or can be used in your language lab. This audio program is the same as the recordings available in the online Activities Manual.

Fuentes Video

Videofuentes contains twelve video segments in a news-magazine format. Filmed in Mexico, Spain, Argentina, and the United States, the segments include interviews with the actor-comedian John Leguizamo and Elena Climent, a Mexican artist; a tribute to Celia Cruz; clips from a film by the Spanish director Pedro Almodóvar; a Chilean short-subject film; overviews of Mayan culture, the cultural heritage of Spain, nightlife in Madrid, agro-tourism in northern Spain, and the "desaparecidos" and their children in Argentina.

The textbook, website, and CD-ROM provide a variety of related video-based activities for in-class and outside-class practice designed to promote cultural awareness and to help you reinforce your language skills.

Fuentes Multimedia CD-ROM 1.0

A series of exercises covering the structures and vocabulary presented in each chapter of *Fuentes: Conversación y gramática* is available to help you perfect language structures and verb forms while receiving immediate feedback. The exercises include listening, speaking, and writing practice, as well as activities based on clips from the *Fuentes* Video. The CD-ROM also includes a grammar reference, a Spanish-English glossary, and the complete video.

Fuentes: Website

The Website written to accompany the *Fuentes* program contains activities designed to give you further practice with structures and vocabulary as well as exercises about chapter topics that explore Spanish-language sites. Although the sites you will access are not written for students of Spanish, the tasks that you will be asked to do are. The site also includes activities based on feature films and a list of chapter-by-chapter links that can be used to explore additional cultural information on topics you have read about in *Fuentes: Conversación y gramática* and *Fuentes: Lectura y redacción.* You can access the site at http://college.hmco.com/languages/spanish/students.

Acknowledgments

The publisher and authors wish to thank the following reviewers for their feedback on the second edition of *Fuentes*. Many of their recommendations are reflected in the changes made in the new edition.

Sandra M. Anderson, College of DuPage
Jonathan F. Arries, College of William and Mary
Bárbara Ávila-Shah, University at Buffalo, State University of New York
Kimberly Boys, University of Michigan
Elizabeth Cure Calvera, Virginia Tech
Lola Chamorro, Brown University
Darrell J. Dernoshek, University of South Carolina-Columbia
Héctor Domínguez-Ruvalcaba, Denison University
Laura Fox, Grand Valley State University
Dennis C. Harrod, Syracuse University
Gillian Lord, University of Florida
Joanna (Joby) McClendon, St. Edward's University
Claudia Mejía, Tufts University
Deborah Mistron, Middle Tennessee State University
Mary E. O'Donnell, University of Iowa
Margaret M. Olsen, University of Missouri-Columbia
John T. Riley, Fordham University
Regina F. Roebuck, University of Louisville
Nohelia Rojas-Miesse, Miami University
Lilia D. Ruiz-Debbe, State University of New York at Stony Brook
Loreto Sánchez-Serrano, Johns Hopkins University
Carmen Schlig, Georgia State University
Jorge W. Suazo, Georgia Southern University
Dwight E. Raak TenHuisen, Calvin College
Mercedes Valle, Smith College
Maura Velázquez-Castillo, Colorado State University

A special word of appreciation is due Ramonita Marcano-Ogando, Mónica Velasco-González, and Joyce Martin of the University of Pennsylvania for their support of the program and their valuable input on the new edition.

We thank the following people for sharing their lives and thoughts by supplying us with information for the **Fuente hispana** feature. Through their words students will have the opportunity of seeing another very personal side of the Spanish-speaking world.

Helena Alonzo, Venezuela
Alexandre Arrechea, Cuba
Martín Bensabat, Argentina

Marcus Brown, Peru
Dolores Cambambia, Mexico
Fernando Cañete, Argentina
Bianca Dellepiane, Venezuela
Pedro Domínguez, Argentina
Viviana Domínguez, Argentina
Carmen Fernández Fernández, Spain
Fabián García, United States (Mexican-American)
Íñigo Gómez, Spain
María Jiménez Smith, Puerto Rico
Peter Neissa, Colombia
Bere Rivas de Rocha, Mexico
William Reyes-Cubides, Colombia
Ana Rodríguez Lucena, Spain
Mauricio Morales Hoyos, Colombia
Magalie Rowe, Peru
Lucrecia Sagastume, Guatemala
Víctor San Antonio, Spain
Mauricio Souza, Bolivia
Rosa Valdéz, United States (Mexican-American)
Alejandra Valdiviezo, Bolivia
Natalia Verjat, Spain
Alberto Villate, Colombia
María Elena Villegas, Mexico

Thank you to Raquel Valle Sentíes for the use of her poem, to Sarah Bartels for sharing her experience of walking the Inca Trail, to Jennifer Jacobsen and Jeff Stahley for their insight on teaching English abroad, to Catherine Wood Lange for information about her business Spanish course, to Hannah Nolan-Spohn for telling about her volunteer position while studying in Ecuador, and to Khandle Hedrick and Stephanie Valencia for supplying realia. A special thanks to Gene Kupferschmid for insightful comments and suggestions regarding different aspects of the program.

Thanks to Monie Scallon Mostaza, Miguel Jiménez, Carmen Fernández, Ann Merry, Olga Tedias-Montero, Liby Moreno Carrasquillo, Martha Miranda Gómez, Miguel Gómez, Rosa Maldonado Bronnsack, Alberto Dávila Suárez, Virginia Laignelet Rueda, Blanca Dávila Knoll, Jorge Caycedo Dávila, and André Garner Caycedo for their help in polling people for linguistic items of use today in the Spanish-speaking world.

We are extremely grateful to Nancy Levy-Konesky for her outstanding work writing and producing *Videofuentes* and to Frank Konesky and TVMAN/ Riverview Productions, John Leguizamo, Elena Climent, Severino García, Nuria Miravalles, the Abuelas of Plaza de Mayo, Alberto Vasallo III, Tomás Moreno, Abel (Mayan guide), Patricia Sardo de Dianot, Ana María Pinto, Mercedes Meroño, Horacio Pietragalla Corti, and Buscarita Roa for participating in this project. We would also like to thank Telemundo for footage of their tribute to Celia Cruz, el deseo s.a. for allowing us to use clips from the Pedro Almodóvar film *Hable con ella*, and Rodrigo Silva Rivas and Aldo Aste Salbuceti for permission to show the short film *En la esquina*. Special thanks to Andrés Coppo, Stephanie Valencia, Nicole Gunderson, Sarah Link, the children who received awards at Fenway Park, and to our announcer Frances Colón for their participation in the video.

A very special thanks to Sandra Guadano for her insightful comments, her ability to get us to do our best, her gentle nudges to get all done on time, and her encouragement during the development phase. Thanks also to our production editor Rosemary Jaffe, the lady with the eagle eye, for her detailed approach to production, her clarity in instructions, and her dedication to making *Fuentes* the best it can be. We also thank all of the other people at Houghton Mifflin, from technology to marketing to sales, who have helped us along the way. Finally, thank you to our students for giving us feedback and for motivating us to do our best work.

D. R.
M. D.
L. C. G.

Contents

FUENTES

Conversación y gramática

Metas comunicativas

- presentarse y presentar a otros
- obtener y dar información sobre el horario de clases
- hablar de gustos
- describir a personas y clases
- expresar acciones futuras

La vida universitaria

▲ Jóvenes universitarias estudian en la biblioteca de una universidad de Santiago de Chile.

I. Introducing Yourself and Others

▲ Dos universitarias se saludan en Caracas, Venezuela.

Actividad 1 **¡A conocerse!** **Parte A:** Completa cada pregunta con la expresión interrogativa apropiada. Usa **cuál, cómo, de dónde, qué** o **cuántos.**

¿_____ te llamas?	Me llamo...
¿_____ es tu nombre?	Mi nombre es...
¿_____ es tu apellido?	(Korner.)
¿_____ se escribe (Korner)?	(Ka, o, ere, ene, e, ere.)
¿_____ años tienes?	Tengo... años.
¿_____ eres?	Soy de (Chicago).
¿En _____ año (de la universidad) estás?	En primero/segundo/ tercero/cuarto.
¿_____ es tu pasatiempo favorito?	Me gusta (jugar al tenis).

Primero and **tercero** drop the final **o** when they precede a masculine singular noun: **estoy en primer año.**

Parte B: Ahora habla con un mínimo de tres personas para averiguar y escribir su información de la Parte A.

Parte C: Ahora, presenta a una de las personas de la Parte B.

▶ Les presento a Jessy Korner, es de Chicago y tiene 20 años. Está en su tercer año de la universidad. Le gusta jugar al tenis.

II. Obtaining and Giving Information About Class Schedules

Las materias académicas

Actividad 2   Las materias de este semestre   **Parte A:** Marca con una X las materias que tienes este semestre. Si tienes una materia que no aparece en la lista, pregúntale a tu profesor/a ¿**Cómo se dice...?**

_____ alemán

_____ álgebra

_____ antropología

_____ arqueología

_____ arte

_____ biología

_____ cálculo

_____ ciencias políticas

_____ computación

_____ comunicaciones

_____ contabilidad (*accounting*)

_____ ecología

_____ economía

_____ filosofía

_____ francés

_____ historia

_____ ingeniería

_____ lingüística

_____ literatura

_____ matemáticas

_____ mercadeo/marketing

_____ música

_____ negocios

_____ oratoria (*speech*)

_____ psicología

_____ química

_____ relaciones públicas

_____ religión

_____ sociología

_____ teatro

_____ trigonometría

_____ zoología

materias = asignaturas

Obvious cognates will be presented in thematic vocabulary lists throughout this text, and they will be translated only in the end-of-chapter vocabulary section.

 Universidades

Internet references such as this indicate that you will find links to related sites on the *Fuentes* website.

computación = informática (en España)

Parte B: Ahora, en parejas, averigüen qué carrera (especialización) estudia la otra persona, qué materias tiene y alguna información sobre esas clases. Hagan las siguientes preguntas.

¿Qué carrera estudias o no sabes todavía?
¿Tienes...?
¿Tienes clase de...?
¿Cuántos estudiantes hay en la clase de...?
¿Hay trabajos escritos (*papers*)?
¿Hay exámenes parciales?
¿Hay examen final?

▶ Dos estudiantes españoles hacen experimentos con su profesor de química orgánica.

¿LO SABÍAN?

Al entrar en la escuela secundaria en algunos países, los estudiantes pueden elegir entre opciones diferentes: letras, ciencias, estudios técnicos, etc. Por ejemplo, si un estudiante quiere estudiar medicina, en la universidad, escoge la opción de ciencias. En la escuela secundaria, los estudiantes estudian muchas materias diferentes dentro de cada opción y luego, es común que entren directamente en una facultad como Derecho, Medicina, Geología o Filosofía y Letras. Por lo tanto, tienen que estar seguros de lo que quieren estudiar y, desde el comienzo, estudian materias relacionadas con su carrera. Para cambiar de carrera, muchas veces es necesario volver a empezar desde el principio. Generalmente se necesitan cinco años para completar la licenciatura. ¿Cuántos años necesitas para completar la licenciatura en tu país?

licenciatura = BA or BS degree

Actividad 3   Mi horario   Parte A: Escribe rápidamente las materias que tienes, las horas de tus clases y el nombre del profesor / de la profesora de cada clase.

lunes, martes, miércoles, jueves, viernes. Abreviaturas = l/m/mier./j/v

materia				
día y hora				
profesor/a				

To tell time, use: **¿Qué hora es? Es la una. / Son las dos.**

To tell at what time something takes place: **¿A qué hora es? Es a la/s...**

Parte B: Completa cada pregunta con la palabra interrogativa necesaria.

¿——————— materias tienes?

¿A ——————— hora es tu clase de...?

¿——————— días tienes la clase de...?

¿——————— se llama el/la profesor/a? o, ¿———————
es el/la profesor/a?

Parte C: Ahora, con una pareja diferente a la de la actividad anterior, usen las preguntas de la Parte B para averiguar el horario de su compañero/a.

III. Expressing Likes and Dislikes

Gustar and Other Verbs

1. To express likes and dislikes you can use the verb **gustar,** applying the following formula.

(A mí)	me		
(A ti)	te		
(A Ud.)	le		
(A él)	le		
(A ella)	le	+	**gusta + el/la** + *singular noun*
(A nosotros)	nos		**gusta** + *infinitive(s)*
(A vosotros)	os		**gustan + los/las** + *plural noun*
(A Uds.)	les		
(A ellos)	les		
(A ellas)	les		

The pronoun **mí** takes an accent, but the possessive adjective **mi** does not: **A mí me gusta esta clase. Mi hermano estudia aquí.**

Me **gusta** la clase de historia.	*I like history class.*
¿Te **gusta** hacer experimentos?	*Do you like to do experiments?*
(A ellos) Les **gusta** reunirse con amigos y trabajar juntos en proyectos.*	*They like to get together with friends and work on projects.*
Nos **gustan** las matemáticas.	*We like math.*

*Note: **Gusta,** the singular form of the verb, is used with one or more infinitives even if the infinitive is followed by a plural object.

2. An article is needed when **gustar** is followed by a noun. Notice in the following examples that you may use a possessive adjective (**mi, mis, tu, tus,** etc.) or a demonstrative adjective (**este, ese, aquel,** etc.) instead of an article before nouns.

Me gusta **la** biología.	*I like biology.*
Me gustan **mis** clases este semestre, pero no me gusta estudiar mucho los fines de semana.	*I like my classes this semester, but I don't like to study much on weekends.*
A mis amigos y a mí nos gusta **esta** residencia estudiantil.	*My friends and I like this dorm.*

3. Other verbs used to express likes and dislikes that follow the same pattern as **gustar** are:

caer bien/mal	to like/dislike someone
importar	to matter
encantar	to really like
interesar	to interest
fascinar	to really like
molestar	to bother, to be bothered by

A los estudiantes no **les cae bien** la profesora de historia.*

The students dislike the history professor. (The history professor is disliked by the students.)

Me fascinan los libros que estudiamos en la clase de literatura comparada.

I really like the books we study in my comparative literature class. (The books we study in my comparative literature class really fascinate me.)

Nos importa sacar buenas notas.

We care about getting good grades. (Getting good grades matters to us.)

Al profesor Hinojosa **le molestan** los estudiantes que no vienen preparados a clase.*

Professor Hinojosa is bothered by students who don't come to class prepared. (Students who don't come to class prepared bother Professor Hinojosa.)

*Note:

1. **Me gusta la profesora de historia** might imply that you are attracted to the person. This is not the case with **Me cae bien la profesora de historia.**
2. Remember that **a + el = al: al profesor Hinojosa,** but **a la profesora Ramírez; al Sr. Vargas,** but **a los Sres. Vargas.**

Actividad 4 **Práctica** **Parte A:** Completa la primera columna con las palabras apropiadas.

A _____ nos		los colores de la universidad
A _____ me		trabajar los sábados
_____ _____ Sra. Junco _____		las clases con muchos estudiantes
A _____ le		la mascota de la universidad
_____ Uds. _____		las personas de la residencia
_____ profesor _____	fascina/n	mi compañero/a de cuarto
_____ mis amigos _____	cae/n bien	tomar un examen los viernes
_____ _____ les	molesta/n	las personas falsas
_____ Dr. Rodríguez _____		la gente que duerme en clase
_____ Julia y _____ Pablo _____		oír música de los años 70
_____ Laura y _____ _____ nos		la variedad de gente en esta universidad

Parte B: Ahora, forma oraciones usando un elemento de cada columna. Puedes añadir la palabra **no** si quieres. Luego comparte tus oraciones con la clase.

▶ A nosotros (no) nos molesta trabajar los sábados.

Actividad 5 Tus gustos   **Parte A:** Lee las ideas incompletas que se dan a continuación y usa por lo menos cuatro de los siguientes verbos para indicar tus gustos: **fascinar, encantar, gustar, caer bien/mal, importar, interesar** y **molestar.**

1. _____ las clases fáciles.
2. _____ mi profesor/a de...
3. _____ mi horario de clases este semestre.
4. _____ las clases con trabajos escritos y exámenes.
5. _____ los exámenes finales para hacer en casa.
6. _____ mis compañeros/as de cuarto o apartamento.
7. _____ la gente que bebe mucho alcohol en las fiestas.
8. _____ los profesores exigentes (*demanding*).
9. _____ el costo de la matrícula (*tuition*).
10. _____ participar en el gobierno estudiantil.
11. _____ las fraternidades como ΩΣΔ.
12. _____ (no) tener acceso al email de la universidad.

Parte B: Ahora, en parejas, háganse preguntas como las siguientes y den explicaciones para sus respuestas.

¿Te gustan las clases fáciles?

Sí, me encantan porque...

No, no me gustan porque...

No, me molestan mucho las clases fáciles porque...

¿Y cómo te caen tus profesores?

Todos me caen bien porque...

Mi profesor de historia me cae mal porque...

Me caen bien tres y me cae mal uno porque...

IV. Describing People, Places, and Things

Actividad 6 ¿Cómo es tu profe?   **Parte A:** Piensa en un/a profesor/a que te cae bien este semestre y marca los adjetivos que describan mejor a esa persona.

To review adjective agreement, see Appendix C.

_____ admirable
_____ astuto/a
_____ atento/a (*polite, courteous*)
_____ brillante
_____ capaz (*capable*)
_____ cómico/a
_____ creativo/a
_____ divertido/a (*fun*)
_____ encantador/a (*charming*)

_____ estricto/a
_____ honrado/a (*honest*)
_____ ingenioso/a (*resourceful*)
_____ intelectual
_____ justo/a (*fair*)
_____ sabio/a (*wise*)
_____ sensato/a (*sensible*)
_____ sensible (*sensitive*)
_____ tranquilo/a

Parte B: Ahora, habla con otra persona y descríbele a tu profesor/a.

▶ Me cae muy bien mi profesora de teatro porque es muy creativa y...

Parte C: En parejas, decidan cuáles son las cuatro cualidades más importantes en un profesor y por qué.

▶ Un profesor debe ser... porque...

Remember: use **ser** to describe what the professor and/or class are like.

Actividad 7 **Me molesta mucho** **Parte A:** Marca los adjetivos que describen mejor la clase que menos te gusta este semestre y al profesor o a la profesora de esa clase. Piensa en la clase y las personas de esa clase.

_____ aburrido/a (*boring*)	_____ fácil
_____ cerrado/a (*narrow-minded*)	_____ grande
_____ conservador/a	_____ insoportable (*unbearable*)
_____ creído/a (*vain*)	_____ largo/a
_____ difícil	_____ lento/a (*slow*)
_____ enorme	_____ liberal
_____ exigente	_____ rígido/a

Parte B: Ahora, en parejas, quéjense de (*complain about*) la clase que menos les gusta sin mencionar el nombre del profesor / de la profesora.

▶ No me gusta nada mi clase de... porque es...
Me molesta la clase porque el profesor es...

Remember: use **estar** to say how the students in the class feel.

Parte C: Marquen y luego digan cómo están los estudiantes en una clase aburrida con un profesor malo y por qué.

_____ aburridos	_____ entretenidos (*entertained*)
_____ atentos (*attentive*)	_____ enojados
_____ distraídos (*distracted*)	_____ nerviosos
_____ dormidos	_____ preocupados

Expressing Future Actions

To express future actions, use: **voy, vas, va,** etc. + **a** + *infinitivo.*

Actividad 8 **Los planes** En parejas, una persona habla sobre sus planes para este mes y el mes próximo y la otra persona le hace preguntas. Al terminar, cambien de papel. Aquí hay algunas ideas: **compras, trabajo, estudios, diversiones, deportes, viajes.** Cuando sea posible, expliquen por qué van a hacer esas actividades.

▶ El mes que viene voy a... porque..., ¿y tú?

Actividad 9 La vida universitaria Teresa está en Buenos Aires, Argentina, y le escribe un email a su amigo Javier que vive en el D. F. Completa su mensaje con palabras lógicas. Usa sólo una palabra en cada espacio.

Para: jvelez@orale.com
De: khedrick@che.com
Tema: ¡Hola!
Fecha: 4 de abril de 2005

Querido Javier:
¿Cómo estás? Yo muy _____ _____, pero muy cansada porque acabo de empezar clases en la universidad y no tengo más vacaciones _____ _____ julio. Como sabes, me tengo que levantar temprano porque _____ _____ durante el día en un banco y _____ la noche voy a clase. Por suerte, mi jefa es _____ comprensiva y me permite salir del trabajo una hora antes. Entonces, voy a un bar enfrente de _____ universidad y mis compañeros y yo nos reunimos para estudiar para _____ clase de física. Es una clase muy difícil y no se pueden hacer muchas preguntas porque hay más de 100 estudiantes. El profesor es muy inteligente _____ no es muy dinámico y por eso los estudiantes muchas veces _____ aburridos en su clase. Pero no todas mis clases son así; las otras materias que tengo son mucho mejores y aunque empiezan a las 8 de la noche y _____ a las 10, _____ caen bien los profesores que tengo. Bueno, luego cuando salgo de clase, tomo el autobús y llego a casa a _____ 10:30, pero no me acuesto hasta las 12. Como ves, mis días son muy largos, pero los fines de _____ son muy buenos porque mis amigos y _____ siempre organizamos alguna fiesta _____ divertirnos.
Bueno, escríbeme y cuéntame qué haces. Hace un mes _____ no me escribes y quiero que me cuentes un poco de _____ vida.
Un abrazo,
Khandle

ALUMNO VISITANTE
Legajo: 51739-7
HEDRICK, KHANDLE
PAS: 01.928.379

Una conversación en la facultad

◄ Estudiantes universitarios en Guanajuato, México.

¿En serio?	Really?
¡No me digas!	Don't tell me! / You don't say! / Wow!
volver a empezar de cero	to start over again from scratch

Actividad 10 **La carrera de Mónica** **Parte A:** Mónica es estudiante universitaria en Guanajuato, México, y le cuenta a Ramón cómo le va en sus estudios. Antes de escuchar la conversación, lee las siguientes ideas. Después escucha la conversación y marca las opciones correctas.

1. Mónica estudia...

   _____ derecho.   _____ biología.   _____ medicina.

2. Quiere estudiar...

   _____ derecho.   _____ biología.   _____ medicina.

3. Para terminar la carrera que ella quiere, se necesitan...

   _____ cuatro años.   _____ cinco años.   _____ seis años.

4. Mónica tiene...

   _____ 19 años.   _____ 23 años.   _____ 24 años.

Parte B: Ahora lee las preguntas y luego escucha la conversación otra vez para averiguar la información.

1. ¿Cuántas materias tuvo Mónica?
   a. 6   b. 8   c. 10

2. ¿Qué problema tiene ella al cambiar de carrera?
   a. Le revalidan pocas materias.   b. Tiene que empezar desde cero.   c. Tiene que cambiar de universidad.

(continúa en la página siguiente)

3. Cuando Mónica le cuenta a Ramón su problema, él le dice: "¡Qué suerte tienes!" ¿Qué significa este comentario en el contexto de la conversación?
   a. Que tiene mala suerte.
   b. Que tiene suerte.
   c. Que la suerte no existe.
4. ¿Qué título va a recibir Mónica después de cinco años?
   a. doctora
   b. abogada
   c. bióloga

Actividad 11 Comparaciones **Parte A:** En grupos de tres, discutan las siguientes preguntas sobre la educación universitaria en tu país.

1. ¿Cuántos años se necesitan para recibir una licenciatura?
2. ¿Cuáles de las siguientes licenciaturas puede recibir un estudiante?
   sociólogo   médico   profesor universitario de literatura
   ingeniero   abogado
3. Cuando un estudiante comienza la universidad, ¿sabe generalmente qué carrera va a estudiar?
4. ¿Qué ocurre si un estudiante decide cambiar de carrera?

Parte B: Ahora comparen el sistema universitario de este país con el sistema que describe Mónica y digan cuáles son los pros y los contras de cada sistema.

¿LO SABÍAN?

Cada cultura tiene su propio sentido del humor. Uno de los aspectos interesantes del humor de las personas de habla española es el uso de la ironía. Es común oír a una persona decir exactamente lo contrario de lo que piensa cuando el mensaje es obvio. En la conversación, Ramón dice que Mónica tiene suerte porque tiene que volver a empezar la carrera cuando es obvio que no tiene nada de suerte. De la misma manera, también se pueden oír frases como las siguientes:

- Al pasar frente a un edificio antiguo: ¡Qué moderno es!
- Al ver pasar a una persona muy alta: ¿Adónde va esa persona sin piernas?

Ahora, inventa oraciones irónicas para describir estos dibujos.

Do the corresponding CD-ROM and web activities to review the chapter topics.

Vocabulario activo

Las materias académicas

alemán	German
álgebra	algebra
antropología	anthropology
arqueología	archeology
arte	art
biología	biology
cálculo	calculus
ciencias políticas	political sciences
computación	computer science
comunicaciones	communications
contabilidad	accounting
ecología	ecology
economía	economics
filosofía	philosophy
francés	French
historia	history
ingeniería	engineering
lingüística	linguistics
literatura	literature
matemáticas	mathematics
mercadeo/marketing	marketing
música	music
negocios	business
oratoria	speech
psicología	psychology
química	chemistry
relaciones públicas	public relations
religión	religion
sociología	sociology
teatro	theater
trigonometría	trigonometry
zoología	zoology

Adjetivos descriptivos

aburrido/a	boring
admirable	admirable
astuto/a	astute, clever
atento/a	polite, courteous
brillante	brilliant
capaz	capable
cerrado/a	narrow-minded
cómico/a	funny
conservador/a	conservative
creativo/a	creative
creído/a	vain
difícil	hard
divertido/a	fun
encantador/a	charming
enorme	huge
estricto/a	strict
exigente	demanding
fácil	easy
grande	big
honrado/a	honest
ingenioso/a	resourceful
insoportable	unbearable
intelectual	intellectual
justo/a	fair
largo/a	long
lento/a	slow
liberal	liberal
rígido/a	rigid
sabio/a	wise
sensato/a	sensible
sensible	sensitive
tranquilo/a	calm

Verbos como *gustar*

caer bien/mal	to like/dislike someone
encantar/fascinar	to really like
importar	to matter
interesar	to interest
molestar	to bother, to be bothered by

Expresiones útiles

¿A qué hora es...?	*At what time is . . . ?*
¿En serio?	*Really?*
¡No me digas!	*Don't tell me! / You don't say! / Wow!*
la facultad	*school, college*
la licenciatura	*BA or BS degree*
la matrícula	*tuition*
el trabajo escrito	*paper*
volver a empezar de cero	*to start over again from scratch*

Vocabulario personal

In this section, you may write any new words you have learned in the chapter or in class that you want to remember, but that were not formally presented.

Learning Spanish is like learning to figure skate. Each year a skater adds a few moves to his/her routines, but never stops practicing and improving on the basics. As the skater progresses from doing a double axle to a triple axle, he/she must still polish technique. There are marks for both technical merit and artistic merit. Both must be worked on, and as the skater becomes better in the sport, actual progress is more and more difficult to perceive.

The process of learning a language is depicted in the cone below. In order to learn a foreign language, students must progress vertically as well as horizontally. As one proceeds vertically, one must also cover more distance horizontally. Progress is noted while moving vertically. This includes learning new tenses, object pronouns, etc. (or in skating, landing a new jump for the first time). Horizontal progress is not perceived as easily as vertical. Horizontal progress includes fine tuning what one has already learned by becoming more accurate, enlarging one's vocabulary, covering in more depth topics already presented in a beginning course, and gaining fluency. This progress is like improving scores for artistic merit or consistently skating cleaner programs than ever before. As you pursue your studies of Spanish, remember that progress is constantly being made.

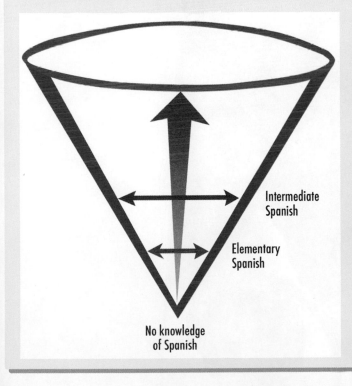

Capítulo 1

Metas comunicativas

- narrar en el presente y el futuro
- hablar sobre la vida nocturna
- evitar (*avoiding*) redundancias

Nuestras costumbres

◀ Estudiantes venezolanos charlan fuera de clase.

Una cuestión de identidad

◄ Dos jóvenes almuerzan en un restaurante en Santiago de Chile.

llamarle la atención	to catch someone's eye
ser un/a pesado/a	to be a bore

hace + *time expression* + **que** +
   present tense
	to have been doing something for +
	   time expression

Hace un año que vivo aquí.	I have been living here for one year.

Actividad 1   Términos   **Parte A:** Los términos **chicano, mexicoamericano** y **latinoamericano** a veces provocan confusión. Decide qué características de la columna B pueden describir a cada uno de estos grupos. Es posible usar las características más de una vez.

A

chicano: _____

mexicoamericano: _____

latinoamericano: _____

B

a. es ciudadano norteamericano

b. es de Latinoamérica

c. es de ascendencia mexicana

d. habla español

e. habla portugués

f. tiene connotación política

El chicano

Internet references such as this indicate that you will find links to related sites on the *Fuentes* website.

Parte B: Pedro está en Chile y está completando una solicitud para ingresar a una universidad en los Estados Unidos. Le pregunta a su amiga Silvia, qué estudió allí, qué significan ciertos términos. Escucha la conversación y compara tu información de la Parte A con lo que dice Silvia.

Actividad 2   Más información   Antes de escuchar la conversación
otra vez, lee las siguientes preguntas. Luego escucha la conversación
para buscar la información necesaria.

1. ¿Qué problema tiene Pedro al completar la solicitud?
2. Después de escuchar la explicación de Silvia, ¿qué decide marcar Pedro?
3. Según la conversación, ¿en qué se diferencia una universidad de este país de
   una universidad de Latinoamérica?

¿LO SABÍAN?

En un país hispano, las facultades de una universidad pueden estar
distribuidas por toda la ciudad. Los estudiantes asisten a clase en la
facultad y luego se reúnen a estudiar o a charlar en el bar de la
facultad o en los cafés cercanos. Las universidades generalmente no
tienen tantos clubes como en los Estados Unidos, pero sí hay
representantes de los partidos políticos que organizan reuniones o
manifestaciones políticas. ¿Cómo es la vida de un universitario en este
país? ¿Y de un universitario en un país hispano?

What it means to be Latino

Actividad 3   ¿Qué eres?   **Parte A:** En este libro vas a leer sobre las experiencias y opiniones de hispanos de 20 a 50 años, que son de diferentes partes
del mundo. Sus comentarios no se pueden generalizar para todos los hispanos;
simplemente son la opinión de esa persona en particular. Lee lo que dicen una
chica guatemalteca y una chica mexicana sobre su nacionalidad. Mira las preguntas y lo que respondieron.

¿Qué te consideras, guatemalteca/mexicana, hispana, latinoamericana, hispanoamericana, latina y por qué? ¿Qué significa cada término para ti? ¿Hay alguno que no sig-
nifique nada para ti?

"Bueno, depende de quién me lo pregunte, porque si es un europeo le digo
hispanoamericana, pero si es alguien de habla hispana, definitivamente le
digo guatemalteca. El término latinoamericano no me gusta porque
regularmente te marginan por eso."

guatemalteca

"Yo soy mexicana, por el territorio en donde nací. Soy hispana, por la
lengua que hablo. Soy latinoamericana por la unión de culturas en el
pasado (la raíz de la lengua española y la mezcla con la cultura
prehispánica). Soy hispanoamericana por la combinación de raíces
españolas y americanas. Soy latina, por la secuencia de eventos que
juntaron a todos los que vivimos desde Baja California Norte, hasta la
Patagonia Argentina, desde Chile hasta la punta del Caribe, pasando por
Yucatán y Brasil..."

mexicana

Parte B: En grupos de tres, utilicen las siguientes preguntas para hablar de su nacionalidad y el origen de su familia.

1. ¿Se consideran americanos, norteamericanos, italoamericanos, afroamericanos, francoamericanos, etc.? Y si son de Canadá, ¿se consideran Uds. norteamericanos, italocanadienses, etc.? ¿Sienten una conexión con personas de Inglaterra, Australia u otros países donde se habla inglés?
2. ¿Cuánto tiempo hace que su familia vive en este país?
3. Si sus padres o abuelos no son originalmente de un país de habla inglesa, ¿hablan el idioma de su país? ¿Lo entienden? ¿Hablan ellos inglés también?
4. ¿Cuáles son algunas costumbres y tradiciones que conservan del país de origen de su familia? Piensen en la música, la comida, las celebraciones especiales, etc.
5. ¿Por qué preguntan las universidades de los Estados Unidos en la solicitud de ingreso la raza y/o el origen étnico de los estudiantes?

I. Narrating in the Present

Do the corresponding CD-ROM and web activities as you study the chapter.

A. Regular, Stem-Changing, and Irregular Verbs

To talk about what you usually do, you generally use the present tense. For information on how to form the present indicative (**presente del indicativo**), including irregular and stem-changing verbs, see Appendix A, pages 338–340.

Paulina y yo **caminamos** a la universidad todas las mañanas.

Paulina and I walk to the university every morning.

Ella **prefiere** tomar clases por la mañana, pero **sé** que a veces **trasnocha** y **falta** a clase.

She prefers to take morning classes, but I know she sometimes stays up all night and misses class.

Here is a list of verbs that you can use to talk about what you usually do.

-ar *verbs*

ahorrar (dinero/tiempo)	to save (money/time)
alquilar (videos)	to rent (videos)
charlar	to chat
cuidar (a) niños	to baby-sit
dibujar	to draw
escuchar música	to listen to music*
faltar (a clase/al trabajo)	to be absent (from class/work)
flirtear/coquetear	to flirt*
gastar (dinero)	to spend (money)
mirar (la) televisión	to watch TV*
pasar la noche en vela	to pull an all-nighter
pasear al perro	to walk the dog
probar (o → ue)	to taste; to try
sacar buena/mala nota	to get a good/bad grade
trasnochar	to stay up all night

Cuido niños. (*Kids, anybody's kids.*)
Cuido a los niños de mi hermana.
(*Specific child/children*)

Stem-changing verbs are followed by **ue, ie, i, u** in parentheses to show the stem change that takes place. Note that some **-ir** verbs have a second change, which is used when forming the preterit (**durmió, durmieron**) and the present participle (**durmiendo**).

*Notes:

1. **Flirtear** can take both male and female subjects while **coquetear** usually takes a female subject.

2. The verbs **mirar** (*to look at*) and **escuchar** (*to listen to*) only take **a** when they are followed by a person.

Mientras estudio, **escucho** música clásica.	*While I study, I listen to classical music.*
Siempre **escucho a** mi padre.	*I always listen to my father.*

-er *verbs*

devolver (o → ue)	to return (*something*)
escoger*	to choose
hacer investigación/dieta	to do research/to be on a diet
poder (o → ue)	to be able to, can
soler (o → ue) + *infinitive*	to usually do + *verb*
volver (o → ue)	to return

-ir *verbs*

asistir (a clase/a una reunión)	to attend (class/a meeting)
compartir	to share
contribuir*	to contribute
discutir	to argue; to discuss
mentir (e → ie, i)	to lie
salir* bien/mal (en un examen)	to do well/poorly (on an exam)
seguir* (instrucciones/a + alguien) (e → i, i)	to follow (instructions, someone)

> **Devolver** is a transitive verb (it takes a direct object). Use it to say someone returns something somewhere: **Él va a devolver el suéter a la tienda. Volver** is an intransitive verb (it never takes a direct object). Use it to say someone returns somewhere: **Él va a volver a la tienda.**

*Note: Verbs followed by an asterisk in the preceding list have spelling changes or irregular forms. See Appendix A, page 339 for formation of these verbs.

The present tense can also be used to state what one is going to do or is doing at the moment.

> (*phone conversation*)
> —¿Qué haces? ¿Puedo ir a tu casa?
> —Miro la tele, pero dentro de quince minutos voy al bar de la esquina a encontrarme con mi novia.

Actividad 4   Un conflicto familiar   **Parte A:** Una madre tiene problemas con su hijo adolescente y le escribe a Consuelo, una señora que da consejos (*advice*) en Internet. Completa su email de la página 19, escogiendo el verbo apropiado para cada espacio en blanco. No repitas ningún verbo.

Parte B: En grupos de tres, comparen la familia de la madre desesperada con su propia familia. ¿Son iguales o diferentes?

▶ A mi madre también le molesta cuando mi hermano escucha música rap.

▶ Esos niños pequeños son perfectos, pero en mi familia no es así. Son muy mal educados. Asisten a clase, pero no escuchan a los maestros y no hacen la tarea.

almorzar
asistir
comer
dormir
hacer
mirar
regresar
sacar
ser
soler
tener

escuchar
faltar
flirtear
ir
jugar
mentir
sacar
ser
volver

asistir
comenzar
discutir
entender
estar
pedir
poner
trabajar
volver

pensar
querer
saber
ser
ser

Estimada Consuelo:

Estoy divorciada y tengo tres hijos: Carlos, Maricruz y Enrique, que
_____ diez, once y dieciséis años respectivamente. Mis
dos hijos menores _____ encantadores.
_____ a clase todos los días, _____
notas excelentes y _____ en el comedor de la escuela
sin protestar. Por la tarde, _____ a casa,
_____ la tarea y _____ preparar
sándwiches porque tienen hambre. Luego _____
mientras _____ televisión y por la noche
_____ como unos angelitos.

Mi hijo Enrique, en cambio, _____ muy rebelde.
Está en la escuela secundaria, pero a veces _____ a
clase por la mañana. Y el chico me _____, pues me dice
que va a clase, pero en vez de ir a clase, _____ a un
parque con sus amigos y allí ellos _____ al fútbol y
también _____ con las chicas (a veces creo que estos
chicos tienen demasiada testosterona). Luego, por la noche, él
_____ a casa muy tarde y _____ música
rap a todo volumen en su habitación. Por supuesto estudia poquísimo y
_____ notas terribles en la escuela.

Yo _____ mi día muy temprano porque tengo que
estar en el trabajo a las ocho. _____ todo el día en una
tienda de ropa y luego _____ a una clase de inglés en un
instituto norteamericano. Por lo tanto, _____ a casa
tarde después de un día largo y _____ muy cansada. A
esa hora generalmente, Enrique _____ esa música rap
tan fuerte y yo le _____ que baje el volumen, pero el
muchacho no _____ que a mí me molesta. Entonces él y
yo _____ y todo termina muy mal.

Consuelo, ¿por qué mis hijos menores _____ tan
buenos y mi hijo mayor _____ tan rebelde? Yo
_____ a Enrique y todo el día _____ en
soluciones posibles, pero no _____ qué hacer.

Madre desesperada

Actividad 5 **Una clase aburrida** En grupos de tres, digan qué hacen o no hacen generalmente los estudiantes cuando están en una clase que es aburrida. Mencionen un mínimo de cinco acciones.

Remember: Use **hace** + *time expression* + **que** + *present tense* to indicate how long an action has taken place. The action started in the past and continues in the present.

Actividad 6 **¿Cuánto hace que...?** En parejas, túrnense para entrevistarse y averiguar si la otra persona hace las actividades que siguen y cuánto tiempo hace que las hace. Sigan el modelo.

▶

A: ¿Estudias psicología?

B: Sí, estudio psicología.   B: No, no estudio psicología.

A: ¿Cuánto (tiempo) hace que estudias psicología?

como/unas = aproximadamente

B: Hace (como/unas) tres semanas que estudio psicología.

ahorrar dinero	compartir apartamento/ habitación en una residencia estudiantil	asistir a esta universidad
esquiar	tocar un instrumento musical	trabajar
estudiar español	jugar al (*nombre de un deporte*)	hacer ejercicio
hablar otro idioma	charlar por Internet	? ? ?

www *Actividades de tiempo libre*

Actividad 7 **Los fines de semana** **Parte A:** En parejas, túrnense para entrevistarse y averiguar qué hacen los fines de semana. El/La entrevistado/a debe cerrar el libro. Sigan el modelo.

▶ —¿Qué prefieres hacer los fines de semana, comer en la universidad, pedir comida a domicilio o almorzar en...?
—Prefiero...

Preferir:

——— comer en la universidad   ——— pedir comida a domicilio   ——— almorzar y/o cenar afuera

Dormir:

——— 7 horas o menos   ——— 8 horas   ——— más de 8 horas

Gastar dinero en:

——— diversiones   ——— comida   ——— ropa   ——— otras cosas

Asistir a:

——— conciertos   ——— eventos deportivos   ——— manifestaciones políticas

——— conferencias   ——— estrenos (*premieres*) de películas   ——— exhibiciones de arte

Gustarle:

——— trasnochar   ——— hablar por teléfono   ——— alquilar DVDs

Soler:

——— pasar la noche en vela   ——— ir a fiestas   ——— jugar al (nombre de un deporte)

Parte B: Ahora compartan la información que averiguaron con el resto de la clase para comparar lo que hacen los universitarios típicos.

Actividad 8 La puntualidad   **Parte A:** Lee las siguientes preguntas sobre la puntualidad y mira las respuestas que dio un joven argentino. Luego escribe tus respuestas a estas preguntas.

	un argentino	tú
1. Si invitas a amigos a cenar a tu casa, ¿para qué hora es la invitación y a qué hora llegan tus amigos?	"Es para las 9:00 y llegan a las 9:30/10:00."	
2. Si quedas en encontrarte con un amigo en un café a las 3:00, ¿a qué hora llegas?	"Llego a las 3:15."	
3. Si tienes una clase que empieza a las 10:00, ¿a qué hora llegas a la clase? ¿A qué hora llega tu profesor/a?	"Llego a las 10:05 y el profe llega a las 10:15. (Las clases son de dos horas.)"	
4. Si tienes una entrevista de trabajo a las 9:15, ¿a qué hora llegas?	"Llego a las 9:10."	
5. Si tienes cita con el médico a las 11:30, ¿a qué hora llegas? ¿A qué hora te ve el médico?	"Llego a las 11:30 y el médico me ve a las 12:00/12:30."	
6. Dentro de las normas de tu país y en tu opinión, ¿eres una persona puntual?	"Sí, soy bastante puntual."	

Parte B: Ahora compara tus respuestas con las de un/a compañero/a. Digan si sus respuestas son similares o no a las del argentino.

Actividad 9 ¿Qué hacen?   **Parte A:** En grupos de tres, miren las listas de acciones de las páginas 17–18 y usen la imaginación para decir <u>todo</u> lo que hacen estas personas un día normal.

Parte B: Uds. tienen una bola de cristal y saben que la vida de estas cuatro personas se va a cruzar. Inventen una descripción lógica para explicar qué va a ocurrir. Comiencen diciendo: **La estudiante va a salir de su casa una noche y...**

Use **ir a** + *infinitive* to discuss future events.

Actividad 10 Un conflicto en casa En parejas, una persona es el padre/ la madre y la otra persona es el/la hijo/a. Cada persona debe leer solamente las instrucciones para su papel.

A

Padre/Madre

Tu hijo/a tiene 17 años y es un poco rebelde. A la derecha tienes una lista de cosas que hace que a ti no te gustan. Dile las cosas que hace y las cosas que tiene que hacer para cambiar su rutina. También hay algunas cosas de tu rutina que a tu hijo/a no le gustan y las va a comentar. Cuestiona lo que te dice. Empieza la conversación diciendo "Quiero hablar contigo".

Cosas que hace tu hijo/a

- faltar a clase
- tocar la batería (*drums*) constantemente
- trasnochar con frecuencia
- mentir mucho
- preferir andar con mala compañía
- sacar malas notas en la escuela
- dormir todo el fin de semana

B

Hijo/a

Tu padre/madre observa cada movimiento que tú haces. Por eso tú decides observar las cosas que hace él/ella. A la derecha tienes una lista de cosas que hace tu padre/madre y que a ti no te gustan. Ahora tu padre/madre va a hablarte de las cosas que haces. Cuestiona lo que te dice y háblale de las cosas que él/ella hace que te molestan.

Cosas que hace tu padre/madre

- gastar mucho dinero en cosas innecesarias
- decir que está enfermo/a y faltar al trabajo cuando está perfectamente bien
- tocar el piano muy mal
- soler mirar *La rueda de la fortuna* en la tele
- contribuir demasiado dinero a UNICEF
- beber mucho los fines de semana
- fumar a escondidas detrás del garaje

B. Reflexive Constructions

1. To indicate that someone does an action to himself/herself, you must use reflexive pronouns (**pronombres reflexivos**). Compare the following sentences.

Me despierto a las 8:00 todos los días.	Todas las mañanas **despierto** a mi padre a las 8:00.
Mi padre **se baña** por la noche.	Mi padre **baña** a mi hermanito por la noche.
Mis hermanas siempre **se cepillan** el pelo por la mañana.	Mi hermana **cepilla** al perro una vez por semana.

Remember: Definite articles (**el, la, los, las**) are frequently used with body parts.

In the first column on page 22, the use of reflexive pronouns indicates that the subject doing the action and the object receiving the action are the same. In the second column, subjects and objects are not the same. Therefore, reflexive pronouns are not used.

2. The reflexive pronouns are:

me acuesto	**nos** acostamos
te acuestas	**os** acostáis
se acuesta	**se** acuestan

For information on reflexive pronouns and their placement, see Appendix C, page 352.

3. Typical verbs that are used to describe your daily routine are:

acostarse (o → ue)
afeitarse (la barba/las piernas/etc.**)**
arreglarse (*to make oneself presentable*)
bañarse
cepillarse (el pelo/los dientes)
despertarse (e → ie)
desvestirse (e → i, i)
dormirse (o → uc, u)
ducharse
lavarse (el pelo/las manos/ la cara/etc.**)**

maquillarse (*to put on makeup*)
peinarse
ponerse la camisa/la falda/etc.
prepararse (para)
probarse ropa (o → ue) (*to try on clothes*)
quitarse la camisa/la falda/etc.
secarse (el pelo/la cara/etc.**)**
sentarse (e → ie)
vestirse (e → i, i)

arreglar = to fix (*as in a car motor*)

arreglarse la cara = **maquillarse**

arreglarse el pelo = to fix one's hair

dormir = to sleep

dormirse = to fall asleep

4. Here are some verbs that do not indicate actions performed upon oneself, but need reflexive pronouns in order for them to have the meanings listed here.

aburrirse (de)
acordarse (de) (o → ue)
caerse
callarse
darse cuenta (de)
despedirse (de) (e → i, i)
divertirse (e → ie, i)
enfadarse/enojarse
equivocarse
interesarse (por)
irse (de)
ocuparse (de)
olvidarse (de)
preocuparse (de/por)
quejarse (de)
reírse (de) (e → i, i)
sentirse (e → ie, i)

to become bored (with)
to remember
to fall down
to shut up
to realize
to say good-by (to)
to have fun, to have a good time
to get mad
to err, to make a mistake
to take an interest (in)
to go away (from), to leave
to take care (of)
to forget (about)
to worry (about); to take care (of)
to complain (about)
to laugh (at)
to feel

Do not confuse **sentirse** with **sentarse** (e → ie) = to sit down.

Actividad 11 La respuesta de Consuelo   **Parte A:** Completa el email que Consuelo le escribe a la madre desesperada de la Actividad 4. Elige el verbo y la forma apropiada para cada espacio en blanco.

afeitarse
despertarse
equivocarse
peinarse
vestirse

cepillarse
darse cuenta
levantarse
preocuparse
quejarse

aburrirse
divertirse
sentarse

Querida madre desesperada:

Yo también tengo un hijo adolescente y por eso entiendo muy bien su problema. Creo que no _____ si le digo que su hijo, como el mío, tiene malos hábitos: estoy segura que _____ tarde por la mañana, no _____ y por eso tiene todo el pelo parado, no _____ y a esta edad ya empieza a tener un poquito de pelo en la cara y tampoco _____ con ropa apropiada para ir a la escuela.

Nosotros como madres, _____ mucho por su apariencia física e inmediatamente les decimos qué deben hacer. Pero nuestros hijos _____ de los consejos que les damos constantemente y en parte tienen razón. Pero ¿de qué modo puede Ud. ayudar a su hijo a independizarse? Hagan un plan entre los dos y digan qué cosas quiere cada uno: él debe _____ temprano para ir a la escuela, pero si no quiere _____ el pelo, está bien. Si Ud. no le dice nada, estoy segura que él solo va a _____ algún día que no está muy atractivo con el pelo parado.

También dice Ud. que su hijo no va a la escuela y estoy segura que _____ y, por eso, prefiere ir al parque. Si su hijo _____ con sus amigos, eso es importante porque un joven necesita pasarlo bien y estar con amigos. Pero Enrique tiene que aprender que en la vida hay obligaciones y diversiones y que las dos son importantes. Basta de tonterías y estupideces, nada de música rap a todo volumen. Su hijo necesita reglas y tiene que entender que todo comportamiento (*behavior*) tiene su consecuencia. Uds. deben _____ y hablar para aclarar la situación de una vez por todas o ese chico nunca va a aprender a ser una persona responsable.

Le deseo mucha suerte,
Consuelo

Parte B: Consuelo cree que la comunicación entre la madre y su hijo es la mejor solución para ellos. En grupos de tres, comenten qué pueden hacer los padres para tener mejor comunicación con sus hijos.

▶ En mi opinión, los padres pueden... Deben... Tienen que...

Actividad 12 Tu rutina **Parte A:** En parejas, describan cuatro o cinco actividades de su rutina de la mañana y de su rutina de la noche. Usen verbos de la
lista de la página 23 y mencionen algunos detalles adicionales. Sigan el modelo.

▶ Por la mañana yo me despierto a las 6:15, pero me levanto a las 6:45 y
tomo café antes que nada. Después...

Parte B: Ahora díganse cuatro cosas que generalmente hacen los fines de
semana y tres cosas que van a hacer este fin de semana.

▶ En general, los fines de semana me levanto tarde, pero este fin de
semana voy a levantarme temprano porque...

Actividad 13 La salud **Parte A:** Completa la siguiente tabla sobre tu vida.
Escribe tus iniciales en la columna apropiada.

	Siempre/Mucho	Generalmente	A veces	Nunca
soler comer frutas y verduras	_____	_____	_____	_____
despertarse tarde	_____	_____	_____	_____
dormirse con la tele encendida	_____	_____	_____	_____
escuchar música a todo volumen	_____	_____	_____	_____
practicar deportes	_____	_____	_____	_____
beber alcohol	_____	_____	_____	_____
fumar	_____	_____	_____	_____
cepillarse los dientes después de comer	_____	_____	_____	_____
pasar noches en vela	_____	_____	_____	_____
salir cuatro noches por semana	_____	_____	_____	_____
tener dolores de cabeza	_____	_____	_____	_____
preocuparse mucho por todo	_____	_____	_____	_____

Parte B: En parejas, entrevisten a la otra persona para ver si tiene una vida sana
y escriban sus iniciales en la columna apropiada. Al escuchar la respuesta de su
compañero/a reaccionen usando una de las expresiones que se presentan y
averigüen más información. Sigan el modelo.

▶ —¿Fumas?
—Sí, fumo mucho. / No, nunca fumo. / etc.
—¡No me digas! ¿Por qué?
—Porque...

¡No me digas! / ¿De veras?	*Really? / You're kidding.*
Yo también.	*I do too. / Me too.*
Yo tampoco.	*Neither do I. / Me neither.*
En cambio yo...	*Instead I . . . / Not me, I . . .*
¡Qué chévere! (*Caribe*)	*That's cool!*
¡Qué lástima!	*What a pity!*

sano/a = healthy
cuerdo/a = sane

Parte C: Ahora, mira las respuestas y dile al resto de la clase si la otra persona lleva una vida sana. Justifica tu opinión.

▶ Liz (no) lleva una vida sana porque...

Actividad 14 ¿Cómo son Uds.? **Parte A:** En parejas, túrnense para entrevistar a la otra persona y así formar su perfil psicológico.

1. aburrirse con novelas románticas
2. divertirse solo/a o en compañía de otros
3. acordarse del cumpleaños de sus amigos
4. preocuparse por los demás (*others*)
5. sentirse mal si está solo/a
6. aceptar sus errores cuando se equivoca en la vida
7. olvidarse de ir a citas
8. interesarse por la salud de sus familiares

Parte B: Ahora usen las siguientes palabras para describirle a la clase cómo es la persona que entrevistaron. Justifiquen su respuesta.

**sociable, solitario/a
extrovertido/a, introvertido/a
despistado/a, despierto/a
considerado/a, egoísta**

▶ Tom es una persona muy sociable porque...

Actividad 15 Las reacciones **Parte A:** Primero, lee las siguientes situaciones. Segundo, elige uno de los adjetivos de la lista para describir cómo te sientes en cada situación y escríbelo en la primera columna. Después, pon una X en la segunda o la tercera columna para indicar si te callas o te quejas.

Adjetivos: **enojado/a, fatal, frustrado/a, impaciente, irritado/a, nervioso/a, preocupado/a,** etc.

	Me siento...	Me callo	Me quejo
si no me gusta el servicio de un restaurante			
si una persona fuma en la sección de no fumar de un restaurante			
si estoy en un avión y el niño que está detrás de mí me está molestando			
si mi taxista maneja como un loco			
si un profesor me da una nota que me parece baja			
si alguien cuenta un chiste ofensivo			
si mis vecinos ponen música a todo volumen			
si no puedo matricularme en una clase			

Parte B: En parejas, comparen y discutan sus respuestas. Justifiquen por qué se quejan o se callan. Usen las siguientes frases para reaccionar a los comentarios.

No sirve para nada quejarse / **No vale la pena quejarse...**	*It's not worth it to complain . . .*
Vale la pena callarse porque...	*It's worth it to keep quiet, because . . .*
Tienes razón.	*You're right.*

Actividad 16 **Un poco de imaginación**   En grupos de tres, imagínense que estas dos personas son sus amigos y contesten las preguntas que siguen.

1. ¿Cómo se llaman y dónde trabajan?
2. ¿Qué hace el hombre para divertirse? ¿Y la mujer?
3. ¿Quién se divierte más?
4. ¿Dónde se aburren ellos?
5. ¿Se preocupan por su apariencia física?
6. ¿Se dan cuenta de los comentarios de los demás o no se preocupan por esas cosas?
7. ¿Cuál de los dos se interesa por la política? ¿Por qué?
8. ¿Cuál de los dos se olvida de pagar las cuentas a tiempo?

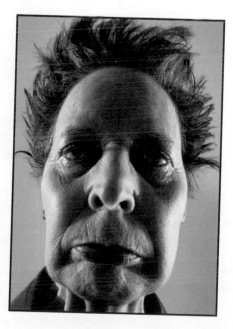

II. Discussing Nightlife

La vida nocturna

▶ Estudiantes de la Universidad Autónoma de México (UNAM) platican y planean qué van a hacer por la noche.

Fuente hispana

we order something to drink
we spend time, we hang out

asks you to dance
we chat (Mexico)

we get together / we always meet at the same time

"Cuando tenemos energía, salimos a escuchar música a algún bar o a cenar en un restaurante. Si salimos a un bar, escuchamos buena música, **pedimos algo de tomar** o de comer y salimos alrededor de las tres de la mañana. Si salimos a una fiesta, **pasamos tiempo** con gente que no vemos con frecuencia. A veces en algunas fiestas, nos aburrimos porque la música es mala o nadie **te saca a bailar.** Si salimos a cenar, pedimos buena comida, **platicamos**, nos divertimos y regresamos a nuestras casas a las doce de la noche. Los sábados si no salimos en la noche, vamos al cine a ver una película interesante; casi siempre son extranjeras, aunque a veces hay muy buenas películas mexicanas. Los domingos, **nos juntamos** siempre en los mismos lugares y **quedamos siempre a la misma hora** para tomar café y platicar sobre nuestras experiencias de la semana y estar siempre en contacto. A veces, para descansar después de una semana larga, es mejor alquilar una película, invitar a tus amigos y pedir pizza juntos."

mexicana

ir a una disco (discoteca) / ir a bailar	
sacar a bailar a alguien	to ask someone to dance
pasar tiempo con alguien	to hang out with someone
pedir algo de tomar	to order something to drink
ir a un bar	to go to a bar, café
ir al cine	
ir a un concierto	
sacar/comprar entradas	to get/to buy tickets
sentarse en la primera/ segunda/última fila	
ir detrás del escenario	to go backstage
el revendedor	scalper
ir a los videojuegos	to go to the video arcade
dejar plantado/a a alguien	to stand someone up
ligar (España)	to pick someone up (at a club, bar, etc.)
pasar a buscar/recoger a alguien (por/en un lugar)	to pick someone up (at home, etc.)
pasear con el auto	to go cruising
quedar a una hora con alguien	to meet at an agreed upon time
reunirse/juntarse con amigos	to get together with friends
salir a dar una vuelta	to go cruising/for a ride / for a walk
tener un contratiempo	to have a mishap (*that causes one to be late*)

The verb **ligar** is never followed directly by a noun as a direct object. **Todas las noches Juan sale con sus amigos a ligar, pero nunca liga con nadie interesante.**

Actividad 17　Definiciones　En parejas, túrnense para definir palabras o frases del vocabulario, pero no usen la palabra en su definición. Su compañero/a debe identificar la palabra o expresión.

Actividad 18　Para divertirme...　En grupos de tres, lean en la página 28 lo que hace una mexicana para divertirse por la noche y compárenlo con lo que hacen Uds.

El tiempo libre en México

Actividad 19　Tu vida nocturna　En parejas, discutan las siguientes preguntas relacionadas con la vida nocturna.

1. ¿Van a bailar y por qué? ¿Con qué frecuencia? ¿Sacan a bailar a otra persona o esperan que la otra persona los saque a bailar? ¿Por qué baila la gente?
2. ¿Les gusta ir a los bares? ¿Por qué? ¿Por qué se reúne la gente en los bares? ¿Por qué generalmente beben los jóvenes más que sus padres?
3. ¿Les compran las entradas a los revendedores el día del concierto o las compran con anticipación? ¿Cuánto cuesta normalmente una entrada? ¿Tienen a veces la oportunidad de ir detrás del escenario? ¿Qué hace la gente en un concierto de rock?
4. ¿Qué hacen si aceptan la invitación de alguien, pero después deciden no salir? ¿Y si alguien los está esperando en un lugar y Uds. tienen un contratiempo?

III. Obtaining and Giving Information

¿Qué? and ¿cuál?

1. In general, the uses of **qué** and **cuál** parallel English uses of *what* and *which,* except in cases where they are followed by **ser.**

¿**Qué** te ocurre?	*What's wrong? / What's the matter?*
¿**Qué** haces mañana?	*What are you doing tomorrow?*
¿**Cuál** le gusta más?	*Which do you like more?*
¿**Cuáles** de estos cantantes prefieren?	*Which of these singers do you prefer?*

Note: A noun can follow both **qué** and **cuál/es**, although **qué** + *noun* is more common: ¿**Qué vestido te vas a poner esta noche?**

2. Use **qué** + **ser** to ask for a definition or for group classifications.

Definition	Group Classification
—¿**Qué es** dejar plantado a alguien?	—¿**Qué eres,** demócrata o republicano?
—Es quedar en encontrarte con una persona y esa persona no aparece.	—Ninguno de los dos. Soy del Partido Verde.

Note: The question ¿**Qué es eso/esto?** is used to ask for the identification of an unknown object or action.

—¿**Qué es eso?**
—Es una quena. Es un instrumento musical que tocan en los Andes. (*identification*)

3. In all other instances not covered in points 1 and 2, use **cuál(es)** with **ser.**

¿**Cuál es** tu número de teléfono?	*What's your telephone number? (Which, of all the numbers in the world, is your phone number?)*
¿**Cuál es** tu dirección?	*What's your address? (Which, of all the addresses in the world, is your address?)*
¿**Cuáles son** tus zapatos?	*Which (of all the shoes) are your shoes?*

Compare the following questions.

—¿**Qué es** tarea?   —¿**Cuál es** la tarea?

—Tarea es un trabajo escrito que   —La tarea para mañana es hacer
   da el profesor para hacer en casa.   las actividades 4 y 5 del
                                     cuaderno de ejercicios.

Notice that the question on the left is asking for a definition of what homework is while the one on the right is asking about a specific homework assignment.

Actividad 20   **¿Cuánto sabes?**   **Parte A:** Completa las siguientes preguntas sobre la cultura hispana con **qué** o **cuál/es.**

1. ¿A _____ hora almuerza la gente en España?
2. ¿_____ es un sinónimo de "pasarlo bien"?
3. ¿Con _____ de estas formas se despiden dos mujeres mexicanas jóvenes: un beso o un apretón de manos?
4. ¿_____ es "tener un contratiempo"?
5. ¿_____ películas ve más un mexicano: nacionales o extranjeras?
6. ¿_____ significa ser hispano?
7. Se invita gente a una fiesta en Argentina a las diez de la noche. ¿A _____ hora llegan los invitados?
8. ¿_____ es una guayabera y en _____ países se lleva?
9. ¿_____ es el nombre de la mujer argentina que sirvió de inspiración para una obra de Broadway y una película con Madonna?
10. ¿_____ son los dos países suramericanos que llevan el nombre de personajes históricos?
11. ¿_____ es un "taco" en España? ¿Y en México?
12. ¿_____ moneda usan en México?
13. ¿_____ de las islas del Caribe es la más grande?
14. ¿_____ es la montaña más alta de América?

Parte B: En parejas, túrnense para hacer y contestar las preguntas anteriores. Si no saben la respuesta, digan **No sé. / No tengo idea. ¿Lo sabes tú?**

¿LO SABÍAN?

En el mundo hispano y en la mayoría de los países del mundo, los estudiantes aprenden que hay cinco continentes y no siete como enseñan los libros de los Estados Unidos. Los cinco continentes son América, Europa, Asia, África y Oceanía. Por eso, en español normalmente no se habla de "las Américas" sino de "América" como un solo continente. Observa el uso de la palabra "América" en la pregunta 14 de la Actividad 20. Di cómo se traduce la siguiente oración que se podría escuchar en los Estados Unidos: *Mount McKinley is the tallest mountain in America.*

IV. Avoiding Redundancies

///. Subject and Direct-Object Pronouns

Read the following conversation and state what is unusual.

> A: ¿Agustín invita a salir a Sara?
> B: No, Agustín no invita a salir a Sara porque Agustín no conoce a Sara.
> A: ¿Cuándo va a conocer a Sara Agustín?
> B: No sé cuándo Agustín va a conocer a Sara.

Obviously there is a great deal of repetition in the conversation. Two ways of avoiding repetition are (1) substituting a subject pronoun (**yo, tú, Uds.**, etc.) for the subject or omitting the subject altogether and (2) substituting direct-object pronouns for direct-object nouns.

> A: ¿Agustín invita a salir a Sara?
> B: No, no la invita a salir porque él no la conoce.
> A: ¿Cuándo va a conocerla?
> B: No sé cuándo la va a conocer.

1. A direct object (**complemento directo**) usually receives the action of the verb directly. It answers the question *whom?* or *what?* Notice that when the direct object refers to a specific person or to a loved animal, the personal **a** precedes it.

No encuentro **las llaves.**	*I can't find the keys.*
No encuentro **a mi hijo.**	*I can't find my child.*
No encuentro **a mi perro.**	*I can't find my dog.*

Note: The personal **a** is not usually used after the verb **tener**: **Tengo una hermana.**

2. The direct-object pronouns are:

me	nos
te	os
lo, la	los, las

Sentences with direct objects	Sentences with direct-object pronouns
Anoto **el teléfono de la muchacha.**	**Lo** anoto.
Carlos ve **a su novia** dos veces por semana.	Carlos **la** ve dos veces por semana.
	Ella **me/te/os/nos** ve una vez por año.

Pobre Jaime, sus amigos quedan a una hora
con él y no vienen, siempre **lo** dejan plantado.

3. Use direct-object pronouns:

a. before a conjugated verb

b. after and attached to the infinitive

La ve dos veces por semana.
La quiere ver.
La va a ver.
La tiene que ver ahora.

Quiere **verla.**
Va a **verla.**
Tiene que **verla** ahora.

Actividad 21 Miniconversaciones   **Parte A:** Completa estas miniconversaciones con **a, al, a la, a los, a las,** o deja el espacio en blanco cuando sea necesario.

1. —¿Vas _____ cenar con Germán esta noche?
   —No, pero mañana sí.

2. —Buscamos _____ Felipe Yepes. ¿Sabe Ud. dónde está?
   —No tengo idea.

3. —¿Tus hijas continúan con sus clases de ballet?
   —Sí, pero tienen un problema, pues _____ ellas no les caen
   bien sus compañeritos.

4. —Todos los años visitamos _____ las islas del Caribe
   durante las vacaciones.
   —Y ¿este año no van _____ ir?

5. —¿Qué haces todos los días en el trabajo?
   —Escribo _____ cartas, mando _____
   faxes, preparo _____ documentos y atiendo
   _____ clientes.

6. —¿Puedes venir _____ mi casa esta tarde?
   —Me gustaría, pero tengo que pasear _____ Lulú, el perro
   de mi prima.

7. —¿Vas a ver _____ Sr. Loprete y _____
   Sra. Guerra esta tarde?
   —_____ ella sí, pero _____ él no.

Remember:

a + el = al;

de + el = del.

This activity includes more uses of
a besides the personal **a.** To review
other uses, see Appendix E.

Parte B: En parejas, escojan una de las miniconversaciones y continúenla. Intenten crear una conversación de un mínimo de ocho líneas.

Actividad 22 En Los Ángeles La siguiente historia sobre un joven que vive en Los Ángeles contiene redundancias de sujeto y complemento directo que están en bastardilla (*italics*). Léela y después intenta reescribirla para que sea más aceptable.

EL DÍA DE
LAS ELECCIONES

Información para todos los votantes

Una guía completa para nuevos y no tan nuevos
votantes, incluso cómo empadronarse, cómo votar
y cómo evaluar a los candidatos y sus plataformas

Soy de familia hispana, vivo en Los Ángeles con mis padres, mis hermanos y mi abuela. *Mi abuela* no habla inglés y por eso, cuando *mi abuela* necesita ir al médico, yo voy con *mi abuela*. Mientras el doctor examina *a mi abuela* para ver qué problema tiene, yo traduzco la conversación entre ellos. A veces es aburrido traducir *la conversación* porque mi abuela siempre tiene el mismo problema. Parece que *el problema* sigue *a mi abuela* por todas partes porque vamos al consultorio del doctor una vez por semana. Hay mucha gente mexicana en esta ciudad y muchos saben inglés, otros estudian *inglés,* y otros no hablan *inglés* mucho. Sé que no es fácil aprender otro idioma y yo tuve suerte porque cuando era niño, aprendí *inglés* en la escuela y aprendí español en casa. Muchas personas, especialmente los mayores, que no hablan bien *inglés* tienen miedo de participar activamente como ciudadanos. Por eso trabajo en un centro de votación que contrata a voluntarios. El centro entrena *a los voluntarios* durante un día y luego *los voluntarios* salen a hablar con la comunidad hispana sobre la importancia de votar. Vamos por lo general a supermercados adonde van muchos hispanos y le explicamos a la gente que su voto cuenta y que es importante ejercer este derecho. Si no ejercen *este derecho* después no sirve protestar en contra del gobierno. Pronto va a haber elecciones locales y hay un candidato que no solamente tiene buenas ideas, sino que también tiene en cuenta los intereses de los hispanos. Por supuesto, yo pienso votar *a ese candidato* porque vamos a beneficiarnos todos.

5
10
15
20
25

Actividad 23 ¿Sabes quiénes...? En parejas, pregúntenle a su compañero/a si sabe qué grupo hispano hace las acciones que se indican. Sigan el modelo.

▶ decir la palabra "guagua" en vez de "autobús"
—¿Sabes quiénes dicen la palabra "guagua" en vez de "autobús"?
—Sí, la dicen los caribeños.

1. pronunciar la "ce" y la "zeta" como la "th" en inglés
2. usar el término "vos"
3. comer pan de muerto
4. decir "tacos"
5. generalmente no tener sangre indígena
6. decir la palabra "platicar" por "charlar"
7. tocar música con influencia de ritmos africanos

argentinos
caribeños (puertorriqueños, cubanos, dominicanos)
costarricenses
españoles
mexicanos

Actividad 24 ¿Te pasan estas cosas? En parejas, averigüen si les pasan las siguientes cosas.

▶   —¿Te llaman por teléfono tus padres?

—Sí, me llaman mucho.   —No, no me llaman nunca.

sus padres	llamarlo/la por teléfono
	visitarlo/la en la universidad
sus amigos	venir a visitarlo/la de otra universidad
	invitarlo/la a cenar
	criticarlo/la por algo
sus profesores	verlo/la fuera de las horas de oficina
su jefe	controlarlo/la mucho

Actividad 25 El jefe no nos escucha En grupos de tres, piensen en los jefes que han tenido y en otros jefes que conocen. Después, formen oraciones explicando cómo son los jefes en general. Sigan los modelos.

▶ Generalmente, no **nos ven** fuera de las horas laborales.

▶ Muchos de los jefes no **nos ven** fuera de las horas laborales, pero hay algunos que sí **nos ven**. Algunos incluso salen a tomar algo con nosotros.

1. escucharlos atentamente cuando Uds. hablan
2. respetarlos
3. conocerlos bien
4. considerarlos parte importante de la compañía
5. dejarlos salir temprano del trabajo en ocasiones especiales
6. invitarlos a tomar algo después del trabajo

Actividad 26 La primera salida **Parte A:** Lee lo que dicen un chico argentino y una chica mexicana sobre la primera vez que uno sale con alguien. Compara sus respuestas.

Fuentes hispanas

"En una primera salida típicamente el chico invita a la chica. Si él tiene auto, la pasa a buscar o si no, quedan en un lugar que puede ser un bar o un cine. La primera vez paga el chico porque es una cuestión social, pero hay muchos jóvenes que no tienen mucho dinero y a veces las chicas que no tienen mucho dinero **se aprovechan de** los chicos y salen con ellos sólo porque quieren salir. El chico muchas veces espera que ella le dé por lo menos un beso en la boca. En las próximas salidas generalmente pagan a medias y si se gustan, hay muchos más besos."

they take advantage of

argentino

"Por tradición, el hombre se acerca e investiga sobre la mujer que le interesa. Por tradición, el hombre invita por primera vez después de platicar

◀ Pareja argentina.

algunas veces con la mujer. Por tradición, el hombre la recoge en su casa y paga lo que sea que hagan (ir al cine, un café, una fiesta...). Por tradición, el hombre mantiene a su mujer y paga todos los gastos que tengan juntos. Hoy día hay mucha gente que no sigue las tradiciones porque no son muy prácticas. Entonces existen parejas que no dependen tanto de la diferencia de géneros. Así, a veces invita ella, a veces él o cada uno paga lo suyo."

mexicana

Do the corresponding CD-ROM and web activities to review the chapter topics.

Parte B: Ahora en grupos de tres, digan cómo es una primera salida en este país.

Vocabulario activo

Verbos

-ar *verbs*

ahorrar (dinero/tiempo)	*to save (money/time)*
alquilar (videos)	*to rent (videos)*
charlar	*to chat*
cuidar (a) niños	*to baby-sit*
dibujar	*to draw*
escuchar música	*to listen to music*
faltar (a clase/al trabajo)	*to be absent (from class/work)*
flirtear/coquetear	*to flirt*
gastar (dinero)	*to spend (money)*
mirar (la) televisión	*to watch TV*
pasar la noche en vela	*to pull an all-nighter*
pasear al perro	*to walk the dog*
probar (o → ue)	*to taste; to try*
sacar buena/mala nota	*to get a good/bad grade*
trasnochar	*to stay up all night*

-er *verbs*

devolver (o → ue)	*to return (something)*
escoger	*to choose*
hacer investigación/dieta	*to do research/to be on a diet*
poder (o → ue)	*to be able to, can*
soler (o → ue) + *infinitive*	*to usually do + verb*
volver (o → ue)	*to return*

-ir *verbs*

asistir (a clase/a una reunión)	*to attend (class/a meeting)*
compartir	*to share*
contribuir	*to contribute*
discutir	*to argue; to discuss*
mentir (e → ie, i)	*to lie*
salir bien/mal (en un examen)	*to do well/poorly (on an exam)*
seguir (instrucciones/a + alguien) (e → i, i)	*to follow (instructions, someone)*

Verbos reflexivos

La rutina diaria

acostarse (o → ue)	*to lie down, go to bed*
afeitarse (la barba/las piernas/etc.)	*to shave (one's beard/legs/etc.)*
arreglarse	*to make oneself presentable*
bañarse	*to take a bath*
cepillarse (el pelo/los dientes)	*to brush (one's hair/teeth)*
despertarse (e → ie)	*to wake up*
desvestirse (e → i, i)	*to get undressed*
dormirse (o → ue, u)	*to fall asleep*
ducharse	*to take a shower*
lavarse (el pelo/las manos/la cara/etc.)	*to wash (one's hair/hands/face/etc.)*

maquillarse	*to put on makeup*
peinarse	*to comb (one's hair)*
ponerse + *item of clothing*	*to put on + item of clothing*
prepararse (para)	*to get ready (for)*
probarse ropa (o → ue)	*to try on clothes*
quitarse + *item of clothing*	*to take off + item of clothing*
secarse (el pelo/la cara/etc.)	*to dry (one's hair/face/etc.)*
sentarse (e → ie)	*to sit down*
vestirse (e → i, i)	*to get dressed*

Otros verbos que usan pronombres reflexivos

aburrirse (de)	*to become bored (with)*
acordarse (de) (o → ue)	*to remember*
caerse	*to fall down*
callarse	*to shut up*
darse cuenta (de)	*to realize*
despedirse (de) (e → i, i)	*to say good-by (to)*
divertirse (e → ie, i)	*to have fun, to have a good time*
enfadarse/enojarse	*to get mad*
equivocarse	*to err, to make a mistake*
interesarse (por)	*to take an interest (in)*
irse (de)	*to go away (from), to leave*
ocuparse (de)	*to take care (of)*
olvidarse (de)	*to forget (about)*
preocuparse (de/por)	*to worry (about); to take care (of)*
quejarse (de)	*to complain (about)*
reírse (de) (e → i, i)	*to laugh (at)*
sentirse (e → ie, i)	*to feel*

La vida nocturna

ir a una disco (discoteca) / ir a bailar	*to go to a disco / to go dancing*
sacar a bailar a alguien	*to ask someone to dance*
pasar tiempo con alguien	*to hang out with someone*
pedir algo de tomar	*to order something to drink*
ir a un bar	*to go to a bar, café*
ir al cine	*to go to the movies*

ir a un concierto	*to go to a concert*
sacar/comprar entradas	*to get/to buy tickets*
sentarse en la primera/segunda/última fila	*to sit in the first/second/last row*
ir detrás del escenario	*to go backstage*
el revendedor	*scalper*
ir a los videojuegos	*to go to the video arcade*
dejar plantado/a a alguien	*to stand someone up*
ligar (*España*)	*to pick someone up (at a club, bar, etc.)*
pasar a buscar a alguien (por/en un lugar)	*to pick someone up (at home, etc.)*
pasear con el auto	*to go cruising*
quedar a una hora con alguien	*to meet at an agreed upon time*
reunirse/juntarse con amigos	*to get together with friends*
salir a dar una vuelta	*to go cruising / for a ride / for a walk*
tener un contratiempo	*to have a mishap (that causes one to be late)*

Expresiones útiles

llamarle la atención	*to attract someone's attention*
ser un/a pesado/a	*to be a bore*
hace + (*time expression*) + que + *present*	*have been + -ing for (time expression)*
No sirve para nada quejarse / No vale la pena quejarse...	*It's not worth it to complain . . .*
Vale la pena callarse porque...	*It's worth it to keep quiet because . . .*
Tienes razón.	*You're right.*
¡No me digas! / ¿De veras?	*Really? / You're kidding.*
Yo también.	*I do too. / Me too.*
Yo tampoco.	*Neither do I. / Me neither.*
En cambio yo...	*Instead I . . . / Not me, I . . .*
¡Qué chévere! (*Caribe*)	*That's cool!*
¡Qué lástima!	*What a pity!*

Vocabulario personal

Capítulo 2

Metas comunicativas

- narrar en el pasado (primera parte)
- hablar de cine
- decir la hora y la edad en el pasado

España: pasado y presente

◄ La mezquita de Córdoba, España.

Un anuncio histórico

◄ La estrella mora.

el lunes	on Monday
los lunes	on Mondays
(año) clave	key (year)

llave = key (*as in a car key*)

Actividad 1   Algo de historia   **Parte A:** Antes de escuchar un anuncio comercial en la radio, habla sobre la siguiente información.

www *Historia de España*

1. ciudades, países o zonas geográficas que relacionas con las siguientes religiones: el islam, el judaísmo y el catolicismo
2. religión que asocias con:
   • el *Tora*, la *Biblia*, el *Corán*
   • Mahoma, los reyes Fernando e Isabel de España, Maimónides
   • una iglesia, una sinagoga, una mezquita
3. año en que Colón llegó a América
4. tipo de gobierno que asocias con Francisco Franco (socialista, comunista, fascista, democrático)

Parte B: Lee los siguientes acontecimientos de la historia española y luego, mientras escuchas el anuncio comercial, ponlos en orden cronológico.

_____ Murió Franco y empezó la monarquía parlamentaria.

_____ Los moros invadieron la Península Ibérica.

_____ España perdió sus últimas colonias.

_____ Los judíos, los moros y los cristianos pudieron estudiar y trabajar juntos entre los años...

_____ Empezó la guerra civil.

_____ Los Reyes Católicos expulsaron a los moros de la Península Ibérica.

Actividad 2 Más información Escucha el anuncio comercial una vez más y contesta estas preguntas.

1. ¿Qué otro nombre se usa en España para musulmán?
2. ¿Por qué invadieron la Península Ibérica los musulmanes? ¿Sabes qué países forman esa península?
3. ¿Quién fue el rey español entre 1252 y 1284?
4. ¿Con qué otro nombre se conoce a Fernando y a Isabel?
5. ¿Cuáles fueron las últimas colonias que perdió España?
6. ¿Cuántos años estuvieron los moros en la Península Ibérica?
7. ¿Cuántos años duró la colonización española de América y la zona del Pacífico?
8. ¿Cuántos años duró la dictadura de Franco?

¿LO SABÍAN?

En el año 1492 ocurrieron tres acontecimientos de gran importancia, no sólo en la historia de España sino también en la historia mundial.

- Se publicó la primera gramática de la lengua española.
- Isabel y Fernando vencieron a los moros y expulsaron a los infieles, tanto moros como judíos, para tener en la península una sola religión, el catolicismo.
- La llegada de Colón a América marcó el principio del dominio y la colonización española en el Nuevo Mundo.

El año 1975 fue una fecha clave para la España moderna. Murió el general Francisco Franco y empezó el movimiento hacia la democracia con la institución de una monarquía parlamentaria bajo el rey Juan Carlos de Borbón. En el año 1977 se inició "el destape", un período de apertura, cambios sociales y una explosión de la libertad de expresión. En 1982 el país se unió a la OTAN y en 1986, España ingresó en la Comunidad Económica Europea (ahora la Unión Europea). ¿Cuál es la función de la OTAN? ¿En qué crees que se beneficia España al ser parte de la Unión Europea?

¡Viva el Rey!

Ya circula el euro

EL PRÍNCIPE FELIPE SE CASA CON UNA PERIODISTA

destapar = to take the lid off

OTAN (Organización del Tratado del Atlántico Norte) = NATO

Do the corresponding CD-ROM and web activities as you study the chapter.

I. Narrating in the Past (Part One)

A. The Preterit

1. As you studied in previous Spanish courses, in order to speak about the past you need both the preterit (**pretérito**) and the imperfect (**imperfecto**). This chapter will focus on the uses of the preterit and a few uses of the imperfect. In general terms, the preterit is dynamic and active and is used to move the narrative along while talking about the past. The preterit forms of regular verbs are as follows.

entr**ar**		perd**er***		viv**ir**	
entr**é**	entr**amos**	perd**í**	perd**imos**	viv**í**	viv**imos**
entr**aste**	entr**asteis**	perd**iste**	perd**isteis**	viv**iste**	viv**isteis**
entr**ó**	entr**aron**	perd**ió**	perd**ieron**	viv**ió**	viv**ieron**

*Note: **-ar** and **-er** stem-changing verbs do not have a stem change in the preterit. To review formation of the preterit and irregular forms, including **-ir** stem-changers, see Appendix A, pages 341–343.

2. Timelines can help you understand the uses of and relationships between different tenses. Examine the timelines as you read the examples.

Use the preterit:

a. to denote a completed state or an action.

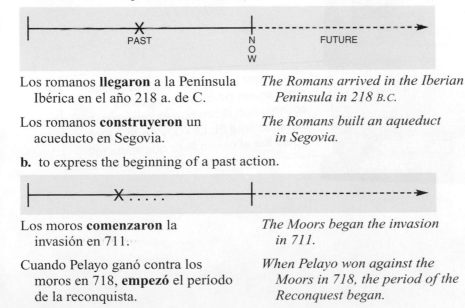

Los romanos **llegaron** a la Península Ibérica en el año 218 a. de C.

The Romans arrived in the Iberian Peninsula in 218 B.C.

Los romanos **construyeron** un acueducto en Segovia.

The Romans built an aqueduct in Segovia.

b. to express the beginning of a past action.

Los moros **comenzaron** la invasión en 711.

The Moors began the invasion in 711.

Cuando Pelayo ganó contra los moros en 718, **empezó** el período de la reconquista.

When Pelayo won against the Moors in 718, the period of the Reconquest began.

c. to express the end of a past action.

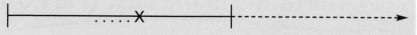

La dominación mora **terminó** en 1492.   *Moorish domination ended in 1492.*

d. to express an action or state that occurred over a specific period of time. This time period is, many times, overtly expressed in the sentence.

La dominación mora **duró** 781 años.   *Moorish domination lasted 781 years.*

Estuvieron en la península casi 800 años.   *They were on the peninsula for almost 800 years.*

EL LEYO
UN EXCITANTE LIBRO DE PIRATAS

ELLA LEYO
UN CUENTO UN POCO TRISTE

EL LEYO
UNA NOVELA DE AMOR MUY ROMANTICA

EL NO LEYO NADA

YO ESTUVE EN LA FERIA DEL LIBRO DE BUENOS AIRES

◄ Mucha gente no pone acentos en las mayúsculas porque las reglas de acentuación dicen que es opcional. Por eso dice aquí EL LEYO, y no ÉL LEYÓ. ¿Cuál fue el último libro que leíste tú?

Actividad 3 **Analiza** Examina las siguientes oraciones sobre la historia de España y la colonización del continente americano. Primero, subraya (*underline*) los verbos en el pretérito y segundo, indica cuál de los gráficos explica mejor el uso del pretérito en cada oración.

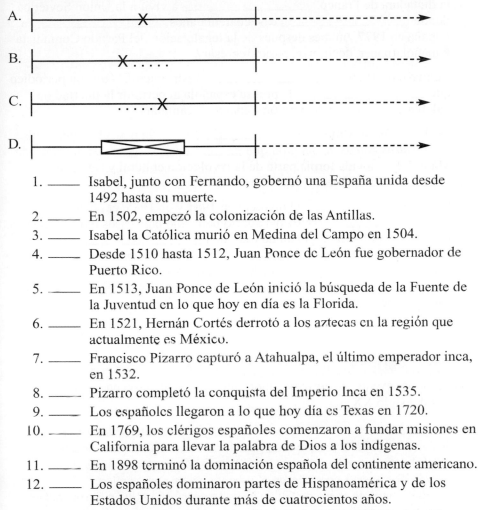

A.

B.

C.

D.

1. ____ Isabel, junto con Fernando, gobernó una España unida desde 1492 hasta su muerte.

2. ____ En 1502, empezó la colonización de las Antillas.

3. ____ Isabel la Católica murió en Medina del Campo en 1504.

4. ____ Desde 1510 hasta 1512, Juan Ponce de León fue gobernador de Puerto Rico.

5. ____ En 1513, Juan Ponce de León inició la búsqueda de la Fuente de la Juventud en lo que hoy en día es la Florida.

6. ____ En 1521, Hernán Cortés derrotó a los aztecas en la región que actualmente es México.

7. ____ Francisco Pizarro capturó a Atahualpa, el último emperador inca, en 1532.

8. ____ Pizarro completó la conquista del Imperio Inca en 1535.

9. ____ Los españoles llegaron a lo que hoy día es Texas en 1720.

10. ____ En 1769, los clérigos españoles comenzaron a fundar misiones en California para llevar la palabra de Dios a los indígenas.

11. ____ En 1898 terminó la dominación española del continente americano.

12. ____ Los españoles dominaron partes de Hispanoamérica y de los Estados Unidos durante más de cuatrocientos años.

To review large numbers, see Appendix G.

Actividad 4 **El siglo XX** Para aprender más sobre la España en el siglo XX, completa las siguientes oraciones con la forma correcta del verbo en el pretérito.

1. Durante y después de la guerra civil española, muchos intelectuales como los escritores Ramón Sender, Rafael Alberti y Francisco Ayala y músicos como Manuel de Falla y Pablo Casals _____ de España y _____ en el exilio por no estar de acuerdo con el gobierno de Franco y por miedo de sufrir represalias por sus ideas. (salir, vivir)

Cuando los intelectuales huyen de un país por razones políticas, este éxodo se llama **fuga de cerebros**.

2. En 1937 Picasso _____ el *Guernica*, un cuadro que conmemora la destrucción de un pueblo en el País Vasco en el norte de España. Desde 1939 hasta 1981 el Museo de Arte Moderno de Nueva York _____ el cuadro. En 1981, seis años después del final de la dictadura de Franco, el cuadro _____ a España y ahora se lo puede ver en el Centro de Arte Reina Sofía en Madrid. (hacer, exhibir, volver)

s/z sound = za **ce** ci **zo** zu (empe**cé**, hi**zo**)

(continúa en la página siguiente)

3. Dolores Ibárruri _____ en Asturias en 1895. Los españoles la conocen como La Pasionaria, una famosa comunista española que _____ : "Antes morir de pie que vivir de rodillas". Durante la dictadura de Franco, _____ a vivir a la Unión Soviética donde _____ casi cuarenta años. _____ a España en 1977, un mes después de la legalización del Partido Comunista Español. (nacer, decir, irse, pasar, regresar)

4. En mayo de 1976, _____ el periódico *El País*, un periódico que _____ la prensa española al permitir la libertad de palabra en la sección de opinión. (aparecer, cambiar)

5. En 1980, Pedro Almodóvar _____ la película *Pepi, Luci, Bom y otras chicas del montón* que _____ *"la movida"* de Madrid. La movida forma parte de la revolución cultural y sexual de la España posfranquista. (producir, mostrar)

6. Se _____ el divorcio en 1981 y en 1985, el gobierno _____ la ley del aborto pero sólo para casos muy especiales. En 1998, el gobierno regional de Cataluña _____ la *Ley de Parejas de Cataluña* que _____ la unión homosexual estable y les _____ a los homosexuales todos los derechos que el gobierno regional le da a una pareja heterosexual. (legalizar, aprobar, aprobar, reconocer, dar)

la movida = nightlife in post-Franco Spain

Actividad 5 Una historia personal **Parte A:** Lee lo que escribe un joven español sobre eventos históricos importantes que ocurrieron en las dos últimas décadas del siglo XX.

El rey habló por televisión y otros militares que pensaban participar, no se levantaron. Después de horas de incertidumbre, la situación se resolvió y los militares que entraron en el Parlamento fueron detenidos.

"El 23 de febrero de 1981: Este día es muy importante en la historia reciente de España porque un grupo de la Guardia Civil (similar a la policía) entró en el Parlamento con la intención de dar un golpe de estado. Por suerte no pudieron. Y además es mi cumpleaños.

El primero de enero de 1986: España entró en la Unión Europea. Sin duda fue una fecha muy importante en la historia de España porque marcó el fin del complejo de los españoles de ser un país atrasado con respecto a sus vecinos. La Unión Europea hoy les ofrece grandes posibilidades de trabajo y de convivencia a todos sus ciudadanos. Podemos viajar de un país a otro sin pasaporte y con la misma moneda y trabajar en cualquiera de los países de la Unión."

español

Parte B: Haz una lista de tres a cuatro acontecimientos históricos que tuvieron lugar durante tu vida hasta el año pasado, pero no escribas las fechas. Incluye por ejemplo: guerras, elecciones, muerte de personas famosas, accidentes graves (nucleares o desastres naturales como terremotos, erupciones volcánicas), actos de terrorismo, asesinatos, inventos, etc.

Parte C: Ahora, en parejas, háganse preguntas para ver si la otra persona sabe en qué año ocurrieron los acontecimientos que escribió cada uno.

> A: ¿En qué año fue la guerra con Iraq?
> B: Fue en...
> A: ¿En qué año no jugaron la Serie Mundial de béisbol?
> B: No jugaron la Serie Mundial en...

Actividad 6   ¿Qué hiciste?   Parte A: Marca en la primera columna las cosas que hiciste tú el fin de semana pasado. Después, en parejas, túrnense para preguntarle a su compañero/a si hizo las siguientes actividades el fin de semana pasado y marquen sólo las respuestas afirmativas en la segunda columna.

> —¿Miraste televisión el fin de semana pasado?

—Sí, miré televisión.   —No, no miré televisión.

	Sí (yo)	Sí (mi compañero/a)
1. leer una noticia interesante	____	____
2. comer afuera y pedir un plato caro	____	____
3. conocer a alguien	____	____
4. dormir hasta muy tarde	____	____
5. hacer una llamada de larga distancia	____	____
6. jugar un deporte con pelota	____	____
7. alquilar un video	____	____
8. limpiar su cuarto	____	____
9. tocar un instrumento musical	____	____
10. pagar una cuenta	____	____
11. pensar en los próximos exámenes	____	____
12. decidir estudiar en vez de salir	____	____
13. ir a una fiesta	____	____
14. ver una película en el cine	____	____
15. vestirse con ropa elegante	____	____

Remember the following letter combinations when spelling preterit forms:

hard **c** sound = ca **que** qui co cu (to**qué**);

hard **g** sound = ga **gue** gui go gu (pa**gué**);

s/z sound = za **ce** ci **zo** zu (empe**cé**, hi**zo**).

Parte B: Ahora, cambia de pareja y cuéntale a otra persona algunas de las cosas que hiciste, algunas que hizo tu compañero/a y otras cosas que hicieron los dos.

⚏ B. Narrating in the Past: Meanings Conveyed by Certain Verbs

In Spanish, certain verbs may convey a different meaning in the preterit than they do in the present when translated into English. The meaning conveyed by the preterit in Spanish reflects the nature of the preterit itself, in that it moves the narration along by indicating a completed action or the beginning or end of an action.

	Present	Preterit
conocer (**a** + *person*)	to know (*someone or someplace*); to be acquainted with	met for the first time/began to know (*someone or someplace*)
saber (+ *information*)	to know (*something*)	found out (*something*)

Cuando Colón **supo** que a los portugueses no les interesaba su viaje, se fue a España.

When Columbus found out that the Portuguese weren't interested in his trip, he went to Spain.

En 1486 **conoció a** los Reyes Católicos en Córdoba.

In 1486 he met the Catholic Kings in Cordoba.

	Present	Preterit
no querer (+ *infinitive*)	not to want (*to do something*)	refused and <u>didn't</u> (*do something*)
no poder (+ *infinitive*)	not to be able (*to do something*)	was/were not able <u>and didn't</u> (*do something*)

Los portugueses **no quisieron** financiar las ideas de Colón; por eso **no pudo** hacer su viaje.

The Portuguese refused to finance Columbus' ideas; that is why he couldn't make the trip.

	Present	Preterit
tener que (+ *infinitive*)	to have to (*do something*)	had to <u>and did</u> (*do something*)

Colón **tuvo que** ir a España para pedir dinero.

Columbus had to go to Spain to ask for money.

Actividad 7 Este semestre Habla de la siguiente información sobre el principio de este semestre.

1. Nombra a tres personas a quienes conociste el primer día de clases.
2. ¿Cuándo supiste los nombres de tus profesores, el semestre pasado o al principio del semestre?
3. ¿Intentaste entrar en una clase y no pudiste? Si contestas que sí, ¿cuál fue?
4. ¿Cuáles son dos cosas que tuviste que hacer cuando llegaste a la universidad?

Actividad 8   ¿Qué tal la fiesta?   En parejas, usen las siguientes ideas para contarle a su compañero/a sobre la última fiesta a la cual asistieron.

1. cómo supiste de la fiesta
2. adónde fuiste
3. quién organizó la fiesta
4. cómo fuiste (caminaste, fuiste en metro/coche)
5. una persona a quien conociste
6. quiénes más asistieron
7. qué sirvieron para beber/comer
8. tres cosas que hiciste
9. si lo pasaste bien o mal
10. si sueles ir a muchas fiestas

C. Indicating When Actions Took Place: Time Expressions

1. To move the narration along in the past, use adverbs of time and other expressions of time that tell when an action took place. Some common expressions include:

de repente	suddenly
a las tres/cuatro/etc.	at three o'clock/four o'clock/etc.
anoche	last night
anteanoche	the night before last
ayer	yesterday
anteayer	the day before yesterday
el lunes/fin de semana/mes/ año/siglo pasado	last Monday/weekend/month/ year/century
la semana/década pasada	last week/decade
en (el año) 1588	in (the year) 1588
en el 98	in '98

Anteanoche miré una película sobre la guerra civil española.

The night before last I saw a movie about the Spanish Civil War.

Esta guerra empezó **en 1936.**

This war started in 1936.

2. To express how long ago an action took place, use one of the following formulas.

> **Hace** + *period of time* + **(que)** + *verb in the preterit*
> *Verb in the preterit* + **hace** + *period of time*

Que is frequently omitted in speech except when asking questions.

¿Cuánto tiempo **hace que** los europeos **probaron** el chocolate?

How long ago did Europeans try chocolate?

Hace casi cinco siglos (**que**) los europeos **probaron** el chocolate por primera vez.

Los europeos **probaron** el chocolate por primera vez **hace casi cinco siglos.**

Europeans tried chocolate for the first time almost five centuries ago.

3. Use the following expressions with the preterit tense to denote how long an action occurred:

desde... hasta...	from . . . until . . .
por...* años/semanas/horas	for . . . years/weeks/hours
durante...* años/semanas/horas	during . . . years/weeks/hours

El dominio español de
Hispanoamérica duró **desde
finales del siglo XV hasta
finales del siglo XIX.**

*The Spanish dominance of
Hispanic America lasted from
the end of the 15th century until
the end of the 19th century.*

*Note: It is common to specify a time period with or without **por** or **durante.**

España dominó Hispanoamérica
por/durante 406 años.

España dominó Hispanoamérica
406 años.

Actividad 9 **Averigua** Usa la siguiente información para hacerles preguntas a tus compañeros sobre el presente y el pasado. Escribe sólo el nombre de los que contesten que sí.

▶   —¿Asististe a un concierto de música rap el fin de semana pasado?

—Sí, asistí a un concierto.
(escribe el nombre de
la persona)

—No, no asistí a ningún concierto.

Nombre

ir a la oficina de un profesor el
semestre pasado   _____

tener cuatro materias este semestre   _____

elegir una clase fácil el semestre
pasado   _____

darse cuenta de algo importante la
semana pasada   _____

hacer ejercicio ayer durante 30 minutos   _____

faltar al trabajo anteayer   _____

dejar de salir con alguien el
mes pasado   _____

hacer experimentos en un
laboratorio todas las semanas   _____

sentirse muy cansado/a al principio
del semestre   _____

generalmente discutir con su
compañero/a de habitación
(o novio/a, esposo/a o un pariente)   _____

tener un/a estudiante de posgrado
como profesor/a el semestre pasado   _____

pasar una noche en vela el
semestre pasado   _____

Actividad 10 ¿Qué hizo? En parejas, túrnense para contar lo que Uds. creen que hizo su profesor/a ayer. Usen cada una de estas expresiones de tiempo en cualquier orden: **ayer, primero, después, más tarde, luego, por la tarde, durante dos horas, a las cinco, por la noche.** Tachen (*Cross out*) las expresiones al usarlas.

Actividad 11 ¿Cuánto hace? En parejas, túrnense para preguntarse cuánto hace que hicieron las siguientes cosas y averiguar más información sobre cada una.

▶ A: ¿Cuánto tiempo hace que fuiste al cine con un amigo?
  B: Hace tres días que fui al cine. / Fui al cine anteanoche.
  A: ¿Qué viste?
  B: ...

1. alquilar un video bueno
2. invitar a alguien a cenar
3. conducir por lo menos dos horas
4. enojarse con alguien
5. ir a otra ciudad
6. venir a esta universidad
7. olvidarse de algo importante
8. faltar a una clase
9. gastar más de cien dólares en algo
10. hacer una locura (*something crazy*)

D. Indicating Sequence: Adverbs of Time

In order to narrate a series of actions, it is necessary to use words that indicate when the actions occurred in relation to other actions. The following words and phrases are used to express sequence.

antes	before
antes de + *infinitive*	before *verb* + -ing
primero	first
más tarde/luego	later/then
después	later/then/afterwards
después de + *infinitive*	after *verb* + -ing
tan pronto como/en cuanto	as soon as
inmediatamente	immediately
enseguida	at once
finalmente	finally
al terminar	after finishing

Preposition + infinitive: después **de** volv**er**

Enseguida may be written as one word or two: **en seguida.**

Note: When sequencing events use **más tarde, luego,** and **después.** Only use **entonces** to indicate a result and not to indicate "later" or "afterwards". **Estaba cansada y entonces (por eso) me fui a dormir.**

Actividad 12 **Un día terrible** En parejas, creen una historia sobre el día terrible que tuvo un amigo de Uds. usando las expresiones de la columna A en el orden en que aparecen y las acciones de la columna B en orden lógico.

A	B
1. Esta mañana...	ponerse dos medias de diferente color
2. En cuanto...	salir de la casa tarde
3. Luego...	llegar a clase con la ropa mojada de sudor (*soaked with sweat*)
4. Después...	entrar en la ducha / quemarse con agua caliente
5. Más tarde...	levantarse tarde
6. Tan pronto como...	correr a clase cansadísimo/a
7. Enseguida...	tomar el autobús equivocado
8. Finalmente...	bajar del autobús / caerse

Actividad 13 **Tu día, ayer** En grupos de tres, cuéntenle a sus compañeros con muchos detalles qué hicieron ayer. Usen palabras como: **primero, luego, más tarde, después de** + *infinitivo*.

www *La arquitectura española*

Actividad 14 **Sus vacaciones** **Parte A:** Lee esta parte del diario de un turista sobre las vacaciones que tomó en Granada y luego responde a las preguntas de tu profesor/a.

◄ El Patio de los Leones en la Alhambra, un palacio moro en Granada, España.

... por la mañana subí la calle hacia la Alhambra, un castillo moro increíble. Al llegar, por todas partes había gitanas que querían venderme flores; todo era muy caótico pero luego entré en la Alhambra —un lugar donde había vivido un sultán con su harén— y eso era otro mundo. Primero visité las diferentes salas decorada 5 cada una con diseños geométricos y escritura árabe; algunas veces había poemas en las paredes. Pero lo que más me impresionó fue el constante sonido del agua. Había agua por todas partes como en el Patio de los Leones. Luego visitamos los baños y un guía nos explicó que en el siglo XIV había baños y que los moros tenían 10 agua fría, agua caliente y agua perfumada. Después de salir de la Alhambra, pensé en que el sultán se bañaba mientras que los europeos podían pasar un año sin bañarse —si no me equivoco, creo que los europeos, o sea los cristianos, asociaban el acto de bañarse con ser pagano, o sea no creer en Dios... 15

Parte B: En parejas, usen las siguientes ideas para contarle a su compañero/a sobre sus últimas vacaciones. Recuerden usar palabras como: **primero, luego, después, después de** + *infinitivo*.

adónde fuiste	cuánto costó	qué cosas hiciste
cuánto tiempo estuviste	cómo viajaste	a quién conociste
con quién fuiste	qué lugares visitaste	

Al escuchar sobre las vacaciones de su compañero/a, reaccionen usando una de estas expresiones.

Para expresar sorpresa:	**¡Por Dios! ¡Por el amor de Dios!**
Para comentar positivamente sobre algo:	**¡Qué bueno! ¡Qué divertido!**
Para pedir más información:	**¿Y después qué? Cuéntame más.**

E. Past Actions That Preceded Other Past Actions: The Pluperfect

When narrating in the past, you frequently refer to an action that preceded another action in the past. Spanish uses the pluperfect tense (had + *past participle*) to express an action that occurred before another. To form the pluperfect tense (**pluscuamperfecto**), use a form of the verb **haber** in the imperfect + *past participle*.

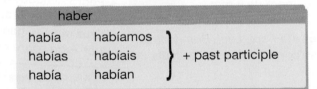

haber		
había	habíamos	
habías	habíais	} + past participle
había	habían	

To review the formation of past participles, see page Appendix A, pages 348–349. Common irregulars include: **abierto, dicho, hecho, visto.**

Note: The past participle always ends in **-o** when it is part of a verb phrase.

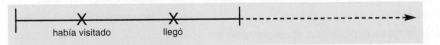

había visitado   llegó

Leif Ericsson ya **había visitado** América cuando **llegó** Colón.	*Leif Ericsson had already visited America when Columbus arrived.*

Note: **Ya** is frequently used before the pluperfect to emphasize that an action had *already* occurred before another took place.

Actividad 15 ¿Ya habías...? En parejas, háganse preguntas sobre su pasado. Sigan el modelo.

▶ viajar a Europa / terminar la escuela secundaria
  —¿Ya habías viajado a Europa cuando terminaste la escuela secundaria?
  —Sí, fui con mis padres en 2003. / —No, ...

1. sacar la licencia de manejar / empezar el tercer año de la escuela secundaria
2. aprender a leer / empezar el primer grado de la primaria
3. vivir en el mismo lugar toda la vida / venir a estudiar aquí
4. ver una película de Almodóvar / tomar esta clase

Actividad 16 La vida de Pedro Almodóvar **Parte A:** Pedro Almodóvar, cineasta español, pasó su infancia y su juventud bajo la dictadura de Franco. Es uno de los representantes del destape cultural que ocurrió después de la muerte de Franco. Lee su información biográfica para responder a las preguntas de tu profesor/a.

▲ Pedro Almodóvar (centro) con Antonio Banderas y Penélope Cruz cuando ganó el Oscar por *Todo sobre mi madre.*

Pedro Almodóvar	
1949	Nace* en Calzada de Calatrava, España, durante la dictadura de Francisco Franco.
1965	A los 16 años llega a Madrid justo después de cerrarse la Escuela Oficial de Cine.
1965–1980	Consigue trabajo en una compañía telefónica donde se queda por 12 años. Filma **cortometrajes** con una cámara de 8 mm. En 1975 muere Franco.
1980	Hace su primer **largometraje** *Pepi, Luci, Bom y otras chicas del montón* que se convierte en una película de culto entre los españoles.
1984	Su película *¿Qué he hecho yo para merecer esto?*, una comedia negra, recibe aclamación mundial.
1988	Recibe una nominación para el Oscar a la mejor película de habla no inglesa por *Mujeres al borde de un ataque de nervios*.
1989	Su película *Átame* tiene problemas al estrenarse en los EE.UU. *La Motion Picture Association of America* la califica con "X". Almodóvar y otros artistas empiezan un proceso legal contra la MPAA y logran que la MPAA establezca una nueva clasificación, la de "NC17".
2000	Gana el Oscar a la mejor película de habla no inglesa por *Todo sobre mi madre*.
2003	Gana el Oscar al mejor **guion** original por *Hable con ella.*

* It is possible to use the present tense instead of the preterit to narrate in the past. This is called the **presente histórico**.

cortometraje = film "short"

largometraje = feature-length film

guion = script (screenplay)

Parte B: Ahora usa la siguiente información para formar oraciones sobre su vida. ¡Ojo! Algunos verbos deben estar en el pretérito y otros en el pluscuamperfecto.

▶ Franco subir al poder / nacer Almodóvar
   Franco ya había subido al poder cuando nació Almodóvar.

1. llegar a Madrid / la Escuela Oficial de Cine cerrarse
2. morir Franco / hacer *Pepi, Luci, Bom y otras chicas del montón*
3. recibir aclamación mundial / recibir una nominación para el Oscar a la mejor película de habla no inglesa por *Mujeres al borde de un ataque de nervios*
4. la MPAA darle una clasificación de "X" a *Átame* / la MPAA establecer la clasificación de "NC17"
5. ganar el Oscar al mejor guion original / ganar el Oscar a la mejor película de habla no inglesa

¿LO SABÍAN?

Después de la muerte de Franco, España pasó por una época llamada "el destape". Pedro Almodóvar dirigió, escribió y actuó en películas durante esa época. ¿Exactamente qué fue el destape? Para saber, lee lo que dice una madrileña.

"El destape efectivamente, fue una época muy curiosa que empezó en el 75, año de la muerte de Franco. Se legaliza en la Semana Santa de 1976 el Partido Comunista. Se aprueba la Constitución en el 78. La represión existente en vida de Franco deja de existir, y pasamos a una política abierta y permisiva. Surgieron muchas revistas con orientaciones muy diversas que escribían sin censura, algo que era totalmente nuevo para muchos españoles. Dentro de estas revistas estaban las que hablaban un poco de todo, política, cotilleos, economía y sexualidad (algo impensable) e incluían cantidad de fotos de chicas ligeras de ropa o en topless (destapadas). Todos los artículos que acompañaban estas fotos hablaban de "la liberación de la mujer", "de que las españolas éramos retrógradas", "de cómo vivían las europeas (nosotras al parecer no lo éramos) suecas, francesas, alemanas", etc. La "movida madrileña", equiparable en su concepto al "destape", fue un movimiento de libertad y bullicio que llenó las calles hasta las madrugadas, y que se trasladaba de un barrio a otro, que llenó de asombro a las personas conservadoras, y que resultó ser una expresión de una cultura joven y sin censura. Fue como la fiebre, una fuerte subida y después todo volvió a la normalidad."

española

Actividad 17   La línea de tu vida   **Parte A:** En la siguiente línea marca un mínimo de cinco años importantes de tu vida. Algunas posibilidades son: el año en que naciste, el año en que recibiste un premio o tu equipo ganó una competencia, el año en que trabajaste por primera vez. Marca los años, pero no escribas qué hiciste esos años.

Parte B: En parejas, muéstrense su línea y pregúntense sobre las fechas importantes de su vida. Usen expresiones como: **¿Qué pasó en...?, ¿En qué año (terminaste la escuela secundaria)?, ¿Ya habías... cuando...?**

Parte C: Ahora hablen de la vida de su compañero/a diciendo oraciones como la siguiente.

▶ Ella ya **había estudiado** un poco de español cuando **fue** a México por primera vez.

II. Discussing Movies

El cine

www *El cine*

Clasificación moral = Rating

This film was rated "**Todos los públicos**" in Spain, but received a rating of R in the U.S. and 18A in Canada.

Ficha técnica
La lengua de las mariposas
España, 1999
Castellano, color, 94 minutos
Clasificación moral: Todos los públicos
Drama
Director: José Luis Cuerda
Actores: Fernando Fernán Gómez (Don Gregorio), Manuel Lozano (Moncho), Uxía Blanco (Rosa), Gonzalo Martín Uriarte (Ramón), Alexis de los Santos (Andrés), Guillermo Toledo (O'lis)
Guion: Rafael Azcona y José Luis Cuerda, basado en la novela *¿Qué me quieres, amor?* de Manuel Rivas

Producción: Mónica Martínez, Myriam Mateos
Fotografía: Javier Salmones
Música: Alejandro Amenábar

Sinopsis: Moncho (Manuel Lozano), un niño, que en 1936, a los ocho años asiste a la escuela primaria por primera vez. La historia ocurre en un pueblo de la provincia de Galicia y coincide con el comienzo de la guerra civil española. A medida que avanza el año escolar, Moncho forma una relación especial con su maestro (Fernando Fernán Gómez), el profesor que nunca les pega a los estudiantes, que le enseña a Moncho sobre el mundo, la vida y la importancia de que las mariposas tengan la lengua en forma de espiral. Pero el 18 de julio de ese año las cosas cambian para siempre cuando empieza la guerra civil española.

Palabras relacionadas con el cine

el argumento	plot
la banda sonora	sound track
la clasificación moral	rating
las colas/los trailers	previews
la crítica	critique
el/la crítico/a de cine	movie critic
el estreno; estrenarse	premiere/opening; to premiere
el género	genre
de ciencia ficción	
comedia	
de espionaje	spy movie
documental	
drama	
infantil	
melodrama	
las películas mudas	silent films
el papel de...	the role of . . .
hacer el papel del malo	to play the role of the bad guy
el personaje	character
el premio	award
producir	to produce
el vestuario	costumes

El personaje is always masculine: **Me gustó el personaje que hizo Penélope Cruz en** *Todo sobre mi madre.*

Otras palabras relacionadas con el cine

el actor/la actriz
la actuación
actuar
el/la director/a
los efectos especiales
filmar
la fotografía
el/la productor/a

Frases relacionadas con el cine

dar una película	to show a movie
seguir / estar en cartelera	to still be showing / "Now playing"
ser muy hollywoodense	to be like a Hollywood movie
ser una película taquillera	to be a blockbuster

Actividad 18 Definiciones En parejas, una persona debe dar definiciones y la otra persona tiene que adivinar qué palabra o frase es. Usen frases como: **Es la persona que..., Es un tipo de película en que..., Es el lugar donde...,** etc.

Actividad 19   La película   Mira la ficha técnica de la película *La lengua de las mariposas* en la página 54 y contesta estas preguntas.

1. ¿Quién dirigió la película?
2. ¿Quiénes son los protagonistas?
3. El guion no fue original, sino adaptado. ¿Adaptado de qué?
4. ¿Dónde se filmó la película y cuándo se estrenó?
5. ¿De qué género es?
6. ¿Ganó algún premio?
7. Lee la sinopsis. ¿Te gustaría ver esta película? ¿Por qué sí o no?

Actividad 20   El género   En grupos de tres, piensen en las películas que están dando ahora mismo y hagan lo siguiente.

1. Clasifíquenlas por género.
2. Comenten si las bandas sonoras son buenas, malas o no son de importancia.
3. Comenten sobre la reacción de los críticos.
4. Nombren una película que vieron últimamente que no es un éxito de taquilla pero que vale la pena ver.
5. Comenten si todas las películas taquilleras son muy hollywoodenses o no.

Actividad 21   Los Oscars   En grupos de cinco, decidan qué películas o personas deben recibir el Oscar este año en las siguientes categorías.

1. la mejor película
2. la mejor dirección
3. el mejor actor
4. la mejor actriz
5. el mejor guion original/adaptado
6. los mejores efectos especiales
7. el mejor vestuario

Actividad 22   Mi favorita   **Parte A:** Piensa en tu película favorita. Después, prepárate para hablar de esa película con otra persona para convencerla de que debe alquilar la película o ir a verla si todavía sigue en cartelera. Piensa en lo siguiente y prepárate para dar una pequeña sinopsis de la película.

el/la director/a; los protagonistas
la banda sonora; la fotografía
si el guion está basado en un hecho real, una novela, un cuento, etc.
dónde la filmaron y en qué año se estrenó
si recibió alguna nominación o premio

Parte B: En parejas, hable cada uno de su película favorita.

III. Stating Time and Age in the Past

The Imperfect

You saw how the preterit is used to move the narrative along. In this section you will see how the imperfect sets the background or scene for past events. Time and age, in a broad sense, help provide background information.

1. To tell time in the past, use **era/eran** + *the time*.

A: ¿Qué hora **era** cuando empezó la película?

What time was it when the movie started?

B: **Era** la una y cuarto.

It was a quarter after one.

A: ¿Qué hora **era** cuando terminó?

What time was it when it ended?

B: **Eran** las tres y pico.

It was a little after three.

2. To state someone's age in the past, use a form of the verb **tener** in the imperfect + *age*.

Pedro Almodóvar **tenía 16 años** cuando se mudó a Madrid.

Pedro Almodóvar was 16 when he moved to Madrid.

The word **años** is necessary when expressing age: **Pedro Almodóvar tenía 16 años.** *Pedro Almodóvar was 16 (years old).*

Actividad 23 ¿Qué hiciste el viernes pasado? **Parte A:** Mira la lista de acciones y tacha las cosas que no hiciste el viernes pasado.

levantarte
ducharte
desayunar
asistir a tu primera clase
almorzar
volver a casa

estudiar
hacer ejercicio
ver una película
cenar
reunirte con amigos
acostarte

Parte B: En parejas, intercámbiense las listas. Pregúntenle a su compañero/a qué hora era cuando hizo las cosas de la lista que no están tachadas. Miren el modelo e intenten variar sus preguntas.

▶ — ¿Qué hora era cuando te levantaste? / —¿A qué hora te levantaste?

—Eran las ocho y media cuando me levanté. / —Me levanté a las ocho y media.

Parte C: Lean el siguiente párrafo que describe lo que hizo un joven español de 26 años el viernes pasado y comparen las horas a las que Uds. y él hicieron acciones similares.

▶ Se levantó a las 9, pero yo me levanté a las...

"Eran las 9:00 a. m. cuando me desperté el viernes. Me duché y desayuné tranquilamente y después empecé a estudiar para una asignatura. Eran las 11:30 cuando cogí el coche y conduje a la universidad para asistir a una hora de clase. Luego volví a casa a eso de la 1:00, encendí el ordenador y leí el correo electrónico. Era la 1:45 cuando preparé la comida. Comí solo y después de comer, leí el periódico en el sofá y luego dormí un poco. Eran las 5:00 cuando empecé a estudiar otra vez y estudié hasta las 8. Entonces me preparé para ir a nadar y fui a nadar por media hora. Eran las 9:15 cuando volví a casa y entonces mi familia y yo cenamos. Luego fui al cine con unos amigos. La película empezó a las 10:30. Al salir de la película tomamos una cerveza en un bar. Allí hablamos un rato y después se fue cada uno a su casa. Eran las 2:00 de la mañana cuando llegué a casa."

español

Actividad 24   Tenía...   Contesta estas preguntas sobre ti y tu familia.

1. ¿Cuántos años tenían tus padres cuando se conocieron? ¿Dónde se conocieron?
2. ¿Cuántos años tenía tu madre cuando tú naciste? ¿Y tu padre?
3. ¿Tienes un/a hermano/a menor? ¿Cuántos años tenías cuando nació?
4. ¿Tienes un/a hermano/a mayor? ¿Cuántos años tenía cuando tú naciste?
5. ¿Tienes un/a hijo/a o un/a sobrino/a? ¿Cuántos años tenías tú cuando nació?
6. ¿Cuántos años tenías cuando te graduaste de la escuela secundaria?
7. ¿Cuántos años vas a tener al terminar tus estudios universitarios?

Actividad 25   La historia de la conquista   En parejas, una persona cubre el cuadro A y la otra persona cubre el cuadro B de la página 59. Háganse preguntas para intercambiar la siguiente información y completar su cuadro sobre personajes famosos de la conquista.

a. cuándo nacieron
b. dónde nacieron
c. qué cosas importantes hicieron
d. cuántos años tenían cuando hicieron algunas de esas cosas
e. cuándo murieron y qué edad tenían cuando murieron

▶ A: ¿Cuándo nació Ponce de León?
  B: Nació en... ¿Cuándo murió Ponce de León?
  A: Murió en...

◀ Grabado al aguafuerte del inca Atahualpa a los pies de Francisco Pizarro.

A

	Fechas	Nacionalidad	Datos importantes
Juan Ponce de León	_____–1521	_____	_____, fundar San Juan, _____
Américo Vespucio	1451–_____	italiano	_____, hacer expediciones a América del Sur y América Central desde 1497 hasta 1503
Álvaro Núñez Cabeza de Vaca	1490–_____	_____	ser explorador, explorar el suroeste de los Estados Unidos y llegar al Golfo de California, _____
Francisco Pizarro	1471–_____	_____	ser líder de la conquista del Perú desde 1530 hasta 1535

B

	Fechas	Nacionalidad	Datos importantes
Juan Ponce de León	1460–_____	español	ser gobernador de Puerto Rico desde 1510 hasta 1512, _____, explorar la Florida en 1513
Américo Vespucio	1451–1512	_____	ser explorador, hacer expediciones a _____ y _____
Álvaro Núñez Cabeza de Vaca	_____–1557	español	ser explorador, _____ y _____, ser gobernador de Paraguay desde 1541 hasta 1542
Francisco Pizarro	_____–1541	español	_____

Actividad 26 Los famosos Busca en Internet la siguiente información sobre uno de los famosos de la lista. Ven preparado/a para presentarle esta información al resto de la clase.

- dónde nació
- cuándo murió
- cuántos años tenía cuando murió
- qué hizo

  Andrés Segovia (guitarrista)
  La Pasionaria (una de las líderes del partido comunista español)
  Ernest Hemingway (escritor —busca información sobre lo que hizo en España)
  Federico García Lorca (dramaturgo, poeta)
  Manuel de Falla (compositor de música clásica)
  Isabel la Católica (reina de España)
  Torquemada (inquisidor)
  Maimónides (filósofo y médico judío)

Do the corresponding CD-ROM and web activities to review the chapter topics.

Vocabulario activo

Expresiones de tiempo

de repente	*suddenly*
a las tres/cuatro/etc.	*at three o'clock/four o'clock/etc.*
anoche	*last night*
anteanoche	*the night before last*
anteayer	*the day before yesterday*
ayer	*yesterday*
la semana/década pasada	*last week/decade*
el lunes/fin de semana/mes/ año/siglo pasado	*last Monday/weekend/ month/year/century*
en (el año) 1588	*in (the year) 1588*
en el 98	*in '98*
desde... hasta...	*from . . . until . . .*
durante... años/semanas/horas	*during . . . years/ weeks/hours*
por... años/semanas/horas	*for . . . years/ weeks/hours*

Palabras para indicar secuencia

al terminar	*after finishing*
antes	*before*
antes de + *infinitive*	*before verb + -ing*
después	*later/then/afterwards*
después de + *infinitive*	*after verb + -ing*
enseguida	*at once*
finalmente	*finally*
inmediatamente	*immediately*
luego/más tarde	*later/then*
primero	*first*
tan pronto como/en cuanto	*as soon as*

El cine

el actor/la actriz	*actor/actress*
la actuación	*acting*
actuar	*to act*
el argumento	*plot*
la banda sonora	*sound track*
la clasificación moral	*rating*
las colas/los trailers	*previews*
la crítica	*critique*
el/la crítico/a de cine	*movie critic*
el/la director/a	*director*
los efectos especiales	*special effects*
estrenarse	*to premiere*
el estreno	*premiere/opening*
filmar	*to film*
la fotografía	*photography*
el género	*genre*
comedia	*comedy*
de ciencia ficción	*science fiction*
de espionaje	*spy movie*
documental	*documentary*
drama	*drama*
infantil	*children's movie*
melodrama	*melodrama*
las películas mudas	*silent films*
el guion	*script*
el papel de...	*the role of . . .*
hacer el papel del malo	*to play the role of the bad guy*
el personaje	*character*
el premio	*award*
producir	*to produce*
el/la productor/a	*producer*
el vestuario	*costumes*

Frases relacionadas con el cine

dar una película	*to show a movie*
seguir / estar en cartelera	*to still be showing / "Now playing"*
ser muy hollywoodense	*to be like a Hollywood movie*
ser una película taquillera	*to be a blockbuster*

Expresiones útiles

(año) clave	*key (year)*
hacer una locura	*to do something crazy*
el lunes	*on Monday*
los lunes	*on Mondays*
ya	*already*
Cuéntame más.	*Tell me more.*
¡Por Dios! ¡Por el amor de Dios!	*My gosh/God!*
¡Qué bueno!	*That's great!*
¡Qué divertido!	*How fun!*
¿Y después qué?	*And then what?*

Vocabulario personal

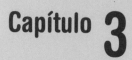

Metas comunicativas

- narrar en el pasado (segunda parte)
- describir personas y cosas
- indicar el beneficiario de una acción

La América precolombina

◄ Pequeña estatua de la diosa Chihuateteo en Veracruz, México.

La leyenda del maíz

Había una vez...	Once upon a time there was/were . . .
¿A que no saben...?	Bet you don't know . . . ?
No saben la sorpresa que se llevó cuando...	You wouldn't believe how surprised he/she was when . . .

Actividad 1 **¿Qué sucedió?** **Parte A:** La locutora de un programa de radio para niños va a contar una leyenda tolteca sobre cómo llegó el maíz a la tierra. El personaje principal de la leyenda se llama Quetzalcóatl. Antes de escucharla, en grupos de tres, miren los dibujos que también cuentan la leyenda e intenten adivinar qué sucedió.

1.

2.

3.

4.

hormigas = ants
hormiguero = anthill

5.

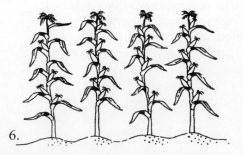

6.

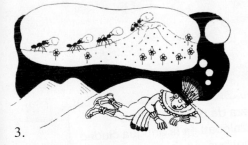

Parte B: Ahora escuchen la leyenda y al terminar, discutan en su grupo si su interpretación era correcta. De no ser así, resuman qué ocurrió.

Parte C: Escuchen la leyenda otra vez y agreguen (*add*) detalles, especialmente sobre cómo consiguió Quetzalcóatl los granos de maíz y qué hizo con ellos.

Leyendas

Actividad 2 **Los regalos** Discutan cuál de los cinco regalos de los dioses fue el mejor para los toltecas y expliquen por qué. Después, digan cuál de los cinco regalos les interesó más a los españoles durante su dominación de Hispanoamérica y por qué.

¿LO SABÍAN?

Quetzalcóatl, el dios emplumado, ocupa un lugar de mucha importancia en la mitología mexicana. En una leyenda se le atribuye la creación de la raza humana. Se dice que descendió de la tierra de los muertos y encontró unos huesos, vertió (*shed*) su propia sangre sobre ellos y así creó a los seres humanos. También se dice que les enseñó a los habitantes de la tierra a tejer telas, a hacer mosaicos y a cortar y pulir el jade. Además inventó el calendario y les enseñó a los seres humanos la astronomía. Algunas leyendas cuentan que Quetzalcóatl era de color blanco y que tenía barba. Por eso, cuando Cortés llegó a México, Moctezuma, que era el líder azteca, creyó que había vuelto Quetzalcóatl y lo recibió amigablemente. Esto le facilitó a Cortés la conquista de México. Describe un personaje mitológico de gran importancia en el folclore de tu país.

▲ Cabeza de piedra del dios Quetzalcóatl en la antigua ciudad de Teotihuacán, que está en las afueras de la ciudad de México.

Do the corresponding CD-ROM and web activities as you study the chapter.

I. Narrating in the Past (Part Two)

A. Preterit and Imperfect: Part One

In Chapter 2, you reviewed narration in the past using the preterit. You learned to use the preterit to refer to a completed past action or to focus on the beginning or end of past actions. You also learned how to express time and age using the imperfect. In this section you will review the forms, as well as other uses of the imperfect and how it is used with the preterit to narrate past events.

1. The imperfect is formed as follows.

estar		hacer		dormir	
estaba	estábamos	hacía	hacíamos	dormía	dormíamos
estabas	estabais	hacías	hacíais	dormías	dormíais
estaba	estaban	hacía	hacían	dormía	dormían

For irregular forms, see Appendix A.

2. Use the imperfect:

a. to describe past actions in progress in which neither the beginning nor the end of the action matters. Compare the following examples.

Ayer a las siete **leía** otra leyenda tolteca.

Yesterday at seven he was reading another Toltec legend (action in progress, start or end of action not important).

Ayer a las siete **terminó** de leer otra leyenda tolteca.

Yesterday at seven he finished reading another Toltec legend (end of an action).

b. to describe two or more actions in progress that occurred simultaneously. Use **mientras** or **y** to connect two clauses containing simultaneous ongoing actions.

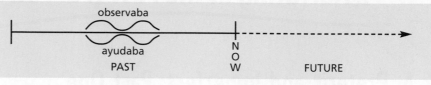

La diosa Tierra **observaba** a su hijo Quetzalcóatl **mientras** él **ayudaba** a los toltecas.

Mother Earth was observing her son Quetzalcóatl while he was helping the Toltecs.

Mientras hablaba con sus padres, siempre les **pedía** inspiración.

While he was talking to his parents, he was always asking them for inspiration.

Él **seguía** a las hormigas y **miraba** lo que **hacían**.

He was following the ants and watching what they were doing.

Note: Past actions in progress can also be expressed using the imperfect progressive. It gives greater emphasis to the ongoing nature of the action than the imperfect. Form it by using the imperfect of **estar** + *present participle*.

Mientras **hablaba/estaba hablando** con sus padres, **pensaba/estaba pensando** cómo ayudar a los toltecas.

While he was talking to his parents, he was thinking about how to help the Toltecs.

c. to describe an action in progress in the past that was interrupted by another action. Use the preterit for the interrupting action and **cuando** to connect the two clauses. Compare the following sentences.

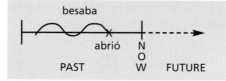 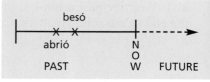

Quetzalcóatl **besaba/estaba besando** a su novia **cuando** su padre **abrió** la puerta.

Quetzalcóatl was kissing his girlfriend (action in progress) when his father opened the door (interrupting action). [Ok, so it wasn't part of the real legend . . .]

Quetzalcóatl **besó** a su novia y su padre abrió la puerta.

Quetzalcóatl kissed his girlfriend and his father opened the door. (First Quetzalcóatl kissed her, then his father opened the door.)

Cuando Quetzalcóatl **entró** al hormiguero, las hormigas **trabajaban/estaban trabajando** como locas.

When Quetzalcóatl entered the anthill (interrupting action), the ants were working like crazy (action in progress).

Cuando Quetzalcóatl **entró** al hormiguero, **tomó** los cuatro granitos y **se escapó.**

When Quetzalcóatl entered the anthill (onset of an action), he took the four grains (completed action) and escaped (completed action).

Actividad 3   ¿Qué hacías?   En parejas, túrnense para preguntarle a la otra persona sobre su pasado. Hagan preguntas como: **¿Qué hacías ayer a las 2:30 de la tarde? ¿Dónde estabas...?**

1. ayer a las 10:15 de la mañana
2. en esta época el año pasado
3. en junio hace dos años
4. a las 9:20 de la noche el sábado pasado
5. en noviembre del año pasado
6. en agosto del año pasado

Actividad 4   Acciones simultáneas   En parejas, digan qué hacía cada vecino en su apartamento e inventen lo que hacía su pariente mientras tanto.

▶ la señora del 3º B / hablar por teléfono, / su hija / ? ? ?
    Mientras la señora del 3º B hablaba/estaba hablando por teléfono, su hija jugaba/estaba jugando en el baño con el lápiz de labios.

1. el Sr. Pérez del 1º B / mirar televisión, / su esposa / ? ? ?
2. el niño del 5º A / hacer la tarea, / su hermana / ? ? ?
3. la mujer del 7º C / dar a luz (*give birth*) en su casa, / su esposo / ? ? ?
4. la niña del 3º B / tocar el piano, / su profesora de piano / ? ? ?
5. la abuelita del 4 º A / dormir, / sus nietos traviesos (*mischievous*) / ? ? ?

Actividad 5   La fiesta de último momento   A las ocho de la noche, Esteban decidió hacer una fiesta. Llamó a sus amigos y les dijo que fueran a su casa inmediatamente, así, tal y como estaban. Lee cómo fue cada persona y adivina lo que hacía cuando llamó Esteban.

▶ Enrique fue con pantalones cortos, camiseta y pesas.
    Enrique hacía ejercicio/estaba haciendo ejercicio cuando llamó Esteban.

1. Rosa fue con pijamas.
2. Carlos tenía solamente parte de los bigotes.
3. Antonio fue con una guía de televisión.
4. Clara fue con una toalla solamente.
5. Fernando y Marcos llevaban delantales de cocina y cucharas de madera.
6. Humberto fue con el pelo mojado y un secador de pelo.
7. Andrés llevaba sólo un zapato.
8. Laura e Isabel fueron con pintura en la cara y con brochas (*paint brushes*).

Actividad 6 **Situaciones** En parejas, combinen las acciones de la caja A con las acciones de la caja B para contar qué les ocurrió a diferentes personas de su clase de español cuando estaban haciendo ciertas cosas. Finalmente digan qué hicieron estas personas después. Sigan el modelo.

▶ afeitarse   cortarse la luz

John se afeitaba cuando se cortó la luz y por eso usó su afeitadora manual para terminar de afeitarse en el auto.

A

1. ducharse
2. caminar por la calle
3. manejar por la autopista
4. cocinar un huevo en el microondas
5. bajar las escaleras
6. pasear al perro

B

morder a una persona

explotar

caerse

ver a su novio/a con otro/a

chocar con otro carro

acabarse el agua caliente

C

¿Qué hizo/hicieron después?

B. Preterit and Imperfect: Part Two

You have been practicing the use of the imperfect to refer to past actions or states that were in progress. In this section you will review other uses of the imperfect.

Read this narration of a children's story.

Jack y Jill *salieron* de casa a buscar agua y *subieron* una cuesta. El pobre Jack *se cayó* y *se rompió* la coronilla y Jill *se cayó* también. Nunca *recogieron* el agua.

Now read the following version of the same story.

había = there was/were

Jack y Jill *salieron* de casa a buscar agua y *subieron* una cuesta. La cuesta **era** muy grande y **había** muchas piedras que **dificultaban** la subida. Jack y Jill no **llevaban** botas de montaña ni **tenían** cuerdas ni otros aparatos para poder subir. El pobre Jack no **era** muy ágil y *se cayó* y *se rompió* la coronilla. Jill tampoco **tenía** mucha coordinación y, por eso, *se cayó* también. Nunca *recogieron* el agua.

In the preceding paragraph, the boldface verbs are in the imperfect and the ones in italics are in the preterit. Which tense is used to describe or set the scene? Which is used to move the action along? If you answered imperfect to the first question and preterit to the second, you were correct. It is by combining the two that you can describe past events and convey your thoughts about them.

1. Use the preterit:

   a. to express a completed action or state.
   b. to denote the beginning or the end of a past action or state.
   c. to express an action or state that occurred over a specific period of time.

   To review uses of the preterit, see Chapter 2, pages 41–54.

2. Use the imperfect:

a. to set the scene or background of a story. In Chapter 2 you learned how to set the scene by stating the time an action occurred, or by telling the age of a person. A past scene can also be set by describing people, places, and things or by describing ongoing emotions and mental states.

Eran las once de la noche y **había** luna llena.

It was eleven o'clock at night and there was a full moon.

El hormiguero **estaba** en la colina y **había** hormigas y flores por todas partes.

The anthill was on a hill and there were ants and flowers all over the place.

Quetzalcóatl **tenía** tanto sueño que no podía quedarse despierto.

Quetzalcóatl was so tired that he couldn't stay awake.

Tenía sólo veintitantos años, pero siempre hacía más de lo que sus padres **esperaban.**

He was only twenty something, but he always did more than his parents expected.

b. to describe habitual actions in the past.

Todos los días Quetzalcóatl **iba** a la montaña y les **rezaba** a sus padres, los dioses.

Every day Quetzalcóatl went up/ used to go up to the mountain and prayed to his parents, the gods.

Durante el día **pasaba** el tiempo con los toltecas. **Trabajaba** y **comía** con ellos, pero sentía que les faltaba algo.

During the day he spent/used to spend time with the Toltecs. He worked/used to work and ate/used to eat with them, but he felt that they were lacking something.

Always use the verb **soler** in the imperfect when talking about the past since it is only used to describe past habitual actions. It can be translated as *used to* and is followed by an Infinitivo.
Quetzalcóatl solía ir a la montaña por la noche.

c. to describe actions in progress (see p. 65–66).

Look at the following time expressions and decide which are generally followed by a verb in the imperfect. The answer is at the bottom of the page.

a. siempre
b. a menudo
c. con frecuencia
d. una vez
e. todos los días
f. dos veces
g. de repente
h. durante mi niñez
i. muchas veces

Answer: a, b, c, e, h, i

Actividad 7   Cómo vivían los aztecas   Para enterarte sobre la vida de los aztecas, completa este párrafo con el pretérito o el imperfecto de los verbos indicados.

comenzar

ser

hablar

adorar

hacer

tener, asemejarse

construir

ver

pensar

fundar

estar

llegar

unirse

contar

perder

morirse

traer

La civilización azteca _____ en México doscientos años antes de la Conquista. El gobierno que tenían los aztecas _____ una monarquía elegida y la lengua que _____ era el náhuatl. Esa civilización _____ a una multitud de dioses y sus líderes religiosos _____ muchos sacrificios humanos. _____ numerosos templos que _____ a las pirámides de Egipto.

Los aztecas _____ su capital Tenochtitlán en una isla porque un día uno de sus líderes religiosos _____ en ese preciso lugar un águila en un cacto devorando una serpiente, y _____ que se cumplía la profecía hecha por un dios. Los aztecas _____ esa capital en 1428. El imperio _____ unido por la fuerza y no por la lealtad (*loyalty*); por eso cuando Cortés _____, algunas ciudades descontentas con los líderes _____ a él en contra del imperio azteca. En el siglo XVI, la sociedad azteca, que _____ con ocho millones de habitantes, _____ más de la mitad de la población ya que muchísimos _____ de viruela, una enfermedad que _____ del Viejo Mundo los españoles.

▶ El águila, la serpiente y el cacto forman parte de la bandera mexicana.

¿LO SABÍAN?

Los primeros inmigrantes que llegaron a Hispanoamérica eran hombres que llegaban sin familia. Una vez allí, muchos tuvieron hijos con mujeres indígenas. El fruto de esas uniones tan tempranas en la historia poscolombina es el mestizo, que hoy en día forma una comunidad étnica predominante en muchos países hispanoamericanos, tales como Honduras (90%), El Salvador (90%), México (60%) y Colombia (58%). Di por qué en este país no hay tantos mestizos. Averigua cuántas personas hay en tu clase con antepasados indígenas de este país.

Actividad 8   Los mayas y los incas   **Parte A:** En parejas, una persona es un/a arqueólogo/a que estudia a los mayas y la otra persona es un/a arqueólogo/a que se especializa en los incas. Lea cada uno solamente su información y úsenla para hablarle a su compañero/a.

 Historia de los incas, mayas y aztecas

Los mayas	Los incas
habitar la península de Yucatán en el sur de México y en Centroamérica	vivir en el sur de Colombia, Perú, Bolivia, Ecuador y el norte de Chile y Argentina
comer maíz, tamales, frijoles e insectos	tener una red de caminos excelente
tener calendario, poder predecir los eclipses del sol y de la luna	usar la piedra y el bronce
emplear una escritura jeroglífica con más de 700 signos	hacer telas a mano, cerámica artística
	cultivar la papa y el maíz
	no tener escritura, todo transmitirse por tradición oral

Parte B: Ahora en grupos de cuatro, hablen de cómo vivían los indígenas de su país antes de que llegaran los europeos.

Actividad 9   La vida antes de la tecnología   En grupos de tres, digan por lo menos una o dos cosas que hacía la gente cuando no existían los siguientes inventos. Luego, digan cuáles son las ventajas y desventajas de cada uno.

▶ Cuando no existía el disco compacto, la gente escuchaba música con grabadoras o estéreos. La calidad de la grabación no era...

1. el televisor
2. el avión
3. el plástico
4. la electricidad
5. la computadora

Actividad 10   El barrio de tu infancia   En parejas, describan cómo era su vida y el barrio donde vivían cuando eran niños, usando las siguientes ideas. Mientras escuchan sobre la vida de su compañero/a, reaccionen usando las siguientes expresiones y háganle preguntas para averiguar más información.

¡No me digas! /¿De veras?	El/La mío/mía también.
Yo también.	El/La mío/mía tampoco.
Yo tampoco.	¡Qué chévere! (Caribe)
	¡Qué lástima!

▶ Mi barrio era muy bonito porque tenía muchos árboles y era tranquilo.

barrio	rural, urbano, casas, edificios, tiendas, centros comerciales, parques
amigos	descripción física y personalidad, lugares favoritos para jugar, cosas que hacían juntos
vecinos	personas interesantes o raras
robos (*thefts*)	muchos, pocos
casa	moderna o vieja, color, número de habitaciones
habitación	número de camas, compartir con un/a hermano/a
pertenencias	cosas favoritas y por qué

Actividad 11   ¿Qué hacían tus padres?   **Parte A:** Una muchacha mexicana describe cómo era la vida de sus padres cuando tenían la edad que ella tiene ahora. Lee con cuidado la descripción.

"Mi mamá trabajaba en una tienda departamental, en el departamento de ropa y le gustaba salir con sus amigas a caminar por el centro y platicar en las cafeterías. Veía a mi papá sólo los fines de semana porque él trabajaba en una ciudad diferente y venía cada fin de semana a ver a sus padres y, por supuesto, a mi mamá. Él era comerciante en esa época y se casaron cuando él tenía 24 años y ella 21. A ellos les gustaba ir de vacaciones a ciudades coloniales como Oaxaca y a la playa en Veracruz o Acapulco. Los fines de semana salían al cine, o días de campo, también iban a conciertos de cantantes de boleros. A mi papá le gusta bailar, pero no a mi mamá, así que raramente iban a clubes nocturnos. Cuando tuvieron a su primera hija, tenían parejas de amigos con hijos pequeños, y salían con ellos porque se mudaron juntos a la ciudad donde trabajaba mi padre y estaban lejos de la familia de ambos."

mexicana

Parte B: En parejas, describa cada uno la vida de sus propios (*own*) padres usando las siguientes ideas como guía. Luego compárenla con la de los padres de la muchacha mexicana de la Parte A.

actividades: estudiar, dónde trabajar	qué hacer en su tiempo libre durante
con quién /dónde vivir	el día, durante la noche
tener hijos	adónde ir de vacaciones

Actividad 12   ¿Cómo eras cuando naciste?   **Parte A:** Lee las siguientes
ideas para tratar de recordar información que sabes sobre tu nacimiento. Si hay
algo que no sabes, usa la imaginación.

ser gordo/a	nacer por parto natural o por
ser grande / prematuro/a	cesárea
tener la cabeza en forma de cono	cuánto tiempo / durar el parto
tener mucho/poco pelo	haber complicaciones
tener una mancha de nacimiento	a qué hora / nacer
tener cólicos	dónde / tener lugar el parto
comer bien/mal	cuánto tiempo / estar tu madre
mamar o tomar fórmula	y tú en el hospital

Parte B: En parejas, háganse preguntas para averiguar sobre el nacimiento de la
otra persona.

Actividad 13   En el cielo   Unos animales están en el cielo contando cómo
murió cada uno. Cada animal trata de impresionar a los otros con su cuento. En
grupos de tres, usen la imaginación para completar lo que dijo cada uno y
después compartan sus respuestas con la clase.

Actividad 14 **Una leyenda** Al principio de este capítulo escuchaste una leyenda tolteca sobre el maíz. En grupos de tres, usen la imaginación para crear una leyenda sobre cómo apareció el búfalo en Norteamérica. Utilicen las siguientes ideas como guía.

- quién era el personaje principal de la leyenda
- qué hacía en su vida diaria
- qué quería para su gente
- qué ocurrió un día
- después de crear al búfalo, cómo lo empezaron a utilizar los seres humanos para mejorar su vida

Actividad 15 **El encuentro** **Parte A:** Lee lo que dijeron un colombiano y una venezolana sobre los aspectos positivos y negativos del encuentro entre los españoles y las culturas indígenas. Después contesta las preguntas de tu profesor/a.

"El principal aspecto positivo es que los europeos entendieron que el mundo era más grande, rico y diverso de lo que pensaban hasta ese momento; que había personas con una experiencia cultural totalmente diferente de la tradicional europea y se plantearon otra vez las características que formaban no sólo la cultura sino la humanidad en general.

En el principal aspecto negativo es que la comprensión del mundo como más rico y diverso se hizo totalmente desde la perspectiva española y europea, sin darle oportunidad a la cultura indígena para manifestarse por sus propios medios; por eso, aunque se conoció la existencia de un "nuevo mundo", esta experiencia sirvió para que la cultura europea se entendiera a sí misma, pero no para entender a las culturas indígenas."

colombiano

"La conquista española trajo como consecuencia que diversas civilizaciones fueran exterminadas, los indígenas tuvieron que someterse al rey español, aprender un nuevo idioma y nuevas costumbres. Pero no todo fue malo pues de ese encuentro resultó el mestizaje étnico y cultural que existe en Latinoamérica. El ser mestizo forma parte de nuestra manera de ser y sentir. No somos blancos, ni negros, ni indios: somos una raza mixta, nueva, que combina tradiciones muy diversas. Aunque tenemos muchos nexos con España, los latinos somos únicos, diferentes y tenemos así una manera muy particular de ver la vida."

venezolana

Parte B: En grupos de tres, digan los aspectos positivos y negativos del encuentro entre los europeos que llegaron a este país y las culturas indígenas. Luego compartan sus ideas con el resto de la clase.

¿LO SABÍAN?

www   *Indígenas hoy día*

Después de la llegada de los colonizadores españoles, la vida de los indígenas cambió para siempre. Muchos de ellos murieron porque sus cuerpos no resistían las enfermedades extrañas de los europeos. Otros fueron matados por los colonizadores. En Perú en 1572, los españoles arrestaron y mataron a Tupac Amaru, el último inca, delante de la catedral de Cuzco y enfrente de miles de personas. En 1780, Tupac Amaru II, un descendiente del último inca, lideró un levantamiento inca contra los españoles, pero fracasó y lo mataron también delante de la catedral de Cuzco.

La época de la colonización terminó, pero el avance de la modernización amenaza con hacer desaparecer las costumbres de los indígenas y es por eso que esa lucha continúa. A principios del siglo XX, Emiliano Zapata luchó en México por las tierras que los ricos les habían confiscado a los campesinos (indígenas y mestizos). Hoy día la indígena guatemalteca Rigoberta Menchú va de país en país hablando de los problemas de su gente, algunos tan básicos como la escasez de agua potable en los pueblos más remotos. Y en Bolivia, personas como Evo Morales, cocalero y político, trabajan dentro del sistema democrático para que el gobierno de la nación escuche la voz de los indígenas y ellos puedan controlar mejor su propio futuro. Hoy día, ¿los indígenas de este país continúan luchando por sus derechos?

II. Describing People and Things

A. Descripción física

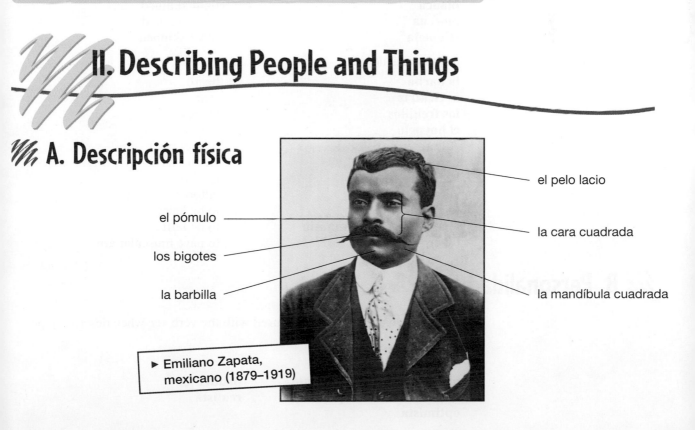

el pómulo

los bigotes

la barbilla

el pelo lacio

la cara cuadrada

la mandíbula cuadrada

▶ Emiliano Zapata, mexicano (1879–1919)

Forma de la cara

ovalada	oval
redonda	round
triangular	triangular

Color de ojos

azules	blue
claros	light colored
color café	brown
color miel	light brown
negros	black
pardos	hazel
verdes	green

Color y tipo de pelo/cabello

tener pelo castaño/canoso/negro	to have brown/gray/black hair
ser pelirrojo/a o rubio/a	to be a redhead or a blond/e
tener permanente	to have a permanent
tener pelo ondulado/rizado/ lacio (liso)	to have wavy/curly/straight hair
ser calvo/a	to be bald
tener cola de caballo/ flequillo/trenza(s)	to have a ponytail/bangs/braid(s)

Piel

blanca	light-skinned
morena	dark-skinned
trigueña	olive-skinned

Señas particulares

la barba	beard
la cicatriz	scar
los frenillos	braces
el hoyuelo	dimple
el lunar	beauty mark
las patillas	sideburns
las pecas	freckles
el tatuaje	tattoo
ser peludo	to be hairy
tener cuerpo de gimnasio	to be buff
tener brazos fornidos	to have muscular arms

B. Personalidad

All of the following adjectives are used with the verb **ser** when describing personality traits.

Cognados obvios

idealista	**paciente**	**prudente**
impulsivo/a	**pesimista**	**realista**
optimista		

Otras palabras

acogedor/a	welcoming, warm
atrevido/a	daring (*negative connotation*), nervy
caprichoso/a	capricious; fussy
cariñoso/a	loving, affectionate
celoso/a	jealous
espontáneo/a	spontaneous
holgazán/holgazana / perezoso/a	lazy
juguetón/juguetona	playful
malhumorado/a	moody, ill-humored
orgulloso/a	proud (*negative connotation*)
osado	daring (*positive connotation*)
tacaño/a	stingy, cheap
travieso/a	mischievous, naughty

tacaño/a = cheap (unwilling to spend money; describes people)

barato/a = cheap (inexpensive; describes goods and services)

To review other adjectives for describing people, see pp. 7, 8, and 12.

¿LO SABÍAN?

En muchos países hispanos, con frecuencia la gente llama o se refiere a sus familiares, amigos o a su pareja usando palabras que en otras culturas pueden considerarse ofensivas. Por ejemplo, es común que los novios o una pareja casada se llamen **gordo** y **gorda** como términos de afecto, aunque las personas no pesen mucho. También es común que la gente les diga a sus amigos **flaco** o **flaca** como sobrenombre (*nickname*). Además en países como Colombia, Venezuela y Argentina se suele utilizar **negro** y **negra** como términos de afecto para una persona de tez morena. A menudo estas palabras se usan en diminutivo: **gordito**, **flaquito**, **negrita** y no son consideradas como insultos. Di si puedes usar estas palabras en inglés al hablarles a tus amigos o a tu novio/a.

Actividad 16   ¿Quién tiene esto?   **Parte A:** Mira a tus compañeros y escribe el nombre de personas que tienen las siguientes características.

pelo lacio y largo	un tatuaje
un lunar en la cara	ojos color café
cara ovalada	pecas
una cicatriz	barba o bigotes
pelo rizado	cola de caballo o trenza(s)

Parte B: En grupos de tres, comparen sus observaciones.

Actividad 17   Lo positivo y lo negativo   En grupos de tres, escojan tres adjetivos de la lista de la personalidad y digan qué es lo positivo y lo negativo de poseer esas características.

▶ Si una persona es muy, muy prudente cuando maneja, siempre va a llegar tarde, pero sí llegará porque no va a tener accidentes.

Actividad 18   La persona ideal   **Parte A:** En parejas, describan cómo son físicamente el hombre y la mujer ideales que aparecen en los anuncios comerciales de este país. Mencionen también tres adjetivos que describan su personalidad.

Parte B: Ahora lean las siguientes descripciones que hacen una mexicana y un peruano sobre la persona ideal. Compárenlas con las descripciones que hicieron Uds.

high cheekbones

"El hombre ideal que aparece en los anuncios comerciales de México es alto (más de 1 metro 75), de complexión atlética (cuerpo de gimnasio), tiene espalda ancha y brazos fornidos (hmmmm), es moreno, por supuesto, de ojos más bien claros, color miel, cabello oscuro y bien peinado. No es muy peludo de la cara, tiene labios gruesos, mandíbula cuadrada, **pómulos resaltados** y nariz recta."

mexicana

turned up nose

"Pues la mujer ideal tiene piel blanca o canela (durante el verano), es delgada pero con curvas. Mide 1 metro 70. Tiene pelo castaño u oscuro, preferiblemente lacio. La boca es chica, la **nariz respingada**, los ojos claros y la cara delgada."

peruano

Actividad 19   ¿Cómo eras de adolescente?   En parejas, escojan tres adjetivos que describan su propia personalidad cuando tenían 14 años, tres que describan cómo eran físicamente y díganselos a la otra persona. Díganle también si en la actualidad tienen o no esas características.

▶ Cuando yo era adolescente era muy celoso porque..., pero ahora... Físicamente, tenía...

Actividad 20   Los famosos   **Parte A:** Las siguientes son fotos de personas famosas que fueron tomadas cuando estaban en la secundaria. ¿Quiénes son? En parejas, cada uno seleccione una de las fotos y después diga cómo era físicamente esa persona.

Parte B: En parejas, cada persona mira la foto de una persona hispana famosa cuando era muy joven y describe cómo era esa persona y qué hacía un día típico. Luego comenten cómo son esas personas ahora y qué hacen.

◄ Christina Aguilera.

◄ Ricky Martin del grupo *Menudo*.

C. Describing: *Ser* and *estar* + Adjective

To describe, you can use **ser** and **estar** followed by adjectives. The following rules will help you remember when to use which.

1. Use **ser** + *adjective* when you are describing the *being*, that is, when you are describing physical, mental, or emotional characteristics you normally associate with a person, or physical characteristics you associate with a thing.

Pablo **es** tan **alto** como su padre.	*Pablo is as tall as his father.*
Su hermana **es** una persona **inteligente.**	*His sister is an intelligent person.*
La esposa de Pablo **es** (**una persona**) muy **celosa.** Él no puede ni mirar a otra mujer.	*Pablo's wife is (a) really jealous (person). He can't even look at another woman.*
Su apartamento **es** (**un lugar**) muy **moderno.**	*His apartment is (a) very modern (place).*

2. Use **estar** + *adjective* when describing the *condition* or *state of being* of a person, place, or thing.

Nosotros **estamos cansados** de estar en la playa.	*We are tired of being at the beach.*
El agua **está muy fría.**	*The water is very cold.*
Mi padre siempre **está enojado** con alguien de la familia.	*My father is always mad at someone in the family.*

Siempre is frequently used with **estar. Siempre está preocupado/ borracho/enfermo/**etc.

3. Adjectives that are normally used with **ser** to describe the characteristics of a person or thing may be used with **estar** to indicate a change of condition.

ser + *adjective* Being	estar + *adjective* Change of Condition
Mi marido **es (un hombre) muy cariñoso.**	**Estás muy cariñoso hoy,** ¿qué pasa?
My husband is (a) very affectionate (man).	*You are really affectionate today; what's up? (Possible implication: You are usually not that way . . . are you trying to get something from me?)*
Eres (una persona) muy elegante.	Me encanta tu corbata, **estás muy elegante.**
You are (a) very elegant (person).	*I love your tie; you look especially elegant.*
El gazpacho **es** una sopa española **fría.**	Camarero, esta sopa **está fría.**
Gazpacho is a cold Spanish soup.	*Waiter, this soup is cold.*

4. Some adjectives convey different meanings, depending on whether they are used with **ser** or **estar**. Remember that **ser** is used to describe the *being* and **estar** the *condition* or *state of being*.

ser + *adjective* Being	estar + *adjective* Condition or State of Being
La película **era aburrida.**	Nosotros **estábamos aburridos.**
The movie was boring.	*We were bored.*
Soy listo.	**Estoy listo.** Vamos.
I'm smart.	*I'm ready. Let's go.*
La maestra dice que el niño **es muy despierto.**	El niño **está despierto** y quiere jugar.
The teacher says the child is very alert.	*The child is awake and wants to play.*
El mango **es bueno** porque tiene muchas vitaminas.	El mango **está muy bueno**; quiero más.
Mango is good because it has a lot of vitamins.	*The mango tastes really good (today); I want some more.*
Es viva y nadie se aprovecha de ella.	**Está viva.** Llamemos a una ambulancia.
She's smart/sharp and no one takes advantage of her.	*She's alive. Let's call an ambulance.*

está muerta = she's dead

Actividad 21 Ser o estar   **Parte A:** Las siguientes son partes de anuncios comerciales. Complétalos usando **ser** o **estar.**

1. Mi esposo _____ muy cariñoso. Siempre me regala algo romántico para el día de San Valentín.

2. No vengo más a este restaurante. Esta sopa _____ fría.

3. Finalmente encontré al amor de mi vida. _____ acogedora, osada y espontánea.

4. De adolescente, _____ gordo porque me encantaba comer.

5. —Tienes que cerrar los ojos.
   —Ya, _____ lista... ¡Huy! ¡Un anillo!

6. Son las doce de la noche y mi niña _____ despierta y no quiere dormir.

7. Ellas _____ muy vivas. Siempre saben divertirse con muy poco dinero.

8. La película que vimos _____ muy aburrida y con tantas interrupciones comerciales parecía que nunca iba a terminar.

9. El plato cubano ropa vieja _____ caliente y muy adecuado para estos días de invierno.

Parte B: En parejas, escojan uno de los anuncios comerciales y desarróllenlo (*develop it*).

Actividad 22 Impresiones equivocadas   En parejas, Uds. trabajan para una empresa y por primera vez asisten a una fiesta con sus compañeros de trabajo. Se sorprenden porque algunas personas están mostrando un aspecto de su personalidad que nunca se ve en la oficina. Reaccionen a las descripciones. Sigan el modelo.

▶ Marta Ramos: secretaria; siempre le encuentra el lado positivo a las cosas, pero esta noche no es así porque su novio está bailando con otra.

Marta es tan..., pero, ¡qué increíble! Esta noche está muy...

1. Jorge Mancebo: jefe de personal; siempre lleva corbata y habla poco; esta noche lleva una cadena de oro; está bailando cumbia con la cocinera.

2. Cristina Salcedo: trabaja en relaciones públicas; siempre habla con todos y escucha sus problemas; esta noche está sentada sola en un rincón mirando al suelo y tomando Coca-Cola.

3. Paulina Huidobro: jefa de producción; nunca sonríe y siempre le ve el lado negativo a todo; esta noche tiene una sonrisa de oreja a oreja y está besando apasionadamente a Juan Gris, el jefe de ventas.

Actividad 23 Sus compañeros   En parejas, hablen de la personalidad de tres compañeros de la clase por lo menos y digan cómo creen que se sienten ellos hoy.

▶ Craig es muy cómico e hiperactivo. Hoy está preocupado porque se peleó con su novia.

Actividad 24 Un conflicto escolar En parejas, una persona lee las instrucciones para el papel A y la otra para el papel B. Al hablar usen las siguientes expresiones.

Me parece que...	It seems to me that . . .
Creo que...	I think that . . .
En mi opinión...	In my opinion . . .
Es decir...	
O sea...	That is . . .
Ud. me dice que...	You are telling me that . . .

A

Tu hijo de ocho años es muy bueno y obediente. Hoy te dijo que la maestra no lo quiere y lo trata muy mal y por eso recibe malas notas. Estás muy enojado/a y ahora tienes una cita con su maestra. Explícale la situación y háblale de la personalidad de tu hijo.

B

Eres maestro/a y hay un estudiante de ocho años que tiene muchos problemas de comportamiento (*behavior*) y ahora viene el padre o la madre a hablarte. Explícale cómo es su hijo y cómo se comporta últimamente.

D. Describing: The Past Participle as an Adjective

1. Use **estar** + *past participle* to indicate the result caused by an action.

Action	Result
Los padres **se preocupaban** porque sus hijos no sacaban buenas notas en la escuela.	**Estaban preocupados.** *They were worried.*
Pablo **pone** la mesa para comer.	La mesa **está puesta.** *The table is set.*

2. The past participle functions as an adjective and agrees in gender and number with the noun it modifies.

El poll**o** está servid**o.**
Las cam**as** están hech**as.**

3. Some irregular past participles that are frequently used as adjectives include:

abrir → abierto/a   poner → puesto/a
escribir → escrito/a   resolver → resuelto/a
hacer → hecho/a   romper → roto/a
morir → muerto/a

To review formation and a more complete list of irregular past participles, see Appendix A, pages 348–349.

Actividad 25   En una discoteca   **Parte A:** Completa estas conversaciones que escuchas en una discoteca, usando **estar** + *el participio pasivo (past participle)* de los siguientes verbos.

abrir	envolver	romper
descomponerse	hacer	vestirse
disponerse		

1. —El sistema de sonido de esta discoteca _____.

   —Entonces, salgamos de aquí y vamos a tomar algo al café de la esquina.

2. —Hace cinco minutos yo _____ a sacar a bailar a ese chico.

   —¿Y qué ocurrió? ¿Por qué no bailaron?

3. —Mira a esas dos muchachas.

   —Sí, _____ con ropa ridícula.

4. —Perdón, pero creo que necesitas dejar de bailar.

   —Pero, ¿por qué?

   —Es que tus pantalones _____.

5. —Estoy convencida de que ella es una persona muy cerrada.

   —¿De veras? Ayer _____ a nuevas ideas.

6. —Vamos, abre el regalo.

   —Pero, ¿qué es? Y ¿por qué _____ en papel de periódico?

7. —Mira los tatuajes que lleva ese hombre y los va a tener para toda la vida.

   —No te preocupes. _____ con tinta lavable. Después de bañarse, van a desaparecer.

Parte B: En parejas, escojan una de las conversaciones y continúenla.

Actividad 26   La escena   La puerta del vecino estaba abierta. Uds. entraron en el apartamento y esto es lo que vieron. Describan lo que vieron y saquen conclusiones para explicar qué ocurrió.

III. Indicating the Beneficiary of an Action

The Indirect Object

1. In Chapter 1 you saw that a direct object answers the questions *what* or *whom*. An indirect object normally answers the questions *to whom* or *for whom*. In the sentence "I gave a gift to my friend," "a gift" is *what* I gave (direct object), and "my friend" is the person *to whom* I gave the gift (indirect object).

2. If a sentence has an indirect object, it almost always needs an indirect-object pronoun. As you saw with the verb **gustar,** the indirect-object pronouns are:

me	nos
te	os
le	les

Mi amiga Dolores hace investigaciones en el Amazonas y no tiene teléfono, por eso **le** escribí una carta.	*My friend Dolores is doing research in the Amazon and doesn't have a telephone; that's why I wrote a letter to her.*
Le escribí una carta **a Dolores.***	*I wrote a letter to Dolores.*
Les compré un regalo **a Marcos y a Ana.***	*I bought a present for Marcos and Ana.*
Me compraste ese regalo **a mí, ¿no?***	*You bought that present for me, didn't you?*

*Note: A prepositional phrase introduced by **a** can be used to provide clarity, or simply for emphasis.

Use either the indirect-object pronoun or a prepositional phrase introduced by **para** but not both in the same sentence. **Compré una camisa para mi padre. Le compré una camisa (a mi padre).**

Mí has an accent when it is a prepositional pronoun: **detrás de mí, a mí, para mí,** etc. **Mi** without an accent is a possessive adjective: **Mi madre es peruana.**

3. Use the following pronouns after the preposition **a.**

a **mí**	a **nosotros/as**
a **ti**	a **vosotros/as**
a **Ud.**	a **Uds.**
a **ella**	a **ellas**
a **él**	a **ellos**

No lo podía creer... Viviana **me** dio un regalo <u>**a mí**</u>.	*I couldn't believe it. Viviana gave <u>me</u> a present. (Emphasis)*

4. Place indirect-object pronouns:

a. before a conjugated verb

Le escribo una postal a mi hermano.
Le había escrito una postal antes
    de irme de Ecuador.
Le escribí una postal ayer.
Le quiero escribir una postal.
Le estoy escribiendo una postal.

b. after and attached to the
infinitive or the present participle

Quiero **escribirle** una postal.
Estoy **escribiéndole*** una postal.

*Note the need for an accent. To review accent rules, see Appendix F, pages 358–359.

Actividad 27   ¿Quién besó a quién?   En parejas, miren el dibujo y decidan cuáles de las siguientes oraciones describen la escena.

1. Le dio ella un beso a él.
2. Él le dio un beso a ella.
3. Le dio un beso a ella.
4. Le dio un beso ella.
5. Le dio un beso.
6. Le dio un beso él.
7. Ella le dio un beso a él.
8. Le dio él un beso a ella.
9. Le dio un beso a él.
10. A ella le dio un beso.

Actividad 28   El regalo   Usa pronombres de complemento indirecto para completar la historia sobre un episodio que le sucedió a un joven chileno durante un viaje.

Hace un mes mi hermano y yo fuimos de vacaciones a Oaxaca, México, una región que tiene hoy día un millón de indígenas. Allí _____ compramos a mis padres un jarrón de cerámica negra, típica de la región, para su aniversario de boda. Pusimos el regalo cuidadosamente en una caja y lo facturamos (*checked it in*) en el aeropuerto. Por desgracia, cuando llegamos a Santiago, nos dimos cuenta de que el jarrón estaba roto. Entonces fuimos directamente a la oficina de reclamos donde _____ pidieron la queja (*complaint*) por escrito. Yo _____ escribí una carta al gerente de la aerolínea en ese aeropuerto. Poco después, el gerente _____ envió un carta por correo expreso disculpándose por lo que había pasado. En la carta él _____ hizo muchas preguntas sobre el contenido de la caja y su valor en dólares norteamericanos. ¡Qué fastidio! Como yo no _____ pude contestar todas las preguntas, _____ pregunté a mi hermano que siempre lo sabe todo o, por lo menos, cree que lo sabe todo. Luego el gerente _____ ofreció el dinero que

habíamos gastado, pero nosotros _____ explicamos enfática-
mente que no queríamos el dinero, sólo queríamos el recuerdo que les habíamos
comprado a nuestros padres. A la semana siguiente recibimos otra carta del gerente que nos dejó boquiabiertos y en la que _____ proponía
otra idea: _____ daba gratis (a nosotros) dos pasajes a Oaxaca,
México, para nuestros padres. Nos fascinó la idea e inmediatamente
_____ informamos que aceptábamos su oferta. ¡Valió la pena
escribir tantas cartas y ser tan perseverantes!

parientes = relatives

padres = parents

Actividad 29 Parientes típicos o atípicos Parte A: En parejas,
entrevístense para obtener respuestas a las siguientes preguntas y así averiguar
si la otra persona tiene parientes típicos o atípicos.

1. ¿Te regalan ropa pasada de moda o ropa de moda?
2. ¿Te dan mucha comida?
3. ¿Te pellizcaban (*pinch*) la mejilla cuando eras niño/a?
4. ¿Les daban muchos consejos a tus padres sobre cómo educarte cuando eras
   niño/a?
5. ¿Les ofrecen a otros parientes y a ti trabajos horribles en su compañía o su
   tienda durante los veranos?
6. ¿Les muestran a Uds. fotos o videos aburridísimos de la familia?
7. ¿Le dicen a la gente cuánto dinero ganan? Si contestas que sí, ¿le mienten
   sobre la cantidad?
8. Cada vez que te ven, ¿te dan dinero?
9. ¿Les piden dinero a tus padres?
10. ¿Te cuentan historias aburridas sobre su juventud?

Parte B: Ahora, díganle a su compañero/a si tiene una familia típica o atípica y
defiendan su opinión.

▶ En mi opinión, tus parientes son atípicos porque te regalan...

Actividad 30 ¿Cuándo fue la última vez que...? Parte A: En parejas,
túrnense para preguntarle a la otra persona cuándo fue la última vez que hizo las
actividades de la lista.

▶ A: ¿Cuándo fue la última vez que le compraste flores a una persona?

B: Hace un mes les compré flores   B: Nunca le compro flores a nadie.
   a mis padres.

A: ¿Por qué les compraste flores?   A: ¿Por qué nunca le compras flores
                                               a nadie?

B: Porque era su aniversario.   B: Porque no me gusta regalar
                                               flores.

1. comprarle flores a una persona
2. hablarles a sus padres sobre su novio/a
3. escribirle una carta de amor a alguien

(continúa en la página siguiente)

4. regalarle algo a un/a amigo/a
5. escribirle un poema a alguien
6. decirle a alguien "te quiero"
7. mandarle a alguien una tarjeta virtual cómica o cursi

Parte B: Ahora digan cuándo fue la última vez que alguien les hizo a Uds. las
acciones de la Parte A.

▶ Hace cinco meses que alguien me regaló flores. / Mi hermana me regaló
flores hace cinco meses. / Nadie me regala flores nunca.

Actividad 31 La historia de la Malinche   **Parte A:** Lee el párrafo sobre
un personaje importante de la historia de México y contesta la pregunta que
le sigue.

Malinalli es la hija de un noble indígena y sabe hablar maya y también
náhuatl, el idioma azteca. Cuando se muere su padre, su madre **la** vende y
un grupo de indígenas la compra. Este grupo, a su vez, se la vende a otro
grupo de indígenas. Después de la batalla de Tabasco, estos indígenas **le**
5 dan un regalo a Cortés: Malinalli. Él **la** bautiza y **le** pone el nombre de
Marina. Aguilar, un español que sabe maya, **le** enseña español. Durante
un período de seis años ella se convierte en compañera, intérprete, enfermera y amante de Cortés, y **le** enseña a Cortés a llevarse bien con los
indígenas. **Lo** ayuda a formar una alianza con los tlaxcalas, archienemi-
10 gos de los aztecas, para derrotar el imperio de Moctezuma. Doña Marina,
como **la** llaman los conquistadores, es indispensable tanto para los
españoles como para los tlaxcalas. El gran conquistador y doña Marina
tienen un hijo juntos y Cortés se queda con ella hasta que no **la** necesita
más. Luego doña Marina pasa a ser propiedad de uno de sus capitanes.
15 Después de su separación de Cortés, esta mujer tan importante en la conquista de México pasa a ser anónima. Hoy día se la conoce con el nombre
de la Malinche.

¿A quiénes se refieren las palabras
en negrita?

a. **la** en la línea 2 _____
b. **le** en la línea 4 _____
c. **la** en la línea 5 _____
d. **le** en la línea 5 _____
e. **le** en la línea 6 _____
f. **le** en la línea 8 _____
g. **lo** en la línea 9 _____
h. **la** en la línea 11 _____
i. **la** en la línea 13 _____

▶ En el mural *La alianza de Cortés*, de
Desiderio Hernández Xochitiotzin,
aparecen Moctezuma, Hernán
Cortés y la Malinche.

Parte B: Es común usar el presente en un relato histórico. Este uso del presente se llama presente histórico. En parejas, lean la historia de la Malinche otra vez. Luego cierren el libro y entre las dos personas cuenten la historia usando el pretérito y el imperfecto.

¿LO SABÍAN?

 La Malinche

www 💿 Do the corresponding CD-ROM and web activities to review the chapter topics.

El nombre de doña Marina con el tiempo se degeneró en Malinche. Hoy en día muchos mexicanos creen que la actitud de esa mujer al ayudar a los españoles fue un acto de traición. El término **malinche** se usa en México para referirse a una persona que prefiere lo extranjero a lo nacional o para una persona a quien se considera traidora. Sin embargo, muchas feministas han combatido este significado de la figura de la Malinche y la han revalorizado como una mujer de gran talento e inteligencia que supo sobrevivir a pesar de las condiciones adversas de su vida.

Vocabulario activo

Adverbios de tiempo

a menudo/con frecuencia/ frecuentemente	*frequently*
de repente	*suddenly*
durante mi niñez	*during my childhood*
generalmente	*generally*
mientras	*while*
normalmente	*normally*
siempre	*always*
todos los días/domingos/ meses/veranos/años	*every day/Sunday/ month/summer/year*
una vez/dos veces/muchas veces	*once/twice/many times*

Descripción física

Forma de la cara — *Shape of the face*

cuadrada	*square*
ovalada	*oval*
redonda	*round*
triangular	*triangular*
la barbilla	*chin*
la mandíbula	*jaw*
el pómulo	*cheekbone*

Color de ojos — *Eye color*

azules	*blue*
claros	*light colored*
color café	*brown*
color miel	*light brown*
negros	*black*
pardos	*hazel*
verdes	*green*

Color y tipo de pelo/ cabello — *Color and type of hair*

ser calvo/a	*to be bald*
ser pelirrojo/a o rubio/a	*to be a redhead or a blond/e*
tener cola de caballo/ flequillo/trenza(s)	*to have a ponytail/ bangs/braid(s)*
tener pelo castaño/ canoso/negro	*to have brown/gray/ black hair*
tener pelo lacio (liso)/ ondulado/rizado	*to have straight/ wavy/curly hair*
tener permanente	*to have a permanent*

Piel

	Skin
blanca	*light-skinned*
morena	*dark-skinned*
trigueña	*olive-skinned*

Señas particulares

	Identifying characteristics
la barba	*beard*
los bigotes	*mustache*
la cicatriz	*scar*
los frenillos	*braces*
el hoyuelo	*dimple*
el lunar	*beauty mark*
las patillas	*sideburns*
las pecas	*freckles*
el tatuaje	*tattoo*
ser peludo	*to be hairy*
tener cuerpo de gimnasio	*to be buff*
tener brazos fornidos	*to have muscular arms*

Descripción de la personalidad

acogedor/a	*welcoming, warm*
atrevido/a	*daring (negative connotation)*
caprichoso/a	*capricious; fussy*
cariñoso/a	*loving, affectionate*
celoso/a	*jealous*
espontáneo/a	*spontaneous*
holgazán/holgazana	*lazy*
idealista	*idealistic*
impulsivo/a	*impulsive*
juguetón/juguetona	*playful*
malhumorado/a	*moody, ill-humored*
optimista	*optimistic*
orgulloso/a	*proud (negative connotation)*
osado/a	*daring (positive connotation)*
paciente	*patient*
perezoso/a	*lazy*
pesimista	*pessimistic*
prudente	*prudent*
realista	*realistic*
tacaño/a	*stingy, cheap*
travieso/a	*mischievous, naughty*

Expresiones útiles

¿A que no saben...?	*Bet you don't know . . . ?*
Creo que... / En mi opinión...	*I think that . . ., In my opinion . . .*
El/La mío/mía también.	*Mine too.*
El/La mío/mía tampoco.	*Mine either.*
Es decir... / O sea...	*That is . . .*
Había una vez...	*Once upon a time there was/were . . .*
Me parece que...	*It seems to me that . . .*
No saben la sorpresa que se llevó cuando...	*You wouldn't believe how surprised he/she was when . . .*
Ud. me dice que...	*You are telling me that . . .*

Vocabulario personal

Llegan los inmigrantes

Metas comunicativas

- hablar de la inmigración
- hablar de la historia familiar
- narrar y describir en el pasado (tercera parte)
- expresar ideas abstractas y sucesos no intencionales

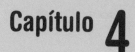

◀ *Escena de mestizaje*, Miguel Cabrera. México, 1763, Museo de América, Madrid.

Entrevista a un artista cubano

▲ Alexandre Arrechea en su
estudio de La Habana, Cuba.

por parte de (mi, tu, etc.) **padre/madre**	*on my father's/mother's side*
a pesar de que	*even though*
a la hora de + *infinitivo*	*when the time comes to + infinitive*

Many speakers omit the possessive adjective and say **por parte de madre/padre.**

Actividad 1 La influencia de los inmigrantes Piensa en los diferentes grupos de inmigrantes que hay en este país y dónde se puede ver su influencia. Da ejemplos específicos.

Actividad 2 La entrevista **Parte A:** Vas a escuchar una entrevista con Alexandre Arrechea, un artista cubano. Mientras escuchas, anota la siguiente información.

1. origen de su familia
2. un ejemplo de influencia africana
3. un ejemplo de racismo

Fuente hispana

Parte B: Escucha la entrevista otra vez para contestar estas preguntas.

1. ¿Qué tipo de trabajo tuvieron sus antepasados de origen africano?
2. ¿Por qué dice el artista que la influencia africana en la comida cubana está camuflada?
3. ¿A qué se refiere el comentario "Tú no eres negro, eres blanco"?
4. En cuanto a las parejas, ¿hay muchos matrimonios entre diferentes grupos étnicos?
5. Alex le sugiere a la entrevistadora que visite Cuba. ¿Dónde le recomienda que se quede para entender mejor a la gente?

◀ *La jungla*, Wifredo Lam (1902–1982), Museo de Arte Moderno, Nueva Yo. Este pintor cubano, de ascendencia africana, china y europea, muestra en sus pinturas la influencia africana.

¿LO SABÍAN?

Cuando los conquistadores llegaron al continente americano, usaron inicialmente a los indígenas para los trabajos pesados, pero con el tiempo muchos empezaron a morirse de enfermedades que traían los españoles. Los españoles comenzaron a darse cuenta que los indígenas también se resistían a servir a los conquistadores. Es en parte por esa falta de mano de obra que comenzó el tráfico de esclavos de África hacia el Nuevo Mundo. Aunque llegaron esclavos a todo el continente, el 38,2% fue a Brasil, el 7,3% a Cuba y solamente el 4,6% llegó a los Estados Unidos. Hoy día, en Cuba, la influencia africana se encuentra en la música, el baile, la comida y en la cultura en general. Hasta en la religión que practican algunos cubanos, que se llama santería, se ve esta fusión de culturas al combinar a dioses africanos con santos de la religión católica.

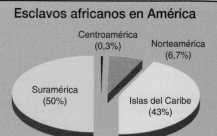

Esclavos africanos en América

Centroamérica (0,3%)
Norteamérica (6,7%)
Suramérica (50%)
Islas del Caribe (43%)

(Fuente: The African Presence in the Americas 1492–1992, Schomburg Center for Research in Black Culture, The New York Public Library. http://www.si.umich.edu/CHICO/ Schomburg/text/migration7big.html.)

Actividad 3   En los Estados Unidos   En grupos de tres, hablen de los inmigrantes africanos que llegaron a los Estados Unidos. Digan cuándo y por qué vinieron y dónde se ve su influencia hoy día.

I. Discussing Immigration

Do the corresponding CD-ROM and web activities as you study the chapter.

La inmigración

▲ Pedro Domínguez y sus hermanos. Buenos Aires, Argentina, 1926.

"Mi madre es argentina y mi abuela también, pero mis bisabuelos maternos eran italianos. Mi abuelo materno emigró de Casablanca, Marruecos, cuando tenía 18 años. A lo largo de este capítulo voy a contar la historia de inmigración de mi padre.

Mi padre llegó por barco a Buenos Aires, Argentina, desde España en 1925 cuando tenía dos años. Eran nueve en total: Mi abuelo, mi abuela y sus siete hijos. Todos **eran oriundos de** Cáceres en la región de Extremadura e iban a Argentina a **hacerse la América** y **en busca de nuevos horizontes** porque la situación en España no era muy buena y América prometía más oportunidades de triunfar. Era una familia **de pocos recursos,** pero llegaron con algo de dinero y mi abuelo **tenía mucha iniciativa.** Él era comerciante en España y cuando llegó a Buenos Aires abrió una camisería, una tienda donde hacía camisas a medida."

Marcela, argentina

Many people of Italian, Spanish, and even North African and Middle Eastern origin emigrated to Argentina in the 20th century. So, this may be considered a typical Argentine family.

Fuente hispana

were originally from

to seek success in America / in search of new opportunities (horizons)

low income

he had a lot of initiative

MUSEO DEL INMIGRANTE

Certificado de arribo a América

ISAAC BENSABAT
de Nacionalidad ESPAÑOLA
procedente de STA. CRUZ DE TENERIFE,
llegó a BUENOS AIRES
el 7 de Junio de 1907
en el buque CAP. VERDE

La información consignata fue obtenida por el C.E.M.L.A. según los registros de Embarque de inmigrantes de la Dirección Nacional de Población y Migración. No obstante este Certificado no tiene validez para realizar cualquier trámite administrativo, judicial o de otra índole.

Sus datos de origen son : EDAD : 58 años
Estado Civil : CASADO
Profesión : COMERCIANTE
Religión : CATOLICA

GRATIS   allocity.com   Line   Casa FOA

Personas

el/la bisabuelo/a	great grandfather/grandmother
el/la descendiente	descendant
el/la emigrante	
el/la esclavo/a	slave
el/la extranjero/a	foreigner
el/la inmigrante	
el/la mestizo/a	
el/la mulato/a	
el/la pariente lejano/a	distant relative
el/la refugiado/a político/a	political refugee
el/la residente	
el/la tatarabuelo/a	great, great grandfather/grandmother

Otras palabras relacionadas con la inmigración

la ascendencia	ancestry
la discriminación, discriminar a alguien	
emigrar, la emigración	
el extranjero	abroad
hacer algo contra su voluntad	to do something against your will
hacerse ciudadano/a	to become a citizen
inmigrar, la inmigración	
la libertad	freedom
el orgullo	pride
recibir a alguien con los brazos abiertos	to receive someone with open arms
sentir nostalgia (por)	to be homesick; to feel nostalgic (about)
sentirse rechazado/a	to feel rejected
ser bilingüe/trilingüe/políglota	
ser mano de obra barata/gratis	to be cheap/free labor
ser una persona preparada	to have an education
tener incentivos	
tener prejuicios contra alguien	to be prejudiced against someone
tener título	to have an education/a degree
tener un futuro incierto	to have an uncertain future

Actividad 4 Definiciones En parejas, miren la lista de palabras sobre la inmigración y túrnense para definir una palabra o frase sin usarla en su definición. La otra persona debe adivinar qué palabra o frase es.

Actividad 5   **¿Quiénes llegaron?**   Latinoamérica ha recibido gente de
todas partes del mundo. En parejas, una persona debe mirar la tabla A y la otra
la tabla B. Luego háganse preguntas para completar su tabla sobre los diferentes
inmigrantes que llegaron.

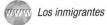 *Los inmigrantes*

A

nacionalidad y épocas importantes de emigración	adónde fueron y por qué	condiciones en su país de origen	otros datos
alemanes ???	Chile – el gobierno (ofrecerles) tierra	???	• (ser) gente preparada – artesanos, (tener) título universitario
chinos 1849–1874	???	???	• ??? • (trabajar) bajo condiciones infrahumanas
italianos ???	Argentina – (trabajar) en las fábricas y en ???	• ??? • en el norte (haber) interés en hacerse la América	• (haber) dos hombres por cada mujer emigrante
judíos al final del siglo XIX	???	• (huir) de la pobreza y el antisemitismo en Rusia	???

B

nacionalidad y épocas importantes de emigración	adónde fueron y por qué	condiciones en su país de origen	otros datos
alemancs 1846–1851	???	(haber) problemas políticos (especialmente para la clase media con ideas liberales) y (haber) una crisis agrícola	???
chinos ???	Perú – (trabajar)	• (haber) sobrepoblación en China	• ??? • casi todos (ser) hombres • hoy día 2 millones de peruanos (ser) de sangre china
italianos 1880–1914	Argentina – ??? y trabajar en la agricultura	• en el sur (haber) sobrepoblación y pobreza • ???	???
judíos ???	Argentina – (haber) tolerancia religiosa después de independizarse de España	???	• Argentina (ser) hoy el octavo país del mundo en números de judíos

¿LO SABÍAN?

En el año 1965 cuando la situación económica en Corea estaba en crisis y puesto que países como Paraguay y Argentina ofrecían incentivos para inmigrantes, un número de ciudadanos coreanos optó por inmigrar a esos países y con el tiempo les empezó a ir bien económicamente. Aunque los niños de estos inmigrantes asistían a escuelas locales donde se mezclaban con los niños del lugar, las familias coreanas vivieron apartadas y muchas nunca se integraron culturalmente al país al que llegaron. Desafortunadamente, cuando los países receptores entraron en un período económico difícil, algunas personas culparon a los coreanos de tener éxito con sus negocios cuando otros estaban perdiendo trabajo en el sector industrial. Por eso, algunos de esos inmigrantes decidieron irse del país que en un momento los había recibido con los brazos abiertos. ¿Conoces casos en la historia de tu país cuando un aumento de xenofobia ha coincidido con una crisis económica?

▲ Shakira, la famosa cantante colombiana de raíces sirio-libanesas, bailando la danza del vientre.

Actividad 6 **El mosaico de razas** **Parte A:** Todos los países tienen inmigrantes de diferentes partes del mundo. En grupos de tres, mencionen cuáles son los principales grupos de inmigrantes que vinieron a este país.

Parte B: Ahora discutan las siguientes ideas sobre los italianos.

- cuándo vinieron
- por qué vinieron
- cuál era la situación en su país
- cómo llegaron a este país
- si fueron recibidos con los brazos abiertos
- qué idioma hablaban
- qué educación tenían
- si hubo discriminación una vez que llegaron aquí
- en qué partes del país se establecieron

Actividad 7 **Un pariente** En parejas, lean otra vez la descripción de Marcela en la página 93 sobre cómo llegó su padre a Buenos Aires. Luego, cuéntenle a su compañero/a cómo llegó un/a pariente o un/a conocido/a a este país.

II. Expressing Past Intentions, Obligations, and Past Knowledge

Preterit and Imperfect (Part Three)

1. To express a past plan that did not materialize, use the imperfect of **ir** + **a** + *infinitive*. This construction can be used to give excuses.

Mi bisabuelo **iba a ir** a los EE.UU. en el Titanic, pero se enfermó y fue unas semanas más tarde en otro barco.	*My great grandfather was going to go to the U.S. on the Titanic, but he got sick and went some weeks later on another ship.*
Iba a mudarse al norte, pero hacía mucho frío en esa región y por eso no fue.	*He was going move to the north, but it was very cold in that region and that's why he didn't go.*

2. Because the imperfect and the preterit express different aspects of the past, they may convey different meanings with certain verbs when translated into English. In these cases the imperfect emphasizes the ongoing nature of the state while the preterit emphasizes the onset or end of an action. These verbs or verb phrases include:

	Imperfect	Preterit
conocer (a + *person*)	knew (someone or some place); was acquainted with	met/began to know (someone or some place)
saber (+ *information*)	knew (something)	found out (something)
no querer (+ *infinitive*)	didn't want (to do something)	refused and <u>didn't</u> (do something)
no poder (+ *infinitive*)	was/were not able (to do something)	was/were not able <u>and</u> <u>didn't</u> (do something)
tener que (+ *infinitive*)	had to (do something), was supposed to (do something) but didn't necessarily do it	had to <u>and did</u> (do something)

Josef Hausdorf **no podía** vivir más en su país y por eso emigró con su familia a Chile.	*Josef Hausdorf couldn't live in his country any more so he emigrated with his family to Chile.*
Su hijo Hans **no quería** irse a Chile porque **no quería** despedirse de los amigos y no **conocía** a nadie allá.	*His son Hans didn't want to go to Chile because he didn't want to say good-by to his friends and he didn't know anyone over there.*
Hans **tenía que** despedirse de su mejor amigo Fritz, pero fue a su casa y no estaba.	*Hans had to say good-by to his best friend Fritz, but he went to his house and he wasn't there.*
Al final **no pudo** decirle adiós en persona así que le escribió una carta.	*In the end he wasn't able (didn't manage) to say good-by to him in person so he wrote a letter.*
Al llegar al puerto, Hans **supo** que había otros niños en el barco a Chile.	*When he arrived at the port, Hans found out there were other kids on the ship to Chile.*
Conoció a más de quince niños la primera noche y para el segundo día ya **sabía** todos los nombres.	*He met fifteen kids the first night and by the second day he already knew all their names.*

Actividad 8   Tenía todas las buenas intenciones   Ayer tus amigos y tú iban a hacer muchas cosas, pero todos tuvieron diferentes problemas. Usa la siguiente información para decir cuáles eran sus intenciones, por qué no las llevaron a cabo y qué hicieron después.

▶ Paul y yo íbamos a esquiar en el lago, pero no pudimos prender el motor del bote y por eso nos quedamos allí tomando el sol y nadando un poco.

Intenciones	Problemas	
1. hacer un picnic	no tener estampilla	
2. ir a una fiesta	llover	
3. comprar el libro de trigonometría	estar cansados	
	invitarte a una fiesta	¿Qué ocurrió
4. estudiar para el examen	no haber más en la librería	después?
5. jugar un partido de tenis	no tener el carnet de estudiante	
6. sacar un libro de la biblioteca	quedarse dormidos	
7. pagar la cuenta de la luz por correo		

Actividad 9 Miniconversaciones **Parte A:** Diferentes personas en la cafetería de la universidad hablan del fin de semana pasado. Completa las conversaciones con el pretérito o el imperfecto de los verbos indicados.

1. —Me presentaron al novio de María, pero yo ya lo _____ muy bien. (conocer)

    —¿Dónde lo habías conocido?

    —Es mi ex novio.

2. —Pedro _____ llamar al dentista para cancelar la cita. (tener que)

    —¿Y lo llamó o no?

    —Se olvidó por completo porque la cita era un sábado.

3. —El sábado fui a una fiesta.

    —¿_____ a alguna persona interesante? (conocer)

    —Sí, _____ a una muchacha encantadora. (conocer)

4. —Ayer en la fiesta, mi novio _____ bailar conmigo. (no querer)

    —¿Y bailaste con otro?

    —Cuando vio que yo iba a bailar con otro, vino rápidamente y bailamos hasta las cinco de la mañana. Hoy _____ ponerme mis zapatos favoritos porque me duelen mucho los pies. (no poder)

5. —¡Qué contento te ves!

    —Sí, cuando era niño _____ hablar con mi abuelito mexicano, pero gracias a esta clase de español, el fin de semana pasado finalmente tuvimos una plática de una hora y _____ por él que mi tatarabuela era huichola y mi tatarabuelo español. (no poder, saber)

6. —¿Por qué no fuiste a la fiesta el sábado?

    —_____ estudiar y ahora estoy muy preparado para el examen. (tener que)

7. —Ayer Carlos me preguntó si me había quedado en casa el sábado por la noche.

    —¿Y le dijiste la verdad?

    —Al principio no _____ qué decirle, pero finalmente sí, le dije que había ido al cine con mis amigos. (saber)

8. —¿Por qué no se reunió Rosa con el grupo ayer para trabajar en el proyecto?

    —Su novio estaba enfermo, así que ella _____ cuidarlo todo el día. (tener que)

9. —Finalmente llegaron mis padres de Guatemala.

    —Deben estar muy contentos tus padres de ver a sus nietos.

    —Sí y no, porque mis niños, que hablan inglés todo el día, _____ les _____ hablar en español. (no querer)

Huicholes are indigenous people in Mexico who are descendent from the Aztecs and are related to the Hopi indians of Arizona.

Parte B: En parejas, escojan una de las conversaciones y continúenla. Mantengan una conversación por lo menos de diez líneas usando el pretérito y el imperfecto dentro de lo posible.

Actividad 10 **La semana pasada** En parejas, digan tres cosas que tenían que hacer y que no hicieron la semana pasada y por qué. Luego digan tres cosas que sí tuvieron que hacer. Piensen en cosas como las siguientes.

> dejar una clase
> hacer fotocopias
> comprar...
> llamar a sus padres/un amigo
> estudiar para la clase de...
> devolver un video
> mandar un email a...
> pagar la cuenta de luz/gas/etc.
> limpiar su apartamento/habitación
> empezar a escribir un trabajo

Actividad 11 **Un cambio radical** **Parte A:** Lee la siguiente historia de lo que ocurrió cuando el padre de Marcela llegó a Argentina.

> "Después de cuarenta días en barco con siete niños —la más pequeña de un añito— la familia de mi padre llegó a Argentina. Mis abuelos **no conocían a nadie** y **no sabían dónde iban** a vivir. Por suerte, otro español los ayudó y encontraron un lugar en la capital. Lamentablemente, al mes de llegar a Argentina, se murió mi abuela y mi abuelo se quedó solo con siete hijos. Entonces **tuvo que poner** a sus hijas en un internado de monjas y a los hijos en un internado de curas. Al principio los niños **no querían ir** a la escuela, pero finalmente lo aceptaron. Los dos únicos que se quedaron en casa por un tiempo fueron la hija menor que tenía un año y mi padre que tenía dos años y medio."

Marcela, argentina

internado = boarding school

In the case of Marcela's grandfather's children, the schooling was free of charge due to his circumstances.

Parte B: En grupos de tres, hablen sobre una vez que Uds. se mudaron a un lugar nuevo, empezaron a asistir a una escuela nueva o fueron a un campamento durante el verano. Expliquen los problemas que tuvieron, qué tuvieron que hacer para hacer nuevos amigos y también hablen de las cosas que no querían hacer porque se sentían incómodos.

¿LO SABÍAN?

Cuando una persona va a vivir a otro país, generalmente pasa por lo que se llama el choque cultural. Este proceso consiste de cuatro etapas diferentes y la duración de cada una varía de persona a persona. La primera etapa es la llamada luna de miel, en la que el recién llegado se siente encantado con el lugar y todo le resulta novedoso y atractivo. La segunda etapa es la del rechazo, cuando el individuo se siente incómodo con todo lo que esté conectado con la cultura a la que ha llegado; se cuestiona por qué está allí y se aísla de su entorno. A medida que pasa el tiempo, la persona comienza a aceptar las nuevas costumbres y a adaptarse para la supervivencia diaria. Algunas personas se quedan en esa tercera etapa, pero por lo general, muchas van más allá y se integran a la cultura: celebran las tradiciones del lugar, comen sus comidas y tienen amigos de esa cultura. ¿Has pasado un período largo en otro país? Si contestas que sí, ¿pasaste por alguna etapa del choque cultural?

III. Expressing Abstract Ideas

Lo + Adjective and *lo que*

1. Use the word **lo**, followed by a masculine singular adjective, to express abstract ideas.

Lo bueno es que muchos inmigrantes logran integrarse a la sociedad.	*The good (part/thing/point) is that many immigrants manage to integrate into society.*
Lo triste son los individuos que discriminan a estos inmigrantes.*	*The sad (part/thing) are the individuals who discriminate against these immigrants.*

*Note: Just as in English, since **individuos** is plural, so is the verb that precedes it.

2. Lo que is used to express *the thing that* or *what,* whenever *what* is not a question word.

Lo que les interesaba era no perder contacto con la familia.	*What/The thing that they were interested in was not losing contact with their family.*
¿Qué dices? **Lo que** propones es absurdo.	*What are you saying? What/The thing that you propose is absurd.*

Actividad 12 Libros y películas **Parte A:** Vamos a ver cuánto sabes de libros y películas. Intenta combinar ideas de las tres columnas y empieza cada oración con **lo** + *adjetivo*.

▶ trágico   *Romero*   asesinar / al arzobispo
   Lo trágico de la película *Romero* fue que asesinaron al arzobispo.

interesante	*Psicosis*	Hester Prynne / tener / un hijo
trágico	*Frida*	ilegítimo
increíble	*ET*	él / enamorarse / de Dulcinea
escandaloso	*Bambi*	quemarse / la ciudad de Atlanta
terrible	*La letra escarlata*	morirse / su madre
cómico	*El Quijote*	esconderse / en el armario
triste	*Lo que el viento*	los dos / suicidarse
romántico	*se llevó*	él / atacarla / en la ducha
	Romeo y Julieta	sufrir / un accidente de tráfico horrible

Parte B: Ahora menciona otras películas o libros y di qué fue lo interesante/ horrible/increíble/cómico, etc.

Actividad 13 El año pasado En parejas, díganle a la otra persona qué fue lo mejor, lo peor, lo terrible, lo que les fascinó, lo que les molestó y lo que les interesó del año pasado.

▶ Lo molesto / Lo que me molestó del año pasado fueron los nuevos programas de la televisión... todos los reality shows... prefiero la ficción.

Actividad 14 Tu universidad En grupos de tres, discutan las siguientes ideas sobre su universidad.

lo que les divierte   lo que les molesta
lo que les gusta   lo que proponen para mejorarla

Actividad 15 Lo triste fue que... **Parte A:** Lee el siguiente episodio de la familia de Marcela y responde a las preguntas de comprensión de tu profesor.

mercería = notions shop

"Antes de emigrar a Argentina, mi abuelo tenía una mercería en Cáceres y al lado había una zapatería. Todos los meses, el dueño de la zapatería y mi abuelo jugaban juntos a la lotería. **Lo triste** fue que al mes de irse mi abuelo con toda su familia a Argentina, el dueño de la zapatería se sacó 'la grande'. Mi abuelo supo esto como un año más tarde porque en esa época era muy difícil comunicarse a larga distancia. **Lo irónico** fue que mi abuelo se fue a Argentina para hacerse la América y su amigo que se quedó en España fue el que se hizo millonario."

Marcela, argentina

Parte B: En parejas, hablen de momentos de su vida o de la vida de alguien que conozcan y digan qué fue **lo triste, lo cómico, lo trágico, lo irónico,** etc.

IV. Expressing Accidental or Unintentional Occurrences

Unintentional *se*

1. To express accidental or unintentional occurrences, use the following construction with **se** and an *indirect-object pronoun.*

se me **se te** **se le** **se nos** **se os** **se les**	+ *singular verb* + *singular noun* + *plural verb* + *plural noun*

Note that the singular and plural nouns function as subjects of the verbs in this construction even though they are placed after the verb.

Se nos cayó la **computadora.**   *We dropped the computer.*

Se le perd**ieron** las **llaves.**   *He/She/You lost the keys.*

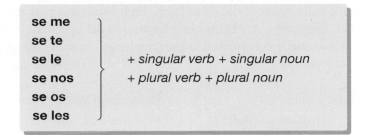

Se le perd**ieron** las **llaves** (a María).*

(A María) **se le** perd**ieron** las **llaves.**

María lost the keys.

*Note: A phrase introduced by **a** + *noun/pronoun* can be used to provide clarity or emphasis of the indirect-object pronoun (**me, te, le, nos, os, les**). It can be placed at the beginning or end of a sentence.

2. Compare the following sentences, one involving an intentional occurrence and the other an unintentional one.

Intentional Occurrence	Unintentional Occurrence
El otro día me enfadé con mi novio y **quemé su foto** para no tener ningún recuerdo de él.	El otro día prendí una vela cerca de la foto de mi novio y me fui; cuando volví **se me había quemado la foto.**
The other day I got mad at my boyfriend, and I burned his picture so as not to have any reminder of him.	*The other day I lit a candle near my boyfriend's picture and I left. When I returned, the picture had burned.*

3. The following list presents verbs commonly used with this construction.

<table>
<tr><td>acabar/terminar</td><td>Se me acabó el dinero. No tengo ni un centavo.</td></tr>
<tr><td>caer</td><td>Se le cayeron dos platos al suelo (a Jorge).</td></tr>
<tr><td>descomponer</td><td>Se me descompuso el televisor y me costó 250 pesos arreglarlo.</td></tr>
<tr><td>olvidar</td><td>(A ella) Siempre se le olvidan las llaves del carro.</td></tr>
<tr><td>perder</td><td>Tu tía me contó que se te perdió el perrito.</td></tr>
<tr><td>quedar</td><td>Se me quedaron los anteojos en casa.</td></tr>
<tr><td>quemar</td><td>¡Qué mala suerte! Se nos quemó la cena.</td></tr>
<tr><td>romper</td><td>Se les va a caer el estéreo y se les va a romper.</td></tr>
</table>

Descomponer (*some countries in Hispanic America*) = **averiar** (*Spain*)

Actividad 16 La boda Dos parejas que se casaron la semana pasada tuvieron bastante mala suerte el día de su boda. En parejas, una persona mira la información del matrimonio A y la otra la información del matrimonio B. Después, cuéntense qué le ocurrió a cada pareja y luego decidan cuál creen que tuvo peor suerte y por qué.

A: Clara Gómez y Aldo Portillo

(a ella) caer / un pedazo de pastel de boda / en el vestido

(a él) romper / la cremallera (*zipper*) de los pantalones

(a ellos) quedar / los pasaportes en la casa / el avión salir sin ellos / empezar / su luna de miel un día tarde

(a él) perder / las tarjetas de crédito el segundo día de la luna de miel

(a él) perder / el anillo de matrimonio

B: Santiago Vélez y Sara Sosa

(a él) romper / una botella de champaña

(a ella) caer / el anillo de matrimonio en el lavabo

(a ellos) olvidar / los pasajes de avión en la casa

(a ellos) acabar / la gasolina camino al aeropuerto / el avión salir / sin ellos

(a ella) perder / las maletas

Actividad 17 Excusas por llegar tarde Mañana cinco policías van a llegar tarde al trabajo para protestar contra los sueldos bajos. Escribe las cinco excusas que van a dar por llegar tarde, usando la construcción con el **se** accidental. Empieza las oraciones con frases como: **Una policía va a decir que... / Un policía va a explicar que...**

PA ... A LA COMPUTADORA SE LE CAYÓ UNA TECLA ...¿ LA PONGO DEBAJO DE LA ALMOHADA A VER SI LE TRAE PLATA EL MOUSE?

Actividad 18 La pregunta inocente En las culturas hispanas los niños ponen el diente debajo de la almohada y el Ratoncito Pérez les deja dinero. Antes de mirar la caricatura, contesta las siguientes preguntas.

1. Cuando eras pequeño, ¿dónde ponías los dientes cuando se te caían?
2. ¿Alguien te traía algo? Si contestas que sí, ¿quién y qué te traía?
3. ¿Qué parte de la computadora asocias con la palabra "ratón"?

V. Narrating and Describing in the Past

Summary of Preterit and Imperfect

Look at how the preterit and imperfect are used to talk about the past as you
read this brief summary of Marcela's father's childhood in Argentina.

Fuente hispana

Preterit	Imperfect
	• **Setting the scene** (1) "Después de la muerte de mi abuela, mi abuelo **estaba** solo y **tenía** muy poco dinero para mantener a sus siete hijos.
• **Completed action** (2) Por eso un día **puso** a sus hijos en un internado.	• **Time and age** (3) Mi padre **tenía** siete años cuando empezó la escuela. **Eran** las ocho de la mañana cuando llegó a su primer día de clase.
	• **Action or state in progress** (4) **Le gustaba** ir a la escuela porque sus hermanos **estaban** allí.
	• **Habitual or repeated action** (5) Luis, hermano mayor de mi padre, siempre **se escapaba** de la escuela.
• **Action in progress interrupted** (6) Un día mientras Luis **se escapaba** por una ventana, un cura lo **vio** y **llamó** a mi abuelo para decirle que Luis ya no podía volver a la escuela.	
• **Beginning/end of action** (7) Mi padre **terminó** de estudiar a los 12 años y **empezó** a trabajar con mi abuelo porque la familia necesitaba dinero.	• **Intention** (8) Mi padre **iba a estudiar** hasta los 18, pero la familia necesitaba dinero.
• **Action over specific period of time** (9) Así que mi padre **asistió** a la escuela sólo cinco años.	• **Simultaneous ongoing actions** (10) Mientras los hijos **trabajaban**, las hijas **preparaban** la comida y **lavaban** y **planchaban** la ropa.
	• **Ongoing emotion or mental state** (11) Mi abuelo **no sentía** nostalgia por su país pues **estaba** contento de estar en un lugar con tantas oportunidades."

Actividad 19 **Siempre hay una primera vez**   **Parte A:** Piensa en una de las siguientes situaciones y completa la tabla.

¿Cuándo fue la primera vez que...
diste o recibiste un beso?
viajaste en avión o en tren?
manejaste un coche y estabas solo/a?

Circunstancias				Lo que ocurrió
Edad	Lugar	Tiempo	Emociones	

Parte B: Ahora, en parejas, cuéntenle la historia a la otra persona y háganse preguntas para averiguar más información. Para reaccionar a la historia de su compañero/a usen las siguientes expresiones.

¡Qué horror!	How terrible/horrible!
¡Qué cursi!	How tacky!
¡Qué genial!	How great!
Lo pasaste bien/mal, ¿eh?	You had a good/bad time, right?
Te cayó bien/mal, ¿eh?	You liked/disliked him/her, right?
¡Caray!	Geeze!
Fuiste de Guatemala a Guatepeor.	You went from bad to worse. (*play on words in Spanish*)
No puede ser. / No te creo.	That can't be true. / I don't believe you.

Actividad 20 **Una historia interesante**   **Parte A:** Piensa en una de las siguientes situaciones y completa la tabla para prepararte a contar la historia.

- una vez que hiciste algo malo y tus padres te pillaron (*caught you*)
- la ocasión en que conociste a tu primer/a novio/a
- una fiesta sorpresa a la cual asististe
- tu primer día de universidad
- la peor salida con alguien

Circunstancias				Lo que ocurrió
Edad	Lugar	Tiempo	Emociones	

Parte B: Ahora, en parejas, cuéntenle la historia a la otra persona y háganle preguntas para averiguar más información. Tomen apuntes sobre la historia de tu compañero/a porque luego van a contarle su historia a otra persona.

Parte C: Ahora cambien de compañero/a y usen sus apuntes para contarle la historia que acaban de escuchar.

Actividad 21   **La historia de Canelo: un perro fiel**   En parejas, miren los
siguientes dibujos que cuentan la historia verídica (*true*) de un hombre enfermo
que necesitaba diálisis y que no tenía a nadie excepto a su perro Canelo.
Expliquen qué ocurrió usando el pretérito y el imperfecto.

Canelo de verdad existió y si vas a
Cádiz, en el sur de España, puedes
visitar la calle Canelo, leer la placa
en su honor y ver su estatua.

Todos los días...

Pero un día....

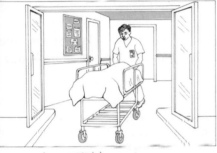

Lamentablemente...

Una mañana...

Pero al día siguiente...

Unos meses después...

Lo increíble fue que...

Al día siguiente...

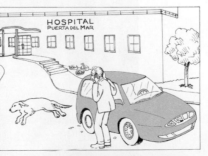

Pero una noche, doce años
después, cuando...

Finalmente...

Actividad 22 Armemos una historia En parejas, cada uno mire una de las siguientes listas de palabras y luego, inventen juntos una historia integrando las palabras. Deben turnarse para usar las expresiones de su lista en el orden que prefieran. Al usar una expresión, táchenla (*cross it out*). Comiencen la historia con la siguiente oración:

Manuela había llegado a los Estados Unidos hacía dos semanas y no hablaba inglés...

A		B	
un día	Lo que siempre	finalmente	de repente
pero entonces	Lo cómico	ya sabía	no quería
conoció	fue que	por suerte	se le cayó
tenía que	mientras	Lo triste fue que	se sentía
	sentía nostalgia		rechazada

Actividad 23 La foto misteriosa En grupos de tres, miren la siguiente foto y usen la imaginación y la guía de ideas para inventar una historia sobre lo que ocurrió.

- cómo era la vida de esta persona, de qué país había emigrado, qué tenía que hacer un día típico, qué sabía hacer, a qué persona importante conocía
- qué ocurrió un día y por qué, qué hora era, a quién conoció, qué iba a hacer pero no pudo, qué tuvo que hacer ese día
- al final qué pasó

VI. Discussing the Past with Present Relevance

The Present Perfect

So far in this text you have used the indicative mood in the preterit, the imperfect, and the pluperfect to discuss past occurrences. In this chapter, you will use the present perfect (**pretérito perfecto**) to expand your ability to discuss past experiences.

1. You can use the present perfect to discuss events that have taken place in the past and are relevant either to the present or to past events and actions that might be repeated or continued in the present.

—¿Quieres alquilar *El Norte*?
—No. **He visto** esa película cuatro veces.

Do you want to rent El Norte?
No. I've seen that movie four times. (It is probably very fresh in the speaker's mind now. When the action occurred is not important.)

—Gregory Nava, el director de *El Norte*, **ha dirigido** varias películas de mucho éxito.

Gregory Nava, the director of El Norte, *has directed several successful movies.* (And may do so again.)

2. Use the present perfect with the expression **alguna vez** to ask the question, *Have you ever. . .?*

¿Alguna vez **has visitado** el pueblo donde nació tu bisabuelo?

Have you ever visited the town where your great grandfather was born?

3. The present perfect is formed by using a form of **haber** in the present indicative + *past participle*.

haber		
he	hemos	
has	habéis	+ past participle
ha	han	

Present = relevance in the present
Perfect = perfective or completed action

To review past participle formation, see page Appendix A, pages 348–349.

aún = **todavía**

aun = **hasta** (*even*)

4. Note the use of **ya** (*already, yet*) and **todavía** (*still, yet*) in the following sentences. **Ya** is used in affirmative questions and affirmative sentences and usually precedes the verb. **Todavía** is used in negative questions and negative sentences and is placed before the word **no** or at the end of the sentence.

—¿**Ya** has terminado?

Have you already finished? / Have you finished yet? / Did you finish yet?

—Sí, **ya** he terminado.

Yes, I've already finished.

—¿**Ya** has comido?

Have you eaten already? / Have you eaten yet? / Did you eat yet?

—No, **todavía no** he comido nada. / No, **no** he comido nada **todavía.**

No, I haven't eaten anything yet. / No, I still haven't eaten anything.

—¿**Todavía no** has llamado a tu bisabuelo?

Haven't you called your great grandfather yet?

—No, **no** lo he llamado **todavía.**

No, I haven't called him yet.

 Fusión de culturas

Actividad 24   Tu familia   **Parte A:** Hazles preguntas a tus compañeros para averiguar quién ha hecho las siguientes cosas.

1. ver el árbol genealógico de su familia
2. hacer investigación sobre su familia en Internet
3. visitar el sitio en Internet de la isla de Ellis
4. ir a otro país donde viven/vivieron parientes suyos
5. estudiar la lengua de sus tatarabuelos
6. sentirse discriminado por su raza, sexo, religión, orientación sexual
7. asistir a un festival de otra cultura
8. salir con alguien de otra nacionalidad

Parte B: Ahora comparte tus respuestas con el resto de la clase.

Actividad 25   Cambios   En grupos de cuatro, dos de Uds. son personas muy pesimistas y las otras dos son muy optimistas. Mencionen tres o cuatro de los cambios sociales y políticos más importantes que han ocurrido en los últimos doce meses. Pueden usar la lista de cambios que se presenta a continuación. Sigan los modelos.

▶ (pesimista) Este año ha habido muchos robos en esta ciudad.

▶ (optimista) Este año hemos creado más programas sociales.

haber más/menos personas sin trabajo

crear más/menos programas para reducir la violencia en el hogar

aumentar/reducir la contaminación

haber más/menos escándalos políticos

haber más/menos atentados terroristas

mejorar/empeorar el nivel de la enseñanza primaria y secundaria

tener más/menos accidentes de avión

aumentar/reducir el nivel de pobreza

Actividad 26 Y este semestre, ¿qué? En parejas, pregúntenle a la otra persona si ha hecho las siguientes actividades este semestre. La persona que responde debe explicar su respuesta. Sigan el modelo.

▶
—¿Ya has tomado un examen?

—Sí, ya he tomado un examen. Tuve uno...   —No, todavía no he tomado ningún examen. Tengo uno...

1. hablar con su consejero/a
2. ir a la oficina de su profesor/a de español
3. elegir las materias para el próximo semestre
4. decidir con quién(es) va a vivir el año que viene
5. encontrar un lugar para vivir el año que viene
6. solicitar un trabajo para el verano

Actividad 27 Recuerdos **Parte A:** Todos tenemos un recuerdo triste, traumático, raro o gracioso. Lee la siguiente historia y decide si la situación fue triste, traumática, rara o graciosa. Luego intenta explicar el uso del pretérito y del imperfecto en esta historia.

He celebrado mi cumpleaños de muchas formas diferentes, pero recuerdo en particular ese 15 de febrero. El día que cumplí mis ocho añitos, fui con mis padres y mis abuelos a una cafetería al aire libre y allí yo estaba sentada en una silla al lado de las escaleras. Como estábamos de vaca-
5   ciones en Torremolinos, yo pensé que no me iban a dar tarta, cuando de repente mi madre me dijo: "¿Quieres acompañarme a la pastelería para comprarte la tarta?" Al escuchar a mi madre, me levanté con mucho entusiasmo, y justo cuando el camarero bajaba las escaleras mi cabeza dio contra su bandeja. Oí un ruido horrible y todo se le cayó encima al pobre
10   camarero: la chaqueta del señor ya no era blanca, sino que estaba cubierta de Coca-Cola, café y helado y había vasos rotos por todas partes. Empecé a llorar, pero por suerte, el señor no se enojó y no tuvimos que pagar nada. Todavía recuerdo ese día cada vez que veo la chaqueta blanca de los camareros.

Parte B: En parejas, túrnense para contar situaciones tristes, traumáticas, raras o graciosas usando el pretérito y el imperfecto. Incluyan muchos detalles. Usen estas ideas como guía.

- cuántos años tenías
- cómo eras
- dónde estabas
- adónde fuiste y con quién
- qué hacías
- qué ocurrió
- cómo te sentiste después

The narrator starts by saying **He celebrado mi cumpleaños de muchas formas diferentes...** You may want to start your story by saying **He** + *past participle* to say what you have done and then tell your listener about that special event that you remember. For example, **He ido muchas veces de mi pueblo a Charleston, pero...**

cake = **tarta** (*Spain*), **torta/pastel** (*Hispanic America*)

Do the corresponding CD-ROM and web activities to review the chapter topics.

Vocabulario activo

La inmigración

Personas

el/la bisabuelo/a	*great grandfather/ grandmother*
el/la descendiente	*descendant*
el/la emigrante	*emigrant*
el/la esclavo/a	*slave*
el/la extranjero/a	*foreigner*
el/la inmigrante	*immigrant*
el/la mestizo/a	*mestizo (indigenous and European)*
el/la mulato/a	*mulatto (black and European)*
el/la pariente lejano/a	*distant relative*
el/la refugiado/a político/a	*political refugee*
el/la residente	*resident*
el/la tatarabuelo/a	*great, great grandfather/ grandmother*

Otras palabras relacionadas con la inmigración

la ascendencia	*ancestry*
buscar nuevos horizontes	*to look for new horizons*
la discriminación	*discrimination*
discriminar a alguien	*to discriminate against someone*
emigrar, la emigración	*to emigrate, emigration*
el extranjero	*abroad*
hacer algo contra su voluntad	*to do something against your will*
hacerse ciudadano/a	*to become a citizen*
hacerse la América	*to seek success in America*
inmigrar, la inmigración	*to immigrate, immigration*
la libertad	*freedom*
el orgullo	*pride*
recibir a alguien con los brazos abiertos	*to receive someone with open arms*

sentir nostalgia	*to be homesick; to feel nostalgic (about)*
sentirse rechazado/a	*to feel rejected*
ser bilingüe/trilingüe/ políglota	*to be bilingual/ trilingual/a polyglot*
ser mano de obra barata/ gratis	*to be cheap/free labor*
ser oriundo/a de (+ ciudad o país)	*to be originally from (+ city or country)*
ser una persona de pocos recursos	*to be a low-income person*
ser una persona preparada	*to have an education*
tener incentivos	*to have incentives*
tener iniciativa	*to have initiative, drive*
tener prejuicios contra alguien	*to be prejudiced against someone*
tener título	*to have an education/a degree*
tener un futuro incierto	*to have an uncertain future*

Verbos que se usan con la construcción *se* + pronombre de complemento indirecto

acabar/terminar	*to run out (of)*
caer	*to fall*
descomponer	*to break down*
olvidar	*to forget*
perder	*to lose*
quedar	*to leave behind*
quemar	*to burn*
romper	*to break*

Expresiones útiles

a la hora de + *infinitivo*	*when the time comes to + infinitive*
a pesar de que	*even though*
¡Caray!	*Geeze!*
Fuiste de Guatemala a Guatepeor.	*You went from bad to worse.*
Lo pasaste bien/mal, ¿eh?	*You had a good/bad time, right?*
No puede ser. / No te creo.	*That can't be true. / I don't believe you.*
por parte de mi padre/madre	*on my father's/ mother's side*
¡Qué cursi!	*How tacky!*
¡Qué genial!	*How great!*
¡Qué horror!	*How terrible/ horrible!*
Te cayó bien/mal, ¿eh?	*You liked/disliked him/her, right?*

Vocabulario personal

Metas comunicativas

- influir, sugerir, persuadir y aconsejar
- dar órdenes directas e indirectas
- hablar de hábitos alimenticios
- informar y dar instrucciones

Los Estados Unidos: Sabrosa fusión de culturas

◄ Canastos para la venta en San Antonio, Texas.

En esta mesa se habla español

tener ganas de + *infinitive*	to feel like + *ing*
¿Acaso no sabías?	But, didn't you know?
dar cátedra	to lecture someone (on some topic)
... y punto.	. . . and that's that.

catedrático/a = university professor

Actividad 1   La comida y su origen   **Parte A:** Una familia está en los Estados Unidos almorzando en un restaurante hispano. Antes de escuchar su conversación, nombra platos típicos que conozcas de España, México y Cuba. También nombra tipos de música que asocias con esos países.

Parte B: Ahora mientras escuchas la conversación, marca los adjetivos que describan la conversación y luego, di qué problemas tienen los padres con el niño.

——— graciosa   ——— romántica

——— estimulante   ——— agresiva

——— informativa   ——— inesperada

——— tranquila   ——— tensa

www *Lo afrocubano*

Actividad 2   En el restaurante   Lee las siguientes oraciones y complétalas mientras escuchas la conversación otra vez.

1. La familia pidió _____, _____ y _____ para comer.
2. Estos platos son de _____. (país)
3. El niño no quiere hablar _____. (idioma)
4. Hay un señor que está bailando el _____ y no es buen bailarín.
5. El plátano es original de _____. (continente)
6. Los españoles llevaron el plátano al Caribe desde _____ (lugar) en _____. (año)
7. Los padres quieren que el niño ponga las _____ en la mesa.
8. Según el niño, el plátano viene de la _____.

www *El Tratado de Guadalupe Hidalgo*

Por más de dos siglos los españoles exploraron y ocuparon gran parte del territorio de lo que hoy son los Estados Unidos, especialmente la Florida y el suroeste. Entre 1810 y 1821, España perdió sus posesiones en Norteamérica. México comenzó su guerra de independencia en 1810 y finalmente logró su independencia en 1821. Ese mismo año España le vendió la Florida a los Estados Unidos. Luego en 1848 por el Tratado de Guadalupe Hidalgo, México le cedió a los Estados Unidos un gran territorio que hoy es conocido como el "Southwest". Los norteamericanos se encontraron allí con una población ya establecida que no hablaba inglés y que se integró a la cultura estadounidense a través de las sucesivas generaciones. Algunos, sin embargo, conservaron su lengua y sus tradiciones a través de las generaciones.

Hoy día hay en los Estados Unidos alrededor de 40 millones de hispanos sin contar los 3,8 millones que viven en la isla de Puerto Rico, pero no se puede suponer que porque son hispanos todos hablan español. Como ocurre con los inmigrantes que hablan otros idiomas, muchos hispanos de segunda y subsiguientes generaciones empiezan a perder el español. Debido a que los hispanos se encuentran rodeados del inglés, este idioma también influye en el español que hablan muchos. Es común oír a hispanos que alternan entre el español y el inglés dentro de una misma conversación y con frecuencia lo hacen inconscientemente. ¿Qué palabras del español usas al hablar inglés?

Siglos XVII y XVIII

☐ Territorio inglés
■ Territorio francés
☐ Territorio español

Actividad 3 La influencia culinaria   **Parte A:** En grupos de tres, intenten decir cuáles de estos alimentos conocían los indígenas del continente americano antes de 1492 y cuáles conocían los europeos. Si no están seguros, traten de adivinar. Sigan el modelo.

▶ Antes de 1492 los europeos ya conocían..., pero los indígenas no lo/la/los conocían.

1. la papa
2. los productos lácteos (*dairy*)
3. el tomate
4. el chocolate
5. el chile
6. el trigo (*wheat*)
7. el maíz
8. el azúcar

Parte B: Después de comparar sus respuestas con el resto de la clase, digan cómo influyeron estos productos en la dieta italiana, irlandesa y mexicana.

▶ En México, usan el queso (producto lácteo) para preparar chiles rellenos.

www *La comida hispana: Recetas*

¿LO SABÍAN?

La variedad de comida hispana que se puede encontrar en los Estados Unidos es representativa de las diversas culturas hispanas que viven en este país. La comida mexicana con sus tortillas, tacos y chile ya es parte también de la dieta norteamericana. Sin embargo, no se debe olvidar que así como los conquistadores llevaron de México a España el chocolate, el aguacate, el tomate y el maíz, entre otros productos, también llevaron a México productos lácteos como el queso y la costumbre de freír los alimentos. Hoy día está muy de moda la comida tex mex que es una combinación de ingredientes de Texas y del norte de México. Entre las comidas más populares se encuentran platos como el chile con carne y las fajitas. ¿Qué otras comidas de origen hispano has probado?

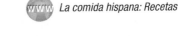

Como consecuencia del impacto de la mezcla de culturas, tanto las compañías norteamericanas como las extranjeras ofrecen comidas para gustos diversos en los supermercados de los Estados Unidos.

Another example of the fusion of cultures are pigeon peas (**gandules**) that were introduced in the Caribbean by African slaves and are a staple of the Puerto Rican diet.

Actividad 4 **Las implicaciones** En la conversación que escucharon, la mujer le dice al niño que el plátano está delicioso. Dado el contexto, lo que la mujer probablemente implica es "Debes comértelo". Hay muchas maneras de influir en las acciones de otra persona. Por ejemplo: si eres una persona muy perezosa y hay una ventana abierta y tienes frío, puedes usar varios métodos directos e indirectos para lograr que otra persona se levante y cierre la ventana.

Directos

Por favor, ¿podrías cerrar la ventana?
Debes cerrar las ventanas cuando
  hace frío.
Tienes que cerrar la ventana... hace frío.

Indirectos

¿No tienes frío? Te vas a enfermar.
¿De dónde viene esa corriente de
  aire? ¡Qué frío!

En parejas, formen oraciones que muestren maneras directas e indirectas para lograr que otra persona haga estas acciones.

1. preparar café
2. sacar a pasear al perro
3. lavar los platos
4. no cambiar de canal de televisión constantemente

I. Influencing, Suggesting, Persuading, and Advising

 Do the corresponding CD-ROM and web activities as you study the chapter.

A. The Present Subjunctive

In Spanish, the indicative (**el indicativo**) and the subjunctive (**el subjuntivo**) are two verbal moods. So far in this text, you have been using the indicative mood in asking questions, stating facts, and describing. The subjunctive mood can be used in sentences that express influence, doubt, emotion, and possibility. This chapter will focus on the use of the subjunctive to express influence and give advice.

1. The present subjunctive endings are as follows.

hablar		comer		salir	
que hable	hablemos	que coma	comamos	que salga	salgamos
hables	habléis	comas	comáis	salgas	salgáis
hable	hablen	coma	coman	salga	salgan

To review the formation of the present subjunctive, see Appendix A, pages 345–346.

2. To express influence over other people's actions or to give advice, you can use the following construction.

Independent clause	que	Dependent clause
subject 1 + verb of influence (indicative)	que	subject 2 + verb (subjunctive)

(Yo)	quiero	que	(Uds.)	vengan mañana.
I	*want*		*you*	*to come tomorrow.*
Ellos	prefieren	que	Marc Anthony	cante salsa.
They	*prefer*	*that*	*Marc Anthony*	*sing salsa.*

Notice that the independent clause has a subject and a verb expressing influence, and the dependent clause has a different subject that may or may not carry out an action.

3. Use these verbs to express influence or give advice.

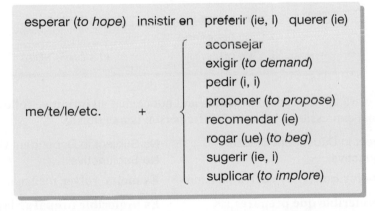

esperar (*to hope*)   insistir en   preferir (ie, I)   querer (ie)

me/te/le/etc.   +   {
aconsejar
exigir (*to demand*)
pedir (i, i)
proponer (*to propose*)
recomendar (ie)
rogar (ue) (*to beg*)
sugerir (ie, i)
suplicar (*to implore*)
}

Me aconsejan que pruebe el plátano frito.   *They advise me to try the fried plantain.*

Les rogamos que bajen la música.   *We beg them to lower the music.*

Notice that the indirect-object pronouns (**me, te, le**, etc.) refer to the person being advised/begged/etc. and not to the person doing the advising/begging/etc.

4. Compare the following sentences and notice that if there is no influence expressed toward another person, an infinitive follows the main verb and there is no dependent clause introduced by **que.**

Two Subjects: Subjunctive	One Subject: No Subjunctive
Él prefiere que tú vengas mañana.	**Él prefiere ir** mañana.
Quiero que ella vaya a la fiesta.	**Quiero ir** a la fiesta.

5. To express influence or give advice in an impersonal way, you may use an impersonal expression such as **es bueno** or **es necesario.**

Independent clause	**que**	Dependent clause
Impersonal expression (indicative)	**que**	Subject + verb (subjunctive)

Es importante *It's important*	**que** *that*	(Uds.) *you*	**presten** atención. *pay attention.*
Es necesario *It's necessary*	**que** *that*	(tú) *you*	**pongas** la mesa. *set the table.*

6. Use the following impersonal expressions in the affirmative or the negative to express influence in an impersonal way.

(no) +
- es aconsejable (*it's advisable*)
- es buena/mala idea
- es bueno/malo
- es importante
- es mejor (*it's better*)
- es necesario
- es preferible (*it's preferable*)

7. Compare the following sentences and notice that an infinitive follows the impersonal expression when no specific person is mentioned.

Subject in Dependent Clause: Subjunctive	No Subject in Dependent Clause: No Subjunctive
Es mejor que (Ud.) vuelva mañana.	**Es mejor volver** mañana.
Es preferible que prepares las papas ahora.	**Es preferible preparar** las papas ahora.

Actividad 5   Dos deseos   **Parte A:** Un periódico local publicó los deseos que tienen dos hispanos que viven en los Estados Unidos. Completa los deseos de la página 121 usando el infinitivo o el presente del subjuntivo de los verbos que se presentan.

Parte B: Ahora, pide algunos deseos para ti y tu familia para el próximo año. Usa expresiones como: **Quiero..., Quiero que mi padre...**

Parte C: En grupos de tres, mencionen los estereotipos que existen en los Estados Unidos sobre diferentes grupos (hombres blancos, mujeres asiáticas, deportistas, etc.) y expliquen si alguna vez alguien ha hecho comentarios de este tipo sobre Uds. y qué quieren que sepa la gente que hace esa clase de comentarios.

dominar
saber
hablar, leer
escribir
ser
ser
saber
comunicarse
poder

enseñar

En primer lugar, yo quiero que mi hijo _____ el inglés porque es importante _____ inglés para triunfar en este país, pero a la vez espero que también _____, _____ y _____ español. Es decir, quiero que mi hijo _____ bilingüe. También es importante que _____ bicultural y, para entender su otra cultura, la cultura puertorriqueña, es importante que _____ el idioma de la isla. También es necesario que el niño _____ con sus abuelos que viven allí y no hablan inglés y yo también quiero _____ hablar con él en ese idioma. Espero que los maestros no solamente le _____ inglés sino también español.

Jorge Ramos

estereotipar

trabajar
darse
generalizar

hacer

Mi deseo es muy simple: Espero que la gente _____ cada vez menos. Estoy un poco cansada de escuchar decir cosas como que a los hispanos no les gusta _____, que prefieren dormir la siesta y que nunca son puntuales. Es necesario que la gente _____ cuenta de que no es verdad y que no es bueno _____ de esa manera por el comportamiento de unos pocos. Prefiero que la gente no _____ comentarios ni positivos ni negativos.

Tina Olmos

Actividad 6   El compañero de cuarto   En parejas, díganle a la otra persona qué cualidades son importantes y qué cualidades no son importantes en un/a compañero/a de cuarto o apartamento.

▶ Para mí, es importante que mi compañero/a no ponga música a todo volumen.

ser ordenado/a
saber cocinar
no fumar
no hacer mucho ruido
ser hombre/mujer
no mirar la televisión a toda hora

no usar mis cosas sin permiso
tener mucho dinero
pagar las cuentas a tiempo
no llevar muchos amigos a casa
no hablar mal de otros
? ? ?

Actividad 7   Padres hispanos, hijos rebeldes   Uds. están en televisión en *El show de Silvina*, un programa como el de Oprah Winfrey. El tema del programa de hoy es "Padres hispanos, hijos rebeldes". Éste es un tema de interés en la comunidad hispana ya que muchos padres tienen conflictos cuando sus hijos comienzan a relacionarse con niños y adolescentes de otras culturas de este país y a rebelarse contra las tradiciones familiares. Las siguientes son algunas de las cosas que dicen los padres y los hijos.

Comentarios de los padres

"Mi niña es una rebelde. Nunca llega a casa a la hora que le digo."

"Mi hijo siempre lleva la misma gorra (*cap*). Nunca se la quita."

"Ahora anda con unos que no respetan a los mayores."

Comentarios de los hijos

"Mamá no habla inglés bien."

"Odio hablar español en público."

"A los 18 años me voy a ir de la casa."

En parejas, Uds. son psicólogos invitados al programa de Silvina. Piensen en las citas (*quotes*) anteriores al preparar por lo menos tres consejos para darles a padres e hijos hispanos.

▶ Es importante que Uds. aprendan a escuchar a la otra persona.

▶ Les recomiendo que conozcan a los amigos de sus hijos.

Actividad 8   "Sí, se puede"   **Parte A:** Lee esta biografía de Dolores Huerta y cámbiala al pasado usando el pretérito y el imperfecto.

Dolores Huerta

Nace en Nuevo México en 1930, y cuando deja la casa de sus padres, se muda con su madre, dos hermanos y su abuelo a Stockton, California, donde tiene parientes. Puesto que su madre tiene un restaurante y un hotel, puede vivir con cierta
5   comodidad. Después de su primer matrimonio, durante el cual nacen dos hijas, obtiene un título universitario. Después de la Segunda Guerra Mundial, participa en un grupo que se dedica a inscribir a la gente para votar y organiza clases de ciudadanía; finalmente termina trabajando como la mano derecha de César
10 Chávez en la organización y administración del sindicato de trabajadores agrícolas *United Farm Workers* y cuando muere Chávez, la nombran presidenta del sindicato. Hoy día continúa trabajando para el sindicato y es defensora de los derechos del campesino y de la mujer.

◀ Mural en Tucson, Arizona con la frase inventada por Dolores Huerta que hoy día es el lema (*slogan*) de la *United Farm Workers Union*.

Parte B: Muchos inmigrantes, especialmente de México y Centroamérica, trabajan en los campos agrícolas de los Estados Unidos. Sus hijos, muchos nacidos en los Estados Unidos, viajan con ellos de granja en granja y de escuela en escuela. Formen oraciones con las siguientes frases para hacer una lista de deseos que organizaciones como *United Farm Workers* hacen para los campesinos.

► La organización *United Farm Workers* espera
   que los granjeros…

1. darles viviendas adecuadas
2. no emplear a niños
3. no usar insecticidas dañinos como bromuro de metilo (*methyl bromide*)
4. pagarles un sueldo apropiado
5. ofrecerles seguro médico
6. cooperar económicamente con las escuelas donde estudian los niños
7. no tener reglas que exploten a los trabajadores

¿LO SABÍAN?

César Chávez nació en 1927 en Yuma, Arizona, y con su familia, trabajó en muchos campos de California. Junto con su hermano, asistió a 37 escuelas diferentes hasta que terminó el octavo grado y luego, en vez de continuar sus estudios, siguió trabajando en el campo para ayudar a su familia. Ya mayor, y al igual que Dolores Huerta, comenzó a trabajar motivando a la gente a votar. Chávez era un hombre pacífico que luchaba día y noche sin violencia por los campesinos. De vez en cuando hacía ayunos (*fasts*) como forma de protesta pues pensaba que la gente podía conservar el respeto y la dignidad y fortalecer su espíritu si intentaba que se hiciera justicia sin violencia. Chávez murió en 1993 a unas pocas millas de donde había nacido, pero su espíritu vive en la organización de *United Farm Workers* y sus logros como el seguro médico, el establecimiento de un plan de pensiones para los trabajadores y su constante vigilancia sobre los insecticidas ayudaron y ayudarán a muchas familias.

United Farm Workers

Actividad 9 Las exigencias de la sociedad **Parte A:** En grupos de tres, digan si eran los hombres o las mujeres los que hacían las siguientes labores en las familias típicas de la televisión de los años 60 ó 70, como la familia Brady del programa *The Brady Bunch*.

► Generalmente, cocinaban las mujeres.

labores domésticas: cocinar, limpiar el baño, lavar los platos, sacar la basura, cortar el césped, pasar la aspiradora
trabajo: trabajar tiempo completo, trabajar horas extras
niños: cuidarlos, bañarlos, darles de comer, llevarlos a la escuela, hablar con sus maestros, disciplinarlos, participar en sus actividades deportivas

Parte B: En grupos de tres, usen la lista de la Parte A para comentar qué espera la sociedad norteamericana actual que hagan los hombres y las mujeres después de casarse. Usen expresiones como: **La sociedad le exige a la mujer que..., espera que el hombre..., quiere que...**

▶ La sociedad le exige al hombre que tenga trabajo y le exige a la mujer que...

Parte C: Ahora lean lo que dicen dos jóvenes mexicoamericanos de primera y segunda generación sobre lo que se espera del hombre y de la mujer. Luego comparen esas opiniones con las que discutieron en la Parte B.

Fuentes hispanas

a man wrapped around his wife's little finger

"En la sociedad mexicana se espera que sea el hombre el que trabaja fuera de la casa y la mujer dentro, pero cuando llegan a los Estados Unidos las cosas cambian. Aquí la sociedad le exige a la mujer que trabaje fuera de la casa y también dentro, pero el hombre mexicano que viene aquí no quiere hacer los quehaceres domésticos pues teme ser **un mandilón.**"

mexicoamericana de primera generación

"Las mujeres mexicanas que llegan a este país saben cocinar y atender al esposo, hacen los quehaceres de la casa y también trabajan fuera de la casa. En cambio, las mexicanas de segunda generación no saben ni quieren hacer nada. Creo que es porque sus papis les dan todo y yo quiero una mujer que me atienda, y que, como yo, trabaje dentro y fuera de la casa. Por supuesto, en la casa yo voy a contribuir lavando los platos, haciendo la comida a veces y llevando a los niños a la escuela."

mexicoamericano de segunda generación

B. Giving Indirect Commands and Information: *Decir que* + Subjunctive or Indicative

1. To give indirect commands, you can use a form of the verb **decir** in the independent clause followed by **que** and a verb in the subjunctive in the dependent clause.

Tu madre **te dice que pruebes los chiles rellenos.**	*Your mom is telling you to try the chiles rellenos.*
Les dice que estén más abiertos a otras culturas.	*He's telling them to be more open to other cultures.*

Notice how you can use this construction to express impatience or emphasize a point when someone does not heed your desires.

—Ayúdame... esta caja es muy pesada.	*Help me . . . this box is very heavy.*
—Sí, sí... espera.	*OK, OK . . . wait.*
—¡**Te digo que me ayudes!**	*I'm telling you to help me!*

tell <u>to</u> (do something) → subjunctive

2. To give information instead of commands, use the verb **decir** in the independent clause followed by **que** and a verb in the indicative in the dependent clause.

Tu madre **dice que** siempre **comes** toda la comida. ¡Qué bueno eres!	*Your mom says that you always eat all your food. You're so good!*	say/tell <u>that</u> → indicative
Ella **dice que está** ocupada con los niños.	*She says that she's busy with the kids.*	

Actividad 10 ¿Qué dijo?   **Parte A:** Estás tomando un café en un bar y escuchas las siguientes conversaciones. Complétalas según el contexto, con el indicativo o el subjuntivo del verbo que está entre paréntesis.

1. —Yo probé ropa vieja y es un plato de Cuba.
   —No estoy muy segura de eso.
   —Te digo que ropa vieja _____ un plato cubano. (ser)
2. —¿Qué tarea dio el profesor de cocina hoy?
   —Dice que _____ a Internet y que _____ más recetas vegetarianas. (ir, buscar)
3. —Estoy cansadísima.
   —Siempre, te digo que no _____ tanto, pero nunca me escuchas. (bailar)
4. —¿Conoces algún restaurante bueno cerca de aquí?
   —Me dicen que _____ uno que tiene comida mexicana auténtica cerca del congreso. (hay)
5. —Perdón. ¿Puede hablar más despacio? Soy extranjero (*foreigner*).
   —Digo que la panadería se _____ a las 13:30. (cerrar)
6. —No puedo bailar merengue. Es muy difícil.
   —Te digo que _____ unas clases y vas a ver qué rápido aprendes. (tomar)

Parte B: En parejas, escojan una de las conversaciones y continúenla.

Actividad 11 La reunión de voluntarios   **Parte A:** En parejas, B llegó tarde a una reunión sobre trabajo voluntario en la comunidad y A se tuvo que ir antes del final de la reunión. Usen los apuntes que tomaron para explicarle a la otra persona qué ha dicho la coordinadora. También usen expresiones como: **La coordinadora dice que nosotros hablemos... La coordinadora dice que hay trabajos...**

A	B
• nosotros: comenzar trabajando con otro voluntario • haber muchos trabajos diferentes • nosotros: dedicarle tres horas semanales al trabajo • nosotros: notificar si no podemos venir	• nosotros: pensar si tenemos tiempo • su oficina preparar a los voluntarios • nosotros: no descuidar los estudios • nosotros: elegir el trabajo que vamos a hacer

Parte B: Ahora contesten estas preguntas.

1. ¿Hacen Uds. algún tipo de trabajo voluntario?
2. ¿Qué trabajo voluntario se puede hacer a través de su universidad? ¿Cuál prefieren y por qué?
3. ¿Hay programas patrocinados por su universidad en otros países? ¿Cuáles son?

II. Giving Direct Commands

A. Affirmative and Negative Commands with *Ud.* and *Uds.*

You already know a number of ways to express influence over another person's actions. Some are more direct than others.

Quiero que Ud. venga mañana.
Le digo que venga mañana.
Ud. tiene que venir mañana.
Es mejor que Ud. venga mañana.
Ud. debe venir mañana.
¿Por qué no viene Ud. mañana?

1. The most direct way to get someone to do something is by giving a command (**una orden**). When giving an affirmative or negative command to someone you address in the **Ud.** or **Uds.** form, use the subjunctive form of the verb.

Venga (Ud.)* mañana.   *Come tomorrow.*

Vayan (Uds.)* ahora mismo.   *Go right now.*

No toquen eso; está caliente.   *Don't touch that; it's hot.*

*Note: Subject pronouns are rarely used with commands, but if they are, they follow the verb.

2. Object pronouns (reflexive, direct, or indirect) follow and are attached to affirmative commands; they precede verbs in negative commands.

Affirmative Commands	Negative Commands
Pruébenlo, está muy rico.	No **lo prueben,** está horrible.
Dígamelo todo... quiero saber todos los detalles.	No **me lo diga,** prefiero no saber nada.
Levántese.	No **se levante.**

To review accent rules, see Appendix F, pages 358–359.

Actividad 12 **Para bajar el colesterol** Una doctora le dice a un paciente
lo que necesita hacer para bajar el colesterol. Cambia las sugerencias a órdenes.

1. Ud. tiene que hacer una dieta estricta.
2. No puede comer huevos.
3. Su esposa y Ud. no deben comer en restaurantes.
4. Necesita hacer ejercicio por lo menos tres veces por semana.
5. Ud. y su esposa deben salir a caminar juntos.
6. Es mejor evitar (*avoid*) la carne.
7. Debe venir a verme dentro de tres meses.
8. Necesita hacerse otro examen de colesterol antes de venir.

Actividad 13 **La clase de salsa** **Parte A:** El paciente de la actividad
anterior decide tomar una clase de salsa como parte de su actividad física
semanal. En parejas, completen las instrucciones que les dio el profesor a los
estudiantes el primer día de clase.

El paso hacia atrás

1. _____ la punta del pie derecho en el suelo. No
   _____ el peso y no _____ el pie izquierdo.
   (Poner, cambiar, mover)

2. En el segundo tiempo, _____ el pie derecho hacia atrás y
   _____ el peso a la pierna derecha. No _____
   el pie izquierdo. (llevar, cambiar, mover)

3. _____ el peso a la pierna izquierda. No _____
   la pierna derecha. (Cambiar, mover)

4. _____ el pie derecho hacia el centro y _____
   el peso hacia la pierna derecha. No _____ el pie izquierdo.
   (Llevar, cambiar, mover)

El paso hacia adelante

5. _____ exactamente lo mismo pero hacia adelante y con el
   pie opuesto. (Hacer)

Parte B: Ahora pongan un CD de salsa y practiquen los pasos.

www *Música hispana*

¿LO SABÍAN?

La música y los bailes típicos varían de un país hispano a otro. En España, por ejemplo, el flamenco, de origen principalmente árabe, es uno de los bailes tradicionales mientras que en Cuba son populares la rumba, el chachachá y el mambo. La salsa, a pesar de lo que se cree comúnmente, se originó en Nueva York entre los inmigrantes cubanos y puertorriqueños y no en Cuba o Puerto Rico. Entre los músicos famosos se encuentran Celia Cruz (cubana, 1925?–2003), conocida como "la Reina de la Salsa" y Tito Puente (1923–2000), percusionista que nació en Harlem de familia puertorriqueña y que combinó elementos del jazz americano con la música caribeña y los ritmos africanos. Pero la música latina más popular dentro de los Estados Unidos es la norteña que combina ritmos mexicanos, como la ranchera, con música popular en los Estados Unidos como la polka. Entre los conjuntos norteños más famosos está el de Ramón Ayala y sus Bravos del Norte. Además existen artistas que primero se hicieron famosos cantando en español y luego hicieron el "crossover" al cantar en inglés para el mercado norteamericano. En esta categoría se destacan cantantes como Shakira, Enrique Iglesias y Ricky Martin. ¿Conocen a otros cantantes que hagan "crossover"?

▲ Una pareja bailando salsa en El Flamingo en Nueva York.

Actividad 14 **Problemas y soluciones** Dos personas acaban de llamar a un programa de radio para contar sus problemas. Lee sus problemas y dales órdenes (*commands*) y sugerencias a estas personas para que los solucionen.

Llamada no. 1

"Mi vecino es insoportable. Se levanta temprano y se pone a bailar salsa. Hace un ruido fatal. Hablé con él, pero dice que hace ejercicio porque necesita bajar el colesterol, que está en su casa y que nadie puede decirle lo que debe hacer."

Llamada no. 2

"Mi esposo está loco. Desde que el doctor le dijo que debe hacer ejercicio para bajar el colesterol no para un momento. Ahora baila salsa todo el día, por la mañana se levanta temprano y empieza chaca, chaca chaca chaca, chaca chaca, chacachá. Me insiste en que yo vaya a su clase de salsa también. Pero yo no sé bailar. Estoy harta (*fed up*) y no sé qué hacer."

B. Affirmative and Negative Commands with *tú* and *vosotros*

1. When giving commands to people you address using **tú,** follow these rules.

The affirmative **tú** and **vosotros** commands are the only commands that do NOT use the subjunctive form.

Affirmative **tú** Commands	Negative **tú** Commands
Third Person Singular of the Present Indicative	**No** + Subjunctive **tú** Form

Cierra la puerta.　　　　　　**No cierres** la puerta.

Siéntate aquí.　　　　　　　**No te sientes** aquí.

Cuéntame el problema.　　　**No me cuentes** el problema, ya sé qué pasa.

Explícalo mejor.　　　　　　**No lo expliques** más.

Remember that object pronouns follow and are attached to affirmative commands, and precede verbs in negative commands.

2. Irregular affirmative **tú** command forms include:

	Affirmative Commands	Negative Commands
decir	**Di** la verdad.	No digas nada.
hacer	**Haz**lo.	No hagas eso.
ir(se)	**Ve**te de aquí.	No te vayas.
poner	**Pon** los vasos en la mesa.	No pongas los codos en la mesa.
salir	**Sal** inmediatamente.	No salgas.
ser	**Sé** bueno.	No seas malo.
tener	**Ten** cuidado, está caliente.	No tengas miedo, el perro es bueno.
venir	**Ven** aquí.	No vengas todavía.

3. When giving commands to people you address using **vosotros,** follow these rules. Remember: the **vosotros** form is only used in Spain.

Affirmative **vosotros** Commands	Negative **vosotros** Commands
Delete **r** from the Infinitive and Substitute **d**	**No** + Subjunctive **vosotros** Form

Habladme en voz alta.　　　**No me habléis**.

Corred.　　　　　　　　　　**No corráis**.

Abridlo.　　　　　　　　　　**No lo abráis**.

Reflexive Verbs Delete the **r** from the Infinitive and Add **os**	**No** + Subjunctive **vosotros** Form

Levantaos.　　　　　　　　　**No os levantéis.**

Conoce los secretos del agua

Procura comer muchos vegetales y frutas, la mayoría contienen hasta un 80% de agua.

● Utiliza siempre productos de belleza con alto contenido hídrico.

● Hazte una sauna en casa, deja correr el agua caliente de la ducha hasta que el baño se llene de vapor, desnúdate y deja que tu cuerpo absorba la humedad.

● Durante el invierno mantén el humificador en la habitación, porque la calefacción es el peor enemigo de la belleza.

● Si quieres un secreto de las bellezas de Hollywood, aquí te lo damos: toma a diario y en ayunas un vaso de agua tibia con jugo de limón. Aseguran que es una de las fuentes de la eterna juventud.

▲ ¿Haces algunas de estas cosas?

Remember: Place the object pronoun before the verb in a negative command and after and attached to an affirmative command.

Actividad 15 Un fax El siguiente es un fax incompleto que alguien recibió en su trabajo. Complétalo con las órdenes apropiadas correspondientes a la forma de **tú**.

P. 01

31-3-2005 16:25

Instrucciones para las personas que no quieren trabajar

I.   No _____ nunca. (confesarlo)

II. _____ sin impaciencia la orden de trabajo; no _____ . (Esperar, buscarla)

III. No _____ a los que trabajan. (molestar)

IV. _____ una postura especial para dar la impresión de que estás ocupado. (Adoptar)

V.   Amas el trabajo bien hecho, por eso, _____ para los compañeros más calificados. (dejarlo)

VI. Si te vienen ganas de trabajar, _____ y _____ a que se te pasen. (sentarse, esperar)

VII. No _____ culpable al recibir el primer sueldo. (sentirse)

VIII. Hay más accidentes en el trabajo que en las cafeterías: _____ a la cafetería a menudo. (ir)

IX. El trabajo consume; el descanso no: ¡_____ cuidado! _____ lo menos posible. (Tener, Hacer)

Conclusión:

El trabajo es una cosa buena. No _____ egoísta y _____ para los demás. (ser, dejarlo)

Actividad 16 Los cuatro mandamientos para un amigo triste En parejas, Uds. tienen un amigo que siempre está triste y deciden escribirle una lista de **cuatro mandamientos** (*commandments*) para ayudarlo a ser feliz. Intenten ser graciosos. Pueden usar el estilo de la Actividad 15 como guía.

▶ No salgas con personas más tristes que tú. Debes salir con personas más alegres.

Actividad 17 **La asistente social y su caso** Una asistente social les da órdenes a miembros de una familia porque no escuchan sus consejos. Cambia las siguientes sugerencias a órdenes con la forma para **tú, Ud.** o **Uds.** según a quién le esté hablando ella.

▶ Felipe, debes limpiar tu habitación.
Felipe, limpia tu habitación.

1. Uds. deben escuchar a su hijo.
2. Juan, es importante que te comuniques con tus padres.
3. Uds. no deben pelearse delante de sus hijos.
4. Muchachos, Uds. tienen que ir a la escuela todos los días.
5. Señor, tiene que darles consejos a sus hijos.
6. Muchachos, no deben acostarse tarde.
7. Lucía, no debes desobedecer las órdenes de tus padres.
8. Muchachos, deben hacer un esfuerzo por hablar el idioma de sus padres.
9. Todos deben gritar menos y escuchar más.
10. Ignacio, debes venir a verme el mes que viene.

Desobedecer is conjugated like *conocer*.

Actividad 18 **Órdenes implícitas** **Parte A:** Mira el siguiente cuadro sobre la oración **Hace frío** y las órdenes que están implícitas en las tres situaciones.

Oración	Quién a quién	Dónde	Orden implícita
Hace frío.	un jefe a su empleado	en una oficina	Apague el aire acondicionado.
	un instructor de esquí a otro	en la montaña	Ponte el anorak.
	un amante a su pareja	en un coche aparcado	Dame un beso.

Parte B: Ahora en grupos de tres, completen las cajas en blanco del segundo cuadro. Recuerden poner una orden bajo la columna "Orden implícita".

Oración	Quién a quién	Dónde	Orden implícita
Tengo hambre.	un niño a su padre	en un carro en la autopista	
	un hombre a su esposa		
Dentro de cinco minutos los atiendo.		en un restaurante	
Esta sopa está fría.	una suegra a su nuera		
		en un restaurante	

III. Discussing Food

La comida

manzanas

naranjas

piñas

pimientos verdes

aguacates

tomates

cebollas

lechuga

pepinos

zanahorias

papas

▲ Un puesto en un mercado de Guadalajara, México.

For more food items see Appendix G, p. 360.

camarones (*Latinoamérica*) = gambas (*España*)

durazno (*Latinoamérica*) = melocotón (*España*)

arvejas (*partes de Latinoamérica*) = guisantes (*España*)

papas (*Latinoamérica*) = patatas (*España*)

maní (*Latinoamérica*) = cacahuetes (*España*), cacahuates (*México*)

Carnes: cerdo (*pork*), cordero (*lamb*), cochinillo (*roast suckling pig*), solomillo (*filet mignon*), ternera (*veal*)

Pescado: anchoas, atún, lenguado (*sole*), merluza (*hake*), sardinas

Mariscos: calamares, camarones (*shrimp*), langostinos (*prawns*), mejillones (*mussels*), ostras

Fruta: durazno (*peach*), pera, sandía (*watermelon*)

Verduras: berenjena (*eggplant*), brócoli, maíz

Legumbres: arvejas (*peas*), frijoles (*beans*), garbanzos (*chick peas*), lentejas (*lentils*)

Embutidos: salchicha

Cereales: arroz

Dulces: flan, pastel (*cake; pie*)

Frutos secos: almendras, maní (*peanuts*)

Productos lácteos: crema

Bebidas: agua mineral con o sin gas, vino, jugo (*juice*)

Productos: congelados (*frozen*), enlatados, frescos

Platos: el aperitivo, el primer plato, el segundo plato, el postre, el café

Actividad 19   Me encanta   **Parte A:** En parejas, digan qué comidas de la lista en la página 132 les encantaba comer y cuáles no les gustaban para nada cuando eran niños.

Parte B: Ahora digan cuáles de las comidas que mencionaron comen ahora.

Actividad 20   Congelados, enlatados o frescos   En parejas, decidan a qué categoría(s) pertenecen los siguientes productos. Luego añadan dos productos más en cada categoría.

Productos		
Enlatados	**Congelados**	**Frescos**

1. pollo
2. berenjena
3. jamón
4. ajo
5. arvejas
6. langostinos
7. maíz
8. anchoas

Actividad 21   ¿Qué comiste?   **Parte A:** Haz una lista de todo lo que comiste ayer y di cuándo lo comiste.

▶ A las ocho comí cereal con leche y un plátano.
A las diez comí una barra de chocolate—un Snickers.

Parte B: En parejas, lean lo que comieron una española y una mexicana y comparen lo que comieron ellas con lo que comieron Uds. También comparen el horario de las comidas. ¿Quién comió comidas más saludables? ¿Quién almorzó más temprano? Etc.

◀ Un desayuno típico en España es café con leche, zumo de naranja, tostadas, mantequilla y mermelada. Se comen las tostadas con cuchillo y tenedor y no con las manos.

zumo (*España*) = jugo (*Latinoamérica*)

Fuentes hispanas

café con leche = café con mucha leche caliente (se sirve en taza normal, normalmente se toma por la mañana y no después de comer)

carne guisada = stew

cortadito = un café expreso con un poquito de leche (se sirve en taza pequeña, se toma después de comer o por la tarde)

cañas = glasses of beer

tortilla = omelet (Spain)

mayonesa (Latinoamérica) = **mahonesa** (España)

chilaquiles = tortillas con salsa y queso

café = café expreso

"Ayer desayuné una tostada, un par de galletas y un **café con leche**. Sobre las 11:30 entré en un bar y me tomé un café con un croissant y a eso de la una, empecé a preparar la comida. De primer plato hice mahonesa para acompañar unos espárragos, de segundo, una **carne guisada** con patatas y zanahorias y de postre, sandía y melocotón. Me puse a comer alrededor de las dos y media y claro, para terminar, me tomé un **cortadito**. Por la tarde fui de compras con mi madre y a las 7:30 paramos en un bar donde tomamos un aperitivo. Pedimos unas **cañas** y el camarero nos dio unas patatas fritas y aceitunas para picar, pero teníamos hambre y pedimos una ración de gambas al ajillo para compartir. Dejé a mi madre en su casa, y al volver a la mía me encontré con un amigo y paramos en otro bar donde tomé una Coca-Cola y compartimos un pincho de **tortilla**. Por la noche, más o menos a las once me preparé dos huevos fritos con una loncha de jamón y un poco de queso. De postre me comí un poco más de la sandía mientras miraba la tele."

española

"El sábado desayuné a las nueve de la mañana **chilaquiles** con frijoles, cóctel de frutas y jugo de naranja. Comí a las tres de la tarde crema de brócoli, pechuga de pollo asada con ensalada de verduras y un pastelito de postre. Cené a las nueve de la noche un vaso de leche."

mexicana

Actividad 22   El menú   **Parte A:** En grupos de tres, Uds. trabajan en una compañía de servicio de comidas. Su profesor/a es un/a cliente y les pide que le planeen el menú para una cena importante. Planeen qué van a servir de aperitivo, de primer y segundo plato y de postre. Saben lo siguiente sobre los invitados.

En España se toma el aperitivo antes de comer en casa o en un bar. Consta de un trago (una Coca-Cola, una cerveza, un Cinzano, etc.) y, a veces, algo pequeño para picar como aceitunas o un platito de papas fritas. Se suele tomar los fines de semana. En otros países es común tomar el aperitivo sólo en ocasiones especiales.

Diego Maldonado: Es vegetariano.
Alicia Carvajal: Le fascina todo tipo de carne.
Germán Martini: Tiene alergia a los camarones y a los langostinos y está a dieta, por eso prefiere comida de pocas calorías.
Lucrecia Hernández: Tiene buen paladar, le gusta absolutamente todo.

Parte B: Ahora denle las sugerencias del menú perfecto a su profesor/a y estén preparados para explicar por qué eligieron ese menú. Usen expresiones como **De aperitivo le recomendamos que sirva..., También le sugerimos que ofrezca...**

Actividad 23   Gustos personales   **Parte A:** En parejas, entrevístense para averiguar sus preferencias alimenticias.

1. ¿Te gusta la comida de otros países? ¿Cuál es tu plato favorito? ¿Cuál es el país de origen de esa comida?
2. ¿Prefieres la comida casera o la de restaurante?
3. ¿Cuándo fue la última vez que comiste fuera y qué comiste?
4. ¿Qué platos comías con mucha frecuencia cuando eras niño/a?

(continúa en la página siguiente)

5. ¿Cuántas veces por día comes?
6. ¿Comes mientras miras televisión o mientras lees algo?
7. ¿Comes muchas porquerías (*junk food*) o comida rápida?
8. ¿Te gusta cocinar? Si contestas que sí, ¿quién te enseñó? ¿Qué platos cocinas?

Parte B: Ahora díganle a la otra persona si tiene buenos hábitos alimenticios, basando su opinión en las respuestas de la Parte A. Si no tiene buenos hábitos, denle consejos.

▶ No tienes buenos hábitos alimenticios porque... Te aconsejo que...

◀ Una familia comparte la cena en casa en San Miguel de Allende, México.

Actividad 24 Los modales de la mesa **Parte A:** Usa las siguientes ideas para decir órdenes que normalmente oyen los niños hispanos o los de tu país a la hora de comer.

1. poner las dos manos en la mesa
2. poner la mano que no usas debajo de la mesa
3. empujar los frijoles con el cuchillo
4. no apoyar los codos en la mesa
5. dejar el cuchillo y tomar el tenedor con la otra mano al comer
6. tomar sólo un pedazo de pan para comerlo y no todo el pan
7. no levantarse de la mesa inmediatamente después del postre

Parte B: En parejas, decidan cuáles de las órdenes anteriores se oyen en tu país y cuáles se oyen en un país hispano.

Etiqueta y modales en la mesa

¿LO SABÍAN?

Los modales de la mesa varían en todo el mundo. Lo que es apropiado en un lugar, puede ser descortés en otro. En la mayoría de los países de habla española, se considera buena educación siempre tener las dos manos en la mesa, no levantar mucho los brazos al cortar la comida y empujar con la ayuda de un pedazo de pan o del cuchillo para poner la comida en el tenedor. El pan se rompe con la mano en trocitos pequeños a medida que se come.

Después de comer el postre, viene la sobremesa que consiste en conversar mientras se toma el café. Por eso si uno espera mesa en un restaurante y ve a un grupo de personas que acaban de terminar de comer, es posible que se queden un rato más sólo para charlar. Sólo cuando los clientes piden la cuenta —se considera mala educación llevarla a la mesa sin que la pidan— uno sabe que se preparan para irse. ¿Qué hace la gente en un restaurante en tu país cuando termina de comer el postre?

Actividad 25   A discutir   En grupos de tres, lean las siguientes citas relacionadas con la comida y coméntenlas.

Fuentes hispanas

"En la mesa se descubre la educación de cualquier persona. Si quieres saber si un hombre o una mujer tiene buenos modales, invítalo a comer: si no sabe comportarse, pues fuera de la mesa será peor, te lo aseguro."
—*Pedro Vargas Ponce*
Director de la Escuela Superior de Protocolo, Venezuela

"Comer no es sólo una actividad biológica; es también algo social, cultural. La comida es un momento muy especial en el que de algún modo se manifiestan actitudes esenciales ante la vida."

—*José Fernando Calderero*
Autor de Los buenos modales de tus hijos mayores, *España*

IV. Informing and Giving Instructions

Impersonal and Passive *se*

1. When giving information or instructions in situations where the person doing the action is not important, you may use the following construction with **se.**

se +	third person singular of verb	
	third person singular of verb +	singular noun
	third person plural of verb +	plural noun or series of nouns

Se come bien en esta casa.

People/They/You eat well in this house. (No noun follows the verb; therefore the verb is singular.)

Se estudia mucho en esta universidad.

People/They/You study a lot at this university.

En España, **se usa aceite** de oliva para cocinar.

Olive oil is used to cook in Spain. (In everyday English: People/They/You use olive oil to cook in Spain.)

Se comen quesadillas en México.

Quesadillas are eaten in Mexico. (In everyday English: People/They/You eat quesadillas in Mexico.)

Se añaden sal y pimienta.

Salt and pepper are added.

Primero, **se calientan las verduras** y luego **se añade el arroz.**

First, the vegetables are heated and then the rice is added. (In everyday English: People/They/You heat the vegetables and then add the rice.)

The following is a rhyme that is said to children at the table so that they will have good manners.

En la mesa no se canta,
ni tampoco se dan gritos,
ni se juega con las cosas,
ni se ponen los coditos.

2. The following verbs related to food preparation are frequently used with the **se** construction.

añadir to add
bajar/subir el fuego to lower/raise the heat
calentar (ie) to heat
echar to pour; to put in

freír (i, i) to fry
hervir (ie, i) to boil
mezclar to mix

Actividad 26 Información para novatos En parejas, contesten estas preguntas sobre actividades estudiantiles de su universidad. Usen la construcción con **se** en las respuestas.

1. ¿Dónde se come bien?
2. ¿Dónde se estudia?
3. ¿Cuándo se estudia?
4. ¿Se estudia mucho o poco?
5. ¿Adónde se va los fines de semana para divertirse?
6. ¿Dónde se vive el primer año? ¿Y el último año?
7. Normalmente, ¿a qué hora se va a la primera clase?

La comida hispana: Recetas **Actividad 27 Una receta** **Parte A:** Completa las instrucciones para una receta típica de Puerto Rico, usando la construcción con **se**. Atención: gandules y habichuelas son tipos de frijoles (*beans*).

limpiar _____ las habichuelas.

lavar _____ dos veces en agua fría y

dejar _____ en agua durante una noche.

quitar/hervir _____ el agua. _____

añadir 8 tazas de agua en una olla. _____

calabaza = pumpkin dejar las habichuelas y la calabaza. _____ hervir a fuego moderado por una hora hasta que las habichuelas estén casi blandas.

sofrito = combination of lightly fried ingredients preparar   Mientras tanto, _____ el sofrito.

calentar En una cacerola _____ el aceite. A

freír fuego lento _____ el puerco curado y

puerco = pork bajar el jamón hasta que estén dorados. _____

dorados = golden freír el fuego a muy bajo, y _____ ligeramente la cebolla, los pimientos, el ajo, el cilantro y el orégano por 10 minutos.

Cuando las habichuelas están casi blandas,

pisar _____ la calabaza con un tenedor y

añadir _____ la mezcla al sofrito.

añadir _____ la salsa de tomate y la sal.

poner _____ todo a hervir y

cocinar _____ sin tapar, a fuego moderado,

espese = it thickens por una hora hasta que espese al gusto.

Habichuelas puertorriqueñas
(**8** porciones)
1 libra de gandules o habichuelas
8 tazas de agua
3/4 de libra de calabaza, pelada y cortada en pedacitos
1 cucharada de aceite vegetal
1 pedazo (**2** onzas) de puerco curado (tocino grueso)
2 onzas de jamón
1 cebolla, picada
1 pimiento verde, picado
2 pimientos rojos, picados
1 cucharada de cilantro, picado
1/4 de cucharadita de orégano, espolvoreado
1 diente de ajo
1/4 de taza de salsa de tomate
2 cucharaditas de sal

Parte B: Ahora, dale instrucciones detalladas a tu profesor/a para preparar un sándwich de mantequilla de maní y mermelada.

Actividad 28 Música y comida La música y la comida son parte importante de la cultura de un país. En parejas, completen el cuadro y luego formen oraciones usando la construcción con **se** para decir en qué país se consumen las siguientes comidas y se escucha la siguiente música.

▶ tomar fabada, una sopa
  En España se toma fabada, una sopa. / No estoy seguro/a, pero creo que se toma fabada en España.

	Comidas y bebidas	Música
Cuba		
España	tomar fabada,	
México		
Argentina		
Perú		

Comidas y bebidas

servir arroz con gandules
usar salsa picante
preparar gazpacho (una sopa fría)
servir asado (*barbecue*)
comer mole
beber Inca Cola
freír plátano
hacer tortillas de maíz
comer tortillas de huevos
beber sangría
comer ropa vieja

Música

tocar música andina
bailar el flamenco
componer tangos
bailar el mambo
tocar música de mariachis
bailar el chachachá
tocar la gaita (*bagpipe*)

◀ Ernie Acevedo toca congas con el Conjunto Imagen en la ciudad de Nueva York.

Actividad 29   En el restaurante puertorriqueño   En grupos de cuatro, lea cada uno solamente uno de los siguientes papeles y prepárense para representarlo. También miren el menú.

A

Eres camarero/a en un restaurante puertorriqueño. No te gusta tu trabajo para nada, por lo tanto eres muy antipático/a con los clientes. Ahora llega una familia al restaurante. Prepárate para darles algunas sugerencias del menú de bajo contenido graso (♥). Usa expresiones como: **Le sugiero/recomiendo que pruebe... La ensalada se prepara con... ¿Quiere algo de primer plato?** La familia va a estar en la mesa y tú apareces en la escena para tomar el pedido, servir la comida, darles alguna mala noticia o hacerles algún comentario negativo. Usa alguna de las expresiones que aparecen al final de la actividad.

B

Estás en un restaurante puertorriqueño con tu esposa e hijo/a. Tu hijo/a tiene muy malos modales en la mesa y siempre estás atento para corregirlo/a. Tú tienes el colesterol alto, pero te encantan las comidas de alto contenido graso. Pídele sugerencias al camarero o a la camarera. Usa expresiones como: **¿Qué me sugiere/recomienda? ¿El pollo se prepara con (mucho aceite/ajo)? ¿Con qué viene la carne?** Usa alguna de las expresiones que aparecen al final de la actividad.

C

Estás en un restaurante puertorriqueño con tu esposo y tu hijo/a. Tu esposo tiene el colesterol alto y le gusta mucho comer comidas de muchas calorías. Tienes que asegurarte de que él pida comida de bajo contenido graso y que no coma mucho. Tú eres vegetariana y tienes un hambre atroz. Pídele sugerencias al camarero o a la camarera. Usa expresiones como: **¿Qué me sugiere/recomienda? ¿La tortilla de papas se prepara con (mucho aceite)?** Usa algunas de las expresiones de la siguiente lista.

D

Estás en un restaurante puertorriqueño con tus padres y estás muy aburrido/a y no tienes mucha hambre. También tienes muy malos modales en la mesa. Te gusta, por ejemplo, poner los codos en la mesa para llamar la atención de tu padre. Actúa diferentes modales inaceptables en una mesa hispana. A tus padres les gusta comer y tu rol es comentar sobre sus hábitos alimenticios y los tuyos usando algunas expresiones de la siguiente lista.

Buen provecho.	Enjoy your meal.
ser de buen comer	to have a good appetite
tener un hambre atroz	to be really hungry
querer repetir	to want a second helping
estar satisfecho/a	to be full
no poder más	

Borinquen
Restaurante puertorriqueño

Especialidades de la casa

Camarones a la criolla	$9.95
♥ Arroz con pollo	$6.50
Bistec con cebollas	$6.95
Fricasé de ternera	$6.50
♥ Arroz con gandules	$5.75
(con plátano frito)	$6.75
Lechón asado con yuca frita	$7.00
Carne guisada de res	$7.95
♥ Pescado del día con papas	$9.25
♥ Pollo al ajo con verduras	$6.95
Pechuga de pollo rellena	$7.95
de plátano maduro	
Arroz blanco y habichuelas	$3.00
Mofongo	$1.50
Tostones	$1.50
Pasteles	$1.50
Plátanos maduros	$1.50

Ensaladas

♥ Ensalada mixta	$3.00
♥ Ensalada de tomate	$1.50
♥ Ensalada verde	$1.50

Sopas

♥ Habichuelas negros	$2.00
Pollo	$2.00
Asopaos de Pollo, Camarones, Mariscos	$7.95

Postres

Flan de coco	$1.95
Coco rallado con queso	$2.50
Dulce de papaya con queso	$2.50

Bebidas

Agua mineral	$1.00
Cerveza	$2.50
Jugos tropicales	$1.50
Batida de mango	$2.00
Café	$1.00

Debido a la influencia de los Estados Unidos en Puerto Rico, los puertorriqueños usan punto en vez de coma cuando escriben números: Puerto Rico 8.95, el resto de los países de habla española 8,95.

lechón asado = roast suckling pig

mofongo = plantain side dish

tostones = fried plantain chips

asopaos = thick soup similar to gumbo

Do the corresponding CD-ROM and web activities to review the chapter topics.

Vocabulario activo

Verbos para expresar influencia

aconsejar	*to advise*
esperar	*to hope*
exigir	*to demand*
insistir en	*to insist*
pedir (i, i)	*to ask (for)*
preferir (ie, i)	*to prefer*
proponer	*to propose*
querer (ie)	*to want*
recomendar (ie)	*to recommend*
rogar (ue)	*to beg*
sugerir (ie, i)	*to suggest*
suplicar	*to implore*

Expresiones impersonales para expresar influencia

es aconsejable	*it's advisable*
es buena/mala idea	*it's a good/bad idea*
es bueno/malo	*it's good/bad*
es importante	*it's important*
es mejor	*it's better*
es necesario	*it's necessary*
es preferible	*it's preferable*

La comida

Carnes — *Meat*

el cerdo	*pork*
el cochinillo	*roast suckling pig*
el cordero	*lamb*
el solomillo	*filet mignon*
la ternera	*veal*

Pescado — *Fish*

las anchoas	*anchovies*
el atún	*tuna*
el lenguado	*sole*
la merluza	*hake*
las sardinas	*sardines*

Mariscos — *Seafood*

los calamares	*calamari, squid*
los camarones/las gambas (*Spain*)	*shrimp*
los langostinos	*prawns*
los mejillones	*mussels*
las ostras	*oysters*

Fruta — *Fruit*

las aceitunas	*olives*
el aguacate	*avocado*
el durazno/el melocotón (*Spain*)	*peach*
la manzana	*apple*
la naranja	*orange*
la pera	*pear*
la piña	*pineapple*
la sandía	*watermelon*

Verduras — *Vegetables*

la berenjena	*eggplant*
la cebolla	*onion*
la lechuga	*lettuce*
el maíz	*corn*
la papa/la patata (*Spain*)	*potato*
el pepino	*cucumber*
el pimiento (verde/rojo)	*(green/red) pepper*
el tomate	*tomato*
la zanahoria	*carrot*

Legumbres — *Legumes*

las arvejas/los guisantes (Spain)	*peas*
los garbanzos	*garbanzos (chick peas)*
las lentejas	*lentils*

Embutidos — *Types of Sausages*

la salchicha	*sausage*

Cereales — *Cereals*

el arroz	*rice*

Dulces / Sweets
el flan — custard
el pastel — cake; pie
el pastelito — pastry

Frutos secos / Dried fruit
las almendras — almonds
el maní — peanuts
las nueces — nuts

Productos lácteos / Dairy products
la crema — cream

Edulcorante / Sweeteners
el azúcar — sugar
la sacarina — saccharine

Bebidas / Drinks
el agua mineral
  con gas — sparkling water
  sin gas — mineral water
el café — espresso
el café con leche — coffee with milk (coffee with lots of hot milk)
el cortado — espresso with a touch of milk
el vino — wine

Productos / Products
congelados — frozen
enlatados — canned
frescos — fresh

Platos / Dishes, courses (in a meal)
el aperitivo — appetizer
el primer plato — first course
el segundo plato — second course
el postre — dessert
el café — coffee

Verbos relacionados con la comida
añadir — to add
bajar el fuego — to lower the heat
calentar (ie) — to heat
freír (i, i) — to fry
hervir (ie, i) — to boil
mezclar — to mix
subir el fuego — to raise the heat

Expresiones útiles
Buen provecho. — Enjoy your meal.
ser de buen comer — to have a good appetite
tener un hambre atroz — to be really hungry
querer repetir — to want a second helping
estar satisfecho/a / no poder más — to be full (have enough to eat)
¿Acaso no sabías? — But, didn't you know?
dar cátedra — to lecture someone (on some topic)
tener ganas de + infinitive — to feel like + ing
... y punto — ... and that's that

Vocabulario personal

Capítulo 6

Metas comunicativas

- expresar emociones, sentimientos y opiniones sobre el presente, pasado y futuro
- expresar duda, emoción o negación sobre el presente, pasado y futuro
- hablar de política
- expresar causa, propósito y destino

Nuevas democracias

▲ Ciudadanos chilenos exigen saber dónde están sus familiares que desaparecieron durante la dictadura de Pinochet.

Nadie está inmune

los desaparecidos	missing people
quién diría	who would say
salirse con la suya	to get his/her way

▲ Sting cantó "Ellas danzan solas" para las madres y esposas de los desaparecidos en Buenos Aires, Argentina.

Actividad 1   La situación política   **Parte A:** Antes de escuchar a dos chilenos hablar sobre mucha gente que desapareció en Chile durante el gobierno militar del general Pinochet, identifica las siguientes cosas.

- dos países hispanos, aparte de Chile, que han tenido gobierno militar
- un país hispano que hoy día tiene un gobierno estable
- dos factores que pueden causar inestabilidad económica en una democracia
- músicos o actores que han dado un concierto o hecho un anuncio en favor de los derechos humanos o en contra del abuso de los mismos

Parte B: Lee las siguientes oraciones y luego escucha la conversación para completarlas.

1. En _____ (año) Sting dio un concierto en Mendoza, Argentina, en honor de _____.
2. Durante el gobierno militar de Chile torturaron y desaparecieron _____ personas.
3. Pinochet, el ex dictador chileno, estaba de viaje en _____ cuando el juez español Garzón le pidió a ese país su extradición.
4. Algunas de las víctimas de Pinochet eran de ascendencia _____.
5. Al final, el dictador Pinochet no fue encarcelado por sus crímenes por estar _____.

Mendoza es una ciudad en Argentina al lado de los Andes y cerca de la frontera con Chile.

Actividad 2 **Más datos** Escucha la conversación otra vez para responder a las siguientes preguntas.

1. ¿Por qué fueron 15.000 chilenos al concierto de Sting en Mendoza, Argentina?
2. Sting escribió una canción dedicada a las madres y esposas de los chilenos desaparecidos. ¿Por qué crees que la llamó "Ellas danzan solas"?
3. ¿A qué se refiere la chica cuando dice que los gobernantes no van a salirse con la suya?
4. ¿Por qué decidieron los familiares de los desaparecidos hacer el reclamo a España?
5. Pinochet creía que tenía inmunidad diplomática, pero Garzón no opinaba lo mismo. Después de lo que ocurrió en Inglaterra, ¿va a ser más fácil o más difícil para los violadores de derechos humanos visitar otros países?

 Desaparecidos

¿LO SABÍAN?

Durante la dictadura de Pinochet en Chile entre el 11 de septiembre de 1973 y 1990 desaparecieron o murieron más de 3.000 personas. Entre ellos había estudiantes, trabajadores de fábricas, artistas y profesionales que fueron torturados y asesinados por disentir del gobierno. La forma pacífica que encontraron las madres y esposas de los desaparecidos para expresar su protesta era bailar la cueca frente a una estación de policía. Éste es un baile típico de Chile que es lento y se baila en pareja, pero en esas ocasiones las mujeres llevaban en su pecho la foto del familiar desaparecido y bailaban con un compañero invisible. Cuando el cantante Sting se enteró de la situación en Chile, se conmovió por lo ocurrido, escribió una canción en honor de esas mujeres y la llamó "Ellas danzan solas". La canción imitaba en parte el ritmo de la cueca.

Actividad 3 **La situación aquí** En grupos de tres, digan si están de acuerdo con estas ideas sobre su país y justifiquen sus respuestas.

1. La situación económica de este país está cada día mejor.
2. Cada vez hay más gente de clase media y menos gente de clase baja.
3. No existe la violación de los derechos humanos en este país.
4. Hay muchos actos de violencia.

I. Expressing Feelings, Emotions, and Opinions about Present, Future, and Past Events

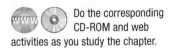

Do the corresponding CD-ROM and web activities as you study the chapter.

A. The Present Subjunctive

1. In Chapter 5, you learned how to use the subjunctive to make suggestions, persuade, influence, and give advice. The subjunctive can also be used to express feelings, emotions, and opinions about another person's actions or about a situation in the present or future as in the following construction.

Independent Clause	que	Dependent Clause
Subject 1 + *verb of emotion* (indicative)	que	Subject 2 + verb (subjunctive)

(Yo)	estoy contento de	que	(Uds.)	puedan votar.
I	*am happy*	*that*	*you*	*can vote.*
(Él)	tiene miedo de	que	(ella)	no lo defienda mañana en la corte.
He	*is afraid*	*that*	*she*	*will not defend him in court tomorrow.*

2. Use these verbs to express emotion.

esperar	to hope
estar contento/a (de)	to be happy
estar triste (de)	to be sad
lamentar	to lament, be sorry
sentir (ie, i)	to be sorry
temer	to fear
tener miedo (de)	to be afraid
alegrarle (a alguien)*	to be glad, happy
darle pena (a alguien)*	to feel sorry
molestarle (a alguien)*	to be bothered
sorprenderle (a alguien)*	to be surprised

Ella está contenta de que haya una democracia estable.

She is happy that there is a stable democracy. (present situation)

Les da* pena que el vicepresidente esté enfermo.

They feel sorry that the vice president is sick. (present situation)

Nos molesta* que el gobierno no ayude a todos los ciudadanos.	*It bothers us that the government doesn't help all citizens.* (present situation)
¿Te alegra* que el pueblo vote por ese candidato en las próximas elecciones?	*Are you glad that the people will vote for that candidate in the next elections?* (future situation)

*Note: These verbs function like **gustar** and they are always singular when followed by a clause introduced by **que**.

3. Compare the following sentences and notice that when the emotions are not expressed toward another person, an infinitive follows the main verb, and there is no dependent clause introduced by **que**.

Two Subjects: Subjunctive	One Subject: No Subjunctive
Ella teme que el gobierno no reaccione con diplomacia.	**Ella teme no reaccionar** con diplomacia.
Les molesta que yo nunca **participe**.	**Les molesta participar** en política.
Sentimos que no puedas ir a la manifestación.	**Sentimos no poder ir** a la manifestación.

4. To express feelings or emotions in an impersonal way about somebody's present or future situation, you may use an impersonal expression such as **es fantástico** or **es lamentable**.

Independent Clause	**que**	Dependent Clause
Impersonal expression (indicative)	**que**	Subject + verb (subjunctive)

Es fantástico	que	Chile	**tenga** un gobierno democrático.
It's wonderful	*that*	*Chile*	*has a democratic government.*
¡Qué pena	que	(tú)	no **vengas** mañana!
What a shame	*that*	*you*	*aren't coming tomorrow!*

5. Use the following impersonal expressions.

es bueno/malo
es fantástico
es horrible/terrible
es lamentable
es maravilloso
es una lástima/pena   it's a shame
es raro   it's strange
es una vergüenza   it's a shame/shameful
¡Qué bueno...!   How good . . .!
¡Qué lástima/pena...!   What a shame . . .!
¡Qué sorpresa...!   What a surprise . . .!
¡Qué vergüenza...!   How shameful . . .!

6. Compare the following sentences and notice that an infinitive follows the impersonal expression when no specific person is mentioned.

Subject in Dependent Clause:
Subjunctive

No Subject in Dependent Clause:
No Subjunctive

Es maravilloso que puedas votar.

Es maravilloso poder votar.

Es una vergüenza que ese gobernante sea corrupto.

Es una vergüenza ser corrupto.

¡Qué lástima que no tengamos elecciones este año!

¡Qué lástima no tener elecciones este año!

7. The word **ojalá** (*I hope*) comes from the Arabic meaning *may Allah grant*. The verb that follows **ojalá** is always in the subjunctive form. **Que** is optional.

Ojalá (que) tengamos paz en el mundo.

I hope that we have peace in the world.

Remember that because of the Moorish influence In Spain, there are many Arabic words in Spanish such as **algodón** and **álgebra**.

Actividad 4   La política laboral   **Parte A:** Dos oficinistas están hablando sobre el aumento de sueldo (*salary raise*) en su oficina. Elige el verbo y la forma apropiada del presente del subjuntivo o el infinitivo para completar la conversación.

Marta   Me sorprende que nuestros jefes no le _____ un aumento de sueldo a Carlos el mes que viene. (dar)

Ernesto   ¿Qué dices? ¿Cómo lo sabes?

Marta   Me contó nuestra jefa. Es una lástima que él no _____ aumento como nosotros. Ojalá que la jefa _____ de idea. (recibir, cambiar)

Ernesto   Mira, mujer. Me alegra que la jefa _____ el trabajo que nosotros hacemos y lamento que la empresa no le _____ a Carlos el aumento. Pero tú sabes que él no trabaja tanto como los demás. Es bueno que las cosas _____ justas. (reconocer, dar, ser)

Marta   ¡Qué increíble! Es lamentable _____ este tipo de comentario de tu parte. (oír)

Ernesto   ¿A qué te refieres?

Marta   ¡Qué pena que tú no _____ ser objetivo y que no _____ hacer un comentario imparcial sobre un colega! Dices eso sobre Carlos porque no toleras que él _____ mejor trabajador que tú. Y punto. (intentar, poder, ser)

Parte B: En parejas, usen la conversación entre Ernesto y Marta como ejemplo, pero cámbienla para hablar de un estudiante de la escuela secundaria que no va a recibir una beca (*scholarship*) el año que viene y por eso no va a poder ir a la universidad.

Actividad 5 Me molesta En grupos de tres, usen la lista para decir cuatro o cinco cosas que les molestan o no de otras personas. Digan si les molestan mucho, un poco o nada y expliquen por qué.

▶ Me molesta mucho que una persona siempre esté contenta porque...

ser inmadura	hablar con la boca llena
fumar cerca de ti	no compartir sus cosas
quejarse constantemente	pedir dinero prestado
masticar (*chew*) chicle y hacer ruido	opinar de política sin
hablar mal de otros	fundamentos (*facts*)
mentir mucho	votar a un candidato sólo por
criticar al gobierno, pero no votar	ser carismático
dar consejos	???

Actividad 6 ¿Lamentables o raras? **Parte A:** Lee las ocho situaciones siguientes y marca si son buenas, lamentables o si son raras o no.

a. es bueno
b. es lamentable
c. es raro
d. no es raro

1. _____ un hombre / gastar / mucho dinero en ropa
2. _____ una persona desconocida / pedirte / dinero para el autobús
3. _____ un hombre / ser / víctima de acoso (*harassment*) sexual
4. _____ tu ex novio/a / salir / con tu mejor amigo/a
5. _____ tus amigos / criticar / a tu pareja
6. _____ un esposo / quedarse / en casa con los niños y / no trabajar
7. _____ una persona / no pagar / los impuestos (*taxes*)
8. _____ un estudiante no muy trabajador / recibir / una beca importante

Parte B: Ahora en parejas, túrnense para dar su opinión sobre estas situaciones y expliquen por qué piensan así.

▶ (No) Es raro que un hombre gaste mucho dinero en ropa porque generalmente a los hombres (no) les interesa la ropa.

Actividad 7 La universidad y sus prioridades Tu universidad y su política afectan tu vida de estudiante universitario y por eso crees que se necesitan cambios. En parejas, miren la lista de la página 151 y elijan dos puntos de cada categoría. Luego escriban oraciones para expresar su opinión y decirles a las autoridades de la universidad qué cambios son necesarios.

▶ Es lamentable que no haya facultad de estudios afrocaribeños. Es necesario que Uds. abran esa facultad.

Remember: **facultad** = academic department (Math) or school (Law)

Facultades

abrir una nueva facultad de...
contratar a más profesores para la facultad de...
tener más ayudantes de cátedra (*teaching assistants*)
prestar más atención a las evaluaciones de los profesores que hacen los
    estudiantes
poner en Internet las evaluaciones que hacen los estudiantes

Vivienda y transporte

construir más residencias para estudiantes
edificar apartamentos para estudiantes de cuarto año
construir apartamentos baratos para estudiantes casados o con hijos
aumentar/implementar un sistema de autobuses gratis
ofrecer más lugares para estacionar (*park*)
bajar el precio de las residencias y las comidas

Tecnología

comprar más computadoras
incluir más videos y computadoras en el laboratorio de idiomas
darles a los estudiantes un programa de correo electrónico más moderno
modernizar los laboratorios de ciencias

Actividad 8 Las elecciones en Perú   **Parte A:** Así como participar en la
política de la universidad hace que se produzcan cambios, votar en las elecciones
para presidente también genera cambios. Lee lo que explica un peruano sobre el
voto en Perú.

"En Perú el voto es obligatorio, como en varios países de Latinoamérica,
pero cuando no nos gustan los candidatos que se presentan, tenemos la
opción de votar en blanco. Ese tipo de voto se usa como señal de
protesta y los políticos lo tienen muy en cuenta. A diferencia de los
Estados Unidos donde un tercer candidato, como Ross Perot o como
Ralph Nader, puede afectar el resultado de una elección, en Perú, un
candidato necesita el 50% de los votos más un voto para ganar. Pero si
nadie obtiene ese porcentaje, se realiza una segunda vuelta o segunda
elección entre los dos candidatos con el mayor número de votos. Lo bueno
es que entonces todo el pueblo puede reevaluar su voto y volver a votar."

peruano

Fuente hispana

www El voto en blanco

Parte B: En grupos de tres, expliquen si han votado en el pasado y especifiquen
en qué elecciones. Luego den su opinión sobre el voto obligatorio, el voto en
blanco y la segunda votación en Perú. ¿Creen que pueda existir una segunda
votación en este país algún día? Usen expresiones como: **Me alegro de que...
porque..., Espero que..., Tengo miedo de que..., Me sorprende que...**

B. The Present Perfect Subjunctive

1. As you learned before, when expressing present feelings or emotions about another person's actions or about a situation, in the present or future, you use the present subjunctive in the dependent clause. Look at the following sentences made by a man who has not seen his lover in a while and is anxiously waiting for her.

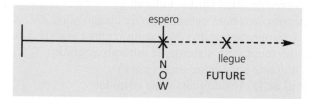

Espero que el vuelo de LanChile **llegue** pronto.

I hope that the LanChile flight arrives/will arrive soon.

Espero que Rosa **esté** en ese vuelo.

I hope that Rosa is on that flight.

2. When expressing present feelings or emotions about something that has already occurred, use the present perfect subjunctive (**pretérito perfecto del subjuntivo**) in the dependent clause.

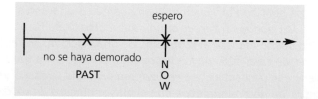

Espero que el avión no **se haya demorado.***

I hope that the plane hasn't had any delays.

¡Qué bueno que ella **haya encontrado** un pasaje económico!

How good that she (has) found a cheap ticket!

Me sorprende que hayan puesto a Rosa en primera clase.

It surprises me that they (have) put Rosa in first class.

*Note: In a verb phrase, past participles (e.g., **demorado**) always end in **-o**. Also note that object pronouns (**me, lo, le, se,** etc.) are placed before **haya**.

3. The present perfect subjunctive is formed by using the present subjunctive form of the verb **haber** + *past participle*.

To review irregular past participles, see Appendix A, page 349.

haber		
haya	hayamos	
hayas	hayáis	+ *past participle*
haya	hayan	

Actividad 9 **Carta a una hija**   Un padre le escribe una carta a su hija que está en otro país. Completa esta parte de la carta con la forma apropiada del presente del subjuntivo, del pretérito perfecto del subjuntivo o con el infinitivo de los verbos que se presentan.

8 de noviembre

Querida Gabriela:

estar — Espero que _____ bien. Toda la familia te echa de menos.
Sí, finalmente se acabaron las elecciones. Es una pena que tú no

poder — _____ escuchar el discurso del nuevo presidente porque estuvo
tener — sensacional. Él dijo que es necesario _____ paciencia, pero que
las cosas van a cambiar. Es maravilloso que el domingo pasado los ciudadanos

elegir — _____ a alguien del P.R.U. después de años de un gobierno
tener — opresivo. Por mi parte, estoy contento de que el país _____ este
tomar — nuevo presidente. Ahora es importante _____ conciencia de la
hacer — situación del país y que nosotros _____ algo para que la
estar — situación mejore. Lamento que tú no _____ aquí en este
momento histórico tan importante.

acordarse — Ojalá que _____ de ir al consulado a votar el domingo
pasado. Me olvidé de decírtelo antes. Como sabes, creo que el voto es un derecho
que todos tenemos que ejercer.

Actividad 10 **Las elecciones**   **Parte A:** La tabla muestra el porcentaje de la población estadounidense que, de acuerdo a la edad, votó en las elecciones presidenciales. Reacciona a la información con frases como: **Es lamentable que…, Me sorprende que…, Es interesante que…,** etc.

Parte B: En parejas, usen la imaginación para pensar en las cinco excusas más comunes que tuvieron muchos americanos para no votar en las últimas elecciones.

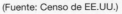 No sabían dónde ir para votar.

Votación por edad

(porcentaje de los que votaron entre los ciudadanos en edad de votar)

18 a 24	25 a 34	35 a 44	45 a 54	55 a 64	65 a 74	75 y más
36,1	50,5	60,5	66,3	70,1	72,2	66,5

(Fuente: Censo de EE.UU.)

Parte C: En parejas, discutan qué pueden hacer el gobierno o los partidos políticos para que haya más participación de los ciudadanos. Usen frases como: **Es posible que…, Sugiero que…, Deben…, Tienen que…, Es necesario que…, Les aconsejo que…,** etc.

¿LO SABÍAN?

A la hora de las elecciones, los candidatos para la presidencia de los Estados Unidos tienen muy en cuenta a la población hispana ya que, con unos 40 millones, es la minoría más grande de este país. El votante hispano tiende a ser conservador en asuntos sociales, pero en general, apoya a aquellos candidatos que suelen ser liberales. Aunque, como grupo de votantes, existe una tendencia entre los latinos a inclinarse hacia el partido demócrata, también hay grupos que suelen votar por los republicanos como los cubano-americanos cuyos votos, especialmente en el estado de Florida, fueron de gran importancia en las elecciones presidenciales del año 2000.

Hoy día, los políticos organizan campañas para atraer el voto latino y algunos de ellos dan discursos y hacen debates en español. También tienen páginas Web en español y hacen propaganda en Univisión y Telemundo.

▲ George P. Bush, el hijo de Jeb Bush, representa a los republicanos en el desfile puertorriqueño de la ciudad de Nueva York.

www *Las páginas Web de los partidos norteamericanos en español*

Actividad 11 Acontecimientos importantes Expresa tu opinión sobre las siguientes situaciones del pasado con frases como: **es lamentable que…, me alegra que…, es interesante que…**

▶ guerra fría con Rusia / terminar
   Me alegra que la guerra fría con Rusia haya terminado porque no hay motivo para pelear con ese país.

1. México / venderles California a los Estados Unidos
2. En 2003 los hispanos / convertirse en la minoría más grande de los Estados Unidos
3. España / sufrir una guerra civil entre 1936 y 1939
4. Violeta Chamorro / ser la primera mujer presidente de Nicaragua
5. Óscar Arias (ex presidente costarricense) / ganar el Premio Nobel de la Paz
6. Perón (ex presidente argentino) / quemar iglesias

¿LO SABÍAN?

Históricamente, la influencia de la Iglesia católica en los países hispanos ha sido muy importante. Esto se debe a que, en gran parte, la población es católica, aunque muchos no vayan regularmente a la iglesia. Con frecuencia, la Iglesia ha hecho oír su opinión en las decisiones gubernamentales. Por ejemplo, en Argentina, en 1954, la Iglesia estaba en contra del presidente Perón debido a la corrupción y represión que ejercía su gobierno. Perón decidió entonces quemar varias iglesias para acallar su protesta. En El Salvador, se dice que el gobierno fue el responsable del asesinato del arzobispo Romero en 1980, así como de seis curas jesuitas en 1989, quienes trabajaban en contra de la opresión que ejercía el gobierno sobre el pueblo. Di cuánta influencia tienen los diferentes grupos religiosos en la política de tu país.

Actividad 12 El año pasado **Parte A:** En parejas, miren la siguiente lista de acciones. Cada uno escoja dos temas para hablar en detalle sobre su vida durante el año pasado.

1. aprender español
2. conseguir un buen trabajo
3. poder practicar deportes
4. preocuparte seriamente por tus estudios
5. hacer amigos nuevos
6. mirar mucha televisión
7. conocer bien a tus profesores
8. hacer un viaje a otro país
9. empezar a/dejar de salir con alguien
10. ver un documental sobre...

Parte B: Ahora miren la lista otra vez y expresen emociones sobre aspectos de su vida. Expliquen también las consecuencias que esos aspectos tienen hoy día en su vida. Usen expresiones como: **Es una lástima que..., Es fantástico que...**

▶ ir a fiestas
Es una lástima que no haya ido a más fiestas porque me encantan y ahora que tengo clases más difíciles y un trabajo no tengo mucho tiempo.

Actividad 13 Los jubilados **Parte A:** En parejas, uno de Uds. es don Rafael, un jubilado que está haciendo una revisión de su vida, y la otra persona es su amiga doña Carmen. Después de que Uds. lean la biografía de Rafael, debe hablar de las cosas que lamenta de su pasado usando expresiones como: **¡Qué lastima que...!, Es triste que...** Doña Carmen debe hacerle ver a don Rafael el lado positivo usando expresiones como: **¡Qué bueno que...!, Es maravilloso que...** Pueden inventar detalles.

Rafael Legido, 75 años, jubilado

Cuando era joven, sus padres ofrecieron pagarle los estudios universitarios, pero no quiso estudiar. En vez de estudiar, fue a trabajar de cajero en un banco. Después de muchos años, llegó a ser subgerente del banco. En su trabajo, conoció a la mujer con la cual se casó. No tuvieron hijos. Sus compañeros de trabajo jugaron juntos a la lotería y ganaron 10 millones de dólares. Él no quiso jugar.

Parte B: Ahora, Carmen hace una revisión negativa de su vida y Rafael trata de hacerle ver el lado positivo.

Carmen Ramos, 77 años, jubilada

Llegó a ser Miss Chile. Nunca usó su fama para luchar contra el abuso de menores o la pobreza de su país. No se casó con el amor de su vida porque él no tenía dinero. En cambio, se casó con un millonario, pero no tuvo un matrimonio feliz. Tuvo seis hijos. Nunca les dedicó mucho tiempo a sus hijos, más bien pasó su tiempo viajando.

II. Discussing Politics

 *Noticias del día*

La política

▶ Manifestantes obreros y estudiantiles protestan contra el aumento del presupuesto militar en Colombia.

Fuente hispana

activism

commitment
events
strikes / work stoppages
protests / demonstrations
the common good

"El **activismo** político y social es una faceta más de la vida estudiantil universitaria de América Latina. Diariamente, antes de empezar clases, entre clases y después de ellas, los estudiantes se reúnen en cafeterías cerca de las universidades para charlar y es frecuente debatir la situación política y social del país. El mantenerse al tanto de lo que está sucediendo no se considera una tarea sino un deber ciudadano, un **compromiso** social.

    Pero la participación sociopolítica no sólo es el discutir los **sucesos** del momento sino también la intervención en **huelgas** o **paros** nacionales y en **protestas** y **manifestaciones** públicas para que se realicen cambios en el sistema que afectan **el bienestar común**. Tan importantes son la valoración y el consenso estudiantil para la vida política de un país en Latinoamérica que en algunos países la Cámara y el Senado tienen representantes de la juventud."

colombiano

Cognados obvios

el abuso, abusar
la corrupción
la democracia, democrático/a
la dictadura, el/la dictador/a
la eficiencia/ineficiencia

la estabilidad/inestabilidad
la influencia, influir* en
la protección, proteger
la protesta, protestar

*Note: irregular verb

To refer to the two major U.S. political parties use **el partido demócrata** and **el partido republicano.**

For irregular verbs, see Appendix A, page 339.

Otras palabras

el acuerdo	agreement (pact)
estar de acuerdo	to be in agreement
llegar a un acuerdo	to reach an agreement
la amenaza, amenazar	threat, to threaten
el apoyo, apoyar	support, to support
el asunto político/económico	political/economic issue
la campaña electoral	political campaign
la censura, censurar, censurado/a	censorship, to censor, censored
el golpe de estado	coup d'état
la igualdad/desigualdad	equality/inequality
la inversión, invertir (ie, i)	investment, to invest
la junta militar	military junta
la libertad de palabra/prensa	freedom of speech/the press
la política	politics
el político/la mujer política	politician
el pueblo	the people
respetar/violar los derechos humanos	to respect/to violate human rights
el soborno	bribe
el/los suceso(s)	the event(s); current event(s)

el soborno = la mordida (*México*)

QUEREMOS SERIEDAD POLITICA

Este chiste es de un argentino llamado Quino. Él hace un comentario sobre la política de su país. ¿Crees que el comentario sea válido para tu país? ¿Por qué?

Actividad 14   La voz de los jóvenes   **Parte A:** Mira la sección de vocabulario de la página 156 y lee otra vez lo que dice un colombiano sobre la participación de los jóvenes en la política de América Latina.

Parte B: En grupos de tres, comparen lo que dice el colombiano con lo que pasa en su universidad o en su país. ¿Hablan de política los estudiantes? Comenten sobre la participación o falta de participación de los estudiantes de su universidad y den ejemplos específicos de su participación reciente.

Actividad 15   La democracia y la dictadura   En parejas, digan cuáles de las siguientes palabras asocian Uds. con la dictadura y cuáles con la democracia y por qué. Es posible asociar la misma palabra con las dos.

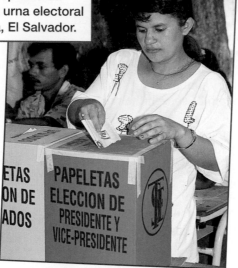

▶ Una joven deposita su voto en una urna electoral en Guazapa, El Salvador.

amenazas
gran número de robos (*thefts*)
campaña electoral
censura
soborno
corrupción
ineficiencia
violaciones de derechos humanos
libertad de prensa
alto número de manifestaciones

Actividad 16   Situación política en Hispanoamérica   Da tu opinión sobre los siete siguientes ejemplos de la situación política y social en Hispanoamérica y explica por qué piensas así. Usa expresiones como: **(no) me sorprende, es una lástima, es bueno/malo, me da pena.**

▶ Un juez español pidió la extradición de un militar argentino para juzgarlo en España.
    Me alegra que un juez español haya pedido la extradición de un militar argentino para juzgarlo porque...

1. Rigoberta Menchú, indígena guatemalteca, ganó el Premio Nobel de la Paz.
2. Existe discriminación racial en Hispanoamérica.
3. La CIA ayudó al general Pinochet a subir al poder en Chile con un golpe de estado.
4. Hay mucha desigualdad económica en Hispanoamérica.

(continúa en la página siguiente)

5. Han muerto muchos políticos en Colombia por hacerles frente (*stand up to*) a los narcotraficantes.
6. Los militares tienen mucha influencia en algunos gobiernos hispanoamericanos.
7. El voto en blanco ganó por mayoría en las elecciones de legisladores de la ciudad de Buenos Aires en 2002.

Actividad 17 **¿Intervenir?**   Di si es bueno o no que un país intervenga en otros países y defiende tu opinión. Usa expresiones como: **(No) Es buena idea que un país... porque..., Me molesta que un país... porque...**

▶ ayudar a educar a los analfabetos
  Es buena idea que un país ayude a educar a los analfabetos de otros países porque si más gente sabe leer, creo que esos países van a necesitar menos ayuda en el futuro.

1. darles ayuda económica para mejorar su infraestructura
2. venderles armas y entrenar a los militares
3. ayudar a combatir el tráfico de drogas
4. tolerar la violación de los derechos humanos
5. mandarles medicamentos y construir hospitales
6. ayudar a proteger el medio ambiente
7. abrir fábricas y crear fuentes de trabajo
8. contribuir a la campaña electoral de algunos candidatos
9. mandar espías (*spies*)
10. ayudar cuando hay desastres naturales

III. Expressing Belief, Doubt, and Denial About Present, Future, and Past Events

1. To express doubt or denial about a situation or someone's actions (even your own) in the present, future, or past, use the following subjunctive construction.

Independent Clause		**que**	Dependent Clause	
Subject 1 + *verb of doubt* (indicative)		**que**	Subject 1 or 2 + verb (subjunctive)	

(Yo)	no creo	que	(ellos)	reformen la constitución.
I	*don't think (believe)*	*that*	*they*	*will reform the constitution.*
(Yo)	dudo	que	(yo)	puedo ganar las elecciones.
I	*doubt*	*that*	*I*	*can win the elections.*

2. To express belief or certainty about an action or situation, use the indicative in the dependent clause. Compare and contrast the following expressions and examples.

Expressions of Doubt: Subjunctive	Expressions of Belief or Certainty: Indicative
no estar seguro/a (de)	**estar seguro/a (de)**
no creer	**creer**
¿creer?	
dudar	
No estamos seguros de que hayan actuado incorrectamente.	**Estamos seguros de que ellos han actuado/actuaron** incorrectamente.
¿Crees que el presidente tenga una buena política exterior?	**Creo que el presidente tiene** una buena política exterior.
No creo que (yo) vote en las elecciones.*	**Creo que voy a votar** en las próximas elecciones.*

*Note: Remember that the subject of the independent and dependent clauses can be the same in sentences with expressions of certainty, doubt, and denial.

3. To express doubt or denial about a situation or someone's actions, you may also use an impersonal expression followed by a dependent clause with a verb in the subjunctive.

Es posible que ellos **ganen** las elecciones.	*It's possible that they will win the election.*
Es probable que nosotros **hayamos perdido** las elecciones.	*It's probable that we have lost the election.*

4. Use the following impersonal expressions.

es imposible	**(no) puede ser**	
es improbable	**no es evidente**	
(no) es posible	**no es obvio**	it's not obvious
(no) es probable	**no es verdad/no es cierto**	it isn't true

5. Compare the following sentences and notice that an infinitive follows the impersonal expression when no specific person is mentioned.

Subject in Dependent Clause: Subjunctive	No Subject in Dependent Clause: Infinitive
Es imposible que ganen con esa política exterior.	**Es imposible ganar** con esa política exterior.
No es probable que ella haya perdido las elecciones sólo por no tener el apoyo de los sindicatos.	**No es posible perder** las elecciones sólo por no tener el apoyo de los sindicatos.

6. The following impersonal expressions indicate certainty and, therefore, take the indicative in the dependent clause.

es cierto	it's true	**es verdad**	
es evidente		**está claro**	
es obvio	it's obvious	**no cabe duda (de)**	there is no doubt
es seguro	it's certain		

Doubt or Denial Expressed: Subjunctive	Certainty Expressed: Indicative
No es verdad que los partidos políticos **tengan** mucho dinero.	**Es verdad que** los partidos políticos **tienen** mucho dinero.
No es evidente que haya corrupción en todos los gobiernos.	**Es evidente que hay** corrupción en todos los gobiernos.

Actividad 18   Un candidato a presidente   Parte A: Un candidato presidencial está preparando su discurso final antes de las elecciones. Complétalo con la forma apropiada de los verbos correspondientes.

ir

complacer
preocuparse
pensar
interesarse
prestar

tener
deber
necesitar

Querido pueblo:
Mañana son las elecciones y llega el momento de la decisión final. Si Uds. me eligen como líder del país, pueden estar seguros de que _____ a hacer todo lo que prometí durante la campaña electoral. Ya sé que es imposible _____ a todos los ciudadanos, que hay gente que no cree que yo _____ por sus problemas en el pasado y que duda que yo _____ en el pueblo cuando era senador. Lo niego (deny) _____ sus categóricamente. No es verdad que a mí no _____ problemas y se lo voy a demostrar a todos. Les prometo _____ atención a todas sus necesidades. Yo quiero trabajar por el país, pero creo que todos _____ que poner nuestro granito de arena para que el país progrese. Mis colaboradores y yo creemos que _____ empezar a actuar ya mismo. No cabe duda de que el país _____ un cambio inmediato. Pueblo querido: ¡Mañana triunfaremos!

Parte B: Ahora en grupos de tres, expresen su opinión sobre los políticos en general usando frases como: **(No) Creo que..., (No) Estoy seguro (de) que..., Dudo que...**

▶ Dudo que muchos políticos se preocupen por los niños de este país porque ellos no votan.

prestar atención al medio ambiente	cumplir sus promesas
hacer lo que quiere la gente	interesarse por las grandes empresas
preocuparse por los pobres	ser honrados

Actividad 19 ¿Mentira o verdad?   **Parte A:** ¡Vas a decir mentiras! Escribe una lista de cinco cosas que hiciste en el pasado, pero algunas deben ser mentira.

Parte B: En parejas, escuchen lo que dice su compañero/a y decidan si es verdad o no.

▶ —Me gradué de la escuela secundaria cuando tenía dieciséis años.

—Dudo que te hayas graduado de la escuela secundaria cuando tenías dieciséis años.

—Creo que es verdad porque eres muy inteligente.

Actividad 20 Opiniones sobre la historia   En grupos de tres, den su opinión sobre los siguientes sucesos usando expresiones como: **(No) Creo que... porque..., Dudo que..., No cabe duda que...**

1. Oswald actuó solo en el asesinato de Kennedy.
2. Michael Jordan fue el mejor jugador de la historia del basquetbol.
3. Bill Clinton aspiró el humo cuando fumó mariguana.
4. O. J. mató a Nicole Brown Simpson y a Ron Goldman.
5. Mark McGwire fue el mejor bateador de la historia del béisbol.

Actividad 21 Un político con éxito   En parejas, elijan las cinco características más importantes para que un político tenga éxito. Usen expresiones como: **(no) es importante, (no) es necesario, (no) es posible.**

▶ Es importante que el político aparezca con niños en las fotos.

▶ No es posible que tenga éxito si no habla bien.

ser honrado/a
besar a los bebés
tener buena apariencia física
tener dinero para su campaña electoral
creer en Dios
ser buen/a padre/madre

tener título universitario
tener buen sentido del humor
estar casado/a
serle fiel a su esposo/a
estar en buen estado físico
? ? ?

Actividad 22 El futuro   En parejas, discutan el futuro de su país bajo un presidente liberal o conservador. Usen expresiones como: **(No) Creo que..., (No) Estoy seguro/a de que...**

▶ aumentar los impuestos
—Creo que un presidente liberal va a aumentarle los impuestos a la clase alta.

—No creo que sea verdad porque...   —Creo que tienes razón porque...

1. mejorar la situación económica del país
2. contribuir más a las causas de los pobres

3. ofrecer una mejor educación para los niños
4. luchar contra el terrorismo
5. invertir (*invest*) más dinero en investigaciones de enfermedades mortales
6. reducirles los impuestos a los ciudadanos de la clase media
7. aumentarles los impuestos a las empresas
8. proteger el medio ambiente (*environment*)
9. ofrecerles ayuda económica a los estudiantes universitarios
10. combatir la violencia

IV. Forming Complex Sentences

The Relative Pronouns *que* and *quien*

As you progress in your study of Spanish, using relative pronouns (**pronombres relativos**) in your speech and writing will improve your fluency. Compare these two narrations in English.

Dick and Jane are friends. They have a dog. The dog's name is Spot. Spot runs fast.

Dick and Jane, who are friends, have a dog (that's) named Spot, that runs fast.

As you can see, relative pronouns are important to connect shorter sentences in order to avoid repetition. They help make speech interesting to listen to and give prose richness and variety.

1. When you want to give crucial or essential information that describes a noun, you may introduce it with **que** (*that/which/who*). Note that omitting essential information changes the meaning of the sentence.

Remember to use **que** for essential information even when referring to people.

En los países hispanos, las personas **que estudian inglés** tienen mejores oportunidades de trabajo.

In Hispanic countries, the people who/that study English have better job opportunities. (only the people who study English)

Cursé una clase de geografía social **que me interesaba mucho.**

I took a social geography class which/that interested me a lot.

El cuadro ganador fue pintado por un niño **que sólo tenía cuatro años.**

The winning painting was painted by a child who/that was only four years old.

Quien(es) is generally preferred in writing to give nonessential information about people.

2. When you want to give nonessential information in a sentence, you may introduce it with **que** or **quien(es)** for people, and **que** for things. In writing, you must set off the nonessential information with commas, and in speaking you must make a brief pause right before and after it. Note that nonessential information may be omitted from a sentence without changing the meaning of the sentence itself. Compare the following sentences.

La maestra fue con algunos niños a la playa. Los niños, **que/quienes** sabían nadar, se metieron en el agua en cuanto llegaron.	*The teacher went with some kids to the beach. The kids, who knew how to swim, got in the water as soon as they arrived.* (All the kids knew how to swim, all the kids got in the water.)
La maestra fue con algunos niños a la playa. Los niños **que** sabían nadar se metieron en el agua en cuanto llegaron. Los otros hicieron castillos de arena.	*The teacher went with some kids to the beach. The kids who knew how to swim got in the water as soon as they arrived. The others made sand castles.*

Actividad 23 Identifica a hispanos famosos En parejas, túrnense para identificar al mayor número posible de hispanos famosos usando pronombres relativos.

▶ Isabel Allende es la escritora chilena que escribió *Mi país inventado*.

Carlos Santana	Hernán Cortés	Gloria Estefan
La Malinche	Ricky Martin	Celia Cruz
Sammy Sosa	Cameron Díaz	Gabriel García Márquez
Juan Domingo Perón	Antonio Banderas	Isabel la Católica

Actividad 24 ¿Qué es eso? **Parte A:** Al llegar a un país nuevo los estudiantes extranjeros siempre tienen problemas con palabras y costumbres que no entienden. En parejas, una persona es un/a extranjero/a que no entiende algunas cosas y la otra persona le explica los significados. Usen pronombres relativos en las respuestas. Sigan el modelo.

▶ —¿Qué es un *banjo*?
—Es un instrumento que generalmente tiene cinco cuerdas (*strings*) y que se usa en la música country.

1. Fui a una fiesta con un amigo y me dijo que él iba a ser el *designated driver*. ¿Qué significa eso?
2. Entiendo qué significan *right* y *way*; pero, ¿qué significa *right of way*?
3. ¿Qué es *voice mail*?

Parte B: Ahora, cambien de papel.

1. Voy a ir a un partido de fútbol americano de los Cowboys y todo el mundo dice que tengo que ver a las *cheerleaders*. ¿Qué son *cheerleaders*?
2. ¿Qué es *big hair*?
3. El otro día en la televisión, una persona dijo que había asistido a la *school of hard knocks*. ¿Qué significa eso?

Actividad 25 ¿Dónde los sentamos? Todas las noches, durante la Feria del Libro, los Duques de Manzanares ofrecen una cena para escritores. El duque, quien es mayor, no oye bien, por eso suele decir que sí a todo y siempre se sonríe. La duquesa es una persona que cuando uno le habla siempre cambia de tema. En parejas, decidan dónde van a sentar a los escritores para poder tener una cena agradable.

Los Duques van a estar en los dos extremos de la mesa. A continuación tienen ciertos datos de los invitados para que puedan decidir. Usen expresiones como: **Dudo que..., No creo que..., Teresa Guzmán, que/quien es.., debe sentarse..., Ella escribió un libro que..., Pon a... al lado de... porque...**

Teresa Guzmán

líder de una organización
   feminista
fuma mucho
es muy cómica
le gusta participar en una
   buena discusión
libro: *Madres en la política*

Josefina Santos

senadora ultraderechista
quiere ayuda económica para
   su país
se ríe con facilidad
suele beber mucho y contar
   chistes verdes (*dirty jokes*)
libro: *Capitalismo: El opio
   de la gente*

Ernestina Villarreal

periodista
le fascina todo
es asmática y no tolera el
   humo del cigarrillo
libro: *Entrevistas escan-
   dalosas*

Paolo

modelo internacional
hace fotos con y sin ropa
es muy egoísta
no le gusta la política, sólo
   quiere paz en el mundo
libro: *Cambie el cuerpo
   con sólo diez minutos de
   ejercicio por día*

Alfredo Vargas

representante de Amnistía
   Internacional
tiene fama de ser mujeriego
   (*womanizer*)
libro: *Presos políticos*

José María Hidalgo

experto en el medio ambiente
es serio, le gusta hablar de
   ciencia
libro: *Fluorocarbonos: Un
   peligro constante*

V. Indicating Cause, Purpose, and Destination

Por and para

Remember to use prepositional pronouns after **por** and **para** when needed: **mí, ti, Ud., él/ella, nosotros/as, vosotros/as, Uds., ellos/as.**

1. Use **por**:

a. to express *on behalf of, for the sake of*, or *instead of*

Acepto este premio **por** mi padre que murió durante la Guerra Sucia.	*I accept this award for (on behalf of) my father who died during the Dirty War.*
Debes hacerlo **por** el bienestar común.	*You should do it for (for the sake of) the common good.*
Ayer trabajé **por** mi tío.*	*Yesterday I worked for (instead of) my uncle.*

*Note: Compare this sentence with **Ayer trabajé para mi tío.** *Yesterday I worked for my uncle.* (He is my boss.)

b. to indicate movement *through* or *by*

Caminé **por** el congreso.	*I walked through the Congress.*
Pasé **por** el congreso.	*I went by the Congress.*

c. to express reason or motivation

La congresista va a tomar licencia **por** estar embarazada.	*The congresswoman is going to take a maternity leave.* (The pregnancy is the reason she is taking her leave.)
Por el golpe de estado en 1973, los chilenos vivieron años de mucha inseguridad.	*Because of the coup d'état in 1973, the Chileans lived years of much insecurity.*

2. Use **para**:

a. to express physical or temporal destination

Después del terremoto, el gobierno mandó medicinas **para** las víctimas.	*After the earthquake, the government sent medicine for the victims.* (physical destination)
El lunes, el presidente sale **para** la zona del terremoto.	*On Monday, the president leaves for the earthquake zone.* (physical destination)
Deben tener listo el discurso presidencial **para** mañana, ¿verdad?	*They should have the presidential speech ready for tomorrow, right?* (temporal destination)

b. to express purpose

Ella trabaja como voluntaria en el congreso **para** poder tener experiencia en la política.	*She works as a volunteer in Congress to be able to have experience in politics.*
Este programa de computación es **para** realizar gráficos tridimensionales.	*This computer program is for making three-dimensional graphs.*
Estudia **para** (ser) diplomática.	*She's studying to be a diplomat.*

Note: **Por** and **para** are prepositions, therefore, verbs immediately following them need to be in the infinitive form.

After having studied these uses of **por** and **para**, compare the following sentences and analyze the reasons for using **por** or **para** in each case.

El presidente sale mañana **para** la zona del terremoto. *The president is leaving tomorrow for the earthquake zone.*	Va a pasar cinco horas viajando **por** los pueblos más afectados. *He is going to spend five hours traveling through the hardest hit towns.*
Lo va a hacer **para** darles esperanza a las víctimas. *He is going to do this to give hope to the victims*	Lo va a hacer **por** ser su responsabilidad. *He is going to do this because it is his responsibility.*

Actividad 26 Intenciones Elige un itinerario de la primera columna y el lugar de paso lógico de la segunda para formar la ruta completa de cada viaje. Consulta los mapas de este libro si es necesario. Sigue el modelo.

▶ Washington → Miami / Atlanta
  Mañana salgo de Washington **para** Miami y pienso pasar **por** Atlanta.

Inicio del viaje → destino final

Lima → Machu Picchu
Madrid → Barcelona
la ciudad de México → Acapulco
La Paz → Sucre
Buenos Aires → Salta
Santiago → Viña del Mar
Medellín → Popayán
Guatemala → Chichicastenango

Lugar de paso

Taxco
Córdoba
Zaragoza
Valparaíso
Antigua
Cali
Cochabamba
Cuzco

Actividad 27   Los cacerolazos   **Parte A:** Lee la historia sobre un tipo de protesta muy popular en Latinoamérica y completa los espacios con **por** o **para**.

En Chile durante el gobierno de Allende, se empezó un tipo de protesta llamada "el cacerolazo". Espontáneamente, algunas madres de familias salieron a las calles con sus ollas, sartenes y cucharas y empezaron a hacer ruido _____ llamarle la atención al gobierno por la falta general de comida. Los cacerolazos, como los famosos "sit-ins" de los años 60 en los Estados Unidos, eran una manera no violenta _____ luchar _____ el bien del pueblo. La idea chilena era sencilla: las mujeres caminaban _____ las calles y plazas de las ciudades haciendo ruido. Hoy día lo hacen mujeres y hombres _____ conseguir lo que quieren del gobierno o _____ protestar por una situación específica.

A través de los años, las cacerolas se convirtieron en símbolo de protesta _____ el pueblo latinoamericano. También hay sitios en Internet que usan cacerolas como iconos y si hay cacerolazos, muchas veces, anuncian la hora y el lugar _____ Internet.

▲ Venezolanos participan en un cacerolazo para protestar contra el presidente.

Parte B: En grupos de tres, hablen de diferentes problemas al nivel internacional, nacional, estatal o local y digan qué hace la gente para que los gobernantes oigan sus quejas.

Actividad 28   ¿Qué ocurre?   Lee los siguientes pares de miniconversaciones y piensa en el contexto de cada situación (quiénes hablan, qué ocurre) para explicar en qué se diferencia cada par de situaciones.

1. A. —¡Querido! ¡Tengo una sorpresa!
      —¡Un carro! ¿Lo trajiste para mí? Muchas gracias.
1. B. —¡Querido! ¡Tengo una sorpresa!
      —¡El carro! ¿Lo trajiste por mí? Muchas gracias.

2. A. —¿Adónde vas con esos zapatos?
      —Los llevo para mi novio; tiene una fiesta y necesita ir elegante.
2. B. —¿Adónde vas con esos zapatos?
      —Los llevo por mi novio; él es muy alto.

Actividad 29 Motivos y propósitos Habla de los motivos y propósitos de
cada una de las siguientes situaciones, formando oraciones con una frase de la
primera columna y una de la segunda. Debes encontrar dos posibilidades para
cada frase de la primera columna: una con **por** para indicar el motivo de la
acción y otra con **para** para indicar el propósito.

▶ La familia llegó a casa a las nueve **por** el tráfico que había.
  La familia llegó a casa a las nueve **para** ver su programa de televisión
  favorito.

Personas y hechos

1. Romeo y Julieta se suicidaron
2. El presidente subió al poder
3. Ralph Nader empezó a investigar
   productos
4. Nike usa en sus anuncios a muchos
   deportistas
5. El gobierno norteamericano
   participa en el Tratado de Libre
   Comercio (*TLC*)

Motivos y propósitos

a. haber prometido cambios radicales
b. las oportunidades de trabajo que
   crea
c. vender sus productos
d. estar unidos en la muerte
e. el fraude que hay en los anuncios
f. la fama que tienen entre los
   jóvenes
g. mejorar la situación económica
h. proteger al consumidor
i. amor
j. aumentar las exportaciones a
   México y Canadá

Actividad 30 Debate sobre la pena de muerte Parte A: La pena de
muerte es un tema de mucha controversia. Lee las siguientes ideas y complétalas
con **por** o **para** si hay espacio en blanco. Luego marca si las oraciones están a
favor (AF) o en contra (EC) de la pena de muerte.

	AF	EC
1. La pena de muerte se implementa _____ prevenir más asesinatos.	___	___
2. La violencia genera violencia.	___	___
3. Los asesinos pasan _____ un juicio (*trial*) justo antes de ser condenados a muerte.	___	___
4. La ejecución no es nada más que un asesinato legalizado.	___	___
5. La ejecución es necesaria _____ aliviar el sufrimiento de los familiares de la víctima.	___	___
6. El dicho "ojo _____ ojo, diente _____ diente" se debe poner en práctica.	___	___
7. En países donde no existe la pena de muerte hay menos asesinatos.	___	___
8. _____ miedo a la pena de muerte, los criminales matan menos.	___	___
9. No podemos tener la pena de muerte _____ el bien de la sociedad. Somos un país civilizado.	___	___
10. Es muy costoso darles a los criminales cadena perpetua (*life imprisonment*).	___	___

(continúa en la página siguiente)

	AF	EC

11. Matar al asesino no es una solución _____ los familiares de la víctima. ___ ___

12. La pena de muerte es más humana que la cadena perpetua. ___ ___

13. _____ la gente pobre es difícil tener buena representación en la corte. ___ ___

14. Se puede llegar a ejecutar a personas que son inocentes. ___ ___

Do the corresponding CD-ROM and web activities to review the chapter topics.

Parte B: Ahora en grupos de cuatro, dos personas van a debatir a favor y dos personas en contra de la pena de muerte. Pueden usar sus propias ideas y las ideas de la Parte A para defender su postura.

Vocabulario activo

Verbos para expresar emoción

alegrarle (a alguien)	to be glad, happy
darle pena (a alguien)	to feel sorry
esperar	to hope
estar contento/a (de)	to be happy
estar triste (de)	to be sad
lamentar	to lament, be sorry
molestarle (a alguien)	to be bothered
sentir (ie, i)	to be sorry
sorprenderle (a alguien)	to be surprised
temer	to fear
tener miedo (de)	to be afraid (of)

Expresiones impersonales para expresar emoción

es bueno	it's good
es fantástico	it's great
es horrible	it's horrible
es lamentable	it's a shame, lamentable
es una lástima	it's a shame
es malo	it's bad
es maravilloso	it's wonderful
es una pena	it's a shame
es raro	it's strange
es terrible	it's terrible
es una vergüenza	it's a shame, shameful

¡Qué bueno...!	How good . . .!
¡Qué lástima...!	What a shame . . .!
¡Qué pena...!	What a shame . . .!
¡Qué sorpresa...!	What a surprise . . .!
¡Qué vergüenza...!	How shameful . . .!

Verbos para expresar duda y certeza

(no) estar seguro/a (de)	(not) to be sure
(no) creer	(not) to think, believe
dudar	to doubt

Expresiones impersonales para expresar duda, certeza y negación

no cabe duda	there is no doubt
(no) es cierto	it is (isn't) true
es claro	it's clear
(no) es evidente	it's (not) evident
es imposible	it's impossible
es improbable	it's improbable
(no) es obvio	it's (not) obvious
(no) es posible	it's (not) possible
(no) es probable	it's (not) probable
(no) es verdad	it's (not) true
(no) puede ser	it can(not) be

Palabras relacionadas con la política

abusar	*to abuse*
el abuso	*abuse*
el activismo	*activism*
el acuerdo	*agreement (pact)*
estar de acuerdo	*to be in agreement*
llegar a un acuerdo	*to reach an agreement*
la amenaza	*threat*
amenazar	*to threaten*
apoyar	*to support*
el apoyo	*support*
el asunto político/ económico	*political/economic issue*
el bienestar común	*the common good*
la campaña electoral	*political campaign*
la censura	*censorship*
censurado/a	*censored*
censurar	*to censor*
el compromiso	*commitment*
la corrupción	*corruption*
la democracia	*democracy*
democrático/a	*democratic*
los derechos humanos	*human rights*
respetar/violar los derechos humanos	*to respect/violate human rights*
la desigualdad	*inequality*
el/la dictador/a	*dictator*
la dictadura	*dictatorship*
la eficiencia	*efficiency*
la estabilidad	*stability*
el golpe de estado	*coup d'état*
la huelga	*strike*
la igualdad	*equality*
la ineficiencia	*inefficiency*
la inestabilidad	*instability*
la influencia	*influence*
influir en	*to influence something*
la inversión	*investment*
invertir (ie, i)	*to invest*
la junta militar	*military junta*
la libertad de palabra/prensa	*freedom of speech/the press*
la manifestación	*demonstration*
el paro	*work stoppage*
el partido demócrata	*Democratic party*
el partido republicano	*Republican party*

la política	*politics*
el político/la mujer política	*politician*
la protección	*protection*
proteger	*to protect*
la protesta	*protest*
protestar	*to protest*
el pueblo	*the people*
el soborno	*bribe*
el/los suceso(s); los sucesos del momento	*the event(s); current events*

Expresiones útiles

el/la ayudante de cátedra	*teaching assistant*
la beca	*scholarship*
los desaparecidos	*missing people*
quién diría	*who would say*
salirse con la suya	*to get his/her way*

Vocabulario personal

Capítulo 7

Metas comunicativas

- afirmar y negar
- describir lo desconocido
- describir acciones que están por ocurrir
- hablar del medio ambiente y del turismo de aventura
- evitar la redundancia

Nuestro medio ambiente

▲ Grupo de ecoturistas cruza el lago Carhuacocha en los Andes peruanos.

Unas vacaciones diferentes

www *Ecoturismo*

¡Ya sé!	I've got it!
algo así	something like that
desde luego	of course

◄ Indígenas quichuas preparan terrazas para el cultivo en Latacunga, Ecuador.

Actividad 1   Viajando se aprende   **Parte A:** Antes de escuchar la conversación, menciona los tres últimos lugares adonde fuiste de vacaciones, di qué hiciste en cada viaje y cómo lo pasaste.

Parte B: Ahora vas a escuchar una conversación en la cual María José habla con Pablo sobre sus próximas vacaciones. Primero lee las siguientes oraciones y luego, mientras escuchas, marca si son ciertas (**C**) o falsas (**F**).

1. _____ María José no conoce muchos lugares.
2. _____ Ella quiere ir a un lugar donde pueda visitar catedrales.
3. _____ El verano pasado estuvo en Venezuela.
4. _____ Un amigo de Pablo estuvo en Ecuador.
5. _____ A María José no le interesa ir a Ecuador.

Actividad 2   Los detalles   Primero, lee las siguientes preguntas y después escucha la conversación otra vez para contestarlas.

1. ¿Qué grupo indígena vive en Capirona, Ecuador?
2. ¿En qué consiste el programa que organizan?
3. ¿Qué es una minga?
4. ¿Cómo se llega al pueblo?
5. ¿Por qué crees que le interesa este viaje a María José?

Actividad 3   Opiniones   En grupos de tres, discutan qué es lo peligroso, lo divertido y lo beneficioso de hacer un viaje de ese tipo.

¿LO SABÍAN?

Si te interesan los viajes educativos donde puedes trabajar como voluntario, hay muchas organizaciones que preparan grupos para viajar a regiones del mundo donde se necesita ayuda. Una de ellas es "Amigos de las Américas", que recluta a gente joven para trabajar en proyectos de salud en pueblos rurales de América Latina. En Internet también se encuentran sitios como **www.volunteerabroad.com** que ofrecen una innumerable lista de organizaciones, muchas sin fines de lucro, que organizan proyectos humanitarios. ¿Conoces o has participado en otros viajes como los que ofrecen estos grupos?

Do the corresponding CD-ROM and web activities as you study the chapter.

I. Discussing Adventure Travel and the Environment

▼ Camino del Inca en Perú.

"Mi padre y yo hicimos el Camino del Inca que termina en Machu Picchu hace un par de años. Pisamos las mismas piedras y cruzamos los mismos puentes que construyeron los incas antes de la llegada de los españoles. Para hacer este viaje de cuatro días por las montañas de Perú, hay que estar en buen estado físico y hay que llevar algunas cosas. Por ejemplo, no es necesario llevar **tienda de campaña** ni comida ni cacharros para preparar la comida porque eso lo llevan los porteadores (asistentes). No hace falta llevar **mapa** para seguir el camino porque un guía siempre acompaña al grupo, pero sí es necesario tener **saco de dormir, linterna,**

repelente contra insectos y también es buena idea llevar **una navaja suiza.**
Otra cosa de suma importancia es un buen **protector solar** porque a esas
alturas el sol puede ser superfuerte. Los porteadores son los que llevan las
mochilas y, por consideración hacia ellos, es buena idea llevar pocas cosas.
También se debe llevar una cámara con muchos rollos porque se puede
sacar un sinnúmero de fotos y si la cámara es digital, es importante tener
pilas extras."

norteamericana

pilas = batteries
batería = car battery

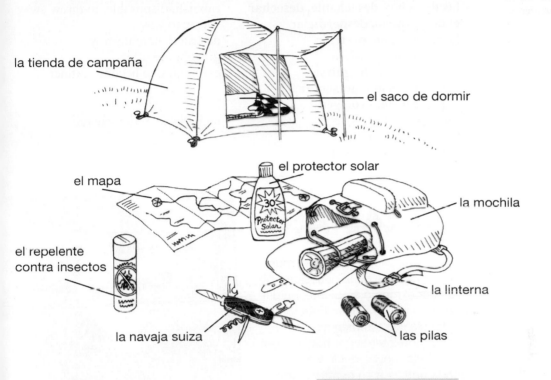

la tienda de campaña

el saco de dormir

el mapa

el protector solar

la mochila

el repelente
contra insectos

la linterna

la navaja suiza

las pilas

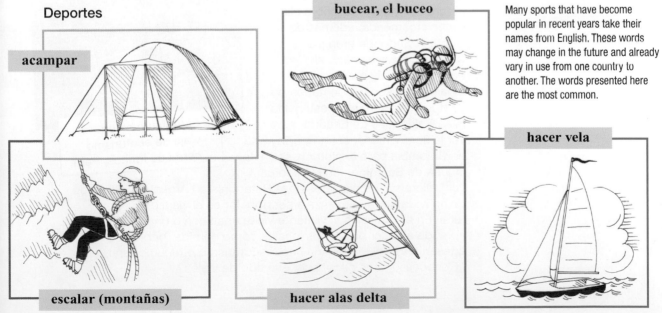

Deportes

acampar

bucear, el buceo

Many sports that have become
popular in recent years take their
names from English. These words
may change in the future and already
vary in use from one country to
another. The words presented here
are the most common.

hacer vela

escalar (montañas)

hacer alas delta

You may also see the word **piragua** for *kayak*.

hacer rafting = **hacer navegación de rápidos** (*Costa Rica*)

For more words related to the environment, see Appendix G.

Contaminante = **contaminador/a** are both adjectives and can also be used as nouns. **Contaminación** = **polución,** but the former is preferable.

 El reciclaje

hacer esquí nórdico/alpino/acuático, kayak, rafting, senderismo/trekking, snorkel, snowboard, surf
montar a caballo/en bicicleta de montaña

El medio ambiente

la conservación, conservar	conservation, to conserve
la contaminación, contaminante, contaminar	pollution, contaminating, to contaminate/pollute
los desechos, desechable, desechar	rubbish, disposable, to throw away
el desperdicio, desperdiciar	waste, to waste
la destrucción, destruir	destruction, to destroy
el efecto invernadero	greenhouse effect
la extinción, extinguirse	extinction, to become extinct
la preservación, preservar	
la protección, proteger	
recargable, recargar	rechargeable, to recharge
la reducción, reducir	
la restricción, restringir	

¿LO SABÍAN?

En la actualidad, casi todo el mundo está consciente de la necesidad de proteger el medio ambiente, cuidar nuestra tierra y reciclar. Esta toma de conciencia también ha despertado interés por hacer viajes de ecoturismo, es decir, viajes donde uno está en contacto con la naturaleza y aprende sobre ella. En Latinoamérica, además de Costa Rica donde gran parte del país está destinado al ecoturismo, hay numerosos lugares que son frecuentados por ecoturistas. Entre ellos están: las Islas Galápagos de Ecuador para ver la flora y fauna, el Parque Tayrona en Colombia para explorar la selva, la laguna de Scammon en México para

▲ Estudiante en un viaje de ecoturismo cerca de Iquitos, Perú.

ver ballenas y los glaciares de la Patagonia en Argentina. Otro tipo de actividad que comienza a ser popular es el viaje de turismo rural. En estos viajes el visitante visita una finca o una casa rural y aprende a hacer productos locales como comida, bebidas o artesanías. Di si te gustaría hacer ecoturismo o turismo rural. ¿Conoces lugares para hacer ese tipo de viajes?

Actividad 4　Los viajes　En grupos de tres, hagan una lista de cosas que se necesitan para hacer las siguientes actividades y compártanla con la clase.

1. acampar un fin de semana
2. una caminata de un día por la montaña
3. un viaje de una semana por la selva
4. un viaje en bicicleta, en verano, durante quince días

Actividad 5　Categorías　En grupos de tres, túrnense para nombrar por lo menos cuatro deportes que pertenecen a las siguientes categorías. Pueden incluir palabras de la lista de vocabulario y otras que Uds. sepan.

1. deportes acuáticos
2. deportes en los cuales los participantes usan zapatos especiales
3. deportes que se practican en el aire
4. deportes que se practican cuando hace frío
5. deportes que se practican cuando hace calor
6. deportes baratos
7. deportes caros

Actividad 6　Actividades peligrosas　**Parte A:** En grupos de tres, discutan las siguientes preguntas.

1. ¿Practican algún deporte peligroso?
2. ¿Qué deportes peligrosos se pueden practicar en la ciudad donde viven o cerca de allí?
3. ¿Por qué creen que algunas personas disfrutan de deportes peligrosos como escalar montañas o bucear en cuevas del Caribe?

Parte B: Hay gente que dice que todos los deportes son peligrosos. Cuente cada uno un accidente que tuvo mientras practicaba un deporte. Si no tuvieron ninguno, hablen de un accidente que tuvo alguien que conozcan.

Actividad 7　Cuidemos el mundo en que vivimos　En grupos de tres, discutan las siguientes preguntas.

1. ¿Qué cosas desperdician Uds.? ¿Escriben en un solo lado del papel? ¿Dejan las luces encendidas? ¿Pueden nombrar cinco cosas que Uds. pueden hacer para reducir el desperdicio de recursos naturales?
2. ¿Qué productos destruyen la capa de ozono? ¿Podemos usar otros productos que contaminen menos? ¿Cuáles son?
3. ¿Cuántos animales que están en peligro de extinción pueden nombrar? ¿Por qué están en peligro? ¿Podemos hacer algo para detener su extinción?
4. Muchas veces los desechos de un lugar se tiran en otro. ¿Creen que sea apropiado, por ejemplo, que el estado de Nueva York tire su basura en Tennessee? ¿Por qué sí o no?
5. ¿Qué se puede usar en los carros en lugar de gasolina? ¿Y en lugar del gas, qué se puede usar para calentar las casas?
6. Muchos lugares tienen restricciones sobre el nivel de emisiones tóxicas que producen los carros. ¿Creen Uds. que todos los países deban tener ese tipo de leyes? ¿Tiene el estado o el país donde Uds. viven algunas restricciones?

Actividad 8 **Los recursos naturales**   **Parte A:** Lee lo que dice un argentino sobre los recursos naturales de Latinoamérica y explica de qué manera no intencional recicla la gente.

"En muchos países latinoamericanos se usan menos recursos naturales que en países como los Estados Unidos porque la gente, que en general tiene menos dinero, compra menos y por lo tanto consume menos. Esto incluye la compra de comida, de ropa, de objetos de diversión y recreación como CDs, artículos de deportes, etc., y también energía. Mucha gente consume menos gasolina porque usa el transporte público o tiene carros pequeños que consumen menos. Y cuando algo se rompe, como un televisor, una radio o un secador de pelo, es más económico llevarlo a arreglar que comprar uno nuevo. Esto se debe a que la mano de obra es barata y a que algunos de esos productos son importados, así que pueden tener tarifa de importación y, por eso, son generalmente caros. Entonces en Latinoamérica muchas veces se recicla no necesariamente de manera consciente sino porque resulta más práctico y económico y así al consumir menos logran conservar más."

argentino

Parte B: Ahora en grupos de tres, preparen por lo menos cinco recomendaciones para hacerle a la clase sobre qué pueden hacer en su vida diaria para consumir menos recursos naturales. Miren la lista de ideas que se presenta y al hablar, usen expresiones como: **Les recomendamos que..., Les aconsejamos que...**

▶ Les recomendamos que vayan menos a las tiendas para no ver tantas cosas atractivas y comprar tantas cosas innecesarias.

cosas que se compran todos los días
cantidad de plástico/papel que se
    usa para empacar las cosas
gas/electricidad/agua/gasolina
cantidad de comida que se compra
compras innecesarias
compras por catálogo/Internet

productos desechables
compra de libros versus biblioteca
uso innecesario del carro
comerciales en la tele, el periódico y
    la radio
propaganda por correo (catálogos,
    ofertas del supermercado, etc.)

Actividad 9 **Ecoturismo, ¿peligro o no?**   **Parte A:** Lee las siguientes oraciones y marca tu opinión usando esta escala:

1 = estoy seguro/a   2 = es posible   3 = no lo creo

1. _____ La sola presencia del ser humano destruye el medio ambiente.

2. _____ Para llegar a lugares remotos hay que usar medios de transporte que contaminan el ambiente.

3. _____ Para tomar conciencia del valor de la naturaleza, hay que ver las zonas remotas y vírgenes con los propios ojos.

4. _____ El dinero que gastan los turistas se puede usar para la conservación de las áreas silvestres.

5. _____ Después de hacer un viaje de ecoturismo, los participantes tienen un papel más activo en el movimiento verde: reciclan más, compran productos que contaminan menos e intentan cambiar las leyes de su país para proteger el medio ambiente.

6. _____ Los controles de un gobierno nunca van a ser suficientemente estrictos para controlar los problemas que puede traer el ecoturismo.

7. _____ El contacto con los turistas cambia para siempre la vida de las personas de una región.

8. _____ Los ecoturistas nunca tiran basura ni hacen nada para destruir el lugar que visitan.

9. _____ La presencia constante de grupos de turistas no es natural y por eso, crea un desequilibrio (*imbalance*) en el área.

Parte B: Algunos creen que el ecoturismo es beneficioso porque así la gente aprende a apreciar y preservar la naturaleza. Otros creen que el mismo ecoturismo ayuda a destruir el medio ambiente. Formen grupos de cuatro, con dos a favor y dos en contra, y preparen un debate sobre este tema. Pueden usar las ideas mencionadas en la Parte A y expandirlas e inventar otras razones para apoyar su postura. Al debatir usen las siguientes expresiones.

Para estar de acuerdo	Para no estar de acuerdo	Para interrumpir
Estoy de acuerdo.	No estoy de acuerdo.	Pido la palabra.
Seguro.	No estoy de acuerdo del todo.	Perdón, pero...
Sin duda alguna.	De ningún modo.	¿Me dejas terminar?
Opino como tú.		

II. Affirming and Negating

In this section you will review commonly used affirmative and negative expressions, and specifically how negative expressions are used.

1. Here is a list of common affirmative and negative expressions.

Affirmative Expressions	Negative Expressions
todo everything **algo** something	**nada** nothing, (not) anything
todos/as everyone **todo el mundo** everyone **muchas/pocas personas** many/few people **alguien** someone	**nadie** no one
siempre always **muchas veces** many times **con frecuencia / a menudo** frequently **a veces** sometimes **una vez** once	**nunca / jamás** never

2. Two common ways to create sentences with negative expressions in Spanish are:

> Remember: If you use **no** before the verb, use a negative word after the verb.

> **no** + verb + negative word
> negative word + verb

—¿Te ayudó la Sra. López?   *Did Mrs. López help you?*

—¿Ayudarme? Esa mujer **no** me **ayuda jamás.** / Esa mujer **jamás** me **ayuda.**   *Help me? That woman doesn't ever help me / never helps me.*

—¿Quiénes fueron a la reunión de negocios?   *Who went to the business meeting?*

—**No fue nadie.** / **Nadie fue.**   *Nobody went.*

—¿Funciona?   *Does it work?*

—No, **no funciona nada** en esta oficina. / No, **nada funciona.***   *No, nothing works in this office.*

*Note: **Nada** can only precede the verb when it is the subject.

3. When **nadie** and **alguien** are direct objects, they must be preceded by the personal **a.**

—¿Viste **a alguien**?   *Did you see anyone?*

—**No, no** vi **a nadie.**   *No, I didn't see anyone.*

Compare the previous sentences with the following ones in which **nadie** and **alguien** are the subject.

Ayer **no** vino **nadie.** / **Nadie** vino ayer.   *Nobody came yesterday.*

Alguien derramó una sustancia tóxica en el río.   *Somebody spilled a toxic substance in the river.*

4. To talk about indefinite quantity in affirmative sentences and questions use the following adjectives and pronouns.

Affirmative Adjectives	Affirmative Pronouns
algún/alguna/algunos/algunas + *noun*	**alguno/alguna/algunos/algunas**

Creo que hay **algunas tiendas de campaña** en rebaja.   *I think that there are some tents on sale.*

—¿Sabes que los chicos se fueron a hacer vela? ¿**Alguno** te llamó para avisarte?   *Do you know that the kids went sailing? Did any one (of them) call you to let you know?*

—Sí, pero preferí quedarme en casa.   *Yes, but I preferred to stay at home.*

5. To talk about indefinite quantity in negative sentences, use the following adjectives and pronouns.

Negative Adjectives	Negative Pronouns
ningún/ninguna + *singular noun*	ninguno/a

The plural form **ningunos/as** is seldom used except with plural nouns such as **pantalones** and **tijeras** (*scissors*): No tengo **ningunos pantalones** limpios.

No hay **ningún centro de reciclaje** en mi barrio.
There aren't any recycling centers in my neighborhood.

—¿Reciclaste **algunas** revistas?
Did you recycle any magazines?

—No, no reciclé **ninguna.**
No, I didn't recycle any.

6. It is common to use the pronouns **ninguno** and **ninguna** with a prepositional phrase beginning with **de: Ninguno de mis amigos** se droga.

Actividad 10   Conversaciones ecológicas   **Parte A:** Completa las siguientes conversaciones relacionadas con la ecología usando palabras afirmativas o negativas.

1. —No, gracias. No necesito _____ bolsa. Traje tres de mi casa para toda la compra.
   —Bien.

2. —¿Hay _____ que podamos hacer para detener la deforestación? ¡Mira este lugar!
   —Sí, es terrible, pero no sé qué se puede hacer.

3. —¿_____ de tu familia desperdicia el agua?
   —Sí, mi hermano se da duchas de 25 minutos.

4. —¡Qué horror! Hay 50 personas y _____ se preocupa por reciclar el papel que se usa en este lugar.
   —Estoy totalmente de acuerdo. Debemos hablar con _____ para resolver este problema.

5. —No compro árboles de Navidad de verdad _____ porque tengo uno de plástico.
   —Yo también, y aunque parezca mentira, se ve bien bonito.

6. —¿Oyes _____ ruido?
   —No, no oigo _____. ¡Qué placer! Me encanta el silencio de este lugar.

Parte B: Ahora, en parejas, digan dónde creen que tiene lugar cada conversación y de qué hablan. Usen oraciones como: **Es posible que ellos estén en... y creo que están hablando sobre...**

Actividad 11   ¿Con qué frecuencia?   **Parte A:** En parejas, túrnense para averiguar con qué frecuencia hace su compañero/a las siguientes actividades. Marquen las respuestas en la tabla. Sigan el modelo.

▶ —¿Con qué frecuencia montas en bicicleta?
  —Monto en bicicleta a veces.

	jamás	a veces	a menudo
1. montar en bicicleta	___	___	___
2. comprar verduras orgánicas	___	___	___
3. hacer deportes al aire libre	___	___	___
4. usar transporte público	___	___	___
5. vestirse con ropa de algodón	___	___	___
6. reciclar latas (cans) de bebidas	___	___	___
7. hacer ecoturismo	___	___	___
8. contribuir con dinero a organizaciones que protegen el medio ambiente	___	___	___

Parte B: Repitan la actividad, pero ahora con referencia a sus años de la escuela secundaria.

Actividad 12   ¿Conoces a tu compañero?   **Parte A:** Escojan una pareja, y luego sin consultar a su compañero/a, marquen las cosas de la siguiente lista que creen que tiene su compañero/a en la habitación o apartamento.

_____ discos compactos de Elvis

_____ un osito de peluche (teddy bear)

_____ cuadros de arte moderno

_____ un póster de un animal en peligro de extinción

_____ un saco de dormir

_____ guías de turismo

_____ fotos de su familia

_____ videos de películas de acción

_____ una bicicleta

_____ un instrumento musical

Parte B: Ahora, hablen con su compañero/a para confirmar sus predicciones. Sigan el modelo.

▶ —Creo que tienes algunos discos compactos de Elvis.

—Es verdad, tengo tres.   —Te equivocas, no tengo ninguno. / No tengo ningún disco compacto de Elvis.

Actividad 13 **¿Cómo es tu familia?** En parejas, usen la siguiente lista de ocupaciones para averiguar sobre la familia de su compañero/a. Sigan el modelo.

▶   A: ¿Hay algún piloto en tu familia?

B: Sí, hay una mujer piloto.   B: No, no hay ningún piloto. / No, no hay ninguno.

A: ¿Quién es?

B: Mi hermana y trabaja para Mexicana.

1. político
2. plomero
3. vendedor

4. artista
5. enfermero
6. arquitecto

7. cartero
8. ecologista
9. carpintero

plomero = fontanero (*España*)

III. Describing the Unknown

The Subjunctive in Adjective Clauses

1. As you have already learned, the subjunctive can be used in sentences to express influence, emotion, doubt, and denial. Additionally it can be used to describe a person, animal, or thing that you are looking for or want and that may or may not exist. Study the following examples.

May or May Not Exist	Exists
Subjunctive	Indicative

Buscamos una persona **que organice** programas de reciclaje.
We are looking for someone who organizes recycling programs. (There may or may not be such a person.)

Buscamos a la persona **que organiza** programas de reciclaje.
We are looking for the person who organizes recycling programs. (We know this person exists.)

When describing a person that you are looking for or want and that may or may not exist, the personal **a** is not used (compare the first two sentences in each column).

Tengo que encontrar un abogado **que haya estudiado** derecho del medio ambiente.
I have to find a lawyer who has studied environmental law. (Might exist, might find one.)

Conozco a un abogado **que estudió** derecho del medio ambiente.
I know a lawyer who studied environmental law. (Exists.)

Buscamos un lugar **donde no haya** mucha contaminación.
We are looking for a place where there isn't much pollution. (Might exist, we might find it.)

Sabemos de un lugar **donde no hay** mucha contaminación.
We know of a place where there isn't much pollution. (Exists, we can take you there.)

Notice that sometimes you must use **donde** instead of **que** to talk about places. This use parallels English.

2. The subjunctive is also used in dependent adjective clauses to emphatically describe something that, according to the speaker, does not exist. Note the following construction.

> **no** + *verb* + *negative word* + **que** + *subjunctive*

No encuentro nada que me **guste.**   *I can't find anything that I like.*

No hay ningún profesor que dé   *There is no professor that gives a*
poca tarea.   *small amount of homework.*

3. The *personal* **a** is only used in sentences with dependent adjective clauses if they contain **alguien** or **nadie.**

—¿Conoces **a alguien** que sepa   *Do you know anyone who knows*
hacer vela?   *how to sail?*

—No, no conozco **a nadie** que   *No, I don't know anyone who does.*
sepa hacer vela.

Actividad 14 El lugar ideal **Parte A:** En el mundo hay una gran variedad de lugares para vivir. Mira la siguiente lista y marca con una X las tres características más importantes para ti.

_____ nevar mucho/poco   _____ estar cerca del agua
_____ ofrecer una variedad de   _____ tener temperaturas moderadas
      restaurantes étnicos   _____ estar en el campo
_____ tener escuelas buenas   _____ ser un lugar tranquilo
_____ estar cerca de las montañas   _____ convivir gente de diferentes
_____ ser un centro urbano   razas y culturas
_____ haber alquileres bajos   _____ estar poco contaminado
_____ haber muchas/pocas   _____ haber poca delincuencia
      actividades culturales   _____ ???

Parte B: En parejas, díganle a su compañero/a las características que buscan Uds. en un lugar para vivir. Usen expresiones como: **Busco un lugar que/donde..., Quiero vivir en un lugar que/donde...** Después, digan si conocen un lugar que tenga esas características. Usen **(No) Conozco un lugar que/donde...**

Actividad 15 El medio ambiente **Parte A:** Mira la siguiente información y di qué se necesita hacer para proteger el medio ambiente. Usa frases como: **Necesitamos..., Se necesita/n..., Queremos tener...** Sigue el modelo.

▶ personas / recoger / basura de la calle
  Se necesitan personas que recojan basura de la calle.

1. fábricas / no tirar / desechos a los ríos
2. más científicos / hacer / estudios para encontrar nuevas fuentes de energía
3. más organizaciones / proteger / las especies de animales que están en peligro de extinción

4. alcaldes / construir / zonas verdes en las ciudades
5. carros / emitir / menos gases tóxicos
6. compañías / construir / paneles de energía solar baratos para las casas
7. supermercados / no envolver / absolutamente todo en plástico
8. gente / no desperdiciar / recursos naturales

Parte B: En grupos de tres, organicen las ideas anteriores de la más importante a la menos importante. Estén listos para justificar el orden que han elegido. Usen expresiones como: **Lo más importante es que..., También es importante que...**

¡REMUEVA! ¡CORTE! ¡PÓNGALO EN EL BOTE!

▲ RECICLE SU ARBOLITO DE NAVIDAD ▲
CIUDAD DE LOS ÁNGELES DEPARTAMENTO DE OBRAS PÚBLICAS BURÓ DE SANEAMIENTO

¿LO SABÍAN?

- Suramérica pierde el 1% de los bosques cada año.
- En el sur de Chile hay conejos con cataratas y ovejas con córneas inflamadas, posiblemente por el agujero en la capa de ozono.
- La urbanización de América Latina crece más rápidamente que en ninguna otra parte del mundo. En la actualidad el 78% de la población vive en zonas urbanas.
- En América Latina se encuentra el 40% de todas las especies de los bosques tropicales del mundo.
- Centroamérica, con sólo el 0,5% de la superficie emergida (*land*) del planeta, tiene el 7% de la biodiversidad del planeta.
- Colombia tiene el 10% de las especies de flora y fauna del mundo.

Actividad 16 ¿Qué piensas? **Parte A:** Completa estas ideas sobre tu universidad con la forma correcta del verbo indicado. Después, marca con una X las oraciones con las que estás de acuerdo y con una O aquéllas con las que no estás de acuerdo.

1. _____ No hay ningún estudiante que _____ estudiar muchas horas por día. (querer)
2. _____ No hay ninguna cafetería en esta universidad que _____ buena comida. (servir)
3. _____ No conozco a ningún profesor que _____ tarde a clase. (llegar)
4. _____ No hay ningún profesor que _____ exámenes finales fáciles. (dar)
5. _____ No hay nadie en esta universidad que _____ en los exámenes. (copiar)

Note: In countries like Chile, Peru, and Argentina they say **Los profesores toman exámenes y los estudiantes los dan.** In many other countries these verbs are reversed.

Parte B: En grupos de tres, compartan y justifiquen sus opiniones.

Actividad 17 **Una encuesta** **Parte A:** Entrevista a tus compañeros para ver si hay alguien que haga algunas de las siguientes actividades. Si alguien responde afirmativamente, escribe su nombre en la columna de la derecha. Sigue el modelo.

▶ —¿Apagas las luces al salir de tu habitación?

—Sí, las apago. —No, no las apago.

1. reciclar papel _____
2. tener un carro que gaste poca gasolina _____
3. usar pilas recargables _____
4. darse duchas de cinco minutos o menos _____
5. comprar bombillas de luz de larga duración _____
6. ser miembro de un grupo ecológico como Greenpeace _____

 Greenpeace en España

Parte B: En parejas, túrnense para averiguar si su compañero/a tiene a alguien en su lista que haga las actividades anteriores.

▶ —¿Hay alguien en tu lista que apague las luces?

—Sí, Cindy las apaga. ¿Y tú? ¿Hay alguien en tu lista que...? —No, no hay nadie que las apague. ¿Y tú? ¿Hay alguien en tu lista que...?

Actividad 18 **¿Conoces a alguien que...?** En parejas, túrnense para decir si conocen a alguien que haya hecho las siguientes cosas. Sigan el modelo.

▶ A: ¿Conoces a alguien que haya nadado en el río Amazonas?

B: No, no conozco a nadie que haya nadado en el Amazonas. B: Sí, conozco a alguien.

A: ¿Quién es y cuándo lo hizo?

B: Mi hermano nadó en el Amazonas el año pasado.

1. ir a un país de Suramérica
2. escalar los Andes
3. hacer rafting
4. ver una película de esquí de Warren Miller
5. cruzar el Atlántico en barco
6. hacer alas delta
7. saltar con una cuerda bungee
8. ¿ ? ?

Actividad 19 **Un lugar de vacaciones** En parejas, una persona quiere ir de vacaciones y llama a una agencia de viajes para que le recomienden un lugar. El/La agente de viajes le da algunas sugerencias. Lea cada uno un papel y luego mantengan una conversación telefónica.

Cliente

Éstas son algunas de las características que buscas en un lugar de vacaciones: al lado del mar, tranquilo, económico, temperatura no mayor de 30 grados. Usa expresiones como: **Busco un lugar que…, Quiero un lugar donde…**

30 grados centígrados = 86 Fahrenheit

Agente de viajes

Averigua qué tipo de lugar busca el/la cliente y luego recomiéndale y descríbele uno de los siguientes lugares. Usa expresiones como: **Le recomiendo que…, Le aconsejo que…, Este lugar es…**

◀ Isla Margarita, Venezuela:
Parque nacional, con muchos
   pájaros, aguas tranquilas
Clima agradable, vientos suaves
Hoteles: $, $$

▲ Isla Contoy, México:
Santuario de pájaros
   (especialmente pelícanos)
Snorkel
Clima agradable, vientos suaves
Hoteles: $

◀ Acapulco, México:
Vida nocturna, deportes acuáticos
   de todo tipo, pesca
Clima agradable, bahía protegida,
   playas preciosas
Hoteles: $, $$, $$$

IV. Expressing Pending Actions

The Subjunctive in Adverbial Clauses

A conjunction is a word that links two actions or states.

1. When you want to talk about *pending* actions or states use the present subjunctive after the following conjunctions of time (**conjunciones de tiempo**).

cuando	when	**hasta que**	until
después (de) que	after	**tan pronto como**	as soon as
en cuanto	as soon as		

Independent Clause	Dependent Adverbial Clause
Present indicative or **ir a** + *infinitive*	Conjunction of time + Subjunctive

Me voy a casar con él	**cuando**	un astronauta **llegue** a Plutón.
I'll marry him	*when*	*an astronaut lands on Pluto.* (pending action)
Quiere asociarse a un grupo ecológico	**en cuanto**	**tenga** dinero.
She wants to join an ecological group	*as soon as*	*she has money.* (pending state)

2. In contrast, when you want to talk about states or habitual or completed actions, use the indicative in the dependent clause because you are merely *reporting* something that *happened* or *usually happens*.

Independent Clause	Dependent Adverbial Clause
Present indicative or Preterit/Imperfect	Conjunction of time + Indicative

Me besa todos los días	**cuando**	**llego** de la oficina.
He kisses me every day	*when*	*I arrive from the office.* (habitual)
Me casé con ella	**en cuanto**	**terminé** los estudios.
I married her	*as soon as*	*I finished my studies.* (completed)

Compare the following sentences.

Pending actions	Habitual or completed actions
Ella va a llamar a sus padres **tan pronto como llegue.**	Ella llamó a sus padres **tan pronto como llegó.**
She's going to call her parents as soon as she arrives.	*She called her parents as soon as she arrived.* (completed)
Después de que almorcemos, queremos caminar por el parque.	**Después de que almorzamos,** generalmente caminamos por el parque.
After we have lunch, we want to walk in the park.	*After we have lunch, we generally walk in the park.* (habitual)

 3. **Después de** and **hasta** without the word **que** are prepositions, not conjunctions, and are followed directly by an infinitive.

Después de terminar mis estudios, voy a hacer ecoturismo en las Islas Galápagos.	*After finishing my studies, I am going to take an ecotour of the Galápagos Islands.*

Actividad 20   El futuro está en nuestras manos   **Parte A:** Lee el siguiente comentario sobre el medio ambiente que publicó en Internet un ecologista y complétalo con el infinitivo o con la forma apropiada del indicativo o del subjuntivo de los verbos que aparecen en el margen.

▼

Gran parte de los habitantes de esta ciudad están conscientes de que hay que proteger el medio ambiente y esperamos que cuando nuestros hijos _____ su propia familia, todavía disfruten de agua limpia y aire puro. Cada uno de nosotros puede hacer algo por el futuro de nuestros hijos.

tener

 En nuestra ciudad, muchos ciudadanos llevan un carrito o sus propias bolsas para los comestibles cuando _____ al supermercado. Otros reciben bolsas de plástico en el supermercado, pero después de _____ las bolsas, las reciclan utilizándolas como bolsas de basura. Sin embargo, no vamos a solucionar el problema del desperdicio de plástico hasta que todos los ciudadanos _____ carritos o _____ las bolsas.

ir

usar

usar, reciclar

 Hace muchos años, cuando nosotros _____ la basura de los edificios, ésta se quemaba en incineradores. Hoy en día, en algunos edificios, cuando la gente _____ la basura, ésta se pasa por una compactadora de basura. Las asociaciones de

sacar

tirar

ahorrar

vecinos tienen que empezar a ahorrar dinero y tan pronto como
_____ lo suficiente, deben comprar compactadoras.
Es necesario hacerlo para salvar el futuro de nuestros hijos.

comprar

Generalmente, cuando alguien _____ bebidas en
el supermercado, deja un depósito que luego se le entrega en cuanto

devolver

_____ sus envases. No obstante, todavía se ven botellas

estar

rotas en la calle; pero hasta que todos no _____
conscientes de estos problemas, no vamos a poder solucionarlos.

La contaminación ambiental causada por los carros es muy
peligrosa. Para combatirla hay ciertos días de la semana cuando sólo

poder

los que tienen placa que termina en número par _____
salir a la calle y hay otros días cuando sólo pueden salir los que tienen
placa impar. Muchas familias, sin embargo, no quieren cooperar y si
tienen dos carros se aseguran de que uno tenga número par y el otro

sufrir
obedecer

impar. Así que cuando el ambiente _____, ellos no.
Hasta que todos no _____ esta ley, no vamos a tener
una ciudad con aire puro.

gozar

Prometo que no vamos a dejar de trabajar por esta causa hasta que
_____ de agua limpia y aire puro. Es importante que
trabajemos juntos. Es nuestra obligación. Se lo debemos a nuestros hijos.

Parte B: Compara la información que dio el ecologista con tus costumbres.

1. Cuando vas al supermercado, ¿llevas bolsas? ¿Tienes carrito propio para no
tener que usar bolsas? ¿Pides bolsas de plástico o de papel? ¿Las reciclas?
¿Qué hiciste ayer para reciclar?

2. ¿Devuelves las botellas a la tienda, las reciclas o las tiras a la basura? ¿Qué
haces con las latas de gaseosa (*soda*) vacías?

3. ¿Qué malas costumbres de gente que tú conoces afectan el medio ambiente?

▶ Muchas personas prefieren
llevar su propia bolsa de la
compra. Un mercado al aire
libre en Montevideo, Uruguay.

Actividad 21　En una reunión de Mundo Verde　Estás en una fiesta con miembros de Mundo Verde, una organización que se dedica a proteger el medio ambiente. Sólo oyes partes de las conversaciones, pero puedes imaginar el resto. Completa estas frases de forma lógica.

La ecología

1. Los bosques van a estar en mejores condiciones después de que...
2. Va a seguir agrandándose (*grow larger*) el agujero en la capa de ozono hasta que...
3. En un supermercado que hay a la vuelta de mi casa, las gaseosas son caras pero devuelven parte del dinero cuando...
4. La contaminación causada por las fábricas va a reducirse en cuanto...
5. Si piensas comprar un coche usado, tienes que hacerle un control de emisión tan pronto como...

Actividad 22　Tu vida actual y tus planes futuros　En parejas, túrnense para hacerse las siguientes preguntas. Al contestar, usen las expresiones que están entre paréntesis.

Pending → Subjunctive

Completed, habitual → Indicative

▶ —¿Cuándo vas a ir a visitar a tu familia? (en cuanto)
　—En cuanto termine el semestre.

1. Generalmente, ¿cuándo haces la tarea para esta clase? (después de que)
2. ¿Cuándo sales con tus amigos? (después de)
3. ¿Cuándo vas a comprar un carro nuevo? (en cuanto)
4. ¿Cuándo miras televisión? (cuando)
5. ¿Hasta cuándo vas a vivir en el lugar donde vives ahora? (hasta que)
6. ¿Cuándo vas al cine? (cuando)
7. ¿Cuándo te levantas? (tan pronto como)
8. ¿Cuándo vas a ver a tus padres? (después de que)

Actividad 23　¿Verdad o mentira?　**Parte A:** ¡Vas a mentir! Escribe cuatro cosas que piensas hacer, usando las ideas que se presentan. Algunas cosas deben ser mentira y otras deben ser verdad. Usa las palabras **cuando, después de que, en cuanto** y **tan pronto como** en tus oraciones.

▶ terminar la clase de hoy
　Después de que termine la clase de hoy, voy a alquilar una película en español.

tu jefe / pagarte
empezar las vacaciones
tener mucho dinero
graduarte de la universidad
conseguir tu primer trabajo permanente
¿ ? ?

Parte B: En parejas, compartan sus planes con su compañero/a y decidan si son verdad o mentira. Usen frases como: **Dudo que..., No creo que..., Sí, creo que..., Es posible que...**

V. Avoiding Redundancies

Double Object Pronouns

Never use **me lo, me la,** etc., with verbs like **gustar** since the noun following the verb is not a direct object, but rather the subject of the verb.

Indirect-object pronouns

me	nos
te	os
le	les

Direct-object pronouns

me	nos
te	os
lo, la	los, las

1. In Chapters 1 and 3 you reviewed the use of direct- and indirect-object pronouns. When you use both in the same sentence, the indirect-object pronoun precedes the direct-object pronoun. The chart on the right shows all possible combinations of indirect- and direct-object pronouns.

> me lo, me la, me los, me las
> te lo, te la, te los, te las
> se lo, se la, se los, se las
> nos lo, nos la, nos los, nos las
> os lo, os la, os los, os las
> se lo, se la, se los, se las

—¿Quién **te** mandó **flores**?

—José Carlos **me las** mandó.
José Carlos sent them to me.

—¿**Me** puedes explicar **el problema**?

—Ya **te lo** expliqué.
I already explained it to you.

Remember: Indirect-object pronoun before direct-object pronoun.

2. Note that the indirect-object pronouns **le** and **les** become **se** when followed by the direct-object pronouns **lo, la, los,** or **las.**

—¿**Le** regalaste **la corbata** a tu padre?

—Sí, **se la** regalé ayer.

3. Review the following rules you learned for placement of object pronouns.

Before a Conjugated Verb or a Negative Command	After and Attached to Infinitives, Present Participles, and Affirmative Commands
Siempre **se lo digo.**	
Se lo dije.	
¿Quieres que yo **se lo diga?**	
Se lo voy a decir. (**voy** = conj. verb)	Voy a **decírselo.*** (**decir** = inf.)
Se lo estoy diciendo. (**estoy** = conj. verb)	Estoy **diciéndoselo.*** (**diciendo** = pres. part.)
¡No **se lo digas!** (**no digas** = neg. command)	¡**Díselo!*** (**di** = aff. command)

*Note: Remember the use of accents. To review accent rules, see Appendix F.

Actividad 24   El regalo anónimo   Lee la siguiente conversación y contesta la pregunta que le sigue.

Marcos:	¿Y estas flores?
Ignacio:	**Se** las mandaron a mi hermano Juan.
Marcos:	¿Quién?
Ignacio:	No tengo la menor idea. En este momento mi hermano **le** está
5	preguntando a su novia Marisol por teléfono.
Marcos:	Mira, aquí entre las flores hay una tarjeta.
Ignacio:	A ver. Dáme**la** que quiero leerla.
Marcos:	¿Qué dice?
Ignacio:	"Ojalá que te gusten. **Te las** mando para tu cumpleaños. Espero
10	verte esta noche." Pero, ¿quién escribió esto?
Juan:	[Cuelga. (*He hangs up.*)] ¡Oigan! Marisol dijo que ella no
	me las envió.
Marcos:	Vamos, dinos quién es. Confiésa**noslo.** ¿Quién es tu admiradora secreta?

¿A qué o a quién se refieren los siguientes pronombres de complemento directo e indirecto?

1. línea 2, **se** _____
2. línea 4, **le** _____
3. línea 7, **la** _____
4. línea 9, **te** y **las** _____
5. línea 12, **me** y **las** _____
6. línea 13, **nos** y **lo** _____

Actividad 25   ¿Quién?   En parejas, una persona le hace preguntas sobre su vida a la otra. La que contesta debe usar pronombres de complemento directo e indirecto cuando sea posible. Cuando terminen, cambien de papel.

▶ quién te deja mensajes graciosos en el contestador
 —¿Quién te deja mensajes graciosos en el contestador?

—Nadie me los deja.   —Mi amigo Paul me los deja.

1. quién te envía correo electrónico
2. quién te manda flores
3. a quién le mandas correo electrónico
4. quién te da regalos que te gustan
5. quién te da regalos que no te gustan
6. a quién le das consejos amorosos

Actividad 26   La vida universitaria   En parejas, túrnense para hacerse preguntas sobre su vida universitaria. Al contestar deben usar pronombres de complemento directo e indirecto cuando sea posible.

1. si alguien le prestó el dinero para la universidad
2. si recibió una beca al graduarse de la escuela secundaria
3. si la universidad le ofreció una beca
4. quién le da consejos para seleccionar las materias
5. dónde estudió español por primera vez
6. cuándo va a terminar su carrera
7. quién le explica las materias difíciles
8. cuál de sus amigos lo/la ayuda más

Actividad 27 **Vamos a acampar** **Parte A:** En parejas, Uds. están preparándose para ir a acampar juntos. El/La estudiante A mira sólo la columna A, y B mira sólo la columna B. El/La estudiante A debe preguntarle a B si hizo las cosas que tenía que hacer. Si B no las hizo, A debe darle órdenes para que las haga. Sigan el modelo.

▶ A: ¿Le diste las llaves del apartamento al vecino?

B: Sí, se las di. Desde luego.   B: No, no se las di.

A: ¿Por qué no se las diste?

B: Porque...

A: Pues dáselas.

A check mark indicates that you completed the task.

A	B
Esto es lo que tenía que hacer tu compañero/a hoy:	Esto es lo que tenías que hacer hoy:
☐ poner la navaja en la mochila	☐ poner la navaja en la mochila
☐ mandarle el dinero al Sr. Gómez para la reserva del camping	☑ mandarle el dinero al Sr. Gómez para la reserva del camping
☐ darle a un amigo un número de teléfono en caso de emergencia	☐ darle a un amigo un número de teléfono en caso de emergencia
☐ comprar las pilas para la linterna	☑ comprar las pilas para la linterna

Parte B: Ahora el estudiante B mira la columna B y le pregunta a A si hizo las cosas que tenía que hacer y le da órdenes si no las hizo.

A	B
Esto es lo que tenías que hacer hoy:	Esto es lo que tenía que hacer tu compañero/a hoy:
☑ darle el código de la alarma del apartamento a tu padre	☐ darle el código de la alarma del apartamento a su padre
☐ pedirle el mapa topográfico a tu prima	☐ pedirle el mapa topográfico a su prima
☐ poner el protector solar en la mochila	☐ poner el protector solar en la mochila
☑ limpiar los sacos de dormir	☐ limpiar los sacos de dormir

Actividad 28   Costa Rica   **Parte A:** Vas a leer parte de un folleto que escribió el gobierno costarricense sobre Costa Rica. Antes de leer y en parejas, completen el siguiente gráfico sobre Costa Rica. Si no saben, traten de adivinar.

Costa Rica

Geografía	Clima	Flora y fauna	Deportes
Gobierno	Historia	Composición étnica	Nivel de vida actual

Parte B: Lean esta parte del folleto y después contesten las preguntas que le siguen.

I magínense un pequeño país lleno de asombrosos bosques tropicales, un sinnúmero de playas, donde la persona con la que probablemente va a encontrarse es con su yo interior; un clima variado (más fresco en las montañas y cálido en las playas), una fascinante vida silvestre y un ambiente hogareño le permitirán tener una idea básica de Costa Rica. Detengámonos ahora en su gente: su cultura es una refrescante mezcla de tradiciones europeas, americanas y afrocaribeñas, pulida por más de cien años de educación gratuita y una democracia estable. Alguien dijo una vez que para el resto del mundo, Costa Rica es como un parque nacional: un lugar donde aquello que se valora es preservado. Es una pequeña maravilla.

Belleza y aventura

Un escritor de viajes americano dijo que Costa Rica "ofrece más belleza y aventura por acre que cualquier otro lugar en el mundo". Los viajeros salen de Costa Rica sintiendo que no sólo han visto mucho, sino que han hecho cosas nuevas. Las caminatas, la pesca, el "snorkeling", el buceo, la navegación de rápidos, el ir en kayak y el

▲ Aguas termales de Tabacón en Costa Rica.

"surfing", se ubican entre las actividades favoritas. Las caminatas probablemente se ubican en primer lugar debido a que hay tanto que ver en Costa Rica, desde sus paisajes naturales, pasando por aves, mariposas, hasta tortugas que vienen a desovar. Costa Rica es reconocida por pescadores experimentados en todo el mundo debido a los récords mundiales en pesca de sábalo, róbalo y pez vela. La navegación de rápidos ha ido aumentando en popularidad como una manera excitante pero segura de experimentar la naturaleza. Los amantes de este deporte saben que en Costa Rica pueden encontrar corrientes confiables durante todo el año. Para cualquiera de estas actividades resulta fácil encontrar proveedores y guías profesionales. Muchos de ellos cuentan con la representación de mayoristas y agentes en los Estados Unidos y Canadá, entre otros.

▲ Un ocelote descansa en el árbol de un parque nacional en Costa Rica.

Diversidad

Costa Rica es un puente biológico entre América del Norte y América del Sur. Esto explica la increíble diversidad de su flora y fauna, como también el flujo constante de especies emigrantes. Más pequeño que el Lago Michigan, el territorio costarricense cuenta con tres cadenas montañosas y más de doce zonas climáticas. Usted podrá manejar desde el Caribe hasta el Pacífico en un día, visitar un volcán y disfrutar de una gran variedad de paisajes. Hay más de 600 millas de playa que le permitirán descansar del bullicio de la gente.

Una naturaleza espléndida

Costa Rica goza de reconocimiento internacional por sus Parques Nacionales. Incluyen impresionantes volcanes, bosques, llanuras, escenarios de anidamiento de aves y desove de tortugas, arrecifes de coral y virtualmente cualquier forma de naturaleza que usted espera encontrar en el Trópico.

- Costa Rica posee más de 800 especies de aves, más de lo que se encuentra en toda Norte América.
- Tiene unas 1.200 especies de orquídeas.
- 8.000 especies de plantas de mayor evolución.
- El 10% de todas las mariposas del mundo y más mariposas de las que existen en todo el continente africano.
- Más quetzales que cualquier otro país en el mundo.
- Más de 150 especies de frutas comestibles.*

*Éstos y otros datos tomados de *Costa Rica, the traveler's choice* de Rex Govorchin.

Nación pacífica y culta

Cristóbal Colón, suponiendo la existencia de muchísimo oro, bautizó estas tierras con el nombre de Costa Rica. Luego resultó que la mayoría del oro ya había sido convertido en joyería por los indígenas. Sin poseer el atractivo que generan las minas de oro y plata, Costa Rica permaneció relativamente aislada y despoblada durante 400 años. Todos, incluso el gobernador español, tenían que producir su propia comida. Esto condujo a que Costa Rica tuviera una sociedad relativamente igualitaria de pequeños agricultores. Las cosas comenzaron a cambiar durante el siglo XIX, cuando el café de Costa Rica comenzó a exportarse a Europa. La recién independiente sociedad costarricense adquirió los beneficios de la civilización, tales como educación, desarrollo político, ferrocarriles y energía eléctrica, sin muchos de los trastornos inherentes a la misma. Cien años más tarde, Costa Rica posee el nivel de alfabetización más elevado de Latinoamérica, un alto promedio de esperanza de vida y una Orquesta Sinfónica de clase mundial. Un 25% de su territorio lo constituyen las áreas de conservación y no posee un ejército, a diferencia del resto de los países americanos.

After this brochure was written, Panama disbanded its army.

1. ¿Cómo es el clima de Costa Rica?
2. ¿Qué puedes decir de la flora y fauna?
3. ¿Cómo crees que sea físicamente el costarricense típico?
4. ¿Cuál es el tamaño de Costa Rica?
5. ¿Hay muchos ríos en Costa Rica? ¿Cómo lo sabes?
6. ¿Qué deportes acuáticos se pueden practicar en Costa Rica? ¿Dónde se pueden practicar?
7. ¿Cuál es un deporte muy popular y por qué?
8. ¿Qué te gustaría hacer en Costa Rica?
9. ¿Cómo es el nivel de vida de Costa Rica? ¿Puedes compararlo con el de los otros países centroamericanos?
10. ¿Hace algo el gobierno para conservar el medio ambiente?
11. Obviamente el gobierno escribió este folleto para gente de habla española, pero ¿a quién crees que se dirija principalmente? ¿Cómo lo sabes? (Hay tres pistas en el texto.)

Parte C: En parejas, vuelvan a mirar su gráfico de la Parte A y comparen sus respuestas con lo que aprendieron al leer. ¿Tenían la información correcta? Ahora, hagan un gráfico semejante con los datos que aprendieron al leer. Después, decidan qué datos son los más sorprendentes. Al hablar, usen expresiones como: **Me sorprende mucho que Costa Rica..., Es interesante que...**

Parte D: Ahora, imagínense que Uds. van a pasar una semana en Costa Rica. Hagan una lista de lo que van a hacer cada día. Usen expresiones como: **Busco un lugar que/donde..., por eso quiero que nosotros...; Después de que... podemos...; Lo que prefiero...**

Do the corresponding CD-ROM and web activities to review the chapter topics.

Vocabulario activo

Expresiones afirmativas y negativas

a menudo / con frecuencia	*frequently*
a veces	*sometimes*
algo	*something*
alguien	*someone*
algún/alguna/os/as + *noun*	*a, some, any*
alguno/a/os/as	*one, some*
jamás/nunca	*never*
muchas/pocas personas	*many/few people*
muchas veces	*many times*
nada	*nothing, (not) anything*
nadie	*no one*
ningún/ninguna + singular noun	*not any*
ninguno/a	*not any, none, no one*
siempre	*always*
todo	*everything*
todo el mundo / todos/as	*everyone*
una vez	*once*

Conjunciones de tiempo

cuando	*when*
después (de) que	*after*
en cuanto / tan pronto como	*as soon as*
hasta que	*until*

Los viajes de aventura

El equipo	*Equipment*
la linterna	*flashlight*
el mapa	*map*
la mochila	*backpack*
la navaja suiza	*Swiss army knife*
la pila	*battery*
el protector solar	*sunblock*
el repelente contra insectos	*insect repellent*
el saco de dormir	*sleeping bag*
la tienda de campaña	*tent*

Actividades	*Activities*
acampar	*to go camping*
bucear	*to scuba dive*
el buceo	*scuba diving*
escalar (montañas)	*to climb (mountains)*
hacer	
alas delta	*to hang-glide*
esquí nórdico/alpino/	*to cross country/*
acuático	* downhill/water ski*
kayak	*to go kayaking*
rafting	*to go rafting*
senderismo/trekking	*to go hiking*
snorkel	*to go snorkeling*
snowboard	*to snowboard*
surf	*to surf, go surfing*
vela	*to sail, go sailing*
montar a caballo	*to ride a horse*
montar en bicicleta	*to ride a mountain*
de montaña	* bike*

El medio ambiente

la conservación	*conservation*
conservar	*to conserve*
la contaminación	*pollution*
contaminante	*contaminating*
contaminar	*to contaminate, pollute*
desechable	*disposable*
desechar	*to throw away*
los desechos	*rubbish*
desperdiciar	*to waste*
el desperdicio	*waste*
la destrucción	*destruction*
destruir	*to destroy*
el efecto invernadero	*greenhouse effect*
la extinción	*extinction*
extinguirse	*to become extinct*

la preservación	*preservation*
preservar	*to preserve*
la protección	*protection*
proteger	*to protect*
recargable	*rechargeable*
recargar	*to recharge*
la reducción	*reduction*
reducir	*to reduce*
la restricción	*restriction*
restringir	*to limit, restrict*

Expresiones útiles

algo así	*something like that*
de ningún modo	*no way*
desde luego	*of course*
¿Me dejas terminar?	*Will you let me finish?*
(No) estoy de acuerdo.	*I (don't) agree.*
No estoy de acuerdo del todo.	*I don't completely agree.*
Opino como tú.	*I'm of the same opinion.*
Perdón, pero...	*Excuse me, but. . .*
Pido la palabra.	*May I speak?*
Seguro.	*Sure.*
Sin duda alguna.	*Without a doubt.*
¡Ya sé!	*I've got it!*

Vocabulario personal

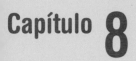

Metas comunicativas

- expresar posibilidad, tiempo, propósito y restricción
- hablar sobre el trabajo
- expresar selección y negación
- contar lo que dijo alguien
- describir acciones recíprocas

Hablemos de trabajo

▲ Edificios de oficinas y viviendas en la Ciudad de Panamá, Panamá.

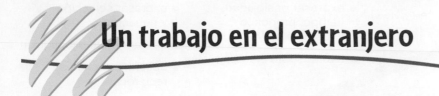

Un trabajo en el extranjero

un montón	a lot
No, en absoluto.	No, not at all.
darle igual (a alguien)	to be all the same (to someone), to not care

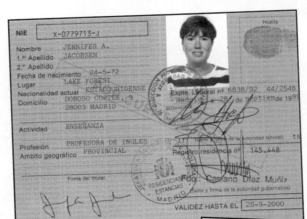

Actividad 1 Trabajar fuera del país Vas a escuchar a dos americanos hablar en una entrevista de radio sobre cómo consiguieron trabajo en el extranjero. Antes de escucharlos, en grupos de tres, discutan las siguientes preguntas y luego compartan sus respuestas con el resto de la clase.

1. ¿Conocen a alguien que haya trabajado en el extranjero? Si contestan que sí, ¿qué hizo esa persona? ¿Cómo consiguió el trabajo?
2. ¿Les gustaría trabajar en el extranjero? Si contestan que sí, ¿qué tipo de trabajo les gustaría tener? ¿Adónde les gustaría ir?

Actividad 2   Las entrevistas   Parte A: Lee la lista de ideas y después, mientras escuchas la primera entrevista, toma apuntes sobre estos temas.

1. país en el que trabajó la persona
2. tipo de trabajo que tuvo
3. estudios que había hecho antes
4. cómo consiguió el trabajo
5. si el dinero que ganaba le alcanzaba para vivir

Parte B: Ahora lee esta lista de ideas y después, mientras escuchas la segunda entrevista, toma apuntes sobre estos temas.

1. país en el que trabajó la persona
2. tipo de trabajo que tuvo
3. cómo consiguió el trabajo
4. lo beneficioso del trabajo para esta persona
5. consejo que les da esta persona a los que quieran hacer lo mismo

Actividad 3   Una comparación   Di en qué se asemejan y en qué se diferencian la situación de Jenny y la de Jeff. Escucha las entrevistas otra vez si es necesario.

¿LO SABÍAN?

He aquí algunos consejos para conseguir trabajo como profesor de inglés en el extranjero.

- Tomar en la universidad una clase o más sobre la pedagogía de la enseñanza de inglés como segunda lengua o como lengua extranjera.

- Ir al congreso de TESOL (*Teachers of English to Speakers of Other Languages*) al que asisten alrededor de 10.000 personas y adonde van en busca de profesores muchas escuelas, institutos y universidades. Es aconsejable solicitar puesto en estas instituciones antes de marzo para asegurarse una entrevista en el congreso.

- Buscar en Internet academias de inglés en el país que te interesa. Un buen sitio para encontrar este tipo de información es **www.eslcafe.com**.

- Al llegar a un país, se pueden conseguir estudiantes particulares poniendo anuncios en los periódicos o en algunas librerías, pero otro método eficaz es pedirles información a amigos o a maestros de escuela primaria.

 *El curriculum*

I. Discussing Work

 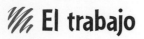 Do the corresponding CD-ROM and web activities as you study the chapter.

El trabajo

internships
companies

part time
salary / health insurance
benefits / work experience
CV (curriculum vitae), resumé
letter of recommendation

A one-page resumé is not frequently used in Spanish-speaking countries.

"Soy profesora en una universidad de Boston y doy un curso que se llama *Español para negocios*. Algunos de mis estudiantes hacen **pasantías** en bancos internacionales, en **empresas** de publicidad que se especializan en el mercado hispano, en televisión y radio, y también en organizaciones sin fines de lucro. En esas pasantías trabajan **medio tiempo** mientras estudian y ganan un pequeño **sueldo** aunque no reciben ni **seguro médico** ni otros **beneficios**. Lo que sí obtienen es **experiencia laboral** que pueden incluir en su **curriculum** y también pueden obtener una buena **carta de recomendación** y mejorar así las oportunidades de conseguir un buen trabajo."

profesora de Español para negocios

En busca de trabajo

los avisos clasificados	classified ads
completar una solicitud	to fill out an application
contratar/despedir (i, i) a alguien	to hire/fire someone
entrevistarse (con alguien)	to be interviewed (by someone)
estar desempleado/a / estar sin trabajo	to be unemployed
la oferta y la demanda	supply and demand
solicitar un puesto/empleo	to apply for a job
tomar cursos de perfeccionamiento/ capacitación	to take continuing education/ training courses

estar desempleado/a, estar sin empleo = estar en (el) paro (*España*)

El empleo

aumentar/bajar el sueldo	to raise/lower the salary
el pago mensual/semanal	monthly/weekly pay
la renta/los ingresos	income
el salario mínimo	minimum wage
trabajar tiempo completo	to work full time

el alquiler = the rent

Note: **sueldo** = salary; **salario** = wages (hourly pay)

Los beneficios

el aguinaldo	end-of-the-year bonus
los días feriados	holidays
la guardería (infantil)	child care center
la licencia por maternidad/ paternidad/enfermedad/ matrimonio	maternity/paternity/sick/ wedding leave
el seguro dental/de vida	dental/life insurance

el aguinaldo = la paga extraordinaria (*España*)

 Cómo buscar un trabajo **Actividad 4 Quiero un trabajo** Usa el vocabulario sobre el trabajo y di qué se necesita hacer para conseguir un trabajo.

Actividad 5 **Los beneficios** En grupos de tres, discutan cuáles son los beneficios que puede ofrecer una empresa. Luego pónganse de acuerdo para ponerlos en orden de importancia y justifiquen su orden. Comiencen diciendo **¿Cuáles son algunos de los beneficios que...?**

Actividad 6 **Las pasantías** **Parte A:** La mitad de la clase debe buscar información en su universidad sobre qué oportunidades hay para hacer pasantías. La otra mitad tiene que buscar información de organizaciones que ofrecen pasantías en el extranjero. Para la próxima clase deben estar listos para hablar de diferentes posibilidades.

Parte B: En grupos de cuatro, hablen de lo que encontraron sobre las pasantías.

Actividad 7 **Historia laboral** En grupos de tres, discutan las siguientes preguntas.

1. ¿Han trabajado alguna vez?
2. ¿Han tenido o tienen trabajo de tiempo completo con beneficios? Si contestan que sí, ¿qué beneficios recibieron? ¿Seguro médico? ¿Seguro dental? ¿Aguinaldo? ¿Vacaciones pagadas? ¿Licencia por maternidad? ¿Por matrimonio?
3. ¿Han trabajado medio tiempo? ¿Han trabajado sólo durante los veranos? Si contestan que sí, ¿recibieron algunos beneficios?
4. ¿Cuál es el mejor o el peor trabajo que han tenido? Descríbanlo y expliquen por qué fue bueno o malo.
5. Cuando nacieron, ¿estaba empleada su madre? Si contestan que sí, ¿dejó el puesto? ¿Le dieron licencia por maternidad? ¿Volvió a trabajar? ¿Trabajó tiempo completo o medio tiempo? ¿Existía la oportunidad de pedir licencia por paternidad? Si contestan que sí, ¿la pidió su padre?

Actividad 8 La entrevista de trabajo En parejas, una persona va a entrevistar a la otra para el puesto de recepcionista de un hotel usando la información que aparece a continuación. El trabajo es de tiempo completo durante el verano y medio tiempo durante el año escolar. El/La candidato/a debe contestar diciendo la verdad sobre su experiencia y su preparación. El/La entrevistador/a debe decidir si va a darle el puesto a esta persona o no. Escuchen primero mientras su profesor/a entrevista a otro/a estudiante y después entrevisten a su pareja.

Responsabilidades y requisitos

tener buena presencia

saber llevarse bien con otros empleados

usar computadoras

contestar al teléfono

ser capaz de resolver conflictos

tener experiencia con el público

ser organizado

tener conocimiento de uno o dos idiomas extranjeros

trabajar días feriados

Actividad 9 ¿Qué opinas? Di si estás de acuerdo o no con las siguientes ideas y por qué.

1. Todas las empresas deben tener guardería.
2. Debe haber más cursos de capacitación para los desempleados.
3. Es justo que las empresas bajen los sueldos para no tener que despedir a algunos empleados.
4. Si una empresa tiene que despedir a unos empleados, éstos deben ser los últimos que se han contratado.
5. Todo empleado de tiempo completo debe tener seguro médico y un mes de vacaciones pagadas cada año.

Actividad 10 La oferta y la demanda **Parte A:** En grupos de cuatro, analicen sus posibilidades de empleo en el futuro. Para hacerlo, apunten la siguiente información para cada miembro del grupo.

- el puesto que quiere tener
- dónde prefiere tener ese trabajo
- cuánto dinero quiere ganar
- la oferta y la demanda de ese trabajo en el mundo, en este país, en diferentes regiones del país o en ciudades específicas
- el efecto de la oferta y la demanda sobre el sueldo que va a poder ganar

Parte B: Basándose en las respuestas de la Parte A, decidan quién tiene las mejores posibilidades de conseguir el puesto que busca y quién creen que va a tener más dificultades y por qué.

¿LO SABÍAN?

En los últimos años, grandes y numerosos cambios económicos han ocurrido en los países latino-americanos. Esto se debe en parte a la intervención de grupos como el FMI (el Fondo Monetario Internacional) y tratados como el Mercosur, el ALCA y el Tratado de Libre Comercio (*NAFTA*) que fomentan el comercio entre países. También se debe a una nueva generación de tecnócratas y políticos que han obtenido títulos de posgrado en universidades norteamericanas como Harvard y M.I.T. y han vuelto a sus países a poner en práctica los nuevos conocimientos obtenidos en el extranjero. Ellos opinan que para que la situación de sus países mejore, éstos deben formar parte de la economía mundial. La conexión entre los Estados Unidos y las otras naciones del hemisferio tanto como las relaciones económicas entre los países latinoamericanos mismos pueden cambiar para siempre las relaciones comerciales en el continente.

Mira estos anuncios que han aparecido en periódicos de diferentes países y que muestran esta interdependencia y di si has pensado trabajar en otro país. ¿Cómo crees que puedas usar el español en tu futuro empleo?

ALCA = Acuerdo de Libre Comercio de las Américas (*Free Trade Area of the Americas*)

 Pro and Con of Trade Agreements

▲ Mujeres indígenas protestan contra el ALCA frente a un McDonalds en Ecuador. Muchas personas creen que este acuerdo va a beneficiar sólo a las grandes empresas.

Cherche photographe pour travailler au Méxique et aux Etats-Unis. 5 ans d'expérience, parlant espagnol et anglais. Envoyez CV et dix de vos meilleures photos à l'attention de Mme. Nathalie Drouglazet, Intercommunications S.p.A., 74 Rue de la République, 75014 Paris.

Cercasi venditore di computers con Laurea in Informatica. 3 anni di esperienza, milite esente, desideroso di viaggiare, necessaria conoscenza di francese e inglese. Contattare Dott. Barello al numero: 011-65.68.378.

Relaciones públicas. Se busca Licenciado en Ciencias de la Comunicación, con buena redacción y óptimo dominio del inglés para empresa internacional. Mandar curriculum a **Martínez y Asociados**. Bulnes 3233. Capital Federal 1425. Oficina de personal.

II. Expressing Restriction, Possibility, Purpose, and Time

The Subjunctive in Adverbial Clauses

In Chapter 7, you studied the use of the subjunctive with conjunctions of time to express pending actions. In this chapter, you will study conjunctions that express restriction, possibility, purpose, and time.

To remember the conjunctions, memorize the acronym **ESCAPAS.**

E   en caso (de) que
S   sin que
C   con tal (de) que
A   antes (de) que
P   para que
A   a menos que
S   siempre y cuando

1. The following adverbial conjunctions are followed by the subjunctive.

Restriction:	**siempre y cuando /** **con tal (de) que**	provided that
	a menos que	unless
	sin que	without
Possibility:	**en caso (de) que**	in the event that, if
Purpose:	**para que**	in order that, so that
Time:	**antes (de) que**	before

Podemos comenzar el proyecto **siempre y cuando** la jefa lo **autorice.**

We can start the project provided that the boss authorizes it.

Voy a cancelar la reunión **en caso de que** el jefe **no pueda** venir.

I'm going to cancel the meeting if the boss can't come.

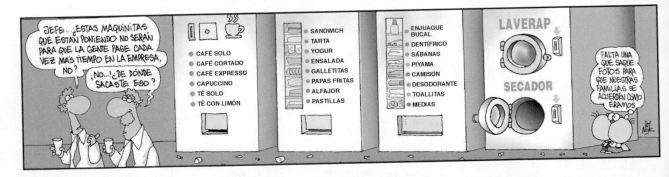

2. If there is no change of subject, an infinitive follows the preposition **sin, para,** and **de** (in phrases like **antes de, con tal de, en caso de**).

Two Subjects: Conjunction + Subjunctive	One Subject: Preposition + Infinitive
Mi hermano trabaja día y noche **para que su familia pueda** vivir bien.	**Mi hermano** trabaja **para poder** vivir bien.
Yo pienso hacerlo **sin que nadie** me **oiga.**	**Yo** pienso hacerlo **sin molestar** a nadie.
En caso de que Juan se enferme, Diana va a hablar con su jefe.	**En caso de enfermarse, Juan** va a hablar con su jefe.

Los empleados van a reunirse **antes de que la jefa** les **hable** sobre los nuevos beneficios laborales.

Los empleados van a reunirse **antes de hablar** con la jefa sobre los beneficios laborales.

Carmen va a aceptar ese trabajo **con tal (de) que** le **den** muchos días de vacaciones.

Carmen va a aceptar ese trabajo **con tal de tener** muchos días de vacaciones.

3. The conjunctions **a menos que** and **siempre y cuando** are always followed by the subjunctive whether or not there is a change of subject in the dependent clause.

Ellos van a buscar un regalo esta tarde **a menos que (ellos)** no **tengan** tiempo.

They are going to look for a present this afternoon unless they don't have time.

(Nosotros) Podemos terminar el proyecto **siempre y cuando** (**nosotros**) **tengamos** el dinero.

We can finish the project provided that we have the money.

Actividad 11   Beneficios laborales   Parte A: Completa la siguiente explicación sobre los beneficios laborales que existen en Argentina con la forma apropiada de los verbos que se presentan.

La licencia por paternidad también existe en muchos países hispanos.

tener

Argentina ofrece algunos beneficios para que el trabajador _____ cierta protección económica. Uno de estos beneficios es la licencia por matrimonio, gracias a la cual si alguien se casa, puede faltar al trabajo por doce días sin que su jefe le _____ esas faltas. En caso de que un

computar
estar
estar

empleado _____ enfermo, le puede dar licencia por enfermedad; y en caso de _____ embarazada, una mujer tiene derecho de pedir licencia por maternidad. El número de días que estos trabajadores pueden faltar depende de la gravedad del caso. Cuando un trabajador se siente mal, no puede

llamar
examinar
diagnosticar, pasar

faltar sin _____ a su trabajo ese mismo día. El jefe se encarga entonces de mandar a un médico a la casa del empleado para que lo _____, _____ y _____ un informe a la empresa.

disfrutar

Los empleados reciben dos aguinaldos, cada uno equivalente a medio mes de sueldo. Las empresas les pagan a sus trabajadores ese dinero extra para que ellos _____ mejor de la Navidad y de las vacaciones de invierno en julio o agosto.

despedir

Antes de _____ a un empleado, un jefe tiene que mandarle un telegrama a su casa diciéndole que va a quedar cesante después de un mes. A partir de ese momento y durante su último mes, el empleado va a trabajar seis horas por día en vez de ocho y generalmente usa esas dos horas diarias para _____ otro trabajo. Por lo general, el empleador no tiene

buscar
hacer

problemas siempre y cuando _____ lo que le indica la ley: pagarle al empleado el sueldo de su último mes, un sueldo mensual por cada año que trabajó en la empresa, más las vacaciones que no tomó y parte del aguinaldo.

Parte B: En parejas, discutan las siguientes preguntas.

1. ¿Ofrecen las empresas de este país los mismos beneficios?
2. ¿Les sorprenden algunos de estos datos? ¿Por qué?
3. ¿Les parece que estos beneficios son buenos para las empresas? ¿Y para los empleados?

¿LO SABÍAN?

Los beneficios laborales que recibe un empleado varían de país en país. En Uruguay, por ejemplo, un beneficio importante son las vacaciones. Un empleado puede recibir veinte días laborales de vacaciones después del primer año de trabajo y un día más por cada cuatro años adicionales de trabajo. Antes de irse de vacaciones, el empleador debe darle un bono que consta del 45 por ciento del sueldo diario por cada día de vacaciones, es decir, que si un empleado gana cincuenta pesos por día y toma veinte días de vacaciones, recibirá un bono de 450 pesos y, además, su sueldo. Di en qué ocasiones recibe el empleado bonos en este país.

▲ Manifestación en Montevideo, Uruguay, contra los sueldos bajos.

Actividad 12 **Derechos y obligaciones laborales** Trabajas en la oficina de Recursos Humanos de una empresa y estás a cargo de redactar algunos de los derechos y obligaciones de los empleados. Completa las siguientes reglas.

Los empleados...

no deben hacer llamadas personales a larga distancia en el trabajo a menos que...

pueden llegar tarde algunas veces siempre y cuando...

pueden trabajar en su casa una vez por semana en caso de que...

si hacen llamadas a larga distancia desde su casa, deben apuntar la fecha, la hora y el nombre de la persona para que...

no deben usar papel con membrete (*letterhead*) de la compañía a menos que...

no deben trabajar horas extras sin...

pueden navegar por Internet para...

Actividad 13 **¿Le digo la verdad?**   **Parte A:** A veces es problemático decidir cuándo se le debe decir la verdad a alguien. En parejas, lean las siguientes situaciones laborales y hagan oraciones completas con las opciones que se dan. Luego decidan cuál es la mejor solución en cada caso. Estén listos para defender su opinión.

1. Un empleado oyó rumores de que el jefe iba a despedir a un compañero de trabajo. ¿Qué debe hacer? (No) Debe decírselo a su compañero...
   a. para que / su compañero / comenzar a / buscar otro trabajo
   b. a menos que / él / poder / confirmar el rumor
   c. antes de que / el jefe / decírselo

2. Un empleado ve accidentalmente el recibo de sueldo de un compañero que tiene el mismo puesto que él. Se da cuenta de que el sueldo de su compañero es mejor. Debe hablar con su jefe...
   a. para / recibir / el mismo sueldo
   b. sin que / su compañero / saberlo
   c. en caso de que / el empleado / creer / que es injusto

3. Una empleada trabaja para una empresa que fabrica carros. Encontró un defecto en el diseño de un carro nuevo que puede causar muchos accidentes. Sin embargo, rectificar este problema puede costar muchísimo dinero y el primer carro va a salir a la venta el mes que viene. (No) Debe...
   a. hablar con su jefe para que / él / estar / informado
   b. decir nada a menos que / alguien / preguntarle algo
   c. informar anónimamente a una organización protectora de los consumidores para que / la empresa / cambiar / el diseño

4. Una empleada trabaja con su cuñado, pero él no hace su trabajo; por eso ella tiene el doble de trabajo. Debe...
   a. decirle algo a su esposo para que / él / hablar / con su hermano
   b. explicarle la situación a su jefe siempre y cuando / él / prometer / no decirle nada al cuñado
   c. negarse a hacer el trabajo de su cuñado a menos que / esto / afectar / la producción de la empresa

▼ Ministros de Paraguay y Nicaragua dialogan en una reunión del ALCA en Miami.

5. Cada vez que un empleado le da una buena idea a su jefa, ella va al presidente de la empresa y se atribuye la idea. Por eso el presidente piensa que la creatividad de esta mujer es esencial para la empresa. El empleado debe...
   a. hacer una cita con el presidente para explicarle todo antes de que / la jefa / contarle / otras ideas
   b. mandarle emails a su jefa con copias a otras personas / para que / los demás / saber / de quién son las ideas
   c. consultar con un abogado a menos que / ella / dejar de / robarle las ideas

Parte B: ¿Alguna vez tuviste un problema grave en el trabajo como los de la sección anterior? ¿O sabes de alguien que haya estado en una situación muy desagradable en el trabajo? En parejas, cuéntense qué problema tuvieron en el trabajo o qué le pasó a un/a amigo/a y cómo lo resolvieron.

Actividad 14 Los mexicanos y los negocios **Parte A:** Un hombre de negocios norteamericano va a ir a México en un viaje de negocios y recibe la siguiente información de una colega sobre cómo comportarse con los mexicanos. Lee la información y luego contesta las preguntas de tu profesor/a.

Cómo dirigirse a la gente

Los títulos profesionales son muy importantes en el protocolo mexicano. Use los términos **doctor, profesor, ingeniero, abogado, licenciado, contador** y **arquitecto** seguido del apellido al hablar con estos profesionales para mostrar respeto.

Vestimenta

- A mucha gente de negocios le causa una buena impresión que otros lleven ropa de diseñadores y puede llevarla siempre y cuando sea de colores oscuros como gris o azul marino.
- En caso de que tenga una comida informal, no se puede llevar guayabera—camisa liviana que se usa afuera de los pantalones. Esto está bien en el Caribe, pero normalmente no en México.

Temas de conversación

Para que le cause buena impresión a sus clientes mexicanos, es importante poder hablar de México y de sus lugares famosos, de la cultura y de la historia mexicana. También, si comenta sobre fútbol nacional o internacional, va a ser bien recibido. En caso de que ya conozca bien a la persona, es buena idea preguntar por la familia. Si no la conoce todavía, hágale preguntas sobre ella. Obviamente, también se habla del trabajo, pero no al principio de la conversación.

Temas que hay que evitar

Para que no tenga problemas, es aconsejable que evite hablar de política y de religión.

Comportamiento

- Al hablar, la gente está físicamente más cerca uno de otro que en los EE.UU. Se considera descortés alejarse de la persona con la que uno habla.
- Los hombres mexicanos son cálidos y por lo general establecen contacto físico con otro hombre ya sea tocándole los hombros o tomando el brazo del otro.
- En caso de que un mexicano lo invite a su casa, no hable de negocios. La invitación es simplemente social y quizás para establecer un primer contacto.

Sé que se va a México y quería darle algunas recomendaciones para que las tenga en cuenta a la hora de hacer negocios con los mexicanos

Clara González

Parte B: En parejas, ahora decidan cuáles son los tres consejos más importantes que leyeron y por qué. Justifiquen sus respuestas diciendo **Es importante que... para que..., a menos que...**

Parte C: Ahora en grupos de tres, preparen un mínimo de cinco ideas sobre cómo debe comportarse un hombre/una mujer de negocios mexicano/a que va a venir a este país. Incluyan expresiones como: **para (que), sin (que), en caso de (que), a menos que, siempre y cuando.**

Actividad 15 Lo perfecto **Parte A:** Una empresa hizo un concurso de diseños para el coche perfecto y el siguiente es uno de los posibles ganadores. Mira el coche y después termina las siguientes oraciones que se presentan.

1. Hay una cafetera con una cantidad ilimitada de café para que...
2. Hay un paraguas en caso de que...
3. Hay una cámara de video en la parte trasera del carro y un televisor adelante para que...
4. Con un periscopio el conductor puede ver el tráfico sin...
5. El asiento del conductor vibra para...
6. Las llantas traseras son enormes en caso de que...
7. Hay una pajita que va de la cafetera al conductor para que...

pajita = straw = **popote** (*México*), **pitillo** (*Colombia*)

Parte B: En parejas, miren el siguiente dibujo del sofá perfecto y descríbanlo usando expresiones como: **para (que), sin (que), en caso de (que), a menos que.** Sigan el modelo.

▶ El sofá tiene un/a... para que...

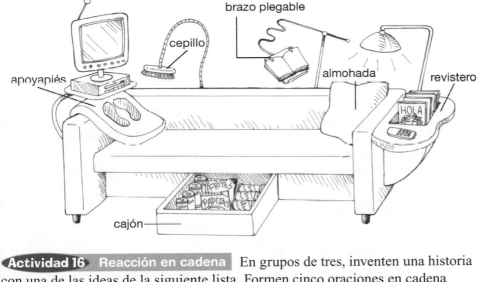

Actividad 16 Reacción en cadena En grupos de tres, inventen una historia con una de las ideas de la siguiente lista. Formen cinco oraciones en cadena (*chain sentences*) con expresiones como: **para que, sin que, en caso de que, a menos que, siempre y cuando.** Creen las oraciones de la siguiente manera: la última idea de una oración se convierte en la primera idea de la oración siguiente. Sigan el modelo.

▶ ir a Guatemala
    A: Antes de que yo vaya a Guatemala, mis padres tienen que darme dinero.
    B: Mis padres van a darme dinero siempre y cuando saque buenas notas.
    C: No voy a sacar buenas notas a menos que estudie mucho.
        etc.

1. conseguir un buen trabajo
2. comprar un perro
3. el/la profesor/a de español estar contento/a

III. Reporting What Someone Said

Reported Speech

1. Telling or reporting what someone said is called reported speech (**estilo indirecto**). Look at the following exchange.

Pedro ¿**Vas a ir** a la reunión con los representantes de Telecom?
Teresa Sí. ¿**Y tú?**
Pedro **No, no voy a ir** porque **me invitaron** a una exposición de productos nuevos de Nokia.

Now look at a report of what was said.

Pedro le preguntó a Teresa si **iba a ir** a la reunión con los representantes de Telecom. Ella le respondió que sí y le preguntó a Pedro si él **iba a ir.** Él dijo que **no** porque lo **habían invitado** a una exposición de productos nuevos de Nokia.

2. Study the combinations in the following examples showing how to report what was said when the reporting verb is in the preterit.

Some common introductory phrases in the preterit are: **dijo que, explicó que, añadió que, preguntó qué/cuándo/si, contestó que, respondió que, comentó que.**

When an introductory phrase in the present is used, the reporting verb doesn't change tense: **Vi un accidente terrible. Dice** (introductory verb → present) **que vio** (reporting verb) **un accidente terrible.**

Some common introductory phrases in the present are: **dice que, explica que, pide que, comenta que.**

Estilo directo	Estilo indirecto (verbo introductorio en pretérito)
Narración en el presente —**Asiste** a clase todos los días.	**Imperfecto** Dijo que **asistía** a clase todos los días.
Narración en el futuro —**Vamos a ir** más tarde.	Le comentó que **iban a ir** más tarde.
Narración en el pasado con el imperfecto —**Tomaba** clases de dibujo.	Nos explicó que **tomaba** clases de dibujo.
Narración en el pasado sin el imperfecto —¿**Has hecho** la escultura?	**Pluscuamperfecto** Le preguntó si **había hecho** la escultura.
—Sí, la **terminé** hace dos días.	Le respondió que la **había terminado** la noche anterior.
—Nunca **había trabajado** con alguien tan rápido.	Añadió que nunca **había trabajado** con alguien tan rápido.

Actividad 17 ¿Qué dijeron? Cambia esta conversación del estilo directo al indirecto. Sigue el modelo.

▶ Mauricio le preguntó a Virginia qué iba a hacer esa noche.

▶ Ella le contestó que...

Mauricio	¿Qué vas a hacer esta noche?
Virginia	Tengo una reunión de trabajo.
Mauricio	¿Qué pasó?
Virginia	No terminamos el proyecto, por eso tenemos que quedarnos en la oficina.
Mauricio	¿Han tenido muchos problemas?
Virginia	Sí, hemos tenido algunos, pero esta noche vamos a terminar. Si quieres, podemos ir al bar de la esquina de casa a las once para tomar un café.

Actividad 18 La desaparición de un compañero En parejas, una persona es un/a estudiante universitario/a y la otra persona es un/a detective de la policía. Lean sólo el papel que les corresponde.

El/La estudiante universitario/a

Hace dos días que tu compañero/a de cuarto salió del cuarto y no volvió. Ésta fue la última conversación que tuviste con él/ella.

Antonio/a	¡Qué cansado/a estoy! He estado todo el día con el proyecto de física para la clase del profesor López y finalmente lo terminé.
Tú	Pensé que nunca ibas a terminar... trabajaste 12 horas en ese proyecto.
Antonio/a	Estoy muerto/a. Ahora voy a ir al cine para distraerme.
Tú	¿Qué película vas a ver?
Antonio/a	Creo que la última de Benicio del Toro.
Tú	Ah sí, la están dando en el cine que está cerca de aquí.
Antonio/a	Sí, la función empieza a las 8:00, así que pienso estar en casa a las 10:30. ¿Quieres ir conmigo?
Tú	No, gracias. Voy a encontrarme con unos amigos para cenar.

Ahora vas a hablar con un/a detective. Contesta sus preguntas usando el estilo indirecto.

▶ Me dijo que estaba muy cansado/a.

El/La detective

Un/a estudiante universitario/a te llama para decirte que hace dos días que su compañero/a de cuarto no aparece por la residencia. Hazle preguntas.

1. qué decirle su compañero/a antes de irse
2. por qué estar cansado/a
3. decirle a Ud. adónde ir
4. informarle a Ud. a qué hora volver
5. él/ella invitarlo/a a Ud.
6. qué explicarle Ud. que ir a hacer

Empieza la conversación preguntándole **¿Qué le dijo su compañero/a antes de irse?**

Actividad 19 **Dos historias cómicas** En parejas, cada persona lee una de las siguientes historias y luego se la cuenta a su compañero/a usando el estilo indirecto.

Historia 1

"Me considero una persona muy respetuosa y nunca he sido irrespetuoso con nadie. Pero el miércoles pasado tenía una entrevista de trabajo a las ocho de la mañana y mi reloj despertador no sonó. Me desperté a las ocho menos cuarto, salté de la cama, me vestí y salí de casa corriendo. Estaba muy nervioso porque sabía que iba a llegar tarde. Iba en mi carro y al llegar al lugar, vi que un auto estaba por estacionar en el único lugar que había. Pero yo estaba desesperado y tomé el lugar. La mujer del otro carro estaba furiosa, pero yo entré corriendo al edificio donde tenía la entrevista. Me recibió la secretaria, esperé unos minutos y pasé a la oficina para la entrevista. Qué sorpresa cuando vi entrar a la mujer a quien yo le robé el último lugar para estacionar. Voy a comprarme dos despertadores para no llegar tarde a citas importantes y para no hacer cosas desesperadas."

Empieza diciendo: Un amigo me contó que...

Historia 2

El otro día mi jefe nos mandó un email con la siguiente información:
> "Queridos Fernanda y Marcos:
> Hoy tenemos que terminar el proyecto y entregárselo al Sr. Covarrubias que lo necesita con urgencia."

El Sr. Covarrubias es insoportable, le encanta trabajar y nos obliga a trabajar tanto como él. Pero yo tengo esposa e hijos y también quiero pasar tiempo con ellos. Por eso, me molestó mucho recibir ese email y para descargarme, le escribí un email a mi jefe que también opina que ese señor es muy molesto:
> "Ese hombre me tiene harto. Estoy seguro que está solo en la vida y no tiene otra cosa que hacer. Lo único que hace es trabajar. Tengo una idea: voy a presentarle a mi hermana. Así va a interesarse menos por el trabajo."

El único problema fue que en vez de hacer clic en "contestar", hice clic en "contestar a todos", sin saber que mi jefe nos había mandado el email a Fernanda, a mí Y AL SR. COVARRUBIAS. A los cinco minutos recibí un email del Sr. Covarrubias que decía: "Quiero conocerla".

Empieza diciendo: Mi amigo Marcos me contó que...

Actividad 20 ¿Alguna vez?   En grupos de tres, háganse las siguientes preguntas para hablar de diferentes situaciones personales.

1. ¿Alguna vez te has vuelto a encontrar con un vecino o un amigo de tu niñez? ¿Qué te preguntó? ¿Qué te contó de su vida? ¿Qué le contaste tú?
2. Cuando estabas en la escuela secundaria, ¿tuviste novio/a alguna vez? ¿Qué le dijiste para comenzar el noviazgo?
3. ¿Alguna vez alguien te ha ofrecido en su casa una comida que te disgustaba mucho? ¿Qué le dijiste?
4. ¿Alguna vez has rechazado la invitación de alguien con una mentira? ¿Qué le dijiste?
5. ¿Alguna vez le has dicho a alguien una verdad muy difícil de aceptar? ¿Qué le dijiste?

IV. Expressing Choice and Negation

O... o, ni... ni, ni siquiera

1. When you want to say *either. . . or*, use **(o)... o.** When you want to express *neither. . . nor*, use **(ni)... ni.**

To review rules on negating, see Chapter 7, pages 179–181.

Esta noche quiero ir **(o)** al cine **o** a un restaurante.	*I want to go (either) to the movies or to a restaurant tonight.*
Trabajé tanto hoy que esta noche **no** quiero ir **(ni)** al cine **ni** a un restaurante.	*I worked so hard today that I don't want to go to the movies or to a restaurant. (literally, I worked so hard today that I don't want to go neither to the movies nor to a restaurant.)*
Ni Carlos ni Perla me han llamado.*	*Neither Carlos nor Perla has called me.*

Remember to use the double negative when **ni** follows the verb in phrases beginning with **no**.

*Note: When subjects are preceded by **ni... ni...** , or **(o)... o...** the verb is plural.

2. To express *not even,* use **ni (siquiera)**.

Ni (siquiera) mi novia me entiende.	*Not even my girlfriend understands me.*
No recibí **ni (siquiera)** un centavo por el trabajo.	*I didn't even receive a penny for the work.*

Actividad 21 Lectura entre líneas Lee primero la siguiente conversación y después contesta las seis preguntas que le siguen para reconstruir lo que crees que ocurrió. Hay muchas posibilidades; por eso, usa la imaginación al contestar, pero basa tus respuestas en la conversación. Intenta usar **ni... ni** y **o... o** al hablar.

Lola	Por fin has llegado. ¿Sabes algo?
Verónica	Nada. Y tú no te has movido, sigues al lado del teléfono.
Lola	No sé qué hacer. Ni ha llamado ni ha dejado una nota... ¡Nada!
Verónica	¡Qué raro que no haya dado ninguna señal de vida!
Lola	Han pasado tres días.
Verónica	¿Ha llamado él a Víctor?
Lola	Ni siquiera a él. No ha llamado ni a Víctor ni a nadie.
Verónica	¿Has llamado a la policía?
Lola	No. Todavía no he hecho nada. O lloro pensando en alguna tragedia o me enfado pensando que está divirtiéndose por ahí y que no se ha preocupado ni siquiera por avisar.
Verónica	¿Qué vas a hacer cuando vuelva?
Lola	O lo voy a abrazar... o lo voy a matar.

1. ¿Cuál de estas palabras describe mejor los sentimientos de Lola: desesperada, interesada o preocupada?
2. ¿De quién hablan las mujeres: un esposo, un amante, un hijo o un amigo? ¿Por qué crees eso?
3. ¿Qué crees que haya hecho Verónica en las últimas dos o tres horas?
4. ¿Es Víctor una persona importante en la vida del hombre misterioso? ¿Cuál es la importancia de las palabras **ni siquiera** en la frase, **Ni siquiera a él**? ¿Quién puede ser Víctor?
5. ¿Dónde está el hombre misterioso y qué está haciendo?
6. ¿Va a llamar el hombre? ¿Va a volver? Si vuelve, ¿qué va a pasar?

Actividad 22 Tu futuro En parejas, miren las siguientes listas y decidan qué lugares y tipo de trabajos van a ser parte de su futuro y cuáles no. Usen las siguientes ideas u otras originales y sigan el modelo.

▶ Me gustaría vivir o en... o en..., pero no quiero estar ni en el campo ni...

Lugar para vivir

pueblo pequeño	norte	Europa	Suramérica
sur	campo	medio oeste	afueras de una ciudad
Alaska	Hawai	ciudad	noreste

Lugar de trabajo

oficina	al aire libre	escuela	empresa pequeña
hospital	laboratorio	casa	negocio de mi familia

Un trabajo relacionado con...

construcción	ventas	salud	investigación
educación	turismo	política	administración

¿LO SABÍAN?

Algunas personas tienen pocas posibilidades de elegir lo que van a hacer en la vida por haber nacido en una familia pobre con poco acceso a la educación y al dinero. Desde hace unos años ha surgido una manera innovadora para ayudar a esas personas o, más bien, para que se ayuden ellas mismas. Lee lo que explica una peruana sobre lo que pasa en su país.

▲ Mujeres peruanas que recibieron un microcrédito. En sus reuniones toman asistencia y deciden cómo utilizar el dinero en sus microempresas.

"Existen en el mundo los llamados bancos éticos que son organizaciones que buscan ayudar a la gente necesitada a la vez que les brindan beneficios a sus inversores. El sistema de estos bancos consiste en dar microcréditos a familias pobres en países en vías de desarrollo, en especial a las mujeres porque son ellas las que, por lo general, tienen menos acceso a la educación y al trabajo y quienes, en algunos casos, son jefe de familia. Se forman así los bancos comunales que consisten en grupos de diez a treinta mujeres que se encargan de seleccionar un comité de administración. Estas mujeres reciben préstamos con un interés muy bajo que cada una destina a diferentes microempresas como, por ejemplo, la venta de comida y la manufactura y venta de ropa. El grupo de mujeres se apoya en sus microempresas y en el pago del préstamo en cuotas."

peruana

The **asistencia** page is where they take attendance for meetings (p = **presente**, t = **tarde**, f = **falta**). The **cuenta interna** page is the official booking system.

El microcrédito

V. Describing Reciprocal Actions

Se/Nos/Os + Plural Verb Forms

1. The pronouns **se, nos,** and **os** may be used to describe actions that people do *to themselves:* **Ella se ducha.** Another use of these pronouns is to describe actions people do *to each other* or *to one another.* These are called *reciprocal actions.* Compare the following sentences and drawings.

Él **se baña.**
He's bathing (himself).

Los trillizos de la familia Peñalver **se bañan.**
The Peñalver triplets are bathing one another.

Se llaman por teléfono con frecuencia.   *They call each other frequently.*

Nos peleamos como perros y gatos.   *We fight like cats and dogs.*

Vosotros **os** lleváis muy bien.   *You get along very well.*

2. Note the ambiguity in meaning of the following sentence.

Ellos **se miraron.**   { *They looked at themselves.*
                          They looked at each other.

To avoid ambiguity or to add emphasis, it is common to include the phrase **el uno al otro** and its feminine and plural forms **la una a la otra/los unos a los otros/las unas a las otras.** The definite articles are optional.

Después de hacer su última oferta, los dos negociantes **se miraron** intensamente **(el) uno a(l) otro.**   *After making their last offer, the two negotiators looked intensely at each other.*

Los empleados **se ayudan (los) unos a (los) otros** con el nuevo programa de computadoras.   *The employees help one another with the new computer program.*

When there is a masculine and a feminine, use the masculine form: **Él y ella se miraron (el) uno a(l) otro.**

3. Verbs that are often used with a specific preposition use the same prepositions to clarify a reciprocal action.

Se despidieron (la) una **de** (la) otra.   *They said good-by to each other.*

Se pelearon (el) uno **con** (el) otro.   *They fought with each other.*

Se rieron (los) unos **de** (los) otros.   *They laughed at one another.*

Actividad 23   La interacción   En parejas, digan cómo se comportan Uds.
con diferentes personas o cómo se comportan ciertas personas entre ellas
y por qué, combinando una frase de la primera columna y una frase de la
segunda.

mi novio/a y yo	no dirigirse la palabra
mi padre/madre y yo	llevarse bien/mal
mis padres	(no) entenderse
mi hermano/a y yo	amarse
mis primos	(no) pelearse
mi perro/gato y yo	besarse
mi abuelo/a y mi madre	escribirse emails
mi compañero/a de cuarto y yo	
mi ex novio/a y yo	

Actividad 24   Un guion de telenovela   **Parte A:** Completa esta parte del
guion de una telenovela, usando pronombres de complemento directo o indirecto
y pronombres reflexivos y recíprocos.

> Remember: Direct-object pronouns
> are **me, te, lo, la, nos, os, los, las**
> and indirect-object pronouns are
> **me, te, le, nos, os, les.**

Él _____ entrega una flor a ella y ella _____ huele (*smells*) y
sonríe. Ella _____ toma la mano (a él). _____ miran uno a otro
con mucha intensidad y (ellos) _____ besan. En ese momento entra
otra mujer. Ella _____ mira (a ellos) con asombro, pero ellos no
_____ ven hasta que ella _____ comienza a insultar. Él
_____ pone una mano sobre la boca y _____ intenta calmar.
(Ella) no _____ calla. Las dos mujeres _____ siguen mirando.
La primera mujer _____ explica a la otra quién es. Todos
_____ ríen aliviados. Al final, todos ellos _____ abrazan.

Parte B: Ahora en grupos de cuatro, representen el guion que acaban de
completar. Uno de Uds. debe leerlo mientras los otros tres actúan.

Actividad 25 **No nos entendemos** **Parte A:** En grupos de cuatro, formen dos parejas (Pareja A y Pareja B). Todos Uds. trabajan para la empresa MicroTec. Lean solamente el papel para su pareja y prepárense para la discusión.

Pareja A

Uds. son representantes del sindicato (*labor union*) de MicroTec y deben crear una lista de beneficios laborales para los empleados. En los últimos años la empresa ha reducido los beneficios y ahora Uds. los consideran miserables y un insulto a su trabajo.

Pareja B

Uds. son representantes de la dirección de MicroTec y deben crear una lista de beneficios laborales para los empleados. Obviamente quieren empleados felices, pero también quieren ahorrarle dinero a la empresa. En los últimos años, Uds. han reducido los beneficios BASTANTE para no tener que despedir a ningún empleado.

Parte B: Ahora los representantes del sindicato y la dirección deben discutir los beneficios laborales e intentar llegar a un acuerdo. Usen expresiones como: **Queremos..., Insistimos en..., a menos que..., para (que)...** Usen también las expresiones de las siguientes listas.

Para estar de acuerdo total o parcialmente

En eso coincidimos.
Coincidimos en parte.
Opino como Ud.
¡Cómo no!

Para no estar de acuerdo

No exactamente.
No, en absoluto.

Para interrumpir

Yo quisiera decir...
Déjenme hablar.
¿Puedo decir algo?
Escúcheme/Escúchenme.
Un momentito.

 Do the corresponding CD-ROM and web activities to review the chapter topics.

Vocabulario activo

Conjunciones adverbiales

En caso (de) que	*in the event that, if*
Sin que	*without*
Con tal (de) que	*provided that*
A menos que	*unless*
Para que	*in order that, so that*
Antes (de) que	*before*
Siempre y cuando	*provided that*

Palabras relacionadas con el trabajo

los avisos clasificados	*classified ads*
la carta de recomendación	*letter of recommendation*
completar una solicitud	*to fill out an application*
contratar a alguien	*to hire someone*
el curriculum (vitae)	*CV, resumé*
despedir (i, i) a alguien	*to fire someone*
entrevistarse (con alguien)	*to be interviewed (by someone)*
estar desempleado/a / estar sin trabajo	*to be unemployed*
la experiencia laboral	*work experience*
hacer una pasantía	*to do an internship*
la oferta y la demanda	*supply and demand*
las referencias	*references*
solicitar un puesto/empleo	*to apply for a job*
tomar cursos de perfeccionamiento/ capacitación	*to take continuing education/ training courses*

El empleo

aumentar/bajar el sueldo	*to raise/lower the salary*
la empresa	*company*
los ingresos/la renta	*income*
el pago mensual/semanal	*monthly/weekly pay*
el salario mínimo	*minimum wage*
el sueldo	*salary*
trabajar medio tiempo/ tiempo completo	*to work part/full time*

Los beneficios

el aguinaldo	*end-of-the year bonus*
los días feriados	*holidays*
la guardería (infantil)	*child care center*
la licencia	*leave (of absence)*
por enfermedad	*sick leave*
por maternidad	*maternity leave*
por matrimonio	*wedding leave*
por paternidad	*paternity leave*
el seguro médico/dental/ de vida	*health/dental/life insurance*

Expresiones útiles

darle igual (a alguien)	*to be all the same (to someone)*
un montón	*a lot*
ni... ni	*neither. . . nor*
ni (siquiera)	*not even*
o... o	*either. . . or*
el uno al otro/la una a la otra	*each other*
los unos a los otros/las unas a las otras	*one another (more than two people)*
Coincidimos en parte.	*We partially agree.*
¡Cómo no!	*Of course!*
Déjenme hablar.	*Let me speak.*
En eso coincidimos.	*We agree on that.*
Escúcheme/Escúchenme.	*Listen to me.*
Un momentito.	*Wait a minute.*
No, en absoluto.	*No, not at all.*
No exactamente.	*Not exactly.*
Opino como Ud.	*I think the same way you do.*
¿Puedo decir algo?	*May I say something?*
Yo quisiera decir...	*I would like to say. . .*

Vocabulario personal

Capítulo 9

Metas comunicativas

- expresar influencia, emociones y reacciones en el pasado
- hablar sobre arte
- cambiar el enfoque de una oración

Metas adicionales

- usar el infinitivo
- usar frases de transición

Es una obra de arte

▲ Manos artesanas hacen un sombrero muy famoso.

Entrevista a una experta en artesanías

llevarle (a alguien) dos/tres meses	to take (someone) two/three months
¡Qué barbaridad!	Wow! (Literally, What a barbarity!) *(negative connotation)*
se me fueron las ganas de + *infinitive*	I didn't feel like + *verb* + *ing* anymore
un dineral	a great deal of money

Actividad 1   El sombrero   **Parte A:** El locutor de un programa de radio entrevista a una experta acerca de un sombrero muy famoso. Antes de escuchar la entrevista, mira la foto que aparece en esta página y la foto de la página 222 y usa la imaginación y la lógica para intentar contestar las siguientes preguntas.

1. ¿Sabes cómo se llama ese tipo de sombrero?
2. ¿Quiénes hacen esos sombreros?
3. ¿Dónde crees que los hagan?
4. ¿Cuánto tiempo lleva hacer un sombrero bueno? ¿Y uno muy bueno?
5. ¿Dónde se venden y cuánto cuestan?

Parte B: Ahora, para confirmar tus predicciones, escucha la entrevista. Busca también la respuesta a las siguientes preguntas.

1. ¿En qué momento del día se hacen esos sombreros y por qué?
2. ¿Quiénes reciben la mayor parte del dinero de la venta de los sombreros?

Actividad 2   La interpretación   En la entrevista, la Sra. Gómez le comenta al locutor del programa que la hija y la nieta de una artesana no están interesadas en continuar esta tradición porque "Ud. ya sabe cómo son los jóvenes". ¿Qué quiere decir con esa frase?

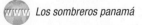 *Los sombreros panamá*

¿LO SABÍAN?

Entre los artesanos de Hispanoamérica se destacan los otavalos, un grupo indígena de Ecuador que produce mantas y telas. En 1966, los otavalos abrieron su primera tienda propia y sólo doce años después ya tenían setenta y cinco tiendas. Hoy en día, se dedican a la exportación de sus productos a otros países, especialmente a Europa, Canadá y los Estados Unidos. Por ser tan industriosos y buenos comerciantes, se considera a los otavalos como uno de los grupos indígenas más prósperos de Hispanoamérica. ¿Puedes mencionar artesanías que se hacen en tu país y explicar quiénes las hacen?

▲ Bolsas otavaleñas.

www Los otavalos

I. Discussing Art

www ⊙ Do the corresponding CD-ROM and web activities as you study the chapter.

www El arte

◀ Las dos Fridas, Frida Kahlo.

Fuente hispana

masterpieces

source of inspiration
self-portrait

"No entiendo mucho de arte, pero hay algunas **obras maestras** que me encanta ver una y otra vez. Entre ellas están el *Guernica* del pintor español Picasso y *Las dos Fridas* de la mexicana Frida Kahlo. Para el primero, **la fuente de inspiración** fue el ataque aéreo a una ciudad de España y el otro es **un autorretrato** de una artista que tuvo un accidente muy grande de niña que la afectó durante toda la vida. Ambas pinturas son muy tristes, pero tienen una energía increíble. Por lo general, **las naturalezas muertas** me aburren porque me parecen siempre muy parecidas unas a otras y **las obras abstractas** no las entiendo y no las puedo **interpretar**."

still lifes
abstract works
to interpret

venezolana

La obra de arte

la imagen	
el paisaje	landscape
la reproducción	
el retrato	portrait
la burla, burlarse de...	mockery, to mock/joke (make fun of)
expresar	
glorificar	to glorify
el mensaje	message
la sátira	satire
el símbolo, el simbolismo, simbolizar	

El arte, when singular, generally takes masculine adjectives: **el arte moderno.** When plural, it takes feminine modifiers: **las bellas artes.**

Algunos movimientos artísticos: abstracto, barroco, cubismo, impresionismo, realismo.

Basic art vocabulary is presented in Appendix G.

Apreciación del arte

la censura, el censor, censurar	
la crítica; el crítico; criticar	critique; critic; to critique, to criticize
la interpretación	

Expresiones para hablar de un cuadro

¿Qué te parece (este cuadro)?	What do you think (about this painting)?
No tiene ni pies ni cabeza.	I can't make heads or tails of it.
No tiene (ningún) sentido para mí.	It doesn't make (any) sense to me.
Qué maravilla.	How marvelous.
Qué horrible.	How horrible.
(No) Me conmueve.	It moves/doesn't move me.
Me siento triste/contento/a al verlo.	I feel sad/happy when I see it.
Ni me va ni me viene. / Ni fu ni fa.	It doesn't do anything for me.

Actividad 3 Categorías Asocia las siguientes personas o instituciones con un mínimo de tres palabras de la lista de vocabulario y explica por qué elegiste esas palabras.

1. un crítico
2. una artista
3. el gobierno
4. una actriz
5. un comediante
6. una universidad

Actividad 4   Los símbolos   Las obras de arte están llenas de símbolos y mensajes. Habla del simbolismo en el arte combinando un símbolo con un concepto.

► El color blanco representa/simboliza... porque...

calavera

Símbolos	Conceptos
el color blanco	la muerte
el color rojo	la esperanza
una calavera	la religión
una cruz	la paz
una paloma (*dove*)	la pureza
el color verde	la violencia, la pasión

Actividad 5   ¿Qué te parecen?   En parejas, miren todas las obras de arte que hay en este capítulo y usen las expresiones que se presentan en la sección de arte para hablar de los cuadros. Expliquen por qué hacen esos comentarios.

Actividad 6   ¿Dónde están?   En grupos de tres, digan dónde están las siguientes obras maestras. Usen expresiones como: **Estoy seguro/a de que..., la obra maestra de** (*nombre del artista*), **está en... / Sé que no... / (No) es posible que... / (No) creo que...**

La Mona Lisa también se llama *La Gioconda*.

Obra maestra	Lugar
El David / Miguel Ángel	la Galería de la Academia en Florencia
La piedad / Miguel Ángel	el Museo Rodin en París
La vista de Toledo / El Greco	la Universidad de Dartmouth en New Hampshire
La maja vestida / Goya	el Centro Reina Sofía en Madrid
Guernica / Picasso	el Louvre en París
La Mona Lisa / da Vinci	el Museo Metropolitano en Nueva York
El pensador / Rodin	el Vaticano
Hispanoamérica / Orozco	el Museo del Prado en Madrid

¿LO SABÍAN?

En 1923, un grupo de artistas mexicanos que habían vivido bajo la dictadura de Porfirio Díaz y habían pasado por un período revolucionario cuando eran estudiantes de arte, formaron un sindicato de pintores y escultores. Entre ellos estaban los famosos muralistas Diego Rivera, David Alfaro Siqueiros y José Clemente Orozco. Debido a que este sindicato apoyaba el papel revolucionario del nuevo gobierno, éste les ofreció a los pintores diferentes muros (*walls*) de la ciudad y de edificios públicos para que hicieran pinturas sobre ellas. Así comenzó el movimiento llamado *Muralismo*, el primero de la historia que desarrolló temas sociopolíticos en la pintura.

▲ *Hispanoamérica*, de José Clemente Orozoco, se encuentra en la Universidad de Dartmouth en New Hampshire.

www *Los muralistas*

Actividad 7   El arte en California   Mucha gente cree, erróneamente, que el arte de los artistas mexicoamericanos en los Estados Unidos ha recibido influencia del arte hispanoamericano en general. La mayor influencia que se encuentra en el arte mexicoamericano es la de los muralistas mexicanos. En parejas, comparen el siguiente mural de una artista chicana con el del **¿Lo sabían?** Usen palabras de la lista de vocabulario para decir en qué se parecen y en qué se diferencian.

◄ Parte del mural *La ofrenda*, Yreina Cervantez.

¿LO SABÍAN?

www *Murales en Los Ángeles*

Fuente hispana

Algunas ciudades de los Estados Unidos poseen una gran cantidad de murales. Una de estas ciudades es Los Ángeles.

"La ciudad de Los Ángeles posee una colección de más de mil murales. Algunos de ellos son de los años 20 cuando creció la ciudad y eran realizados en edificios públicos como cines y correos. Durante los años 40, la ciudad les encargó murales a los artistas como una forma de crear trabajo después de la Gran Depresión. Hacia fines de los 80, se comenzó un proyecto de comisionar murales tratando de retomar la tradición muralista mexicana. Ya que muchos de los murales que posee la ciudad están en lugares al aire libre como la pared externa de algún edificio o debajo de algún puente en una autopista, éstos se ven afectados por el sol y la contaminación ambiental y, como consecuencia, se deterioran. Se necesita entonces la intervención de un grupo de restauradores, gente que se ocupa de limpiar y reconstruir las partes deterioradas. Luego de horas y horas de trabajo intenso, se cubre el mural con una capa de protección antigrafiti. De ese modo, si alguien trata de pintarlo con grafiti otra vez, esta pintura se quitará con mucha facilidad."

argentina, restauradora de murales en Los Ángeles

In order to prepare for this activity, use the chapter links given on the *Fuentes* website or do your searches in Spanish. Instead of just searching for Frida Kahlo, add a Spanish word to your search such as **pintura, accidente, cuadro**, etc. or use a search engine like Google and then select "Spanish Language."

Actividad 8   La historia tras el cuadro   En la introducción a esta sección de arte, una venezolana menciona que algunas de sus obras favoritas son *Guernica* y *Las dos Fridas*. Para la próxima clase debes traer una foto de *Guernica* (el otro cuadro está en la página 224). También debes buscar la siguiente información y prepararte para explicar qué quería cada artista que entendiéramos al mirar su obra.

- qué ocurrió en la ciudad de Guernica, España
- qué accidente tuvo Frida Kahlo
- en qué ciudades se encuentran hoy día estas obras de arte

Actividad 9   ¿Qué es realmente arte?   En parejas, discutan estas preguntas sobre el arte.

1. ¿Cuál es la diferencia entre arte y artesanía?
2. Cuando un niño hace un dibujo, ¿se considera arte?
3. ¿Cuál es la diferencia entre un grafiti y un mural? ¿Conocen a alguien que haya pintado grafiti? ¿Cómo era el grafiti y dónde lo pintó?
4. Muchos artistas de tiras cómicas (*comic strips*) usan sátira o se burlan de algo, pero existen periódicos que censuran esas tiras cómicas y no las publican. ¿Cuándo y por qué creen que los periódicos hacen eso? ¿Cuál es su tira cómica favorita y por qué?

(continúa en la página siguiente)

5. Otro tipo de arte es el diseño gráfico. Las empresas gastan un dineral en crear sus logotipos (*logos*). ¿Qué logotipos les gustan? ¿Simbolizan algo en especial? Miren los logotipos que se presentan aquí y digan qué simbolizan y qué promocionan.

Actividad 10   El arte en la ropa   Camiseta, un par de jeans y zapatos de tenis es la vestimenta más común que llevan los jóvenes de hoy. En parejas, averigüen qué tipo de mensajes tienen las camisetas que Uds. generalmente llevan. Sigan el modelo.

▶   —¿Tienes alguna camiseta que tenga una imagen simbólica?

—Sí, tengo una con la paloma de la paz de Picasso.

—No, no tengo ninguna que tenga una imagen simbólica.

1. tener una imagen simbólica
2. tener un mensaje político o ecológico
3. glorificar la universidad, un equipo deportivo, etc.
4. criticar algo directamente
5. hacer sátira de algo
6. tener una obra de arte
7. tener algo gracioso

Actividad 11   La comunicación   El artista suele querer transmitir algo a los que ven su obra y, de hecho (*in fact*), el arte se usa muchas veces para contar una historia. En parejas, miren el siguiente cuadro y digan qué historia quiere contar el artista.

◀ *Mujeres de Tehuantepec*, Rufino Tamayo.

Actividad 12   Críticos de arte   En grupos de tres, miren el cuadro que está abajo y después discutan las siguientes ideas.

1. su reacción al mirar el cuadro
2. por qué tienen esa reacción
3. todos los detalles que hay en el cuadro: la luz, las sombras, las figuras, las líneas diagonales y las curvas, los colores
4. cuál creen que haya sido la fuente de inspiración de la artista
5. cuál es el mensaje de este cuadro

▲ *Sueño y premonición*,
María Izquierdo (México).

¿LO SABÍAN?

Durante muchos siglos las artes estuvieron dominadas por los hombres. En general, ellos eran quienes las patrocinaban (*sponsored*) y quienes tenían fama mundial. Actualmente se reconocen las contribuciones de las artistas también. Entre las más conocidas de Hispanoamérica se encuentran las mexicanas Frida Kahlo (1907–1954) y María Izquierdo (1902–1955), que lograron reconocimiento gracias a su conexión con Diego Rivera. Otras artistas conocidas en la actualidad son Lidy Prati (1921–) y Liliana Porter (1941–), ambas argentinas, la venezolana Marisol (1930–), la colombiana Ana Mercedes Hoyos (1942–) y la cubana Ana Mendieta (1948–1985). Intenta nombrar alguna artista norteamericana famosa del pasado o del presente. ¿Qué sabes sobre ella?

II. Expressing Past Influence, Emotions, and Other Feelings and Reactions

The Imperfect Subjunctive

In previous chapters you learned many uses of the subjunctive:

Chapter 5: influencing, suggesting, persuading, and advising
Chapter 6: expressing feelings, emotions, opinions, belief, and doubt
Chapter 7: describing the unknown and expressing pending actions
Chapter 8: expressing restriction, possibility, purpose, and time

In this chapter you will learn how to express all of the preceding uses, but in reference to the past. In the interview you heard, the Panama hat expert used the imperfect subjunctive when she discussed an artisan's past desire that her daughter and granddaughter learn to make the hats: **"Había una artesana que quería que su hija y su nieta *aprendieran* [este arte]."**

1. To form the imperfect subjunctive (**imperfecto del subjuntivo**), use the third person plural of the preterit, drop the **-ron** ending, and add the following subjunctive endings. To review formation of the preterit, see Appendix A, pages 341–343.

pagar → paga~~ron~~		poder → pudie~~ron~~		pedir → pidie~~ron~~	
pagara	pagáramos	pudiera	pudiéramos	pidiera	pidiéramos
pagaras	pagarais	pudieras	pudierais	pidieras	pidierais
pagara	pagaran	pudiera	pudieran	pidiera	pidieran

Note: There is an optional form, frequently used in Spain and in some areas of Hispanic America, in which you substitute **-se** for **-ra;** for example: **pagara = pagase; pidiéramos = pidiésemos.**

2. Once you have determined that a subjunctive form is needed, you must decide which of the following forms to use.

present subjunctive	**que compre, que compres,** etc.
present perf. subjunctive	**que haya comprado, que hayas comprado,** etc.
imperfect subjunctive	**que comprara, que compraras,** etc.

Use the following guidelines to determine which form is needed.

a. As you studied in previous chapters, when the verb in the independent clause refers to the present or the future, you use the present subjunctive in the dependent clause to refer to a present or future action or state.

Independent Clause Present/Future	Dependent Clause Present Subjunctive (Present/Future Reference)

Influencing: Chapter 5

Mi jefe va a querer
My boss is going to want

que yo **trabaje** en su estudio de arte.
me to work in his art studio.

Indirect commands: Chapter 5

Te dice
He's telling you

que **traigas** las esculturas.
to bring the sculptures.

Feelings: Chapter 6

Me alegra
I'm glad

que el museo **abra** temprano.
that the museum opens early.

Unknown: Chapter 7

Buscamos un diseño
We are looking for a design

que **sea** moderno.
that is modern.

Pending actions: Chapter 7

Quiero vender mi cuadro
I want to sell my painting

en cuanto termine de pintarlo.
as soon as I finish painting it.

Time: Chapter 8

¿Vas a reescribir el contrato
Are you going to rewrite the contract

antes de que lleguen?
before they arrive?

b. As you studied in Chapter 6, when the verb in the independent clause refers to the present and the dependent clause refers to a past action or state, you use the present perfect subjunctive in the latter.

Independent Clause Present	Dependent Clause Present Perfect Subjunctive (Past Reference)

Doubt: Chapter 6

Es probable
It's probable

que el artesano **haya visto** ese cuadro.
that the artisan has seen the painting.

Feelings: Chapter 6

No **me sorprende**
It doesn't surprise me

que **hayan censurado** tu cuadro.
that they have censored your painting.

c. When the verb in the independent clause is in a past tense and the dependent clause refers to a past action or state, use the imperfect subjunctive in the dependent clause.

Independent Clause Past	Dependent Clause Imperfect Subjunctive (Past/Past Pending Reference)

Influencing: Chapter 5

Ella me **aconsejó**
She advised me

que **comprara** esa reproducción.
to buy that reproduction.

Doubt: Chapter 6

Nosotros **dudábamos**
We doubted

que la pintura **fuera** auténtica.
that the painting was authentic.

Unknown: Chapter 7

Quería un sombrero panamá
I wanted a Panama hat

que no **costara** un dineral.
that didn't cost a fortune.

Estudió muchísimo	**para que** la **admitieran** en la escuela de Bellas Artes	Purpose: Chapter 8
She studied a lot	*so that they would admit her to the School of Fine Arts.*	
Le **iba a hablar**	**cuando** él **llegara** a casa.	Pending Action: Chapter 7
I was going to talk to him	*when he arrived home.*	

Actividad 13   El arte del pasado   **Parte A:** Lee la siguiente información sobre el arte en España y elige el verbo y la forma correcta del imperfecto del subjuntivo para completar cada espacio en blanco.

www *Museo del Prado*

admirar
aprender
comenzar
hacer
parecer
pintar
representar
tener
utilizar

Antes de la Primera Guerra Mundial (1914–1918), existía en España el llamado arte oficial. El rey contrataba pintores para su corte y les indicaba lo que quería que ellos _____. En general, antes de que el artista _____ su trabajo, se hacía un contrato en el cual se especificaba quiénes aparecerían en la pintura y qué estilo y materiales se esperaba que el pintor _____. No había muchos pintores famosos que _____ la oportunidad de expresar sus propias ideas, ya que el artista seguía el estilo de la corte. Dos excepciones fueron Diego Velázquez (1599–1660) y Francisco de Goya (1746–1828) que lograron expresarse y, a la vez, complacer a sus reyes al hacer lo que éstos querían que ellos _____

Velázquez retrató no sólo a la familia real, sino también a los bufones (*buffoons*) de la corte. Entre sus obras famosas se encuentra *Las meninas.* Goya se hizo famoso por el realismo de sus retratos de la familia real, en los cuales no hizo nada para que los miembros de la familia _____ físicamente más atractivos de lo que en realidad eran. Uno de sus cuadros más conocidos es *La familia de Carlos IV.*

Había también, por otro lado, un arte llamado religioso comisionado por la Iglesia. Ésta contrataba a artistas para que _____ escenas de la Biblia. Casi siempre estas escenas eran descriptivas y dramáticas y con ellas la Iglesia buscaba que el pueblo _____ el contenido de las Sagradas Escrituras.

Después de la Segunda Guerra Mundial (1939–1945), hubo en España una reacción contra lo oficialmente establecido y los artistas querían que la gente _____ su individualismo. Es así como aparecieron múltiples estilos de pintura que más tarde se llevaron al continente americano donde influyeron en los diversos estilos artísticos.

Parte B: En parejas, miren el cuadro de Velázquez, *Las meninas*, y contesten estas preguntas.

1. ¿A cuántas personas pintó Velázquez en este cuadro?
2. ¿Pueden encontrar al artista en el cuadro? ¿Hacia dónde mira?
3. Sabiendo que Velázquez pintó a los reyes y a la Infanta (*Princess*) Margarita en el cuadro, ¿puedes encontrarlos?
4. ¿Quiénes quería el pintor que fueran las personas principales, la infanta o los reyes?
5. ¿Pueden encontrar a los bufones?
6. ¿Es una pintura estática o hay movimiento?
7. ¿Pueden deducir algo sobre la vida diaria del palacio real?

Actividad 14 **Se oyó en un museo** **Parte A:** Estás en un museo y escuchas las siguientes frases que dicen algunas personas que están a tu alrededor. Complétalas con el presente del subjuntivo, el pretérito perfecto del subjuntivo o el imperfecto del subjuntivo de los verbos entre paréntesis.

1. Me alegré de que IBM me _____. (contratar)
2. Nos rogó que lo _____ lo antes posible. (hacer)
3. Dudo que ayer ella los _____. (convencer)
4. Sentí mucho que tú no _____ ir al picnic. (poder)
5. Les recomendé que _____ a las doce. (venir)
6. Quiero que mañana tú _____ a los Ramírez a comer en el mejor restaurante. (invitar)
7. ¿Crees que nosotros _____ algunos en la exhibición de mañana? (vender)
8. La policía dice que no hay nadie que lo _____. (ver)
9. Lo hizo sin que tú _____ presente. (estar)
10. Ella no iba a descansar hasta que la _____. (terminar)

Parte B: Ahora, en parejas, usen la imaginación y creen un contexto para cinco o seis de las frases. El contexto debe contener la siguiente información.

- quién la dijo
- a quién se la dijo
- en referencia a qué

Usen expresiones como: **Es posible/probable que se la haya dicho... a... porque...**

Actividad 15 Las exigencias de nuestros padres **Parte A:** Cuando Uds. estaban en la escuela secundaria, probablemente escuchaban muchas exigencias de sus padres. En parejas, túrnense para decir si éstas eran o no algunas de las exigencias de sus padres. Para formar oraciones, combinen una frase de la primera columna con una de la segunda. Sigan el modelo.

▶ exigirle / volver a casa temprano

—¿Te exigían tus padres que volvieras a casa temprano?

—Sí, mis padres me exigían que volviera a casa temprano.   —No, mis padres no me exigían que volviera a casa temprano.

preferir	(no) poner la música a todo volumen
insistir en	sacar buenas notas en la escuela
esperar	(no) andar con malas compañías
exigirle	hacer la cama
recomendarle	(no) ver mucha televisión
prohibirle	(no) pelearse con su hermana/o
pedirle	(no) beber alcohol
(no) querer	(no) consumir drogas
	(no) hacerse tatuajes
	? ? ?

Parte B: En parejas, hablen de las exigencias que les hacen sus padres ahora. ¿Son iguales a las que les hacían cuando estaban en la secundaria o diferentes? Usen oraciones como: **Cuando era menor me exigían que..., pero/y ahora insisten en que...**

Actividad 16 Era importante que... Di qué cosas de la siguiente lista eran o no importantes para ti cuando tenías diez años. Usa expresiones como: **(no) interesarle, (no) querer, (no) ser importante.**

Remember: if you have no change of subject, use the infinitive.

▶ tus amigos / ser / populares
Cuando tenía diez años, me interesaba que mis amigos fueran populares.

1. tener muchas cosas
2. tus amigos / respetarte
3. llevar ropa de moda
4. tus padres / estar / orgullosos de ti
5. cuidar el físico
6. fumar
7. tus maestros / no darte / mucha tarea
8. tener muchos amigos
9. tus hermanos / no tocar / tus cosas
10. ? ? ?

Actividad 17 **Tus amigos de la secundaria** En grupos de tres, digan qué tipo de amigos querían tener y tenían cuando estaban en la escuela secundaria. Pueden usar las siguientes ideas. Sigan el modelo.

▶ Tenía amigos que no consumían drogas.

▶ Buscaba amigos que fueran cómicos.

(no) hablar mal de ti	(no) tener carro
(no) practicar deportes	(no) chismear (*gossip*)
(no) tener mucho dinero	(no) estudiar mucho
(no) vivir cerca de ti	(no) ser divertidos
(no) gustarles fumar	???

Actividad 18 **Los mejores y los peores** En parejas, terminen estas frases para hablar de los mejores y peores trabajos que han tenido.

Los trabajos terribles	Los trabajos fantásticos
El/La jefe/a siempre quería que nosotros...	El/La jefe/a siempre quería que nosotros...
Nos exigía que...	Nos exigía que...
Nos prohibía que...	Nos prohibía que...
Me molestaba que mi jefe/a...	Me encantaba que mi jefe/a...
Siempre hacía/decía... para que...	Siempre hacía/decía... para que...

Actividad 19 **Creencias del pasado** Forma oraciones para expresar las creencias falsas que tenía la gente en el pasado y contrástalas con lo que se sabe ahora. Sigue el modelo.

▶ no creer / el insecticida DDT / causar / problemas para el ser humano
  —En el pasado la gente no creía que el insecticida DDT causara problemas para el ser humano.
  —Es verdad, pero ahora sabemos que...

1. no creer / el asbesto / ser / peligroso para el ser humano
2. estar segura / la tierra / ser / plana
3. creer / el consumo de muchas proteínas / ser / bueno para la salud
4. no creer / la cocaína / ser / una droga
5. dudar / el hombre / poder / volar

Actividad 20 **La hipótesis del cuadro** Parte A: En grupos de tres, miren el cuadro de la página 237 y contesten las preguntas para formar una hipótesis sobre su contenido y su historia.

1. ¿Es una escena estática o hay movimiento? Den ejemplos para justificar su respuesta.
2. ¿En qué año más o menos creen Uds. que el/la artista haya pintado el cuadro?
3. ¿De qué país creen que sea este cuadro?

4. ¿Creen que lo haya pintado un hombre o una mujer? ¿Por qué?

5. La persona que pintó el cuadro usaba modelos al pintar. Para encontrar sus modelos, ¿buscaba personas que fueran de la alta sociedad, de la clase media, de la clase baja o personas marginadas de la sociedad? Justifiquen su respuesta.

6. ¿Quién es la figura central del cuadro? ¿Cómo era? ¿Qué hacía un día normal?

7. ¿Qué quería el/la artista que sintiéramos al ver esta escena: tristeza, orgullo, felicidad, melancolía? ¿Algo más? Justifiquen su respuesta.

Parte B: Ahora escuchen la información que les va a dar su profesor/a sobre el cuadro para ver qué adivinaron de la Parte A.

Actividad 21   Interpretación de un cuadro   **Parte A:** Mira el cuadro de la página 238 y lee qué dijo un colombiano al verlo. Luego prepárate para hablar de la información que aparece después de la descripción.

 Botero

Fuente hispana

"Me acuerdo del día en que visité el Museo Nacional de los Estados Unidos en Washington, D.C. Fui con unos parientes que me estaban visitando y por accidente nos metimos donde se estaban exponiendo los óleos del pintor colombiano Fernando Botero.

   Lo que estaba viendo en ese momento me fascinó. Parecía que el maestro había pintado a mi familia. Allí, en el lienzo, claramente podía yo ver a mi papá vestido de modo muy conservador; a mi tío, el coronel, quien era miembro del ejército colombiano, que resplandecía con sus medallas e imponía una sensación de firmeza; a mi primo, el cura, quien había estudiado en Roma y decían que iba ser arzobispo dentro de muy poco tiempo, lo había pintado como una figura humilde y sencilla. Mi madre, a quien Botero había pintado en el centro del cuadro, estaba bien vestida y mantenía una expresión serena, pero a la misma vez aburrida; a la izquierda del cuadro, estaba mi abuela, quien sostenía a mi hermana menor. Mi abuela era idéntica a mi papá. Mi hermana sentada sobre mi abuela, se veía bellísima, pero también tenía esa mirada aburrida que mantenía mi mamá. Podía ser que ya se hubieran dado cuenta de los límites que la sociedad les estaba imponiendo. Yo también estaba en ese cuadro insolente, el pintor me había colocado detrás de todos, medio escondido porque yo era el escándalo de la familia. Mi padre quería que yo fuera abogado o

◄ *La familia presidencial*,
Fernando Botero.

médico, pero en cambio, yo salí del país y me fui a los Estados Unidos a estudiar literatura.

Y al fondo del cuadro, Botero había pintado la gran cordillera de los Andes, algo que me hacía falta aquí en Washington D.C., porque todo era plano en esta ciudad. Salí del museo queriendo agradecerle a Botero por haberle mostrado al mundo una parte de mi identidad colombiana."

colombiano

1. Describe otro elemento del cuadro, algo que no menciona el colombiano.
2. Explica de qué modo muestra el cuadro la identidad colombiana del hombre que lo describe.

Parte B: Ahora en grupos de tres, haga uno el papel del joven colombiano y los otros dos el papel de los padres y representen el día en que el hijo les dice a sus padres que se va a estudiar literatura a los Estados Unidos.

Parte C: En parejas, imaginen que están en una galería de arte y ven el siguiente cuadro que les recuerda a su familia. Escojan quiénes son Uds. en el cuadro y describan qué sintieron al ver el cuadro y qué miembros de su familia estaban presentes. Miren la descripción del colombiano como referencia.

◄ *La tamalada*, Camen Lomas Garza, mexicoamericana (1948–).

III. Shifting the Focus in a Sentence

The Passive Voice

Many sentences you have dealt with up to this point have been in the active voice (**la voz activa**). That is to say that the subject (agent or doer of the action) does something to someone or something (the object of the action).

Botero pintó *La familia presidencial.*
Botero painted The Presidential Family.

Examine the following active sentences containing *subject + verb + object.*

Active Voice

Subject (Agent)	Action	Object
Siqueiros	pintó	muchos murales.
Siqueiros	*painted*	*many murals.*
La prensa	ha publicado	las críticas de la exhibición.
The press	*has published*	*the critiques of the exhibition.*
La ciudad	va a construir	un museo de esculturas
The city	*is going to build*	*a sculpture museum.*

1. The passive voice (**la voz pasiva**), which in Spanish is mainly found in writing, is used to place emphasis on the action and the receiver of the action instead of the doer of the action: *The movie was panned by the critics.* In Spanish, as in English, the passive construction is formed by reversing the word order and changing the form of the verb according to the following formula.

Passive Voice

Object (Passive Subject)	ser + *past participle*	por	Agent
Muchos murales	**fueron** pintados	por	Siqueiros.
Many murals	*were painted*	*by*	*Siqueiros.*
Las críticas	**han sido** publicadas	por	la prensa.
The critiques	*have been published*	*by*	*the press.*
Un museo de esculturas	**va a ser** construido	por	la ciudad.
A sculpture museum	*is going to be built*	*by*	*the city.*

Note: The past participle agrees in gender and in number with the object of the action. To review past participle formation see Appendix A, pages 348–349.

2. Compare the following active and passive sentences.

Active	Passive
La gente aclamó la obra de Picasso.	La obra de Picasso **fue aclamada** (por la gente).
El gobierno va a censurar esa pintura.	Esa pintura **va a ser censurada** (por el gobierno).
La galería vendió el cuadro en un millón de pesos.	El cuadro **fue vendido** en un millón de pesos (por la galería).

Note: In many passive sentences it is possible to omit the agent (the phrase with **por**) when it is obvious, irrelevant, a secret, or unknown.

In Spanish, the passive voice isn't frequently used in the present. It is preferable to use the **se** construction instead.

3. To express an idea where the doer of the action is not important, it is more common to use the **se** + *singular/plural verb* construction. To review, see Chapter 5, pages 137–138.

Se critica a Botero con frecuencia.   *Botero is criticized frequently.*

Se exhiben cuadros fantásticos en esa galería.   *Great paintings are exhibited in that gallery.*

Actividad 22 ¿Ciertas o falsas?   Pon estas oraciones sobre el arte y la arqueología en la voz pasiva y después decide si son ciertas o falsas. Corrige las falsas.

1. Los romanos construyeron La Alhambra en Granada.
2. Velázquez pintó el cuadro *Las meninas*.
3. Los aztecas construyeron Machu Picchu.
4. Frank O. Gehry diseñó el Museo Guggenheim Bilbao.
5. Salvador Dalí pintó muchos murales en México.
6. María Izquierdo pintó *Sueño y premonición*.

Actividad 23 Acontecimientos importantes   Forma oraciones con la voz pasiva usando palabras de las tres columnas. Si no estás seguro/a, adivina.

▶ El primer email   mandar   Ray Tomlinson en 1971

El primer email fue mandado por Ray Tomlinson en 1971.

La canción "Suerte" ("*Whenever Wherever*")	componer	Pierre y Marie Curie
	crear	Pablo Picasso
La vacuna contra la polio	desarrollar	Shakira
La película *Hable con ella*	grabar	Pedro Almodóvar
La quinta sinfonía	dirigir	Alberto Einstein
El cuadro *Guernica*	descubrir	Isabel Allende
La teoría de la relatividad	pintar	Jonas Salk
La novela *La casa de los espíritus*	escribir	Beethoven
El metal radio		

IV. Using the Infinitive

Summary of Uses of the Infinitive

During this course you have used the infinitive in a variety of situations. The following rules will help you review the different uses.

1. Use an infinitive:

   a. after verbs such as **querer, necesitar, desear, soler,** and **poder**

Quiero ir a la exhibición de Botero.	*I want to go to Botero's exhibition.*
Ella **desea tener** una escultura de él y luego **invitar** a todos sus amigos para que la vean.	*She wants to have a sculpture by him and then invite all her friends to see it.*

   b. after **tener que** and **hay que**

Tengo que escribir una crítica sobre ese cuadro.	*I have to write a critique of that painting.*
No hay que ser rico para ir a un museo.	*You don't have to be rich to go to a museum.*

   c. after impersonal expressions such as **es posible** or **es necesario** when there is no specific subject mentioned

No es posible pintar bien sin recibir instrucción previa.	*It's not possible to paint well without receiving previous instruction.*

   d. directly after a preposition

Después de pintar por muchos años, Ernesto fue finalmente aceptado en el mundo del arte.	*After painting for many years, Ernesto was finally accepted in the art scene.*
No puedes entrar a la exhibición **sin tener** invitación.	*You can't enter the exhibition without having an invitation.*

   > Spanish: *preposition + infinitive* (**después de obtener**)
   >
   > English: *preposition + gerund* (*after getting*)

   e. after **al**

Al ver el cuadro, Marisel sintió nostalgia por su familia y su pueblo.	*Upon seeing the painting, Marisel felt nostalgic about her family and her village.*

   f. when a verb is the subject of the sentence

   Note that the use of the definite article **el** is optional.

(El) Expresar lo que uno siente es a veces necesario.	*Expressing what one feels is sometimes necessary.*

To review verbs like **gustar**, see pp. 5–6.

2. The infinitive also functions as the subject after verbs that follow the pattern of **gustar.**

A Carlos no le **gusta vender** ni **regalar** sus obras de arte.

Carlos doesn't like selling nor giving away his works of art.

Actividad 24   Ideas sobre el arte   Completa estas ideas sobre el arte con el infinitivo y otras palabras necesarias.

1. Si quieres interpretar una obra de arte es imprescindible...
2. Para... lo que pinta un artista a veces es necesario... el contexto histórico.
3. Un artista se expone a la crítica al...
4. Un restaurador a veces no puede...
5. ... un cuadro y... una crítica es fácil, pero pintar una obra maestra es muy difícil.
6. Muchos artistas ganan poco dinero por...
7. Antes de... una obra de arte, es importante... y también se debe...

Actividad 25   Mensajes informativos   En grupos de tres, Uds. son locutores de una emisora de radio y tienen que escribir una serie de mensajes cortos para informarle al público sobre las múltiples oportunidades que hay para ver arte en su ciudad. Al escribir los mensajes integren diferentes usos del infinitivo cuando sea posible. A continuación hay una lista de cinco eventos a los que la gente puede asistir este mes.

¿Qué?	¿Dónde?
La historia en cuadros – La historia de Latinoamérica 1492–1800, representación cronológica.	Museo de la Ciudad
Tú también puedes ser escultor – Oportunidad para gente entre cinco y ochenta años para trabajar con las manos y crear una obra de arte.	Museo del Barrio
CIEN – Exhibición multimedia de fotografías en blanco y negro de 100 personas el día que cumplieron los 100 años. Cada foto viene acompañada de una narración de la persona misma.	La sala de exhibiciones en el Banco de la República
Los murales del barrio – Una visita a un barrio donde vamos a explorar los murales hechos por jóvenes de la ciudad. Algunos van a estar allí para hablar con nosotros sobre sus obras.	Lugar de encuentro: La puerta del Museo del Barrio Sábado, 20 marzo a las 13:00
Invenciones – prácticas, graciosas, ingeniosas e inútiles – Exhibición de invenciones de aparatos que se pueden encontrar en una casa para ayudarnos a hacer las tareas domésticas.	Museo de Ciencias

▶ ¿Quieren **tener** una vida más fácil? ¿No les gusta **tener** que **atarse** los zapatos todos los días? No importa, una máquina puede **hacerlo.** Deben **visitar...**

V. Using Transitional Phrases

Expressions with *por*

Por is frequently used in transitional phrases that help to move a conversation or a narrative along. The following list contains common expressions with **por**.

por casualidad	by chance
por cierto	by the way
por ejemplo	for example
por eso / por esa razón	that's why, for that reason
por lo general	in general
por lo menos	at least
por un lado... por el otro / por una parte... por la otra	on one hand . . . on the other
por otro lado / por otra parte	on the other hand
por (si) las dudas / por si acaso / por si las moscas	just in case
por lo tanto / por consiguiente	therefore
por supuesto	of course

Actividad 26 Miniconversaciones   **Parte A:** Completa las siguientes conversaciones usando expresiones con **por.**

1. —¿Adónde vas con esos prismáticos (*binoculars*)?
   —Los llevo _____. Sé que tenemos asientos en la séptima fila, pero quiero ver bien a los actores.

2. —_____, me gusta esta escultura, pero _____, me parece carísima.
   —Entonces no la compres.

3. —Me fascinan las canciones de Ricky Martin.
   —_____, ¿escuchaste su última canción? Es excelente.

4. —¿Has visto mi flauta _____?
   —Creo que la vi en la mesa de la cocina, debajo del periódico.

5. —Esta exhibición me parece malísima; _____, me voy.
   —Espérame, espérame que quiero ver algunos cuadros más.

6. —¿Cuánto crees que cueste esa obra de arte?
   —No estoy seguro, pero debe costar _____ 100.000 pesos.

Parte B: Ahora en parejas, escojan una de las conversaciones y continúenla.

Actividad 27 Los comentarios En parejas, digan qué piensan sobre cada una de las siguientes ideas usando por lo menos tres expresiones con **por** para cada situación.

▶ Las artesanías no son arte.
  Por lo general eso es lo que piensa mucha gente y **por eso** no aprecia el trabajo de los artesanos. Pero **por otro lado,** ...

1. El grafiti es arte.
2. Hay censura artística en este país.
3. Algún día van a desaparecer los libros.

Actividad 28 ¿Censura o no? Muchos gobiernos patrocinan (*sponsor*) las artes, pero siempre existe la posibilidad de la censura. El arte provoca reacciones y también controversia y, por lo tanto, existe un sector del público que quiere establecer controles sobre el dinero que gasta el gobierno en las artes. Ha habido ocasiones en que gente con dinero le paga a un artista para hacer arte público. En 1933, Nelson Rockefeller contrató a Diego Rivera, el muralista mexicano, para pintar un mural en una de las paredes del Centro Rockefeller en Nueva York. Al pintar el cuadro, Rivera incluyó un retrato de Vladimir Lenin. A Rockefeller no le gustó y le pidió a Rivera que cambiara la cara de Lenin por la de un individuo desconocido. Rivera rechazó la idea y Rockefeller lo despidió y destruyó el mural para que no se viera. Divídanse en dos grupos para debatir esta idea:

Los gobiernos no deben patrocinar obras de arte que la mayor parte de la población no acepta.

Cada grupo tiene cinco minutos para preparar su argumento, uno a favor o y el otro en contra. Su profesor/a va a moderar el debate.

▶ Diego Rivera pinta un mural en el edificio RCA del Centro Rockefeller en Nueva York.

▲ La quena: instrumento prohibido en Chile durante la dictadura de Pinochet.

◀ Alicia Alonso, bailarina y coreógrafa cubana. Se prohibió su entrada en los Estados Unidos durante casi todo el régimen de Castro por apoyar su gobierno.

Do the corresponding CD-ROM and web activities to review the chapter topics.

Vocabulario activo

La obra de arte

el autorretrato	*self-portrait*
la burla	*mockery*
burlarse de	*to mock, make fun of*
expresar	*to express*
fuente de inspiración	*source of inspiration*
glorificar	*to glorify*
la imagen	*image*
el mensaje	*message*
la naturaleza muerta	*still life*
la obra abstracta	*abstract work*
la obra maestra	*masterpiece*
el paisaje	*landscape*
la reproducción	*reproduction*
el retrato	*portrait*
la sátira	*satire*
el simbolismo	*symbolism*
simbolizar	*to simbolize, signify*
el símbolo	*symbol*

Apreciación del arte

el censor	*censor*
la censura	*censorship; censure*
censurar	*to censor; to censure*
la crítica	*critique*
criticar	*to critique; to criticize*
el crítico	*critic*
la interpretación	*interpretation*
interpretar	*to interpret*

Expresiones para hablar de un cuadro

¿Qué te parece (este cuadro)?	*What do you think (about this painting)?*
No tiene ni pies ni cabeza.	*I can't make heads or tails of it.*
No tiene (ningún) sentido para mí.	*It doesn't make (any) sense to me.*
Qué maravilla.	*How marvelous.*
Qué horrible.	*How horrible.*
(No) Me conmueve.	*It moves/doesn't move me.*
Me siento triste/contento/a al verlo.	*I feel sad/happy when I see it.*
Ni me va ni me viene. / Ni fu ni fa.	*It doesn't do anything for me.*

Expresiones con *por*

por casualidad	*by chance*
por cierto	*by the way*
por ejemplo	*for example*
por eso / por esa razón	*that's why, for that reason*
por lo general	*in general*
por lo menos	*at least*
por lo tanto / por consiguiente	*therefore*
por un lado... por el otro / por una parte... por la otra	*on one hand . . . on the other*
por otro lado / por otra parte	*on the other hand*
por (si) las dudas / por si acaso / por si las moscas	*just in case*
por supuesto	*of course*

Expresiones útiles

un dineral	*a great deal of money*
llevarle (a alguien) + *time period*	*to take (someone) + time period*
¡Qué barbaridad!	*Wow! (literally, What a barbarity!) (negative connotation)*
se me fueron las ganas de + *infinitive*	*I didn't feel like + verb + ing anymore*

Vocabulario personal

Capítulo 10

Metas comunicativas

- discutir temas sociales
- expresar acciones futuras
- expresar condiciones, dar consejos y pedir que alguien haga algo
- expresar probabilidad
- hacer hipótesis sobre el presente y el futuro

Las relaciones humanas

▲ Una pareja charla en un parque de Viña del Mar, Chile.

¡Que vivan los novios!

un/a amigo/a íntimo/a	a very close friend
¿No te/le/les parece?	Don't you think so?
mientras más vengan, mejor	the more, the merrier

www *La boda*

◄ Chicas argentinas tiran las cintitas de un pastel de boda.

Actividad 1   Las bodas   Marca qué costumbres asocias generalmente con bodas de tu país (MP), de varios países hispanos (PH) o de ambos (A).

1. _____ ceremonia civil o religiosa
2. _____ ceremonia civil y religiosa
3. _____ damas de honor como madrinas
4. _____ padres y madres como padrinos

5. _____ pajes con anillos
6. _____ tirarles arroz a los novios al salir de la iglesia
7. _____ fiesta con baile
8. _____ pastel de boda

Actividad 2   Otras costumbres   **Parte A:** Escucha el programa de radio "Charlando con Dolores" para enterarte de, por lo menos, dos costumbres hispanas relacionadas con las bodas.

Parte B: Escucha el programa de radio otra vez y apunta todas las costumbres hispanas que se mencionan. Debes estar preparado/a para contárselas con detalle al resto de la clase.

Parte C: En parejas, describan costumbre de su país relacionadas con las bodas, que no se hayan mencionado en la actividad anterior.

Actividad 3 ¿Qué opinas? En grupos de tres, discutan las siguientes ideas relacionadas con las bodas en su país.

1. Los padres de la novia deben pagar todos los gastos de la fiesta.
2. Los invitados sólo deben comprar regalos de la lista de regalos.
3. Las madrinas de la novia deben comprar el vestido que la novia elija por más feo que sea.
4. El novio y la novia pueden celebrar su despedida de soltero/a como quieran.

¿LO SABÍAN?

Entre las muchas tradiciones en torno a las bodas de los países hispanos se encuentran las serenatas en Colombia. Aunque esta costumbre parezca anticuada, todavía a veces se dan serenatas. En el pasado, el novio generalmente le mandaba a su futura esposa uno o varios músicos que le tocaban canciones frente a la ventana muy tarde por la noche. Hoy día, es más común que el novio le lleve el conjunto de "serenateros" uno o dos días antes de la boda, generalmente la noche que reciben los regalos, y juntos con la familia pasan un rato escuchando música. Poco a poco las costumbres cambian y a veces los cambios son buenos y otras veces no tan buenos. Comenta qué opinas de esta tradición y si te gustaría recibir o mandarle una serenata a alguien. ¿Es una tradición cursi o romántica? ¿Hay algunas tradiciones que se están perdiendo en tu país?

Do the corresponding CD-ROM and web activities as you study the chapter.

I. Stating Future Actions

The Future Tense

In the radio program, you heard a caller say, **"Y la que se saque el anillo es la que se casará el año que viene"**, in reference to an action that will take place in the future. To do this, she used the future tense. You are already familiar with the two most common ways to refer to future actions: a construction with **ir a** + *infinitive* and the present tense.

1. The present tense is frequently used to refer to the near future, and a sense of certainty about the future is implied. **Ir a** + *infinitive* can be used to talk about both the near and distant future.

Esta noche **se casan** Wilson y Marta.	*Tonight Wilson and Marta are getting married.* (near future and sense of certainty)
En una semana **van a volver** de su luna de miel.	*In a week they are going to return from their honeymoon.* (near future)
El año que viene mi novia y yo **vamos a casarnos.**	*My girlfriend and I are going to get married next year.* (distant future)

2. Another way to refer to actions both in the near and distant future is by using the future tense (**el futuro**). In everyday speech, this tense is not as common as the present or **ir a** + *infinitive*. The future tense is formed by adding the following endings to the infinitive form of the verb.

us**ar**		vend**er**		viv**ir**	
usar**é**	usar**emos**	vender**é**	vender**emos**	vivir**é**	vivir**emos**
usar**ás**	usar**éis**	vender**ás**	vender**éis**	vivir**ás**	vivir**éis**
usar**á**	usar**án**	vender**á**	vender**án**	vivir**á**	vivir**án**

For additional information on the formation of the future tense, see Appendix A, page 344.

Los recién casados **saldrán** para Cozumel esta noche.

The newlyweds will leave for Cozumel tonight.

Con el tiempo, **tendrán** dos o tres hijos.

In time, they will have two or three children.

Ellos **querrán** que sus hijos estudien otro idioma desde niños.*

They will want their children to study another language starting from a very young age.

*Note: In sentences requiring the subjunctive, if the independent clause contains the future, use the present subjunctive in the dependent clause.

3. You can use the future tense to make promises and predictions.

—Necesitamos llegar a la boda a tiempo.

We need to arrive at the wedding on time.

—**Estaré** en tu casa a las ocho.

I'll be at your place at eight. (promise)

—¿Sabes si ya compraron apartamento?

Do you know if they bought an apartment yet?

—No, pero me imagino que **vivirán** cerca de los padres de él.

No, but I imagine that they will live near his parents. (prediction)

Actividad 4　¿Cómo serán?　En parejas, describan cómo creen que será físicamente la otra persona cuando tenga setenta y cinco años. A continuación hay algunas ideas que pueden ayudarlos. Justifiquen su descripción.

tener pelo blanco, canoso o teñido (*dyed*)
ser calvo/a
llevar peluca (*wig, toupee*)
ser activo/a o sedentario/a
tener buena o mala salud
ser gordo/a o delgado/a

llevar anteojos bifocales o trifocales
tener arrugas (*wrinkles*)
tener cuerpo de gimnasio o ser fofo/a
estar senil o tener la mente lúcida
oír bien o mal
? ? ?

Actividad 5 ¿Lo harán? En parejas, túrnense para preguntarse cuáles de las siguientes actividades no harán nunca y cuáles harán si pueden. Expliquen sus respuestas.

▶   —¿Tendrás gatos?

—Sí, tendré gatos porque me   —No, jamás tendré gatos porque les
encantan los animales.   tengo alergia.

1. ganar un dineral
2. hacer un viaje al Oriente
3. vivir en la misma ciudad que sus padres
4. dedicarse a ayudar a los necesitados
5. adoptar a un niño
6. hacer el doctorado
7. aspirar a ser famoso/a
8. presentarse como candidato/a para un puesto del gobierno
9. matricularse en otro curso de español
10. aprender a hacer alas delta

Actividad 6 El pasado y el futuro **Parte A:** Lee cómo era la vida en el año 1900 y luego di cómo será el mundo en el año 2075.

1. En el año 1900 las personas no viajaban mucho porque usaban caballos, barcos o trenes y cada viaje llevaba muchos días. En el año 2075...
2. En el año 1900 se pagaba en las tiendas con monedas o billetes. En el año 2075...
3. En el año 1900 la gente cerraba las puertas con llave y para entrar tenía que tener la llave. En el año 2075...
4. En el año 1900 casi ninguna mujer ocupaba un puesto en el gobierno. En el año 2075...
5. En el año 1900 existían tiendas donde se compraba comida, ropa, etc. En el año 2075...

Parte B: Ahora usa la imaginación e imita el estilo de la Parte A para describir otros aspectos de la vida del año 1900 y después di qué pasará en el futuro.

1. las bodas
2. hacer las labores domésticas
3. el cáncer
4. trabajar 40 horas o más por semana
5. las guerras
6. las escuelas públicas

Actividad 7 La estructura familiar En grupos de tres, lean las siguientes descripciones sobre la estructura familiar actual de los Estados Unidos y digan cómo creen que será esta estructura dentro de veinte años.

1. La mujer trabaja en la casa más que el hombre.
2. Hay desigualdad entre el sueldo que ganan los hombres y las mujeres.
3. Las parejas generalmente se casan entre los 25 y los 30 años.
4. Las familias tienen generalmente dos hijos.
5. Hay bastante gente soltera con hijos.
6. Muchos jóvenes no pueden seguir sus estudios por falta de dinero.
7. Los adolescentes salen por la noche con permiso de los padres.
8. El porcentaje de divorcios es alto.
9. Existen familias no tradicionales, pero no son la mayoría.

Actividad 8 Promesas **Parte A:** Te vas a casar y quieres preparar una lista de cinco promesas para leerle a tu novio/a el día de la boda. Selecciona cinco de la siguiente lista y luego añade una promesa original al final.

_____ decirle la verdad siempre
_____ serle fiel
_____ ayudarlo/la en todo
_____ quererlo/la para toda la vida
_____ apoyarlo/la
_____ respetarlo/la
_____ hacerlo/la feliz
_____ escucharlo/la siempre
_____ no gritarle
_____ tener presentes sus deseos
_____ estar con él/ella en las buenas y en las malas

Parte B: En parejas, mírense a los ojos y díganse las promesas.

II. Expressing Conditions, Giving Advice, and Making Requests

The Conditional Tense

1. To express what someone would do in a given situation, use the conditional tense (**el condicional**).

Sería interesante hacer un estudio sobre los hombres que ganan menos dinero que su esposa. ¿Cómo **describirían** ellos su papel en la familia?

It would be interesting to do a study about men who earn less money than their wives. How would they describe their role in the family?

2. The conditional is formed by adding the following endings to the infinitive form of the verb.

us**ar**		vend**er**		viv**ir**	
usaría	usaríamos	vendería	venderíamos	viviría	viviríamos
usarías	usaríais	venderías	venderíais	vivirías	viviríais
usaría	usarían	vendería	venderían	viviría	vivirían

For additional information about the formation of the conditional, see Appendix A, page 344.

3. The conditional is frequently used to give advice when prefaced by the phrases **yo que tú/él/ella/ellos...** and **(yo) en tu/su lugar.**

> **Yo que tú, me casaría** con ella. *If I were you, I would marry her.*
>
> **(Yo) en tu lugar,** les **diría** la verdad. *If I were in your place, I would tell them the truth.*

4. You can also use the conditional to make very polite requests. The following requests are listed from the most direct (commands), to the most polite (conditional).

Dime dónde es la ceremonia.	Haz esto.
¿Me dices dónde es la ceremonia?	Quiero que hagas esto.
¿Quieres decirme dónde es la ceremonia?	**Me gustaría** que hicieras esto.*
¿Podrías decirme dónde es la ceremonia?	**Querría** que hicieras esto.*

*Note: When expressing influence, if the independent clause contains the conditional, use the imperfect subjunctive in the dependent clause.

Actividad 9 Una emergencia Estás en el trabajo y acabas de enterarte que tu padre tuvo un accidente grave. Fuiste a pedirle algunos favores a una compañera, pero no la encontraste. Por eso, le pediste los mismos favores a tu jefa. Cambia lo que ibas a pedirle a tu compañera a la forma de Ud. y usa frases como: **¿Me podría...?, Querría que..., Me gustaría que...**

1. ¿Me puedes ayudar?
2. ¿Me dejas usar tu carro?
3. ¿Puedes cancelar mis citas con los clientes?
4. ¿Me puedes prestar cien dólares?
5. Quiero que llames a mi madre para decirle que iré enseguida al hospital.
6. No quiero que le digas nada a nadie en la oficina.

Actividad 10 Situaciones de la vida diaria **Parte A:** Lee individualmente las siguientes situaciones de la vida diaria y marca qué harías en cada una.

1. Estás en el banco y la mujer que está delante de ti sólo habla español y tiene problemas porque el cajero sólo habla inglés. ¿Qué harías?
   a. ayudarla y traducirle
   b. no hacer nada
   c. buscar un cajero que hablara español
2. Llegas a tu casa solo/a de noche y encuentras la puerta abierta. ¿Qué harías?
   a. entrar para investigar
   b. buscar a un vecino
   c. llamar a la policía
3. Un vendedor te devuelve diez dólares de más en una tienda. ¿Qué harías?
   a. devolverle el dinero
   b. darle las gracias e irte
   c. comprar algo más en esa tienda
4. Un amigo que tiene novia te cuenta que está saliendo con otra chica. ¿Qué harías?
   a. decirle la verdad a la novia
   b. no hablarle más a tu amigo
   c. sugerirle a él que se lo dijera a su novia
5. Viste a una señora poner un disco compacto en su bolso, pero no la vio nadie de la tienda. ¿Qué harías?
   a. avisarle a un vendedor
   b. decirle algo a ella
   c. no decirle nada a nadie

(continúa en la página siguiente)

6. Hay un incendio (*fire*) en una casa y hay niños gritando adentro, pero parece muy peligroso entrar. ¿Qué harías?

   a. llamar a los bomberos con tu móvil
   b. entrar en la casa y sacar a los niños de allí
   c. buscar a un vecino para que te ayudara

7. Un amigo que bebió seis cervezas mientras miraba un partido de basquetbol en tu casa quiere manejar a su casa. ¿Qué harías?

   a. llevarlo a casa
   b. dejarlo ir solo
   c. ofrecerle un lugar para dormir en tu casa

Parte B: En parejas, miren las situaciones de la Parte A otra vez y marquen individualmente lo que creen que respondió su compañero/a. No pueden consultar con él/ella.

Parte C: Ahora hablen sobre las respuestas y las predicciones que hicieron.

  ▶ A: ¿Qué haría yo en la primera situación?
     B: Yo creo que no la ayudarías porque eres muy tímido/a.
     A: Soy tímido/a, pero también soy amable y hablo bien español.

Actividad 11 ¿Qué harías? En parejas, digan qué harían en las siguientes situaciones y por qué. Reaccionen a lo que dice su compañero/a usando las siguientes expresiones.

Positivas	Negativas	
¡Qué decente!	¡Qué caradura!	*Of all the nerve!*
¡Qué responsable!	¡Qué sinvergüenza!	*What a dog/rat!*
Eres un ángel.	¡Qué desconsiderado/a!	*How inconsiderate!*
Eres un/a santo/a.	Francamente creo que	*Frankly I think that*
Eres más bueno/a	tú...	*you . . .*
que el pan.	Ésa es una mentira más grande que una casa.	*That's a big fat lie.*

Ángel is always masculine.

Situaciones para el/la estudiante A

1. Has gastado más de $4.000 con la tarjeta de crédito y no tienes más crédito. En la cuenta bancaria tienes sólo $1.600 y quieres hacer un viaje a México con tus amigos durante las vacaciones.
2. Has chocado contra un auto estacionado y a tu auto no le ha pasado nada, pero el otro está un poco dañado. Calculas que el arreglo no costará más de $200. Nadie ha visto el choque y estás solo/a.

Situaciones para el/la estudiante B

1. Acabas de comprar un móvil sin seguro. Al salir de la tienda se te cayó al suelo y se te rompió.
2. Estás en un examen sentado al lado del mejor estudiante de la clase y puedes ver bien su examen porque escribe con letra muy grande. Estudiaste mucho para el examen pero te resulta muy difícil y no te parece justo.

Actividad 12   Yo que tú...   En parejas, un/a estudiante mira las situaciones A y la otra persona mira las situaciones B. Cuéntense sus problemas usando sus propias palabras y dense consejos usando las expresiones **yo que tú/él/ella/ellos** y **yo en tu/su lugar.**

A	B
1. Mi madre no quiere que yo acepte un trabajo en Bolivia, quiere que me quede aquí. 2. Mis padres van a ir a Europa y no saben si alquilar un carro o comprar un "Eurail pass". 3. Un amigo quiere que yo salga en el programa de Jerry Springer.	1. Un amigo me acusó de robarle el radio. 2. Mi padre no quiere que mi madre trabaje, pero ella quiere trabajar. 3. A mi hermano que está casado y tiene hijos le ofrecieron un buen trabajo en una fábrica, pero es por la noche y no sabe qué hacer.

III. Expressing Probability

The Future and Conditional Tenses

When you are not sure about something, you may express probability. For example, you may wonder about how old someone is, or if a person is late, you may wonder where he/she might be.

1. To wonder or to express probability about the present, use the future tense.

—¿Qué **estarán haciendo** los niños?   *I wonder what the kids are doing.*

—**Harán** alguna travesura porque están tan callados.   *They must be doing something bad because they are so quiet.*

—¿Cuántos años **tendrá** Ramón?   *I wonder how old Ramón is.*

—**Tendrá** unos cincuenta.   *He's probably about fifty.*

2. To wonder or to express probability about the past, use the conditional tense.

—¿Por qué se divorciaron?   *Why did they get divorced?*

—No tengo idea. **Tendrían** muchos problemas y tal vez ella **estaría** muy descontenta.   *I have no clue. They probably had a lot of problems and maybe she was very unhappy.*

Actividad 13   ¿Qué pasará?   En parejas, miren las situaciones y usen la imaginación para hacer tres conjeturas sobre qué pasará en este momento en cada situación.

Actividad 14   Solos en casa   Ha habido muchos robos últimamente y te has puesto un poco paranoico/a. En parejas, Uds. están solos en una casa por la noche y hacen conjeturas acerca de lo que pasa. Sigan el modelo y miren la siguiente lista.

▶ Oyen un ruido en otra habitación.

    A: ¿Oíste ese ruido?
    B: Sí. ¿Qué será?
    A: Será el viento.

1. Un perro empieza a ladrar.
2. Suena el teléfono y al contestar, no habla nadie.
3. Oyen un grito que viene de afuera de la casa.
4. Escuchan la sirena de la policía.
5. Alguien llama a la puerta.

Actividad 15   ¿En qué año sería?   Intenta decir el año o la edad exacta que tenían ciertos famosos cuando ocurrieron los siguientes acontecimientos. Si no estás seguro/a, mira las opciones que se presentan y usa expresiones como: **sería a principios de los.../a fines de los.../en el año.../de... a...** o **tendría... años.**

▶ llegar / Armstrong a la luna

  a. a principios de los 60   b. a fines de los 60   c. a principios de los 70

Armstrong llegó a la luna en 1969.   Sería a fines de los sesenta cuando Armstrong llegó a la luna.

1. ser / las Olimpiadas en Barcelona
  a. en el año 1988   b. en el año 2000   c. en el año 1992
2. Penélope Cruz / ser / protagonista de una película norteamericana por primera vez
  a. 18 años   b. 25 años   c. 28 años
3. norteamericanas / ganar / la última Copa Mundial de Fútbol
  a. a mediados de los 70   b. a finales de los 80   c. a finales de los 90

(continúa en la página siguiente)

4. JFK / morir / asesinado en Dallas, Texas
   a. 36 años   b. 46 años   c. 56 años
5. Miguel Indurain / español / ganar el Tour de Francia cinco veces
   consecutivas
   a. de 1974 a 1978   b. de 1991 a 1995   c. de 1998 a
                                                        2002
6. Shakira / producir / su primer álbum en inglés
   a. 20 años   b. 24 años   c. 27 años

◄ Los ciclistas Lance Amstrong
y Miguel Indurain.

IV. Discussing Societal Issues

La sociedad

The title *Cuernos* is taken from the expression **ponerle los cuernos a alguien** = *to cheat on someone* (literally, to put horns on your partner).

fidelity

we trust
partners
have been unfaithful, have cheated

(echarse) una cana al aire = (to have) a one-night stand
is very questionable

Cuernos

La relevancia que le damos a la **fidelidad** sexual, independientemente de la edad, es altísima; sólo un 2,7% la considera "poco importante". Pero además **confiamos en** nuestros compañeros sentimentales: más del 68% de los españoles no cree que sus **parejas** les **hayan sido infieles,** mientras que el 30,5% de los varones y el 10,7% de las mujeres reconocen haberlo sido alguna vez. Estos son algunos datos de la muestra que Sigma Dos ha realizado en la última semana de julio en exclusiva para *Magazine*. El escritor, político y demógrafo Joaquín Leguina analiza los resultados de la encuesta y señala que "estas proporciones de infieles subestiman la realidad". Pero si algo ha llamado la atención del autor del libro *Cuernos* es el porcentaje de menores de 30 años que sostienen como motivo inevitable de ruptura **una cana al aire**: "La permisividad de los jóvenes españoles **queda muy en entredicho".**

La pareja y la familia

el asilo/la casa/la residencia de ancianos	nursing home
la crianza, criar	raising, rearing; to raise, rear
ejercer autoridad	to exert authority
entrometerse (en la vida de alguien)	to intrude, meddle (in someone's life)
la falta de comunicación	lack of communication
la generación anterior	previous generation
la igualdad de los sexos	equality of the sexes
inculcar	to instill, inculcate
independizarse (de la familia)	to become independent (from one's family)
infidelidad	
el machismo	
malcriar	to spoil, pamper (a child)
matriarcal, patriarcal	
moral, inmoral	
la niñera	nanny
rebelde, rebelarse	rebellious; to rebel
sumiso/a	submissive
tener una aventura (amorosa)	to have an affair
el vínculo	bond
vivir juntos/convivir	to live together

Actividad 16 Es la misma palabra En parejas, una persona mira solamente la columna A y la otra mira la columna B. A debe definir las palabras pares y B debe definir las palabras impares sin usar la palabra en la definición. Al escuchar a su compañero/a, digan si la palabra que tienen bajo ese número es la palabra que su compañero/a define. Recuerden que no pueden utilizar la palabra en la definición. Usen frases como: **Es la acción de..., Es el lugar donde..., Es una cosa que...**

A	B
1. criar	1. inculcar
2. serle fiel a alguien	2. serle fiel a alguien
3. sumiso/a	3. sumiso/a
4. malcriar	4. criar
5. independizarse	5. vivir juntos
6. inmoral	6. inmoral
7. entrometerse	7. ejercer autoridad
8. matriarcal	8. patriarcal

Actividad 17 **El matrimonio en el futuro** En una época, el matrimonio por amor y no por conveniencia se consideraba una idea muy radical. En parejas, discutan las siguientes preguntas sobre el matrimonio.

The word **pareja** can mean *partner* or *couple*.

1. Cuando en generaciones anteriores el matrimonio era un arreglo, ¿qué tipo de conflictos tendrían los hombres y las mujeres?
2. ¿Qué tipo de problemas tendrán ahora las parejas que generalmente se casan por amor?
3. ¿Qué tipo de vínculo creen que se establecerá entre dos personas en el futuro?

Actividad 18 **La mujer mexicana** **Parte A:** El siguiente párrafo es parte de un artículo que apareció en una revista mexicana. Léelo para enterarte de cómo predice que será la mujer del año 2025.

ASÍ SERÁ LA MUJER

La mujer del año 2025 será realista, optimista y se sentirá cómoda con su incorporación a todos los ámbitos de la vida social. Formará una familia distinta a la tradicional, basada en las nuevas relaciones de pareja: el hogar dejará de ser el "reposo del guerrero", y el hombre compartirá las labores domésticas. Las cualidades que más valorará en su compañero serán la ternura, la inteligencia y el sentido del humor. Rechazará el papel de *superwoman* y no deseará ser perfecta. En el trabajo accederá a puestos de mayor responsabilidad, pero no cambiará su calidad de vida por conseguir el éxito a cualquier precio.

Parte B: Ahora en parejas, deduzcan las respuestas a estas preguntas sobre la vida de la mujer mexicana de hoy basándose en lo que acaban de leer.

1. ¿Cómo será la mujer mexicana actual?
2. Por lo general, ¿qué tipo de familia tendrá ahora?
3. El hogar se ve en la actualidad como el "reposo del guerrero". ¿Qué significará esta frase?
4. ¿Qué tareas hará el hombre mexicano en el hogar hoy día?
5. ¿Cuáles serán las cualidades que más valora la mujer en un hombre?
6. ¿Qué papel creen que le asigne ahora la sociedad a la mujer?
7. Generalmente, ¿qué tipo de trabajo tendrá ahora la mujer fuera del hogar?

Actividad 19   La tele y la familia   **Parte A:** En grupos de tres, miren el siguiente chiste de Quino, caricaturista argentino, y comenten las ideas que lo acompañan.

1. la televisión y la falta de comunicación en la familia
2. la televisión como un miembro más de la familia
3. la televisión como niñera
4. la televisión para inculcar valores tanto positivos como negativos

Parte B: Ahora comenten las siguientes preguntas relacionadas con la televisión y su infancia.

1. horas de televisión que veían
2. tipos de programas que veían
3. si la televisión era su niñera y por qué sí o no
4. de qué modo creen que les haya afectado la televisión

Parte C: Estudios recientes afirman que los niños que miran mucha televisión cuando son muy pequeños tienen luego problemas de concentración y son más hiperactivos. Teniendo en cuenta ese dato, ¿qué reglas para mirar televisión usarán con sus hijos?

Actividad 20   Los más jóvenes y los ancianos   **Parte A:** En grupos de tres, discutan estas preguntas sobre la educación infantil y el cuidado de los ancianos.

1. Imaginen que tienen un niño menor de dos años. ¿Lo dejarían en una guardería todo el día? ¿Cuáles serían tres ventajas y tres desventajas?
2. Si vivieran cerca de la casa de sus padres, ¿dejarían al niño todos los días con ellos? ¿A ellos les gustaría?
3. ¿Quién debe ser responsable de la crianza de los niños y por qué?
4. ¿De qué forma creen que los padres malcríen a los niños? ¿Por qué creen que lo hagan?
5. ¿Qué papel desempeñan/desempeñaron sus abuelos en su familia?
6. Imagínense que sus padres son ancianos y necesitan cuidados especiales. ¿Cuáles serían tres ventajas y tres desventajas de que ellos vivieran con Uds.?
7. ¿Pondrían a sus padres en una casa de ancianos? ¿Cuáles serían las ventajas y desventajas de hacerlo?

Parte B: Ahora lean lo que dice una venezolana acerca del cuidado de los niños y de los ancianos en su país. Luego en su grupo, comparen lo que dice ella con lo que contestaron Uds.

Fuente hispana

"En Latinoamérica, una familia con hijos pequeños nunca los llevaría a una guardería antes de los dos años para que allí se los cuidaran. Preferiría en todo caso contratar a una niñera que les ayudaría con la parte pesada de ese trabajo, como es el bañarlos, darles de comer, cambiarles los pañales, supervisar sus juegos. Ahora bien, en caso de no tener recursos económicos para contratar ayuda, acudirían a la madre o a la suegra. Ellas, sin duda, lo harían con mucho amor, sin esperar ningún tipo de compensación económica.

Por otro lado, si los padres de la pareja son muy ancianos y no pueden valerse por sí mismos, ellos esperarán que sus hijos los cuiden. Vivirán en la casa de uno de sus hijos y, si es necesario y si tienen los recursos, les contratarán a una enfermera particular para que se encargue de ellos. Por nada en el mundo se les ocurrirá buscarles lugar en un asilo para personas mayores, pues, si lo hacen, sus padres sentirán que los hijos los han abandonado."

venezolana

◄ Un abuelo y su nieta se divierten en un parque de La Habana, Cuba.

www *El rol de la mujer*

Actividad 21 ¿Costumbres semejantes? **Parte A:** En parejas, lean las siguientes preguntas y discutan sus respuestas basándose en sus ideas sobre la sociedad norteamericana.

1. ¿Es común que un hombre soltero o una mujer soltera de treinta años viva con sus padres?
2. ¿Con quién viven los ancianos? ¿Tienen Uds. algún pariente en una casa de ancianos?
3. ¿Hay presión para que los recién casados tengan hijos?
4. ¿Comparten por igual el padre y la madre la crianza de los niños?
5. ¿Quién cuida a los niños durante el día?
6. ¿Cómo dividen las responsabilidades de la casa las parejas casadas?
7. ¿Tiene la mujer de hoy más independencia que antes? Expliquen.

Parte B: En parejas, lean las preguntas nuevamente y traten de imaginar lo que contestaría un hispano.

► Un hispano diría que (no) es común que un hombre de treinta años viva con sus padres.

Parte C: A continuación hay una lista de respuestas que dieron una mexicana y una española a las preguntas de la Parte A. Algunas respuestas fueron similares y otras no. Comparen estas respuestas con lo que respondieron Uds. en las Partes A y B de esta actividad. Los números corresponden a las preguntas de la Parte A.

Las respuestas similares
• "Es común y aceptable que un hombre o una mujer de treinta años viva con sus padres si todavía no se ha casado." (1)
• "En general, la madre es la que más se ocupa de la crianza de los niños." (4)
• "Los abuelos y otros familiares suelen vivir en la misma ciudad y ayudan a cuidar a los niños cuando los padres lo necesitan." (5)
• "Dentro de la casa, generalmente la mujer sigue ocupándose de la mayoría de las labores domésticas." (6)
• "La mujer de clase media tiene cada vez más independencia y trabaja más fuera del hogar." (7)

mexicana	española
• "Relativamente pocas personas tienen parientes en casas de ancianos." (2)	• "Las cosas han cambiado ya que la mujer trabaja fuera de casa, y por eso ahora hay más personas en residencias de ancianos. También existen las residencias de día, son como guarderías pero para mayores." (2)
• "La familia espera que los recién casados tengan hijos pronto, pero últimamente esto está cambiando en las grandes ciudades." (3)	• "Normalmente tienen hijos dos o tres años después de casarse, si los tienen. Las mujeres tienen el primer hijo más o menos a los 30 años." (3)

Actividad 22 Una pareja hispano-norteamericana   **Parte A:** Después de discutir las preguntas de las Actividades 20 y 21, en grupos de tres, hagan conjeturas sobre qué conflictos habría si se casaran una mujer de este país y un hombre de un país hispano. Luego hagan lo mismo para un hombre de este país y una mujer de un país hispano.

Parte B: A veces las diferencias culturales en una pareja pueden ser grandes como, por ejemplo, si se debe tener a un pariente mayor y enfermo en casa o en una casa de ancianos. Pero también existen pequeñas diferencias culturales que pueden causar conflictos. Lean los comentarios de personas de diferentes países hispanos que viven en los Estados Unidos y que están casadas con norteamericanos. Luego digan si sus comentarios son parecidos a los que mencionaron Uds. en la Parte A o si les sorprenden algunos de los comentarios.

"A mí me sorprendió ver a mi esposa caminando por la casa sin zapatos o zapatillas. En mi país jamás se hace eso y se dice que si uno anda descalzo se puede enfermar. Otra cosa que nunca voy a entender es cómo se puede comer sólo un sándwich para la comida. ¿Dónde está el arroz? ¿Cómo se puede comer tan poco?"

colombiano

"Mi marido no entendía por qué yo siempre le planchaba la ropa. Su primera mujer, que era norteamericana, no lo hacía. Yo le expliqué que hacerlo era para mí un acto de amor."

peruana

"Me sorprendió que en la cocina de una típica familia norteamericana no suele haber una olla de presión. Aquí parece que muchas personas compran la sopa en latas o en sobres y no la preparan con carne, chorizo, huesos, garbanzos, vegetales, etc. El puré como primer plato no lo conocen. Echo de menos un buen puré de **puerros** y patatas. También echo de menos el pan español."

leeks

español

"La primera vez que fui a una cena formal, al final de la comida mi suegro se levantó para ver un partido de fútbol americano y muy poco después todos se levantaron. Me pareció muy extraño. Me sorprendió que ninguno estuviera interesado en conversar; comer era lo único importante. Eché de menos la sobremesa cuando en mi país, después de comer, todos se quedan y platican sobre cualquier tema."

puertorriqueña

V. Hypothesizing About the Future and the Present

Si Clauses (Part One)

In this section, you will learn to discuss hypothetical situations about the future and the present.

1. When making a hypothetical statement about possible future situations, use the following formula.

Referring to the future
si + *present indicative,*   present indicative   **ir a** + *infinitive*   future   command

Si Paco tiene tiempo,
If Paco has time (which he may or may not),

le hablo del problema.
I am going to speak to him about the problem.
le voy a hablar del problema.
I am going to speak to him about the problem.
le hablaré del problema.
I will speak to him about the problem.
háblale del problema.
talk to him about the problem.

2. When you want to express hypothetical situations about the present, use the following formula. Notice that the **si** clause contains a contrary-to-fact statement (if I were a rich man—which I am not).

Referring to the present	
si + *imperfect subjunctive,*	*conditional*

Si tuviera el dinero,
If I had the money (which I do not),

viajaría por todo el mundo.
I would travel all over the world.

Si estuvieras de visita en Santo Domingo,
If you were visiting Santo Domingo (which you are not),

irías a la playa todos los días.
you would go to the beach every day.

Si mi hermana fuera piloto,
If my sister were a pilot (which she is not),

conocería muchos lugares.
she would know many places.

3. In all sentences with **si** clauses, the **si** clause can start or end the sentence.

Si Uds. me ayudan, terminaremos pronto.	=	Terminaremos pronto si Uds. me ayudan.
Si nos escucháramos más, nos pelearíamos menos.	=	Nos pelearíamos menos si nos escucháramos más.

Actividad 23 Situaciones para niños Imagina que eres un/a niño/a y acabas de participar en un taller (*workshop*) sobre seguridad personal. Di qué harías en las siguientes situaciones.

1. Si alguien te preguntara en la calle cómo llegar a un lugar, ...
2. Si un amigo o una amiga te ofrecieran un cigarrillo, ...
3. Si un amigo o una amiga te sugirieran que Uds. robaran algo en una tienda, ...
4. Si tú estuvieras solo/a en casa y una persona llamara por teléfono y preguntara por uno de tus padres, ...
5. Si en la calle alguien te ofreciera un dulce, ...

Actividad 24 ¿Alondra o búho? **Parte A:** Los cronobiólogos aseguran que existen personas orgánicamente más dispuestas al trabajo físico y mental diurno y otras al trabajo nocturno. Contesta este cuestionario para averiguar a qué grupo perteneces. En el cuestionario usan el reloj de 24 horas.

1. De poder elegir[1] con toda libertad y sin ninguna restricción laboral o de otro tipo, ¿a qué hora se levantaría?
A- entre las 5 y las 6   D- entre las 10 y las 11
B- entre las 6 y las 7   E- entre las 11 y las 12
C- entre las 7.30 y las 10

2. Supongamos que Ud. se ha presentado a un nuevo trabajo y que tiene que realizar una prueba psicofísica que dura algunas horas y es mentalmente cansadora, ¿a qué hora le gustaría que le tomaran la prueba?
A- entre las 8 y las 10   C- entre las 15 y las 17
B- entre las 11 y las 13   D- entre las 19 y las 21

3. Si pudiera planear su noche con toda libertad y sin ninguna restricción laboral o de otro tipo, ¿a qué hora se acostaría?
A- entre las 20 y las 21   D- entre las 0.30 y la 1.45
B- entre las 21 y las 22.15   E- entre la 1.45 y las 3
C- entre las 22.15 y las 0.30

4. Supongamos que se ha decidido a hacer ejercicio físico (un deporte, como el tenis, por ejemplo) y un amigo le sugiere hacerlo entre las 7 y las 8 de la mañana. En base a su predisposición natural, ¿cómo se encontraría Ud. si aceptara la invitación?
A- estaría en muy buena forma   C- me sería difícil
B- estaría bastante en forma   D- me sería muy difícil

5. Si tuviera que realizar dos horas de ejercicio físico pesado, ¿cuáles de estos horarios elegiría?
A- de 8 a 10   C- de 15 a 17
B- de 11 a 13   D- de 19 a 21

6. Si Ud. se fuera a dormir a las 23, ¿en qué nivel de cansancio se sentiría?
A- nada cansado   C- bastante cansado
B- algo cansado   D- muy cansado

7. ¿Se siente cansado durante la primera media hora luego de levantarse?
A- muy cansado   C- sin cansancio pero no en forma plena
B- medianamente cansado D- en plena forma

8. ¿A qué hora del día se siente mejor?
A- de 8 a 10   C- de 15 a 17
B- de 11 a 13   D- de 19 a 21

9. Supongamos que otro amigo le sugiere hacer jogging entre las 22 y las 23, tres veces por semana. Si no tuviera otro compromiso y en base a su predisposición natural, ¿cómo se encontraría Ud. si aceptara la invitación?
A- estaría en muy buena forma   C- me sería difícil
B- estaría bastante en forma   D- me sería muy difícil

RESULTADO
Sume los puntos obtenidos de acuerdo con el siguiente puntaje:

Puntaje
Pregunta 1: A=1, B=2, C=3, D=4, E=5
Pregunta 2: A=1, B=2, C=3, D=4
Pregunta 3: A=1, B=2, C=3, D=4, E=5
Pregunta 4: A=1, B=2, C=3, D=4
Pregunta 5: A=1, B=2, C=3, D=4
Pregunta 6: A=4, B=3, C=2, D=1
Pregunta 7: A=4, B=3, C=2, D=1
Pregunta 8: A=1, B=2, C=3, D=4
Pregunta 9: A=4, B=3, C=2, D=1

Interpretación del resultado
9-15: Definidamente matutino
16-20: Moderadamente matutino
21-26: Ni búho[2] ni alondra[3], intermedio
27-31: Moderadamente vespertino
32-38: Definitivamente vespertino

[1] si pudiera elegir   [2] owl   [3] lark (known for its early morning song)

Parte B: En grupos de tres, hablen de las siguientes preguntas.

1. ¿Eres búho o alondra?
2. Si eres una persona matutina, ¿te casarías con una persona vespertina? ¿Cuáles serían los pros y los contras de ese tipo de unión?
3. ¿Cómo clasificas a diferentes parejas de tu familia o de amigos tuyos? ¿Son dos búhos o dos alondras? ¿Es una persona vespertina y la otra matutina? ¿Qué parejas funcionan mejor y por qué?

Actividad 25 Acciones poco comunes **Parte A:** Entrevista a personas de la clase para averiguar si han hecho o harían, si pudieran, las actividades de la siguiente lista. Debes hacerle sólo una pregunta a cada persona que entrevistes y escribir sólo un nombre para cada acción. Sigue el modelo.

▶ A: ¿Alguna vez has comido ancas de rana?

B: Sí, lo he hecho. B: No, nunca lo he hecho.

A: ¿Cuándo las comiste? A: ¿Las comerías si pudieras?

B: El verano pasado y me gustaron mucho. B: No, nunca lo haría. / Creo que sí lo haría.

	Lo ha hecho	Nunca lo haría	Lo haría si pudiera
1. correr en un maratón	___	___	___
2. escalar una montaña muy alta	___	___	___
3. ser participante de un "reality show"	___	___	___
4. hacer un viaje por la selva amazónica	___	___	___
5. vivir por lo menos un año en un país de habla española	___	___	___
6. actuar en una película de Hollywood	___	___	___
7. nadar sin traje de baño	___	___	___
8. ser reportero/a para un periódico de chismes	___	___	___

Parte B: Ahora en parejas, díganle a la otra persona los datos que obtuvieron.

▶ Beth dice que si pudiera, comería ancas de rana.

Actividad 26 ¿Cómo serías? En parejas, túrnense para decir cómo sería su vida si Uds. fueran diferentes en ciertos aspectos.

▶ ser más alto
Si yo fuera más alto, podría ser un buen jugador de basquetbol. Practicaría todos los días y también viajaría mucho para jugar partidos.

1. ser más bajo/a o alto/a
2. estudiar más/menos
3. tener más/menos dinero
4. hacer más/menos ejercicio
5. ser más/menos atractivo/a
6. ser famoso/a
7. (no) estar casado/a
8. (no) tener hermanos
9. (no) cambiarse el color del pelo
10. vivir en un país de habla española

Actividad 27 La clonación Mientras hacían las últimas actividades, Uds. tuvieron la oportunidad de explorar un poco la variedad de personas de la clase y sus opiniones: decidieron si eran matutinos o vespertinos; hablaron de las acciones que a cada uno le gustaría hacer o no; especularon qué diferencias habría en su vida con ciertos cambios. Durante siglos se decía que no había dos personas iguales en el mundo. Ahora, en grupos de tres, van a discutir las siguientes preguntas sobre la clonación (*cloning*).

1. ¿Qué significa el término "planificación familiar"?
2. Si la clonación y los mapas genéticos de embriones estuvieran al alcance de todos, ¿cómo cambiaría la definición de "planificación familiar"?
3. ¿Creen que la clonación sea moral o inmoral? Justifiquen su respuesta.
4. ¿Creen que muchas personas se harían un clon de sí mismas si pudieran?
5. ¿Cómo se sentiría un niño si supiera que es producto de una clonación?
6. ¿Qué consecuencias tendría la clonación para la estructura familiar? ¿Cómo cambiaría el concepto de "hermanos" o el de "padres"?

Si pudieras pedir un hijo como pides una hamburguesa, ¿cómo te gustaría que fuera?

Actividad 28 Un anuncio publicitario **Parte A:** Mira el anuncio de la página 267 y contesta estas preguntas.

1. ¿Qué ofrece el anuncio?
2. ¿A quién está dirigido?
3. ¿Qué supone el anuncio que la persona esté haciendo?
4. Si una empresa quisiera ofrecerle algo a ese consumidor en los Estados Unidos, ¿aceptaría el consumidor ese tipo de anuncio o lo interpretaría como ofensivo?
5. Si tuvieras que hacer un anuncio para ofrecerle ese tipo de servicio a un hombre, ¿qué dirías en el anuncio?

Parte B: En grupos de tres, lean las siguientes ideas sobre los anuncios comerciales y digan qué opinan.

1. En los anuncios, el hombre vende productos caros y la mujer vende productos baratos.
2. Los anuncios para adelgazar son para las mujeres.
3. Los anuncios de juguetes para niños están dirigidos a los niños y a sus madres.
4. Muchos anuncios presentan a la mujer como un "premio".

Actividad 29   El piropo   Existe una costumbre en países de habla española llamada el piropo. El piropo suele ser una frase agradable que le dice normalmente un hombre a una mujer en la calle. Por lo general, la mujer no le hace caso a su admirador. Aunque hoy día no se oyen tantos piropos como antes y aunque se dice que la calidad también ha bajado, todavía es posible oír algunos muy bien expresados. Aquí hay algunos ejemplos.

> "Le voy a preguntar a tu mamá dónde queda la juguetería donde compró esta muñeca."
> "¿Quién se murió en el cielo para que los ángeles estén de luto (*in mourning*)?" (dicho a una mujer vestida de negro)
> "Si fuera un caramelo, me gustaría derretirme (*melt*) en tu boca."
> "Si pudiera hacerlo, volvería a ser niño para ser tu primer amor."
> "Desearía ser tu perfume para besar tu cuello constantemente."

En parejas, escriban un piropo para hombres o mujeres para cada una de las siguientes categorías.

1. Un piropo que haga referencia al padre/a la madre de la persona porque su bello aspecto físico y su manera de ser tan agradable debe tener algo que ver con su padre/madre.
2. Un piropo que haga referencia a un ángel. Puesto que los ángeles son símbolos de lo ideal y de la pureza, muchos piropos se refieren a la persona como a un ángel.
3. Un piropo con esta fórmula: **Si yo fuera un/a** + *sustantivo*, + ...
4. Un piropo con esta fórmula: **Si yo pudiera...,** + ...
5. Un piropo con esta fórmula: **Desearía ser tu** + *sustantivo* + **para** + ...

Actividad 30   Lectura entre líneas   **Parte A:** En grupos de cuatro, Uds. son empleados de una fábrica. Uno de Uds. tocó una tecla equivocada en la computadora y aparecieron en su pantalla los mensajes electrónicos entre Pura Morales, que es la nueva presidenta del sindicato, y el dueño de la fábrica. Lean los mensajes de las páginas 268–269 (en orden cronológico, es decir, de abajo hacia arriba) y hagan conjeturas sobre lo que ocurrió. Usen frases como: **Aquí dice que..., pero antes decía que...; Sería que ellos...; Esto implicaría que...; Será posible que...**

En vez de decir **Desearía ser tu...,** se puede decir **Me gustaría ser tu...** o **Quisiera ser tu...**

Para leer más piropos, haz una búsqueda en Internet con la palabra "piropo". ¡Ojo! Existen diferentes tipos de piropos, unos son chistosos, otros simpáticos y algunos poéticos, pero también existen piropos de muy mal gusto y en Internet vas a encontrar un poco de todo.

De: Felipe Bello [fbello@sistema.com]
Fecha: 18/4
A: Pura Morales [puramo@sistema.com]
Tema: Una rosa roja

Pura, ¡qué día! Hace mucho tiempo que no me divertía tanto. Desde luego, entre nosotros no hay falta de comunicación. Cuando te vea el viernes, tendré una rosa roja para que la lleves entre los dientes. Hasta el viernes próximo en Le Rendezvous a las ocho.
>
>----Mensaje original----
>**De:** Pura Morales [puramo@sistema.com]
>**Fecha:** 7/4
>**A:** Felipe Bello [fbello@sistema.com]
>**Tema:** A las ocho
>
>Felipe, obviamente no quiero entrometerme en tu vida familiar.
>El sábado que viene está perfecto. Estaré allí a las ocho.
>
>----Mensaje original----
>**De:** Felipe Bello [fbello@sistema.com]
>**Fecha:** 6/4
>**A:** Pura Morales [puramo@sistema.com]
>**Tema:** Le Rendezvous
>Pura, me es imposible. Este sábado me toca cuidar a los niños ya que
>no me gusta dejarlos con la niñera. Lo siento mucho, pero ¿qué tal el
>sábado que viene? Seguro que puedo decirle a mi mujer que voy a un
>partido de fútbol y así no podrá comunicarse conmigo.
>
>----Mensaje original----
>**De:** Pura Morales [puramo@sistema.com]
>**Fecha:** 5/4
>**A:** Felipe Bello [fbello@sistema.com]
>**Tema:** El secreto
>Felipe, ¿qué te parece si vamos al restaurante Le Rendezvous este
>sábado? El dueño es un íntimo amigo mío y es de confianza. Él no
>le dirá nada a nadie. Seguro que el dueño nos puede dar una sala
>especial sólo para nosotros donde podamos escuchar tangos.
>

(continúa en la página siguiente)

>----Mensaje original----
>**De:** Felipe Bello [fbello@sistema.com]
>**Fecha:** 4/4
>**A:** Pura Morales [puramo@sistema.com]
>**Tema:** Nuestro secreto
>Pura, no sabes cuánto me gustó conocerte. Eres una persona muy
>especial. ¡Hay pocas mujeres tan valientes! Confía en mí, no voy a
>decir nada a nadie de lo nuestro. Dime cuándo puedes reunirte
>conmigo.
>
>----Mensaje original----
>**De:** Felipe Bello [fbello@sistema.com]
>**Fecha:** 31/3
>**A:** Pura Morales [puramo@sistema.com]
>**Tema:** Reunión
>Srta. Morales: No tengo ningún inconveniente. Ya es hora de que nos
>conozcamos personalmente.
>
>----Mensaje original----
>**De:** Pura Morales [puramo@sistema.com]
>**Fecha:** 30/3
>**A:** Felipe Bello [fbello@sistema.com]
>**Tema:** Reunión
>
>Sr. Bello: Me gustaría hablar con Ud. el lunes, 3 de abril, a las 15:00.
>¿Estaría bien y le convendría esa hora? La cita no es para hablar de
>trabajo.

Parte B: Para ver qué pasó de verdad, lean el artículo que salió en el boletín (*newsletter*) de la fábrica a principios de mayo y comparen sus deducciones con la información del boletín. (Ver página 315.)

Parte C: Antes de discutir el tema de la fidelidad, lean en la página 256 la información que se publicó en España sobre el tema. Luego compárenla con lo que creen que ocurre en este país.

1. ¿Creen que sea común la infidelidad entre personas que tienen un vínculo amoroso? Si supieran que la pareja de un amigo íntimo le pone los cuernos a un amigo, ¿bajo cuáles de estas circunstancias le dirían algo?

   • si fueran novios
   • si vivieran juntos, pero no estuvieran casados
   • si pensaran casarse
   • si estuvieran casados sin hijos
   • si estuvieran casados con hijos

2. ¿Cambiaría su respuesta si fuera una amiga íntima?
3. Si estuvieran Uds. en cualquiera de esas situaciones, ¿les gustaría que alguien les dijera la verdad? ¿Preferirían enterarse de otra forma? ¿Preferirían no saber nada?
4. Si un político casado tuviera una aventura amorosa, ¿cómo reaccionarían los ciudadanos? Si una mujer política casada tuviera una aventura amorosa, ¿cómo reaccionarían los ciudadanos?

 Do the corresponding CD-ROM and web activities to review the chapter topics.

Vocabulario activo

La pareja y la familia

el asilo/la casa/la residencia de ancianos	*nursing home*
confiar en	*to trust*
la crianza	*raising, rearing (of children)*
criar	*to raise, rear*
(echarse) una cana al aire	*(to have) a one-night stand*
ejercer autoridad	*to exert authority*
entrometerse (en la vida de alguien)	*to intrude, meddle (in someone's life)*
la falta de comunicación	*lack of communication*
la fidelidad	*fidelity*
la generación anterior	*previous generation*
la igualdad de los sexos	*equality of the sexes*
inculcar	*to instill, inculcate*
independizarse (de la familia)	*to become independent (from one's family)*
la infidelidad	*infidelity*
inmoral	*immoral*
el machismo	*male chauvinism*
malcriar	*to spoil, pamper (a child)*
matriarcal	*matriarchal*
moral	*moral*
la niñera	*nanny*
la pareja	*partner; couple*
patriarcal	*patriarchal*
ponerle los cuernos a alguien	*to cheat on someone (literally, to put horns on your partner)*
rebelarse	*to rebel*
rebelde	*rebellious*
ser fiel/infiel	*to be faithful/unfaithful*

sumiso/a	*submissive*
tener una aventura (amorosa)	*to have an affair*
el vínculo	*bond*
vivir juntos/convivir	*to live together*

Expresiones útiles

un/a amigo/a íntimo/a	*a very close friend*
mientras más vengan, mejor	*the more, the merrier*
¿No te/le/les parece?	*Don't you think so?*
Eres un ángel.	*You're an angel.*
Eres un/a santo/a.	*You're a saint.*
Eres más bueno/a que el pan.	*You are better than gold. (literally, You are better than bread.)*
Ésa es una mentira más grande que una casa.	*That's a big fat lie.*
Francamente creo que tú...	*Frankly I think that you . . .*
¡Qué decente!	*How decent.*
¡Qué responsable!	*How responsible.*
¡Qué caradura!	*Of all the nerve!*
¡Qué sinvergüenza!	*What a dog/rat!*
¡Qué desconsiderado/a!	*How inconsiderate!*

Vocabulario personal

Capítulo 11

Drogas y violencia

Metas comunicativas

- hacer hipótesis sobre el futuro y el pasado
- expresar influencia, emociones y otros sentimientos y reacciones pasadas
- hablar sobre delitos y violencia

Meta adicional

- usar palabras de transición

◄ Una estudiante muestra un cartel en una campaña antidrogas en San José, Costa Rica.

¿Coca o cocaína?

 La coca

Pretende aprobar el examen aun cuando no ha estudiado. = He attempts (and hopes) to pass the exam even when he hasn't studied.

a propósito	on purpose
(para) dentro de (diez) horas/días/años/etc.	in (ten) hours/days/years/etc.
pretender + *infinitive*	to attempt (and to hope) + *infinitive*

◄ Hombre boliviano en una plantación de coca en Cochabamba, Bolivia.

Actividad 1   **¿Es droga o no?**   Lee la siguiente definición sobre la droga. Después, decide cuáles de las siguientes sustancias son drogas.

Droga: "Se dice de cualquier sustancia de origen vegetal, mineral o animal que tiene un efecto depresivo, estimulante o narcótico."

el café	las pastillas para adelgazar
el alcohol	la Coca-Cola
los somníferos	el cigarrillo
el té	la heroína
la hoja de coca	la mariguana
el éxtasis	

Actividad 2   ¿Cuál es su opinión? Mientras escuchas a un boliviano hablar sobre la diferencia entre la coca y la cocaína, determina cuál de las siguientes ideas representa su opinión.

1. _____ La cocaína es una droga, pero no debe ser ilegal.
2. _____ La coca no es una droga y no debe ser ilegal.
3. _____ La coca y la cocaína son drogas que deben ser ilegales.

Actividad 3   ¿Qué es la coca? Ahora, lee las siguientes preguntas y después, para contestarlas, escucha la entrevista otra vez.

1. ¿Cuál es la diferencia entre la coca y la cocaína?
2. ¿En qué países se consume la coca?
3. ¿Con qué bebida compara el narrador el mate de coca?
4. Según el narrador, ¿cuáles son algunos de los grupos que consumen coca y por qué la consumen?
5. ¿Qué ha hecho el gobierno boliviano con respecto a la coca?
6. ¿Qué hizo la reina Sofía de España cuando llegó a La Paz?

¿LO SABÍAN?

La hoja de coca es utilizada de diferentes maneras por indígenas en Perú, Bolivia, el norte de Argentina, Ecuador, Colombia, Venezuela, Brasil y Chile:

- como unidad monetaria para intercambiar alimentos
- en ceremonias religiosas (nacimientos, bautizos, casamientos, actos relacionados con la naturaleza, etc.) porque se considera una planta sagrada
- como medicamento para enfermedades de la piel, el aparato digestivo y el sistema circulatorio, se considera un remedio popular y de bajo costo

En los Estados Unidos esta hoja se utilizó por primera vez en 1884 en una bebida llamada Vino Francés de Coca inventada por el Dr. Pemberton en Atlanta. Años después él creó la Coca-Cola (con la hoja de coca y la nuez kola) que era una gaseosa y a la vez un medicamento para el dolor de cabeza.

Actividad 4   ¿Qué harían? En grupos de tres, discutan qué harían Uds. en las siguientes situaciones.

1. ¿Tomarían mate de coca si estuvieran en La Paz como turistas?
2. Si Uds. fueran el/la presidente de los Estados Unidos y estuvieran de visita en Bolivia, ¿tomarían mate de coca si se lo ofreciera el alcalde de una ciudad? Si aceptaran, ¿cómo lo interpretaría el pueblo norteamericano? ¿Y el pueblo boliviano?

I. Discussing Crime and Violence

Delitos y consecuencias

El siguiente es parte de un artículo que apareció en la publicación digital *Honduras*.

watchman
assault, attack, robbery
armed

fight / crime, criminal activity

a criminal offense, a crime

"Aló, habla el vecino **vigilante** al volante y llamo para reportarles en este momento el **asalto** a la agencia bancaria ubicada en la entrada de la colonia El Roble. Son cinco individuos **armados** que..." Así podría ser una llamada de uno de los cinco mil quinientos teléfonos celulares que este 4 de octubre serán entregados a igual número de taxistas, buseros y dirigentes patronales con el fin de fortalecer la **lucha** contra la **delincuencia** mediante el programa "Vecino vigilante al volante". El programa municipal consiste en que los poseedores de los celulares, sin riesgo alguno, reporten de inmediato a las autoridades policiales cualquier **delito** que ocurra en la ciudad o sus alrededores.

	Personas	Hechos y cosas	Acciones
Asesinar refers to all homicides and not just to those of important people. **Crimen** means serious crime as well as homicide.	el/la asesino/a el asaltante	el asesinato el asalto el atraco (*holdup; mugging*) el castigo (*punishment*)	asesinar asaltar atracar castigar
	el/la carcelero/a (*jailer, warden*) el/la condenado/a (*convict*)	la cárcel (*jail, prison*) la condena (*the sentence*)	encarcelar condenar (a alguien) a (10) meses/años de prisión
Delincuente is someone of any age who breaks the law **Delincuencia** does not refer only to criminal activity committed by youth, but by people of any age.	el/la delincuente (*criminal*) el/la drogadicto/a el/la narcotraficante el/la pandillero/a (*gang member*)	la delincuencia (*criminal activity*) la droga la legalización el narcotráfico la pandilla (*gang*) la prohibición el rescate (*ransom*) el robo (*robbery*)	drogarse legalizar traficar en drogas prohibir rescatar (*to rescue*) robar
	el/la secuestrador/a (*kidnapper; hijacker*)	el secuestro	secuestrar

el/la sentenciado/a	la sentencia	sentenciar
	el soborno (*bribe*)	sobornar
el/la suicida	el suicidio	suicidarse
el/la terrorista	el terrorismo	
el/la violador/a (*rapist*)	la violación	violar (a alguien)

www *La violencia*

El no dejó de inyectarse drogas... por eso lo dejé.

No sé si compartió con otros las agujas. Solo sé que se inyectaba, y eso es peligroso. Creo que yo no le importaba tanto como para dejar las drogas. Él sabía que los dos podíamos adquirir el SIDA, y le rogué que no lo hiciera. Hasta le pedí que buscara consejo y tratamiento contra las drogas. Yo hice todo lo posible, pero él no me hizo caso. Por eso . . . lo dejé.

AMERICA RESPONDE AL SIDA
1-800-344-SIDA
1-800-344-7432

Otras palabras relacionadas con el delito

la adicción	addiction
la cadena perpetua	life sentence
el cartel (de drogas)	
consumir drogas	to use drugs
detener	to arrest
el homicidio	
el ladrón/la ladrona	thief
la libertad condicional	parole
la pena de muerte/pena capital	death penalty
el/la preso/a	prisoner
el/la ratero/a	pickpocket
la sobredosis	drug overdose
el toque de queda	curfew
la víctima	
la violencia	

Víctima is always feminine even when referring to men: Él fue **la única víctima.**

Actividad 5   ¿Cuánto sabes?   Habla sobre las siguientes personas, instituciones o cosas usando palabras de la lista de vocabulario. Sigue el modelo.

▶ Jesse James fue un **ladrón** que participó en muchos **robos** durante el siglo XIX. **Robaba** bancos y trenes y finalmente fue **asesinado**, pero nunca estuvo en la **cárcel**.

1. Bonnie y Clyde
2. Alcatraz
3. la silla eléctrica
4. Charles Manson

5. la escuela Columbine de Colorado
6. John Wilkes Booth
7. John Lennon
8. ? ? ?

Actividad 6   Los titulares   Lee los siguientes titulares (*headlines*) y complétalos con palabras de la lista de vocabulario.

Se discute en el Senado la _____ de la mariguana

Se _____ la jueza Roviralta
Saltó del balcón de un 10° piso

Comienza el _____
Calles sin menores de 18 después de las 22 hrs.

_____ a 8 **jugadores de fútbol**
No pasaron el control antidrogas

A 3 años de la muerte del Presidente Ramírez, condenan al _____ a _____

Actividad 7 **El país**   **Parte A:** Piensa en este país y numera del 1 al 12 los asuntos (*matters*) que te preocupan, del que más te preocupa al que menos te preocupa. Luego en grupos de tres, comparen el orden que escogió cada uno y expliquen por qué ciertos asuntos les preocupan más/menos que a sus compañeros. Intenten decidir cuáles son los dos más importantes y los dos menos importantes.

▶ A mí me preocupa más/menos... porque...

_____ Acceso a la educación
_____ Alto costo de la vida
_____ Bajos salarios
_____ Corrupción
_____ Delincuencia, inseguridad
_____ Desempleo
_____ Drogadicción
_____ Mal estado o ausencia de servicios públicos
_____ Malos servicios de salud
_____ Pobreza
_____ Violencia, incumplimiento de leyes
_____ Otro(s)

¿Cuál(es)? _____

Parte B: En grupos de tres, miren los resultados de una encuesta realizada a un grupo de guatemaltecos sobre los asuntos que les preocupan de su país. Comparen sus respuestas con las de Uds.

Principales problemas a resolver en Guatemala

	N	%
Delincuencia, inseguridad	736	32,0%
Desempleo	421	18,3%
Alto costo de la vida	351	15,2%
Pobreza	189	8,2%
Acceso a la educación	163	7,1%
Violencia, incumplimiento de leyes	122	5,3%
Corrupción	114	4,9%
Malos servicios de salud	85	3,7%
Mal estado o ausencia de servicios públicos	42	1,8%
Drogadicción	24	1,1%
Bajos salarios	23	1,0%
Otros	9	,4%
Ninguno	6	,3%
Ns-Nr	15	,7%
Total	**2301**	**100,0%**

Multirespuesta
Demoscopía S.A.

Ns - Nr = No sabe. / No responde.

¿LO SABÍAN?

Hoy día la gente no sólo se preocupa por la delincuencia sino también por el terrorismo. ETA es una organización terrorista en España que busca la secesión del llamado País Vasco—región que se encuentra en la parte norte del país—del resto de España, argumentando que tienen su propio idioma y su propia cultura diferente del resto del país. En septiembre de 1998, ETA y el gobierno español acordaron una tregua (*truce*) como un principio para resolver este conflicto, pero desde el año 2000 ha habido un promedio de 20 muertos por año. Desde principios de los años 60, han sido asesinadas más de 800 personas, en su gran mayoría representantes del gobierno como políticos y policías.

04 de Agosto de 2002. Los nacionalistas vascos ponen una bomba al lado de la Casa-Cuartel de la Guardia Civil de Santa Pola (Alicante) y muere Cecilio Gallego Alarias que estaba en una parada de autobús próxima, y la hija de un guardia civil, Silvia Martínez Santiago, de 6 años de edad, que se encontraba jugando en su habitación.

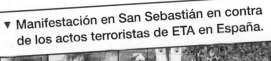

▼ Manifestación en San Sebastián en contra de los actos terroristas de ETA en España.

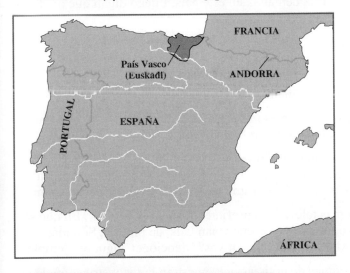

Actividad 8 Combatir la delincuencia En la sección de vocabulario de la página 274 aparece parte de un artículo hondureño que explica una forma de combatir la delincuencia. Léelo y luego en grupos de tres discutan las siguientes preguntas.

1. ¿Qué forma de combatir la delincuencia describe el artículo?
2. ¿Qué consecuencias positivas y negativas puede tener?
3. ¿Alguna vez han usado un móvil para informar sobre un accidente, un robo o un delito? Si contestan que sí, ¿qué ocurrió? Si contestan que no, si vieran algo y tuvieran móvil, ¿notificarían a las autoridades?
4. ¿Creen que se podría implementar un plan similar al del artículo en su ciudad? Justifiquen su respuesta.
5. ¿De qué otra forma se podría reducir la delincuencia en su ciudad?

Actividad 9   La oferta y la demanda   **Parte A:** El problema que genera la cocaína y su erradicación es un tema que preocupa a todos. Lee la opinión de una peruana sobre cómo eliminar las plantaciones de coca en Perú y luego, en grupos de tres, digan qué piensan de esa idea.

Fuente hispana

"En Perú hay muchos campesinos que trabajan en las plantaciones de coca y es muy fácil decir que uno de los pasos para eliminar el problema de la droga es quemar esas plantaciones. Algunos dicen que en vez de plantar coca podrían plantar café, pero una planta de café tarda cuatro años en dar frutos. ¿Y qué haría la gente mientras tanto? Creo que la solución es que el gobierno peruano implemente un plan integral en el que se diera subsidios a los trabajadores durante esos cuatro años para que cambien de cultivos. Pero el plan también debe incluir el construir escuelas y postas médicas. Con plantaciones que no fueran coca, la gente ganaría menos dinero, pero creo que no le importaría si tuviera ciertos servicios básicos cerca del lugar donde viven. Trabajé en esa zona y viví con los campesinos. En mi opinión lo único que quieren es vivir en paz y con dignidad."

peruana

Parte B: Ahora, hagan una lista de lo que hace y de lo que podría hacer el gobierno actual para reducir la demanda en este país. Luego digan qué medidas (*measures*) les parecen más eficaces y por qué.

Actividad 10   La violencia   En grupos de tres, discutan las siguientes preguntas relacionadas con la violencia.

1. ¿Cuáles son las cinco causas más importantes de la violencia en este país? ¿Cómo se podría solucionar este problema?

2. Algunos dicen que la televisión fomenta la violencia en la sociedad, pero para otros la programación es sólo un reflejo de una sociedad enfermiza. Den dos argumentos a favor de la primera idea y dos a favor de la segunda.

3. ¿Qué tipo de programas televisivos prefieren los niños de hoy? ¿En qué se diferencian estos programas de los que veían Uds. de niños? ¿Son más o menos violentos? ¿Más o menos educativos? Mencionen algunos ejemplos.

4. ¿Creen que los programas de noticias que muestran la reconstrucción de un asesinato sean beneficiosos para la sociedad? ¿Es buena idea dejar que los niños vean ese tipo de programa? Si contestan que no, ¿cómo se podría lograr que no lo vieran?

¿LO SABÍAN?

En varios países hispanos como Colombia, España y Argentina el gobierno les prohíbe a los canales de televisión presentar programas de contenido pornográfico o con mucha violencia antes de las diez de la noche y exige que se le recuerde al televidente la finalización de este horario con anuncios como "Aquí termina el horario de protección al menor. La presencia de los niños frente al televisor queda bajo la exclusiva responsabilidad de los padres". Di si crees que sería bueno utilizar este sistema de control en tu país.

Sexo y violencia en televisión

El Congreso de los Diputados aprobó el jueves 30 con carácter definitivo, la ley por la cual se incorpora al derecho español la directiva comunitaria de "televisión sin fronteras". En ella se atribuye al Ministerio de Obras Públicas el control e inspección de todas sus disposiciones, incluidas las emisiones pornográficas o de "violencia gratuita", que los espectadores no podrán recibir entre las seis de la mañana y las diez de la noche.

—El País

Actividad 11 Decidan ustedes   **Parte A:** En parejas, comenten las siguientes situaciones y usen las expresiones de la lista.

1. Un criminal violó y mató a una niña de ocho años y fue condenado a cadena perpetua. Después de ocho años, salió en libertad condicional.
2. Un muchacho de 15 años que mató a una anciana de 75 años y le robó su dinero fue encarcelado, pero a los 21 años lo soltaron por haber cometido el crimen cuando era menor de edad.
3. Un hombre de 58 años que siempre mantenía su inocencia fue declarado inocente después de que le hicieron un análisis de ADN. Estuvo en la cárcel 27 años.

ADN = DNA

¿Y a ti qué te parece?	What do you make of it?
¿Qué opinas sobre esta situación?	What do you think about this situation?
Desde mi punto de vista...	From my point of view . . .
A mi modo de ver...	The way I see it . . .
Es un acto despreciable.	It's a despicable act.
¡Qué barbaridad!	Wow!/How terrible!
¡Qué injusticia!	How unfair!/What an injustice!

Parte B: En grupos de tres, cuéntenles a sus compañeros, con detalle, un crimen o un delito reciente.

Actividad 12 Los jóvenes y el alcohol   **Parte A:** Lee lo que dice una española sobre el consumo del alcohol entre los jóvenes de su país y luego compara la situación con la de este país.

"Soy española y estudiante de posgrado en una universidad norteamericana donde doy clases de español. Al llegar aquí me sorprendió muchísimo el lugar que ocupa el alcohol en la vida estudiantil norteamericana. No quiero decir que en España la gente no beba,

El consumo del alcohol por persona es más alto en España que en los EE.UU., pero el índice de alcoholismo y de abuso es más bajo.

El número de muertos por enfermedades del hígado (*liver*) es tres veces más alto en España que en los EE.UU.

Fuente hispana

simplemente que hay diferencias y esas diferencias se reflejan en el idioma. Por ejemplo, en español no existen palabras para *binge drinking* o *keg party* y la idea de tomar una cerveza rápidamente, o sea, lo que llaman *chugging* o *funneling*, es un concepto totalmente desconocido para los españoles.

Normalmente los españoles empiezan a beber en casa a una edad temprana ya sea vino con gaseosa a la hora de comer o una copa de champán en un día especial. Luego, los jóvenes entre 14 y 16 años experimentan un poco con el alcohol y cuando los universitarios salen a los bares, pubs o a una discoteca suelen tomar, pero lo importante es que el propósito de la salida es hablar con los amigos, bailar, ligar, o sea, pasarlo bien."

española

Parte B: La edad mínima para beber alcohol en este país es de 21 años. En grupos de cuatro, discutan si la edad mínima para beber debe ser de 18 años o no y por qué.

II. Hypothesizing About the Future and the Past

A. The Future Perfect and the Conditional Perfect

In Chapter 10, you studied how to express probability about the present and the past using the future and the conditional. In this chapter you will learn how to hypothesize about the future and the past. In the interview you heard at the beginning of this chapter, the Bolivian used the future perfect when he said **"para dentro de diez años, el mundo ya habrá entendido la diferencia entre uno y otro"** to express what *will have happened* in ten years.

1. When talking about what will have happened by a certain time in the future, use the future perfect (**futuro perfecto**), which is formed as follows.

haber (future)		
habré	habremos	
habrás	habréis	+ *past participle*
habrá	habrán	

Note: To review formation of past participles, see Appendix A, pages 348–349.

—Dentro de un mes ya **habré dejado** de fumar.

In a month I will have already quit smoking.

—Y ¿**habrás comenzado** a sentirte mejor dentro de tres meses?

And will you have started to feel better in three months?

2. When talking about what *would have happened* in the past, use the conditional perfect (**condicional perfecto**), which is formed as follows.

haber (conditional)		
habría	habríamos	
habrías	habríais	+ *past participle*
habría	habrían	

—La muchacha les contó a sus
  padres que su hermano era
  drogadicto. ¿Qué **habrías hecho**
  en su lugar?

*The young woman told her parents
 that her brother was a drug
 addict. What would you have
 done in her place?*

—Yo le **habría hablado** a mi
  hermano primero.

*I would have talked to my
 brother first.*

Actividad 13   El cigarrillo   Hoy en día se habla mucho del cigarrillo y sus efectos. En parejas, hablen de cuál será la actitud hacia el cigarrillo dentro de cinco años. Sigan el modelo.

▶ el gobierno / prohibir / fumar en presencia de los niños

   —¿Crees que dentro de cinco años el gobierno
     ya habrá prohibido fumar en presencia de los niños?

—Sí, el gobierno ya lo
  habrá prohibido.

—No, el gobierno no lo
  habrá prohibido todavía.

1. el gobierno / prohibir / fumar en todos los bares y
   restaurantes de todo el país
2. los médicos / inventar / un método para dejar de fumar
   en un día
3. algún niño / demandar (*to sue*) / a sus padres por fumar
   en casa
4. las máquinas que venden cigarrillos / desaparecer
5. las compañías tabacaleras / hacer / un cigarrillo que
   no produzca humo (*smoke*)
6. el número de fumadores menores de 18 años / reducirse /
   drásticamente
7. el gobierno / limitar / la cantidad de nicotina en los
   cigarrillos

LA INDUSTRIA TABACALERA
VENDE MUERTE.

La industria tabacalera es responsable
por causar la muerte de más de
400,000 personas anualmente. No se
deje engañar: el cigarrillo mata.

Mensaje pagado por el Departamento de Servicios de Salud de California. © 2001 California Department of Health. Todos los derechos reservados.

Muchas personas han dejado de fumar, y usted
también puede hacerlo. Para ayuda, llame gratis al   **(1-800) 45-NO FUME**

Actividad 14   **Tu futuro**   En parejas, entrevisten a su compañero/a para averiguar cómo habrán cambiado ciertos aspectos de su vida dentro de tres y diez años, y escriban la información de forma breve.

▶ —¿Cómo habrá cambiado tu vida sentimental dentro de tres años?
—Me habré casado/a...

Vida	3 años	10 años
sentimental		
familiar		
profesional		
turística		

Actividad 15   **La mejor excusa**   En parejas, inventen el contexto en que se hicieron estas preguntas y las excusas que se dieron en cada caso. Sigan el modelo.

▶ —¿Por qué no le prestaste el coche a tu hermano?
—Estábamos en el centro y él quería irse a casa (*contexto*). Se lo habría prestado, pero él estaba borracho (*excusa*).

1. ¿Por qué no lo invitaste a salir?
2. ¿Por qué no te pusiste los pantalones negros que te regalé?
3. ¿Por qué no devolviste el DVD?
4. ¿Por qué no le abriste la puerta?

Actividad 16   **Situaciones difíciles**   En grupos de tres, lean cada situación y luego discutan qué habrían hecho Uds. en cada caso y por qué.

1. Teresa estaba en una tienda de regalos y sin querer rompió un animalito de cristal muy caro, pero nadie vio lo que ocurrió. En la tienda había un cartel que decía: "Si lo rompe, es suyo". ¿Qué habrían hecho Uds. en el lugar de Teresa y por qué?

2. John estaba en una discoteca en un país extranjero con leyes muy estrictas y conoció a unos muchachos que lo invitaron a ir a un bar. En el carro uno de los muchachos encendió un porro (*lit a joint*) y se lo ofreció a John. ¿Qué habrían hecho Uds. en el lugar de John y por qué?

3. Mariano y Silvia siempre se pelean a causa de los amigos del otro. El sábado organizaron una cena y un amigo de Silvia encendió un cigarrillo inmediatamente después de terminar de comer. Mariano odia el humo y no sabía qué hacer porque no quería causar tensión entre él y su esposa. ¿Qué habrían hecho Uds. en el lugar de Mariano y por qué?

4. Era un día lindísimo y la playa estaba llena de gente. Patricio se metió en el mar para refrescarse y una ola gigantesca lo revolcó en el agua. Cuando se recuperó, se dio cuenta de que había perdido el traje de baño. ¿Qué habrían hecho Uds. en el lugar de Patricio y por qué?

B. *Si* Clauses (Part Two)

In Chapter 10 you studied how to make hypothetical statements about the future and the present: **Si tengo tiempo, iré. Si tuviera tiempo, iría.** In this chapter you will learn how to hypothesize about the past.

1. When you want to make hypothetical statements about the past, use the following formula. Notice that the **si** clause contains a contrary-to-fact statement.

Referring to the past	
si + *pluperfect subjunctive,*	*conditional perfect*

Remember that the **si** clause can start or end the sentence.

Si hubiera ido a la fiesta,
If I had gone to the party
  (which I didn't),

habría visto a Christina Aguilera.
I would have seen Christina Aguilera.

Si hubiéramos tenido más dinero,
If we had had more money
  (which we didn't),

habríamos ido a más países.
we would have gone to more countries.

2. The pluperfect subjunctive (**pluscuamperfecto del subjuntivo**) is formed as follows.

haber (imperfect subjunctive)		
hubiera	hubiéramos	
hubieras	hubierais	+ *past participle*
hubiera	hubieran	

There is an optional form, frequently used in Spain and in some areas of Hispanic America, in which you may substitute **-se** for **-ra**; for example: **hubiera = hubiese.**

To review the formation of past participles, see Appendix A, pages 348–349.

3. The following summarizes hypothetical situations with **si.**

Referring to the future	
si + *present,*	+ *future*

Si **tengo** tiempo,
If I have time (which I might),

iré a la fiesta mañana.
I will go to the party tomorrow.

To review other **si** clauses that *can* refer to the future, see pages 262–263.

Referring to the present	
si + *imperfect subjunctive,*	+ *conditional*

Si **tuviera** tiempo,
If I had time (which I don't),

iría a la fiesta.
I would go to the party.

> **Referring to the past**
> **si** + *pluperfect subjunctive,*   + *conditional perfect*

Si **hubiera tenido** tiempo,   **habría ido** a la fiesta.

If I had had time (which I didn't),   *I would have gone to the party.*

4. The phrase **como si** (*as if*) is ALWAYS followed by the imperfect or pluperfect subjunctive to make contrary-to-fact statements.

Habla **como si fuera** el rey de España.   *He talks as if he were the king of Spain* (which he is not).

Me mira **como si** yo **hubiera cometido** un crimen.   *She's looking at me as if I had committed a murder* (which I didn't).

Actividad 17   **La seguridad en la universidad**   Imagina que ya terminaste la universidad. Di qué habrías hecho para mejorar la seguridad en tu universidad si hubieras podido.

▶ Si hubiera podido, yo...

1. aumentar el número de policías
2. crear un servicio de guardias que acompañara a la gente de noche
3. mejorar el sistema de alumbrado (*lighting*) de los estacionamientos
4. instalar más teléfonos de emergencia
5. expulsar a los estudiantes problemáticos
6. financiar un sistema de transporte nocturno gratis
7. poner cámaras de video en las bibliotecas
8. ofrecerles a los estudiantes un curso sobre seguridad personal

Actividad 18   **Un mundo diferente**   En grupos de tres, terminen estas frases con una cláusula que explique de qué manera habría sido diferente el mundo en las siguientes situaciones.

1. Si en 1491 los aztecas hubieran descubierto Europa, ...
2. Si Portugal, en vez de España, hubiera financiado los viajes de Colón, ...
3. Si México hubiera ganado la guerra con los Estados Unidos en 1848, ...
4. Si no hubieran construido el Canal de Panamá, ...
5. Si Oswald no hubiera asesinado a JFK, ...
6. Si no hubieran atacado las torres gemelas de Nueva York, ...

Actividad 19   **La tecnología en la historia**   **Parte A:** En parejas, miren estos chistes de la versión mexicana de la revista *MAD* de la página 285 y contesten las preguntas para hablar sobre lo que habría pasado si la tecnología hubiera invadido la historia.

¿Y si Moisés hubiera tenido un fax?

¿Y si Vincent Van Gogh hubiera tenido un walkman?

Due to advances in technology, it is common to borrow words from other languages for newly created items. Use may vary from country to country and it takes time for a lexical item to become accepted as standard. Such is the case with *fax*, *walkman*, and *beeper*.

¿Y si Alexander Graham Bell hubiera tenido espera de llamadas?

¿Y si los caballeros medievales hubieran tenido imanes para refrigerador?

¿Y si Nerón hubiera tenido una máquina de Cantaré?

¿Y si Paul Revere hubiera tenido un beeper?

Parte B: Ahora, inventen dos preguntas semejantes sobre la tecnología y la historia. Luego háganle sus preguntas al resto de la clase.

Actividad 20   La escuela y los mediadores   Lee parte del siguiente artículo publicado en Internet por el Ministerio de Educación de Chile sobre una escuela que logró reducir la violencia escolar. Luego, en grupos de tres discutan las preguntas de la página 286.

PALABRAS EN VEZ DE GOLPES

En la escuela Valle de Lluta de San Bernardo, los alumnos resuelven sus diferencias conversando. Con la acción de niños mediadores desterraron los golpes del aula. Los protagonistas quisieron contar sus vivencias para que otras comunidades escolares puedan mejorar su convivencia.

"Antes de que fuéramos mediadores había muchas peleas en la sala y en el patio", dice Kathia (15 años). Su compañero Luis (16 años) agrega, "Y no sólo golpes, también había **alegatos** que no se terminaban nunca. Ahora, los mediadores les decimos a los que pelean, que la gente se entiende conversando". Entre los ochocientos alumnos de la escuela, 24 son quienes tienen la función de mediar los conflictos. Ellos son niños y jóvenes que tienen condiciones de líderes —en su versión positiva o negativa— y fueron escogidos por el profesor jefe para capacitarse en la técnica de la mediación.

arguments

1. ¿En qué consiste el programa de la escuela Valle de Lluta para reducir la violencia escolar?

2. ¿Había mediadores cuando Uds. estaban en la escuela secundaria?
   - Si contestan que sí: ¿En qué consistía el trabajo del mediador? ¿Alguna vez estuvieron en un conflicto que se resolvió con la ayuda de un mediador? ¿Fueron Uds. mediadores? ¿Creen que el uso de esta técnica de resolución de conflictos haya sido eficaz en su escuela? Si Uds. hubieran sido el/la director/a de su escuela, ¿qué otras técnicas habrían usado?
   - Si contestan que no: Si Uds. hubieran sido el/la director/a de su escuela, ¿habrían usado esta técnica para resolver conflictos? ¿Por qué sí o no? ¿Les hubiera gustado ser mediadores/as? ¿Qué otra técnica habrían usado?

3. ¿Había en su escuela estudiantes que llevaran armas?
   - Si contestan que sí: ¿Qué hacía el/la director/a de la escuela para prevenir ese problema?
   - Si contestan que no: ¿Había detector de metales en la puerta para ver si los estudiantes llevaban armas? ¿Revisaba la escuela el contenido de los armarios (*lockers*) de los estudiantes con/sin su permiso?

Actividad 21 **Los remordimientos** **Parte A:** Mucha gente se arrepiente de (*regret*) no haber hecho ciertas cosas en su vida o de haber hecho otras. Escribe los remordimientos (*regrets*) de conciencia que podrían haber tenido tres personas famosas. No menciones el nombre de las personas.

▶ Si yo no hubiera mentido, no habría tenido que renunciar a la presidencia. (Richard Nixon)

Parte B: Ahora, léele tu mejor oración a la clase para que tus compañeros adivinen quién podría haber tenido ese remordimiento.

Actividad 22 **¿Cómo habría sido tu vida?** En parejas, cuéntense con detalle cómo habría sido su vida si hubieran ocurrido las siguientes cosas. Sigan el modelo.

▶ (no) ser hijo único
   Si yo no hubiera sido hijo único, habría tenido pocos juguetes. También me habría peleado mucho con mis hermanos y habría tenido que compartir la habitación con ellos.

1. (no) ser hijo único
2. (no) crecer en una ciudad pequeña
3. (no) ir a una escuela secundaria privada

Actividad 23   Como si...   Anoche estuviste en una fiesta y oíste sólo partes de algunas conversaciones. Escribe posibles finales para estas frases que oíste.

1. Odio a la gente que habla como si...
2. Hay gente que va muy elegante a la universidad como si...
3. Mi profesor de literatura nos manda leer un montón de libros como si...
4. Ayer mi mejor amigo tenía una cara larga como si...
5. En el último partido, nuestro equipo jugó como si...

Actividad 24   Un anuncio comercial   En parejas, inventen un anuncio comercial o informativo de treinta segundos para las siguiente cosas. Incluyan un lema (*motto*) y la expresión **como si** en su anuncio. Sigan el modelo.

▶ Zara, la tienda que lo soluciona todo. Ropa para cada ocasión. Con la   Zara es una tienda española de ropa.
   ropa de Zara, lucirán como si fueran modelos.

un carro híbrido	las donas de Krispy Kreme
el café de Colombia	un viaje por el Caribe en un crucero Princesa
clases de tango	el chicle de nicotina

III. Expressing Past Influence, Emotions, and Other Feelings and Reactions

The Pluperfect Subjunctive

1. You have already seen in this chapter how to use the pluperfect subjunctive to hypothesize about the past. Like other tenses of the subjunctive, the pluperfect can be used after expressions of emotion, doubt, influence, or desire, and in descriptions of the unknown. In all these cases, the pluperfect subjunctive usually refers to an action that preceded another past action. Look at the following sentences.

La policía **buscaba** a alguien que **hubiera visto** a la narcotraficante.	*The police were looking for someone who had seen the drug dealer.*	Unknown: Chapter 7
Me alegré de que ella **hubiera dejado** el alcohol.	*I was happy that she had quit drinking.*	Emotions: Chapter 6
Habría querido que la policía **hubiera sido** más dura con los ladrones.*	*I would have liked the police to have been tougher with the thieves.*	Influencing: Chapter 5

*Note: This combination of **habría** + *past participle* + **que** + **hubiera** + *past participle,* is frequently used to express hindsight: **Habríamos preferido que él no hubiera venido el domingo.**

2. Compare the following sentences containing either the imperfect subjunctive or the pluperfect subjunctive and note the difference in meaning conveyed by each.

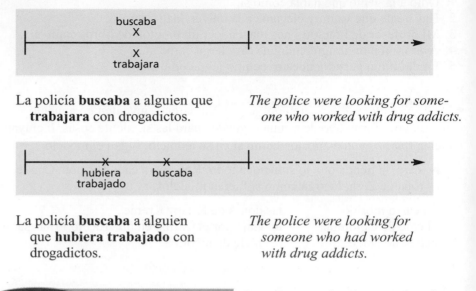

La policía **buscaba** a alguien que **trabajara** con drogadictos.

The police were looking for some-one who worked with drug addicts.

La policía **buscaba** a alguien que **hubiera trabajado** con drogadictos.

The police were looking for someone who had worked with drug addicts.

Actividad 25 **No estaba de acuerdo** Completa con detalle estas situaciones para indicar cómo se sintieron las personas en cada caso. Usa el pluscuamperfecto del subjuntivo.

1. Marta me dijo que ella había visto un robo en la calle y que unos policías habían atrapado al delincuente y le habían pegado mucho, pero como Marta siempre cuenta historias, yo no creía que... porque...
2. José, de catorce años de edad, llegó a casa después de una fiesta con un olor a alcohol muy fuerte, pero les juró a sus padres que él no había bebido. Ellos dudaban que... porque...
3. La hija del Sr. Salinas era contadora, tenía cuarenta años y estaba en la cárcel por haber cometido fraude en el trabajo. Su padre habría querido que... porque...
4. Hace unos años quedé embarazada y fumé durante todo el embarazo. Mi médico habría preferido que... porque...

Actividad 26 **Mirar al pasado** En grupos de tres, digan cómo habrían querido que hubieran sido ciertos aspectos de su infancia y adolescencia. Sigan el modelo.

▶ mis profesores / darme / materia más (menos) difícil
Habría querido que mis profesores me hubieran dado materia más difícil porque así (yo) habría estudiado más y...

1. mi escuela / ofrecer / más (menos) actividades extracurriculares
2. mis padres / ser / más (menos) estrictos
3. mis padres / tener / más (menos) hijos
4. mi escuela / dar / explicaciones más (menos) explícitas sobre la sexualidad
5. mi familia / residir / en una zona más urbana (rural)
6. mis amigos / participar / más (menos) en las actividades de la escuela

IV. Linking Ideas

A. *Pero, sino,* and *sino que*

Pero, sino, and **sino que** are conjunctions (**conjunciones**), that is, they join different parts of a sentence.

1. Pero means *but* (when *but* means *however*) and can be used after affirmative or negative clauses.

Iba a ir a clase, **pero** estaba muy cansado.	*I was going to go to class, but/however I was very tired.*	Note the use of a comma before **pero.**
No iba a ir a clase, **pero** tenía un examen.	*I wasn't going to go to class, but/however I had an exam.*	

2. Sino and **sino que** also mean *but* (when *but* means *but rather* or *but instead*). These words can only be preceded by a negative clause. **Sino** is followed by a word or a phrase that does not contain a conjugated verb, and **sino que** introduces a clause that contains a conjugated verb.

No fui a clase **sino** a la cafetería.	*I didn't go to class but rather to the cafeteria.*
No quería estudiar **sino dormir.**	*He didn't want to study but rather to sleep.*
No estaba estudiando **sino durmiendo.**	*He wasn't studying but rather sleeping.*
No fui a clase **sino que me quedé** en la cafetería.	*I didn't go to class but instead I stayed in the cafeteria.*
No manejaban al trabajo **sino que caminaban.**	*They didn't use to drive to work but instead they walked.*

Actividad 27   Consejos para un amigo   **Parte A:** Tienes que darle consejos a un/a amigo/a que está por irse de viaje al extranjero. Termina las ideas usando **pero, sino** o **sino que.**

1. No debes llevar joyas de oro _____ de fantasía.
2. No debes llevar bolsa _____ debes llevar una riñonera (*fanny pack*).
3. Puedes llevar dinero en efectivo, _____ es mejor usar el cajero automático.
4. Nunca debes dejar la cámara fotográfica en un auto estacionado _____ tenerla contigo en todo momento.

(continúa en la página siguiente)

5. Puedes llevar el pasaporte contigo, _____ también es buena idea tener una fotocopia del pasaporte en el hotel.

6. No debes obtener dinero local en el aeropuerto _____ en un cajero automático porque te da más dinero por cada dólar.

7. En el aeropuerto no debes dejar las maletas solas _____ debes llevarlas contigo a todos lados.

Parte B: En grupos de tres, discutan si Uds. o personas que conocen han estado en algunas de las situaciones que se mencionan en la Parte A, en el extranjero o en este país. Digan si les han robado algo alguna vez. Describan qué ocurrió.

B. *Aunque, como,* and *donde*

The conjunction **aunque** and the adverbs **como** and **donde** are used as follows.

1. Aunque (*even if, even though, although*) is used to disregard information. It is usually followed by the subjunctive.

Siempre estudian por la noche **aunque estén** cansadas.	*They always study at night although they may be tired.* (It doesn't matter if they are tired.)
Aunque te vayas temprano mañana, quiero ir contigo al aeropuerto.	*Even though you may be leaving early tomorrow, I want to go to the airport with you.*
Paco nunca probaría drogas **aunque** se las **ofrecieran.**	*Paco would never try drugs even if they were offered to him.*

Don't confuse **cómo** and **dónde,** which are question words, with **como** and **donde,** which are adverbs.

2. Como (*as, how, any way*) and **donde** (*where, wherever*) use the indicative when referring to a specific manner or place, and the subjunctive when referring to an unknown manner or place.

Specific: Indicative	Unknown: Subjunctive
La sentenciaron **como** yo **quería.** *They sentenced her as I wanted.*	Bueno, senténciala **como quieras.** *OK, sentence her any way you want.*
Se vistió **como quería.** *She dressed as she wanted.*	Dile que se vista **como quiera.** *Tell her to dress any way she wants.*
Cuelga el cuadro **donde** yo **quiero:** allí. *Hang the painting where I want it: over there.*	Cuelga el cuadro **donde quieras.** *Hang the painting wherever you want.*
Busqué la ciudad **donde había** poca delincuencia. *I looked for the city where there was little crime.*	Busqué una ciudad **donde hubiera** poca delincuencia. *I looked for a city where there was little crime.*

Actividad 28 Combinaciones Combina ideas de las dos columnas para formar oraciones lógicas.

A	B
Seguiremos viajando aunque...	enseñarte / la semana pasada
Nunca te dejaría aunque...	estar / muy cansados
Generalmente trasnochamos aunque...	pasar / su adolescencia
Ella volvió al lugar donde...	dejarme / de querer
Busco un apartamento donde...	querer
Puedes ir vestido a mi fiesta como...	poder vivir / cómodamente
Prepara el mate de coca como yo...	quedarse / sin dinero

Actividad 29 Delitos mayores Termina las siguientes ideas sobre delitos mayores.

1. Un hombre que viola a una mujer a veces sale en libertad condicional aunque...
2. Queremos vivir en un lugar donde...
3. Muchos criminales cometen crímenes horribles aunque...
4. Es necesario implementar el toque de queda donde...
5. Muchos asesinos parecen personas normales aunque...
6. El acusado del secuestro fue sentenciado como...

Actividad 30 ¿Legalización o no? **Parte A:** La legalización de las drogas en varios países del mundo, inclusive en este país, es un tema muy controvertido. Lee las siguientes ideas sobre su legalización e indica si crees que muestran una posición a favor (AF) o en contra (EC). Luego comparte tus ideas con el resto de la clase.

1. _____ Una de las formas de combatir el narcotráfico es la legalización, pero esto no significa legalizar a los capos del narcotráfico.
2. _____ Los narcotraficantes obtienen ganancias increíbles debido a la prohibición de la droga. Hay que acabar con esta situación.
3. _____ Sería muy peligroso legalizar la mariguana en un país democrático. Esto podría crear la imagen de una narcodemocracia.
4. _____ Es factible (*feasible*) que la legalización de la droga traiga como resultado un aumento del consumo.
5. _____ La legalización no es una buena solución pues la droga siempre va a estar prohibida para alguien, como por ejemplo, los menores de edad.
6. _____ Para terminar con la droga hay que acabar con los narcotraficantes.
7. _____ La muerte de poderosos narcotraficantes no ha afectado el mercado.
8. _____ Legalizar las drogas sería como perdonar y olvidar todos los crímenes cometidos por el narcoterrorismo.
9. _____ Los países productores no producirían tanta droga si no hubiera una demanda tan intensa de parte de los países consumidores. Hay que reducir la demanda.

Do the corresponding CD-ROM and web activities to review the chapter topics.

Parte B: Ahora, formen dos grupos: uno a favor de la legalización de la droga en este país y el otro en contra. Tomen unos minutos para preparar sus argumentos usando ideas de la Parte A como punto de partida. Luego, hagan un debate sobre la legalización de la droga.

Vocabulario activo

Delitos y consecuencias

armado/a	*armed*
asesinar	*to murder*
el asesinato	*murder*
el/la asesino/a	*murderer*
el asaltante	*assailant*
asaltar	*to assault*
el asalto	*assault, attack, robbery*
atracar	*to hold up; to mug*
el atraco	*holdup; mugging*
la cárcel	*jail, prison*
el/la carcelero/a	*jailer, warden*
castigar	*to punish*
el castigo	*punishment*
la condena	*sentence*
el/la condenado/a	*convict*
condenar (a alguien) a (diez) meses/años de prisión	*to convict (someone) to (ten) months/ years in prison*
el crimen	*serious crime; homicide*
la delincuencia	*crime, criminal activity*
el/la delincuente	*criminal*
el delito	*criminal offense, crime*
la droga	*drug*
el/la drogadicto/a	*drug addict*
drogarse	*to get high, take drugs*
encarcelar	*to jail, imprison*

la legalización	*legalization*
legalizar	*to legalize*
la lucha	*fight*
el/la narcotraficante	*drug dealer*
el narcotráfico	*drug traffic*
la pandilla	*gang*
el/la pandillero/a	*gang member*
la prohibición	*prohibition*
prohibir	*to prohibit*
rescatar	*to rescue*
el rescate	*ransom*
robar	*to steal; to rob*
el robo	*robbery*
el/la secuestrador/a	*kidnapper; hijacker*
secuestrar	*to kidnap*
el secuestro	*kidnapping*
la sentencia	*sentence*
el/la sentenciado/a	*person sentenced*
sentenciar	*to sentence*
sobornar	*to bribe*
el soborno	*bribe, bribery*
el/la suicida	*person who commits suicide*
suicidarse	*to commit suicide*
el suicidio	*suicide*
el terrorismo	*terrorism*
el/la terrorista	*terrorist*
traficar en drogas	*to deal drugs*
el/la vigilante	*watchman/woman*
la violación	*rape*
el/la violador/a	*rapist*
violar (a alguien)	*to rape (someone)*

Otras palabras relacionadas con el delito

la adicción	addiction
la cadena perpetua	life sentence
el cartel (de drogas)	drug cartel
consumir drogas	to use drugs
detener	to arrest
el homicidio	homicide
el ladrón/la ladrona	thief
la libertad condicional	parole
la pena de muerte/pena capital	death penalty
el/la preso/a	prisoner
el/la ratero/a	pickpocket
la sobredosis	drug overdose
el toque de queda	curfew
la víctima	victim
la violencia	violence

Expresiones útiles

a propósito	on purpose
(para) dentro de (diez) horas/días/años/etc.	in (ten) hours/days/years/etc.
pretender + infinitive	to attempt (and to hope) + infinitive
¡Qué barbaridad!	Wow!/How terrible!
¡Qué injusticia!	How unfair!/What an injustice!
¿Qué opinas sobre esta situación?	What do you think about this situation?
¿Y a ti qué te parece?	What do you make of it?
A mi modo de ver...	The way I see it . . .
Desde mi punto de vista...	From my point of view . . .
Es un acto despreciable.	It's a despicable act.

Vocabulario personal

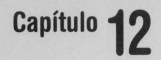
Meta comunicativa

- narrar y describir en el presente, pasado y futuro (repaso)

La comunidad latina en los Estados Unidos

▲ Niños danzan en el Festival Boliviano de Arlington, Virginia.

Un poema

A través de este programa de español has aprendido sobre diversos aspectos del mundo hispano incluyendo el mundo hispano de los Estados Unidos. En este capítulo se presentará información sobre la historia y las vivencias no sólo de los inmigrantes que han llegado a este país sino también de los descendientes de estos inmigrantes.

Actividad 1   Proyecciones   Mira la siguiente tabla sobre la población de los Estados Unidos y discute las preguntas que la acompañan.

Distribución de edad por sexo y origen hispano: 2002

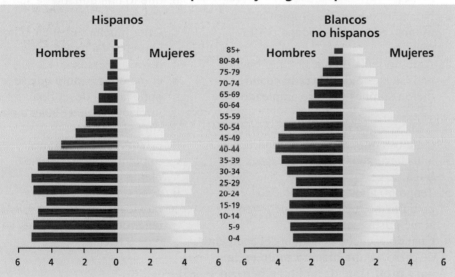

Cada barra representa el porcentaje de la población hispana o no hispana blanca que cae dentro de cada grupo por su edad y sexo.

(Fuente: Censo de EE.UU.)

1. Según este gráfico del censo estadounidense, ¿cuál de los dos grupos tiene un porcentaje mayor de gente joven?
2. Más o menos, ¿qué porcentaje de la población hispana tiene menos de 18 años? ¿Y de la población blanca que no es hispana?
3. Teniendo en cuenta que las mujeres dejan de tener hijos normalmente antes de cumplir los 40 años, ¿qué significa esto en cuanto al crecimiento de la población hispana y la no hispana en este país?

Actividad 2   Un poema   **Parte A:** La locutora de un programa de radio de Laredo, Texas va a leer un poema escrito por una estadounidense de ascendencia mexicana. Antes de escucharlo, busca la ciudad de Laredo en el mapa que está al principio del libro y contesta las siguientes preguntas.

1. ¿Cómo crees que sea la población de Laredo?
2. ¿Crees que sea una ciudad típica de los Estados Unidos? ¿Por qué?
3. ¿Qué idiomas crees que se hablen allí?
4. ¿Crees que la poeta se identifique con la cultura estadounidense, con la cultura mexicana o con las dos? ¿Por qué?

Parte B: Ahora vas a trabajar con algunas palabras que aparecen en el poema. Lee las siguientes oraciones y luego asocia las palabras en negrita con su significado.

1. A ella le molesta **andarse con tiento** y no poder decir lo que piensa. ____
2. No me importan los problemas **ajenos.** Sólo me preocupo por los míos. ____
3. Antonio tenía un puesto muy bueno, pero se sintió **desplazado** cuando le dieron su puesto a otro empleado. ____
4. Cada vez que recuerdan la comida deliciosa que les hacía su madre, a los hermanos **se les hace agua la boca.** ____
5. Tengo 60 años **¿y qué?** Puedo comprarme ropa para gente joven, si me gusta. ____
6. Cuando escuché la noticia del accidente de carro, **se me hizo un nudo en la garganta.** Traté de no llorar, pero no pude contener las lágrimas. ____
7. Para hacerle un **injerto** a esa planta, le hice un corte y le puse otra... ____
8. ... Pero mi experimento no resultó pues la planta **no pegó** y se murió. ____
9. Odio que me llamen **pocho.** Yo soy mexicano, vivo en EE.UU. y punto. ____
10. Cuando el nadador olímpico escuchó el himno nacional al recibir el premio en los Juegos Olímpicos, **se le enchinó el cuero.** ____

a. y no importa lo que piensen los demás
b. que lo han quitado de su lugar
c. tener mucha saliva en la boca al pensar en una comida
d. de otras personas
e. emocionarse tanto que se le pone la piel de gallina
f. implantarle una planta a otra sin tener éxito
g. estar a punto de llorar
h. implante de parte de una planta a otra
i. persona de ascendencia mexicana que vive en EE.UU.
j. tener cuidado con lo que se dice o hace

Parte C: Ahora usa la información de la Parte A y el vocabulario de la Parte B para predecir el tema del poema llamado "Soy Como Soy Y Qué" de Raquel Valle Sentíes. Luego escucha el poema para confirmar tu predicción.

Soy flor injertada que no pegó.
Soy mexicana sin serlo.
Soy americana sin sentirlo.
La música de mi pueblo,
la que me llena,
los huapangos, las rancheras,
el himno nacional mexicano,
hace que se me enchine el cuero,
que se me haga un nudo en la garganta,
que bailen mis pies al compás,
pero siento como quien se pone
sombrero ajeno.
Los mexicanos me miran como diciendo
¡Tú, no eres mexicana!

El himno nacional de Estados Unidos
también hace
que se me enchine el cuero,
que se me haga un nudo
en la garganta.
Los gringos me miran
como diciendo,
¡Tú no eres americana!
Se me arruga el alma.
En mí no caben dos patrias
como no cabrían dos amores.
Desgraciadamente,
no me siento ni de aquí,
ni de allá.

Ni suficientemente mexicana.
Ni suficientemente americana.
Tendré que decir
Soy de la frontera.
De Laredo.
De un mundo extraño
ni mexicano,
ni americano.
Donde al caer la tarde
el olor a fajitas asadas con mesquite,
hace que se le haga a uno agua la boca.
Donde en el cumpleaños
lo mismo cantamos

el *Happy Birthday* que las mañanitas.
Donde festejamos en grande
el nacimiento de Jorge Washington
¿quién sabe por qué?
Donde a los foráneos
les entra *culture shock*
cuando pisan Laredo
y podrán vivir cincuenta años
aquí y seguirán siendo
foráneos.
Donde en muchos lugares
la bandera verde, blanca y colorada
vuela orgullosamente
al lado de la *red, white and blue*.

Soy como el Río Grande,
una vez parte de México,
desplazada.
Soy como un títere
jalado por los hilos de dos culturas
que chocan entre sí.
Soy la mestiza,
la pocha,
la *Tex-Mex*, la *Mexican-American*,
la *hyphenated*,
la que sufre
por no tener identidad propia
y lucha por encontrarla,
la que ya no quiere cerrar los ojos
a una realidad que golpea,
que hiere
la que no quiere andarse con tiento,
la que en Veracruz
defendía a Estados Unidos
con uñas y dientes.
La que en Laredo
defiende a México
con uñas y dientes.
Soy la contradicción andando.

En fin, como Laredo,
soy como soy y qué.

Actividad 3 La "hyphenated" Antes de escuchar el poema otra vez, lee las siguientes ideas. Luego escucha el poema para buscar la información correspondiente.

1. ¿De quién habla y dónde vive?
2. ¿De qué país es y de dónde se siente que es?
3. ¿Qué conflicto tiene con los mexicanos y con los americanos?
4. ¿Qué problema tienen los foráneos (las personas de otro lugar u otro país) en Laredo?
5. ¿A qué conclusión llega la persona que habla?

Actividad 4 Tu opinión **Parte A:** Después de escuchar el poema, expresa tu reacción al conflicto que tiene la poeta.

Parte B: En parejas, una persona es el/la locutor/a del programa de radio y la otra persona llama para decir si le gustó o no el poema. Justifiquen su opinión.

¿LO SABÍAN?

La autora de "Soy Como Soy Y Qué" escribe en español, pero usa el inglés para describirse a sí misma como *"la Mexican-American, la hyphenated".* Ella representa una fusión de culturas: la mexicana, que es una combinación de la cultura española mezclada con las culturas indígenas que estaban en México cuando llegaron los españoles, y también de la cultura más prevaleciente de los EE.UU. Cuando la autora se describe a sí misma como *"la Mexican-American, la hyphenated"* probablemente lo hace en inglés o porque la terminología para describir lo que quiere decir es más precisa en ese idioma o porque tanto el concepto como el término no existen en la cultura hispana o porque quiere expresar con la mezcla de idiomas su cultura mezclada.

En los EE.UU. una manifestación de la fusión de culturas se ve en el idoma; muchos hispanos alternan entre el español y el inglés dentro de una misma conversación y, con frecuencia, lo hacen inconscientemente. Mientras que los hispanos de primera generación se sienten más cómodos hablando español en casa y en situaciones sociales y de trabajo, la preferencia por el uso del español disminuye con la segunda y tercera generación. Según *Voy,* el 65 % de los hispanos de segunda generación se sienten más cómodos hablando inglés, mientras que el porcentaje aumenta al 70 con los de tercera generación. ¿Tienes parientes o amigos que alternen entre el inglés y otro idioma o que se sientan más cómodos hablando otro idioma que no sea el inglés? ¿Cómo le explicarías a una persona que no habla inglés el término *hyphenated* que usa la autora?

Voy es una compañía que se dedica a entretener a la gente a través de diferentes medios de comunicación como el cine, la televisión, la música e Internet.

Do the corresponding CD-ROM and web activities as you study the chapter.

I. Narrating and Describing in the Past, Present, and Future (A Review)

In this chapter you will review how to narrate and describe in the past, present, and future. Before reviewing each, read the following chart, which is a synopsis of the life of a man and his family. First, read the columns vertically. Then go back and compare the horizontal columns to each other.

Past	Present	Future
Cuando era joven, Juan vivía en Puerto Rico.	Ahora Juan vive en Nueva York con su familia.	Juan va a comprar una casa en Puerto Rico y vivirá allí durante los veranos.
Tenía 17 años cuando terminó la secundaria.	Tiene 40 años y trabaja en el Hospital Monte Sinaí.	Tendrá 65 años cuando se jubile.
Sus padres querían que él fuera a los Estados Unidos a estudiar medicina.	Tiene una hija y quiere que ella pase los veranos con sus abuelos en Puerto Rico para que aprenda bien el español.	Él y su esposa querrán que su hija también estudie en Harvard.
Como había sacado buenas notas en la escuela, lo aceptaron en Harvard.	Como ella saca buenas notas en la escuela, no tiene que estudiar durante el verano.	Seguramente ella sacará buenas notas y será médica como sus padres.
Mientras estaba estudiando en Harvard, conoció a su esposa Marta.	Mientras su esposo está en el hospital, Marta que también es médica, trabaja con niños que padecen de SIDA.	Mientras ella esté estudiando la carrera universitaria, trabajará como voluntaria en un hospital.
Siempre decía que si se hubiera quedado en Puerto Rico, nunca la habría conocido.	Si Marta tuviera más tiempo, iría a las escuelas para hablar sobre la prevención del SIDA.	En caso de que pueda, tratará de trabajar, igual que su madre, con niños que padezcan de SIDA.

Now you will review how to discuss past, present, and future actions and states. If you feel you need more in-depth explanations, consult the pages given in the annotations in the margin.

A. Discussing the Past

To review narration and description in the past, see pages 41–51, 65–69, and 97–98. Note that throughout the chapter, topic titles and page references are given in the margin to tell you where you can review the topic.

1. Look at how the preterit and imperfect are used to talk about the past as you read this brief summary of Cuban immigration to the United States.

Preterit	Imperfect
	• Setting the scene Durante la década de los 50, **había** en Cuba mucha corrupción en la dictadura de Batista.
• Completed action **Hubo** una revolución en 1959 y después Fidel Castro **subió** al poder.	**• Age** Castro **tenía** sólo 32 años.
• End of action La revolución le **puso fin** a la dictadura de Batista.	**• Action or state in progress** Pero muchas personas le **tenían** miedo al nuevo régimen comunista.
• Beginning of action En 1959 **empezó** el gran éxodo de cubanos hacia los Estados Unidos y en 1966 **comenzó** la salida de Cuba de otra ola de refugiados.	**• Habitual or repeated action** Cada día **llegaba** a los Estados Unidos, más y más gente que **buscaba** asilo político.
• Action in progress interrupted Cuando **intentaban/estaban intentando** salir de Cuba en embarcaciones pequeñas, muchos **murieron.**	
• Action over specific period of time Entre 1965 y 1971 los Estados Unidos **permitieron** la entrada de 250 mil cubanos.	**• Simultaneous ongoing actions** Mientras **llegaba** un grupo de cubanos en 1980, mucha gente **protestaba** contra su entrada a los Estados Unidos porque muchos eran delincuentes.
	• Ongoing emotion or mental state En los Estados Unidos, muchos cubanos **sentían** y sienten nostalgia por su isla y por su vida anterior al gobierno de Castro.

Past action preceded by other past actions, see page 51.

Buena Vista Social Club was a group of retired Cuban musicians that got together after a long hiatus from performing. They were a new sensation and performed all over the world including venues as prestigious as Carnegie Hall.

Narrating in the past, see page 105.

2. To denote a past action that preceded another past action, use the pluperfect.

En 1999, **se estrenó** la película *Buena Vista Social Club* sobre un grupo de músicos cubanos, pero dos años antes ya **había salido** el CD del mismo nombre.

3. To ask the question *Have you ever?* and to refer to past events with relevance to the present, use the present perfect.

—¿**Has leído** algún artículo sobre la situación cubana actual?
—Últimamente no **he visto** nada sobre Cuba en el periódico.

4. To describe something that may or may not have existed, use the imperfect subjunctive in dependent adjective clauses.

Imperfect subjunctive, see pages 231–233.

Los cubanos que salieron de Cuba querían ir a **un lugar donde pudieran** empezar una vida nueva.

5. To refer to a pending or not yet completed action in the past, or to express possibility, purpose, and time in the past, use the imperfect subjunctive in dependent adverbial clauses.

Pending actions, see pages 188–189 and 231–233.

Possibility, purpose, time, see pages 206–207.

Muchos refugiados políticos pensaban quedarse en los Estados Unidos sólo **hasta que cambiara** el gobierno de Cuba. (Pending action in the past)
Trabajaban **para que** sus hijos **tuvieran** un futuro mejor. (Purpose in the past)

6. To talk about past actions or states after expressions of influence, emotion, and other feelings and reactions, use the present perfect subjunctive, the imperfect subjunctive, or the pluperfect subjunctive in the dependent clause.

Present perfect subjunctive, imperfect subjunctive, and pluperfect subjunctive, see pages 152–153, 231–233, and 287–288.

Es una pena que tantas familias **se hayan separado** por razones políticas.	*Present emotion* (**Es una pena**) *about a past action: present perfect subjunctive* (**se hayan separado**)
Mucha gente **quería que** Kennedy **interviniera** militarmente contra Castro.	*Past influence* (**quería**) *about a past action: imperfect subjunctive* (**interviniera**)
Cuando era pequeño, **me sorprendía que** mis padres **hubieran dejado** a mis abuelos en Cuba y **hubieran venido** a Miami, pero ahora lo entiendo.	*Past emotion* (**me sorprendía**) *about an action that happened before that emotion: pluperfect subjunctive* (**hubieran dejado... hubieran venido**)

7. To hypothesize about a past occurrence that is contrary to fact, use **si** + *pluperfect subjunctive,* + *conditional perfect.*

Hypothesizing about the past, see pages 280–281.

Si yo **hubiera sido** un exiliado político, no **habría podido** volver a mi país.

Actividad 5 Los inmigrantes hispanos Habla de la llegada de los tres grupos principales de hispanos (mexicanos, cubanos, puertorriqueños) a los Estados Unidos usando los datos que están a continuación. Incorpora el nombre del grupo apropiado en tus oraciones.

 *Puerto Rico y Cuba*

▶ en 1959 / empezar a salir de la isla / cuando subir / al poder Fidel Castro
  En 1959 los cubanos empezaron a salir de la isla cuando subió al poder Fidel Castro.

1. vivir / en la zona que se extiende de Texas a California antes que los primeros inmigrantes anglosajones
2. llegar / como refugiados políticos
3. en 1917 / recibir / el estatus de ciudadanos estadounidenses
4. en 1848 / firmar / el Tratado de Guadalupe Hidalgo con los Estados Unidos

(continúa en la página siguiente)

5. para 1980 / ya / vivir / en Chicago, Los Ángeles, Miami, Filadelfia y el norte de Nueva Jersey
6. establecerse / principalmente en Miami
7. después de la Segunda Guerra Mundial / comenzar / la movilización a Nueva York
8. llevar / a EE.UU. / la industria del puro (*cigar*)
9. no querer / que sus hijos / vivir / bajo un régimen comunista

Actividad 6 **Otros inmigrantes** **Parte A:** Di por qué llegaron los siguientes grupos a los Estados Unidos y más o menos cuándo lo hicieron.

1. los judíos
2. los irlandeses
3. los africanos
4. los vietnamitas, camboyanos y laosianos
5. los japoneses

Parte B: Los siguientes inmigrantes han aportado mucho a la cultura y la historia norteamericana. En grupos de tres, digan de dónde son y qué han hecho las siguientes personas.

1. Martina Navratilova
2. Alberto Einstein
3. Yo Yo Ma
4. Ángela Lansbury
5. Peter Jennings
6. Andrew Carnegie
7. I. M. Pei

Crecimiento por grupo racial/étnico en los Estados Unidos
Porcentaje de crecimiento de abril, 2000 a julio, 2002

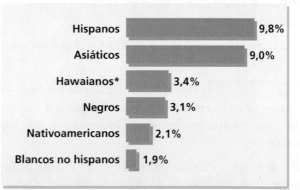

Hispanos	9,8%
Asiáticos	9,0%
Hawaianos*	3,4%
Negros	3,1%
Nativoamericanos	2,1%
Blancos no hispanos	1,9%

*Hawaianos: Incluye a gente de islas del Pacífico.
(Fuente: Censo de EE.UU.)

¿LO SABÍAN?

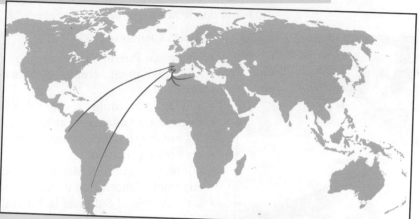

Aunque a lo largo de su historia los Estados Unidos han recibido inmigrantes de diversos países, no es el único en esta situación. Por muchos años los españoles, al igual que otros europeos, emigraron a países de América en busca de un mejor futuro. Hoy día España goza de un gobierno democrático y una economía estable que la hace atractiva a inmigrantes de otros países que tienen problemas politicos y económicos. Entre los inmigrantes a España más recientes se encuentran los ecuatorianos, los argentinos y los magrebíes (gente de Marruecos, Argelia y Túnez) que han contribuido al crecimiento de la población del país. Debido a esta inmigración reciente, el país se enfrenta a cuestiones de discriminación que antes no existían. ¿Quiénes son los últimos inmigrantes que han llegado a tu país? ¿Sufren algún tipo de discriminación?

Actividad 7 Hispanos famosos: **Parte A:** Lee la siguiente biografía que está escrita en el presente histórico y cámbiala al pasado.

www *Hispanos famosos*

Sandra Cisneros nace en Chicago en 1954. Su padre es mexicano y su madre chicana. Tiene seis hermanos y ella es la única hija mujer. Su abuela por parte del padre vive en México y su familia se muda a ese país con frecuencia por diferentes períodos de tiempo. Debido a esta situación y al hecho de que, con frecuencia, cambia de escuela, Sandra es una niña tímida e introvertida. En la escuela secundaria empieza a escribir poesía y en 1976 recibe una especialización en Literatura de la Universidad de Loyola en Chicago. Luego, mientras realiza estudios de maestría en la Universidad de Iowa, descubre su voz para escribir. Esto la lleva a escribir *The House on Mango Street.* A través de los años, recibe diferentes premios por sus libros y trabaja como maestra de estudiantes que dejan la escuela secundaria.

◄ Sandra Cisneros, escritora de ascendencia mexicana.

Parte B: En parejas, lea cada uno la información sobre uno de los siguientes hispanos famosos para luego contársela a la otra persona, usando verbos en el pasado donde sea apropiado.

Roberto Clemente (1934–1972)

- nacer / en Puerto Rico
- mientras / jugar / con los Piratas de Pittsburg / dar / 3.000 batazos (*hits*)
- ayudar / a su equipo a ganar dos Series Mundiales
- llegar a ser / cuatro veces bateador campeón de la Liga Nacional
- los puertorriqueños / considerarlo / héroe nacional
- ser / muy generoso
- mientras / viajar / a Managua, Nicaragua para ayudar a víctimas de un terremoto / morir / en un accidente de avión en 1972
- ser / elegido al Salón de la Fama de Béisbol en 1973

▲ Roberto Clemente, beisbolista puertorriqueño.

Baltasar Garzón (1955–)

- nacer / en España
- estudiar / en monasterios católicos
- su familia / creer que / ir / a ser cura
- ser / expulsado el último día de clase por darle una serenata a una chica
- mientras estudiar / abogacía / trabajar / en una gasolinera para pagar sus estudios
- cuando tener / 32 años / ser / nombrado juez para la corte de casos criminales más importante de España
- en 1998 hacerse / famoso por luchar para detener al ex dictador chileno Augusto Pinochet en Londres
- querer / extraditarlo a España y tortura pero / no poder
- hoy día ser / conocido como el "superjuez" por detener a políticos corruptos, a narcotraficantes y a terroristas tanto nacionales como internacionales

▲ Baltasar Garzón le firma un autógrafo a una de las Madres de Plaza de Mayo.

Actividad 8 ¿Qué pasó? En parejas, escojan a una de las siguientes personas e inventen cómo era su vida en su país, cómo fue su emigración y adaptación a los Estados Unidos y cómo se hizo famosos.

Arnold Schwarzenegger (austríaco)   Michael J. Fox (canadiense)
Isabel Allende (chilena)   Mario Andretti (italiano)

Actividad 9   La nostalgia   Una inmigrante mexicana a los Estados Unidos habla de su nostalgia. Lee lo que dice y luego, en parejas, discutan si alguna vez han sentido nostalgia de algo, y digan de qué y por qué.

"Después de un tiempo de estar en los Estados Unidos, comencé a **extrañar** todo lo relacionado con el folclor. La música de mariachi, ciertas comidas como los dulces típicos mexicanos que son de calabaza o **camote** (pues en el norte de California adonde yo llegué no había tanta concentración de latinos y era difícil conseguir casi todo). También extrañaba muchísimo la celebración del 12 de diciembre. Este es un día nacional en México donde celebramos la aparición de la virgen de Guadalupe. Extrañaba la misa, la comida y el festejo de ese día tan especial. Otra cosa que extrañaba mucho eran las posadas, la celebración de la Navidad, pues en México es una celebración larga y de mucha tradición. Es irónico porque en México odiaba poner el nacimiento para el niño Dios, pero al estar lejos y ya no verlo más, mandé pedir uno. Ahora lo conservo como una reliquia. Finalmente, antes de venir a los Estados Unidos no apreciaba todo lo rústico referente al arte mexicano. Ahora todo lo que tengo en cada rincón de mi casa es de arte rústico mexicano: muebles tallados en México, cerámica, pinturas de Rivera, Siqueiros, Kahlo y todo lo que uno pueda imaginarse... Hasta el canasto donde pongo las tortillas."

to miss
sweet potato

mexicana

Actividad 10   Un anuncio comercial   **Parte A:** Mira el siguiente anuncio comercial y busca pistas (*clues*) que indiquen que está dirigido específicamente a hispanos inmigrantes en los Estados Unidos.

Parte B: Contesta las preguntas que siguen.

1. ¿Por qué crees que McDonald's haya hecho un anuncio comercial dirigido a inmigrantes? Justifica tu respuesta.
2. Si este anuncio hubiera aparecido en inglés en una revista como *Time* o *Sports Illustrated,* ¿habría tenido éxito? Justifica tu respuesta.
3. En el anuncio Ernesto dice: "¡Qué chiquito es el mundo!" ¿Estás de acuerdo con esa frase?
4. Mientras estabas en otra ciudad u otro país ¿alguna vez te has encontrado con (*have you run into*) alguien a quien conocías? ¿Qué pasó?
5. Estando de vacaciones, ¿has conocido a alguien que era de tu estado o tu ciudad? ¿Sentiste alguna afinidad con esa persona?
6. Si cuando eras niño/a, se hubieran tenido que trasladar (*transfer*) tus padres a otro país, ¿dónde te habría gustado vivir? ¿Por qué?

Un Momento así Sólo en McDonald's

¡Qué chiquito es el mundo! Mira que encontrarme a Rubén aquí en Estados Unidos después de tanto tiempo.

Yo estaba almorzando con una compañera del trabajo en el McDonald's de aquí a la vuelta y lo vi entrar.

"Rubén", le grité.

"¡Ernesto!", y nos dimos tremendo abrazo.

"¿Qué haces aquí?", pregunté.

"Lo mismo que tú, a punto de comerme un Big Mac", me contestó vacilándome como la hacía antes.

Me contó que se casó con Lupe, su novia de todo la vida, qu tienen dos niñas preciosas y que lo acaban de transferir aquí a Estados Unidos.

Y así se nos pasó el tiempo.

Si no hubiera sido porque teníamos que regresar a trabajar, nos hubiéramos quedado el resto de la tarde platicando en McDonald's.

¡Qué agradable reencontrarnos!

Lo que quieres, aquí está.

McDonald's Corporation

vacilar = to kid (around)

%% B. Discussing the Present

Narrating in the present, see pages 17–18 and 22–23.

1. To talk about present habitual actions or present events or states, use the present indicative.

> Nunca **tengo** tiempo para hacer todo lo que **quiero.**
> Hoy en día muchos hispanos **ocupan** puestos importantes en el gobierno.
> **Hace** calor y **estoy** cansada.

2. To discuss actions in progress at the moment of speaking, you may use either the present indicative or the present progressive.

> Ellos **estudian/están estudiando** en la biblioteca ahora.

Describing the unknown, see pages 183–184.

3. To describe something that may or may not exist, use the present subjunctive in the dependent clause.

> Quiero ir a **un lugar donde no existan** los prejuicios.

Present subjunctive, see pages 118–120 and 147–149.

4. To talk about present actions or states after expressions of influence, emotion, and other feelings and reactions, use the present subjunctive in a dependent clause.

> **Es sorprendente que** el 90 por ciento de los trabajadores agrícolas de California **sean** hispanos.

Present subjunctive, see pages 118–120 and 124–125.

Commands, see pages 126 and 129.

5. To influence someone's actions, use a command or the present subjunctive after an expression of influence.

> **Ayúdame.**
> **Dile que** me **ayude.**
> **Quiero que** me **ayudes.**

Hypothesizing about the present, see pages 262–263.

6. To hypothesize about present contrary-to-fact situations, use **si** + *imperfect subjunctive, + conditional.*

> **Si fuera** político (*which I am not*), **haría** todo lo posible para obtener el voto hispano.

Actividad 11 **¿Cuánto sabes?** **Parte A:** Usa la imaginación y lo que sabes sobre la población hispana de los Estados Unidos para completar este cuestionario.

1. En el año 2015, se calcula que la población negra va a representar el 13,6% de la población estadounidense y que la hispana va a representar el _____.

    a. 12,5%   b. 13,9%   c. 15,8%

2. En la población norteamericana hay 2,4 personas por familia. En la familia hispana hay _____.

    a. 2,8   b. 3,5   c. 4,5

3. El hispano mira un promedio de 58,6 horas de televisión por semana, 4,4 horas más que el que no es hispano. Entre el primer grupo, el _____ prefiere ver televisión en inglés, el _____ prefiere programas en español y el _____ no tiene preferencia.
   a. 40%, 33%, 27%   b. 26%, 51%, 23%   c. 18%, 48%, 33%

4. El sueldo promedio en los Estados Unidos es de $46.133; el del hispano es _____.
   a. $30.775   b. $34.515   c. $39.210

5. El 24% de la población estadounidense es católica. El porcentaje de hispanos católicos es del _____.
   a. 57%   b. 70%   c. 80%

6. En los Estados Unidos la edad promedio es de 35,3 años; entre los hispanos es de _____.
   a. 25,8   b. 30,1   c. 38,0

7. Según el censo del año 2000, en los Estados Unidos hay _____ personas que hablan español en casa. Esto representa 1 de cada 10 habitantes de los EE.UU.
   a. 17.000.000   b. 22.000.000   c. 28.000.000

8. De las personas que indicaron que hablan español en casa, _____ dice que habla inglés con fluidez.
   a. más de la mitad   b. el 40%   c. el 25%

Parte B: Ahora en grupos de cuatro compartan y justifiquen sus opiniones con el resto de la clase usando expresiones como: **Creo que..., Dudo que...**

¿LO SABÍAN?

Hay muchas personas de países latinoamericanos que emigran a los Estados Unidos, pero cada día son más los norteamericanos que se van a vivir a países como México y Costa Rica cuando se jubilan. Esto se debe en parte a que las casas son más económicas y el costo de vida es más bajo que en los Estados Unidos. Costa Rica cuenta con 20 mil jubilados norteamericanos mientras que México tiene 600 mil. Hoy día hay grupos que están presionando al gobierno de los Estados Unidos para considerar extender el sistema de Medicare fuera del territorio estadounidense y así cubrir las necesidades de sus ciudadanos residentes en México. ¿Qué cosas tomarías en cuenta a la hora de elegir un lugar para jubilarte? ¿Te gustaría vivir en otro país como jubilado/a?

Actividad 12   Emigración e inmigración   Parte A: En parejas, hagan una lista de cinco motivos por los cuales hay más inmigración a los Estados Unidos y menos emigración de los Estados Unidos a otros países. Estén preparados para explicar los motivos.

Parte B: Si este país pasara por una situación económica desastrosa y fuera muy difícil continuar viviendo aquí, ...

1. ¿Adónde irían a vivir?
2. ¿Con quién(es) irían?
3. ¿Qué llevarían?
4. ¿Cómo se sentirían?
5. ¿Cómo sería la adaptación?
6. ¿Qué cosas extrañarían?
7. ¿Los aceptaría la población local?
8. ¿Qué harían para integrarse?

Actividad 13 En el extranjero En parejas, imaginen que un amigo va a ir a estudiar por seis meses a un país de habla española. Denle recomendaciones para que aproveche (*take advantage of*) bien el viaje. Usen expresiones como: **Te recomendamos que..., Es importante que..., No te olvides...**

Actividad 14 Un cuestionario Vas a dar una opinión **anónima** sobre puntos importantes concernientes a los hispanos en este país. Escribe en una hoja los números del 1 al 12 y, mientras lees cada oración del cuestionario, asígnale una letra (a, b, c). Luego entrégale la hoja a tu profesor/a y sigue sus instrucciones.

a. estoy de acuerdo
b. no estoy completamente de acuerdo
c. no estoy para nada de acuerdo

1. Muchos inmigrantes intentan pasar por refugiados políticos cuando en realidad vienen por cuestiones económicas.
2. Los inmigrantes son muy trabajadores.
3. Debemos mandar a todos los inmigrantes ilegales a su país de origen.
4. Los inmigrantes ilegales sólo deben recibir servicio médico en caso de emergencia.
5. La pobreza de México es la causa del alto índice de personas que emigran de ese país a los Estados Unidos.
6. La gente que emplea a los trabajadores indocumentados tiene la culpa de que haya tantos inmigrantes ilegales.
7. Solamente los hijos de ciudadanos de este país deben poder asistir a las escuelas públicas.
8. La inmigración ilegal existe porque hay una relación de oferta y demanda: los Estados Unidos necesitan la mano de obra barata y los inmigrantes ilegales necesitan trabajo.
9. Los inmigrantes indocumentados contribuyen al progreso de la economía del país.
10. Si pudieran, muchos inmigrantes no saldrían de su país de origen; sólo lo hacen por necesidad económica o política.
11. El gobierno debe vigilar más las fronteras del país.

Remember: **discriminar a alguien.**

Actividad 15 La discriminación Contesta las siguientes preguntas sobre la discriminación.

1. ¿Qué significa discriminar? ¿Por qué discrimina la gente?
2. ¿Alguna vez has sido (o ha sido alguien que conoces) víctima de discriminación?
3. ¿Quiénes discriminan a quiénes?

(continúa en la página siguiente)

4. ¿A quién se discrimina en este país?
5. ¿A qué grupos discriminaba la gente en el pasado?
6. ¿Existe discriminación en tu universidad?
7. En los Estados Unidos, se habla de *reverse discrimination*. ¿Qué significa? ¿Crees que exista?

Actividad 16 ¿Qué falta aquí? En parejas, lean este anuncio y discutan las preguntas siguientes.

1. ¿De quiénes habla el anuncio y cómo los describe?
2. ¿A quién está dirigido?
3. ¿Cuál es el propósito del anuncio y quién lo patrocina (*sponsors*)?
4. Durante el régimen de Castro, muchos cubanos han venido a los Estados Unidos como refugiados políticos. ¿Conocen Uds. a hispanos de otros países que también hayan sido aceptados en este u otro país como refugiados políticos? ¿Cuál era la causa?

¿QUÉ FALTA AQUÍ?

Observa detenidamente este grupo de personas. Todas ellas tienen algo. Algunas tienen herramientas, otras portan una maleta, conducen un vehículo o llevan cualquier utensilio. Todas ellas podrían considerarse normales, gente corriente.

Sin embargo, hay una excepción. Ese buen hombre, el segundo por la derecha, en la tercera fila, parece no tener nada.

En efecto, no tiene nada. Es un refugiado. Y, como en principio habrás podido notar, es una persona como todas las demás. Porque los refugiados son gente corriente. Como tú y como yo. Gente normal con una pequeña diferencia: todo lo que tenían ha sido destruido

o confiscado, arrebatado tal vez a cambio de sus vidas.

No tienen nada.

Y nunca más lo tendrán si no les ayudamos. Por supuesto, no podemos devolverles aquello que les fue arrebatado. Pero sí podemos ofrecerles nuestra solidaridad. Por eso no te pedimos dinero, aunque la más mínima

contribución siempre es una gran ayuda. Ahora lo que más necesitan es sentirse recibidos con cordialidad.

Tal vez una sonrisa no parezca gran cosa. Pero para un refugiado puede significarlo todo.

El ACNUR es una organización con fines exclusivamente humanitarios, financiada únicamente por contribuciones voluntarias. En la actualidad se ocupa de más de 19 millones de refugiados en todo el mundo.

**ACNUR
Alto Comisionado para los Refugiados
Apartado 69045
Caracas 1062a
Venezuela**

ACNUR
Naciones Unidas
Alto Comisionado para los refugiados

Cambio 16

¿LO SABÍAN?

Durante los años 70 y 80 muchos de los habitantes de El Salvador y Guatemala huyeron de su patria porque su vida corría peligro, cruzaron México e intentaron entrar en los Estados Unidos. Se prohibió la entrada a los inmigrantes de los dos países y el gobierno norteamericano decidió no aceptarlos como refugiados políticos. Fue así como muchas iglesias se organizaron y fundaron el movimiento "Santuario" para ayudarles a cruzar la frontera y darles casa, comida y apoyo tanto económico como espiritual. Algunos de los líderes norteamericanos del movimiento fueron encarcelados por su participación. Di si crees que un grupo religioso que quebranta la ley debe ser procesado (*prosecuted*) por participar en lo que considera actividades humanitarias.

▲ Una familia de refugiados salvadoreños se cubren la cara para no ser identificados por las autoridades de Inmigración (Cincinnati, Estados Unidos, 1982).

⁄⁄⁄ C. Discussing the Future

Future actions, see pages 8 and 248–249.

1. To refer to a future action, you can use the following.

a. the present indicative — Esta noche **hay** una reunión de inmigrantes guatemaltecos.

b. **ir a** + *infinitive* — Para el año 2050, los hispanos **van a formar** el 25% de la población estadounidense.

c. the future tense — En el futuro los hispanos **ocuparán** más puestos en el gobierno.

Present subjunctive, see pages 118–120 and 147–149.

2. To talk about future actions or states after expressions of influence, emotion, and other feelings and reactions, use the present subjunctive in dependent clauses.

Las grandes compañías **quieren que** los hispanos **compren** sus productos.
Para educar a la gente, **es importante que hagan** más anuncios sobre los efectos del cigarrillo.

Pending actions, see pages 188–189.

3. To describe actions that are pending or have not yet taken place, use the present subjunctive in dependent adverbial clauses.

Pienso ir a México a hacerle una visita a mi familia **cuando tenga** vacaciones.

4. To say something will have happened by a certain time in the future, use the future perfect.

Hypothesizing about the future, see page 281.

Para el año 2015, la población hispana de los Estados Unidos **habrá alcanzado** el 15,8 por ciento.

5. To hypothesize about the future use **si** + *present indicative,* + *future* / **ir a** + *infinitive.*

Hypothesizing about the future, see pages 262–263.

Si los Estados Unidos **incrementan** sus exportaciones a Hispanoamérica, **crearán/van a crear** más empleos.

Actividad 17   El poder adquisitivo   El poder adquisitivo de los hispanos en los Estados Unidos llegará en unos tres años a 926 mil millones de dólares y, por supuesto, las grandes empresas no pueden darle la espalda a ese mercado. En grupos de tres, Uds. trabajan en una empresa de mercadeo y deben hacerles recomendaciones a compañías de *Fortune 100* teniendo en cuenta lo que han aprendido en este capítulo y usando el mapa que aquí se presenta. Piensen en los siguientes factores.

mil millones = one billion

- a qué sector de la población hispana le ofrecerán productos
- qué tipos de productos ofrecerán
- qué medios de comunicación usarán
- a qué lugares de la comunidad irán para regalarle muestras (*samples*) gratis a la gente

El poder adquisitivo hispano y sus diez principales estados.

Actividad 18   Un anuncio de Coca-Cola   Lee el siguiente guion de un anuncio comercial que ha hecho la empresa Coca-Cola para la televisión. Después, contesta las preguntas de la siguiente página.

A: ¡Oye! ¡Qué padre! Un jueguito de fútbol ¿no?
B: Muchacho, ¿cómo que "padre"? Se dice "chévere".
C: Ya comenzaron de nuevo.
B: ¿Qué pasa?... Mira, "gaseosa".
A: Que ya se dice "soda".
C: No, "refresco".
B: No, no, no, no, no, ya... una Coca-Cola.
A: Ándale, ya nos entendemos.
B: Salud.
C: Salud.
B: ¡Oye! Mira, flaco, nos va a dejar la guagua.
C: ¿La "guagua"?
A: Es el "camión".
C: No, es el "bus".
A: No, el "camión".
C: No, es el "bus".
B: "Guagua".

padre (*México*) = **chévere** (*Caribe*)
camión (*México*) = **guagua** (*Caribe*)

1. ¿Qué hicieron los muchachos antes de tomar el autobús? ¿Qué harán cuando bajen del autobús?
2. ¿Cuáles son las dos expresiones sinónimas de **¡qué bien!**? Hay tres expresiones diferentes que usan los muchachos para referirse al tipo de bebida que es la Coca-Cola, ¿cuáles son? ¿Qué palabras usan para decir **autobús**?
3. ¿A qué grupos de inmigrantes hispanos creen que se mostrará este anuncio comercial?
4. En tu opinión, ¿Coca-Cola usará este anuncio comercial en España? ¿En Chile? ¿En Venezuela? ¿Por qué sí o no?

¿LO SABÍAN?

En los Estados Unidos la población consumidora hispana consta de unos veinte subgrupos que incluyen a más de 40.000.000 personas. De ellos casi el 70% son de origen mexicano, casi 9% de origen puertorriqueño y un poco menos del 4% son de origen cubano. Pero también hay personas de todos los otros países latinoamericanos y también hay gente de España. Cada subgrupo se caracteriza por tener su propia cultura y diferencias lingüísticas, lo cual presenta un dilema al promocionar un producto. Algunos anuncios presentados en el oeste son dirigidos a la comunidad mexicana, mientras que los anuncios presentados en la Florida se dirigen principalmente a los cubanos. Por supuesto, muchas veces resulta más eficaz crear anuncios comerciales más generales para toda la comunidad hispana y usar un acento y vocabulario relativamente comunes y fáciles de entender para todos.

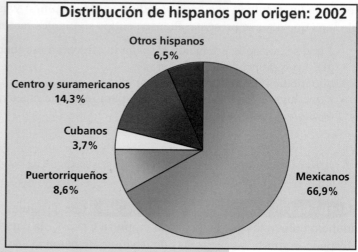

Distribución de hispanos por origen: 2002

- Otros hispanos 6,5%
- Centro y suramericanos 14,3%
- Cubanos 3,7%
- Puertorriqueños 8,6%
- Mexicanos 66,9%

Twenty years later in 2003, a bill was introduced in the House of Representatives of the United States to declare English the official language of the United States. This issue continues to be debated at the highest levels.

Actividad 19   English Only   Como consecuencia de la gran cantidad de inmigrantes que viven hoy en los Estados Unidos, en 1983, el entonces senador Hayakawa de California creó el movimiento de *U.S. English* para lograr, entre otros, los siguientes objetivos:

- adoptar una enmienda (*amendment*) constitucional para que el inglés fuera el idioma oficial de este país
- limitar los fondos gubernamentales para la educación bilingüe

Dividan la clase en dos grupos para debatir si el inglés debe convertirse en el idioma oficial de este país. Cada grupo tiene que preparar un argumento a favor o en contra. Lean las siguientes citas para apoyar sus ideas. Su profesor/a va a moderar el debate.

"Si se hablan muchos idiomas, ¿cómo es posible conducir los asuntos oficiales?"

"Para la defensa del país, es necesario que tengamos personas que hablen otros idiomas."

"El inglés sigue siendo el idioma predominante aunque se hablen otros idiomas."

"Quiero que mis empleados hablen sólo inglés para saber de qué hablan."

"Mis bisabuelos hablaban italiano y no aprendieron inglés al llegar a este país, sus hijos sí lo hablaban y les traducían cuando lo necesitaban."

"Es obvio que los inmigrantes quieren aprender inglés, pero a veces, es difícil hacerlo."

"La educación bilingüe es necesaria para que nuestros niños sean competitivos en un mercado global. Privarlos de esa ventaja afectaría el futuro económico de este país."

"Cuando las agencias del gobierno ofrecen servicios en otros idiomas, desaparece el incentivo de estudiar inglés."

"El 94 por ciento de la población de los Estados Unidos habla inglés. Estamos gastando millones de dólares en clases bilingües."

"Los inmigrantes pueden tener una vida mejor si aprenden inglés."

"Hablar una variedad de idiomas contribuye a la riqueza cultural de un país."

"Los estudiantes americanos que hablan inglés van a 'English class' durante doce años. Los niños hispanos deberían estudiar tanto inglés como español durante doce años también."

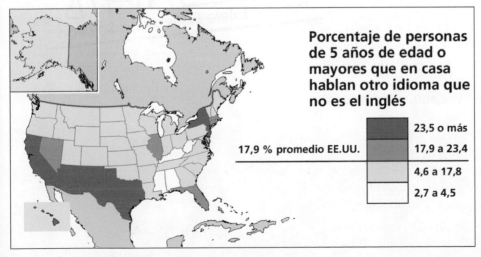

Porcentaje de personas de 5 años de edad o mayores que en casa hablan otro idioma que no es el inglés

17,9 % promedio EE.UU.

	23,5 o más
	17,9 a 23,4
	4,6 a 17,8
	2,7 a 4,5

(Fuente: Censo de EE.UU.)

La página del idioma español

Actividad 20 El futuro ¡Felicitaciones por haber terminado este curso de español de nivel intermedio! Algunos de Uds. van a dejar el estudio del idioma después de este curso, otros irán a un país de habla española en un futuro próximo para poner en práctica lo que han aprendido y otros van a continuar sus estudios del idioma en la universidad. En el futuro, todos Uds. van a usar el español de una forma u otra, sea en un viaje a un país de habla española, al mirar una película en español o posiblemente al hablarlo en el trabajo. En grupos de tres, discutan cómo creen que usarán el español en el futuro.

Do the corresponding CD-ROM and web activities to review the chapter topics.

Vocabulario personal

Buena comida y ¿un tango sensual?

Como todos los años, los trabajadores de la fábrica tuvieron una fiesta en el restaurante Le Rendezvous después de Semana Santa. Esta reunión fue algo extraordinario. La nueva presidenta del sindicato ha sido fiel a su palabra: dijo que mejoraría las relaciones entre la dirección y los empleados y prometió que no lo haría de una manera convencional. Este viernes cumplió con su palabra cuando bailó un tango sensacional con Felipe Bello.

El tango fue una representación cómica e irónica de las relaciones entre la gerencia y el sindicato. Él

llevaba un saco con sus iniciales y ella una camiseta blanca con el símbolo del sindicato. Él ejercía el control mientras ella bailaba con una rosa entre los dientes. Los dos se burla-

ban del control que tiene un jefe y de cómo puede abusar de los empleados. Pero poco a poco cambió el baile y al final, él tenía la rosa entre los dientes y era ella quien ejercía el control.

Un reportero le preguntó al Sr. Bello qué significaba el final cuando él estaba tendido en el suelo con la rosa en una mano y el pie de la mujer sobre su estómago. Él le explicó que la presidenta había negociado un aumento de sueldo a partir del primero de mayo. El anuncio inesperado fue recibido con grandes aplausos del público eufórico.

VIDEOFUENTES

Capítulo 1 ¿Cómo te identificas?

Antes de ver

Actividad 1 **Términos hispanos** Explica la diferencia entre los términos **chicano, latinoamericano** y **mexicoamericano** que ya discutiste en clase.

Mientras ves

Actividad 2 **¿Cómo se identifican?**

Parte A: Mientras escuchas a varios hispanohablantes que explican cómo se definen, completa la siguiente tabla.

▶ Jessica Carrillo Fernández

Nombre	País	Se identifica como...
Rodrigo	_____	_____
Cecilia	_____	_____
Gregorio*	_____	_____
Jessica*	_____	_____
Mirta*	_____	_____
John*	_____	_____
		_____
Carmen*	_____	_____
Alberto	_____	_____

*Personas que no fueron entrevistadas en su país.

Parte B: Ahora escucha las entrevistas otra vez y marca las definiciones que los entrevistados asocian con los siguientes términos.

1. _____ latinoamericano
2. _____ hispano
3. _____ latino

a. hablar español, compartir tradiciones
b. poder hablar español
c. ser gente cálida y tener cosas en común
d. la unión de muchos pueblos
e. la unión del continente

¿LO SABÍAN?

En el video que acabas de ver, John Leguizamo y Alberto Vasallo III son las únicas dos personas que, al definirse a sí mismos, hablan del origen de sus padres. El primero llegó a los Estados Unidos cuando era muy pequeño y el otro nació en ese país. Por lo general, la gente de habla española que no vive en los Estados Unidos se identifica con su país natal cuando se le pregunta de dónde es y no hace referencia al país natal de sus padres. ¿Por qué muchas personas de habla española que nacieron en los Estados Unidos suelen hablar del país de origen de sus padres?

Después de ver

Actividad 3 ¿Cómo te identificas tú? En el video algunos hispano-hablantes dicen que se identifican como parte de Latinoamérica. En grupos de tres, discutan las siguientes preguntas sobre Uds.

1. ¿Se identifican como parte del continente americano o con un país específico?
2. ¿Con qué países del continente se identifican más o menos? Miren las ideas de la lista para justificar su respuesta.

- tener costumbres similares
- hablar el mismo idioma
- pensar de forma similar

- escuchar la misma música
- ver los mismos programas de televisión
- leer a los mismos escritores

Capítulo 2 %%% España: ayer y hoy

Antes de ver

Actividad 1 ¿Qué recuerdas? Antes de ver un video sobre la historia de España, di cuáles son algunos de los grupos que habitaron la península Ibérica. Luego menciona personas famosas que están relacionadas con la historia de España.

◄ Maimónides, médico, filósofo y rabino judío nacido en Córdoba, España, en 1135.

Mientras ves

Actividad 2 Los invasores Ahora lee las siguientes ideas y luego, para buscar la información, mira el video hasta donde se empieza a hablar de Madrid.

1. a. nombre de un grupo que invadió la península Ibérica
   b. cuándo llegaron
   c. en qué se vio su influencia
2. a. nombre de otro grupo que invadió la península Ibérica
   b. cuándo llegaron
   c. cuánto tiempo estuvieron
   d. en qué se vio su influencia
   e. dos lugares importantes que ocuparon en la península Ibérica
3. la importancia de la Reconquista y de Covadonga

► Jardines del Partal en la Alhambra de Granada.

Actividad 3 Madrid Ahora mira el segmento sobre Madrid para contestar las siguientes preguntas sobre su vida nocturna.

1. ¿A qué hora empieza la vida nocturna y cuánto tiempo dura?
2. ¿Qué hace la gente para divertirse?

Después de ver

Actividad 4 La historia de tu país En grupos de tres, hablen sobre los siguientes datos de su país.

1. a. quiénes fueron sus primeros habitantes
   b. influencias que se ven hoy día
2. a. qué grupos llegaron al país
   b. cuándo llegaron
   c. influencias que se ven hoy día
3. dos momentos importantes en la historia de su país

Capítulo 3 /// Los mayas

Antes de ver

Actividad 1 **Indígenas de América Latina** Antes de mirar un video sobre un grupo indígena de América Latina, habla sobre la siguiente información.

- grupos indígenas que habitan América Latina
- la zona con que los asocias
- algo sobre sus tradiciones o conocimientos

Mientras ves

Actividad 2 **La cultura maya** **Parte A:** Mira la primera parte del video sobre la cultura maya, hasta donde empieza a hablar el guía turístico, y busca información sobre los siguientes lugares.

- Mérida
- Tulum
- Chichén Itzá

◄ Chichen Itzá.

Parte B: Lee las siguientes preguntas y luego mira el resto del video para contestarlas.

1. ¿Quién era Kukulkán?
2. ¿Qué ocurre dos veces al año en su templo de Chichén Itzá?
3. Según el guía, ¿cómo desaparecieron los mayas?
4. ¿Cómo son físicamente los mayas?
5. ¿Por qué los jóvenes mayas se sienten avergonzados de ser mayas?

▲ Familia maya.

Después de ver

Actividad 3 La revalorización En las últimas décadas se han empezado a apreciar más las culturas de los pueblos originales de América Latina. En grupos de tres, discutan las siguientes preguntas sobre las culturas indígenas de su país.

1. ¿Qué grupos indígenas existen hoy día en su país?
2. ¿Qué lugares indígenas se pueden visitar? ¿Han estado en alguno de ellos?
3. ¿Conocen a alguien de origen indígena? Si contestan que sí, ¿saben si habla o no el idioma de sus antepasados? Si eres de origen indígena, ¿hablas el idioma de tus antepasados?
4. ¿Qué grupos indígenas conservan su idioma?

Capítulo 4 /// La legendaria Celia Cruz

Antes de ver

La negra tiene tumbao = The black woman's got style

▶ *La negra tiene tumbao* de Celia Cruz ganó en los Grammys Latinos de 2002.

Actividad 1 Los famosos Antes de ver un video sobre Celia Cruz, di cuántas personas de la primera lista conoces y si tienes CDs de algunas de ellas. Luego en grupos de tres, discutan la lista de ideas de la segunda columna.

Elvis Presley
Billie Holiday
Jerry García
Jim Morrison
Ella Fitzgerald
Judy Garland
Bill Haley
Barry White
Frank Sinatra
John Lennon

- qué hicieron estas personas
- por qué fueron una leyenda en vida o después de su muerte
- qué talento tenían
- cómo se vestían para el escenario
- cuáles eran sus innovaciones
- edad de la gente que los escuchaba
- qué aspectos tenían en común con otras personas famosas

Mientras ves

◄ Funeral de Celia Cruz en Nueva York.

Actividad 2 **Su vida** **Parte A:** Ahora mira el primer segmento del video hasta donde la reportera pregunta quién es Celia Cruz. Mientras miras el video, piensa en la siguiente información para después comentarla.

1. ritmos que influyeron en la salsa
2. año en que nació Celia Cruz
3. edad que tenía cuando llegó a los Estados Unidos
4. premios que recibió
5. año en que murió
6. lugar del funeral
7. bandera que llevaba el ataúd (*casket*)
8. lugares donde era famosa

Parte B: Primero, lee las siguientes preguntas y después mira el resto del video para buscar las respuestas.

1. ¿Sabía hablar inglés?
   a. sí
   b. no

2. ¿Qué edad tenía el público que escuchaba a la cantante?
   a. 18-30 años
   b. 30-50 años
   c. mayores de 50 años
   d. gentes de todas las edades

3. ¿Qué crees que hacía ella para mantener la atención de este público? (Es posible marcar más de una respuesta.)
   a. Cantaba diferentes tipos de música.
   b. Se cambiaba el color del pelo con frecuencia.
   c. Sonreía mucho.
   d. Se vestía de maneras divertidas.
   e. Era optimista siempre.
   f. Bailaba mientras cantaba.

4. ¿Cómo se sentía respecto a su país natal?
   a. Nunca quería volver.
   b. Estaba enojada.
   c. Sentía nostalgia.

5. ¿Qué gritan al final los cantantes que le rinden homenaje (*pay homage*)?
   a. ¡Viva Celia!
   b. ¡Azúcar!
   c. ¡Rumba!

Después de ver

Actividad 3 El funeral **Parte A:** Lee la descripción del funeral de Celia Cruz y contesta las preguntas de tu profesor/a.

> Celia Cruz murió el 16 de julio de 2003 en su casa de Fort Lee, Nueva Jersey. Después de su muerte, el cuerpo de la cantante fue trasladado a Miami para un velorio al que asistieron más de cien mil admiradores incluyendo a Cristina Saralegui, la Oprah latina. Después hubo otro velorio en Nueva York donde fueron miles de admiradores, entre ellos la senadora Hillary Clinton y el diputado Charles Rangel.
>
> El funeral de Celia Cruz se realizó en la catedral de Nueva York. Asistieron actores y cantantes como Antonio Banderas, Melanie Griffith, Jon Secada, y Gloria y Emilio Estefan. El alcalde de Nueva York, Michael Bloomberg, acompañaba al marido de Celia al entrar en la catedral y Patti LaBelle cantó el Ave María durante la ceremonia. Se enterró a la cantante en el cementerio del Bronx, como era su deseo, ya que quería estar en ese barrio entre los latinos y los negros. Allí se encuentran personalidades famosas como Miles Davis, Irving Berlin y Duke Ellington.

Parte B: En grupos de tres o cuatro, imaginen que la semana pasada murió un/a artista muy famoso/a. Decidan quién era e incluyan la siguiente información para describir el funeral.

- de qué o cómo se murió
- quiénes asistieron
- dónde fue
- quiénes hablaron y cantaron
- qué hacían sus admiradores mientras el ataúd pasaba por la calle
- dónde se enterró a la persona

Capítulo 5 ///. Entrevista a John Leguizamo

Antes de ver

Actividad 1 Hispanos famosos

Antes de ver la entrevista a un hispano famoso, di el nombre de hispanos famosos que viven en los Estados Unidos, explica de dónde son o de qué origen es su familia y qué hacen.

Mientras ves

Actividad 2 **Leguizamo y su vida** Mira la primera parte de la entrevista con el actor y cómico John Leguizamo hasta donde explica en qué idioma siente. Contesta las siguientes preguntas.

1. ¿De dónde es? ¿De dónde son sus padres?
2. ¿Cuántos años tenía cuando llegó a los Estados Unidos?
3. Según el cómico, ¿en qué idioma piensa y en qué idioma siente? ¿Por qué crees que dice que piensa en un idioma y siente en otro?

Actividad 3 **Los inmigrantes** Mira ahora el resto de la entrevista y piensa en las siguientes preguntas.

1. ¿Qué mensaje quiere el cómico que entendamos?
2. Según el cómico, ¿cuál es la dura realidad del hispano que emigra a los Estados Unidos?
3. ¿Qué les recomienda a las personas que estudian español?

Después de ver

Actividad 4 **Los estereotipos** **Parte A:** En el video, vemos cómo John Leguizamo se ríe de los estereotipos de los latinos que viven en los Estados Unidos. En grupos de tres, discutan en qué consiste el estereotipo de la gente norteamericana que existe en otros países.

Parte B: Ahora en su grupo, digan cómo quieren Uds. que el resto del mundo vea a la gente de los Estados Unidos.

Capítulo 6 🎞 En busca de la verdad

Antes de ver

Actividad 1 **¿Qué recuerdas?** En grupos de tres, antes de ver un video sobre algo que ocurrió durante la dictadura militar en Argentina entre 1976 y 1983, hablen sobre lo que saben de las siguientes ideas.

- los desaparecidos de Chile y el general Pinochet
- Sting y los derechos humanos
- los desaparecidos de Argentina y las Madres de Plaza de Mayo

Mientras ves

Actividad 2   **Los desaparecidos**   Lee las siguientes preguntas y luego, para contestarlas, mira el video sobre los desaparecidos, hasta donde Horacio empieza a hablar de sus padres.

1. ¿Cuántas personas desaparecieron en Argentina?
2. ¿Qué les ocurrió a los desaparecidos? ¿Y a sus hijos?
3. ¿Cuáles fueron los grupos de protesta que se formaron y cuáles eran sus objetivos?

▶ Mercedes Meroño, vicepresidenta de la Asociacíon Madres de Plaza de Mayo.

Actividad 3   **La historia de Horacio**   Ahora lee las siguientes ideas y luego mira el resto del video para escuchar la historia de Horacio.

1. qué hace Horacio
2. quiénes eran sus padres y qué les ocurrió
3. cómo llegó Horacio a su nueva familia
4. cómo descubrió su verdadera identidad
5. por qué es importante no olvidar lo que ocurrió

◀ Horacio Pietragalla Corti describe a su familia.

Después de ver

Actividad 4   **Nunca más**   En grupos de tres, discutan las siguientes preguntas sobre los derechos humanos. Al hablar, usen expresiones como: **Dudo que... haya..., Creo que..., Es terrible que...**

1. ¿Conocen otros países donde hubo o hay hoy día violaciones de derechos humanos? ¿El mundo hizo o hace algo para detenerlas? ¿Alguien hizo o hace algo para juzgar a los culpables?

(continúa en la página siguiente)

2. ¿Alguna vez ha violado el gobierno de este país los derechos humanos de sus ciudadanos? ¿Y de los ciudadanos de otros países? Si contestan que sí, ¿el mundo hizo algo para detenerlo? ¿Alguien hizo algo para juzgar a los culpables? ¿Cómo reaccionaron los ciudadanos del país?
3. ¿Qué creen que se pueda hacer para que los gobiernos del mundo respeten esos derechos? Mencionen por lo menos cuatro ideas.

Capítulo 7 %% El turismo rural

Antes de ver

Actividad 1 La provincia de Asturias Antes de ver un video sobre Asturias, España, mira las siguientes fotos y usa la imaginación para decir qué deportes se pueden practicar allí y qué clima tiene la región.

◀ Montañas asturianas.

▶ Costa asturiana.

Mientras ves

Actividad 2 **Un turismo diferente**   Lee las siguientes ideas y luego mira el video y apunta esta información.

1. las tres zonas principales de Asturias
2. tipo de turismo que se puede hacer en la zona y en qué consiste
3. dos tipos de animales que están en peligro de extinción
4. descripción de los hórreos
5. proceso para hacer sidra
6. cómo se sirve la sidra y por qué

¿LO SABÍAN?

Las zonas rurales de España, y de otras partes de Europa, pierden habitantes cada año porque mucha gente prefiere la vida urbana. Debido a ese éxodo, especialmente de gente joven, es difícil mantener vivas las costumbres de las diferentes regiones. Por eso, en los últimos veinte años han surgido casas rurales que cumplen un papel importante por las siguientes razones.

- Ofrecen una oportunidad para conectarse o reconectarse con la vida del campo.
- Ayudan a crear una conciencia en cuanto a la importancia de proteger el medio ambiente.
- Mantienen vivas las costumbres y transmiten esas costumbres a través de talleres donde la gente participa activamente.
- Luchan contra la extinción de especies animales.
- Promueven el turismo que es otra fuente de ingresos para la gente de la zona y la alienta a no abandonar el campo.

Después de ver

Actividad 3 **Turismo rural en tu país**   **Parte A:** En grupos de tres, Uds. van a crear una casa rural similar a la Quintana de la Foncalada, pero en su país. Miren las siguientes ideas y la información sobre la Quintana para pensar en las cosas que necesitan. Al hablar, usen expresiones como: **Buscamos un lugar que..., Tenemos una persona que..., Vamos a enseñarles... para que...**

- tipo de lugar que necesitan
- región del país donde puede estar la casa rural
- proceso que pueden enseñarles a los turistas
- animales que Uds. van a proteger que pueden estar en peligro de extinción

Parte B: Individualmente, lee la siguiente descripción que aparece en Internet de la Quintana de la Foncalada. Después, crea una descripción de tu casa rural, parecida a la siguiente, que incluya toda la información necesaria.

Casería tradicional asturiana totalmente rehabilitada en una finca de una hectárea. Alojamiento rural con apartamento para 2, para 4 personas y 4 habitaciones con baño. En la finca tenemos un parque infantil, mesas para merendar. Finca ganadera con razas autóctonas en peligro de extinción: ponis asturcones, ovejas xaldas, pitas pintas. Producción ecológica de cordero, sidra. Planta de energía solar térmica y fotovoltaica. Ecomuseo del Asturcón con exposiciones y actividades relacionadas con las especies ganaderas asturianas. Taller de alfarería, con producción y cursos de cerámica tradicional asturiana.

CASA:	La Quintana de la Foncalada
PROPIETARIO:	Severino García & Daniela Schmid
DIRECCION:	Foncalada 26, 33314 Argüero. Villaviciosa. Asturias
TELEFONO:	985 876365 / 655 69 79 56
FAX:	985 876365
E-MAIL:	foncalada@asturcon-museo.com
WWW:	http://www.asturcon-museo.com
ABIERTO:	Todo el año
IDIOMA:	Español, francés, inglés
PRECIO/NOCHE:	Temporada alta: 2 personas 45,00 € apartamento (4 p.) 85,00 € Temporada baja: 2 personas 35,00 € apartamento (4 p.) 60,00 € Cama supletoria: 12,00 € Desayuno 4,00 € cena 12,00 €

Capítulo 8 /// Almodóvar y los estereotipos

Antes de ver

Actividad 1 ¿Con quién asocias este trabajo?

Antes de ver algunas escenas de una película de Pedro Almodóvar, mira la siguiente lista de ocupaciones y di si generalmente las asocias con un hombre o con una mujer. Justifica tus respuestas.

1. doctor/doctora
2. enfermero/enfermera
3. general/mujer general
4. maestro/maestra de jardín infantil
5. piloto/mujer piloto
6. portero/portera
7. presidente/presidenta de este país
8. profesor/profesora de química
9. torero/torera

The term **la presidente** is also accepted.

▲ Almodóvar dirige una escena de *Hable con ella.*

Mientras ves

Actividad 2   Hable con ella   **Parte A:** Vas a mirar tres clips de la película *Hable con ella* donde se ven hombres y mujeres que tienen diferentes trabajos. Mira el video hasta donde terminan los clips y piensa en las siguientes ideas.

- las ocupaciones que se presentan
- si un hombre o una mujer tiene el trabajo
- estereotipo(s) que se presenta(n) en cada clip

Parte B: Ahora lee las siguientes preguntas y luego, para contestarlas, mira los clips otra vez.

Clip 1

1. ¿Qué pregunta dice Benigno que le ha hecho el padre de la chica? ¿A qué cultura le atribuye la pregunta?
2. ¿Cómo se siente Benigno con la pregunta que le hizo el padre?

Clip 2

Marcos, un amigo de Benigno, va a alquilar la casa de Benigno y habla con la portera.

1. ¿Por qué está sorprendida e indignada la portera?
2. ¿Qué información recibe ella sobre Benigno?
3. ¿Cómo crees que ella va a obtener más información sobre Benigno?

Clip 3

1. ¿En qué tipo de programa de televisión aparece la torera?
2. ¿Por qué dice la entrevistadora que el torero llamado el Niño de Valencia se ha burlado de ella?

Parte C: En el siguiente segmento, Pedro Almodóvar habla sobre el personaje de Lydia, la torera, que trabaja en una profesión de hombres donde hay mucho machismo. Mira la entrevista a Almodóvar y luego di si existen otras profesiones donde haya machismo y no se acepte a las mujeres como iguales.

▶ Escena de *Hable con ella.*

Después de ver

Actividad 3 **Tus estereotipos** **Parte A:** En grupos de tres, contesten estas preguntas y justifiquen sus respuestas.

1. Cuando tengan hijos pequeños, ¿van a emplear a un hombre o a una mujer como babysiter? Imaginen que hay dos maestros (un hombre y una mujer) para la clase de primer grado y Uds. pueden elegir: ¿van a elegir al hombre, a la mujer o van a dejar que la escuela decida?
2. En el trabajo, ¿prefieren trabajar para un jefe, una jefa o les da igual?
3. En el gobierno, ¿prefieren un presidente, una presidenta o les da igual? ¿Cambia su respuesta si la persona tiene hijos adolescentes?
4. En cuanto a la salud, ¿prefieren ir a un doctor, a una doctora o les da igual? ¿Depende del problema que tengan?
5. En el ejército, ¿las mujeres deben servir igual que los hombres? Imaginen que Uds. tienen un hijo que es soldado y está en la guerra: ¿prefieren que la persona que combata junto a su hijo sea hombre, mujer o les da igual?

Parte B: Discutan las siguientes preguntas teniendo en cuenta sus respuestas de la Parte A.

1. ¿Existen prejuicios contra la mujer en el campo laboral? ¿Y contra el hombre?
2. ¿Uds. mismos tienen prejuicios?
3. Los idiomas evolucionan con los cambios en la sociedad. Hoy día hay ocupaciones que se asociaban o se asocian típicamente con un solo sexo. En inglés, la palabra *president* puede referirse a un hombre o a una mujer, pero en algunos casos se usa una palabra diferente si la ocupación la ejerce un hombre o una mujer. ¿Pueden pensar en ejemplos de palabras como éstas?

Capítulo 9 //// El arte de Elena Climent

Antes de ver

Actividad 1 **Tu carrera y tu futuro laboral** Antes de ver el primer segmento sobre cómo y por qué empezó a pintar la artista mexicana Elena Climent, habla sobre las siguientes preguntas.

▼ Elena Climent pintando en su casa.

1. ¿Ya sabes qué trabajo te gustaría tener cuando termines la universidad? ¿Cuándo lo supiste y cuántos años tenías? Si no sabes, ¿qué crees que te pueda ayudar a tomar esa decisión?
2. Cuando terminaste la escuela secundaria, ¿qué querían tu padre o tu madre que estudiaras? ¿Hiciste lo que querían?
3. ¿Están de acuerdo tus padres con la carrera que estudias? ¿Por qué? Si no has elegido una especialización todavía, ¿les preocupa eso a tus padres?
4. ¿Estudias la misma carrera que estudió alguien de tu familia? Si contestas que sí, ¿qué influencia tuvo esa persona en la elección de tu carrera?

Mientras ves

Actividad 2   **La pintora y su infancia**   Ahora mira el primer segmento sobre Elena Climent hasta donde explica por qué su padre no quería que ella pintara. Mientras miras, piensa en las siguientes preguntas. Luego comparte las respuestas con el resto de la clase.

1. ¿Cuántos años tenía la artista cuando empezó a dibujar y por qué empezó?
2. ¿Qué ocupación tenía el padre?
3. ¿Por qué no quería el padre que ella pintara?

Actividad 3   **La influencia mexicana**   Aunque esta artista mexicana vive en Chicago, se ve en su obra mucha influencia de su país natal. Observa el resto del video para escuchar la definición de los siguientes términos. Después busca ejemplos de cada uno en sus pinturas.

1. animismo
   definición: _____
   ejemplo: _____
2. reciclaje
   definición: _____
   ejemplo: _____
3. sincretismo
   definición: _____
   ejemplo: _____

Después de ver

Actividad 4   **Mirar un cuadro**   **Parte A:** En grupos de tres, observen el siguiente cuadro y describan todos los elementos que ven. Luego den, por lo menos, dos ejemplos de elementos que muestren la influencia mexicana.

▶ *Mesa de mosaicos con espejo.*

Parte B: Climent pone en los cuadros partes de su vida que representan momentos de su pasado. En su grupo de tres, imaginen que cada uno de Uds. tiene una mesa enfrente de una ventana y tiene que ponerle cosas que reflejan algún aspecto de su vida: su juventud, su familia, su escuela, su ciudad o pueblo, etc. Las cosas pueden ser una foto especial, un libro, una llave, lo que quieran. Expliquen qué van a poner en la mesa y cómo van a colocarlo todo. Digan también qué se puede ver por la ventana que está detrás de la mesa.

Capítulo 10 /// *En la esquina* (cortometraje)

Antes de ver

Actividad 1   ¿De qué se trata?   En el siguiente cortometraje chileno llamado *En la esquina*, aparecen un chico, su novia y una segunda chica. En grupos de tres, miren el título del corto, la foto y usen la imaginación para inventar lo que creen que va a ocurrir.

El cortometraje *En la esquina* ganó premios en Chile, Italia, Cuba y los EE.UU.

Mientras ves

Actividad 2   El cortometraje   **Parte A:** Mira el cortometraje y prepárate para hablar de las siguientes ideas. ¡OJO! El cortometraje termina después de que aparecen los títulos de crédito (*final credits*).

- quiénes son los personajes
- qué ocurre en la esquina
- cuál es el final de la historia
- qué creen que ocurrirá después del final que se presenta

Parte B: El cortometraje muestra realidad y fantasía. En grupos de tres, discutan qué partes creen Uds. que son reales y cuáles no.

Después de ver

Actividad 3 Las relaciones amorosas **Parte A:** Ahora en parejas, discutan las siguientes preguntas sobre las relaciones amorosas.

1. ¿Qué harían si estuvieran en el lugar del chico de la película y por qué?
2. Si fueran la chica de la esquina y el chico les hablara, ¿qué le dirían?
3. ¿Alguna vez han visto a alguien muy atractivo mientras tenían novio o novia? ¿Qué hicieron? ¿Imaginaron algo?
4. ¿Alguna vez han visto en la calle a un ex novio o ex novia? ¿Qué hicieron y por qué?
5. En su opinión, ¿creen que algunas parejas estén juntas por costumbre y no porque realmente se quieran?
6. ¿De qué modo cambia la gente su comportamiento cuando está delante de alguien que le gusta mucho?

Parte B: Ahora miren los siguientes refranes y expliquen cómo se reflejan en la película que acaban de ver.

- Más vale malo conocido que bueno por conocer.
- Del dicho al hecho hay largo trecho.

Actividad 4 En la esquina (Segunda parte) En grupos de tres, escriban el argumento de un segundo cortometraje con los mismos personajes. Luego prepárense para actuar la situación delante de la clase.

Capítulo 11 ⫻ Día latino en Fenway Park

Antes de ver

Actividad 1 Premios y honores En la escuela primaria y secundaria de este país los estudiantes reciben premios (*awards*) y honores por ser buenos estudiantes. En grupos de tres, den ejemplos de algunos de esos premios y honores. Digan también si alguna vez recibieron algún premio en la escuela.

▶ Pedro Martínez felicita a uno de los chicos.

Mientras ves

Actividad 2 Un día de reconocimiento Lee las siguientes preguntas y mientras ves el video sobre el *Día de reconocimiento de los jóvenes latinos*, contéstalas. Mira el video hasta que los estudiantes empiezan a dar consejos.

1. ¿Dónde tiene lugar este evento?
2. ¿Por qué se premia a los estudiantes?
3. ¿Quién organiza el evento?
4. ¿Quiénes les dan los premios a los estudiantes?
5. ¿Adónde se transmite el evento?

Actividad 3 Los consejos **Parte A:** Ahora lee esta lista de consejos y mira el resto del video para marcar los consejos que ofrecen los estudiantes.

_____ estar en contacto con sus padres	_____ no andar con malas compañías
_____ estudiar mucho	_____ no descuidar los estudios
_____ hablar con los profesores	_____ no estar en una pandilla
_____ portarse bien	_____ no faltar a clase
_____ tener un horario para hacer la tarea	_____ no hablar en clase
	_____ no meterse en problemas

Parte B: En parejas, digan otros consejos para que un estudiante no tenga problemas en la escuela. Sigan el modelo.

► Es importante que duerman ocho horas cada noche.

Después de ver

Actividad 4 Voluntarios y los niños **Parte A:** Lee qué hizo una estudiante americana que pasó un semestre en Ecuador y contesta las preguntas de tu profesor.

Soy estudiante de Boston College y pasé el segundo semestre de mi tercer año estudiando en Quito. Allí asistí a clases, pero también trabajé como voluntaria en la cárcel de mujeres. Hay una ley en Ecuador que dice que en caso de que no haya parientes para cuidar al hijo de una mujer acusada de un delito, el niño debe ir a la cárcel para vivir con la madre. La mayoría de los niños tienen menos de cinco años, pero hay unos de ocho o hasta 12 años, también. Mi trabajo consistía en ayudar a las mujeres que trabajan allí con los niños. Les daba comida, les enseñaba a contar, los ayudaba con proyectos de arte, los cuidaba cuando estaban jugando afuera. Pero sobre todo, creo que mi trabajo era prestarles atención en forma individual, abrazarlos, ayudarlos a calmarse cuando lloraban y decirles que los quería mucho. Esa fue una experiencia inolvidable para mí y espero que también para ellos.

Parte B: Averigua qué oportunidades ofrece tu universidad para trabajar como voluntario/a y ayudar a niños. Para informarte, puedes preguntar en diferentes oficinas de tu universidad, hablar con amigos que son voluntarios o buscar en Internet. Para la siguiente clase debes estar preparado/a para hablar de una posibilidad, por lo menos.

Capítulo 12  Estudiar en el extranjero

Antes de ver

Actividad 1 **Tus amigos en el extranjero** Antes de ver un video sobre estudiantes que vivieron en el extranjero, di si conoces a gente que haya estudiado en el extranjero y explica lo que sabes.

▲ San Telmo, un barrio de Buenos Aires.

Mientras ves

Actividad 2 **En el exterior** Ahora mira el video sobre cuatro jóvenes que vivieron en el extranjero y completa la tabla de la página 335.

► Nicole

UNIVERSIDAD IBEROAMERICANA
SANTA FE CIUDAD DE MÉXICO
LA VERDAD NOS HARÁ LIBRES
INTERCAMBIO
VALENCIA STEPHANIE
DIR. DE COOP. ACADÉMICA
0005294
ALUMNO
uia

	Andrés	Sarah	Stephanie	Nicole
dónde estuvo	_____ _____	_____ _____	_____ _____	_____ _____
cuánto tiempo	_____	_____	_____	_____
qué le gustó	_____ _____ _____	_____ _____ _____	_____ _____	_____ _____

Después de ver

Actividad 3   Vivencia en el extranjero **Parte A:** Mira las siguientes oraciones y escoge la respuesta que crees que sea correcta.

1. Cada año, más de _____ estudiantes universitarios de los Estados Unidos reciben crédito por haber tomado clases en otros países.
   a. 100.000   b. 125.000   c. 150.000

2. Al principio del siglo XXI, el número de estudiantes estadounidenses que realizaron estudios en otros países subió cada año por más del _____.
   a. 3%   b. 4%   c. 5%

Parte B: Como se puede ver con las respuestas de la Parte A, mucha gente opina que estudiar en otro país es una experiencia que vale la pena. En grupos de tres, discutan las siguientes preguntas.

1. ¿Han estudiado en el extranjero? Si contestan que sí, ¿adónde fueron? ¿Les gustó la experiencia? Si no han estudiado en el extranjero, ¿han considerado ir? ¿Adónde les gustaría ir y por qué?

2. En los últimos años, se ha hecho más y más énfasis en la importancia de estudiar en otro país. Según el periódico *U.S. News* hay 42 universidades en los Estados Unidos donde más del 50% de los estudiantes han estudiado en el extranjero. En su opinión, ¿cuáles son las cinco razones más importantes de estudiar en el extranjero?

Reference Section

Appendix A: Formation of Tenses

Appendix A contains rules for verb conjugations in all tenses and moods. Since you may already be familiar with much of the information in this appendix, you should read through the explanations and focus on what is new to you or what you feel you may need to review in more detail. Highlighting portions of the explanations might help you study more efficiently. Inexpensive reference books that may help you find specific verb conjugations are *201 Spanish Verbs* and *501 Spanish Verbs*, published by Barron's Educational Series. There are also verb conjugation sites on the Internet.

- While studying these rules, remember that most compound verbs are conjugated like the base verb they contain: con*seguir*, ob*tener*, re*volver*, etc.
- Reflexive verbs can be used in all tenses and moods. To review placement of reflexive pronouns and other object pronouns, see pages 354–355.
- To review accentuation rules, see page 358.

The Present Indicative Tense–*El presente del indicativo*

A. Regular Forms

1. To form the present indicative of regular verbs, drop the **-ar, -er,** or **-ir** ending of the infinitive and add the appropriate endings to the stem.

dibuj**ar**		corr**er**		viv**ir**	
dibuj**o**	dibuj**amos**	corr**o**	corr**emos**	viv**o**	viv**imos**
dibuj**as**	dibuj**áis**	corr**es**	corr**éis**	viv**es**	viv**ís**
dibuj**a**	dibuj**an**	corr**e**	corr**en**	viv**e**	viv**en**

2. Certain verbs are regular but need spelling changes in the **yo** form to preserve the pronunciation. Remember these spelling conventions to help you.

> Hard "g" sound: **ga gue gui go gu**
> extin**gui**r: extin**go**, extingues, extingue, etc.

> Soft "g" sound: **ja ge gi jo ju**
> diri**gi**r: diri**jo**, diriges, dirige, etc.
> esco**ge**r: esco**jo**, escoges, escoge, etc.

Other common verbs of this type are: elegir, exigir, recoger.

B. Irregular Forms

1. The following verbs have irregular **yo** forms. All other forms are regular.

caber → quepo	hacer → hago	salir → salgo	valer → valgo
caer → caigo	poner → pongo	traer → traigo	ver → veo
dar → doy	saber → sé		

Most verbs that end in **-cer** and **-ucir** have irregular **yo** forms.

> cono**cer**: cono**z**co, conoces, conoce, etc.
> trad**ucir**: tradu**z**co, traduces, traduce, etc.

Other common verbs of this type are: estable**cer,** prod**ucir.**

2. Verbs that end in **-uir** have the following irregular conjugation.

constr**uir**:   constru**yo**   constru**yes**   constru**ye**   construimos   construís   constru**yen**

Other common verbs of this type are: distrib**uir,** contrib**uir,** reconstr**uir.**

3. Verbs ending in **-uar** (but not **-guar**) and some verbs ending in **-iar** require an accent to break the diphthong.

con**fiar**:   conf**í**o   conf**í**as   conf**í**a   confiamos   confiáis   conf**í**an
contin**uar**:   contin**ú**o   contin**ú**as   contin**ú**a   continuamos   continuáis   contin**ú**an
But:
averi**guar**:   averiguo   averiguas   etc.

Other common verbs of this type are: cr**iar,** env**iar.**

4. The following verbs require an accent on certain verb forms to break the diphthong.

reunir: **reú**no   **reú**nes   **reú**ne   reunimos   reunís   **reú**nen
prohibir: **prohí**bo   **prohí**bes   **prohí**be   prohibimos   prohibís   **prohí**ben

5. The following verbs are irregular and should be memorized.

estar:	estoy	estás	está	estamos	estáis	están
haber:	he	has	ha	hemos	hais	han
ir:	voy	vas	va	vamos	vais	van
oír:	oigo	oyes	oye	oímos	oís	oyen
oler:	huelo	hueles	huele	olemos	oléis	huelen
ser:	soy	eres	es	somos	sois	son

Note: *There is/are* = **hay.**

C. Stem-Changing Verbs

Stem-changing verbs have a change in spelling and pronunciation in the stem in all forms except the **nosotros** and **vosotros** forms, which retain the vowel of the infinitive. The change occurs in the *stressed* syllable of the conjugated verb, which is also the last syllable of the stem. There are four categories: **e → ie, o → ue, e → i,** and **u → ue.** All stem-changing verbs are noted in vocabulary lists and in dictionaries by indicating the change in parentheses: **volver (ue).**

perder (e → ie)		probar (o → ue)	
pierdo	perdemos	pruebo	probamos
pierdes	perdéis	pruebas	probáis
pierde	pierden	prueba	prueban

pedir (e → i)		jugar (u → ue)	
pido	pedimos	juego	jugamos
pides	pedís	juegas	jugáis
pide	piden	juega	juegan

Stem-changing verbs that also have irregular **yo** forms include the following.

decir (e → i) → **digo**   tener (e → ie) → **tengo**   venir (e → ie) → **vengo**

Note that **reírse** has an accent on the **i** of all forms to break the diphthong: **me río, te ríes, se ríe, nos reímos, os reís, se ríen.**

Some common stem-changing verbs are:

e → ie	o → ue	e → i
cerrar	almorzar	decir*
comenzar (**a** + *infinitive*)	costar	elegir* (**a** + *person*)
empezar (**a** + *infinitive*)	devolver	pedir
entender	dormir	repetir
mentir	encontrar	seguir* (**a** + *person*)
pensar **en**	(**a** + *person*)	servir
pensar + *infinitive*	morir(se)	
perder (**a** + *person*)	poder	
preferir	probar	
querer (+ *infinitive*);	soler + *infinitive*	**u → ue**
(**a** + *person*)	volver	
tener*	volver a + *infinitive*	jugar (**al** + ...)
venir*		

*These verbs have an irregular **yo** form or spelling change.

▰ The Present Participle–*El gerundio*

1. The present participle is formed by dropping the **-ar** of regular and stem-changing verbs and adding **-ando** and by dropping the **-er** and **-ir** of regular verbs and the **-er** of stem changers and adding **-iendo.** (For **-ir** stem changers, see point 2 below.)

> cerrar → cerr + ando → cerrando
> correr → corr + iendo → corriendo
> vivir → viv + iendo → viviendo

2. The **-ir** stem changers have a change in the stem of the present participle. In dictionary listings, stem changers are followed by vowels in parentheses. The first vowel or vowels in parentheses indicate the change that occurs in the present indicative tense: **dormir** (**ue**, u), **vestirse** (**i**, i), **sentirse** (**ie**, i). The second vowel indicates the change that occurs in the present participle: **dormir** (ue, **u**), **vestirse** (i, **i**), **sentirse** (ie, **i**). (Also see the discussions of the preterit and present subjunctive.)

> dormir → d**u**rmiendo   vestirse → v**i**stiéndose*   sentirse → s**i**ntiendo

3. Verbs with stems ending in a vowel + **-er** or **-ir** (except a silent **u**, as in **seguir**) take a **y** instead of the **i** in the ending.

> construir → constru**y**endo

Common verbs that fit this pattern include the following.

> leer → le**y**endo   creer → cre**y**endo   oír → o**y**endo
> destruir → destru**y**endo   caer → ca**y**endo

▰ The Preterit–*El pretérito*

A. Regular Forms

1. To form the preterit of regular **-ar, -er,** and **-ir** verbs and **-ar** and **-er** stem changers (but not **-ir** stem changers), drop the **-ar, -er,** or **-ir** ending of the infinitive and add the appropriate endings to the stem.

cerr**ar**		vend**er**		viv**ir**	
cerr**é**	cerr**amos**	vend**í**	vend**imos**	viv**í**	viv**imos**
cerr**aste**	cerr**asteis**	vend**iste**	vend**isteis**	viv**iste**	viv**isteis**
cerr**ó**	cerr**aron**	vend**ió**	vend**ieron**	viv**ió**	viv**ieron**

Notice that the **-ar** and **-ir** endings for **nosotros** are identical in the present and the preterit.

---

* To review placement of object pronouns with present participles, see page 355. To review accents, see page 358.

2. Certain verbs are regular but need spelling changes in the **yo** form to preserve the pronunciation. Remember these spelling conventions to help you.

> Hard "g" sound: **ga gue gui go gu**
> pa**g**ar: pa**gu**é, pa**g**aste, pa**g**ó, etc.

Other common verbs of this type are: ju**g**ar, ne**g**ar, re**g**ar, lle**g**ar, ro**g**ar.

> Hard "c" sound: **ca que qui co cu**
> bus**c**ar: bus**qu**é, bus**c**aste, bus**c**ó, etc.

Other common verbs of this type are: to**c**ar, practi**c**ar, criti**c**ar, expli**c**ar.

> "z": **za ce ci zo zu**
> empe**z**ar: empe**c**é, empe**z**aste, empe**z**ó, etc.

Other common verbs of this type are: almor**z**ar, comen**z**ar, ca**z**ar, re**z**ar, apla**z**ar, organi**z**ar.

B. Irregular Forms

1. The following verbs have irregular forms in the preterit.

dar:	di	diste	dio	dimos	disteis	dieron
ir:	fui	fuiste	fue	fuimos	fuisteis	fueron
ser:	fui	fuiste	fue	fuimos	fuisteis	fueron
estar:	estuve	estuviste	estuvo	estuvimos	estuvisteis	estuvieron
tener:	tuve	tuviste	tuvo	tuvimos	tuvisteis	tuvieron
poder:	pude	pudiste	pudo	pudimos	pudisteis	pudieron
poner:	puse	pusiste	puso	pusimos	pusisteis	pusieron
saber:	supe	supiste	supo	supimos	supisteis	supieron
hacer:	hice	hiciste	hi**z**o	hicimos	hicisteis	hicieron
venir:	vine	viniste	vino	vinimos	vinisteis	vinieron

2. The verbs **decir, traer,** and verbs ending in **-ducir** take a **j** in the preterit. Notice that they drop the **i** in the third person plural and are followed by **-eron.**

decir:	dije	dijiste	dijo	dijimos	dijisteis	di**jeron**
traer:	traje	trajiste	trajo	trajimos	trajisteis	tra**jeron**
producir:	produje	produjiste	produjo	produjimos	produjisteis	produ**jeron**

3. Verbs with stems ending in a vowel + **-er** or **-ir** (except the silent **u**, as in **seguir**) take a **y** instead of the **i** in the third person singular and plural.

construir:	construí	construiste	construyó	construimos	construisteis	construyeron
leer:	leí	leíste	leyó	leímos	leísteis	leyeron
oír:	oí	oíste	oyó	oímos	oísteis	oyeron

Note: *There was/were* = **hubo.**

C. -*Ir* Stem-Changing Verbs

Stem-changing verbs ending in **-ir** only have a stem change in the third person singular and plural. In dictionary listings, these changes are the second change listed: **morir** (ue, **u**).

do**rmir (ue, u):**	dormí	dormiste	d**u**rmió	dormimos	dormisteis	d**u**rmieron
mentir (ie, i):	mentí	mentiste	m**i**ntió	mentimos	mentisteis	m**i**ntieron
vestirse (i, i):	me vestí	te vestiste	se v**i**stió	nos vestimos	os vestisteis	se v**i**stieron

〽 The Imperfect–*El imperfecto*

A. Regular Verbs

To form the imperfect of regular verbs, drop the **-ar, -er,** or **-ir** ending of the infinitive and add the appropriate endings to the stem. Notice that all **-ar** verbs end in **-aba** and **-er** and **-ir** verbs end in **-ía.**

cerrar*		conocer		servir*	
cerraba	cerrábamos	conocía	conocíamos	servía	servíamos
cerrabas	cerrabais	conocías	conocíais	servías	servíais
cerraba	cerraban	conocía	conocían	servía	servían

*Note: Stem-changing verbs do not change in the imperfect.

B. Irregular Verbs

Common irregular verbs are:

ir:	iba	ibas	iba	íbamos	ibais	iban
ser:	era	eras	era	éramos	erais	eran
ver:	veía	veías	veía	veíamos	veíais	veían

Note: *There was/were* = **había.**

The Future–*El futuro*

A. Regular Verbs

To form the future of regular verbs, add **-é, -ás, -á, -emos, -éis, -án** to the entire infinitive.

hablar		comer		ir	
hablaré	hablaremos	comeré	comeremos	iré	iremos
hablarás	hablaréis	comerás	comeréis	irás	iréis
hablará	hablarán	comerá	comerán	irá	irán

Note: There is no accent in the **nosotros** form.

B. Irregular Verbs

Some verbs have irregular stems in the future, but all add to the stem the same endings used above.

Infinitive	Future stem	Infinitive	Future stem
caber	cabr-	querer	querr-
decir	dir-	saber	sabr-
haber	habr-	salir	saldr-
hacer	har-	tener	tendr-
poder	podr-	valer	valdr-
poner	pondr-	venir	vendr-

Note: *There will be* = **habrá**.

The Conditional–*El condicional*

A. Regular Verbs

To form the conditional of regular verbs, add **-ía, -ías, -ía, -íamos, -íais, -ían** to the entire infinitive.

hablar		comer		ir	
hablaría	hablaríamos	comería	comeríamos	iría	iríamos
hablarías	hablaríais	comerías	comeríais	irías	iríais
hablaría	hablarían	comería	comerían	iría	irían

B. Irregular Verbs

Irregular conditional forms use the same irregular stems as for the future (see the explanation for the future tense) and add the same endings used above.

Note: *There would be* = **habría**.

The Present Subjunctive–*El presente del subjuntivo*

A. Regular Forms

1. The present subjunctive of most verbs is formed by following these steps.

- Take the present indicative **yo** form: **hablo, leo, salgo.**
- Drop the **-o: habl-, le-, salg-.**
- Add endings starting with **e** for **-ar** verbs and with **a** for **-er** and **-ir** verbs.

hablar		leer		salir	
que hable	hable**mos**	que lea	le**amos**	que salga	salg**amos**
hable**s**	habl**éis**	lea**s**	le**áis**	salga**s**	salg**áis**
hable	hable**n**	lea	le**an**	salga	salg**an**

2. Certain verbs are regular but need spelling changes to preserve the pronunciation. Remember these spelling conventions to help you.

> Hard "g" sound: **ga gue gui go gu**
> pagar: que pa**gue**, que pa**gues**, que pa**gue**, etc.

Other common verbs of this type are: lle**gar**, ju**gar**, ne**gar**, re**gar**, ro**gar**.

> Soft "g" sound: **ja ge gi jo ju**
> elegir: que eli**ja**, que eli**jas**, que eli**ja**, etc.

Other common verbs of this type are: esco**ger**, exi**gir**, reco**ger**, diri**gir**.

> Hard "c" sound: **ca que qui co cu**
> sacar: que sa**que**, que sa**ques**, que sa**que**, etc.

Other common verbs of this type are: bus**car**, to**car**, criti**car**, expli**car**, practi**car**.

> "z": **za ce ci zo zu**
> empezar: que empie**ce**, que empie**ces**, que empie**ce**, etc.

Other common verbs of this type are: almor**zar**, comen**zar**, organi**zar**, ca**zar**, re**zar**.

B. Irregular Forms

Common irregular forms include the following.

dar:	que dé	des	dé	demos	deis	den
estar:	que esté	estés	esté	estemos	estéis	estén
haber:	que haya	hayas	haya	hayamos	hayáis	hayan
ir:	que vaya	vayas	vaya	vayamos	vayáis	vayan
saber:	que sepa	sepas	sepa	sepamos	sepáis	sepan
ser:	que sea	seas	sea	seamos	seáis	sean

Note: *There is/are* = **que haya.**   *There will be* = **que haya.**

C. Stem-Changing Verbs

1. Stem-changing verbs in the present subjunctive ending in **-ar** or **-er** have the same stem changes as in the present indicative tense.

almorzar:	que almuerce	almuerces	almuerce	almorcemos	almorcéis	almuercen
querer:	que quiera	quieras	quiera	queramos	queráis	quieran

2. Stem-changing verbs ending in **-ir** have the same stem changes in the present subjunctive as in the present indicative except for the **nosotros** and **vosotros** forms, which require a separate stem change. In dictionary listings, this is the second change indicated and is the same change as in the preterit and the present participle: **dormir (ue, <u>u</u>)**.

mentir (ie, i):	que mienta	mientas	mienta	mintamos	mintáis	mientan
morir (ue, u):	que muera	mueras	muera	muramos	muráis	mueran
pedir (i, i):	que pida	pidas	pida	pidamos	pidáis	pidan

⁂ Commands–*El imperativo*

A. Negative Commands

All negative commands use the corresponding present subjunctive forms.

———	¡No comamos eso!
¡No comas eso!	¡No comáis eso!
¡No coma (Ud.) eso!	¡No coman (Uds.) eso!

B. Affirmative Commands

1. Use the third person forms of the present subjunctive to construct affirmative **Ud.** and **Uds.** commands.

hable (Ud.)	salga (Ud.)	vaya (Ud.)
hablen (Uds.)	salgan (Uds.)	vayan (Uds.)

Note: Subject pronouns are rarely used with commands, but if they are, they follow the verb.

2. To form regular affirmative **tú** commands, use the third person singular of the verb in the present tense.

habla (tú)	come (tú)	duerme (tú)

Note: Subject pronouns are rarely used with commands, but if they are, they follow the verb.

Irregular affirmative **tú** commands include the following.

Infinitive	Tú Command	Infinitive	Tú Command
decir	di	salir	sal
hacer	haz	ser	sé
ir	ve	tener	ten
poner	pon	venir	ven

3. Affirmative **nosotros** commands (*let's* + *verb*) use the corresponding present subjunctive forms.

hablemos	comamos	salgamos

Exception: The affirmative **nosotros** command for **ir** is **vamos** (not **vayamos**).

4. The affirmative **vosotros** commands are formed by replacing the final **r** of the infinitive with a **d.** If a reflexive pronoun is added, the **d** is deleted.

habla**d**	come**d**	sali**d**	levantaos*

The only exception is **irse: idos.**

Note: It is common simply to use the infinitive form as an affirmative **vosotros** command in colloquial speech.

---

*To review placement of object pronouns with commands, see page 355.

The Imperfect Subjunctive–*El imperfecto del subjuntivo*

1. The imperfect subjunctive is formed by following these steps.

- Take the third person plural of the preterit: **decir = dijeron.**
- Drop **-ron** to create an imperfect subjunctive stem: **dije-.**
- Add either of the following sets of endings.

-ra endings		-se endings	
-ra	-ramos	-se	-semos
-ras	-rais	-ses	-seis
-ra	-ran	-se	-sen

Note: The **-ra** endings are used by more speakers of Spanish. The **-se** endings are common in Spain and in some areas of Hispanic America.

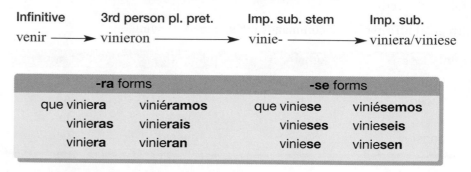

Infinitive	3rd person pl. pret.	Imp. sub. stem	Imp. sub.
venir	vinieron	vinie-	viniera/viniese

-ra forms		-se forms	
que vini**era**	vini**éramos**	que vini**ese**	vini**ésemos**
vini**eras**	vini**erais**	vini**eses**	vini**eseis**
vini**era**	vini**eran**	vini**ese**	vini**esen**

Note: The **nosotros** form always takes an accent.

2. All imperfect subjunctive verbs follow this pattern. There are no irregular verbs in the imperfect subjunctive; they are all are based on the third person plural of the preterit. Review the preterit tense, especially the third person plural, to ensure proper formation of the imperfect subjunctive.

Note: *There was/were* = **hubiera/hubiese.**

The Past Participle–*El participio pasivo*

The past participle is a verbal form that can be used either as part of a verb phrase or as an adjective modifying a noun. When used as part of a verb phrase, the past participle has only one form, which ends in **-o.** When used as an adjective modifying a noun, the past participle agrees with the noun in gender and number.

A. Regular Forms

The past participle of -ar verbs is formed by adding -ado to the stem. The past participle of -er and -ir verbs is formed by adding -ido to the stem.

comprar → comprado	vender → vendido	decidir → decidido

The past participle of ser is sido and of ir is ido.

B. Irregular Forms

1. Common irregular past participles include the following.

Infinitive	Past Participle	Infinitive	Past Participle
abrir	abierto	morir	muerto
cubrir	cubierto	poner	puesto
decir	dicho	resolver	resuelto
describir	descrito	romper	roto
escribir	escrito	ver	visto
hacer	hecho	volver	vuelto

Note: Compound verbs are usually conjugated like the verb they contain.

devolver → devuelto   deshacer → deshecho   reponer → repuesto

2. Some past participle forms differ if used as part of a verb phrase (e.g., he bendecido) or as an adjective (está bendito). The following is a list of common verbs that have two different forms.

Infinitive	Past Participle in a Verb Phrase	Past Participle as an Adjective
bendecir	bendecido	bendito/a
confundir	confundido	confuso/a
despertar	despertado	despierto/a
freír	freído	frito/a
imprimir	imprimido	impreso/a
soltar	soltado	suelto/a

≫ The Perfect Tenses—*Los tiempos perfectos*

The perfect tenses are formed by using a form of the verb **haber** + *past participle*.
See the explanation of the formation of past participles if needed.

The Present Perfect—*El pretérito perfecto*

he	hemos	
has	habéis	+ *past participle*
ha	han	

The Present Perfect Subjunctive—*El pretérito perfecto del subjuntivo*

haya	hayamos	
hayas	hayáis	+ *past participle*
haya	hayan	

The Pluperfect—*El pluscuamperfecto*

había	habíamos	
habías	habíais	+ *past participle*
había	habían	

The Pluperfect Subjunctive—*El pluscuamperfecto del subjuntivo*

hubiera	hubiéramos	
hubieras	hubierais	+ *past participle*
hubiera	hubieran	

Note: There is an optional form, frequently used in Spain and in some areas of
Hispanic America, in which you may substitute **-se** endings for **-ra** endings:
hubiera = hubiese.

The Future Perfect—*El futuro perfecto*

habré	habremos	
habrás	habréis	+ *past participle*
habrá	habrán	

The Conditional Perfect—*El condicional perfecto*

habría	habríamos	
habrías	habríais	+ *past participle*
habría	habrían	

Appendix B: Uses of *ser*, *estar*, and *haber*

1. Use **ser:**

   a. to describe the being or essence of a person, place, or thing. This includes personality traits, physical characteristics, and place of origin.

   > Mi amigo Walter **es** muy divertido. (*personality*)
   > **Es** bajo y un poco gordo. (*physical characteristics*)
   > **Es** de Guatemala. (*origin*)

   b. to state an occupation.

   > **Es** estudiante universitario.

   c. to tell time and dates.

   > Ahora **son** las cuatro de la tarde.
   > Los exámenes finales **son** entre el 2 y el 10 de mayo.

   d. to indicate possession.

   > Los libros que usa para estudiar **son** de su primo Carlos.

   e. to state when and where an event takes place.

   > El examen de química **es** a las once de la mañana y **es** en el Appleby Center.

2. Use **estar:**

   a. to describe condition or state of being of a person, place, or thing.

   > Hoy **está** cansado porque no durmió mucho anoche.
   > Su habitación **está** sucia y tiene que limpiarla.

   b. to describe the location of a person, place, or thing.

   > Ahora Walter **está** en la clase con sus amigos.
   > Su universidad **está** en el centro de la ciudad.
   > El examen de química **está** en el escritorio del profesor.

   c. as a helping verb with the present progressive to describe actions in progress.

   > Él y sus amigos **están** haciendo planes para el fin de semana.

3. Use a form of **haber** to state the following.

   > there is/are (not) = (**no**) **hay**
   > there was/were (not) = (**no**) **hubo** (*preterit*)/**había** (*imperfect*)
   > there will (not) be = (**no**) **habrá**
   > there would (not) be = (**no**) **habría**

   > **Hay** 50.000 estudiantes en esa universidad.

Appendix C: Gender of Nouns and Formation of Adjectives

A. Gender of Nouns

1. Most nouns that end in **-l, -o, -n,** and **-r** are masculine.

   un cartel   **el** partido   **el** examen   **el** televisor

   Common exceptions: **la imagen, la mano, la mujer.** Remember that **la foto (fotografía)** and **la moto (motocicleta)** are feminine.

2. Most nouns that end in **-a, -ad, -ión, -umbre,** and **-z** are feminine.

   la lámpara   **la** libertad   **una** canción   **la** costumbre   **una** luz

   Common exceptions: **el camión, el avión, el día, el lápiz, el pez.**

3. Feminine nouns that begin with a stressed **a-** sound (**agua, área, arpa, hambre**), use the articles **el/un** in the singular, but still use the articles **las/unas** in the plural. If adjectives are used with these nouns, they must be in the feminine form.

   el alma pur**a**   **el a**gua fresc**a**

   las alm**as** pur**as**   **las** agu**as** fresc**as**

   Note: There is one exception; the word **arte** begins with a stressed **a-** and is normally masculine in the singular and feminine in the plural: **el a**rte modern**o, las** bell**as a**rtes.

4. Memorize the gender of nouns that end in **-e.** Common words include:

   Masculine: **el accidente, el cine, el coche, el diamante, el hombre, el pasaje, el viaje**
   Feminine: **la clase, la fuente, la gente, la noche, la tarde**

5. Many nouns that are borrowed from languages other than Latin are usually masculine in Spanish. Here are a few nouns that are borrowed from English: **los blue jeans, el hall, el kleenex.**

6. Many nouns that end in **-ma** and **-ta** are masculine and are of Greek origin: **el drama, el idioma, el planeta, el poema, el problema, el programa, el sistema, el tema.**

B. Use and Formation of Adjectives

1. With few exceptions, adjectives agree in number (singular, plural) with the nouns they modify. The plural is formed by adding **-s** to adjectives that end in an unaccented vowel (usually **-e, -o,** or **-a**) and **-es** to those that end in a consonant or an accented vowel (usually **-í** or **-ú**). Adjectives ending in **-o** and **-or** agree not only in number but also in gender (masculine, feminine) with the noun they modify. Adjectives ending in **-ista** agree in number only. See the following charts.

-e		consonant	
interesante	interesantes	liberal	liberales

-í, -ú		-ista	
israelí	israelíes	realista	realistas
hindú	hindúes		

-o, -a		-or, -ora	
serio	serios	conservador	conservadores
seria	serias	conservadora	conservadoras

una clase interesante	unas clases interesantes
una profesora seria	unas profesoras serias
un artículo liberal	unos artículos liberales
el estudiante conservador	los estudiantes conservadores
un profesor realista	unos profesores realistas

2. Adjectives of nationality that end in **-és** or **-án** drop the accent from the masculine singular and add the appropriate endings to agree in gender and number with the nouns they modify.

inglés	ingleses	inglesa	inglesas
alemán	alemanes	alemana	alemanas

3. Adjectives that end in **-z** change **z** to **c** in the plural.

feliz → felices   capaz → capaces

Appendix D: Position of Object Pronouns

Prior to studying the position of object pronouns (direct, indirect, and reflexive), you may want to familiarize yourself with the following terms.

1. Infinitives—**Infinitivos**

   a. In the following sentence, *to work* is an infinitive.

   I have *to work* tomorrow.

   b. The infinitive is the verb form listed in Spanish dictionaries.
   c. Infinitives in Spanish always end in either **-ar, -er,** or **-ir.**
   d. In the following sentence, **trabajar** is an infinitive.

   Tengo que **trabajar** mañana.

2. Present Participles—**Gerundios**

   a. In English, present participles end in *-ing*. In the following sentence, *studying* is a present participle.

   I am *studying*.

   b. In Spanish, present participles end in **-ando, -iendo,** or **-yendo.** In the following sentence, **estudiando** is a present participle.

   Estoy **estudiando.**

3. Commands—**Órdenes**

   a. Commands are direct orders given to people to do something. In the following sentence, *help* is a command.

   Help me!

   b. In the following sentence, **ven** is a command.

   Niño, ¡**ven** aquí en seguida!

4. Conjugated Verbs—**Verbos conjugados**

   a. In the following sentence, *am* and *is* are conjugated verbs. Their infinitive is the verb *to be*.

   I *am* smart and this *is* easy.

   b. Conjugated verbs are any verbs that are not infinitives, commands, or present or past participles.

c. Conjugated verbs can be in the present, past, future, or conditional tense, as well as part of the perfect tenses, and they can be in both the indicative and subjunctive moods. In the following sentences, the conjugated verbs are in bold.

Ella **trabaja** para IBM.
¿Dónde **comieron** Uds. anoche?
Quería que ellos **vinieran** a mi casa.

A. Pronoun forms

1. Object pronouns include direct objects (**me, te, lo, la, nos, os, los, las**), indirect objects (**me, te, le, nos, os, les**), and reflexive pronouns (**me, te, se, nos, os, se**).

2. When an indirect- and a direct-object pronoun are used in succession, **le** and **les** become **se** when followed by **lo, la, los,** or **las.** When two object pronouns are used in the same phrase, they are not separated and must be used in succession.

B. Placement

The placement of object pronouns is as follows.

1. before a conjugated verb

Lo habré hecho para el lunes.

Si **lo hiciera** ahora, no podría terminar.

Lo haré el lunes.

Lo hice el lunes pasado.

Te lo voy a hacer el lunes.*

Lo hacía los lunes.

Quiero que **lo hagas** el lunes.

Lo había hecho el lunes antes de trabajar.

Lo hago los lunes.

Si él **lo hubiera hecho,** yo no **lo habría sabido.**

Te lo estoy haciendo.**

2. before the verb in a negative command

¡No **lo hagas**!

¡No **se lo compre**!

---

* See point 4, page 356.
** See point 5, page 356.

3. after and attached to an affirmative command

¡Hazlo!   **¡Cómpreselo!***   **¡Dáselo!***

a. When the reflexive pronoun **os** is attached to the **vosotros** command, the **-d** is dropped.

Bes**aos.**   Quer**eos.**

The only exception is the verb **irse: idos.**

b. When the reflexive pronoun **nos** or the indirect-object pronoun **se** is attached to the **nosotros** command, the **-s** is dropped.

Comprémonos* un coche.   **Comprémosela.***

4. after and attached to an infinitive

Voy a **hacerlo** el lunes.   Voy a **hacértelo** el lunes.

5. after and attached to a present participle

Estoy **haciéndolo*.**   Estoy **haciéndotelo*.**

---

* When another syllable is added to a present participle, a command consisting of two or more syllables, or when two pronouns are added to monosyllables, place an accent over the stressed syllable.

Appendix E: Uses of *a*

Use the word **a**:

1. to indicate destination: **ir a** + *article* + *place*.

   Van **a la** playa.
   Vamos **al** cine. (remember: **a** + **el** = **al**)

2. to discuss the future: **ir a** + *infinitive*.

   Ellos **van a estudiar** esta tarde.

3. after certain verbs when followed by infinitives. These verbs include **aprender, comenzar, empezar,** and **enseñar.**

   En esa escuela **enseñan a pintar.**

4. in prepositional phrases to clarify or emphasize the indirect-object pronoun.

   ¿**Le** diste el dinero **a Carlos?**

   Note: A prepositional phrase can also be used to clarify the indirect object with verbs like **gustar, encantar,** and **fascinar.**

   A mí me encanta la música de Celia Cruz.

5. when the direct object is a person.

   Vas a ver **a Felipe Pérez** y **al hermano de Alicia** si vas a la fiesta.
   ¿Conociste **a la profesora Vargas?**

Appendix F: Accentuation and Syllabication

A. Stress—*Acentuación*

1. If a word ends in **-n, -s,** or a **vowel,** the stress falls on the *next-to-last syllable.*

lava**pla**tos   ex**a**men   **ho**la   aparta**men**to

2. If a word ends in any **consonant** other than **-n** or **-s,** the stress falls on the *last syllable.*

espa**ñol**   us**ted**   regu**lar**   prohi**bir**

3. Any exception to rules number 1 and 2 has a written accent mark on the stressed vowel.

televi**sión**   te**lé**fono   **ál**bum   cen**tí**metro

Note: Words ending in **-ión** lose their written accent in the plural because of rule 1: **nación,** *but* **naciones.**

4. Question and exclamation words, e.g., **cómo, dónde, cuál, qué,** always have accents.

5. Certain words change their meaning when written with an accent although the pronunciation remains the same.

cómo	how	**como**	like, I eat
dé	give (*command*)	**de**	of, from
él	he/him	**el**	the
más	more	**mas**	but
mí	me	**mi**	my
sé	I know	**se**	*3rd person pronoun*
sí	yes	**si**	if
sólo	only (*adv.*)	**solo**	alone
té	tea	**te**	you (*object pronoun*)
tú	you	**tu**	your

6. You may see demonstrative pronouns with a written accent to distinguish them from demonstrative adjectives (except for **esto, eso,** and **aquello,** which are neuter pronouns and never have an accent).

este niño   éste   estas blusas   éstas

Nos vendieron **aquellos** caramelos.   *They sold us those candies over there.* (**Aquellos** modifies candies and is a demonstrative *adjective* and therefore has no accent.)

Aquéllos nos vendieron caramelos.   *They sold us candies.* (**Aquéllos** is a demonstrative *pronoun* and refers to those people way over there and can take an accent.)

7. One-syllable words (other than those listed in #5 on page 358) are not accented. Some examples include: **guion, rio** *(he/she laughed)*, **vio, fe**, etc. NOTE: This is a recent change to the Spanish rules of orthography, so some texts printed before the change was made official may show these words with accents: **guión, rió, vió, fé.**

B. Diphthongs—*Diptongos*

1. A diphthong is the combination of a weak vowel (**i, u**) and a strong vowel (**a, e, o**) or the combination of two weak vowels in the same syllable. When two vowels are combined, the strong vowel or the second of the weak vowels takes a slightly greater stress in the syllable.

v**ue**lvo   **au**tomático   t**ie**ne   conc**ie**nc**ia**   c**iu**dad

2. When the stress of the word falls on the weak vowel of a strong–weak combination, the weak vowel takes a written accent mark to break the diphthong. No diphthong occurs because the vowels belong to different syllables.

pa-**ís**   d**í-a**   t**í-o**   en-v**í-o**   Ra-**úl**

Note: **Ma-rio,** *but* **Ma-rí-a.**

C. Syllabication—*Silabeo*

1. A single consonant between vowels always goes with the second vowel. Remember that **ch, ll,** and **rr** are considered a single consonant in Spanish.

A-**mé-ri-ca**   to-ma-te   ca-je-ro   *But:* pe-rro

2. When there are two or more consonants between vowels, the second vowel takes as many consonants as can be found at the beginning of a Spanish word (English and Spanish allow the same consonant groups at the beginning of a word, except for **s** + *consonant* which does not exist in Spanish). The other consonants remain with the first vowel.

Pa-**bl**o (*bl* starts words, as in **blanco**)
e**s**-pe-ran-za (**s** + *consonant* does not start words in Spanish)
e**x**-**pl**o-rar (**xpl** does not begin words, **pl** does)
tra**ns**-**p**or-tar (**nsp** does not begin words, **sp** does not start words in Spanish)

3. A diphthong is never separated. If the stress falls on the weak vowel of a strong–weak vowel combination, an accent is used to break the dipthong and two separate syllables are created.

a-m**ue**-blar   c**iu**-dad   ju-l**io**   *But:* d**í-a**

Note: Two strong vowels never form a diphthong: **po-e-ta, le-er.**

Appendix G: Thematic Vocabulary

The following lists contain basic vocabulary. For more advanced vocabulary on some of these topics, see the vocabulary entries in the glossary.

La ropa

la blusa	blouse
la camisa	shirt
la chaqueta	jacket
la corbata	tie
la falda	skirt
las medias	socks
los pantalones	pants
el saco	sports coat
el sombrero	hat
el traje de baño	bathing suit
el vestido	dress
los zapatos	shoes

Los colores

amarillo/a	yellow
anaranjado/a	orange
azul	blue
blanco/a	white
gris	gray
marrón	brown
morado/a	purple
negro/a	black
rojo/a	red
rosa, rosado/a	pink
verde	green

Los días de la semana

lunes	Monday
martes	Tuesday
miércoles	Wednesday
jueves	Thursday
viernes	Friday
sábado	Saturday
domingo	Sunday

Los meses del año

enero	January
febrero	February
marzo	March
abril	April
mayo	May
junio	June
julio	July
agosto	August
septiembre	September
octubre	October
noviembre	November
diciembre	December

Las estaciones

el invierno	winter
la primavera	spring
el verano	summer
el otoño	fall

La comida

el ajo	garlic
la carne de res	beef
la cebolla	onion
el cerdo	pork
la coliflor	cauliflower
el cordero	lamb
los espárragos	asparagus
la fruta	fruit
las habichuelas	green beans
los huevos	eggs
el jamón	ham
el jugo	juice
la lechuga	lettuce
la mantequilla	butter
la mermelada	marmalade
el pan	bread
la pimienta	pepper
el pollo	chicken
el queso	cheese
la sal	salt
el tomate	tomato
la tostada	toast
el vinagre	vinegar
el yogur	yogurt

Los deportes

el basquetbol	basketball
el béisbol	baseball
el fútbol	soccer
el fútbol americano	football
el golf	golf
la natación	swimming
el squash	squash
el tenis	tennis
el voleibol	volleyball

El arte

el/la artista	artist
la copia	copy
el cuadro/la pintura	painting
dibujar	to draw
el dibujo	drawing
la escena	scene
el/la escultor/a	sculptor
la escultura	sculpture
la estatua	statue
la exhibición	exhibition
el mural	mural
el original	original
el pincel	brush
pintar	to paint
el/la pintor/a	painter

El medio ambiente

la basura	trash
la ecología	ecology
en peligro	in danger
la energía nuclear	nuclear energy
la energía solar	solar energy
la fábrica	factory
la lluvia ácida	acid rain
el reciclaje	recycling
reciclar	to recycle

Los números ordinales

primer(o)/a	first
segundo/a	second
tercer(o)/a	third
cuarto/a	fourth
quinto/a	fifth
sexto/a	sixth
séptimo/a	seventh
octavo/a	eighth
noveno/a	ninth
décimo/a	tenth

Los números cardinales

0	cero	40	cuarenta
1	uno, un/a*	50	cincuenta
2	dos	60	sesenta
3	tres	70	setenta
4	cuatro	80	ochenta
5	cinco	90	noventa
6	seis	100	cien
7	siete	101	ciento un, uno/a*
8	ocho		
9	nueve	110	ciento diez
10	diez	200	doscientos*
11	once	300	trescientos*
12	doce	400	cuatrocientos*
13	trece	500	quinientos*
14	catorce	600	seiscientos*
15	quince	700	setecientos*
16	dieciséis (diez y seis)	800	ochocientos*
17	diecisiete (diez y siete)	900	novecientos*
		1.000	mil
18	dieciocho (diez y ocho)	2.000	dos mil
		100.000	cien mil
19	diecinueve (diez y nueve)	200.000	doscientos mil*
20	veinte	500.000	quinientos mil*
21	veintiún, veintiuno/a*	1.000.000	un millón (de)**
22	veintidós (veinte y dos)	2.000.000	dos millones (de)**
30	treinta	1.000.000.000	mil millones (de)**
31	treinta y un, uno/a*		
32	treinta y dos		

* These numbers agree in gender with the nouns they modify. Había *trescientas personas* en la conferencia.

** De is used before a noun: Había **un millón de personas**.

Notes:

a. Numbers ending in **uno** drop the **-o** before a masculine noun: **veintiún libros, cuarenta y un libros.** *But:* **veintiuna chicas.**

b. The numbers 16 through 29 are more commonly written as one word: **veintitrés** instead of **veinte y tres.**

c. The numbers **dieciséis, veintidós, veintitrés,** and **veintiséis** have an accent.

d. The word **y** is only used with numbers 16 through 99: **treinta y dos,** *but* **tres mil doscientos cuatro.**

e. *1,000,000,000 = one billion,* but **1.000.000.000 = mil millones.**

Spanish-English Vocabulary

This vocabulary includes both active and passive vocabulary found throughout the chapters. The definitions are limited to the context in which the words are used in the book. Exact or reasonably close cognates of English are not included, nor are certain common words that are considered to be within the mastery of a second-year student, such as numbers, articles, pronouns, and possessive adjectives. Adverbs ending in **-mente** and regular past participles are not included if the root word is found in the vocabulary or is a cognate.

The gender of nouns is given except for masculine nouns ending in **-l, -o, -n, -r,** and **-s** and feminine nouns ending in **-a, -d, -ión,** and **-z.** Nouns with masculine and feminine variants are listed when the English correspondents are different words (e.g., *son, daughter*); in most cases, however, only the masculine form is given (**carpintero, operador**). Adjectives are given only in the masculine singular form. Irregular verbs are indicated, as are stem changes.

The following abbreviations are used in this vocabulary.

adj.	adjective	*irreg.*	irregular verb	*p.p.*	past participle
adv.	adverb	*m.*	masculine	*prep.*	preposition
conj.	conjunction	*n.*	noun	*pro.*	pronoun
f.	feminine	*pl.*	plural	*sing.*	singular
inf.	infinitive				

a: a fines de at the end of; **a la vuelta de** around the corner from; **a las...** at . . . o'clock; **a menos que** unless; **a menudo** often, frequently; **a pesar de que** even though; **a principio(s) de** at the beginning of (*time*); **a propósito** on purpose; **A que no saben...** Bet you don't know. . . ; **a través de** through; **a veces** sometimes
abarrotar to become packed (*with people*)
abierto (*p.p. of* **abrir**) open
absoluto: no, en absoluto no, not at all
abuela grandmother
abuelo grandfather; *pl.* grandparents
aburrido bored; boring
aburrirse (de) to become bored (with)
abusar to abuse
abuso *n.* abuse
acabar to finish; to run out (of); **acabar de** (+ *inf.*) to have just (done something)
acallar to stifle, silence
acampar to go camping

acaso: ¿Acaso no sabías? But, didn't you know?; **por si acaso** just in case
acceder to assent, consent
aceite *m.* oil
aceituna olive
acogedor welcoming, warm
aconsejable advisable
aconsejar to advise
acontecimiento event
acordarse (ue) de to remember
acoso harassment
acostarse (ue) to go to bed
acostumbrarse (a) to become accustomed (to)
actitud attitude
activismo activisim
actriz actress
actual present-day, current
actualidad: en la actualidad at the present time
actualmente at present, nowadays
actuar to act
actuación *n.* acting
acuerdo *n.* agreement; pact; **de acuerdo a** according to; **estar de acuerdo** to be in agreement

acusado accused
adelgazar to lose weight
además *adv.* besides; **además de** *prep.* besides
adivinar to guess
adoptivo: hijo adoptivo adopted son; **hija adoptiva** adopted daughter
afeitarse to shave
agobiante exhausting
agradecerle to thank someone
agrandarse to grow larger
agregar to add
agridulce sweet and sour
agrio sour
agua *f.* (*but* **el agua**): **agua con gas** sparkling water; **agua mineral** mineral water
aguacate *m.* avocado
agua fuerte *m.*: **grabado al agua fuerte** etching
aguantar to tolerate, stand
águila *f.* (*but* **el águila**) eagle
aguinaldo end-of-the-year bonus
aguja needle
agujero hole
ahorrar to save
aire *m.* air; **al aire libre** outdoors

aislado isolated
aislarse to isolate onself
ajo garlic
ajustado tight
al tanto up-to-date
alas: hacer alas delta to hang-glide
alcalde *m./f.* mayor
alcanzar to be sufficient; to reach, attain
alegrarse (de) to become happy (about)
alemán *n., adj.* German
alfabetización literacy
álgebra *f.* (*but* **el álgebra**) algebra
algo something; **algo así** something like that
alguien someone
algún/alguna/os/as + *n.* a, some, any; **sin duda alguna** without a doubt
alianza alliance
alimenticio *adj.* nutritious
alimento food
almendra almond
almorzar (ue) to have lunch
alondra lark
alquilar to rent
alquiler *n.* rent
alto stop; **alto en calorías** high in calories
altura height
alumbrado *n.* lighting
ama de casa *f.* (*but* **el ama**) housewife
amante *m./f.* lover
amargo bitter
ambiente *m.*: **medio ambiente** environment
ámbito atmosphere; field
ambos both
amenaza threat
amenazar to threaten
amigo friend; **amigo íntimo** a very close friend
analfabeto *n., adj.* illiterate
ancas de rana *pl.* frogs' legs
anchoas *pl.* anchovies
anciano: asilo de ancianos nursing home; **residencia de ancianos** nursing home
andar *irreg.* to work, function
ángel angel
anidamiento nesting
anillo ring
anoche last night
anorak *m.* parka
anteanoche the night before last
anteayer the day before yesterday
antepasado ancestor, forefather
anterior previous
antes *adv.* before; **antes de** *prep.* before; **antes (de) que** *conj.* before

anticuado old-fashioned, antiquated, obsolete
antropología anthropology
añadir to add
año: año clave key year; **año escolar** school year
apagar to turn off
apariencia appearance
apenas hardly
aperitivo appetizer
aplazar to postpone
apoyar to support
apoyo *n.* support
apreciar to appreciate
aprieto: sacar a alguien de un aprieto to get someone out of a jam
aprobar (ue) to pass (*a course*); to approve
aprovecharse de to take advantage of
apuntar to write down; to make note of
apuntes *m. pl.* class notes
argumento plot (*of a book, movie*)
armado armed
armario closet
arqueología archeology
arquitecto architect
arrancar to start (*a motor*); to tear out (*weeds*)
arrebatar to snatch, seize
arrecife *m.* reef
arreglar to fix; **arreglarse** to make oneself presentable
arreglo repair; agreement
arrepentirse (ie, i) to regret
arrestar to arrest
arroz *m.* rice
arruga *n.* wrinkle
arte *m. sing.* art; **artes** *f. pl.* arts
artesanía crafts
artista *m./f.* artist
arvejas *f. pl.* (*Latinoamérica*) peas
arzobispo archbishop
asado barbecue
asaltante *m./f.* assailant
asaltar to assault
asalto assault, attack, robbery
ascendencia ancestry
asegurar to assure
asemejarse a to resemble, be like
asesinar to murder
asesinato *n.* murder
asesino murderer
así: algo así something like that
asignatura subject, course
asilo: asilo político political asylum; **asilo de ancianos** nursing home
asimilarse to assimilate
asimismo in the same way, likewise
asistir a (una clase/una reunión) to attend (a class/a meeting)
asombro amazement

asombroso astonishing
aspiradora vacuum cleaner
aspirar a ser to aspire to be
astuto clever
asunto político/económico political/economic issue
atender (ie) to attend to; to pay attention to
atentado *n.* attemped crime
atento polite, courteous
atracar to hold up; to mug
atraco holdup; mugging
atrevido *adj.* daring; *n.* daredevil, bold person (*negative connotation*)
atribuir (y) to attibute
atroz huge
atún tuna
audaz daring (*positive connotation*)
aumentar to raise, increase; **aumentar el sueldo** to raise the salary
aumento *n.* raise, increase
auto de fe public punishment by the Inquisition tribunal
autoridad: ejercer autoridad to exercise authority
autorretrato self-portrait
ave *f.* (*but* **el ave**) bird
aventura: tener una aventura (amorosa) to have an affair
averiguar to find out (about)
avisar to inform, notify; to warn
avisos clasificados *m. pl.* classified ads
ayer yesterday
ayudante de cátedra *m./f.* teaching assistant
ayunas: en ayunas before breakfast
azafata airline stewardess
azúcar sugar

bajar: bajar el fuego to lower the heat; **bajar el sueldo** to lower the salary
ballena whale
bandeja tray
bañarse to bathe
banda sonora sound track
bar bar, café
barajar to shuffle
barba beard
barbaridad: ¡Qué barbaridad! Wow! (literally, What a barbarity!), How terrible!
barbilla chin
barra (de chocolate) (chocolate) bar
bastante quite, very
basura garbage
batalla battle
batazo hit (*in baseball*)
batido shake (*drink*)
bautismo baptism

bautizar to baptize
beber to drink
bebida drink
beca scholarship
belleza beauty
beneficio laboral work benefit
berenjena eggplant
bienestar común the common good
bigotes *m. pl.* mustache
bilingüe bilingual
bisabuela great-grandmother
bisabuelo great-grandfather
blanco *adj.* white; **voto en blanco** blank vote
blando soft
boda wedding
bodegón still life
boletín newsletter
bolsa bag
bombero firefighter
bono bonus (pay)
boquiabierto open-mouthed, shocked
borrador first draft
bosque *m.* woods
botella bottle
botón button
breve brief (*in length*)
brindar to offer
brocha paintbrush
bruscamente abruptly
bucear to scuba dive
buceo scuba diving
bueno: ¡Qué bueno...! How good . . . !
bufón buffoon
búho owl
bullicio noise, din
burla mockery
burlarse de to mock, make fun of
buscar: buscar nuevos horizontes to look for new horizons; **pasar a buscar a alguien (por/en un lugar)** to pick someone up (at a place)
búsqueda *n.* search

caballero gentleman; knight
caber to fit; **no cabe duda** there is no doubt
cabeza: No tiene ni pies ni cabeza. It doesn't make (any) sense to me./I can't make heads or tails of it.
cabina telefónica telephone booth
cadena chain; **cadena perpetua** life sentence
caer to fall; **caerle bien/mal (a alguien)** to like/dislike (someone); **caerse** to fall down
café: color café *adj.* brown; *m.* coffee; an espresso; **café con leche** coffee with lots of hot milk
cafeína: con cafeína with caffeine
caja box; cash register

cajero cashier
calabaza pumpkin
calamares *m. pl.* calamari, squid
cálculo calculus
calentar (ie) to heat
calidad quality
callarse to shut up
calorías: alto/bajo en calorías high/low in calories
calvo bald
calzoncillos *m. pl.* boxer shorts; briefs
camarera waitress
camarero waiter
camarón shrimp
cambio: en cambio instead
camino a on the way to
camiseta T-shirt
camote *m.* (*México*) sweet potato
campaña electoral political campaign
campesino peasant; farmer
camping *m.* campsite
campo field (*business, farm, sports*)
Canal de la Mancha English Channel
canasto basket
canela: piel canela *f.* cinnamon-colored skin
canoso white-haired, gray-haired
cansancio tiredness
caña (*España*) glass of beer
capa de ozono ozone layer
capacitación *n.* training; **cursos de capacitación** training courses
capaz capable
caprichoso capricious, fussy
cara larga long face
caradura: ¡Qué caradura! Of all the nerve!
¡Caray! Geeze!
cárcel *f.* jail, prison
carcelero jailer, warden
cariño affection; **con cariño** fondly
cariñoso loving, affectionate
carne *f.* meat
carnet *m.* ID card
carpintero carpenter
carrera professional studies
carrito cart
carta de recomendación letter of recommendation
cartel (de drogas) drug cartel
cartelera: seguir en cartelera to still be showing (*movie*)
cartero mail carrier
casa de ancianos nursing home
casado married
casamiento marriage, wedding
casarse (con) to get married (to)
casero homemade
caso: en caso (de) que in the event that, if
castaño: pelo castaño brown hair

castigar to punish
castigo punishment
casualidad: por casualidad by chance
catarata waterfall
cátedra: ayudante de cátedra *m./f.* teaching assistant; **dar cátedra** to lecture someone (on some topic)
cautiverio: en cautiverio in captivity
cazar to hunt
cebolla onion
celoso jealous
cenar to have dinner/supper
censura censorship; censure
censurado censored; censured
censurar to censor; to censure
cepillarse (el pelo/los dientes) to brush (one's hair/teeth)
cercano *adj.* near, nearby
cerdo pork
cerrado closed; narrow-minded
cerrar (ie) to close
cesante *adj.* unemployed
césped *m.* lawn
chaleco vest
chaqueta jacket
charlar to chat
chévere: ¡Qué chévere! (*Caribe*) That's cool.
chisme *m.* piece of gossip
chismear to gossip
chismoso gossipy
chiste *m.* joke; **chiste verde** dirty joke
chocar to crash
choque cultural *m.* culture shock
chofer *m./f.* chauffeur, driver
cicatriz scar
ciego blind
cielo heaven; sky
ciencia: ciencia ficción science fiction; **ciencias políticas** *f. pl.* political science
científico scientist
cierre *m.* zipper
cierto certain; **(no) es cierto** it's (not) true; **por cierto** by the way
cine *m.* movie theater; **ir al cine** to go to the movies
cinturón belt
cirugía surgery
cita appointment; quote
ciudadanía citizenship
ciudadano citizen; **hacerse ciudadano** to become a citizen
claro clear; **tener en claro** to have it clear in your mind
clase particular *f.* private class
clave *sing. adj.* **años/palabras clave** key year/words
clavo: dar en el clavo to hit the nail on the head

clérigo clergy
clonización cloning
cochinillo roast suckling pig
cocinero *n.* cook
cóctel cocktail
código code
codo elbow
coger el sueño to fall asleep
cola: cola de caballo pony tail; **colas (de películas)** previews
colar (ue) to drain
colgar (ue) to hang
colocar to place
color: color café brown; **color miel** light brown
colorín, colorado esta leyenda ha terminado and so the legend ends
combinar to match
comenzar (ie) a to begin, start to
comer to eat; **comérselo todo** to eat it all up; **ser de buen comer** to have a good appetite
comestible *m.* food
cometer to commit (*a crime*)
cómico *adj.* funny
comienzo beginning
como si as if
compartir to share
complacer to please
completar una solicitud to fill out an application
comportamiento behavior
comprobar (ue) to prove
comprometerse (con) to get engaged (to)
compromiso commitment, engagement
computación computer science
con: con cafeína with caffeine; **con frecuencia** frequently; **con gran esmero** with great care; **con tal (de) que** provided that
concienzudo conscientious
concierto concert
concurso contest
condena sentence (*jail*)
condenado *n.* convict
condenar: condenar (a alguien) a (10) meses/años de prisión to convict someone to (10) months/years in prison
condicional: libertad condicional parole
conejo rabbit
confianza trust
confiar to trust
congelado frozen
conjetura conjecture, guess
conmover (ue) to move, touch (*emotionally*); **me conmueve** it moves me
conquista conquest

conquistador conqueror
conquistar to conquer
consciente aware
conseguir (i, i) to obtain
consejero advisor
consejo (piece of) advice
conservador *adj.* conservative
consiguiente: por consiguiente therefore
constar de to consist of
consumir to consume; to use; **consumir drogas** to take/use drugs
contabilidad accounting
contador accountant
contaminación pollution
contaminante *adj.* contaminating
contaminar to contaminate, pollute
contar (ue) to tell
contenido *n.* content; **de alto/bajo contenido graso** high/low fat content
contraer *irreg.* to contract, catch (*a cold*)
contratar a alguien to hire someone
contratiempo: tener un contratiempo to have a mishap that causes one to be late
contribuir (y) to contribute
convenir *irreg.*: **te conviene** it's better for you
convivencia living together, cohabitation
convivir to live together
cónyuge *m./f.* spouse
coquetear to flirt
cordero lamb
cordillera mountain range
cordón shoelace
Corea Korea
coreano *n., adj.* Korean
corona crown
correo electrónico email
correr to run
corriente *adj.* ordinary
cortado *n.* coffee (small cup) with a touch of milk
corto short (*in length, duration*)
cortometraje *m.* (movie) short
cosechar to harvest
cosquillas: hacer cosquillas to tickle
costar (ue) to cost
costumbre *f.* custom, habit
cotilleo *m.* gossip
creador creator
crear to create
creencia belief
creído vain
crema cream
cremallera zipper
crianza upbringing, raising (*of children*)

criar to bring up, raise (*a child*)
crimen serious crime; homicide
cristal glass (*material*)
cristiano Christian
crítica *n.* critique
criticar to criticize; to critique
crítico *n.* critic
cuadrado square
cuadro painting
cuando when; **de vez en cuando** every now and then; **siempre y cuando** provided that
cuanto: en cuanto as soon as; **en cuanto a** with reference to
cuchara spoon
cuello collar; neck
cuenta bill, check (*in a restaurant*)
cuerda *n.* rope; string
cuerdo *adj.* sane
cuerno horn; **ponerle los cuernos a alguien** to cheat on someone
cuerpo body; **tener cuerpo de gimnasio** to be buff
cuesta hill
cuidar (a) niños to baby-sit
culpa guilt, blame
culpabilidad guilt
culpar to blame
cultivo crop
cumplir to fulfill
cuñada sister-in-law
cuñado brother-in-law
cura *m.* priest
curriculum (vitae) *m.* résumé
cursar (una clase) to take, study (a class)
cursi tacky
curso course
cuyo whose, of which

dañado damaged
dar *irreg.*: **dar a luz** to give birth; **dar cátedra** to lecture someone (on some topic); **dar en el clavo** to hit the nail on the head; **dar una película** to show a movie; **dar una vuelta** to go for a ride/walk; **darle igual (a alguien)** to be all the same (to someone); **darle la espalda (a alguien)** to turn one's back on; **darle pena (a alguien)** to feel sorry; **darse cuenta (de)** to realize
de: de acuerdo a according to; **de alto/bajo contenido graso** high/low fat content; **de hecho** in fact; **de pocos recursos** low income; **de por vida** for life; **de repente** suddenly; **de todos modos** anyway; **de una vez por todas** once and for all; **¿De veras?** Really?/You're kidding./Don't tell

me!/You don't say!/Wow!; **de vez en cuando**   every now and then
deber *n.*   duty; *v.*   should, ought to
debido a   due to
década   decade
decano   dean
decidir   to decide
decir *irreg.*   to say, tell; **Es decir...**   That is to say . . . ; **el qué dirán**   what others may say; **¡No me digas!**   Don't tell me!/You don't say!/Wow!; **Te lo digo en serio.**   I'm not kidding.
dedicarse a   to devote oneself to
deducir   to deduce
degenerarse   to degenerate
dejar   to quit, stop; **dejar a medias**   to leave unfinished; **dejar plantado (a alguien)**   to stand someone up
delantal   apron
delincuencia   crime, criminal activity
delincuente *m./f.*   criminal
delito   offense, crime
demanda: oferta y demanda   supply and demand
demandar   to sue
demás: los demás   others
dentro *adv.*   inside; **dentro de (diez) horas/días/años**   in (ten) hours/days/years
deportista *m./f.*   athlete
derecho   law; **derechos humanos**   human rights; **violar los derechos humanos**   to violate human rights
derrotar a   to defeat
desafiar   to challenge
desaparecer   to disappear
desaparecidos *m. pl.*   missing people
desaparición   disappearance
desarrollo   development
desbordar   to overflow
descafeinado   decaffeinated
descalzo   barefoot
descansar   to rest
descendiente *m./f.*   descendant
descomponerse *irreg.*   to break down
descompuesto (*p.p. of* **descomponerse**)   broken
desconsiderado   inconsiderate
desconocido *n.*   stranger; *adj.*   unknown, unidentified
descortés   impolite
descubridor   discoverer
descubrimiento   discovery
descubrir   to discover
descuidar   to neglect
desde: desde... hasta...   from . . . to . . .; **desde luego**   of course; **desde mi punto de vista**   from my point of view
desechable *adj.*   throwaway, disposable
desechar   to throw away

desecho   rubbish, waste
desempeñar   to fill; to occupy; to play (*a role*)
desempleado: estar desempleado   to be unemployed
desequilibrar   to throw off balance
desequilibrio   imbalance
desesperado   desperate
desfile *m.*   parade
desgracia: por desgracia   unfortunately
deshacer *irreg.*   to undo; **deshacerse de**   to get rid of
deshecho (*p.p. of* **deshacer**)   undone
desigualdad   inequality
desnudo   naked
desovar   to lay eggs (*turtles*)
desove *m.*   egg laying (*turtles*)
despacho   office
despedida de soltero/a   bachelor/bachelorette party
despedir (i, i): despedir a alguien   to fire, dismiss someone; **despedirse de**   to say good-bye to
desperdiciar   to waste
desperdicio *n.*   waste
despertarse (ie)   to wake up
despistado   absent minded
desproporcionado   disproportionate, out of proportion
después *adv.*   later, then, afterwards; **después de** *prep.*   after; **después (de) que** *conj.*   after
destierro   exile, banishment
destruir (y)   to destroy
desventaja   disadvantage
desvestirse (i, i)   to undress
detener *irreg.*   to arrest; to stop
detenidamente   thoroughly, closely
detrás: ir detrás del escenario   to go backstage
devolver (ue)   to return, give (something) back
día *m.*: **día feriado**   holiday
dibujar   to draw
dictadura   dictatorship
dibujo   drawing
dieta: hacer dieta   to be on a diet
difícil   difficult
difundir   to spread (*news*)
digas: ¡No me digas!   Really?/You're kidding./Don't tell me!/You don't say!/Wow!
dignidad   dignity
dineral   great deal of money
dirán: el qué dirán   what others might say
dirección   address; management
director de cine   movie director
dirigir   to direct
discriminación   discrimination

discriminar (a alguien)   to discriminate (against someone)
disculpar   to forgive
disculparse   to apologize
discurso   speech
discutir   to discuss; to argue
disentir (ie, i) (de)   to dissent (from)
diseñador   designer
diseño *n.*   design
disfrazar   to disguise
disfrutar   to enjoy
disgustarle   to dislike, displease
disminuir (y)   to decrease, diminish
disponerse *irreg.* **a**   to get ready to
dispuesto   willing, ready
diurno *adj.*   day, daytime
divertido   fun
divertirse (ie, i)   to have fun, have a good time; **divertirse un montón**   to have a ball, a lot of fun
divorciado   divorced
divorciarse (de)   to get divorced (from)
dolor   ache, pain
domicilio   domicile, residence
dominador   dominator
dominar   to dominate
dominio   mastery, command
dorar   to brown
dormir (ue, u)   to sleep; **dormirse**   to fall sleep
dormitorio   bedroom
drama *m.*   drama
droga   drug
drogadicto   drug addict
drogarse   to take drugs; to get high
ducharse   to take a shower
duda: no cabe duda   there is no doubt; **por si las dudas**   just in case; **sin duda alguna**   without a doubt; **sin lugar a dudas**   without a doubt
dudar   to doubt
dudoso   doubtful
dulce *adj.*   sweet
duque *m.*   duke
durante   during
durar   to last
durazno   peach

echar   to pour, put in; **echar a perder**   to waste, to spoil, ruin; **echar de menos**   to miss; **echar un vistazo**   to glance at
ecologista *m./f.*   ecologist
economía   economics; **economía sumergida**   underground economy
edulcorante *m.*   sweetener
efectivo: en efectivo   cash
efecto: efecto invernadero   greenhouse effect; **efectos especiales** *m. pl.*   special effects

eficaz effective
eficiencia efficiency
egoísta *m./f., adj.* selfish
ejemplo: por ejemplo for example
ejercer: ejercer autoridad to exercise authority
ejército army
electricista *m./f.* electrician
elegir (i, i) to choose, select, elect
embarazada pregnant
embargo: sin embargo nevertheless
emborracharse to get drunk
embrión *m.* embryo
embutidos *m. pl.* types of sausages
emigrar to emigrate
emisora broadcasting station
empezar (ie) a to begin to, start to; **empezar de cero** to start from scratch
empleado employee
empleo job; **solicitar un empleo** to apply for a job
empresa company, business
empujar to push
en: en absoluto not at all; **en ayunas** before breakfast; **en cambio** instead; **en caso (de) que** in the event that, if; **en cuanto** as soon as; **en cuanto a** with reference to; **en el extranjero** abroad; **en la actualidad** at the present time; **en plena forma** fully awake, alert; **en seguida** at once; **en torno** around
enamorarse (de) to fall in love (with)
encantador *adj.* charming
encantarle to really like
encarcelar to incarcerate, imprison
encargar to commission (*a painting*); **encargarse de** to take charge of; to look after
encender (ie) to light
encontrar (ue) to find; to meet; **encontrarse a/con** to run into
encuentro finding; meeting
encuesta *n.* survey
enfadarse to get angry
enfermarse to get sick
enfermero nurse
enfermizo sickly
enfocar to focus
enlatado canned
enmienda amendment
enojarse (con) to become angry (with)
enorme enormous
enseguida at once
enseñanza teaching
entender (ie) to understand
enterarse de to find out about
entrada ticket (*to an event*)
entregar to hand in
entrenamiento training

entrevista *n.* interview
entrevistarse (con alguien) to be interviewed (by someone)
entrometerse (en la vida de alguien) to intrude, meddle, interfere (in someone's life)
entusiasmarse to become excited
envase *m.* container
enviar to send
envolver (ue) to wrap
envuelto (*p.p. of* **envolver**) wrapped
época era, period of time
equivocado wrong
equivocarse to err, make a mistake
escasez shortage
escalar (montañas) to climb (mountains)
escaleras *f. pl.* staircase; stairs
escenario stage; **ir detrás del escenario** to go backstage
esclavo slave
escoger to choose
escolar: año escolar school year
esconder to hide
escrito (*p.p. of* **escribir**) written
escritor writer
escuchar música to listen to music
esforzarse (ue) to make an effort
esmero: con gran esmero with great care
espalda: darle la espalda a to turn one's back on
espárragos *m. pl.* asparagus
especia spice (*food*)
especializarse (en) to specialize (in); to major (in)
especie *f.* species
espejo mirror
esperanza *n.* hope; **esperanza de vida** life expectancy
esperar to hope
espesar to thicken
espiar to spy
espionaje: película de espionaje spy movie
espontáneo spontaneous
esposa wife
esposo husband
esquí: hacer esquí acuático to water-ski; **hacer esquí alpino** to downhill ski; **hacer esquí nórdico** to cross-country ski
esquina corner
estabilidad stability
estacionamiento parking lot
estampilla stamp
estrenarse to premiere
estreno premiere, openning
estar *irreg.*: **estar de acuerdo** to be in agreement; **estar de moda** to be in style; **estar pasado de moda**

to be out of style; **estar rebajado** to be on sale; **no estar de acuerdo del todo** to not completely agree
estricto strict
estupefaciente *n. m., adj.* narcotic
etapa period of time; state, phase
ético ethical
evitar to avoid
exigencia *n.* demand
exigente demanding
exigir to demand
éxito success; **tener éxito** to be successful
expectativa expectation; hope; prospect
experiencia laboral work experience
experimentado experienced
explotador exploiter
expresar to express
expulsar to expel
extinguirse to become extinct
extranjero *n.* foreigner; *adj.* foreign, alien; **en el extranjero** abroad
extrañar to miss
extraño *n.* stranger; *adj.* strange
extremo *n.* end

fa: ni fu ni fa it doesn't do anything for me
fábrica factory
fácil easy
factible feasible, possible
facultad school, college
falta de comunicación lack of communication
faltar: faltar (a) to be absent (from); **faltarle** to be lacking, missing (*something*)
fama fame
fascinarle to really like
fastidio: ¡Qué fastidio! What a nuisance/bother!
faz face (*metaphorical*)
felicidad happiness
feliz happy
feriado: días feriados holidays
ferrocarril railroad
ficha index card
fidelidad fidelity
fiebre *f.* fever
fiel faithful; **serle fiel (a alguien)** to be faithful (to someone)
fijarse (en) to notice
fila row; **sentarse (ie) en la primera/última fila** to sit in the first/last row
filosofía philosophy
final: al final de at the end of
finalmente finally
finca farm

fines: a fines de   at the end of (*time*); **sin fines de lucro**   nonprofit
flan   custard
flauta   flute
flequillo   bangs
flirtear   to flirt
flujo   flow
folleto   pamphlet
fomentar   to foment, stir up
fondo   background (*of a painting*)
foráneo   foreign
forma: en plena forma   fully awake, alert
fornido   strong, strapping
frac *m.*   tuxedo
fracasar   to fail
francamente   frankly
francés *n., adj.*   French
frasco   jar
frecuencia: con (gran) frecuencia   frequently
frecuentemente   frequently
freír (i, i)   to fry
frenillos *m. pl.*   braces
frente: hacer frente a   to stand up to
fresco   fresh
frijol   bean
frontera *n.*   border
fronterizo *adj.*   on or near the border
fruta   fruit
fu: ni fu ni fa   it doesn't do anything for me
fuego   heat; fire; **bajar/subir el fuego**   to lower/raise the heat
fuente *f.*   fountain; **fuente de inspiración**   source of inspiration
fuera *adv.*   outside
fuerza: por la fuerza   by force, forcibly
fumar   to smoke
fundación   founding
fundador   founder
fundar   to found

gambas *f. pl. (España)*   shrimp
ganancia   earning, profit
ganas: se me fueron las ganas de (+ *inf.*)   I didn't feel like (doing something) anymore; **tener ganas de** (+ *inf.*)   to feel like (doing something)
gandules *m. pl. (Caribe)*   pigeon peas
ganga   good buy, bargain
gas: agua con gas (*f. but* **el agua**)   sparkling water
gaseosa   soda pop
gastar (dinero)   to spend (money)
gasto   expenditure, expense
generación anterior   previous generation
general: por lo general   in general

género   genre; gender (*grammar*)
genial   brilliant, great (*idea*)
gerencia   management
gerente *m./f.*   manager
gimnasio   gymnasium; **tener cuerpo de gimnasio**   to be buff
glorificar   to glorify
golpe de estado *m.*   coup d'état
gorra   cap (*hat*)
gozar   to enjoy
grabado: grabado al aguafuerte   etching
gracioso   funny, amusing
grande   big
graso: de alto/bajo contenido graso   high/low fat content
gratis   free of charge
grato   pleasing, agreeable
grave   serious
gritar   to shout
guapo   good-looking
guardería (infantil)   daycare center
guerra   war
guerrero   warrior
grueso   thick
guion *m.*   script
guisada: carne guisada *f.*   stew
guisantes *m. pl. (Spain)*   peas
gustar: me gustaría...   I would like to . . .

había   there was/were; **había una vez...**   once upon a time, there was/were . . .
habichuelas   beans
habilidad innata   innate ability
hacer *irreg.*   to make; to do; **hacer alas delta**   to hang-glide; **hacer algo contra su voluntad**   to do something against one's will; **hacer dieta**   to be on a diet; **hacer ecoturismo**   to do ecotourism; **hacer esquí acuático**   to water-ski; **hacer esquí alpino**   to downhill ski; **hacer esquí nórdico**   to cross-country ski; **hacer frente a**   to stand up to; **hacer investigación**   to do research; **hacer preguntas**   to ask questions; **hacer senderismo**   to go hiking; **hacer una locura**   to do something crazy; **hacer una pasantía**   to do an internship; **hacer vela**   to sail; **hacerle cosquillas**   to tickle someone; **hacerse ciudadano**   to become a citizen; **hacerse la América**   to seek success in America
hacia   toward
hambre (*f. but* **el hambre**)   hunger; **tener un hambre atroz**   to be really hungry
hasta: hasta que   until; **desde... hasta...**   from . . . to . . .

hecho (*p.p. of* **hacer**)   made, done; *n.* fact; **de hecho**   in fact
heredar   to inherit
herida   wound
hermana   sister; **media hermana**   half sister
hermanastra   stepsister
hermanastro   stepbrother
hermano   brother; **medio hermano**   half brother
hervir (ie, i)   to boil
hija   daughter; **hija adoptiva**   adopted daughter; **hija única**   only daughter
hijastra   stepdaughter
hijastro   stepson
hijo   son; **hijo adoptivo**   adopted son; **hijo único**   only son
histérico   hysterical
hogar   home
holgado   loose
holgazán/holgazana   lazy
hollywoodense: ser muy hollywoodense   to be like a Hollywood movie
homicidio   homicide
honradez   honesty
honrado   honest
hora: ¿A qué hora es...?   What time is . . . at?; **a la hora de** (+ *inf.*)   when the time comes to (+ *verb*)
horario   schedule, timetable
horizonte *m.*   horizon
hormiga   ant
hormiguero   anthill
hoy: hoy en día   these days
hoyuelo   dimple
huelga   strike
huérfano   orphan
hueso   bone
huésped *m./f.*   guest
humo   smoke
humor: sentido de humor   sense of humor

idealista *m./f.*   idealist
idioma *m.*   language
iglesia   church
igual: darle igual (a alguien)   to be all the same (to someone)
igualdad   equality; **igualdad de los sexos**   equality of the sexes
imagen *f.*   image, picture
impar *adj.*   odd (*number*)
impermeable *m.*   raincoat
importarle   to matter
imprescindible   essential
impuesto *n.*   tax
incendio *n.*   fire
incentivo   incentive
incertidumbre *f.*   uncertainty

incierto uncertain
inclusive even, including
incómodo uncomfortable
inculcar to instill, inculcate
independizarse (de) to become independent (from)
índice *m.* rate
indígena *m./f.* native person; *adj.* indigenous, native
ineficiencia inefficiency
inesperado unexpected
inestabilidad instability
infantil: guardería infantil child care center; **película infantil** children's movie
infiel: serle infiel (a alguien) to be unfaithful (to someone)
infidelidad infidelity
influencia influence
influir (y) en to have an influence on
informe *m.* report
ingeniería engineering
ingeniero engineer
ingenioso resourceful
inglés *n., adj.* English
ingresos *m. pl.* income
iniciativa initiative, drive
injusticia injustice; **¡Qué injusticia!** How unfair!
inmaduro immature
inmediatamente immediately
inmigrar immigrate
insistir en to insist on
insoportable unbearable
insulso bland (*food*)
intentar to try, attempt
intercambiar to exchange
interesar: interesarle to interest; **interesarse (por)** to take an interest (in)
íntimo: amigo íntimo very close friend
inundación flood
invasor invader
inversión investment
invertir (ie, i) to invest
investigación *n.* research; **hacer investigación** to do research
irritarse to become irritated
irse *irreg.* **(de)** to go away (from), leave
isla island

jamás never
jarabe *m.* syrup
jarrón vase
jaula cage
jefa boss (*female*)
jefe *m.* boss (*male*)
jerga slang
jeringa syringe

jeroglífico *n.* hieroglyph
jornada working day
joya de fantasía costume jewelry
jubilado: estar jubilado to be retired
judío *n.* Jew; *adj.* Jewish
jugar (ue) to play; **jugar al (nombre de un deporte)** to play (a sport)
juguete *m.* toy
juguetón/juguetona *adj.* playful
junta militar military junta
juntarse con amigos to get together with friends
junto *adv.* together; *adj.* **vivir juntos** to live together
jurado jury
jurar to swear
justo fair, just
juventud youth

laboral: experiencia laboral work experience
lacio: pelo lacio straight hair
lácteo: producto lácteo dairy product
lado: por otro lado on the other hand; **por un lado** on the one hand
ladrón/la ladrona thief
lamentable: es lamentable it's a shame
lamentar to lament, be sorry
langostino prawn
lanza lance
lápiz de labios *m.* lipstick
largo long
largometraje *m.* feature-length film
lástima: es una lástima it's a shame; **¡Qué lástima!** What a shame!
lata *n.* can
lavaplatos *sing./pl.* dishwasher
lavarse (el pelo/las manos/la cara/etc.) to wash (one's hair/hands/face/etc.)
lazo *n.* tie, bond
lealtad loyalty
lechería dairy store
lechón suckling pig
lechuga lettuce
lector reader
leer *irreg.* to read
legumbres *f. pl.* legumes
lejano: pariente lejano distant relative
lengua tongue; language; **lengua materna** mother tongue
lenguado sole (*fish*)
lenteja lentil
lento *adj., adv.* slow
leve *adj.* light (slight)
leyenda legend
libertador liberator
libertad: freedom; **libertad condicional** parole; **libertad de palabra/de prensa** freedom of speech/of the press

licencia leave, leave of absence; **licencia por enfermedad/maternidad/matrimonio/paternidad** sick/maternity/wedding/paternity leave; **licencia de manejar** driver's license
licenciatura BA or BS degree
lienzo artist's canvas
ligar (*España*) to pick someone up (*at a club, bar*)
ligero *adj.* light
lingüística linguistics
linterna flashlight
liquidación sale
liviano *adj.* light (weight)
llamarle la atención to catch someone's eye
llanta *n.* tire
llanura plain (*flat land*)
llegar a un acuerdo to reach an agreement
llevar: llevar a cabo to carry out (*a task*); **llevarle a alguien...** to take someone (*a period of time to do something*)
locura: hacer una locura to do something crazy
locutor announcer, commentator, speaker
logotipo logo
lograr to achieve
logro achievement
loncha slice (of ham)
lucha *n.* fight
luchar to fight
lucro: sin fines de lucro nonprofit
luego later; **desde luego** of course
lugar: tener lugar to take place
luna de miel honeymoon
lunar beauty mark
lunes: el lunes on Monday; **el lunes pasado** last Monday; **los lunes** on Mondays
luz: dar a luz to give birth

machacar to crush, mangle
machismo male chauvinism
madera wood
madrastra stepmother
madre *f.* mother
madrina maid-of-honor
madrugada daybreak, early morning
maestra: obra maestra masterpiece
maestría master's degree
mago magician
maíz *m.* corn; **palomitas de maíz** *f. pl.* popcorn
mal evil
malcriar to spoil, pamper, raise badly
maletín briefcase
malhumorado moody, ill-humored

mancha stain
mandamiento commandment
mandíbula jaw
maní *m.* (*pl.* **maníes**) peanut
manifestación demonstration, protest
mano de obra *f.* labor, manpower
manta blanket
manzana apple
mapa *m.* map
maquillarse to put on makeup
maravilloso: es maravilloso it's marvelous
marca brand name
marcha: ponerse en marcha to start off (*on a trip*); to start up
marginar to marginalize (someone)
mariposa butterfly
mariscos *m. pl.* seafood, shellfish
más: más de lo debido more than required; **más seguido** more often; **más tarde** later
masticar to chew
matar to kill
materia subject, course; material
materno *adj.* on your mother's side
matrícula tuition
matricularse to register
matutino *adj.* morning (*person*)
mayorista *m./f.* wholesaler
mecánico *n.* mechanic; *adj.* mechanical
medalla medal
media: media hermana half sister; **medias: dejar a medias** to leave unfinished
medicamento medicine
médico doctor
medida measurement
medio: medio ambiente *m.* environment; **medio hermano** half brother
mejilla cheek
mejillones *m. pl.* mussels
mejor: es mejor it's better
mejorar to improve
melocotón peach
melodrama *m.* melodrama
membrete *m.* letterhead
menor de edad minor (age)
menos less, lesser, least; **a menos que** unless; **echar de menos** to miss; **por lo menos** at least
mensaje *m.* message
mensual *adj.* monthly
mentir (ie, i) to lie
mentira *n.* lie; **una mentira más grande que una casa** a big, fat lie
menudo: a menudo often, frequently
mercadeo marketing
merluza hake (*fish*)
mermelada jelly

mestizo *person of mixed European and American indigenous blood*
meter to put; to insert; **meterse** to meddle, interfere; **meterse en** to get/go into
mezcla *n.* mix
mezclar to mix
miedo: tener miedo (de) to be afraid (of)
miel *f.* honey; **color miel** light brown; **luna de miel** honeymoon
mientras: mientras (que) while, as long as; **mientras más vengan, mejor** the more, the merrier
militar military person
mínimo minimal; **salario mínimo** minimum wage
minusválido handicapped
mío: el mío también/tampoco mine too/neither
mirar (la) televisión to watch TV
mitología mythology
mochila backpack
moda: estar de moda to be in style; **estar pasado de moda** to be out of style
modales de la mesa *m. pl.* table manners
modo: a mi modo de ver... the way I see it ...; **de todos modos** anyway
mojado wet
mojado *n.* wetback (*derogatory slang*)
molestar to bother; **molestarle** to be bothered by, find annoying
molesto *adj.* bothersome, annoying
moneda currency; coin
monja nun
monje *m.* monk
montar: montar a caballo to ride a horse; **montar en bicicleta de montaña** to ride on a mountain bike
montón: un montón a lot; **divertirse (ie, i) un montón** to have a ball, a lot of fun
moreno dark-skinned
morir(se) (ue, u) to die
moro *n.* Moor, Moslem; *adj.* Moorish
mosaico mosaic
mosca *n.* fly; **por si las moscas** just in case
mostrador counter (*store, airline*)
mostrar (ue) to show
mucama (*partes de Suramérica*) maid
muchas: muchas personas many people; **muchas veces** many times
mudarse to move (*to a new residence*)
mudas: películas mudas silent films

muerto (*p.p. of* **morir**) dead; **estar muerto** to be dead
muestra *n.* sample
mujer policía *f.* policewoman
mujer política *f.* politician (*female*)
mujeriego *adj.* womanizer
mulato mulatto (*person of mixed European and black blood*)
multa *n.* fine, citation
mundial *adj.* world, worldwide

nacimiento birth
nada nothing, not anything
nadie no one
naranja orange (*fruit*)
narcotraficante *m./f.* drug dealer
narcotráfico drug traffic
naturaleza muerta still life
navaja suiza Swiss army knife
navegante *m./f.* navigator
necesitado needy, poor
negar (ie) to deny; to negate; **negarse a** to refuse
negocio business; **hombre de negocios** *m.* businessman; **mujer de negocios** *f.* businesswoman
nevar (ie) to snow
nexo connection
ni: ni... ni neither . . . nor; **ni (siquiera)** not even; **ni fu ni fa** it doesn't do anything for me; **ni me va ni me viene** it doesn't do anything for me; **No tiene ni pies ni cabeza.** It doesn't make (any) sense to me./I can't make heads or tails of it.
nieta granddaughter
nieto grandson
ningún/ninguna (+ *singular noun*) *adj.* not any; **de ningún modo** no way
ninguno/a *pro.* not any, none, no one
niñera nanny
niñez childhood
nivel del mar sea level
no: No, en absoluto. No, not at all.; **no obstante** nevertheless
noche *f.*: **noche de bodas** wedding night; **la noche está en pañales** the night is young
nostalgia: sentir (ie, i) nostalgia to be homesick; to feel nostalgic (about)
nota: sacar buena/mala nota to get a good/bad grade
noticias *f. pl.* news
novato novice, beginner
novedoso novel, new
noviazgo courtship
nuera daughter-in-law
nuez nut (*food*)
número par/impar even/odd number
nunca never

o... o either . . . or; **o sea** that is to say

obra: obra abstracta abstract work (of art); **obra maestra** masterpiece; **ser mano de obra barata/gratis** to be cheap/free labor

obstante: no obstante nevertheless

obvio obvious

occidente *m.* west

ocio leisure time; relaxation

ocuparse (de) to take care (of)

odiar to hate

oferta y demanda supply and demand

oficina de reclamos complaint department

ola *n.* wave

óleo oil painting

oler *irreg.* to smell

olla *n.* pot; **olla de presión** pressure cooker

olor smell, odor

olvidarse (de) to forget (about)

olvido *n.* forgetfulness

ondulado: pelo ondulado wavy hair

opinar: Opino como tú. I'm of the same opinion.

opinión: en mi opinión in my opinion

optimista *m./f.* optimist

oratoria speech

ordenador (*España*) computer

orgullo *n.* pride (*emotion*)

orgulloso proud (*negative connotation*)

oriundo *adj.* to come from, be native to; **ser oriundo de** to be originally from

osado daring (*negative connotation*)

osito de peluche teddy bear

ostra oyster

otro other; **por otro lado** on the other hand

ovalado oval

oveja sheep

paciente *adj.* patient

padecer to suffer from

padrastro stepfather

padre *m.* father; priest; **padres** *m. pl.* parents; fathers; priests

padrino best man

pago mensual/semanal monthly/ weekly pay

paisaje *m.* landscape

paja straw

palabra word; **Pido la palabra.** Can I speak?

paladar palate

paloma *n.* dove

palomitas de maíz *f. pl.* popcorn

pandilla gang

pandillero gang member

pantalla screen

pañales *pl.*: **la democracia/la noche/la fiesta está en pañales** the democracy/night/party is young

pañuelo scarf, handkerchief

papa (*Latinoamérica*) potato

papel: hacer el papel to play the role

paquete *m.* package

par even (*number*)

para que in order to, so that

pardo *adj.* hazel (*eye color*)

parecer: ¿No te/le/les parece? Don't you think so?

pared wall

pareja pair; partner; significant other; couple

parentela relatives

pariente *m./f.* relative; **pariente lejano** distant relative: **pariente político** in-law

paro work stoppage

parte *f.*: **por otra parte** on the other hand; **por parte de mi madre/padre** on my mother's/father's side; **por una parte** on the one hand

particular *adj.* private, personal

partido *n.* game; (political) party; **partido demócrata** Democratic party; **partido republicano** Republican party

pasa *n.* raisin

pasado: el lunes/fin de semana/mes/ año/siglo pasado last Monday/ weekend/month/year/century; **pasado de moda** out of style

pasaje de ida *m.* one-way ticket

pasantía internship

pasar: pasar a buscar/recoger a alguien (por/en un lugar) to pick someone up (at a place); **pasar tiempo con alguien** to hang out with someone; **pasar la noche en vela** to pull an all-nighter, to stay awake all night; **pasarlo bien/mal** to have a good/bad time

pasatiempo hobby

pasear: pasear al perro to walk the dog; **pasear con el auto** to go cruising

pastel cake; pie

pastelería pastry shop

pastelito cake, pastry

pastilla pill

paterno *adj.* on your father's side

patillas *f. pl.* sideburns

patinar to skate

patrocinar to sponsor

pavo turkey

pecar to sin

pecas *f. pl.* freckles

pechuga: pechuga de pollo chicken breast

pedazo piece, slice

pedir (i, i) to ask (for); **pedir algo de tomar** to order something to drink; **Pido la palabra.** Can I speak?

peinarse to comb one's hair

película: película de espionaje spy movie; **película infantil** children's movie; **películas mudas** silent films; **dar una película** to show a movie; **ser una película taquillera** to be a blockbuster

peligroso dangerous

pelirrojo redhead

pellizcar to pinch

peluca wig, toupee

peludo hairy

pena: darle pena (a alguien) to feel sorry; **es una pena** it's a shame; **pena capital/pena de muerte** death penalty; **¡Qué pena!** What a shame!

pensar (ie) (+ *inf.*) to plan to (do something); **pensar en** to think about

pepino cucumber

pera pear

perder (ie) to lose (*someone/ something*); **echar a perder** to waste, to spoil, ruin

pérdida loss

perdón excuse me

perdonar to forgive

perezoso lazy

perfeccionamiento: tomar cursos de perfeccionamiento to take continuing education courses

perfil *n.* profile

periódico newspaper

perjudicial harmful

permanente *n. f., adj.* permanent; **tener permanente** to have a permanent/perm

perpetua: cadena perpetua life sentence

personaje *m.* character

pertenecer to belong

pertenencias *f. pl.* belongings

pesa weight, dumbell

pesado heavy; **ser un pesado** to be a bore

pesar to weigh; **a pesar de que** even though

pescado fish (*that is eaten*)

pescar to fish

pesimista *m./f.* pessimist

pez *m.* fish (*the animal*); **pez vela** sailfish

picar to chop; to nosh, nibble on something

piel *f.* skin

piedra rock

pies: No tiene ni pies ni cabeza. It doesn't make (any) sense to me./I can't make heads or tails of it.

pila battery

pimiento (verde, rojo) (green, red) pepper

pincel paintbrush (*art*)

pincho: pincho de tortilla (*España*) slice of a potato omelet

piña pineapple

pisar to step on

piscina swimming pool

pista *n.* clue

placa license plate; plaque

planchar to iron (*clothes*)

plantado: dejar plantado (a alguien) to stand someone up

plátano plantain

platicar to chat (*México*)

plato: primer/segundo plato first/second course; **platos** *m. pl.* dishes

plena: en plena forma fully awake, alert

plomero (*Latinoamérica*) plumber

pluma feather

pobreza poverty

pocas: pocas personas few people

poder *irreg.* to be able to, can; **no poder más** to be full, to not be able to take it any more; **(no) puede ser** it can(not) be

poderoso powerful

policía *m./f.* police officer; *f.* police (force); **mujer policía** policewoman

política *n.* politics; policy; **la mujer política** politician (*female*)

político *n.* politician (*male*); *adj.* political

pómulo cheekbone

poner *irreg.*: **poner la mesa** to set the table; **ponerse** to put on (*clothing*); **ponerse de acuerdo** to agree, reach an agreement

por: por casualidad by chance; **por cierto** by the way; **por consiguiente** therefore; **por desgracia** unfortunately; **por ejemplo** for example; **por esa razón** that's why, for that reason; **por eso** that's why, for that reason; **por lo general** in general; **por lo menos** at least; **por lo tanto** therefore; **por otra parte** on the other hand; **por otro lado** on the other hand; **por parte de mi madre/padre** on my mother's/ father's side; **por si acaso** just in case; **por si las dudas** just in case; **por si las moscas** just in case; **por supuesto** of course; **por un**

lado/por el otro on the one hand/on the other; **por una parte/por la otra** on the one hand/on the other

porción serving

porquería junk (*food*)

porro joint (*marijuana*)

portar to carry

posadas: las posadas *Mexican Christmas custom re-enacting Mary and Joseph's search for shelter*

poseer to have, own, possess

posgrado *adj.* postgraduate

postal: tarjeta postal post card

postre *m.* dessert

postura stand, point of view

precioso lovely, adorable

preciso: es preciso it's necessary

predecir *irreg.* to predict

preferir (ie, i) to prefer

preguntas: hacer preguntas to ask questions

prejuicios: tener prejuicios contra alguien to be prejudiced against someone

premio prize

prendedor pin, brooch

prender to start (*a motor*)

prensa press; **libertad de prensa** freedom of the press

preocuparse to become worried; **preocuparse (de, por)** to worry (about), to take care (of)

preparado: ser una persona preparada to be an educated person

prepararse (para) to prepare oneself (for)

presencia: la buena presencia good appearance

presión pressure

preso prisoner

préstamo *n.* loan

prestar atención to pay attention

presupuesto estimate, budget

pretender (+ *inf.*) to attempt (and to hope) (+ *inf.*)

prever *irreg.* to foresee

previsto (*p.p. of* **prever**) foreseen

primer plato first course

primero *adj.* first

primo cousin

primordial primary, fundamental

principio *n.* beginning; **a principios de** at the beginning of

prisa: tener prisa to be in a hurry

prismáticos *m. pl.* binoculars

privar to deprive

probador dressing room

probar (ue) to taste; to try; **probarse** to try on (*clothing*)

producir *irreg.* to produce

producto product; **producto lácteo** dairy product

productor producer

profecía prophesy

profesorado faculty

prohibir to prohibit

promedio *n.* average

prometer to promise

promoción advertising

pronto soon; **tan pronto como** as soon as

propietario owner

propina gratuity, tip

propio *adj.* own

proponer *irreg.* to propose

propósito purpose; **a propósito** on purpose

protector solar sunblock

proteger to protect

provecho: ¡Buen provecho! Enjoy your meal!; **sacar provecho** to take advantage of

proveedor supplier

provenir *irreg.* to come from

psicología psychology

psicólogo psychologist

pudrir to rot

pueblo people, nation; town

puesto *n.* position (job); **solicitar un puesto** to apply for a job; (*p.p. of* **poner**) put, placed, set (*table*)

pulir to polish

pulpo octopus

puntaje *m.* score (*sports*)

punto: punto de partida point of departure; **y punto** and that's that

puro *n.* cigar; *adj.* pure

que: A que no saben... Bet you don't know . . .

qué: ¿Qué? What?; **¡Qué + *adj.*!** How + *adj.*!

quebrantar to break

queda: toque de queda *m.* curfew

quedar to stay behind; **quedar a una hora con alguien** to meet at an agreed upon time; **quedarle bien/mal** to (not) fit well (*clothing*)

quehaceres *m. pl.* household chores

quejarse (de) to complain (about); **No sirve para nada quejarse...** It's not worth it to complain . . .

quemar to burn

querer *irreg.* to want; to wish; to love; **querer repetir** to want a second helping

quién: ¿Quién diría...? Who would say . . . ?

química chemistry

químico *n.* chemist; *adj.* chemical

quiosco kiosk

quisiera... I would like to . . .
quitarse to take off (*clothes*)

raíz (*pl.* **raíces**) root
raptar to kidnap
raro strange, unusual
rasgo feature
ratero pickpocket
razón *f.*: **por esa razón** that's why, for that reason; **tener razón** to be right
realista *adj.* realistic
realizar to carry out (*a plan*)
rebaja sale
rebajado: estar rebajado to be on sale
rebanada (de pan) slice (of bread)
rebelarse to rebel
rebelde rebellious
recargable rechargeable
recargar to recharge
receta recipe
rechazar to reject
rechazo rejection
recién casados *m. pl.* newlyweds
reclamo claim; complaint
reclutar to recruit
recoger: recoger información to gather information; **pasar a recoger a alguien (por/en un lugar)** to pick someone up (at home, etc.)
recomendar (ie) to recommend
reconocimiento gratitude, recognition
recto *adj.* straight (*as in a line*)
recuerdo memory; souvenir
recursos: recursos humanos *m. pl.* human resources, personnel; **recursos naturales** *m. pl.* natural resources; **ser de pocos recursos** to be a low income person
redactar to compose (*prose*), write
redondo round
reducir *irreg.* to reduce
reemplazar to replace, substitute
reemplazo replacement
referencias *f. pl.* references (*job*)
reflejo reflection
refrán proverb
refugiado político political refugee
regalo gift
regar to water
reina queen
reírse (i, i) (de) to laugh (at)
relaciones: relaciones exteriores *f. pl.* foreign affairs; **relaciones públicas** *f. pl.* public relations
reliquia relic, heirloom
remojar to soak
remordimiento remorse, regret
renta income
repelente *m.*: **repelente contra insectos** insect repellent

repente: de repente suddenly
repetir (i, i) to repeat; **querer repetir** to want a second helping
reponer to replenish
reposo resting place, repose
rescatar to rescue
rescate *m.* ransom; rescue
residencia de ancianos nursing home
resolver (ue) to solve
respetar to respect; **respetar los derechos humanos** to respect human rights
respirar to breathe
restringir to restrict
resuelto (*p.p. of* **resolver**) resolved
resumir to summarize
retratar to paint a portrait of; to photograph
retrato portrait
reunión meeting; gathering
reunir to join
reunirse (con) to meet (with)
revalorizar to revalue
revendedor (ticket) scalper
revivir to revive
revolcar (ue) to knock over
revolver (ue) to mix
revuelto (*p.p. of* **revolver**) overturned; scrambled (*eggs*)
rey *m.* king
rezar to pray
rígido rigid, stiff
rincón corner
riñonera fanny pack
riqueza riches
rizado: pelo rizado curly hair
róbalo bass (*type of fish*)
robar to rob, steal
robo robbery, theft
rogar (ue) to beg
romper to break
roto (*p.p. of* **romper**) broken
rubio blond
ruido noise

sábalo shad (*type of fish*)
saber *irreg.* to know; **¿A que no saben... ?** Bet you don't know . . . ?; **¿Acaso no sabías?** But didn't you know?; **No saben la sorpresa que se llevó cuando...** You wouldn't believe how surprised he/she was when . . . ; **¡Ya sé!** I've got it!
sabio wise
sacar to get, obtain; **sacar a alguien de un aprieto** to get someone out of a jam; **sacar a bailar a alguien** to ask someone to dance; **sacar buena/mala nota** to get a good/bad grade; **sacar entradas** to get

tickets; **sacar provecho** to take advantage of
sacarina saccharine
saco de dormir sleeping bag
sagrado sacred
salado salty
salario mínimo minimum wage
salchicha sausage
salir *irreg.* to leave, go out; **salir a dar una vuelta** to cruise, go cruising, go for a ride/walk; **salir bien/mal (en un examen)** to do well/poorly (on an exam); **salirse con la suya** to get his/her way
saltar to jump
salvar to save
salvavidas *m./f. sing./pl.* lifeguard
sangre *f.* blood
sandía watermelon
sano healthy
santo saint
sardina sardine
sátira satire
satisfecho: estar satisfecho to be full
sea: o sea that is to say
secador de pelo hair dryer
secadora (de ropa) clothes dryer
secarse (el pelo, la cara, etc.) to dry (one's hair, face, etc.)
secuestrador kidnapper; hijacker
secuestrar to kidnap; to hijack
secuestro *n.* kidnapping; hijacking
seda silk
seguida: en seguida at once
seguir (i, i) to follow
según according to
segundo *adj.* second; **segundo plato** second course
seguro *adj.* sure; **es seguro** it's certain; **(no) estar seguro** to (not) be sure; **seguro médico/ dental/de vida** *n.* health/ dental/life insurance
selva forest
semana pasada last week
semanal *adj.* weekly
semilla seed
sencillo simple
senderismo hiking; **hacer senderismo** to go hiking
Sendero Luminoso Shining Path (*Peruvian guerrilla group*)
sensato sensible
sensible sensitive
sentarse (ie) to sit down
sentencia (*prison*) sentence
sentenciado the person sentenced
sentenciar to sentence
sentido: (no) tener sentido (not) to make sense; **sentido de humor** sense of humor

sentir (ie, i) to be sorry; **sentir nostalgia** to be homesick, to feel nostalgic (about); **sentirse** to feel; **sentirse rechazado** to feel rejected

señal *f.* signal

ser *irreg.*: **ser un pesado** to be a bore; **(no) puede ser** it can(not) be; **serle fiel/infiel (a alguien)** to be faithful/unfaithful (to someone); *n. m.* being; **ser humano** human being

serenata serenade

serio serious; **¿En serio?** Really?; **Te lo digo en serio.** I'm not kidding.

servir (i, i) to serve; **No sirve para nada quejarse...** It's not worth it to complain . . .

siempre always; **siempre y cuando** provided (that)

silvestre wild

símbolo symbol

sin: sin duda alguna without a doubt; **sin embargo** nevertheless; **sin lugar a dudas** without a doubt; **sin que** *conj.* without

sindicato labor or trade union

sinvergüenza: ¡Qué sinvergüenza! What a dog/rat!

siquiera: ni siquiera not even

smoking *m.* tuxedo

sobornar to bribe

soborno *n.* bribe

sobredosis *f.* drug overdose

sobremesa after dinner chat at the table

sobrina niece

sobrino nephew

sofreír (i, i) to fry lightly

sofrito lightly fried dish

soga rope

solapa lapel

soler (ue) (+ *inf.*) to do . . . habitually; to usually (do something)

solicitar un puesto/empleo to apply for a job

solicitud application; **completar una solicitud** to fill out an application

solomillo filet mignon

soltar (ue) to free

soltero single (*marital status*)

sombra shadow

someterse to submit

somnífero sleeping pill

sonora: banda sonora sound track

sonreír (i, i) to smile

sonrisa smile

sordo deaf

soroche *m.* altitude sickness

sorprenderle (a alguien) to be surprised

sorpresa: ¡Qué sorpresa! What a surprise!

soso bland

sostén bra

sostener *irreg.* to support; to hold up

subir to raise; **subir el fuego** to raise the heat

subrayar to underline

suceder to happen

suceso event; **sucesos del momento** current events

sucio dirty

sudadera sweatsuit, sweatshirt

suegra mother-in-law

suegro father-in-law

suela sole (*of a shoe*)

sueldo salary; **bajar/aumentar el sueldo** to lower/raise the salary

sueño: coger el sueño to fall asleep

sugerencia suggestion

sugerir (ie, i) to suggest

suicida *m./f.* person who commits suicide

suicidarse to commit suicide

suicidio suicide

sumar to add

sumergido underground

sumiso submissive

sumo enormous, great

superar to overcome; to surpass

supervivencia survival

suplicar to implore, beg

supuesto: por supuesto of course

suya: salirse con la suya to get his/her way

tacaño stingy, cheap

tachar to cross out

tal: con tal (de) que provided that

taller workshop

tamaño size

también: Yo también. I do too./Me too.

tambor drum

tampoco: Yo tampoco. I don't either./Me neither.

tan pronto como as soon as

tanto so much; as much; **al tanto** up-to-date; **por lo tanto** therefore; **¡Tanto tiempo!** Such a long time!

tapar to cover

taquillera: ser una película taquillera to be a blockbuster

tarde *adv.* late; **más tarde** later

tarjeta card; **tarjeta verde** green card (*residency card given to immigrants in the United States*)

tarta (*España*) cake; tart

tatarabuela great, great grandmother

tatarabuelo great, great grandfather

tatuaje *m.* tattoo

taxista *m./f.* taxi driver

teatro theater

tecla key (*typewriter, piano*)

tejer to weave; to knit

tela material, fabric, cloth

telenovela soap opera

tema *m.* theme, topic

temer to fear

temprano early

tendido stretched, spread out

tener *irreg.* to have; **tener en claro** to have it clear in your mind; **tener ganas de** (+ *inf.*) to feel like (doing something); **tener lugar** to take place; **tener prejuicios** to be prejudiced; **tener prisa** to be in a hurry; **tener que** (+ *inf.*) to have to ...; **(no) tener sentido** (not) to make sense; **tener título** to have an education/a degree; **tener una aventura (amorosa)** to have an affair; **tener un contratiempo** to have a mishap (that causes one to be late); **tener un hambre atroz** to be really hungry

teñido dyed

tercero *adj.* third

terminar to finish; to run out (of); **al terminar** after finishing

ternera veal

ternura tenderness

terremoto earthquake

terrorista *m./f.* terrorist

tesoro treasure

tía aunt; **tía política** aunt-in-law

tibio lukewarm

tiempo: ¿Cuánto tiempo hace que...? How long have you . . . ?; **¡Tanto tiempo!** Such a long time!; **trabajar medio tiempo** to work part-time; **trabajar tiempo completo** to work full-time

tienda de campaña tent

tiernamente tenderly

tijeras *f. pl.* scissors

tío uncle; **tío político** uncle-in-law

tira cómica comic strip

tirar to throw away

título title (*book, person*); degree; **tener título** to have an education/a degree

todavía still, yet; **todavía no** not yet

todo everything; **todo el mundo** everyone; **todos** everyone; **todos los días/domingos/meses** every day/Sunday/month

tomar cursos de perfeccionamiento/ capacitación to take continuing education/training courses

tomate *m.* tomato

torno: en torno around

torpe clumsy

torta cake

toque de queda *m.* curfew

tostar (ue) to toast
trabajar: trabajar de sol a sol to work from sunrise to sunset; **trabajar medio tiempo/tiempo completo** to work part-time/full-time
trabajo escrito written paper
traducir *irreg.* to translate
traficar en drogas to deal drugs
traición betrayal
traidor traitor
trailers *m. pl.* previews (*movies*)
trampa trick, trap
tranquilo calm
transpiración perspiration
trasladar to transfer
trasnochar to stay up all night
trastorno *n.* inconvenience, upheaval
tratado treaty
través: a través de through
travieso mischievous
trenza braid
trigo wheat
trigueño olive-skinned
trilingüe trilingual
trillizos *pl.* triplets
tristeza sadness
tronco trunk (*of a tree*)
trozo piece
turnarse to take turns
turquesa turquoise

ubicarse to be located
una vez once
unirse to unite
uno: uno a(l) otro each other; **(los) unos a (los) otros** one another (more than two)
útil useful

vacilar to kid around
vacuna vaccine
vaina pod (*bean*)

valer: vale la pena to be worthwhile; **(No) vale la pena** (+ *inf.*) It's (not) worth it to (+ *verb*); **valerse por sí mismo** to manage on one's own
valioso valuable
vanidoso vain
valor value; valor, courage
variedad variety
vasco *n., adj.* Basque
veces: a veces sometimes; **muchas veces** many times
vecino neighbor
vela: hacer vela to sail; **pasar la noche en vela** to pull an all-nighter, to stay awake all night
vencedor conqueror
vencer to defeat
vencimiento conquest
vendedor salesperson
vender to sell
veneno poison
venir *irreg.* to come
venta sale
ventaja advantage
veras: ¿De veras? Really?/You're kidding./Don't tell me!/You don't say!/Wow!
verdad: no es verdad it's not true
verde green; **chiste verde** *m.* dirty joke; **tarjeta verde** green card (*residency card given to immigrants in the United States*)
verdura vegetable
vergüenza: ¡Qué vergüenza! What a shame!
verter (ie) to shed (*tears*)
vespertino *adj* evening
vestido de fiesta evening dress
vestimenta clothes, garment
vestirse (i, i) to get dressed
vestuario costumes
vez: de una vez por todas once and for all; **de vez en cuando** every now and then; **una vez** once
víctima (*f. but refers to both males and females*) victim
vida: de por vida for life

videojuegos: ir a los videojuegos to go to the video arcade
vientre *m.* belly: **la danza del vientre** belly dancing
vigilante *m./f.* watchperson, sentry, lookout
vínculo bond
vino wine
violación rape
violador rapist
violar to rape; **violar los derechos humanos** to violate human rights
viruela smallpox
vistazo: echar un vistazo to glance at
vitrina store window
viuda widow
viudo widower
vivienda housing
vivir to live; **vivir juntos** to live together
vivo *adj.* smart; alive
voluntad will; **contra su voluntad** against one's will
volver (ue) to return, come back; **volver a** (+ *inf.*) to do something again; **volver a empezar de cero** to start over again from scratch
voto en blanco blank vote
vuelta: a la vuelta de around the corner from; **dar una vuelta** go for a ride/walk

xenofobia xenophobia (*fear of strangers or foreigners*)

ya already; yet; **ya no** no longer, not anymore; **¡Ya sé!** I've got it!; **¡Ya voy!** I'm coming!
yerno son-in-law
y punto and that's that

zanahoria carrot
zapatería shoe store
zapatillas *f. pl.* slippers

Index

Permissions and Credits

Text Permissions and Sources

The authors and editors thank the following persons and publishers for permission to use copyrighted material.

Chapter 3: page 63, Legend based on Otilia Meza, "La leyenda del maíz," *Leyendas del antiguo México: Mitología prehispánica* (México, D.F.: Edamex, 1985). **Chapter 5:** page 117, Data taken from Raymond Sokolov, *Why We Eat What We Eat* (New York: Summit Books, 1991); 136 (Ponce), From Luis Martínez, "Los buenos modales en el olvido," *El Universal*, (http://noticias.eluniversal.com); 136 (Calderero), From José Fernando Calderero, "En la mesa," *Los buenos modales de tus hijos mayores*, ed. Palabra, Madrid, 1.997 (www.edufam.com); 138, Adapted from *Más*, Univisión, New York, N.Y. **Chapter 7:** page 185, Data for items 1 and 2 taken from 1993 *Earth Journal Environmental Almanac and Resource Directory* (Boulder: Buzzworm Books, 1993); 185, Data for items 3, 4, and 6 found on Aug. 16, 2003 from World Resources Institute (http://pubs.wri.org); 185, Data for item 5 from Revista Integral #283, p. 28, Julio 2003, España; 195–196, Reprinted with permission from the Instituto Costarricense de Turismo, San José, Costa Rica. **Chapter 8:** page 210, Adapted and translated from www.executiveplanet.com, Jan. 15, 2004. **Chapter 10:** page 256, Excerpted from Joaquín Leguina, "Cuernos," *El Mundo*, Aug. 17, 2003, Feb. 17, 2004 (www.el-mundo.es/magazine/2003). **Chapter 11:** page 273, Data taken from Instituto Indigenista Interamericano (III), *La coca: Tradición, rito, identidad* (México, D.F.: Instituto Indigenista Interamericano, 1989); 274, Excerpted from "Celulares, nueva arma contra la delincuencia," *Honduras Revista Internacional*, Feb. 17, 2004 (www.hondurasri.com); 277, Excerpted from "Resumen de atentados mortales," Feb. 17, 2004 (www.interbook.net/personal/angelberto); 279 (first student annotation), Data from Elizabeth M. Whelan, Sc.D. "Perils of Prohibition: Why We Should Lower the Drinking Age to 18," *Newsweek*, May 25, 1995, Feb. 17, 2004 (www2.potsdam.edu/alcohol-info/YouthIssues); 279 (second student annotation), Data from NIAAA Task Force on College Drinking, "Clinical Protocols to Reduce High Risk Drinking in College Students: The College Drinking Prevention Curriculum for Health Care Providers," Feb. 17, 2004 (www.collegedrinking prevention.gov/Reports); 285, Excerpted from Ministerio de Educación de Chile, "Convivencia en la Escuela Valle de Lluta: Palabras en vez de golpes," Feb. 21, 2004 (www.mineduc.cl/revista/anteriores). **Chapter 12:** page 297, "Soy Como Soy Y Qué" by Raquel Valle Sentíes, reprinted by permission of the author; 298, Data from "The Opportunity," *Voy*, Feb. 21, 2004 (www.voy.tv/the_opportunity/index.html); 304 (Clemente), Some data taken from Nicolas Kanellos, ed., *The Hispanic American Calendar*, (Detroit: Gale Research, 1992); 304 (Garzón), www.gill.stanford.edu/depts/hasrg/latinam/ garzon/AboutHim.html and www.lanacion.com.ar/Archivo/Nota.asp?nota_id=212184& aplicacion_id=4; 306, Data from "The Emergence of Latinos in America," *Milwaukee Journal Sentinel*, Aug. 24, 2003. Crossroads, p. 01J, and the following sites on 21 Feb. 2004: www.ameristat.org, www.hispaniconline.com, *San Antonio Express-News* (www.religionwriters.com), U.S. Census Bureau (www.census.gov); 307, Data taken from "Background Note: Costa Rica," Feb. 21, 2004 (www.state.gov/r/pa/ei/bgn/2019.htm), and from *NewsMax.comWires*, "U.S. Retirees Flock to Mexico," Feb. 6, 2001, Feb. 21, 2004 (www.newsmax.com/archives/articles/2001). **Videofuentes:** page 327, www.comarcasidra.com/plantillaalojamientos.php?id=33.

Realia

Preliminary Chapter: page 9, Courtesy of Khandle Hedrick. **Chapter 1:** page 20, Reprinted with permission from Moto Paella, Madrid, Spain; 34, Reprinted by permission of the League of Women Voters from Getting Out the Vote. **Chapter 2:** page 42, La Feria del Libro de Buenos Aires. **Chapter 4:** page 104, www.gaturro.com. **Chapter 5:** page 115,

FUENTES: Lectura y redacción

Third Edition   Tuten/ Caycedo Garner/ Esterrich

Preface Contents

To the Student

Fuentes: Lectura y redacción (FLR), Third Edition, is a textbook for intermediate Spanish courses, intended for use with *Fuentes: Conversación y gramática (FCG)*, though it may also be used independently. *Fuentes: Lectura y redacción* is designed to help you perfect your ability to read and write in Spanish and deepen your understanding of Hispanic cultures and societies. Of course, you may ask, *Why focus on reading at all? Or writing? Or culture?*

The answers to these questions are closely related. Learning to read and write well in Spanish will help you improve your ability to listen and speak in Spanish. This is so because reading and listening are both interpretive skills that depend on many of the same abilities and strategies. Likewise, writing and speaking are expressive skills that depend on similar abilities and strategies. Writing allows you to hone your ability to express yourself in Spanish while reading trains you to understand and interpret as you also learn about language and culture. However, reading and writing are probably both easier for you to do successfully, since you can control the way you do each and how much time you spend at each task. Consequently, you can often learn more about language and culture through reading and writing than through listening and speaking alone.

When reading a text you have to figure out not only its literal meaning (what it says) but also interpret it (decide what it means at deeper levels). When you interpret a written text you must ask and answer questions such as *What are the author's intention, purpose, and attitude? What assumptions does the author make, and why? What are the implications of what the author says?* Of course, interpretation is important in conversation as well. Have you ever walked away from someone asking yourself, "I wonder what he/she meant by that?" Such questions can be difficult to answer in your home culture, but even more so in a foreign culture, where cultural assumptions and background knowledge can be quite different. To interpret what people write and say in another language and other cultures, you need to learn about those cultures and societies through reading.

Each chapter of *Fuentes: Lectura y redacción* is designed to enhance the development of your reading and writing skills, your understanding of Hispanic cultures and societies, as well as your awareness of your own cultural beliefs, values, and assumptions. As you work through *Fuentes: Lectura y redacción*, remember that learning to read and write in Spanish is a process. In fact, you are probably still learning to interpret texts and write well in your native language. But you can make this process flow more easily by reading and writing something in Spanish every day, even if it is just a note. More important, stop every now and then to check your progress. Read something in Spanish that has nothing to do with class; you may not understand everything, but you will probably understand at least part of it. Though it is often forgotten, the fact is that people do much of their reading and writing for pleasure, and we, the authors of this text, hope that the readings and writing activities in *Fuentes* will spark your imagination and continued interest in the Spanish-speaking world.

Study Tips for *Fuentes: Lectura y redacción*

As you work through the text, keep in mind the following tips.

Tips for reading:

- Read in cycles. Your first reading of a text should focus on understanding the main ideas or gist. Try to read the entire text without stopping. In subsequent reading cycles you can focus on details and fine-tune your understanding. See the Overview of FLR Reading Strategies on the *Fuentes* Website for more information.
- Read each text at least twice before class discussion, and read it at least once after each class discussion.
- Make spontaneous use of the strategies studied and practiced in class since this is the natural way in which you will want to employ them when reading texts outside of *Fuentes: Lectura y redacción*. See the Overview of FLR Reading Strategies on the *Fuentes* Website for more specific suggestions.
- Don't be afraid to disagree with what you read. Many readings have been chosen precisely to generate differing reactions and opinions.
- Number paragraphs for each reading and use these numbers to locate and justify your answers to post-reading exercises during class.
- Use the readings as a way of building your language resources. Much of the vocabulary in the readings is intended for recognition, but aim to incorporate high-frequency or very important vocabulary items (or grammar structures) in your writing and in class discussion.

Tips for writing:

- In journal or informal writing activities, focus primarily on generating and expressing ideas in Spanish and only secondarily on details of grammar.
- In formal writing, focus first on expressing your ideas, and then revise with an eye on correct forms and effective organization.
- Brainstorm ideas before starting to write.
- Decide who your audience is and why you are writing.
- Get a good bilingual dictionary and learn how to use it.
- Try new things and take risks. If you see an interesting expression in one of the readings, try to incorporate it into your own writing.

- Talk about your ideas for writing with classmates, your instructor, and friends.
- Don't try to pump out compositions overnight. Write on one day and revise on another. Discuss your ideas with others. Make it a process of writing, responding, and revising.
- Try to make spontaneous use of the strategies that are presented and practiced in *Fuentes: Lectura y redacción*. Even though an activity may focus on a particular strategy, you may also be able to use previously studied strategies in your own writing.

Tips for studying culture:

- Practice "reading between the lines." The ability to make inferences about a writer's or speaker's intentions and the implications of what is expressed is essential to intercultural communication.
- As you read, compare and contrast what you learn about Hispanic cultures and societies with your own. Use your informal writing to explore these ideas and become more aware of your own underlying beliefs and values.
- Relate what you study and write about in *Fuentes: Lectura y redacción* with current events or material you are studying in other classes.

An Overview of Your Textbook's Features

Fuentes: Lectura y redacción consists of twelve thematically organized chapters that focus on reading, writing, and culture.

The Chapter Opener

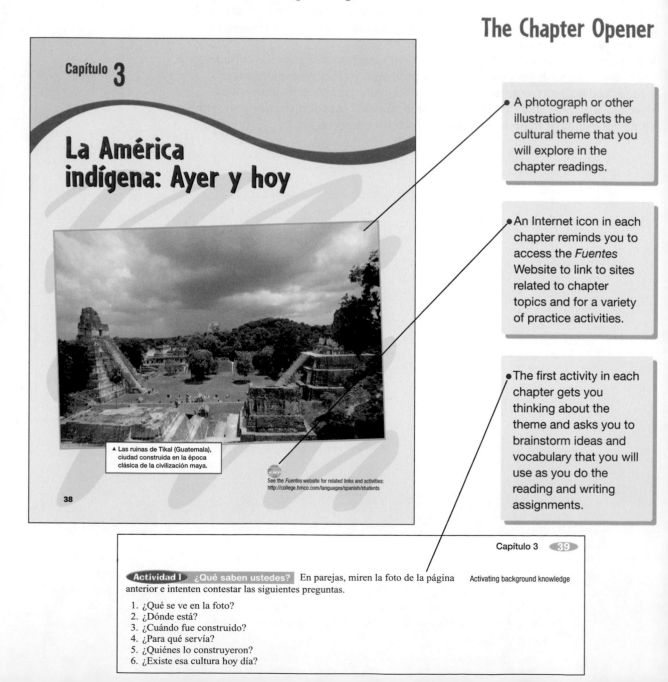

Capítulo **3**

La América indígena: Ayer y hoy

▲ Las ruinas de Tikal (Guatemala), ciudad construida en la época clásica de la civilización maya.

See the *Fuentes* website for related links and activities:
http://college.hmco.com/languages/spanish/students

38

- A photograph or other illustration reflects the cultural theme that you will explore in the chapter readings.

- An Internet icon in each chapter reminds you to access the *Fuentes* Website to link to sites related to chapter topics and for a variety of practice activities.

- The first activity in each chapter gets you thinking about the theme and asks you to brainstorm ideas and vocabulary that you will use as you do the reading and writing assignments.

Capítulo 3   39

Actividad 1   ¿Qué saben ustedes? En parejas, miren la foto de la página anterior e intenten contestar las siguientes preguntas.

Activating background knowledge

1. ¿Qué se ve en la foto?
2. ¿Dónde está?
3. ¿Cuándo fue construido?
4. ¿Para qué servía?
5. ¿Quiénes lo construyeron?
6. ¿Existe esa cultura hoy día?

A combination of journalistic, literary, and informative readings, and a chapter video segment expose you to a variety of perspectives on Hispanic cultures.

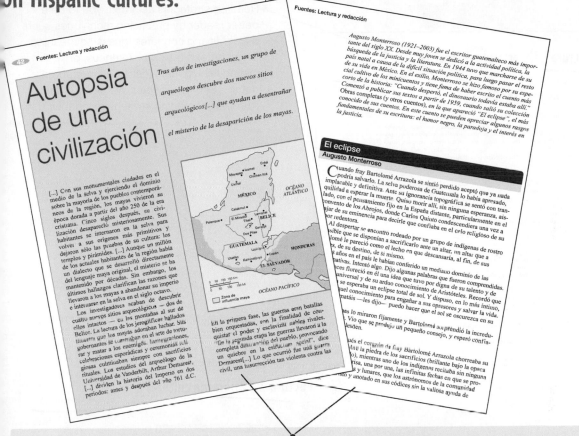

Each chapter presents three readings that tie in with the chapter theme. **Lectura 1** is generally an authentic selection (written by and for native speakers) from a newspaper or magazine that serves as a first approach to the chapter topic. **Lectura 2 (Panorama cultural)** provides an overview of Hispanic cultures and societies related to the theme. **Lectura 3** is generally a literary reading that allows further exploration of the topic.

VIDEOFUENTES

¿Qué semejanzas y diferencias existen entre el artículo y el video respecto a los motivos de la desaparición de la civilización maya clásica? ¿Qué manifestaciones de la cultura maya existen hoy día?

The **Videofuentes** video segments expand on the cultural theme of the chapter to give you added insights into Hispanic cultures. Filmed in Mexico, Spain, Argentina, and the United States, the varied segments include interviews, a short-subject film from Chile, and informative pieces related to music, historical events, agrotourism, and study abroad. **Videofuentes** activities for discussion or writing ask you to compare the chapter video segment with one of the primary readings. Additional video activities are included in *Fuentes: Conversación y gramática*.

Reading strategies and pre-, active, and post-reading activities

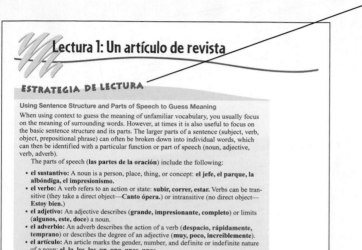

Lectura 1: Un artículo de revista

ESTRATEGIA DE LECTURA

Using Sentence Structure and Parts of Speech to Guess Meaning

When using context to guess the meaning of unfamiliar vocabulary, you usually focus on the meaning of surrounding words. However, at times it is also useful to focus on the basic sentence structure and its parts. The larger parts of a sentence (subject, verb, object, prepositional phrase) can often be broken down into individual words, which can then be identified with a particular function or part of speech (noun, adjective, verb, adverb).

The parts of speech (**las partes de la oración**) include the following:

- **el sustantivo:** A noun is a person, place, thing, or concept: **el jefe, el parque, la albóndiga, el impresionismo.**
- **el verbo:** A verb refers to an action or state: **subir, correr, estar.** Verbs can be transitive (they take a direct object—**Canto ópera.**) or intransitive (no direct object—**Estoy bien.**)
- **el adjetivo:** An adjective describes (**grande, impresionante, completo**) or limits (**algunos, este, doce**) a noun.
- **el adverbio:** An adverb describes the action of a verb (**despacio, rápidamente, temprano**) or describes the degree of an adjective (**muy, poco, increíblemente**).
- **el artículo:** An article marks the gender, number, and definite or indefinite nature of a noun: **el, la, los, las, un, una, unos, unas.**
- **la preposición:** A preposition identifies the links between other words: **a, con, de, desde, en, entre, hacia, hasta, para, por, sin, sobre,** etc.
- **la conjunción:** A conjunction connects elements within a sentence: **y, o, pero, sino.**
- **el pronombre relativo:** A relative pronoun connects a subordinate verbal clause to another element in the sentence: **que, quien, donde, el cual,** etc.

Identifying parts of speech may give you just enough information to determine the basic relationships within a sentence. Try this sentence written in nonsense Spanish. What information can you safely determine about the words?

El manículo golupeó calamente a Paco en la cloba gara.

Reading strategies help train you to be a better reader by practicing techniques such as identifying cognates, guessing meaning from context, making inferences, or distinguishing main ideas from supporting details. See the *Fuentes* Website for an overview of reading strategies and their use.

Lectura 2: Panorama cultural

Identifying parts of speech

Actividad 10   Partes relacionadas La lectura "La presencia indígena en Hispanoamérica" contiene palabras relacionadas con los siguientes verbos. Para cada verbo en infinitivo (por ejemplo, **leer**), busca en el glosario o en un diccionario un sustantivo como **lector** (*reader*) o **lectura** (*reading*), y un adjetivo como **legible** (*legible*) o **leído** (*read*).

desaparecer   establecer
aislar   conservar
dominar   despreciar

Building vocabulary

Actividad 11   Palabras útiles Después de mirar la siguiente lista, completa las oraciones que siguen con las palabras apropiadas.

los antepasados	ancestors	**el culto**	worship, adoration
el/la portavoz	spokesperson	**la prueba**	proof, evidence
el rasgo	trait, feature	**autóctono**	native
la supervivencia	survival	**el esfuerzo**	effort

1. _____ del gobierno anunció que las negociaciones iban bien.
2. Una de las características de muchas religiones es el _____ a los antepasados.
3. Un _____ importante de la cultura norteamericana es la afición a la tecnología.
4. El científico Charles Darwin definió la teoría de la _____ del más fuerte.
5. Algunos de los _____ de Juan Ferreira eran españoles, pero otros eran portugueses.
6. El éxito que tiene en su trabajo es _____ de su talento.
7. La papa y el maíz no se conocían en Europa antes del siglo XVI porque son comidas _____ del continente americano.
8. A pesar de sus _____, el presidente no pudo resolver la crisis.

Pre-reading activities introduce essential new vocabulary, activate your background knowledge, ask for predictions about reading content, or ask you to notice and practice a reading strategy to prepare you for reading.

support development of your reading skills.

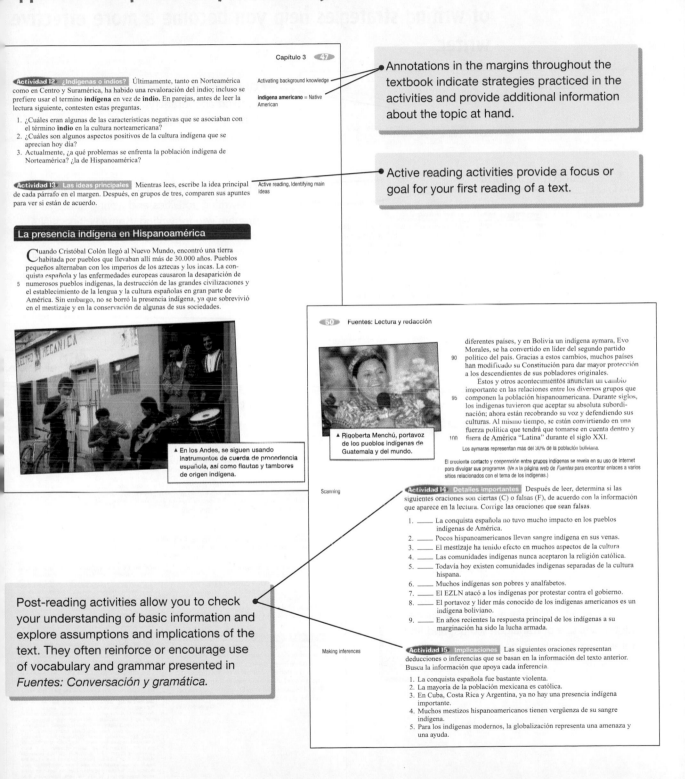

Annotations in the margins throughout the textbook indicate strategies practiced in the activities and provide additional information about the topic at hand.

Active reading activities provide a focus or goal for your first reading of a text.

Post-reading activities allow you to check your understanding of basic information and explore assumptions and implications of the text. They often reinforce or encourage use of vocabulary and grammar presented in *Fuentes: Conversación y gramática*.

Capítulo 3 **47**

Activating background knowledge

indígena americano = Native American

Actividad 12 ¿Indígenas o indios? Últimamente, tanto en Norteamérica como en Centro y Suramérica, ha habido una revaloración del indio; incluso se prefiere usar el termino **indígena** en vez de **indio**. En parejas, antes de leer la lectura siguiente, contesten estas preguntas.

1. ¿Cuáles eran algunas de las características negativas que se asociaban con el término **indio** en la cultura norteamericana?
2. ¿Cuáles son algunos aspectos positivos de la cultura indígena que se aprecian hoy día?
3. Actualmente, ¿a qué problemas se enfrenta la población indígena de Norteamérica? ¿la de Hispanoamérica?

Active reading, Identifying main ideas

Actividad 13 Las ideas principales Mientras lees, escribe la idea principal de cada párrafo en el margen. Después, en grupos de tres, comparen sus apuntes para ver si están de acuerdo.

La presencia indígena en Hispanoamérica

Cuando Cristóbal Colón llegó al Nuevo Mundo, encontró una tierra habitada por pueblos que llevaban allí más de 30.000 años. Pueblos pequeños alternaban con los imperios de los aztecas y los incas. La conquista española y las enfermedades europeas causaron la desaparición de
5 numerosos pueblos indígenas, la destrucción de las grandes civilizaciones y el establecimiento de la lengua y la cultura españolas en gran parte de América. Sin embargo, no se borró la presencia indígena, ya que sobrevivió en el mestizaje y en la conservación de algunas de sus sociedades.

▲ En los Andes, se siguen usando instrumentos de cuerda de procedencia española, así como flautas y tambores de origen indígena.

---

50 Fuentes: Lectura y redacción

diferentes países, y en Bolivia un indígena aymara, Evo
90 Morales, se ha convertido en líder del segundo partido político del país. Gracias a estos cambios, muchos países han modificado su Constitución para dar mayor protección a los descendientes de sus pobladores originales.
    Estos y otros acontecimientos anuncian un cambio importante en las relaciones entre los diversos grupos que
95 componen la población hispanoamericana. Durante siglos, los indígenas tuvieron que aceptar su absoluta subordinación; ahora están recobrando su voz y defendiendo sus culturas. Al mismo tiempo, se están convirtiendo en una fuerza política que tendrá que tomarse en cuenta dentro y
100 fuera de América "Latina" durante el siglo XXI.

Los aymaras representan más del 30% de la población boliviana.

▲ Rigoberta Menchú, portavoz de los pueblos indígenas de Guatemala y del mundo.

El creciente contacto y cooperación entre grupos indígenas se revela en su uso de Internet para divulgar sus programas. (Ve a la página web de *Fuentes* para encontrar enlaces a varios sitios relacionados con el tema de los indígenas.)

Scanning

Actividad 14 Detalles importantes Después de leer, determina si las siguientes oraciones son ciertas (C) o falsas (F), de acuerdo con la información que aparece en la lectura. Corrige las oraciones que sean falsas.

1. _____ La conquista española no tuvo mucho impacto en los pueblos indígenas de América.
2. _____ Pocos hispanoamericanos llevan sangre indígena en sus venas.
3. _____ El mestizaje ha tenido efecto en muchos aspectos de la cultura.
4. _____ Las comunidades indígenas nunca aceptaron la religión católica.
5. _____ Todavía hoy existen comunidades indígenas separadas de la cultura hispana.
6. _____ Muchos indígenas son pobres y analfabetos.
7. _____ El EZLN atacó a los indígenas por protestar contra el gobierno.
8. _____ El portavoz y líder más conocido de los indígenas americanos es un indígena boliviano.
9. _____ En años recientes la respuesta principal de los indígenas a su marginación ha sido la lucha armada.

Making inferences

Actividad 15 Implicaciones Las siguientes oraciones representan deducciones o inferencias que se basan en la información del texto anterior. Busca la información que apoya cada inferencia.

1. La conquista española fue bastante violenta.
2. La mayoría de la población mexicana es católica.
3. En Cuba, Costa Rica y Argentina, ya no hay una presencia indígena importante.
4. Muchos mestizos hispanoamericanos tienen vergüenza de su sangre indígena.
5. Para los indígenas modernos, la globalización representa una amenaza y una ayuda.

Informal and formal writing practice and development of writing strategies help you become a more effective writer.

Cuaderno personal 3-3

¿Crees que es válido hablar de sociedades "primitivas" y sociedades "avanzadas"? ¿Por qué sí o no?

- **Cuaderno personal** questions after each reading encourage you to reflect on your reactions and your own cultural values.

Redacción: Un mito

- The **Redacción** section includes a series of pre-writing activities and writing strategies to prepare you for writing. Some writing tasks include creating a profile of a famous person, inventing a story or legend, summarizing an interview, preparing a film review, polishing a résumé, and composing essays.

Listening, Note taking

Actividad 23   El origen del ser humano La literatura empezó en muchas culturas para explicar los orígenes y enseñar los valores, y se transmitía de generación en generación por vía oral. En el *Popol Vuh*, el libro sagrado de los mayas quiché, se cuenta el mito de la creación de los hombres. Así como los mayas, todas las culturas tienen historias que explican el origen de la humanidad. En este país, la tradición judeocristiana es la que mejor se conoce.

la historia = the story; history

Parte A: Ahora tu profesor/a va a contar la historia de la creación de los hombres según el *Popol Vuh*. Escucha y toma apuntes para poder volver a contar la historia después. Usa el siguiente esquema para tus apuntes.

- dos o tres características del mundo que crearon los dioses
- lo que decidieron hacer los dioses después de crear el mundo y por qué
- cómo resultó esta creación
- otra decisión de los dioses
- características de los tres tipos de Hombre y cómo resultó ser cada uno

Características	Resultados
1.	
2.	
3.	

Parte B: Ahora, usando tus apuntes, ayuda a recrear la leyenda con el clase.

ESTRATEGIA DE REDACCIÓN

Using the Bilingual Dictionary

When you write, try to express yourself as much as possible with vo lary that is already known to you. This will make it easier for you to pose directly in Spanish. Nevertheless, there will be cases when you look up specific vocabulary in order to communicate your thoughts. are some guidelines to help you better use the dictionary when writi

1. Determine the part of speech of the word you want. If you need up a phrase or idiom, look under the key word or words.

Explanation and practice of writing strategies help you improve your writing by focusing on techniques such as use of the dictionary, use of transition words, and tips for writing interviews, news reports, and essays.

2. Look up the word in the English-Spanish section of the dictionary. Find the equivalents that match the same part of speech. If the word you are seeking is part of an English idiom, it may be listed later in the entry or under another key word. Remember that the Spanish equivalent may be quite different from the English, as in *to be 10 years old* and **tener 10 años.**

3. If you find more than one Spanish equivalent, you may need to cross-check each of these in the Spanish-English section of the dictionary.

4. When looking up a verb, determine whether you need to use it as transitive, intransitive, or reflexive, in which case the verb is used with a reflexive pronoun. Read the examples to determine if preposition(s) should be used with the verb. Make sure you do not try to translate English phrasal verbs (such as *to get up, to get off, to get over,* etc.) too literally. Many such verbs have a specific Spanish equivalent that may or may not be accompanied by a preposition.

Actividad 24   Los equivalentes en español La palabra *light* tiene varios equivalentes en español. Usa el vocabulario que aparece al lado para buscar la traducción española de *light* según el contexto de cada oración.

Using the dictionary

1. Could you turn off the lights?
2. Have you got a light?
3. Then he saw things in a different light.
4. Priests often light candles during religious ceremonies.
5. They decided to paint the room light blue.
6. Experienced tourists prefer to travel light.

Actividad 25   Tu propio mito Ahora, vas a escribir tu propio mito. Primero, piensa en el aspecto del mundo o de la vida que quieres explicar. Luego, haz un esquema de los puntos importantes que vas a desarrollar en la historia, con una lista del vocabulario necesario. Usa el diccionario para encontrar nuevas palabras. Luego, escribe el mito, usando palabras de transición y el pretérito y el imperfecto.

Using the dictionary

light¹ (līt) I. s. *(lamp)* luz *f <turn the lights on* enciende las luces>; *(radiation)* luz *<ultraviolet l.* luz ultravioleta>; *(illumination)* luz, iluminación *f; (daylight)* luz *<the l. of the day* la luz del día>; *(streetlamp)* luz, farol *m; (traffic light)* luz, semáforo; *(window)* ventana; *(skylight)* claraboya; *(headlight)* luz, faro; *(lighthouse)* faro, fanal *m; (flame)* fuego *<have you got a l.?* ¿me puedes dar fuego?>; FIG. *(spiritual awareness)* luz, iluminación; *(viewpoint)* aspecto, punto de vista *<I never saw the matter in that light* nunca vi el asunto desde ese punto de vista>; *(luminary)* lumbrera, eminencia *<he is one of the leading lights of science* él es una de las destacadas lumbreras de la ciencia>; *(gleam)* brillo *<the l. in her eyes* el brillo en sus ojos>; PINT. luz *<l. and shade* luz y sombra> ♦ **at first l.** al rayar la luz del día • **in l. of** en vista de, considerando • **in the cold l. of day** FIG. fríamente, desapasionadamente • **lights** FIG. *(opinions)* luces, conocimientos • **to bring to l.** FIG. sacar a luz, revelar • **to shed** o **throw l. on** arrojar luz sobre, aclarar • **to come to l.** salir a la luz, ser revelado • **to give the green l.** FIG. aprobar la realización (de un proyecto) • **to see in a different l.** FIG. mirar con otros ojos, mirar desde otro punto de vista • **to see the l.** FIG., RELIG. iluminarse; *(to understand)* comprender, darse cuenta • **to see the l. of day** salir a luz, nacer II. tr. **lighted** o **lit** (līt), **lighting** *(to ignite)* encender; *(to turn on)* encender, prender *<who lit this lamp?* ¿quién encendió esta lámpara?>; **light²** (līt) I. adj. **-er, -est** *(lightweight)* ligero, liviano; FIG. *(easily digested)* ligero, liviano; *(not forceful)* suave, leve; *(slight)* fino *<a l. rain* una lluvia fina>; *(faint)* débil; *(easy)* ligero, liviano *<l. work* trabajo liviano>; *(frivolous)* superficial, de poca importancia *<a l. chat* una charla de poca importancia>; *(blithe)* alegre, contento *<a l. heart* un corazón alegre>; *(low in alcohol)* de bajo contenido alcohólico *<as l. as air* liviano como el aire • **l. in the head** mareado • **to be l. on one's feet** ser ligero de pies, moverse con agilidad • **to make l. of** no tomar en serio, restar importancia a II. adv. **-er, -est** ligeramente ♦ **to travel l.** viajar con poco equipaje

Acknowledgments

The publisher and authors wish to thank the following reviewers for their feedback on the second edition of *Fuentes*. Many of their recommendations are reflected in the changes made in the new edition.

Sandra M. Anderson, College of DuPage
Jonathan F. Arries, College of William and Mary
Bárbara Ávila-Shah, University at Buffalo, State University of New York
Kimberly Boys, University of Michigan
Elizabeth Cure Calvera, Virginia Tech
Lola Chamorro, Brown University
Darrell J. Dernoshek, University of South Carolina-Columbia
Héctor Domínguez-Ruvalcaba, Denison University
Laura Fox, Grand Valley State University
Dennis C. Harrod, Syracuse University
Gillian Lord, University of Florida
Joanna (Joby) McClendon, St. Edward's University
Claudia Mejia, Tufts University
Deborah Mistron, Middle Tennessee State University
Mary E. O'Donnell, University of Iowa
Margaret M. Olsen, University of Missouri-Columbia
John T. Riley, Fordham University
Regina F. Roebuck, University of Louisville
Nohelia Rojas-Miesse, Miami University
Lilia D. Ruiz-Debbe, State University of New York at Stony Brook
Loreto Sánchez-Serrano, Johns Hopkins University
Carmen Schlig, Georgia State University
Jorge W. Suazo, Georgia Southern University
Dwight E. Raak TenHuisen, Calvin College
Mercedes Valle, Smith College
Maura Velázquez-Castillo, Colorado State University

A special word of appreciation is due Ramonita Marcano-Ogando, Mónica Velasco-González, and Joyce Martin of the University of Pennsylvania for their support of the program and their valuable input on the new edition.

The authors wish to extend their thanks to several people who have made key contributions to the development of the Third Edition of *Fuentes: Lectura y redacción*: Lisa Dillman, for her effort and skill in identifying new literary readings; Natalia Francis, for her work on the selection of new journalistic texts; José Luis Boigues-López, for his numerous and varied suggestions for improvements throughout the preparation of the manuscript; and Miguel Valladares for his assistance in locating hard-to-find texts. Special thanks go to Hugo Aparicio who generously offered to write an original essay for this book. We would also like to thank other students and colleagues at Emory University for their input and encouragement during the development of this new edition.

We also want to express our appreciation to the following people for their valuable assistance during the development and production of this project: Margaret Hines, for her careful and timely preparation of the final vocabulary; Steve Patterson, for his attention to detail and judicious feedback during copyediting; Rosemary Jaffe for her gracious support, willingness to consider alternatives, and her amazingly smooth coordination of all aspects of production. Our greatest thanks go to our development editor Sandy Guadano, for her patience, willingness to listen and negotiate, sharp editor's eye, impressive organizational skills, and broad knowledge of publishing, language education, the Spanish language, and Hispanic cultures. We have been fortunate indeed to have received her invaluable guidance as we prepared the Third Edition of *Fuentes: Lectura y redacción*.

D. T.
L. C. G.

Contents

Index of Reading and Writing Strategies

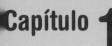

Capítulo 1

Los hispanos

Fernando Botero ★ Judith Baca ★ Óscar de la Renta ★ Celia Cruz ★ Gloria Estefan ★ Carlos Santana ★ José Carreras ★ Plácido Domingo ★ Christina Aguilera ★ Jennifer López ★ Shakira ★ Julio Iglesias ★ Enrique Iglesias ★ Ricky Martin ★ Marc Anthony ★ Tito Puente ★ Mariah Carey ★ Vicki Carr ★ Luis Miguel ★ La India ★ Joan Baez ★ Carlos Fuentes ★ Gabriel García Márquez ★ Sandra Cisneros ★ Isabel Allende ★ Camilo José Cela ★ Bernardo Atxaga ★ Quino ★ Mario Vargas Llosa ★ Gloria Anzaldúa ★ Elena Poniatowska ★ Manuel Puig ★ Ilán Stavans ★ Ellen Ochoa ★ Pedro Duque ★ Óscar Arias ★ Fidel Castro ★ Baltasar Garzón ★ Cruz Bustamante ★ Violeta Barrios de Chamorro ★ Vicente Fox ★ Subcomandante Marcos ★ Linda Chávez-Thompson ★ Henry Cisneros ★ el rey don Juan Carlos I y la reina doña Sofía ★ Freddy Ferrer ★ Gael García Bernal ★ Salma Hayek ★ Alfonso Cuarón ★ Jimmy Smits ★ Alejandro Amenábar ★ Antonio Banderas ★ Penélope Cruz ★ Pedro Almodóvar ★ Edward James Olmos ★ Linda Ronstadt ★ Chayanne ★ Albita ★ Andy García ★ Emilio Estévez ★ Martin Sheen (Ramón Estévez) ★ Victoria Abril ★ Rubén Blades ★ Anthony Quinn ★ Rosie Pérez ★ John Leguizamo ★ Rita Moreno ★ Cameron Díaz ★ Jon Secada ★ Benicio del Toro ★ Javier Bardem ★ Geraldo Rivera ★ Cristina Saralegui ★ don Fernando ★ Bianca Jagger ★ Paul Rodríguez ★ Andrés Cantor ★ Miguel Induráin ★ Pedro Delgado ★ Nancy López ★ Diego Maradona ★ Arantxa Sánchez Vicario ★ Gabriela Sabatini ★ Óscar de la Hoya ★ Juan Carlos Ferrero ★ Sammy Sosa ★ Pedro Martínez ★ Alex Rodríguez ★ Fernando Valenzuela ★ Gabriel Batistuta ★ Manny Ramírez

See the *Fuentes* website for related links and activities:
http://college.hmco.com/languages/spanish/students

Activating background knowledge

Actividad 1   Los hispanos famosos   Todos los nombres que aparecen en la página anterior son de personas famosas. Algunos viven en los Estados Unidos, otros en América Latina o España. Algunos son famosos en los Estados Unidos, otros tienen fama internacional y otros son conocidos en los países hispanos. En grupos de tres, identifiquen cinco personas que Uds. conocen. Hagan una lista de las personas y contesten estas preguntas para cada una.

- ¿De dónde es?
- ¿Qué hace?
- ¿Cuál es el lugar de origen de su familia?
- ¿Qué piensan Uds. de él/ella?

Lectura 1: Los anuncios personales

ESTRATEGIA DE LECTURA

Activating Background Knowledge

To understand a specific reading, you must employ knowledge you already have about the topic. Thinking about your background knowledge before reading helps you contextualize the topic and predict what kinds of information and vocabulary are likely to appear in the text. For example, based on what you know about personal ads in English, you can guess that Spanish ads contain similar information.

Activating background knowledge

Actividad 2   ¿Qué desean?   Vas a leer unos anuncios personales escritos por hispanos y publicados en Internet. Primero, en grupos de tres, contesten las siguientes preguntas sobre los anuncios personales.

1. ¿Leen Uds. los anuncios personales con frecuencia? ¿Por qué?
2. ¿Les gustaría responder a un anuncio personal?
3. ¿Por qué escribe la gente anuncios personales?
4. ¿Qué información suelen incluir los anuncios personales?
5. ¿Creen que la gente miente mucho en los anuncios?
6. ¿Qué características buscan Uds. al leer los anuncios?

Scanning for information

Actividad 3   ¿Cómo es?   Muchas veces buscamos características específicas al leer los anuncios personales. Mira rápidamente los siguientes anuncios personales y escoge uno o dos adjetivos para cada persona o grupo de personas.

Gerardo: _____

Rakhel: _____

Álvaro: _____

Luisa: _____

Juan Carlos: _____

María: _____

Carmen: _____

Andrés: _____

Bárbara: _____

"los Golfos": _____

Actividad 4 **Las actividades preferidas**   Con frecuencia buscamos las actividades preferidas de las personas al leer los anuncios personales. Mira rápidamente los siguientes anuncios personales y contesta cada una de las siguientes preguntas.

1. ¿Quién practica alpinismo? _____
2. ¿A quién le interesa el rock latino? _____
3. ¿A quién le gusta platicar? _____
4. ¿Quién asiste a clases de veterinaria? _____
5. ¿Qué persona tiene buen sentido del humor? _____
6. ¿Quién corre todos los días? _____
7. ¿Quién no come carne? _____
8. ¿A quiénes les encantan las fiestas? _____

Scanning for information

Platicar (*México y partes de Centroamérica*) = hablar, charlar

Remember that you only need to understand these personal ads well enough to complete assigned activities. Rely on familiar vocabulary and cognates to get the main ideas.

◄ ►   ⌂   I A   Página principal   Búsqueda   Mi perfil   Comprar   Q

Contactos

Carmen
Caracas, Venezuela   carjimgon@terra.com.ve

Soy **divorciada, culta e inteligente,** de buen humor, sensible, sincera, profesional. Me gusta el cine, la música, la literatura, la fotografía en blanco y negro, la psicología, charlar con los amigos, caminar en la playa. Soy vegetariana, no bebo, pero sí fumo. Pelo castaño, ojos verdes, 40 años, atractiva a mi manera. Quiero conocer un hombre interesante de 38-47 años.

Gerardo
Distrito Federal, México   gerfer@terra.com.mx

Soy **un hombre emprendedor,** con miras al futuro, ambicioso, de carácter fuerte. Guapo, 27 años, 70 kilos, 1,77, atlético (hago pesas), ojos azules, rubio. Me dedico a la mercadotecnia y en mi tiempo libre practico alpinismo. Te busco a ti: la mujer de mis sueños, tierna pero decidida, emprendedora y con profesión.

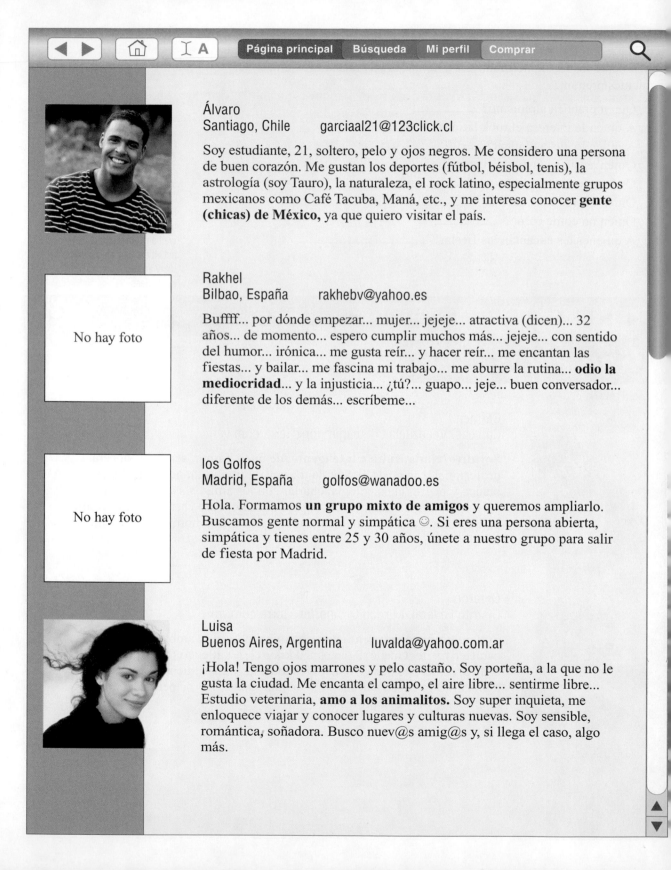

◀ ▶   🏠   I A   **Página principal**   **Búsqueda**   **Mi perfil**   Comprar   🔍

Álvaro
Santiago, Chile   garciaal21@123click.cl

Soy estudiante, 21, soltero, pelo y ojos negros. Me considero una persona de buen corazón. Me gustan los deportes (fútbol, béisbol, tenis), la astrología (soy Tauro), la naturaleza, el rock latino, especialmente grupos mexicanos como Café Tacuba, Maná, etc., y me interesa conocer **gente (chicas) de México,** ya que quiero visitar el país.

Rakhel
Bilbao, España   rakhebv@yahoo.es

Buffff... por dónde empezar... mujer... jejeje... atractiva (dicen)... 32 años... de momento... espero cumplir muchos más... jejeje... con sentido del humor... irónica... me gusta reír... y hacer reír... me encantan las fiestas... y bailar... me fascina mi trabajo... me aburre la rutina... **odio la mediocridad**... y la injusticia... ¿tú?... guapo... jeje... buen conversador... diferente de los demás... escríbeme...

los Golfos
Madrid, España   golfos@wanadoo.es

Hola. Formamos **un grupo mixto de amigos** y queremos ampliarlo. Buscamos gente normal y simpática ☺. Si eres una persona abierta, simpática y tienes entre 25 y 30 años, únete a nuestro grupo para salir de fiesta por Madrid.

Luisa
Buenos Aires, Argentina   luvalda@yahoo.com.ar

¡Hola! Tengo ojos marrones y pelo castaño. Soy porteña, a la que no le gusta la ciudad. Me encanta el campo, el aire libre... sentirme libre... Estudio veterinaria, **amo a los animalitos.** Soy super inquieta, me enloquece viajar y conocer lugares y culturas nuevas. Soy sensible, romántica, soñadora. Busco nuev@s amig@s y, si llega el caso, algo más.

Juan Carlos
San José, Costa Rica   juanca32@lycos.com

Soy normal, sincero, muy romántico. **Soy divorciado, sin hijos, con título universitario.** Soy delgado, 1,78, peso normal, cara normal. Me gusta de todo – leer, ir a la playa, correr, andar en bicicleta, el deporte, el teatro, el arte, la música. Me gustaría conocer una mujer simpática, romántica, respetuosa, que crea en Dios.

Andrés
Lima, Perú   carvajalaa@situ.pe

Soy del tipo intelectual, **libre pensador,** tolerante, acepto que existen otros mapas de la realidad. Me considero amigable, sencillo y espiritual. Tengo 44 años, soy médico, separado, vivo con mis 3 hijos. Me mantengo en buena forma (corro todos los días). Busco amistad con una persona liberal, culta, inteligente, de cualquier edad. No necesito media naranja, sino buena amistad.

María
Tegucigalpa, Honduras   marijose@hotmail.com

Soy amigable, **super alegre, cariñosa, sensible.** Tengo 28 años, ojos color miel, y soy morena. Me gusta platicar con la gente, bailar y escuchar salsa y merengue. Soy colombiana y vivo en Honduras hace seis años. Soy tradicional y quiero casarme con un hombre bueno. No me importa ni el dinero ni dónde vive.

Bárbara
Miami, EE.UU.   barbara3@hotmail.com

Mi nombre lo dice todo. No busco ni sinceridad, ni honestidad, ni el amor de mi vida. Busco gente viva, loca, aventurera, sin inhibiciones, para viajar juntos, conocer el mundo, y disfrutar sin límites de la vida.

Skimming and scanning

Actividad 5 Las combinaciones perfectas En grupos de tres, miren los anuncios otra vez. Busquen dos personas que se complementen bien y que puedan formar pareja, pensando en:

- qué características comparten
- qué valores comparten
- qué actividades prefieren

Luego, explíquenle a la clase por qué han seleccionado a esas dos personas o grupos de personas.

Personal reactions

Actividad 6 ¿A quién prefieres? Individualmente, mira los anuncios y decide:

a. ¿Quién te cae bien? ¿Por qué?
b. ¿Quién te cae mal? ¿Por qué?
c. ¿Qué anuncios te llaman la atención? ¿Por qué?

Después, en grupos de tres, comenten y justifiquen sus preferencias: ¿Quiénes les caen bien a todos Uds.? ¿Quiénes no? ¿Por qué? ¿Qué anuncios les llaman la atención?

Brainstorming

Actividad 7 Un corazón solitario **Parte A:** En parejas, escojan una de las fotos de la página siguiente. Imaginen cómo es la persona, usando las siguientes preguntas como guía.

1. ¿Quién es? ¿Cómo se llama?
2. ¿Qué hace? ¿Dónde trabaja?
3. ¿Cuántos años tiene?
4. ¿Cómo es físicamente?
5. ¿Qué le gusta/encanta hacer en su tiempo libre? (tres actividades)
6. ¿Qué prefiere no hacer? (tres actividades)
7. ¿Cómo es su personalidad? (tres características)
8. ¿Cómo es su pareja o amigo/a ideal?

Using models

Parte B: En parejas, escriban un anuncio para esta persona, usando los detalles de la Parte A. Usen el siguiente anuncio de modelo.

> Soy un hombre de 30 años, delgado, pelo castaño, ojos marrones. Soy guapo, divertido y cariñoso. En mi tiempo libre juego al tenis, paseo al perro, leo novelas, voy al cine. Me encanta viajar. Deseo conocer a una mujer inteligente, culta y atractiva entre 30 y 40 años. Escríbeme, te contestaré. Vicente, Valencia, España.

Parte C: Después de terminar el anuncio, intercámbienlo con otra pareja, lean el anuncio de la otra pareja y averigüen a qué foto pertenece.

 1

 2

 3

 4

 5

 6

Cuaderno personal 1-1

Imagina que te sientes muy solitario/a y decides poner un anuncio personal en un sitio web. Escribe un anuncio como los que acabas de leer.

Para ver miles de anuncios personales del mundo hispano, ve a la página web de **es.match.com**

Lectura 2: Panorama cultural

Actividad 8   Hispanos, latinos y americanos   Antes de leer "La dificultad de llamarse 'hispano'", en parejas, decidan cuáles de estos tres términos, **hispano, latino** o **americano,** se pueden usar para describir a una persona de los siguientes países. Luego, escriban una definición de **hispano, latino** y **americano.**

Activating background knowledge

México	Francia	Canadá
España	Cuba	Chile
EE.UU.	Brasil	Guatemala

ESTRATEGIA DE LECTURA

Identifying Cognates

Spanish and English share the Latin alphabet as well as many words of Latin and Greek origin. By depending on these similar words, or cognates, you will often be able to understand much of any text written in Spanish. Familiar cognates include **información, artista, historia,** and **similar.**

Identifying cognates

Actividad 9 **Busca los cognados** En la siguiente lectura hay muchos cognados. Busca el equivalente en español de los siguientes términos.

the Caribbean	Latin America	North American
Central America	Latin American	South America
Hispanic	North America	Spanish America
Latin		

Actividad 10 **La idea general**

Parte A: Lee por encima la siguiente lectura y decide cuál de estas ideas representa mejor la idea general. Skimming

_____ Es una descripción de tres hispanos: Orlando, Rosa y Rocío.

_____ Es una descripción de la geografía y la cultura hispanas.

_____ Es una explicación de palabras que describen distinciones raciales, culturales y geográficas.

Parte B: Mientras lees, compara tus definiciones de **hispano, latino** y **americano** con las que aparecen en el texto. ¿Son iguales o diferentes? Active reading

Hispanoamérica y Latinoamérica

- Hispanoamérica
- Latinoamérica

La dificultad de llamarse "hispano"

Orlando es de Buenos Aires, tiene la piel blanca y el pelo rubio. ¿Es hispano, latino o blanco? Rosa es de Venezuela, tiene la piel muy oscura y el pelo negro y rizado. ¿Es hispana o negra? Rocío es de México, es morena y tiene rasgos indígenas. ¿Es mexicana, hispana o indígena?

5   Como se puede ver, los términos *hispano* y *latino* se confunden con otros más bien raciales: indígena, negro, blanco, asiático. Sin embargo, *hispano* y *latino* no se basan en distinciones de raza sino en distinciones de cultura. *Latino* es un término de significado bastante amplio que denomina a las personas que hablan lenguas romances como el portugués, el español,
10 el catalán, el francés y el italiano, lenguas que tienen su origen en el latín, y por eso también se llaman lenguas *latinas*. Como la cultura y la lengua van íntimamente relacionadas, el término *latino* es tanto cultural como lingüístico. *Hispano* es un término que denomina a un habitante de la antigua provincia romana de Hispania, hoy España, y se usa actualmente
15 para referirse a todas las personas de habla española y su cultura.

El uso de los nombres *latino* e *hispano* con connotaciones raciales es incorrecto, ya que hay hispanos blancos, negros, asiáticos e indígenas y mezclas de estos grupos. En realidad, *latino* también es una abreviatura de *latinoamericano*, término que incluye no sólo a los hispanos, sino también
20 a los brasileños (de habla portuguesa) y a los haitianos (de habla francesa). Por otro lado, excluye a muchos habitantes indígenas que no hablan español ni portugués y que no se consideran latinos.

Las cuestiones de nomenclatura se extienden también a los términos geográficos y culturales. *Latinoamérica* incluye a todos los países de
25 lengua y cultura latinas, mientras que *Hispanoamérica* se compone de los diecinueve países de lengua española y cultura hispana. Otros términos puramente geográficos son *Norteamérica, Centroamérica, Suramérica* y *el Caribe*. En español, el nombre *América* no se refiere a ningún país, sino al continente que se extiende desde el Ártico hasta Tierra del Fuego. Ya que
30 todo habitante de América es *americano*, la palabra *americano* no se debe usar para referirse sólo a personas de los Estados Unidos. Se han buscado, entonces, alternativas como *estadounidense* y *norteamericano*. Sin embargo, no sólo las personas de los Estados Unidos son *norteamericanos* porque los canadienses y los mexicanos también lo son. Y la palabra *estadounidense*,
35 formal y burocrática, simplemente no le gusta a nadie; así que, por falta de algo mejor, muchísimas personas dicen *americano* cuando hablan de la gente de los Estados Unidos.

Un examen detenido de estos términos revela diferencias geográficas, culturales, raciales y lingüísticas, y muestra la importancia de comprender
40 estas diferencias y la realidad compleja del mundo hispano.

El adjetivo **hispano** es más frecuente que **hispánico.**

Indígena americano = Native American

El rumano también es una lengua romance, pero la cultura de Rumania es más bien eslava.

En los Estados Unidos, **latino = hispano,** aunque tienen connotaciones políticas diferentes.

Norteamérica = la América del Norte

Centroamérica = la América Central

Suramérica/Sudamérica = la América del Sur

Identifying main ideas of paragraphs

Actividad 11 Las ideas principales Hay cinco párrafos en la lectura anterior. Pon un número (1–5) al lado de la descripción que exprese mejor la idea principal de cada párrafo.

_____ los orígenes de **latino** e **hispano**

_____ ejemplos del uso confuso de algunos términos

_____ el uso incorrecto de **latino** e **hispano**

_____ el uso de diferentes términos y su relación con una realidad compleja

_____ términos geográfico-culturales y geográficos

Scanning and circumlocution

Actividad 12 Definiciones En parejas, busquen en la lectura anterior las definiciones de las siguientes palabras y cópienlas. Luego, discutan las definiciones. Usen expresiones como: **Es un término/adjetivo/nombre que se refiere a..., Es una expresión que denomina a...**

1. lenguas romances _____
2. latino a. _____
          b. _____
3. hispano _____
4. americano a. _____
              b. _____
5. Hispanoamérica _____
6. Latinoamérica _____
7. estadounidense _____

Actividad 13 Reflexiones y reacciones Después de terminar la lectura, lean y comenten las siguientes preguntas.

1. ¿Cómo te identificas tú? ¿Te identificas con una comunidad local, un estado o provincia, una región, una nación, una religión, un grupo étnico? ¿Crees que la gente debe preocuparse por estos términos de identidad? ¿Por qué?
2. ¿Crees que muchas personas se equivocan cuando usan el término *Spanish*? ¿A qué se refieren al usar este término? ¿Crees que un mexicano o un puertorriqueño se siente mal o se enoja cuando alguien lo identifica como *Spanish*? ¿Por qué sí o no?
3. Algunas personas de origen "hispano" o "latinoamericano" en Estados Unidos se quejan del término *hispano* y prefieren llamarse *latinos*. ¿Por qué?

Cuaderno personal 1-2

En español, ¿prefieres identificarte como americano/a, norteamericano/a o estadounidense? ¿Por qué?

VIDEOFUENTES ☐

¿Cómo se identifican las personas entrevistadas en el video? ¿Las entrevistas confirman completamente las ideas presentadas en la lectura "La dificultad de llamarse 'hispano'"?

Lectura 3: Artículos breves

ESTRATEGIA DE LECTURA

Scanning and Skimming

Scanning means searching a text for specific details or pieces of information without paying much attention to other information in the text. For example, when you decide to see a particular movie, you probably scan the film section of a newspaper or website for times and locations. *Skimming* means focusing on just enough features of a text to form a general idea of its content. You are skimming when you first glance over a newspaper article to see if it interests you and merits closer reading. Skimming is similar to scanning, but when you scan you search for specific details since you already know what kinds of information the text contains. Skimming and scanning are often done together.

Actividad 14 **La primera aproximación**   **Parte A:** En parejas, lean el título   Skimming
y los subtítulos, miren el formato y las fotos, y determinen el tema general de la siguiente lectura, "Gente hispana". Digan si la selección es de:

un periódico	un catálogo	un documento oficial
una carta	una revista popular	una revista literaria

Parte B: Lee rápidamente los artículos de "Gente hispana" e indica qué   Skimming and scanning
descripción corresponde a cada persona famosa. Después, compara tus resultados con los de otros compañeros.

1. _____ compone música, canta y toca la guitarra.
2. _____ actúa en películas mexicanas.
3. _____ juega al béisbol.
4. _____ escribe cuentos y novelas.
5. _____ actúa en películas norteamericanas.

Parte C: Miren la lectura otra vez y decidan de dónde es cada persona.   Scanning

Gente hispana

¡Mujer latina!

Nace en Chicago de madre chicana y padre mexicano, y pasa la infancia entre México y los barrios pobres de Chicago. Más tarde, esta mujer independiente, hija única de una familia con seis hijos varones, rechaza el papel tradicional de la mujer latina. **Sandra Cisneros** se dedica, entonces, a escribir sobre su vida como mujer latina... ¡en inglés! ¿Por qué? Quizás porque para ella, escribir significa poder cambiar la opinión que la gente tiene de su comunidad, su sexo y su clase social. En libros como *The House on Mango Street*, *Woman Hollering Creek* y *Caramelo*, Cisneros narra las experiencias de las chicanas y otras mujeres latinas pobres, creando personajes femeninos que triunfan en un mundo de tensión intercultural, pobreza

y humillación. Y es muy importante recordar que Cisneros no se considera hispana sino latina. Según Cisneros, *hispano* es un nombre de esclavo, asociado con los españoles que conquistaron a sus antepasados mexicanos. Para ella, sólo *latino* define la nueva identidad orgullosa de las personas descendidas de los pueblos de América.

Ladrona de corazones

Nace en 1977 de padre libanés y madre colombiana. Se inicia en la música a la edad de cinco años. Escribe su primera canción a los ocho años. Recibe su primer contrato con Sony a los 13 años. Graba su primer álbum platino —*Pies descalzos*— a los 19 años, convirtiéndose de la noche a la mañana en una estrella del rock latino. Hoy **Shakira**

es un nombre conocido en toda América y Europa, y su éxito no conoce límites. Colaborando con los productores Gloria y Emilio Estefan, la cantante colombiana saca otros discos —*¿Dónde están los ladrones?* y *Laundry Service*— no solo en español sino también en inglés (dice que habla tres lenguas pero que ama sólo en español...). ¿A qué se debe este éxito? En parte a su inconfundible voz. En parte a su perfeccionismo. En parte a la fusión singular que es su música, que combina influencias latinoamericanas con la música árabe de su padre, la música rock de Led Zeppelin, The Cure y Nirvana, y las composiciones poéticas de Leonard Cohen y Walt Whitman.

El rey de los lanzadores

Entre los pitchers del béisbol norteamericano, hay un nombre que sobresale entre los demás: **Pedro Martínez**, lanzador de los Medias Rojas. Muchos lo consideran el mejor lanzador del mundo, y es seguro que los habitantes de Boston así lo creen. Aunque no es muy grande, tiene un gran talento. Es posible que lo lleve en la sangre, ya que su

padre, su hermano mayor y su hermano menor son jugadores de béisbol. Dicen que es un hombre inteligente, sensible, humilde... y muy bien pagado —gana más de 10 millones de dólares al año. También tiene fama de ser competitivo y ambicioso, y los jugadores de otros equipos temen la mirada feroz de este gran profesional. Pero Pedro mismo se considera un hombre bueno, responsable y religioso. Aunque ahora es rico y famoso, no se olvida de su pueblo natal en la República Dominicana, donde ha financiado la construcción de una nueva iglesia, una guardería de niños y, cómo no, ¡un campo de béisbol!

Dos estrellas, dos trayectorias

Los dos son mexicanos: ella de Veracruz, él de Guadalajara. Los dos empiezan su carrera en la telenovela mexicana *Teresa*. Los dos representan en algún momento a iconos culturales de Latinoamérica: ella a la

artista mexicana Frida Kahlo (*Frida*, 2002), él al revolucionario Che Guevara (*Diarios de motocicleta*, 2003). Y los dos son actores de gran éxito internacional. **Salma Hayek** y **Gael García Bernal** también son personas decididas, rebeldes y muy independientes, que saben forjar su propio destino. Salma deja una carrera fácil en México para buscar la fama en Hollywood, donde colabora en muchas otras películas norteamericanas (a veces con el conocido actor español Antonio Banderas) y finalmente realiza su sueño de representar a Frida. Gael decide quedarse en México, donde actúa en películas tan conocidas y controvertidas como *Amores Perros*, *Y tu mamá también* y *El crimen del padre Amaro*. Pero Gael no se queda siempre en casa y sale de su país para colaborar con el director español Pedro Almodóvar en *La mala educación*, y con una compañía británica en la trilogía *GOAL!*, en la que hace el papel de un jugador latino de Los Ángeles. Diferentes y similares, Gael y Salma siguen dos trayectorias diferentes, pero los dos parecen destinados para la gloria...

Actividad 15 Detalles y pormenores Busca la información indicada para cada persona o grupo en las lecturas de "Gente hispana".

Skimming and scanning

- lugar de origen
- talentos/profesiones
- actividades favoritas
- un dato que te llama la atención

Actividad 16 Una segunda aproximación **Parte A:** En parejas, busquen en la lectura anterior las respuestas a las siguientes preguntas.

Sandra Cisneros: ¿A qué se dedica? ¿Qué escribe? ¿Cuál es su última novela? ¿De qué se queja?

Shakira: ¿Qué escribe a los ocho años? ¿Cuál es su primer álbum platino? ¿Qué lenguas habla?

Pedro Martínez: ¿Qué hace? ¿Qué temen los otros jugadores? ¿De qué no se olvida? ¿Cuál es el mejor regalo para su pueblo: la iglesia, la guardería o el campo de béisbol?

Salma y Gael: ¿Cuál es su lugar de origen? ¿Cuál de ellos trabaja más en EE.UU.? ¿Qué buscan los dos?

Parte B: Busquen las respuestas a las siguientes preguntas en la lectura anterior. Escribe el nombre de cada persona en el espacio en blanco.

Scanning

1. ¿Quién narra las experiencias de las mujeres latinas? _____
2. ¿Quién rechaza el término **hispano**? _____
3. ¿Quién saca nuevos discos? _____
4. ¿Quién conoce la música árabe? _____
5. ¿Quiénes creen que Pedro es el mejor lanzador del mundo?
_____
6. ¿Quién tiene fama de ser competitivo? _____
7. ¿Quiénes representan a dos iconos culturales de Latinoamérica?
_____
8. ¿Quién hace el papel de un jugador de fútbol latino? _____
9. ¿Quién realiza su sueño? _____

Skimming, scanning, and describing

Actividad 17 **¿Cómo son?** **Parte A:** Los siguientes adjetivos se suelen usar para describir a las personas. Piensa en las cinco personas famosas. Para cada persona famosa, escoge tres adjetivos. Justifica o ejemplifica cada adjetivo con algo que es, cree o hace esa persona.

▶ Shakira es una persona polifacética, porque sabe bailar, cantar y componer música.

polifacético/a	obstinado/a	generoso/a
respetado/a	responsable	idealista
controvertido/a	creativo/a	divertido/a (*fun*)
rebelde	egoísta (*selfish*)	trabajador/a
decidido/a (*determined*)	independiente	seductor/a

Parte B: Ahora prepara tres adjetivos que te describan a ti y justifica o ejemplifica cada adjetivo con algo que eres, crees o haces. Después, en parejas, compartan sus adjetivos y ejemplos. ¿Tienen características en común o son muy diferentes? ¿Son similares o diferentes de las cinco personas famosas?

Using models

Actividad 18 **La descripción de un famoso** **Parte A:** Hay muchas maneras de describir a una persona. ¿Cuáles de los siguientes aspectos aparecen en las descripciones de "Gente hispana"?

_____ la edad   _____ lo que no le gusta
_____ la profesión   _____ la familia
_____ los gustos   _____ la personalidad
_____ las metas   _____ las actividades preferidas
_____ el origen   _____ la apariencia física
_____ los logros   _____ sucesos especiales

Parte B: Ahora, en parejas, escojan a una persona famosa. Pensando en los modelos de "Gente hispana", escriban una descripción de su persona. ¡Ojo! No mencionen el nombre de la persona, para que después otros estudiantes adivinen su identidad.

Cuaderno personal 1-3

Describe a una persona famosa que admiras y sus actividades preferidas. ¿Por qué admiras a esta persona?

Redacción: Reseña de una entrevista

ESTRATEGIA DE REDACCIÓN

Reported Speech

The following activities will lead you to write an article based on an interview. In order to do this, you will need to convert direct speech to reported speech. Examine the following examples.

Direct Speech (estilo directo)	Reported Speech (estilo indirecto)
—Soy bella, elegante y rica.	**Dice que** es bella, elegante y rica.
—¡¡Yo no soy gordo!!	**Insiste en que** no es gordo.

Other expressions used to introduce reported speech:

Confiesa que...   Afirma que...   Le parece que...
Cuenta que...   Cree que...   Contesta/Responde que...
Piensa que...   Explica que...

Actividad 19   Un poco de práctica   Cambia las siguientes frases del estilo directo al estilo indirecto.

Reported speech

1. En realidad, me llamo Isabel Mebarak.
2. No bebo pero fumo un poco.
3. Me gusta viajar por el mundo.
4. Voy a sacar un nuevo disco el año que viene.
5. Creo que soy un poco perfeccionista.

Actividad 20   La entrevista   En parejas, uno de Uds. es periodista y la otra persona es una persona famosa. Sigan las instrucciones para su papel. Cuando terminen, cambien de papel.

Gathering information

Periodista
Tienes que escribir un artículo sobre una persona famosa. Por supuesto, necesitas información. Usa el siguiente cuestionario y entrevista a una persona famosa. Consigue toda la información que puedas. ¡Pídele detalles íntimos! Toma buenos apuntes para escribir el artículo.

Persona famosa
Eres una persona famosa (real o ficticia) y te va a entrevistar un/a periodista para un artículo. Contesta sus preguntas detalladamente.

1. ¿Cuál es su nombre verdadero?
2. ¿Le importa a Ud. si le pregunto su edad?
3. ¿Qué características físicas considera positivas en Ud.?
4. ¿Qué características de su personalidad contribuyen a su fama?

5. ¿Hay aspectos de su personalidad que considera negativos? ¿Cuáles?
6. ¿Cuáles son sus actividades favoritas?
7. ¿Qué piensa Ud. sobre _____ (algún tema)?
8. ¿Qué planes tiene para el futuro?
9. ¿Tiene Ud. algún mensaje para nuestros lectores?

ESTRATEGIA DE REDACCIÓN

Defining Audience and Purpose

An effective writer defines and keeps in mind an audience. The audience may be the writer himself/herself, another person, a specific group, or the general public. At the same time, the writer must define and keep in mind a clear purpose. For example, a writer may want to brainstorm or explore ideas, express love, provide information, explain and/or convince. Defining and considering your audience and purpose will help you decide what to discuss and how to express your thoughts.

Actividad 21   El artículo   **Parte A:** Estudia la información que tienes sobre la persona famosa. Las respuestas de la entrevista se pueden dividir en cuatro categorías:

- apariencia física
- opiniones y actividades preferidas
- personalidad
- planes

Cada una de estas categorías puede formar la idea principal de un párrafo. Antes de seleccionar y organizar la información que vas a presentar, escoge un público y un propósito de los siguientes.

Público

a. personas de 15 a 24 años
b. tus padres y personas de su generación

Propósito principal

a. informar objetivamente sobre la vida de una persona
b. interesar al público con detalles y chismes chocantes

Debes tratar de incluir toda la información pertinente, pero organizarla y presentarla pensando en las opiniones y preocupaciones de tu público y las necesidades de tu propósito. Ahora, escribe tu artículo.

Parte B: Después de escribir el artículo, muéstraselo a la "persona famosa" que entrevistaste para ver si la información es correcta.

Capítulo 2

España y su historia

See the *Fuentes* website for related links and activities:
http://college.hmco.com/languages/spanish/students

▲ Mezquita, Córdoba.

▲ La Ciudad de las Artes y las Ciencias, Valencia.

▲ La Sagrada Familia, Barcelona.

◄ Catedral gótica, Burgos.

▼ Teatro romano, Mérida.

▲ Sinagoga de Santa María La Blanca, Toledo.

◄ Palacio-Monasterio de El Escorial.

Activating background knowledge

Actividad 1 **Los monumentos históricos** Los monumentos históricos de cualquier país reflejan su historia y la influencia de otras culturas. En grupos de tres, miren el mapa, los nombres de los monumentos y las fotos, y la información que aparece abajo. Decidan su fecha de construcción y digan con qué cultura o qué persona(s) se asocia cada monumento.

¿Qué?	¿Cuándo?	¿Quiénes?
Mezquita, Córdoba	el siglo XXI (2000+)	los cristianos
Catedral gótica, Burgos	el siglo X (la Edad	los romanos
Ciudad de las Artes y	Media)	el arquitecto
las Ciencias, Valencia	el siglo I	Antonio Gaudí
Teatro romano, Mérida	el siglo XIII (Edad	los judíos sefardíes
Palacio-Monasterio	Media)	los árabes (moros)
de El Escorial	el siglo XX (1882–1926)	Felipe II, rey de España
Sinagoga de Santa María	el siglo XVI (1562–1584)	el arquitecto Santiago
La Blanca, Toledo	el siglo XIII (Edad	Calatrava
La Sagrada Familia,	Media)	
Barcelona		

Lectura 1: Un programa de cine

ESTRATEGIA DE LECTURA

Recognizing Chronological Organization

Understanding how a text is organized aids comprehension. One of the most common ways to organize a text is to follow a chronological sequence. Examples of a schematic use of chronological organization include recipes, trip itineraries, schedules, and instructions for putting things together or repairing things. These sorts of texts are often characterized by numbering or clear divisions between stages or events. Other more fully developed examples include certain types of news reports, histories, short stories, and novels. These last are generally referred to as examples of narrative.

Skimming and scanning

Actividad 2 **Primera mirada** Mira rápidamente el programa de cine y completa las siguientes oraciones.

1. El programa de cine es para...

   _____ la televisión. _____ un club de cine universitario.

   _____ una filmoteca. _____ un cine comercial.

filmoteca = film library, archive, and/or club

2. Son películas que tratan de...

   _____ la historia del cine español. _____ la historia de España.

3. Las películas fueron producidas en...

   _____ Italia. _____ España. _____ Francia.

   _____ Estados Unidos. _____ México. _____ Reino Unido.

4. Los idiomas usados en las películas incluyen...

_____ el castellano.   _____ el inglés.   _____ el francés.

_____ el catalán.   _____ el euskera.   _____ el gallego.

5. Las películas están ordenadas según...

_____ el director y los actores.   _____ las lenguas usadas.

_____ la fecha de producción.   _____ el período histórico de la trama.

Actividad 3   El contexto histórico Mira brevemente la descripción de cada película y decide con qué período se asocia cada película.

Skimming and scanning

la época romana   la época imperial
la Edad Media   la guerra civil española
la época de los Reyes Católicos la época franquista

La guerra civil española: 1936–1939

La época franquista (la dictadura de Francisco Franco): 1939–1975

Actividad 4   El cine histórico **Parte A:** En parejas, contesten las siguientes preguntas.

Activating background knowledge

1. ¿Conocen películas que tratan de la historia de su país? Den dos ejemplos.
2. ¿Qué tipos de eventos se narran? ¿Qué tipo de personajes suelen aparecer?
3. ¿Con qué objetivo se hacen películas históricas?
4. ¿Las películas históricas cuentan la verdad o una versión de la verdad?

Parte B: Lee el siguiente programa de cine. Trata de identificar los personajes y los eventos básicos de la trama de cada película.

Ciclo de Cine: Historia de España

Organizado por la Filmoteca Municipal
Proyección: los días 20-25 de noviembre, a las 20:00

As you skim and scan this reading, remember that you only need to understand enough to complete assigned activities. Use your existing vocabulary and cognates to understand main ideas, and try to guess the meaning of new words by relying on context.

LUNES

El Cid (1961)

Director: Anthony Mann

Reparto: Charlton Heston, *Rodrigo Díaz de Vivar* (*El Cid*); Sophia Loren, *Jimena*

Duración: 182 min

País: Estados Unidos

Lengua: Inglés

Resumen: Esta película épica cuenta la historia — al estilo de Hollywood y Franco — del héroe cristiano de la Castilla medieval. La película cambia muchos aspectos de la leyenda tradicional, pero en lo esencial acierta... por medio de sus acciones, vemos al Cid[1] como el líder cristiano noble, honrado, justo, fiel, generoso y victorioso. El rey lo exilia injustamente, pero el leal Rodrigo acepta esa decisión. Durante largos años de separación, El Cid se mantiene fiel a su querida Jimena. Y cuando conquista el reino moro de Valencia, vuelve a declararse leal vasallo del rey. Al final, demuestra ser el líder de todos al unir a cristianos y musulmanes hispanos contra los invasores almorávides[2].

---

1 "Cid" era un título árabe que significaba "señor". 2 Los almorávides fueron musulmanes fundamentalistas que invadieron la península en 1086; conquistaron a los reinos moros y también a parte del territorio cristiano.

MARTES

Juana la Loca (2001)

Director: Vicente Aranda

Reparto: Pilar López de Ayala, *Juana*; Daniele Liotti, *Felipe*

Duración: 115 min

País: España

Lengua: Castellano

Resumen: En 1496, Isabel de Castilla y Fernando de Aragón, los Reyes Católicos, casan a su hija Juana de Castilla con Felipe "el Hermoso", hijo del Emperador alemán. Es una alianza política, pero Juana se enamora locamente de Felipe. Tienen varios hijos, entre ellos el futuro Emperador Carlos V[3], pero Juana se vuelve cada día más celosa a causa de las infidelidades de su marido. Al morirse Isabel en 1504, Juana se convierte en reina de Castilla. Continúan sus ataques de celos, y Felipe intenta declararla demente. Ella se defiende de su marido, pero sigue enamorada de él. Poco después Felipe muere de una fiebre. La reina declara que Felipe sólo duerme, y viaja por Castilla con su cadáver. Al final, su padre Fernando recupera el control de Castilla, y encierra a su hija Juana en el castillo de Tordesillas...

MIÉRCOLES

La misión (1986)

Director: Roland Joffé

Reparto: Robert De Niro, *Rodrigo Mendoza*; Jeremy Irons, *Gabriel*

Duración: 126 min

País: Reino Unido

Lengua: Inglés

Resumen: Durante el siglo XVIII, Gabriel, un jesuita español idealista, va al Paraguay para convertir a los indígenas guaraníes al cristianismo. Se enfrenta con Rodrigo, un cazador de esclavos indios, pero éste, después de matar a su propio hermano, hace penitencia convirtiéndose en misionero y defensor de los indígenas y las misiones. Gabriel y Rodrigo representan la cara buena del imperio, pero acaban enfrentándose con la cara mala: la realidad económica del imperio y la necesidad de trabajadores y esclavos. Cuando, con el apoyo de la Iglesia, la Corona de España vende el territorio de las misiones a los cazadores de esclavos (representados aquí por los portugueses), los jesuitas y los guaraníes tienen que tomar una decisión angustiosa: obedecer al Papa o resistir con la fuerza.

---

3 Carlos V fue Emperador del Sacro Imperio Romano (Alemania) y Rey de España durante la expansión imperial de España (1519–1555).

JUEVES

Tierra y libertad (1995)

Director: Ken Loach

Reparto: Ian Hart, *David Carr*; Rosana Pastor, *Blanca*; Icíar Bollaín, *Maite*; Tom Gilroy, *Lawrence*

Duración: 109 min

País: España / Reino Unido

Lengua: Inglés / Castellano / Catalán[4]

Resumen: En la primavera de 1936, un joven inglés abandona su ciudad natal de Liverpool y, como tantos otros jóvenes idealistas, decide ir a España para participar en la lucha contra Franco y el fascismo. David se alista en el POUM, una milicia internacional de hombres y mujeres, y le encantan el idealismo, la solidaridad y la igualdad del grupo. Tiene una relación íntima con Blanca, una mujer soldado. Después de ser herido, lo mandan a un hospital de Barcelona. Allí se alista en otro grupo de milicianos, pero David se desespera porque este grupo no lucha contra los fascistas sino contra otros grupos antifascistas. Años más tarde, después de su muerte, su nieta descubre la historia de su lucha fracasada.

VIERNES

La mala educación (2004)

Director: Pedro Almodóvar

Reparto: Gael García Bernal, *Juan, Ignacio, Ángel Andrade, Zahara*; Fele Martínez, *Enrique Goded*; Javier Cámara, *Paquito/Paca*

Duración: 105 min

País: España

Lengua: Castellano

Resumen: Este thriller fatalista narra tres momentos en la vida de dos amigos que se conocen en un colegio religioso a principios de los años 60, en plena época franquista[5]. Allí descubren la amistad, el cine y el miedo, asistidos por el cura que les da clase de literatura. Los tres personajes se vuelven a encontrar dos veces más, una vez en los años 70, y otra vez en los años 80, en el Madrid de la "movida"[6]. En ese momento uno de los chicos (Ignacio) es aspirante a actor, el otro (Enrique) es director de cine y el cura del colegio ya no es cura... Almodóvar dice que la película no es una historia anticlerical (aunque los malos educadores del título sean curas), y que es, más bien, una crítica de la represión social y política y de los secretos dañinos que crea.

---

4 El catalán es la lengua de Cataluña, en el noreste de España. Otras lenguas que se hablan en España son el vasco (o euskera) en el País Vasco y el gallego en Galicia.   5 La época franquista se refiere al período de la dictadura de Francisco Franco, entre 1939 y 1975.   6 La "movida" fue un movimiento social y cultural de los años 80 que celebró el fin de la dictadura y desafió las normas sociales tradicionales.

Scanning

Actividad 5   Personajes y acciones   Después de leer el programa de cine, decidan en parejas a qué película se refiere cada oración. Después, decidan si son ciertas (C) o falsas (F), y corrijan las falsas.

1. _____ El Cid es un musulmán que conquista el reino moro de Valencia.
2. _____ El Cid se mantiene fiel a su esposa Jimena.
3. _____ Juana la Loca se enamora de Fernando de Aragón.
4. _____ Felipe el Hermoso se muere antes de casarse con Juana la Loca.
5. _____ Gabriel y Rodrigo luchan por proteger a los indígenas guaraníes.
6. _____ Gabriel es cazador de esclavos antes de convertirse en misionero.
7. _____ David y Blanca participan en la guerra civil española.
8. _____ David se desespera porque los fascistas luchan contra fascistas.
9. _____ Los dos alumnos y el cura se conocen en un colegio religioso.
10. _____ Los dos alumnos y el cura se reúnen años más tarde en el mismo colegio.

Summarizing

Actividad 6   ¿Cuál es la trama?   En parejas, hagan un breve resumen de la trama de una de las películas, con 3-6 acciones específicas. Usen adverbios temporales como **al principio, luego, después, finalmente** para completar el resumen. Por ejemplo, para la película *Tierra y libertad*:

▶ Al principio, David decide viajar a España para luchar contra Franco y los fascistas. Después de llegar, se alista en una milicia. Luego...

Reacting to reading

Actividad 7   Reacciones y recomendaciones   **Parte A:** En parejas, contesten y comenten las siguientes preguntas sobre sus reacciones a las películas.

1. ¿Cuál es la película más interesante para ti?
2. ¿Cuál es la película más triste para ti?
3. ¿Cuál es un aspecto sorprendente para ti?
4. ¿Cuál de estas películas te gustaría ver más?

Parte B: Imaginen que la clase va a ver una de estas películas. En parejas, decidan cuál de ellas les gustaría ver más. Justifiquen su decisión.

Cuaderno personal 2-1

¿Cuál es tu película histórica favorita? Descríbela y explica por qué te gusta.

Lectura 2: Panorama cultural

Actividad 8   Términos fundamentales   Pon la letra de la definición más apropiada al lado de cada palabra. Puedes usar el glosario al final del libro o el diccionario si es necesario.

Building vocabulary

1. _____ mezclar
2. _____ pueblo
3. _____ lograr
4. _____ enviar
5. _____ declive
6. _____ obra maestra
7. _____ reino
8. _____ pertenecer
9. _____ multisecular

a. grupo étnico o cultural
b. hacer y terminar, realizar
c. mandar
d. una producción artística de gran valor
e. combinar elementos diferentes
f. que dura muchos siglos
g. decadencia, deterioro
h. el territorio de un rey
i. formar parte de un grupo

Actividad 9   En voz alta   En parejas, miren las siguientes expresiones y léanlas en voz alta.

1. 218 a. de C.
2. 409 d. de C.
3. 4.000
4. Felipe II
5. 1492, 1810, 1975
6. los siglos XVI y XVII

a. de C. = B.C.
d. de C. = A.D.

Actividad 10   Hablando de historia   El tema de la siguiente lectura es la historia de España. En parejas, hagan una lista de temas y palabras que esperan encontrar en este tipo de lectura. Luego, lean para ver cuántos de éstos aparecen.

Predicting, activating background knowledge.

Historia abreviada de España

La Hispania romana

En el año 218 a. de C., los romanos invadieron la península Ibérica y crearon su nueva provincia de Hispania. Los seis siglos de dominio romano sobre Hispania vieron la mezcla de los romanos con los pueblos locales, el establecimiento de costumbres y leyes romanas y la adopción
5 casi completa del latín como lengua común. A partir del año 409 d. de C., el dominio político de Hispania pasó a un pueblo germánico, los visigodos, pero con el tiempo éstos también adoptaron las tradiciones romanas y la lengua latina.

Los vascos, del norte de España, nunca adoptaron el latín y todavía hoy hablan un idioma que no tiene relación con ningún otro idioma de Europa.

La época de las tres culturas

En el año 711, los moros entraron en Hispania y en sólo siete años con-
10 quistaron casi toda la península, a la que llamaron Al-Ándalus. Los moros llevaron el islam y todo el esplendor de la civilización árabe del

momento: su comercio, arquitectura, literatura, música y sus conocimientos de astronomía, agronomía, matemáticas y filosofía. Estos aportes enriquecieron la cultura hispánica y la europea. Sin embargo, en las mon-
15 tañas del norte, algunos reinos cristianos resistieron el dominio de los musulmanes, y empezaron la "Reconquista" de la península. En este conflicto multisecular, el reino central de Castilla ("tierra de castillos") conquistó la mayor parte de los territorios del
20 sur, y por lo tanto fue el dialecto de ese reino, el castellano, el que se extendió en esas regiones. Aunque la Edad Media fue una época conflictiva, también fue un período de cooperación fructífera. Por ejemplo, bajo el rey castellano
25 Alfonso X el Sabio (1252–1284), musulmanes, cristianos y judíos trabajaron juntos en la famosa Escuela de Traductores de Toledo (siglos XII y XIII), donde tradujeron del árabe al castellano las obras filosóficas y científicas
30 de los musulmanes.

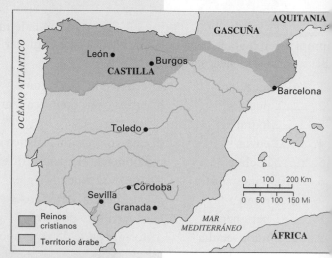

▲ La península Ibérica en el siglo X.

Unas 4.000 palabras del español son de origen árabe: **alfombra, alcalde, alquilar, álgebra, azúcar** y **ojalá,** del árabe "wa šã llâh" = y quiera Dios.

Los judíos tuvieron un papel muy importante en la vida intelectual y económica de la España medieval. Llamaron a España Sefarad, y hasta 1492 fue un lugar de refugio para los judíos, ya que durante la Edad Media otros reinos como Inglaterra y Francia ya habían expulsado a los judíos.

▲ Vista exterior del palacio de La Alhambra en Granada, monumento de la arquitectura musulmana en España.

1492

El día 2 de enero de 1492, los Reyes Católicos Isabel y Fernando conquistaron el último reino moro de Granada. Con su matrimonio, los reyes ya habían realizado la unificación de los reinos de Castilla y Aragón, pero la conquista de Granada les permitió continuar
35 su unificación política y religiosa de España. Al eliminar a los musulmanes, también decidieron eliminar a los judíos y ordenaron su

Los judíos expulsados de Sefarad (España) en 1492 son conocidos como los sefarditas.

expulsión o conversión al cristianismo en el mismo año de 1492. Gracias a su victoria en Granada, los reyes también pudieron financiar al navegante Cristóbal Colón, cuyo viaje a América abrió un nuevo capítulo en la historia de España: la conquista y colonización del Nuevo Mundo. Fue en esta época que el castellano, lengua principal de los españoles, empezó a llamarse español, y fue en 1492 que Antonio de Nebrija publicó la primera gramática de la lengua española.

▲ La península Ibérica en el siglo XV.

El imperio español

En el siglo XVI, España creó un gran imperio que llegó a extenderse a otras partes de Europa, a América y hasta a las islas Filipinas. México y Perú enviaron grandes cantidades de oro y plata y España se convirtió en la superpotencia de la época. Pero el dinero se perdió en ruinosas guerras contra los protestantes, como fue el caso cuando el rey Felipe II mandó la "Armada Invencible" contra Inglaterra en 1588. En el siglo XVII, España entró en un largo declive político y económico. Sin embargo, la época de 1550 a 1650 también fue un momento de magnífica producción artística, y fue durante este "Siglo de Oro" cuando Cervantes publicó *Don Quijote de la Mancha* y los pintores El Greco y Velázquez produjeron sus obras maestras.

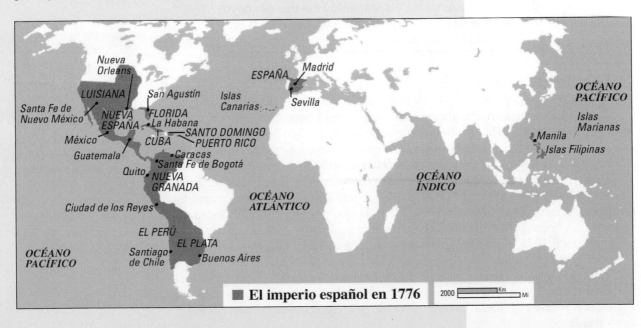

El imperio español en 1776

La independencia

En 1808 el dictador francés Napoleón invadió España. Mientras la nación española luchaba contra Napoleón para conservar su independencia, las
65   colonias españolas de América iniciaron, a su vez, sus propias rebeliones contra la autoridad española. Casi todas las repúblicas hispanoamericanas lograron su independencia entre 1810 (Argentina) y 1828 (Bolivia).

Los españoles lucharon contra Napoléon de 1808 a 1814.

▲ *Los fusilamientos en la montaña del Príncipe Pío.*
Francisco de Goya, Madrid, Museo del Prado. Este cuadro muestra los fusilamientos del tres de mayo de 1808 de los españoles que lucharon contra la invasión de Napoleón.

La España moderna

En 1898, España perdió sus últimas colonias de Cuba, Puerto Rico y las Islas Filipinas en una guerra con los Estados Unidos, y el imperio
70   español llegó a su fin. El choque fue seguido en el siglo XX por un momento de progreso, cuestionamiento y conflicto. Se estableció una república democrática en 1931, pero ésta no duró mucho tiempo a causa de las grandes divisiones que existían entre las diferentes facciones políticas. En 1936, el general Francisco Franco se rebeló contra el gobierno republi-
75   cano, lo cual inició la guerra civil española que terminó en 1939 con la victoria de Franco y los fascistas. La dictadura de Franco continuó hasta su muerte en 1975. A partir de entonces, España entró en una época de renovación social, política y económica. Ahora el país es una monarquía constitucional como el Reino Unido, y desde 1986 pertenece a la Unión Europea.
80   Es una de las democracias más estables del mundo, y también se beneficia de una fuerte economía, un alto nivel de vida y una cultura dinámica y variada.

España ahora está dividida en varias regiones autónomas. Cinco de las autonomías son bilingües: Cataluña, Valencia y Baleares (catalán y castellano), el País Vasco (euskera y castellano) y Galicia (gallego y castellano).

Actividad 11   ¿Qué ocurrió ese año?   La lectura menciona muchas fechas claves de la historia de España. Usa el pretérito para decir qué ocurrió en cada año.

▶ 218 a. de C.
En el año 218 a. de C., los romanos invadieron la península Ibérica y crearon la provincia de Hispania.

711	1810–1828
1492	1898
1550–1650	1975
1588	1936–1939
1550–1560	

Actividad 12   Datos históricos   Indica si cada oración es cierta (C) o falsa (F) según la lectura. Si es falsa, corrígela y lee la parte del texto que contiene la información.   Scanning

1. _____ El latín, el castellano y el español son tres lenguas diferentes.
2. _____ La cultura y el idioma árabes tuvieron poco efecto sobre la cultura cristiana de la Edad Media.
3. _____ Con su matrimonio, los Reyes Católicos unificaron los reinos de Castilla y Portugal.
4. _____ La conquista de América fue, en cierto sentido, una extensión de la Reconquista medieval de España.
5. _____ El imperio español se convirtió en gran defensor del catolicismo.
6. _____ El imperio español entró en decadencia en el siglo XVII.
7. _____ Goya y Picasso son artistas asociados con el "Siglo de Oro" de España.
8. _____ Los fascistas o franquistas ganaron la guerra civil española.
9. _____ La muerte de Franco representó el principio de una democracia estable en España.

Actividad 13   Ironías de la historia   Algunos acontecimientos de la historia pueden parecer irónicos desde una perspectiva moderna. En parejas, expliquen por qué los siguientes acontecimientos pueden considerarse irónicos.   Making inferences

1. Los judíos fueron expulsados de España en 1492.
2. El período de 1550–1650 se conoce como el "Siglo de Oro".
3. Las colonias españolas empezaron a luchar por su independencia en 1810.
4. España perdió sus últimas colonias en una guerra con los Estados Unidos.
5. La guerra civil española terminó en 1939.

Summarizing

Actividad 14 Para resumir En parejas, escojan y adapten palabras de la siguiente lista para terminar este resumen de la lectura.

expulsar	el siglo XIX	perderse	mezcla
Castilla	sufrir	guerra	Siglo de Oro
lograr	imperio	1975	

La larga historia de España se puede dividir en tres grandes etapas: expansión, decadencia y renovación. En sus orígenes, la cultura española fue el resultado de la _____ de muchos pueblos y culturas y de la convivencia entre cristianos, musulmanes y judíos en la Edad Media. Esta convivencia terminó cuando los Reyes Católicos _____ unir los reinos cristianos de _____ y Aragón, conquistar el último reino moro de Granada y _____ a los judíos. La expansión castellana continuó con la creación del _____ español, que se extendió en Europa, en América y hasta en las islas Filipinas. Las riquezas imperiales _____ en largas _____ religiosas, y desde temprano el imperio entró en declive económico, aunque también vio el florecimiento cultural conocido como el _____. El imperio llegó a su fin durante _____, con la invasión de Napoleón y la independencia de las colonias americanas. En el siglo XX, España _____ los trágicos efectos de la guerra civil española y la dictadura de Franco, pero desde _____ vive un período de renovación social, política y económica.

Convivencia = coexistence, living together

Cuaderno personal 2-2

En tu opinión, ¿cuál fue el evento más importante de la historia de España? ¿Cuál fue el evento más importante de la historia de tu propio país? ¿Por qué?

VIDEOFUENTES

¿Qué aspectos de la "Historia abreviada de España" se ven reflejados en el video sobre España? ¿Incluye el video otros aspectos de la historia de España? ¿Cuáles?

Lectura 3: Literatura

ESTRATEGIA DE LECTURA

Guessing Meaning from Context

When reading, you will often come across words that are unfamiliar to you. In many cases these may be easily understood cognates. In other cases, however, you will need to look at the wider *context* to guess the meaning of unfamiliar words. The parts of a passage that surround a particular word generally limit what that word can and cannot mean. Though you may be tempted to look up each unfamiliar word in the glossary or dictionary, it is often faster and sometimes more helpful to guess the meaning of a word from its context, or even to skip it if it seems unimportant.

Actividad 15 Personajes y acciones   Las palabras que están en negrita en las siguientes oraciones aparecen en los cuentos que vas a leer. Lee cada oración y escribe a su lado la letra de la definición de la palabra.

Guessing meaning from context

1. _____ **El mercader** fue a vender sus productos y mercancías al mercado.

2. _____ Cuando la mujer oyó el ruido, hizo **un gesto** de sorpresa.

3. _____ El hombre robó el dinero, salió del banco y **huyó** en un coche viejo.

4. _____ **El criado** puso la mesa, sirvió la comida y limpió los platos.

5. _____ A veces los políticos reciben **amenazas** de personas descontentas con sus acciones.

6. _____ Omar está muy triste por la **muerte** de su abuelo.

a. irse rápidamente de un lugar para escapar

b. una persona que trabaja sirviendo a otra persona (su amo)

c. el fin de la vida

d. palabra antigua para referirse a un comerciante

e. movimiento físico expresivo

f. palabras o acciones que demuestran que una persona le quiere hacer mal a otra

Actividad 16 El principio del cuento   **Parte A:** El principio de un cuento es importante porque muchas veces allí se presenta el conflicto del protagonista. Lee el primer párrafo del cuento, mira el dibujo y después contesta las siguientes preguntas.

Predicting, activating background knowledge

1. ¿El principio se parece al de otros cuentos que conoces? ¿Cuáles?
2. ¿Por qué los cuentos folclóricos empiezan siempre con la misma fórmula?
3. ¿Qué crees que va a pasar en el cuento?

Active reading

Otros cuentos conocidos de *Las mil y una noches* son "Aladino y la lámpara maravillosa" y "Alí Babá y los cuarenta ladrones". Muchos de los cuentos árabes se conocían en España durante la época de Al-Ándalus.

Parte B: Ahora, lee el cuento y busca la moraleja.

Bernardo Atxaga (se pronuncia [a-chá-ga]) es el seudónimo del autor vasco Joseba Irazu Garmendia. Nació en 1951 en Bilbao, España, y ha publicado cuentos, novelas, poesía y libros infantiles. Escribe en euskera, su primera lengua materna y luego traduce sus obras al español, su otra lengua materna. En 1989 se hizo famoso cuando su novela Obabakoak *ganó el Premio Nacional de Literatura. En la novela, Atxaga reúne muchos cuentos cortos de varias culturas para hablar del arte de contar historias. Una de sus fuentes es* Las mil y una noches, *obra clásica de la civilización árabe en la que la princesa Scheherazada evita la muerte contando una historia cada noche durante mil noches. El cuento "El criado del rico mercader" pertenece a esta colección. Atxaga lo utiliza en su novela como ejemplo de un cuento bien escrito y para mostrar cómo influyen los cuentos en nuestra manera de pensar, y lo reescribe para mostrar cómo nuestra manera de pensar influye en nuestra manera de contar historias.*

El criado del rico mercader
Contado por Bernardo Atxaga

Érase una vez... = Once upon a time there was/were . . .

É rase una vez, en la ciudad de Bagdad, un criado que servía a un rico mercader. Un día, muy de mañana, el criado se dirigió al mercado para hacer la compra. Pero esa mañana no fue como todas las demás, porque esa mañana vio allí a la Muerte y porque la Muerte le hizo un gesto.

5   Aterrado, el criado volvió a la casa del mercader.

—Amo —le dijo—, déjame el caballo más veloz de la casa. Esta noche quiero estar muy lejos de Bagdad. Esta noche quiero estar en la remota ciudad de Ispahán.

—Pero ¿por qué quieres huir?

10   —Porque he visto a la Muerte en el mercado y me ha hecho un gesto de amenaza.

El mercader se compadeció de él y le dejó el caballo, y el criado partió con la esperanza de estar por la noche en Ispahán.

Por la tarde, el propio mercader fue al mercado, y, como le había
15   sucedido antes al criado, también él vio a la Muerte.

—Muerte —le dijo acercándose a ella—, ¿por qué le has hecho un gesto de amenaza a mi criado?

—¿Un gesto de amenaza? —contestó la Muerte—. No, no ha sido un gesto de amenaza, sino de asombro. Me ha sorprendido verlo aquí, tan lejos
20   de Ispahán, porque esta noche debo llevarme en Ispahán a tu criado.

El presente perfecto, **ha sido,** se usa en algunas partes del centro de España en vez del pretérito **fue,** para referirse al pasado reciente.

Actividad 17   Otra mirada al contexto   Busca las siguientes palabras en el cuento que acabas de leer y escoge el sinónimo de cada una de ellas.

Guessing meaning from overall context

1. (línea 5) aterrado
   a. tranquilo
   b. preocupado
   c. sorprendido
   d. con mucho miedo

2. (línea 6) veloz
   a. lento
   b. rápido
   c. bello
   d. caro

3. (línca 6) déjame
   a. abandóname
   b. párame
   c. regálame
   d. préstame

4. (línea 12) se compadeció
   a. habló
   b. sufrió
   c. se puso triste
   d. tuvo compasión

5. (línea 19) asombro
   a. sombra
   b. depresión
   c. sorpresa
   d. alegría

Actividad 18   Secuencias de acciones   En parejas, decidan si cada oración indica la secuencia correcta (C) o no (F) de las acciones del cuento. Si no, corrijan la oración.

Recognizing chronological organization

1. _____ El criado había querido huir a Ispahán antes de ver a la Muerte.
2. _____ El criado ya había visto a la Muerte cuando le pidió el caballo al mercader.
3. _____ El criado ya había aceptado el caballo cuando partió para Ispahán.
4. _____ El mercader todavía no había hablado con el criado cuando fue al mercado.
5. _____ El mercader ya había llegado al mercado cuando vio a la Muerte.
6. _____ El criado no había salido para Ispahán cuando el mercader habló con la Muerte.

Identifying and interpreting main ideas

Actividad 19 El final del cuento **Parte A:** Los cuentos tradicionales suelen tener tres partes: principio, nudo y desenlace (el final). En el principio se presenta el problema del protagonista. En el nudo se complica la acción, y en el desenlace se soluciona el problema y se enseña una lección. En parejas analicen y describan los siguientes aspectos del cuento.

1. ¿Quiénes son y cómo son los personajes?
2. ¿Qué pasa en el cuento? ¿Tiene un final sorpresivo o previsible?
3. ¿Dónde y cuándo ocurre la acción?

Parte B: En grupos de tres, comenten las siguientes preguntas.
1. ¿Cuál es la moraleja del cuento?
2. ¿Qué perspectiva o valores refleja y enseña?
3. ¿Están Uds. de acuerdo con la moraleja? ¿Por qué sí o no?
4. ¿Les gusta el cuento? ¿Por qué sí o no?

Skimming and predicting

Actividad 20 Una versión moderna del cuento **Parte A:** A Bernardo Atxaga no le gustó la visión fatalista de "El criado del rico mercader" y escribió otra versión. En parejas, miren el título y los dos dibujos, y después contesten las siguientes preguntas.

1. ¿Qué implicaciónes tiene el cambio en el título?
2. ¿Creen que esta versión termina con un final feliz o un final triste? ¿Por qué?

Active reading

Parte B: Ahora, lee la nueva versión de Atxaga y piensa en las siguientes preguntas. Después de leer, en parejas, discutan las preguntas.

1. ¿Tiene el criado el mismo problema que tiene en la primera versión?
2. ¿En qué línea empiezan a ser diferentes las acciones?
3. ¿Atxaga le da un final sorpresivo o previsible?

Dayoub, el criado del rico mercader
Bernardo Atxaga

Érase una vez, en la ciudad de Bagdad, un criado que servía a un rico mercader. Un día, muy de mañana, el criado se dirigió al mercado para hacer la compra. Pero esa mañana no fue como todas las demás, porque esa mañana vio allí a la Muerte y porque la Muerte le hizo un gesto.

5   Aterrado, el criado volvió a la casa del mercader.

—Amo —le dijo—, déjame el caballo más veloz de la casa. Esta noche quiero estar muy lejos de Bagdad. Esta noche quiero estar en la remota ciudad de Ispahán.

—Pero ¿por qué quieres huir? —le preguntó el mercader.

10   —Porque he visto a la Muerte en el mercado y me ha hecho un gesto de amenaza.

El mercader se compadeció de él y le dejó el caballo, y el criado partió con la esperanza de estar esa noche en Ispahán.

El caballo era fuerte y rápido, y, como esperaba, el criado llegó a
15 Ispahán con las primeras estrellas. Comenzó a llamar de casa en casa,
pidiendo amparo.

—Estoy escapando de la Muerte y os pido asilo —decía a los que le
escuchaban.

Pero aquella gente se atemorizaba al oír mencionar a la Muerte y le
20 cerraban las puertas.

El criado recorrió durante tres, cuatro, cinco horas las calles de Ispahán,
llamando a las puertas y fatigándose en vano. Poco antes del amanecer llegó
a la casa de un hombre que se llamaba Kalbum Dahabin.

—La Muerte me ha hecho un gesto de amenaza esta mañana, en el
25 mercado de Bagdad, y vengo huyendo de allí. Te lo ruego, dame refugio.

—Si la Muerte te ha amenazado en Bagdad —le dijo Kalbum
Dahabin—, no se habrá quedado allí. Te ha seguido a Ispahán, tenlo por
seguro. Estará ya dentro de nuestras murallas, porque la noche toca a su fin.

—Entonces, ¡estoy perdido! —exclamó el criado.

30 —No desesperes todavía —contestó Kalbum—. Si puedes seguir vivo
hasta que salga el sol, te habrás salvado. Si la Muerte ha decidido llevarte
esta noche y no consigue su propósito, nunca más podrá arrebatarte. Ésa es
la ley.

—Pero ¿qué debo hacer? —preguntó el criado.

35 —Vamos cuanto antes a la tienda que tengo en la plaza —le ordenó
Kalbum cerrando tras de sí la puerta de la casa.

Mientras tanto, la Muerte se acercaba a las puertas de la muralla de
Ispahán. El cielo de la ciudad comenzaba a clarear.

—La aurora llegará de un momento a otro —pensó—. Tengo que darme
40 prisa. De lo contrario, perderé al criado.

Entró por fin a Ispahán, y husmeó entre los miles de olores de la ciudad
buscando el del criado que había huido de Bagdad. Enseguida descubrió su
escondite: se hallaba en la tienda de Kalbum Dahabin. Un instante después,
ya corría hacia el lugar. En el horizonte empezó a levantarse una débil
45 neblina. El sol comenzaba a adueñarse del mundo.

La Muerte llegó a la tienda de Kalbum. Abrió la puerta de golpe y... sus
ojos se llenaron de desconcierto. Porque en aquella tienda no vio a un solo
criado, sino a cinco, siete, diez criados iguales al que buscaba.

Miró de soslayo hacia la ventana. Los primeros rayos del sol brillaban
50   ya en la cortina blanca. ¿Qué sucedía allí? ¿Por qué había tantos criados en
la tienda?

No le quedaba tiempo para averiguaciones. Agarró a uno de los criados
que estaba en la sala y salió a la calle. La luz inundaba todo el cielo.

Aquel día, el vecino que vivía frente a la tienda de la plaza anduvo
55   furioso y maldiciendo.

—Esta mañana —decía— cuando me he levantado de la cama y he
mirado por la ventana, he visto a un ladrón que huía con un espejo bajo el
brazo. ¡Maldito sea mil veces! ¡Debía haber dejado en paz a un hombre tan
bueno como Kalbum Dahabin, el fabricante de espejos!

Guessing meaning from overall
context

Actividad 21   Detalles del cuento   Después de leer el cuento una vez,
escoge el sinónimo de cada expresión indicada. Vuelve a mirar el contexto del
cuento si es necesario.

1. (línea 15) Comenzó a llamar de casa en casa, pidiendo **amparo.**
   a. refugio   b. comida   c. dinero
2. (línea 19) Pero aquella gente **se atemorizaba** al oír mencionar a la Muerte
   y le cerraban las puertas.
   a. tenía miedo   b. se aburría   c. se enojaba
3. (línea 30) No **desesperes** todavía.
   a. te despiertes   b. te pierdas   c. pierdas la esperanza
4. (línea 31) Si la Muerte ha decidido llevarte esta noche y no consigue su
   propósito, nunca más podrá **arrebatarte.**
   a. perderte   b. llevarte   c. pegarte
5. (línea 45) El sol comenzaba a **adueñarse del mundo.**
   a. ponerse   b. desaparecer   c. salir
6. (línea 46) Abrió la puerta de golpe y... sus ojos se llenaron de **desconcierto.**
   a. confusión   b. música   c. lágrimas
7. (línea 52) No le quedaba tiempo **para averiguaciones.**
   a. para investigar   b. para mirarse más c. para buscar a
      la situación   otras víctimas

Actividad 22 **Primero, luego y después**   **Parte A:** Pon las siguientes oraciones en orden lógico para formar un resumen del cuento.

Recognizing chronological organization

_____ Al salir el sol se vieron muchos reflejos del criado en los espejos.

_____ Se encontró con la Muerte, que le hizo un gesto de amenaza.

_____ Dayoub fue corriendo a su amo, el rico mercader, y le pidió el caballo más veloz que tenía para escaparse de la ciudad.

_____ El criado Dayoub fue al mercado de Bagdad para hacer la compra.

_____ Al llegar a Ispahán el criado buscó refugio, pero nadie quiso ayudarlo hasta que llegó a la casa de Kalbum Dahabin.

_____ La Muerte entró con mucha prisa, se equivocó y cogió un espejo en vez de coger al criado.

_____ Kalbum se dio cuenta de que la Muerte ya había llegado a Ispahán y llevó a Dayoub a su tienda de espejos, donde lo "escondió" en el centro de la tienda.

Parte B: Usen las oraciones de la Parte A para escribir un breve resumen del cuento de Dayoub. Usen expresiones y adverbios de tiempo como **un día, por la mañana/noche, luego, antes/después de, enseguida, inmediatamente, de repente, finalmente, tan pronto como, en cuanto,** etc.

Marking sequence with transition words

Actividad 23 **Los dos cuentos**   En parejas, comparen los dos cuentos respondiendo a las siguientes preguntas.

Identifying and interpreting main ideas

1. ¿En qué se parecen o diferencian los cuatro aspectos fundamentales de cada cuento: personajes, acción (principio, nudo, desenlace), lugar y tiempo? Hagan una lista de las diferencias más importantes.
2. ¿Qué cuento tiene un final más interesante? ¿Más pesimista?
3. ¿Qué valores refleja y enseña cada cuento?
4. ¿Qué relación tienen estos dos cuentos con la historia de España?

Actividad 24 **Una experiencia personal**   Se dice que los mejores cuentos tienen un final sorpresivo. En parejas, piensen en una experiencia personal que terminó con una sorpresa y cuéntenle a su compañero/a lo que pasó. ¿Qué les asustó o sorprendió? ¿Qué hicieron Uds.? ¿Los/Las ayudó alguien?

Cuaderno personal 2-3

¿Qué cuento te gustó más? ¿Por qué? ¿Cuál de los dos cuentos refleja mejor tu propia perspectiva sobre la vida?

Redacción: Un cuento

ESTRATEGIA DE REDACCIÓN

The first important event of a traditional story is often marked with **un día.**

Marking Sequence with Transition Words

When writing about events or activities that occurred in a particular sequence (as in a short story), transition words can help mark the chronological relationships between the actions. These include:

al principio	at first
primero	first
luego	then; next; later
enseguida	immediately; immediately afterward
antes	before
antes de eso	before that
después/más tarde	afterward; later
después de eso	after that
por último	finally (*last in a series*)
por fin/finalmente	finally (finally!)
al final	in the end

Avoid overusing sequence words. Reserve them primarily for clarification. You can also mark sequence by using verb tenses and time references such as **por la mañana** and **por la tarde** if the time sequence is clear.

Activating background knowledge

Actividad 25   Los cuentos y la moraleja   A continuación hay una lista de cuentos folclóricos muy populares. En parejas, adivinen el equivalente de cada título en inglés. Luego, escojan uno de los cuentos y preparen un resumen utilizando expresiones de transición. Después de completarlo, léanselo a la clase para que los demás digan la moraleja o lección moral.

Títulos

Blancanieves y los siete enanitos
Ricitos de oro y los tres osos
La Cenicienta
El nuevo traje del emperador
Caperucita Roja
Los tres cerditos
El ratón de la ciudad y el ratón del campo
El patito feo
La bella durmiente

Actividad 26 **La creación de un cuento original**   **Parte A:** Vas a escribir un   Writing a story
cuento original. Escoge una moraleja que te parezca importante para tu cuento.
La moraleja puede ser tradicional o reflejar un tema moderno como el sexismo,
el ecologismo o la alta tecnología.

Parte B: Los cuentos folclóricos suelen construirse a base de ciertos elementos
tradicionales. Escoge varios de los siguientes para tu propio cuento.

un rey	un castillo	un tesoro
un reino	una princesa	un lobo
un príncipe	un brujo/mago	un jorobado
una bruja (*witch*)	(*magician*)	(*humpback*)
la invisibilidad	un pájaro que habla	una receta (*recipe*)
una alfombra mágica	un lago	un sapo (*toad*)
una paloma (*dove*)	una ventana	una serpiente
un bosque	una gota de sangre	un anillo
un pez que habla	un caballo que vuela	un dragón
una llave	un espejo mágico	una torre
una lámpara mágica	una espada mágica	un árbol con
un hada madrina	un pozo de los	fruta mágica
(*fairy godmother*)	deseos (*wishing well*)	
una reina	un encanto (*spell*)	

Parte C: Piensa en los acontecimientos de tu cuento y escribe la primera versión.
Recuerda que el cuento necesita los siguientes elementos.

- título
- protagonista (el/la bueno/a)
- antagonista (el/la malo/a)
- descripción del contexto o del mundo de los personajes (el lugar, el tiempo)
- moraleja

Usa expresiones de transición cuando sea necesario.

Once upon a time there
was/were . . . = **Érase una vez.../
Había una vez...**

. . . and they lived happily ever after
= **... y vivieron felices y comieron
perdices.**

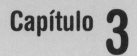

Capítulo 3

La América indígena: Ayer y hoy

▲ Las ruinas de Tikal (Guatemala), ciudad construida en la época clásica de la civilización maya.

See the *Fuentes* website for related links and activities:
http://college.hmco.com/languages/spanish/students

38

Actividad 1   **¿Qué saben ustedes?**   En parejas, miren la foto de la página   Activating background knowledge
anterior e intenten contestar las siguientes preguntas.

1. ¿Qué se ve en la foto?
2. ¿Dónde está?
3. ¿Cuándo fue construido?
4. ¿Para qué servía?
5. ¿Quiénes lo construyeron?
6. ¿Existe esa cultura hoy día?

Lectura 1: Un artículo de revista

ESTRATEGIA DE LECTURA

Using Sentence Structure and Parts of Speech to Guess Meaning

When using context to guess the meaning of unfamiliar vocabulary, you usually focus
on the meaning of surrounding words. However, at times it is also useful to focus on
the basic sentence structure and its parts. The larger parts of a sentence (subject, verb,
object, prepositional phrase) can often be broken down into individual words, which
can then be identified with a particular function or part of speech (noun, adjective,
verb, adverb).

The parts of speech (**las partes de la oración**) include the following:

- **el sustantivo:** A noun is a person, place, thing, or concept: **el jefe, el parque, la
  albóndiga, el impresionismo.**
- **el verbo:** A verb refers to an action or state: **subir, correr, estar.** Verbs can be transitive (they take a direct object—**Canto ópera.**) or intransitive (no direct object—
  Estoy bien.)
- **el adjetivo:** An adjective describes (**grande, impresionante, completo**) or limits
  (**algunos, este, doce**) a noun.
- **el adverbio:** An adverb describes the action of a verb (**despacio, rápidamente,
  temprano**) or describes the degree of an adjective (**muy, poco, increíblemente**).
- **el artículo:** An article marks the gender, number, and definite or indefinite nature
  of a noun: **el, la, los, las, un, una, unos, unas.**
- **la preposición:** A preposition identifies the links between other words: **a, con, de,
  desde, en, entre, hacia, hasta, para, por, sin, sobre,** etc.
- **la conjunción:** A conjunction connects elements within a sentence: **y, o, pero,
  sino.**
- **el pronombre relativo:** A relative pronoun connects a subordinate verbal clause to
  another element in the sentence: **que, quien, donde, el cual,** etc.

Identifying parts of speech may give you just enough information to determine the
basic relationships within a sentence. Try this sentence written in nonsense Spanish.
What information can you safely determine about the words?

El manículo golupeó calamente a Paco en la cloba gara.

Start with the familiar: **El** and **la** mark the nouns **manículo** and **cloba.** **En** is a preposition and marks off at least **la cloba** as part of a prepositional phrase. **Paco** is a common Spanish name, so the **a** could be a preposition (*to*) or **a** personal. Where's the verb? **Golupeó** looks likely since it follows the first noun (often the subject), ends in the preterit **-ó,** and is followed by an adverb ending in **-mente. Gara** is probably an adjective since it follows a noun and agrees with it in gender and number.

This sort of analysis can be useful in helping you understand difficult passages. Often, in order to get the gist of an idea, it is enough to pick out key verbs and nouns in order to know who is doing what. Then you can read on and clarify these basic ideas, since the natural redundancy of language will often lead to the same concept being repeated or referred to with different vocabulary farther on in the passage.

Determining parts of speech

Actividad 2 Las partes de la oración Determina las partes de las siguientes oraciones que aparecen en la lectura sobre los mayas.

1. Cinco siglos después, su civilización desapareció misteriosamente.
2. Un millón de los actuales habitantes de la región habla un dialecto.
3. Los investigadores acaban de descubrir cuatro nuevos sitios arqueológicos.
4. Los últimos hallazgos clarifican las razones que llevaron a los mayas a abandonar su imperio.

Using parts of speech to guess meaning

Actividad 3 Palabras y oraciones **Parte A:** Usa el glosario al final del libro para determinar el significado y la parte de la oración de cada una de las siguientes palabras.

esclavizar	sequía	alimento
guerrero	sacerdote	hallazgo
sangriento	escasez	incendiado

Parte B: En cada oración, decide la parte de la oración que se necesita para cada espacio en blanco. Después, elige una palabra de la Parte A para completar la oración, adaptando cada palabra al contexto.

1. Normalmente los mayas presentaban _____ como sacrificios a sus dioses, pero en ocasiones especiales ofrecían, en sacrificio, seres humanos.
2. En la religión maya, los _____ eran las personas que hacían los sacrificios para los dioses.
3. Antes se creía que la civilización maya era muy pacífica, pero ahora se cree que era una cultura bastante _____.
4. Algunos _____ arqueológicos han revelado las causas de la desaparición de la civilización maya.
5. Los arqueólogos han encontrado evidencia de que las batallas y las guerras eran destructivas y _____.
6. Los arqueólogos han encontrado edificios _____, lo que demuestra que una táctica de la guerra era quemar los edificios de los adversarios.

7. Muchas veces las culturas indígenas mesoamericanas _____
   a los enemigos capturados en las guerras.

8. Los mayas temían las _____, y por lo tanto construían
   muchos templos dedicados a Chac, dios de la lluvia.

9. Después de una sequía o un desastre natural, la gente suele sufrir
   _____ de alimentos.

Actividad 4   Hacia el significado   Las siguientes oraciones aparecen en el
artículo. Determina el significado de las palabras en negrita según el contexto.

Guessing meaning from context

1. ... los arqueólogos abrieron la tierra para **desenterrar** los misterios de una
   de las civilizaciones más complejas y desafiantes hasta ahora analizadas.
   a. ocultar   b. romper   c. descubrir

2. Sus habitantes se internaron en **la selva** para volver a sus orígenes más
   primitivos...
   a. el bosque tropical   b. el mar   c. la ciudad

3. ... las guerras eran batallas bien **orquestadas,** con la finalidad de conquistar
   el poder y esclavizar nobles rivales.
   a. musicales   b. organizadas   c. originales

4. ... las guerras llevaron a la completa destrucción del pueblo, provocando **un
   quiebre** en la estructura social.
   a. un colapso   b. un cambio   c. una renovación

5. Hoy se sabe que ellas [las ciudades mayas] funcionaban exactamente como
   una urbe moderna... Las ciudades eran circundadas por ciudades satélites
   que albergaban a la población suburbana como artesanos y obreros.
   a. una civilización   b. un estado   c. una ciudad

6. ... las **escaramuzas** entre las decenas de ciudades-estado de la región
   evolucionaron hacia guerras sangrientas que transformaron poderosos
   centros urbanos en aldeas fantasmas.
   a. distancias   b. comunicaciones   c. pequeñas batallas

Actividad 5   La muerte de una civilización   **Parte A:** La lectura trata de
una cultura que desapareció de América. En grupos de tres, contesten las
siguientes preguntas.

Activating background knowledge

1. ¿Conocen Uds. algunas culturas desaparecidas?
2. ¿Qué factores podían causar la destrucción de una civilización en el
   pasado?

la guerra (nuclear)	la superpoblación
la conquista	el hambre
la destrucción del medio ambiente	las epidemias y enfermedades
la pérdida de valores morales	un desastre natural
el exceso de riqueza	

superpoblación o sobrepoblación

Parte B: Mientras lees este artículo de la revista chilena *Qué pasa*, escribe una
lista de todas las causas que se mencionan sobre la desaparición de la gran civilización maya. Después, en grupos de tres, comparen sus apuntes para ver si
están de acuerdo.

Active reading, Identifying main ideas

Autopsia de una civilización

Tras años de investigaciones, un grupo de arqueólogos descubre dos nuevos sitios arqueológicos[...] que ayudan a desentrañar el misterio de la desaparición de los mayas.

[...] Con sus monumentales ciudades en el medio de la selva y ejerciendo el dominio sobre la mayoría de los pueblos contemporáneos de la región, los mayas vivieron su época dorada a partir del año 250 de la era cristiana. Cinco siglos después, su civilización desapareció misteriosamente. Sus habitantes se internaron en la selva para volver a sus orígenes más primitivos y dejaron sólo las pruebas de su cultura: los templos y pirámides. [...] Aunque un millón de los actuales habitantes de la región habla un dialecto que se desarrolló directamente del lenguaje maya original, el misterio se ha mantenido por décadas. Sin embargo, los últimos hallazgos clarifican las razones que llevaron a los mayas a abandonar su imperio e internarse en la selva en el siglo octavo.

Los investigadores acaban de descubrir cuatro nuevos sitios arqueológicos — dos de ellos intactos — en las montañas al sur de Belice. La lectura de los jeroglíficos hallados muestra que los mayas adoraban luchar. Sus gobernantes se esmeraban en el arte de torturar y matar a los enemigos. Inauguraciones, celebraciones esporádicas y ceremonias religiosas culminaban siempre con sacrificios rituales. Los estudios del arqueólogo de la Universidad de Vanderbilt, Arthur Demarest, [...] dividen la historia del Imperio en dos períodos: antes y después del año 761 d.C.

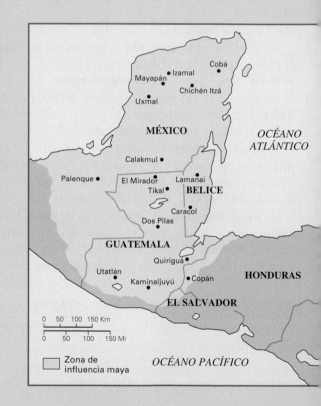

En la primera fase, las guerras eran batallas bien orquestadas, con la finalidad de conquistar el poder y esclavizar nobles rivales. "En la segunda etapa las guerras llevaron a la completa destrucción del pueblo, provocando un quiebre en la estructura social", dice Demarest[...] Lo que ocurrió fue una guerra civil, una insurrección tan violenta contra las clases dominantes de nobles y sacerdotes, que toda la cultura entró en crisis.

Sumado a lo anterior, el frágil lazo que representaba la religión se debilitó aún más. Una combinación de desastres naturales contribuyeron a ello, principalmente sequías severas provocadas por la desforestación, y la superpoblación, que elevó las tensiones sociales a niveles explosivos. La tierra ya no producía granos en cantidad suficiente para satisfacer a los sacerdotes y sus ceremonias de abundancia, en las que se quemaban grandes cantidades de alimentos, mientras el pueblo tenía hambre. La organización maya era similar a la de la antigua Grecia. Formaban ciudades-estado, organizadas independientemente y unidas sólo por la religión y la lengua, pero con enormes rivalidades. Las ciudades mayas no sólo estaban formadas por templos religiosos y por los palacios de la élite. "Hoy se sabe que ellas funcionaban exactamente como una urbe moderna", explica el antropólogo Antonio

Porro. "Las ciudades eran circundadas por ciudades satélites que albergaban a la población suburbana como artesanos y obreros." Después de la era clásica, situada alrededor del año 750, las escaramuzas entre las decenas de ciudades-estado de la región evolucionaron hacia guerras sangrientas que transformaron poderosos centros urbanos en aldeas fantasmas. Prueba de ello fueron edificaciones incendiadas, arsenales militares y el aumento de las imágenes guerreras en los monumentos, evidencia encontrada en las ruinas de la ciudad de Caracol, en Belice.

Aunque existe consenso en que una de las principales causas de la decadencia de la

▼ Los famosos murales de Bonampak, que datan del siglo VIII, fueron descubiertos en la jungla de Chiapas (México) en 1946. Los murales muestran diversos aspectos de la vida diaria, la jerarquía social y, como en este mural, el conflicto violento que caracterizaba las relaciones entre las diferentes ciudades mayas de la época clásica.

civilización maya fue su descontrolado instinto guerrero, ninguno de los investigadores piensa que ésa es la única respuesta. Otro factor decisivo para la decadencia fue la superexplotación de la flora tropical, fuente de alimento y protección. Al comienzo de este año, investigadores ingleses analizaron sedimentos depositados en el lago Pátzcuaro, en México, y descubrieron que las antiguas prácticas agrícolas de la zona provocaron altas tasas de erosión del suelo, que no fueron igualadas ni por los invasores españoles.

Al analizar el polen enterrado entre los escombros de Yucatán, arqueólogos norteamericanos concluyeron que no existía flora tropical cerca de las principales ciudades mayas. "El polen encontrado muestra claramente que casi no existían más bosques para explotar", afirma Patrick Culbert, arqueólogo de la Universidad de Arizona. Desertificación, erosión, destrucción de bosques y hasta acidificación del suelo— problemas familiares para el hombre moderno— fueron responsables por la declinación de una de las sociedades más organizadas y avanzadas del pasado. Tal vez la guerra y un medio ambiente agotado impulsaron a los mayas a escapar de un mundo adverso que ya no tenía nada que entregar, y donde la única forma de renacer era volver al origen en la profunda selva tropical.

Recognizing chronological order, Describing past states

Actividad 6 Dos épocas distintas Según el arqueólogo Arthur Demarest, la vida maya era muy distinta antes y después del año 761. Decide si cada oración describe la situación **antes** (A) o **después** (D) de esta fecha clave.

1. _____ Un ritual importante de la vida eran batallas bien orquestadas y controladas.
2. _____ Se creaban arsenales militares y se hacían cada vez más imágenes guerreras en los templos.
3. _____ Destruían los bosques, dañaban su medio ambiente y sufrían una escasez de comida.
4. _____ Las guerras tenían el objetivo limitado de capturar y esclavizar nobles rivales.
5. _____ Los mayas formaban ciudades-estado que coexistían en relativa estabilidad.
6. _____ Los sacerdotes pedían y quemaban grandes cantidades de alimentos, mientras el pueblo tenía hambre.
7. _____ Las ciudades eran circundadas por ciudades satélites donde vivían los artesanos y trabajadores.
8. _____ Las guerras se hacían con el objetivo de destruir completamente las ciudades rivales.

Summarizing

Actividad 7 Las causas de la decadencia El párrafo de la página 45 es un breve resumen de las ideas importantes de la lectura. Escoge y adapta una expresión de la lista para cada espacio en blanco.

Las investigaciones recientes parecen indicar que la civilización maya era bastante
_____. En una primera etapa, sus guerras eran bien orquestadas,
parte integral de una sociedad rígida y estable, y servían para obtener víctimas
para los _____ rituales. Sin embargo, en el siglo
_____ las escaramuzas empezaron a convertirse en guerras
_____. Después de cinco siglos de relativa estabilidad, la
población ya _____ en exceso y la tierra se había cultivado cada
vez más intensamente, llevando a la desforestación. Como resultado, la tierra
había sufrido _____ y acidificación, y _____
producir suficientes alimentos, precisamente cuando la población llegaba a su
número más alto. Como no había suficiente comida para todos los habitantes, las
guerras dejaron de ser un _____ religioso y se convirtieron en
una manera de buscar recursos y alimentos. Esta _____
desesperada llevó a la destrucción de la civilización clásica de los mayas.

búsqueda
crecer
dejar de
empezar a
erosión
guerrero/a
octavo/a
pacífico/a
ritual
sacrificio
sangriento/a

Actividad 8   Los detalles y sus implicaciones   Para entender bien una   Scanning, Making inferences
lectura, es necesario prestar atención a los detalles. En grupos de tres, terminen
las siguientes oraciones, y justifiquen sus respuestas.

1. Durante el declive de la civilización clásica de los mayas, los españoles...
2. Durante los sacrificios rituales, los sacerdotes les ofrecían a los dioses...
3. El autor opina que los mayas clásicos eran...
4. El autor sugiere que los mayas posclásicos eran...

Actividad 9   Un destino misterioso   Uds. son arqueólogos profesionales
que han estudiado a los mayas y hablan sobre lo que posiblemente les pasó
después de la destrucción de su civilización. En grupos de tres, túrnense para
decir cuál creen que fue su destino. Especulen sobre los siguientes aspectos de
la cultura maya: la religión, los trabajos, la comida, las ceremonias, las casas, la
familia, el arte, la lengua, la arquitectura.

▶— Es obvio que todos los mayas se enfermaron y se murieron.
— No es verdad. Los mayas dejaron de construir grandes templos, pero...

Cuaderno personal 3-1

En tu opinión, ¿hay semejanzas entre el destino de la civilización maya y la
nuestra? ¿Vamos por el mismo camino?

VIDEOFUENTES

¿Qué semejanzas y diferencias existen entre el artículo y el video respecto
a los motivos de la desaparición de la civilización maya clásica? ¿Qué
manifestaciones de la cultura maya existen hoy día?

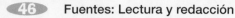

Lectura 2: Panorama cultural

Identifying parts of speech

Actividad 10 **Partes relacionadas** La lectura "La presencia indígena en Hispanoamérica" contiene palabras relacionadas con los siguientes verbos. Para cada verbo en infinitivo (por ejemplo, **leer**), busca en el glosario o en un diccionario un sustantivo como **lector** (*reader*) o **lectura** (*reading*), y un adjetivo como **legible** (*legible*) o **leído** (*read*).

desaparecer	establecer
aislar	conservar
dominar	despreciar

Building vocabulary

Actividad 11 **Palabras útiles** Después de mirar la siguiente lista, completa las oraciones que siguen con las palabras apropiadas.

los antepasados	ancestors	**el culto**	worship, adoration
el/la portavoz	spokesperson	**la prueba**	proof, evidence
el rasgo	trait, feature	**autóctono**	native
la supervivencia	survival	**el esfuerzo**	effort

1. _____ del gobierno anunció que las negociaciones iban bien.
2. Una de las características de muchas religiones es el _____ a los antepasados.
3. Un _____ importante de la cultura norteamericana es la afición a la tecnología.
4. El científico Charles Darwin definió la teoría de la _____ del más fuerte.
5. Algunos de los _____ de Juan Ferreira eran españoles, pero otros eran portugueses.
6. El éxito que tiene en su trabajo es _____ de su talento.
7. La papa y el maíz no se conocían en Europa antes del siglo XVI porque son comidas _____ del continente americano.
8. A pesar de sus _____, el presidente no pudo resolver la crisis.

Actividad 12   ¿Indígenas o indios?   Últimamente, tanto en Norteamérica como en Centro y Suramérica, ha habido una revaloración del indio; incluso se prefiere usar el termino **indígena** en vez de **indio.** En parejas, antes de leer la lectura siguiente, contesten estas preguntas.

1. ¿Cuáles eran algunas de las características negativas que se asociaban con el término **indio** en la cultura norteamericana?
2. ¿Cuáles son algunos aspectos positivos de la cultura indígena que se aprecian hoy día?
3. Actualmente, ¿a qué problemas se enfrenta la población indígena de Norteamérica? ¿la de Hispanoamérica?

Activating background knowledge

indígena americano = Native American

Actividad 13   Las ideas principales   Mientras lees, escribe la idea principal de cada párrafo en el margen. Después, en grupos de tres, comparen sus apuntes para ver si están de acuerdo.

Active reading, Identifying main ideas

La presencia indígena en Hispanoamérica

Cuando Cristóbal Colón llegó al Nuevo Mundo, encontró una tierra habitada por pueblos que llevaban allí más de 30.000 años. Pueblos pequeños alternaban con los imperios de los aztecas y los incas. La conquista española y las enfermedades europeas causaron la desaparición de
5 numerosos pueblos indígenas, la destrucción de las grandes civilizaciones y el establecimiento de la lengua y la cultura españolas en gran parte de América. Sin embargo, no se borró la presencia indígena, ya que sobrevivió en el mestizaje y en la conservación de algunas de sus sociedades.

▲ En los Andes, se siguen usando instrumentos de cuerda de procedencia española, así como flautas y tambores de origen indígena.

Vocablos del taíno (Caribe): **canoa, tabaco, maíz, ají, maní.** Vocablos del náhuatl (México): **chocolate, tomate, chile, cacahuete, aguacate.** Vocablos del quechua (los Andes): **papa, chino/a** (= chico/a), **chacra** (= finca).

Un producto más conocido del mestizaje es la combinación del chocolate con el azúcar.

Países con una importante población indígena son México, Guatemala, Ecuador, Perú, Bolivia y Paraguay.

10   La unión entre españoles y mujeres naturales de América produjo una nueva población de mestizos, personas que llevaban en las venas una mezcla de sangre europea y sangre indígena. De esta unión racial nacieron nuevas culturas, y el mestizaje llegó a sentirse en todos los aspectos de la cultura. En primer lugar, la lengua española adoptó vocablos de origen indígena, mientras que, a su vez, en la agricultura y la cocina, aparecieron pro-
15 ductos y comidas propios del mestizaje. Los productos lácteos y el arroz que trajeron los conquistadores se combinaron con maíz, papas, tomate y otros productos autóctonos para preparar nuevas comidas. Elementos igualmente inseparables se manifestaron en el campo de la expresión artística. Para dar un ejemplo, aún hoy la música andina combina instrumentos indí-
20 genas, como la flauta, con instrumentos españoles como la guitarra, en tanto que la literatura y las artes plásticas y artesanales de los diversos países muestran la riqueza de la fusión de las culturas.

     Pero si la lengua y las costumbres reflejan bien esta fusión, quizás sea la religión una de las pruebas más evidentes del mestizaje. La religión
25 católica, impuesta por los españoles, fue aceptada por los indígenas como un vehículo de su expresión religiosa y las imágenes cristianas se interpretaron como representaciones de los dioses tradicionales. Así tenemos a la Virgen de Guadalupe, patrona de México, quien se reveló a un indígena en el lugar donde antes había existido un templo a Tonantzin, diosa madre de
30 los aztecas. Asimismo, la celebración católica del Día de los Muertos tomó en ese país rasgos indígenas del culto de los antepasados, convirtiéndose en una celebración de gran importancia para el mexicano actual. Por otro lado, en el Perú, la Virgen María fue asociada con Pachamama, diosa incaica de la tierra y, como tal, se la venera actualmente en muchas comunidades.

35   A pesar de que en algunos países predomina una cultura mestiza, la inmensa contribución indígena no se ha reconocido debidamente. Es verdad que las historias nacionales incorporan las historias de las grandes civilizaciones
40 perdidas, pero no existe una actitud positiva hacia las sociedades indígenas que sobreviven hoy. Éstas se han mantenido separadas, ya sea viviendo en la selva, en el campo o al margen de la sociedad
45 dominante, y sólo así han podido conservar más o menos intactas sus lenguas y tradiciones. Sin embargo, el mismo aislamiento físico y cultural que ha permitido su supervivencia también ha impe-
50 dido su participación en la vida política, económica e intelectual de sus países. A causa de su pobreza y falta de educación, se ha visto a los grupos indígenas como un obstáculo al progreso —"el
55 problema del indio"— y actualmente siguen siendo despreciados por gran parte de la sociedad.

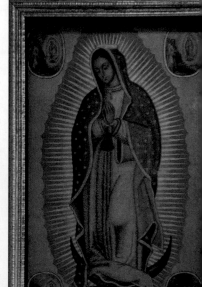

▶ La conocidísima imagen de la Virgen de Guadalupe (Villa de Guadalupe Hidalgo, México).

◄ Un cementerio en Tzintzuntzan cerca de Pátzcuaro, Morelia, México, donde se observa la gran importancia que tiene la celebración del Día de los Muertos.

No es verdad, sin embargo, que los indígenas siempre hayan aceptado su marginación con resignación, y desde la época colonial ha existido una
60 tradición de rebelión violenta. Los indígenas andinos siempre han recordado la resistencia del último inca Túpac Amaru. Los de México recuerdan la legendaria lucha de Cuauhtémoc contra Cortés, además de la más reciente lucha de Emiliano Zapata por defender los derechos de los indígenas durante la Revolución mexicana. Hoy, el espíritu de Zapata sigue inspi-
65 rando al Ejército Zapatista de Liberación Nacional (EZLN), que desde 1994 mantiene en Chiapas una lucha contra el gobierno mexicano. Los rebeldes protestan por el continuo deterioro de su situación económica y por la poca atención que en general les presta el gobierno de México.

Afortunadamente, en años recientes han aparecido iniciativas que bus-
70 can una resolución pacífica de los problemas. Una táctica ha sido ganar el apoyo de la comunidad internacional, y en esto nadie ha tenido tanto éxito como la mujer quiché Rigoberta Menchú. Menchú huyó de Guatemala en 1981, en medio de la lucha violenta entre el gobierno y los indígenas, después de que las fuerzas militares mataron a sus padres y a su hermano.
75 En el exilio contó la historia trágica de su pueblo y en 1992 ganó el Premio Nobel de la Paz por sus esfuerzos a favor de las comunidades indígenas, convirtiéndose así en portavoz principal de las comunidades indígenas del mundo.

Otra táctica ha sido la formación de federaciones de indígenas que
80 defienden sus intereses por medio de la participación activa en la política de sus países. En el Ecuador, caso ejemplar del fenómeno, los pueblos indígenas empezaron a organizarse para combatir la explotación del petróleo y la destrucción del hábitat natural, en los últimos años su partido político Pachakutik se ha transformado en una fuerza política fundamental del país.
85 El éxito de los indígenas ecuatorianos ha servido de modelo para otros, y desde México hasta Chile nuevos movimientos indigenistas van ganando influencia. Cada vez hay más representantes indígenas en el gobierno de los

La Revolución mexicana empezó en 1910.

Chiapas, cerca de Guatemala, está habitado principalmente por grupos mayas.

Los quichés son uno de más de 20 grupos mayas de Guatemala.

Menchú narró la historia de su vida y del pueblo quiché en su libro *Me llamo Rigoberta Menchú y así me nació la conciencia* (1983).

▲ Rigoberta Menchú, portavoz de los pueblos indígenas de Guatemala y del mundo.

diferentes países, y en Bolivia un indígena aymara, Evo Morales, se ha convertido en líder del segundo partido

90 político del país. Gracias a estos cambios, muchos países han modificado su Constitución para dar mayor protección a los descendientes de sus pobladores originales.

Éstos y otros acontecimientos anuncian un cambio importante en las relaciones entre los diversos grupos que

95 componen la población hispanoamericana. Durante siglos, los indígenas tuvieron que aceptar su absoluta subordinación; ahora están recobrando su voz y defendiendo sus culturas. Al mismo tiempo, se están convirtiendo en una fuerza política que tendrá que tomarse en cuenta dentro y

100 fuera de América "Latina" durante el siglo XXI.

Los aymaras representan más del 30% de la población boliviana.

El creciente contacto y cooperación entre grupos indígenas se revela en su uso de Internet para divulgar sus programas. (Ve a la página web de *Fuentes* para encontrar enlaces a varios sitios relacionados con el tema de los indígenas.)

Scanning

Actividad 14 Detalles importantes Después de leer, determina si las siguientes oraciones son ciertas (C) o falsas (F), de acuerdo con la información que aparece en la lectura. Corrige las oraciones que sean falsas.

1. _____ La conquista española no tuvo mucho impacto en los pueblos indígenas de América.
2. _____ Pocos hispanoamericanos llevan sangre indígena en sus venas.
3. _____ El mestizaje ha tenido efecto en muchos aspectos de la cultura.
4. _____ Las comunidades indígenas nunca aceptaron la religión católica.
5. _____ Todavía hoy existen comunidades indígenas separadas de la cultura hispana.
6. _____ Muchos indígenas son pobres y analfabetos.
7. _____ El EZLN atacó a los indígenas por protestar contra el gobierno.
8. _____ El portavoz y líder más conocido de los indígenas americanos es un indígena boliviano.
9. _____ En años recientes la respuesta principal de los indígenas a su marginación ha sido la lucha armada.

Making inferences

Actividad 15 Implicaciones Las siguientes oraciones representan deducciones o inferencias que se basan en la información del texto anterior. Busca la información que apoya cada inferencia.

1. La conquista española fue bastante violenta.
2. La mayoría de la población mexicana es católica.
3. En Cuba, Costa Rica y Argentina, ya no hay una presencia indígena importante.
4. Muchos mestizos hispanoamericanos tienen vergüenza de su sangre indígena.
5. Para los indígenas modernos, la globalización representa una amenaza y una ayuda.

Actividad 16 Comparaciones En grupos de cuatro, dos personas son indígenas de los Estados Unidos y dos indígenas de Hispanoamérica. Comparen cómo eran sus relaciones con los europeos, cómo es su vida actual y cuál será su futuro. Temas posibles de discusión: el *mestizaje* o la separación, la comida, la religión, la música, el activismo político. Usen las expresiones:

Me parece que…	It seems to me that . . .
Creo que…	I think that . . .
En mi opinion…	In my opinion . . .
Es decir…	That is . . .
O sea…	That is . . ./In other words . . .
Ud. me dice que…	You're telling me that . . .

Cuaderno personal 3-2

¿Crees que los indígenas pueden defender sus culturas sin integrarse a la cultura dominante? ¿Por qué sí o no?

Lectura 3: Literatura

ESTRATEGIA DE LECTURA

Using the Bilingual Dictionary

Reading exposes you to new ideas and new words. As a general rule, the most efficient strategy for dealing with unfamiliar words is to try to guess their meaning from the context, or to skip over them if they do not seem important. However, there will be cases when you either need to look up a word in order to understand the passage or you are simply curious to know more. If you finally decide to use the dictionary, here are some guidelines to help you.

1. Determine the part of speech.
2. Consider the context and try to guess its meaning. This may help you when you look up the word and are presented with numerous possibilities.

3. Look up the word in the Spanish half of a good bilingual dictionary. Be sure to check and compare all the possibilities given. Use the dictionary abbreviations to help you:

m. masculine noun
f. feminine noun
adj. adjective (often given in masculine form)
adv. adverb
v. tr. transitive verb
v. int. intransitive verb
v. r. (ref., pr. or **prn.)** reflexive verb

The **pr.** or **prn.** refers to the reflexive pronoun that accompanies reflexive verbs.

4. Scan the entry to see if the word you are looking up is actually part of an idiom. Idioms are included toward the end of an entry.

Using the dictionary

cho·rre·ar intr. (*fluir*) to gush, spout; (*gotear*) to drip, trickle —tr. (*derramar*) to pour; FIG., COLL. (*dar poco a poco*) to give in dribs and drabs; CUBA to tell off; ECUAD. to soak; ARG., URUG. to steal —reflex. COL. to steal.

con·fia·do, -da I. past part. see **confiar II.** adj (*presumido*) confident, assured; (*crédulo*) gullible, unsuspecting; (*que se fía*) trusting.

con·fiar §30 intr. (*fiar*) to trust, feel confident <*confiamos en que el plan tendrá éxito* we feel confident that the plan will succeed>; (*contar con*) to count, rely <*confío en mis amigos* I count on my friends>; to commit <*c. a la memoria* to commit to memory>—tr. (*encargar*) to entrust <*confiaron la tarea a un amigo íntimo* they entrusted the task to a close friend>; to confide <*c. un secreto* to confide a secret> —reflex. to trust, have faith <*me confío en usted* I have faith in you>.

en·ga·ñar tr. (*burlar*) to deceive, trick; (*encornudar*) to cuckold, be unfaithful to; (*distraer*) to ward or stave off< *e. el hambre* to stave off hunger>; (*pasar*) to kill, while away <*e. las horas* to while away the hours> —intr. to be deceptive or misleading —reflex. (*cerrar los ojos*) to deceive oneself; (*equivocarse*) to be mistaken or wrong.

fi·ja·men·te adv. (*con seguridad*) firmly, assuredly; (*atentamente*) fixedly, steadfastly; (*intensamente*) intensely, attentively.

fi·jo, -ja I. past part. see **fijar II.** adj. (*firme*) fixed, steady <*la mesa está f.* the table is steady>; (*permanente*) permanent <*un empleado f.* a permanent employee>; (*inmóvil*) stationary, fixed <*una estrella f.* a fixed star>; (*invariable*) fixed, set <*un precio f.* a set price>; (*estable*) stable, steady <*una renta f.* a steady income>; (*de colores*) fast, indelible; CHEM. fixed, nonvolatile ◆ **de f.** certainly, surely **III.** m. fixed salary —f. see **fija IV.** adv. fixedly, pointedly; PERU certainly.

le·cho m. (*cama*) bed; (*fondo*) bed (of a river, lake); (*capa*) layer, coat; ARCHIT. base; GEOL. bed, layer ◆ **abandonar el l.** FIG. to get up, get out of bed • **l. de roca** GEOL. bedrock.

ro·de·ar intr. (*dar la vuelta*) to go around; (*ir por el camino más largo*) to go by a roundabout way; FIG. (*hablar con rodeos*) to beat around the bush —tr. (*acorralar*) to surround <*los guardias rodearon al ladrón* the guards surrounded the thief>; (*encerrar*) to enclose, surround <*una muralla rodea el jardín* a wall encloses the garden>; (*dar la vuelta*) to go around; AMER. to round up (cattle) ◆ **r. de** to surround with —reflex. (*revolverse*) to toss and turn (in one's sleep); (*volverse*) to turn around ◆ **rodearse de** to surround oneself with <*rodearse de amigos* to surround oneself with friends>.

Actividad 17 A buscar palabras Las palabras en negrita en las siguientes oraciones aparecen en el cuento que vas a leer. Intenta adivinar el significado de cada palabra por el contexto, determina la parte de la oración, y después busca la palabra en el vocabulario que sigue o en un diccionario bilingüe. Escribe el mejor equivalente inglés al final de la oración.

1. Después del accidente, la sangre **chorreaba** de la pierna de la víctima.

2. Todos los parientes entraron en la casa para despedirse del hombre enfermo, quien estaba ya en su **lecho** de muerte.

3. El hombre se presentó muy **confiado** ante el tribunal, pero al final le condenaron a muerte.

4. Cuando la mujer se despertó, se encontró **rodeada** de todos sus amigos.

5. El prisionero intentó **engañar** a los guardias, pero no logró escaparse.

6. Los habitantes del pueblo miraban **fijamente** al recién llegado sin decir nada.

Actividad 18 **Con la ayuda del contexto** Lee bien las siguientes oraciones para determinar el significado de las palabras en negrita.

Guessing meaning from context

1. Los hombres buscaban al criminal y por fin lo **apresaron** y lo llevaron a la prisión.
   a. mataron   b. capturaron   c. perdieron
2. El profesor tenía un gran **conocimiento** de la filosofía precolombina.
   a. lo que sabe una   b. el grupo de amigos   c. la conciencia
      persona   de una persona
3. Las plantas suelen **florecer** en la primavera.
   a. perder las hojas   b. morir   c. echar flores
4. Muchos frailes españoles adquirieron un **dominio** sorprendente de lenguas indígenas como el quechua, el náhuatl y las lenguas mayas.
   a. poder sobre alguien   b. capacidad de usar   c. superioridad
5. Los indígenas **se disponían** a empezar la ceremonia cuando llegó el fraile.
   a. se preparaban   b. tomaban decisiones   c. se disputaban
6. El **rostro** impasible de ese hombre molesta a la gente, ya que es imposible saber lo que piensa.
   a. la lista   b. la nariz   c. la cara

Actividad 19 **La invención de una trama** **Parte A:** Las siguientes palabras aparecen en el cuento que van a leer. En grupos de tres, digan o adivinen qué significa cada palabra o a quién se refiere cada nombre.

Activating background knowledge

fray Bartolomé	perdido	el sol	el corazón
la selva	el eclipse	chorrear	Guatemala
engañar	el sacrificio	Aristóteles	oscurecerse
el desdén	Carlos V	salvar	prever
España	indígenas	el calendario	astrónomos

Parte B: En parejas, miren la imagen y la lista de vocabulario, y digan qué creen que pasa en el cuento.

Predicting

Parte C: Trabajando individualmente, y antes de leer el cuento, escribe un párrafo contando brevemente lo que crees que va a pasar en el cuento. Usa de seis a ocho palabras de la lista y subráyalas.

Parte D: Después de terminar tu versión del cuento,
lee el cuento original para
ver cuántas de tus predicciones son correctas.

► Representación de
un sacerdote maya
encontrada en
Yucatán (México).

Augusto Monterroso (1921–2003) fue el escritor guatemalteco más impor-
tante del siglo XX. Desde muy joven se dedicó a la actividad política, la
búsqueda de la justicia y la literatura. En 1944 tuvo que marcharse de su
país natal a causa de la difícil situación política, para luego pasar el resto
de su vida en México. En el exilio, Monterroso se hizo famoso por su espe-
cial cultivo de los minicuentos y tiene fama de haber escrito el cuento más
corto de la historia: "Cuando despertó, el dinosaurio todavía estaba allí."
Comenzó a publicar sus textos a partir de 1959, cuando salió su colección
Obras completas (y otros cuentos), *en la que apareció "El eclipse", el más*
conocido de sus cuentos. En este cuento se pueden apreciar algunos rasgos
fundamentales de su escritura: el humor negro, la paradoja y el interés en
la justicia.

El eclipse
Augusto Monterroso

Cuando fray Bartolomé Arrazola se sintió perdido aceptó que ya nada
podría salvarlo. La selva poderosa de Guatemala lo había apresado,
implacable y definitiva. Ante su ignorancia topográfica se sentó con tranquilidad a esperar la muerte. Quiso morir allí, sin ninguna esperanza, ais-
5 lado, con el pensamiento fijo en la España distante, particularmente en el
convento de los Abrojos, donde Carlos Quinto condescendiera una vez a
bajar de su eminencia para decirle que confiaba en el celo religioso de su
labor redentora.

Al despertar se encontró rodeado por un grupo de indígenas de rostro
10 impasible que se disponían a sacrificarlo ante un altar, un altar que a
Bartolomé le pareció como el lecho en que descansaría, al fin, de sus
temores, de su destino, de sí mismo.

Tres años en el país le habían conferido un mediano dominio de las
lenguas nativas. Intentó algo. Dijo algunas palabras que fueron comprendidas.

15 Entonces floreció en él una idea que tuvo por digna de su talento y de
su cultura universal y de su arduo conocimiento de Aristóteles. Recordó que
para ese día se esperaba un eclipse total de sol. Y dispuso, en lo más íntimo,
valerse de aquel conocimiento para engañar a sus opresores y salvar la vida.

—Si me matáis —les dijo— puedo hacer que el sol se oscurezca en su
20 altura.

Los indígenas lo miraron fijamente y Bartolomé sorprendió la incredulidad en sus ojos. Vio que se produjo un pequeño consejo, y esperó confiado, no sin cierto desdén.

Dos horas después el corazón de fray Bartolomé Arrazola chorreaba su
25 sangre vehemente sobre la piedra de los sacrificios (brillante bajo la opaca
luz de un sol eclipsado), mientras uno de los indígenas recitaba sin ninguna
inflexión de voz, sin prisa, una por una, las infinitas fechas en que se producirían eclipses solares y lunares, que los astrónomos de la comunidad
maya habían previsto y anotado en sus códices sin la valiosa ayuda de
30 Aristóteles.

Actividad 20 Personajes Termina las siguientes oraciones según la   Scanning
información en el cuento.

Fray Bartolomé era...
Al principio del cuento, fray Bartolomé estaba...
Al final del cuento fray Bartolomé estaba...
Las personas que rodeaban a fray Bartolomé eran...
Los indígenas eran/estaban...

Actividad 21 ¿Qué pasó? **Parte A:** Pon las siguientes frases en orden   Recognizing chronological order
cronológico para formar un resumen del cuento.

_____ Se perdió fray Bartolomé en la selva de Guatemala.

_____ Los sacerdotes esperaron el momento exacto del eclipse, y entonces
le sacaron el corazón a fray Bartolomé.

_____ Recordó su juventud en un convento de España y el momento en que
había conocido al emperador Carlos V.

_____ El fraile se sentó a esperar la muerte.

_____ Se durmió en la selva.

_____ Como había estudiado la ciencia de Aristóteles, recordó que iba a
ocurrir un eclipse solar.

_____ Los sacerdotes mayas reaccionaron sin sorpresa, porque ya habían
previsto el eclipse y sabían cuándo iba a ocurrir.

_____ Cuando se despertó, estaba en un altar, rodeado de sacerdotes
indígenas que preparaban el sacrificio.

_____ Decidió engañar a los sacerdotes mayas y les dijo que iba a causar un
eclipse si no lo ponían en libertad.

Parte B: Después de poner los acontecimientos en orden, usa expresiones de
transición como **al principio, luego, después, en seguida, por fin** y **al final**
para crear un resumen coherente.

Actividad 22 Consideraciones y especulaciones Los cuentos siempre   Making inferences
comunican las perspectivas de sus autores, pero también tienen implicaciones
no previstas por el autor, al mismo tiempo que nos hacen pensar en cuestiones
relacionadas. En parejas, comenten las siguientes preguntas.

1. ¿Cuál es el mensaje que Monterroso nos quiere comunicar sobre los
indígenas? ¿Es positiva o negativa su perspectiva de los indígenas?
2. ¿Qué —o a quiénes— representa el personaje de fray Bartolomé? ¿La
Iglesia Católica? ¿Los conquistadores? ¿Los españoles? ¿La cultura y la
civilización europeas? ¿Cuál es la perspectiva de Monterroso sobre cada
uno de estos grupos?
3. Muchos frailes católicos no tuvieron la mala suerte de fray Bartolomé. De
hecho, las comunidades indígenas de Mesoamérica adoptaron la fe católica
con gran rapidez. Se ha dicho que esto ocurrió porque el cristianismo y las
religiones de los aztecas y mayas compartían una creencia fundamental en
la importancia del sacrificio humano. ¿Están de acuerdo?

Cuaderno personal 3-3

¿Crees que es válido hablar de sociedades "primitivas" y sociedades "avanzadas"? ¿Por qué sí o no?

Redacción: Un mito

Listening, Note taking

la historia = the story; history

Actividad 23 El origen del ser humano La literatura empezó en muchas culturas para explicar los orígenes y enseñar los valores, y se transmitía de generación en generación por vía oral. En el *Popol Vuh*, el libro sagrado de los mayas quiché, se cuenta el mito de la creación de los hombres. Así como los mayas, todas las culturas tienen historias que explican el origen de la humanidad. En este país, la tradición judeocristiana es la que mejor se conoce.

Parte A: Ahora tu profesor/a va a contar la historia de la creación de los hombres según el *Popol Vuh*. Escucha y toma apuntes para poder volver a contar la historia después. Usa el siguiente esquema para tus apuntes.

- dos o tres características del mundo que crearon los dioses
- lo que decidieron hacer los dioses después de crear el mundo y por qué
- cómo resultó esta creación
- otra decisión de los dioses
- características de los tres tipos de Hombre y cómo resultó ser cada uno

Características	Resultados
1.	
2.	
3.	

Parte B: Ahora, usando tus apuntes, ayuda a recrear la leyenda con el resto de la clase.

ESTRATEGIA DE REDACCIÓN

Using the Bilingual Dictionary

When you write, try to express yourself as much as possible with vocabulary that is already known to you. This will make it easier for you to compose directly in Spanish. Nevertheless, there will be cases when you need to look up specific vocabulary in order to communicate your thoughts. Here are some guidelines to help you better use the dictionary when writing.

1. Determine the part of speech of the word you want. If you need to look up a phrase or idiom, look under the key word or words.

2. Look up the word in the English-Spanish section of the dictionary. Find the equivalents that match the same part of speech. If the word you are seeking is part of an English idiom, it may be listed later in the entry or under another key word. Remember that the Spanish equivalent may be quite different from the English, as in *to be 10 years old* and **tener 10 años.**

3. If you find more than one Spanish equivalent, you may need to cross-check each of these in the Spanish-English section of the dictionary.

4. When looking up a verb, determine whether you need to use it as transitive, intransitive, or reflexive, in which case the verb is used with a reflexive pronoun. Read the examples to determine if preposition(s) should be used with the verb. Make sure you do not try to translate English phrasal verbs (such as *to get up, to get off, to get over,* etc.) too literally. Many such verbs have a specific Spanish equivalent that may or may not be accompanied by a preposition.

Actividad 24 Los equivalentes en español La palabra *light* tiene varios equivalentes en español. Usa el vocabulario que aparece al lado para buscar la traducción española de *light* según el contexto de cada oración.

Using the dictionary

1. Could you turn off the lights?
2. Have you got a light?
3. Then he saw things in a different light.
4. Priests often light candles during religious ceremonies.
5. They decided to paint the room light blue.
6. Experienced tourists prefer to travel light.

Actividad 25 Tu propio mito Ahora, vas a escribir tu propio mito. Primero, piensa en el aspecto del mundo o de la vida que quieres explicar. Luego, haz un esquema de los puntos importantes que vas a desarrollar en la historia, con una lista del vocabulario necesario. Usa el diccionario para encontrar nuevas palabras. Luego, escribe el mito, usando palabras de transición y el pretérito y el imperfecto.

Using the dictionary

light¹ (līt) **I.** s. *(lamp)* luz *f* <*turn the lights on* enciende las luces>; *(radiation)* luz <*ultraviolet l.* luz ultravioleta>; *(illumination)* luz, iluminación *f*; *(daylight)* luz <*the l. of the day* la luz del día>; *(streetlamp)* luz, farol *m*; *(traffic light)* luz, semáforo; *(window)* ventana; *(skylight)* claraboya; *(headlight)* luz, faro; *(lighthouse)* faro, fanal *m*; *(flame)* fuego <*have you got a l.?* ¿me puedes dar fuego?>; FIG. *(spiritual awareness)* luz, iluminación; *(viewpoint)* aspecto, punto de vista <*I never saw the matter in that light* nunca vi el asunto desde ese punto de vista>; *(luminary)* lumbrera, eminencia <*he is one of the leading lights of science* él es una de las destacadas lumbreras de la ciencia>; *(gleam)* brillo <*the l. in her eyes* el brillo en sus ojos>; PINT. luz <*l. and shade* luz y sombra> ◊ **at first l.** al rayar la luz del día • **in l. of** en vista de, considerando • **in the cold l. of day** FIG. fríamente, desapasionadamente • **lights** FIG. *(opinions)* luces, conocimientos • **to bring to l.** FIG. sacar a luz, revelar • **to shed** o **throw l. on** FIG. arrojar luz sobre, aclarar • **to come to l.** salir a la luz, ser revelado • **to give the green l.** FIG. aprobar la realización (de un proyecto) • **to see in a different l.** FIG. mirar con otros ojos, mirar desde otro punto de vista • **to see the l.** FIG., RELIG. iluminarse; *(to understand)* comprender, darse cuenta • **to see the l. of day** salir a luz, nacer **II.** tr. **light·ed** o **lit** (līt), **light·ing** *(to ignite)* encender; *(to turn on)* encender, prender <*who lit this lamp?* ¿quién encendió esta lámpara?>;

light² (līt) **I.** adj. **-er, -est** *(lightweight)* ligero, liviano; FIG. *(easily digested)* ligero, liviano; *(not forceful)* suave, leve; *(slight)* fino <*a l. rain* una lluvia fina>; *(faint)* débil; *(easy)* ligero, liviano <*l. work* trabajo liviano>; *(frivolous)* superficial, de poca importancia <*a l. chat* una charla de poca importancia>; *(blithe)* alegre, contento <*a l. heart* un corazón alegre>; *(low in alcohol)* de bajo contenido alcohólico ◊ **as l. as air** liviano como el aire • **l. in the head** mareado • **to be l. on one's feet** ser ligero de pies, moverse con agilidad • **to make l. of** no tomar en serio, restar importancia a **II.** adv. **-er, -est** ligeramente ◊ **to travel l.** viajar con poco equipaje

Capítulo 4

África en América:
el Caribe

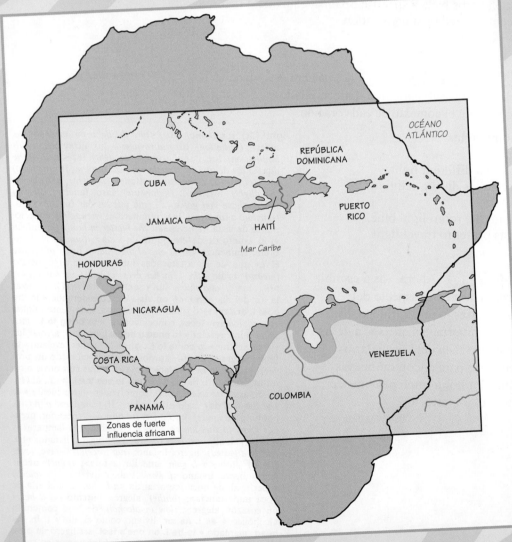

Zonas de fuerte
influencia africana

See the *Fuentes* website for related links and activities:
http://college.hmco.com/languages/spanish/students

Actividad 1   **¿Qué saben del Caribe?**   Usando sus conocimientos y la información del mapa, en grupos de tres miren el mapa, lean las siguientes oraciones y determinen cuáles son ciertas y cuáles son falsas. Si no están seguros, adivinen.

Activating background knowledge

1. _____ Haití y Jamaica son los únicos países del Caribe que tienen una fuerte influencia africana.
2. _____ La comida caribeña es muy similar a la comida mexicana.
3. _____ La salsa es muy popular en el Caribe.
4. _____ El español es el idioma oficial de todas las naciones caribeñas.
5. _____ Hay grandes comunidades indígenas en las islas caribeñas.
6. _____ En el pasado, había muchas plantaciones con esclavos en el Caribe.
7. _____ La música caribeña no conserva las tradiciones de la música española.
8. _____ En el Caribe, la influencia africana ha sido más importante que la influencia indígena.

Lectura 1: Una reseña biográfica

ESTRATEGIA DE LECTURA

Using Syntax and Word Order to Understand Meaning

In the previous chapter, you practiced analyzing sentences in terms of parts of speech. These small units are organized into larger units that are fundamental to the meaning of a sentence.

- **El verbo:** The verb describes an action or state; it may be simple, compound, or linked in a series to form a verb phrase (**frase verbal**) as in **El hijo de Carmen no *pudo ir*.** All sentences contain either a verb or verb phrase.
- **El sujeto:** Nearly every verb has a subject with which it agrees. A subject may be one word or several: ***El hijo de Carmen* no pudo ir.** Remember that the subject is often not explicitly expressed in Spanish. In this case, it is necessary to look at surrounding context to determine the subject. A few verbs have no subject: ***Hay* veinte personas aquí.**
- **El complemento directo:** The direct object receives the action of the verb. It can be one word or more as in **Yo vi *al hijo de Carmen*.** Notice that persons or person-like things are introduced by the **a personal**.
- **El complemento indirecto:** The indirect object is the recipient of the direct object or the beneficiary of the action of the verb: **Paco *le* dio un libro *al hijo de Carmen*.** Notice in the example that the indirect object is preceded by the preposition **a** and marked redundantly with the indirect-object pronoun **le**.

• **El complemento circunstancial:** This unit tells under what circumstances the action occurs (when, where, how, why) and often begins with a preposition such as **a, de, en, con, por, para. El hijo de Carmen llegó *a la fiesta* y se quedó *hasta las doce.***

If you have problems understanding a sentence, you may want to slow down, analyze the sentence, and figure out *when* or *where who* did *what* to *whom,* while remembering that the subject, verb, and objects are often groups of words. It helps to locate the verb first, determine its number, and look for a subject that corresponds. In Spanish, the subject may appear before the verb (as in English), after the verb, or at the end of the sentence. For example, these two sentences are both true of Celia Cruz and Tito Puente, yet they differ in meaning:

Conoció Celia a Tito Puente.
Conoció a Celia Tito Puente.

Can you explain this difference in meaning?

Using syntax and word order to understand meaning

Actividad 2 **La estructura de las oraciones** En parejas, analicen las siguientes oraciones que van a ver en la lectura sobre la cantante cubana Celia Cruz e identifiquen en cada una si hay sujeto (S), verbo (V), complemento directo (CD), complemento indirecto (CI) o complemento circunstancial (CC). Subráyenlos si aparecen.

1. Esta mujer tiene un significado trascendental en la historia de la música caribeña.
2. En esa época empezaban... el chachachá y el mambo.
3. La salsa empezó en 1967, en Nueva York.
4. Toda la música tiene su encanto.
5. Cuando todavía era estudiante, un familiar la inscribió en un concurso radial.
6. Desde hace años ha incluido en ese trabajo a algunos puertorriqueños.

Guessing meaning from context

Actividad 3 **¡Adivina!** Lee estas oraciones basadas en el artículo sobre la cantante cubana Celia Cruz y escoge el sinónimo de las expresiones indicadas en negrita.

1. Su carrera profesional empezó cuando ganó el primer lugar en **un concurso** de radio.
   a. un canal   b. un curso   c. una competición
2. La salsa es **el conjunto** de todos los ritmos cubanos mezclados en uno solo.
   a. el grupo musical   b. la conjunción   c. la combinación
3. Los instrumentos de la salsa incluyen instrumentos de cuerda, como la guitarra y **el bajo.**
   a. un tipo especial   b. un tipo especial   c. un tipo especial
      de tambor   de guitarra   de flauta
4. Los arreglos de sus canciones son **realizados** por un músico cubano.
   a. hechos   b. apreciados   c. financiados
5. Esta música la **tildaban** de callejera, de música cualquiera, sin crédito.
   a. decoraban   b. apreciaban   c. caracterizaban

Actividad 4 La palabra apropiada Lee las siguientes oraciones sobre la vida de Celia Cruz, y complétalas con una palabra de la lista.

Celia Cruz murió en 2003, pero el artículo que vas a leer fue publicado antes de su muerte.

grabación   salida
arreglos   encanto
bondad   incansable
significado

1. Le gusta mucho esta _____ de la canción. Se oye muy bien.

2. Una canción puede tener muchos _____ distintos, según los instrumentos que se usen.

3. Esa mujer nunca para. Es verdaderamente _____.

4. Celia era honesta, paciente y generosa. Su gran _____ era bien conocida por todos.

5. Después de su _____ de Cuba, Celia se fue a vivir a Estados Unidos.

6. Su música tiene un _____ especial que sigue atrayendo a la gente.

7. Es difícil exagerar el _____ que ha tenido Celia Cruz para la música afrocaribeña.

Actividad 5 Los nombres de Celia **Parte A:** Mira el título, el primer párrafo y la foto del artículo. Luego, en parejas, hagan una lista de todos los nombres y títulos de Celia y digan qué temas se comentan en el artículo.

Skimming and scanning

Parte B: Mientras lees el artículo, decide cuántos de los siguientes temas se comentan en la lectura.

Active reading

_____ los orígenes de la salsa

_____ las características de la salsa

_____ los planes de Celia

_____ los orígenes de la música cubana o caribeña

_____ la historia de la carrera profesional de Celia

_____ lo que dicen los críticos de la música de Celia

La Reina Rumba habla de la 'salsa'

Norma Niurka
Redactora de *El Miami Herald*

▲ Celia, embajadora de la música caribeña, durante un concierto en Hamburgo, Alemania.

Celia Cruz es algo más que una cantante de "salsa", término que era desconocido cuando empezó su carrera interpretando ritmos que se conocían como la rumba y la guaracha. Aún en vida, se ha convertido en leyenda: *la Reina Rumba, la Guarachera de Cuba, la Reina de la Salsa.*

Admirada por antillanos[1], suramericanos, europeos y estadounidenses, esta mujer tiene un significado trascendental en la historia de la música caribeña. El Olympia de París, el Madison Square Garden de Nueva York; el Palacio de la Salsa en México; han temblado ante esa figura incansable, llena de energía, gracia y bondad, que canta, baila a su aire y despliega una fascinante personalidad escénica.

Cuando Celia se iniciaba en el ambiente artístico, en la radio cubana, estaba familiarizada con la guaracha y la rumba; en esa época empezaban a ponerse de moda el chachachá y el mambo.

"Lo que ahora se llama salsa, en la época en que empecé a cantar era la rumba. La salsa, para mí, es el conjunto de todos los ritmos cubanos metidos en uno solo." Celia tiene sus teorías acerca del surgimiento de la palabra "salsa".

"La salsa empezó en 1967, en Nueva York, yo ya estaba en Estados Unidos. En ese año, estuve en Venezuela, en un programa de Fidias Danilo Escalona, que se llamaba *La hora de la salsa...* Para mí no hubo cambio, yo seguí cantando de la misma forma que he cantado siempre."

Celia cita tres cambios en el proceso de rumba a salsa: los instrumentos, los arreglos y una cierta influencia de Estados Unidos.

"Los arreglos te dan más oportunidad de desarrollar un número. Cuando grabé *La bemba colorá* duraba tres minutos, ahora dura diez. Los instrumentos para la salsa son electrónicos. Yo nunca con la Sonora toqué con bajo eléctrico. Antes los pianos eran grandísimos, el pianista necesitaba un camión para él solo. Ahora son electrónicos, pequeños, y se llevan como un violín."

Sus arreglos son realizados por el cubano Javier Vázquez (pianista de la Sonora Matancera), pero desde hace años ha incluido en ese trabajo a algunos puertorriqueños que se han formado en Estados Unidos. Éstos, según Celia, han impregnado su música de otros sonidos.

"En estos pasajes de arreglos de salsa hay un poco de la esencia del jazz, por haber ellos estudiado aquí, aunque sea música del Caribe. La música cubana no pierde sus raíces, ahí están el bajo, la tumbadora, el bongó y, a veces, la maraca; pero yo a esta música le pondría jazz latino si no tuviera el nombre de salsa."

Sin embargo, aclara que no ha cantado jazz ni lo hará.

"En Cuba éramos muy adeptos a oír la música americana. Conocimos muy bien a Ella Fitzgerald y a Count Basie. Toda la música tiene su encanto, pero nunca me interesó cantar ese tipo de música. Si no lo haces en inglés, no sale igual. Si yo hago una guaracha en inglés no me va a salir lo mismo." Con su buen sentido del humor, comenta: "No es lo mismo que en vez de decir ¡Azúca!, diga ¡Sugar!"[2]

A pesar de aceptar que entre sus admiradores se encuentran muchos americanos, Celia no es optimista en cuanto al interés del país en la salsa. "Cuesta trabajo entrar un disco de salsa en español en el mercado americano. El idioma es la barrera."

De origen muy humilde, Celia se crió entre catorce primos y hermanos, en una casa que compartía su madre, con su hermana y su prima. Cuando todavía era estudiante, un familiar la inscribió en un concurso radial y ése fue el comienzo de una carrera brillante en el campo de la música popular.

Continuó interpretando ritmos afrocubanos y muy pronto se estableció su estilo en la guaracha. Su nombre siempre estuvo asociado a la orquesta La Sonora Matancera, con quien grabó hasta su salida de Cuba, continuando la unión más tarde, en el exilio.

"Si hoy tengo un par de aretes me lo he ganado cantando", dice. "He dado un ejemplo, no sólo con mi música, sino porque me he dado a respetar. Esta música la tildaban de callejera, de música cualquiera, sin crédito. Hoy es música de mucho valor, es folklore y es cultura, es una música que todo el mundo respeta. Y yo me he dado a respetar comportándome como una dama. En el escenario canto y bailo, pero cuando me bajo de ahí todos me tienen que respetar."

---

1 **antillano** = de las Antillas (las islas del Caribe)
2 Celia solía gritar **¡Azúca(r)!** cuando interpretaba una canción.

Celia Cruz murió en 2003, pero este artículo fue publicado cuando aún vivía.

Actividad 6 Celia Determina si las siguientes oraciones son ciertas o falsas.   Scanning
Corrige las oraciones falsas.

1. _____ Celia era de familia bastante rica.
2. _____ Celia empezó su carrera musical cantando guarachas y rumbas en los años 50.
3. _____ Celia se hizo famosa sólo en Cuba, Miami y Nueva York.
4. _____ Celia nació y vivió en Cuba hasta que se fue a Estados Unidos.
5. _____ Celia cantaba bien, pero tenía una personalidad difícil.
6. _____ A Celia no le gustaba cantar en inglés.

Actividad 7 La salsa según Celia Celia explica la historia de la salsa,   Scanning
dando información y opiniones propias. Lee cada detalle y contesta la pregunta
que le sigue.

1. Había cuatro ritmos cubanos que eran populares antes de la salsa. ¿Cuáles eran?
2. Hubo tres cambios que llevaron a la creación de la salsa. ¿Cuáles fueron?
3. Existía otro nombre posible para la salsa. ¿Cuál era?
4. La salsa y la música caribeña no entraban fácilmente en los EE.UU. ¿Por qué?
5. La música que cantaba era especial. ¿Por qué?
6. Hubo varios lugares y culturas que contribuyeron a la creación de la salsa. ¿Cuáles fueron?

Actividad 8 Una canción de Celia **Parte A:** Ahora vas a escuchar una
canción de Celia Cruz, típica del Caribe. Primero, mira el cuadro de abajo y
de la página siguiente.

¿Cómo describes esta canción?

Título: _____

Marca todas las palabras que reflejen tus reacciones a la canción.

_____ aburrida	_____ cómica
_____ dulce	_____ monótona
_____ religiosa	_____ sabrosa
_____ sosa	_____ triste
_____ apasionante	_____ desagradable
_____ inspiradora	_____ política
_____ repetitiva	_____ salvaje
_____ trágica	_____ con buen ritmo
_____ bailable	_____ divertida
_____ lenta	_____ rápida
_____ romántica	_____ sensual
_____ tranquila	_____ de mensaje social

(continúa en la página siguiente)

Marca todas las frases que reflejen tus opiniones.

_____ Es demasiado larga.

_____ Tiene buen arreglo.

_____ Tiene buena letra.

_____ Tiene una letra tonta.

_____ Quiero escucharla otra vez.

_____ Se la regalaría a un amigo.

_____ Me gustaría asistir a un concierto.

Creo que la persona que canta:

_____ es sincera

_____ es aburrida

_____ está aburrida

_____ está enojada

_____ está enamorada

_____ está divirtiéndose

Using additive connecting words

Parte B: Ahora, en parejas, comparen sus reacciones y digan por qué reaccionaron así. Para conectar sus ideas, usen las siguientes expresiones: **también, además (de)** (*in addition, besides*), **es más** (*what's more*).

Actividad 9 Influencias en la música En la lectura sobre Celia Cruz se dice que la salsa y la música caribeña, en general, muestran gran influencia africana. En grupos de tres, discutan si existe o no esta misma influencia y otras influencias en la música de su país. Den ejemplos concretos y expliquen cómo se manifiestan esas influencias. Piensen en el rock, el jazz, el reggae, etc.

Cuaderno personal 4-1

Muchos músicos respetaban a Celia Cruz tanto por su talento como por su personalidad. ¿A qué músico o cantante respetas? ¿Por qué?

VIDEOFUENTES

¿Qué aspectos del artículo se reflejan bien en el vídeo? ¿Qué muestra el vídeo que no muestra el artículo? ¿Por qué Celia es una figura tan importante para la gente hispana y latina?

Lectura 2: Panorama cultural

Actividad 10   Del contexto al significado   Adivina el significado de las
palabras en negrita según el contexto de la oración.

Guessing meaning from context

1. Los esclavos africanos **aportaron** varios elementos de sus propias culturas
   a las culturas caribeñas.
   a. eliminaron   b. copiaron   c. contribuyeron
2. Los instrumentos son de variada **procedencia:** el güiro parece ser de origen
   indígena, pero la guitarra vino de España.
   a. origen   b. forma   c. manera de tocar
3. Luego se sofríen en aceite cebolla, pimientos, tomate y jamón en una **olla**
   grande.
   a. recipiente para   b. recipiente para   c. recipiente para
      la basura   servir comida   cocinar
4. De África se adoptaron todos los instrumentos que marcan el ritmo, todo
   tipo de **tambores...**
   a. instrumentos   b. instrumentos   c. instrumentos
      de cuerda   de viento   de percusión
5. El ritmo es **primordial** en la música caribeña, mientras que la melodía
   ocupa un nivel secundario.
   a. de principal   b. de muy poca   c. de interés para
      importancia   importancia   el especialista

Actividad 11   El verdadero significado   Busca las siguientes palabras en
la lectura de esta sección, "El sabor africano del Caribe", y trata de deducir
su significado según el contexto. Después, usa un diccionario bilingüe o el
glosario para determinar si has deducido correctamente. Escribe el
significado correspondiente en el espacio en blanco.

Guessing meaning from context,
Using the dictionary

1. (línea 8) la cuenca   _____
2. (línea 30) la yuxtaposición _____
3. (línea 39) comestible   _____
4. (línea 44) el culto   _____
5. (línea 65) fundirse   _____
6. (línea 67) la bahía   _____

ESTRATEGIA DE LECTURA

Distinguishing Main Ideas and Supporting Details

Texts that seek to inform and explain (as opposed to narratives, which tell
stories) are normally organized around a central topic and certain main ideas.
The main idea is often the topic of a paragraph, though several paragraphs may
also develop one main idea. The body of the paragraph is made up of supporting details. Correctly distinguishing main ideas from supporting details and
ideas can greatly improve your overall comprehension of a text.

Distinguishing main ideas and
supporting details, Skimming and
scanning

Actividad 12   **¿Idea principal o detalle?**   Lee rápidamente cada párrafo de
la lectura para ver cuál de las dos frases es la idea principal del párrafo y cuál
es un detalle de apoyo. Luego lee todo el texto sin interrupción para ver la
interrelación entre las ideas.

Párrafo 1
a. la mezcla cultural del Caribe
b. los ingredientes del sancocho

Párrafo 2
a. orígenes y definición de "mulato"
b. orígenes y naturaleza de la presencia africana

Párrafo 3
a. los "moros y cristianos", resultado de la mezcla cultural
b. el tipo de mezcla cultural

Párrafo 4
a. el impacto culinario de los africanos
b. métodos de cocinar de los africanos

Párrafo 5
a. la importación de los orishas
b. la creación de religiones sincréticas

Párrafo 6
a. los instrumentos musicales de origen africano
b. las características africanas de la música caribeña

Párrafo 7
a. el desarrollo de bailes y ritmos cubanos
b. el origen de la salsa en Nueva York

El sabor africano del Caribe

Hay muchas variaciones de este
plato.

"Se cocinan carne de res, un rabo de buey y un pollo picado en pedazos.
Luego, en una olla grande, se sofríen en aceite un pedazo de jamón,
cebolla picada, pimientos, tomate y tocino. Se añaden las carnes, y se echa
agua para hervir pedazos de papa, batata, ñame, yautía, yuca, plátano y
5 mazorcas de maíz..." Así empieza la receta para lo que se llama ajiaco en
Cuba y Colombia, o sancocho en la República Dominicana y Puerto Rico.
Esta "supersopa" es un plato típico del Caribe. Y como en la sopa, en la
cuenca del Caribe se han mezclado elementos de muchas culturas: las indígenas, pero también las de los muchos inmigrantes que llegaron a la región
10 después del año 1492. Se nota, desde luego, la presencia europea, ya que
llegaron no sólo españoles sino también portugueses, holandeses, ingleses
y franceses. Hoy día se hablan allí varias lenguas europeas —el inglés en
Jamaica, el francés en Haití— aunque el idioma español y la cultura hispana todavía predominan en la región. Sin embargo, todas las islas y gran
15 parte de la costa caribeña comparten una importante influencia africana que
se refleja en la comida, la religión, la música y el baile.

Los indígenas caribeños taínos y
caribes desaparecieron, pero dejaron
contribuciones a la cultura regional:
instrumentos musicales, el uso de
varias comidas y el cultivo y uso del
tabaco. Sólo hubo un breve período de
mestizaje antes de la destrucción de
los pueblos indígenas.

Durante los años de la colonia (siglos XV–XIX), los españoles —y más tarde los franceses, ingleses y holandeses— necesitaban trabajadores para sus plantaciones de caña de azúcar, café y tabaco. Al principio usaron a los indígenas, pero sus comunidades desaparecían a causa de las enfermedades europeas y las duras condiciones de trabajo. Por esa razón, se llevaron esclavos africanos al Caribe, práctica que se mantuvo hasta el siglo XIX. Los esclavos provenían especialmente de la cultura yoruba (o lucumí), de países de África Occidental, en lo que hoy se conoce como Nigeria y Benin. Con el tiempo, la población africana creció enormemente y empezó a mezclarse con la europea. Como resultado, los mulatos o personas que llevan en sus venas tanto sangre europea como africana, forman hoy día gran parte de la población caribeña.

En el Caribe, sin embargo, una cultura no absorbe a la otra, sino que se crea un sincretismo, una yuxtaposición de elementos de las dos culturas en la que ambas coexisten conservando cada una elementos propios. Esta mezcla racial y cultural se ve reflejada en el plato cubano "moros y cristianos" que consiste en cocinar arroz blanco con frijoles negros: un ingrediente no absorbe al otro, sino que los dos se complementan.

Así pues, la llegada de los africanos contribuyó no sólo a la riqueza racial sino también a la riqueza culinaria. Y aunque la dieta caribeña contiene productos autóctonos que consumían los indígenas, como la malanga y la guayaba, e ingredientes y métodos de cocinar de los españoles, los africanos introdujeron productos comestibles como el ñame, los gandules, el plátano y el banano, y aportaron sus costumbres culinarias como el uso de mucho aceite y la frecuente mezcla de los frijoles con el arroz.

La influencia africana se extiende además a las creencias religiosas. La santería, culto muy popular en Cuba, Puerto Rico y en comunidades cubanas y puertorriqueñas de los Estados Unidos, es un buen ejemplo del sincretismo entre las culturas española y africana occidental. Cuando los africanos entraron en contacto con los santos de la religión católica, los esclavos empezaron a identificar elementos similares entre los santos cristianos y los orishas o dioses yorubas. De esa manera —y a pesar de las prohibiciones de la Iglesia Católica— los esclavos comenzaron a adorar a los santos en reuniones secretas llamadas cabildos, sin abandonar sus ritos africanos ni sus dioses lucumíes. Sus ritos incluían música y baile, altares con flores y comida, oraciones y magia. Los españoles denominaron como santería a esos ritos y a esa fusión de figuras religiosas. Así, por ejemplo, aun hoy día, San Lázaro, santo patrón de los enfermos, se funde con Babalú Ayé, el dios que causa y cura las enfermedades, y la Virgen de Regla, patrona de la Bahía de La Habana, es en santería Yemayá, diosa del mar y fuente de la vida.

El tabaco es una planta autóctona del Caribe y América. La caña de azúcar, de origen asiático, fue llevada a España por los árabes, y los españoles la llevaron al Caribe, donde se convirtió en el producto más importante de la región. El café, originalmente de Etiopía, fue llevado al Nuevo Mundo por los franceses, y en el siglo XVIII se empezó a cultivar en Cuba, Colombia y Brasil.

◄ Un altar casero de santería dedicado a Santa Bárbara, la patrona de los militares, quien se sincretiza con Changó, el dios lucumí del trueno y de la guerra.

La música caribeña refleja también la mezcla de culturas. Los instru-
70 mentos son de variada procedencia: el güiro y las maracas parecen ser de
origen indígena, mientras que la guitarra proviene de España. De África se
adoptaron los instrumentos de percusión, todo tipo de tambores que luego
se convirtieron en bongoes, congas, timbales y tumbadoras. El ritmo que
establece el tambor es primordial en este tipo de música, en tanto que la
75 melodía tiene un papel secundario. Y puesto que el ritmo se crea con los
instrumentos de percusión, la improvisación musical, tan típica de la música
caribeña, también se deriva en gran parte de la influencia africana.

Debido a su fuerte ritmo, la música del Caribe está íntimamente asociada con el baile. Aunque la República Dominicana ha contribuido con el
80 merengue, Puerto Rico con la plena y Colombia con la cumbia, fue en Cuba
donde se crearon más bailes basados en ritmos africanos. A partir de los
años treinta, bailes cubanos como la rumba, el mambo y el chachachá se
hicieron famosos en todo el mundo. A finales de los sesenta se comenzó a
desarrollar la salsa, un producto de la fusión de todos esos bailes y ritmos.
85 La salsa es popularísima en el Caribe, pero se inició entre los hispanos—
principalmente cubanos y puertorriqueños— que vivían en Nueva York.
Algunos de los iniciadores de la salsa neoyorquina
son Celia Cruz, Willie Colón, Johnny Pacheco y
Héctor Lavoe. Más tarde, éstos y otros artistas
90 difundieron la salsa por todo el Caribe y el resto
de Hispanoamérica. Una segunda generación de

La cumbia es de origen colombiano,
pero se ha convertido, con
adaptaciones, en uno de los ritmos y
bailes más populares de los
mexicanos y los mexicoamericanos.

◀ En esta procesión santera de Trinidad, Cuba, los
hombres tocan los tambores batá, instrumentos
sagrados de origen africano que sirven para llamar
y alabar a los orishas.

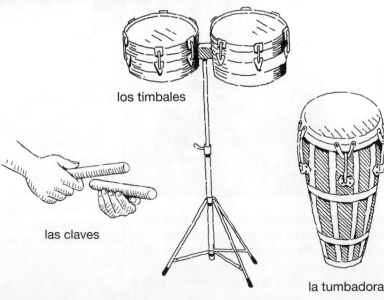

los timbales

las claves

la tumbadora

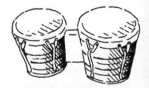

los bongoes

el güiro

músicos elaboraron aun más la salsa; Rubén Blades
introdujo el mensaje de protesta social y política a la
salsa, Lalo Rodríguez fue uno de los cantantes de la
95 "salsa cama", de sentido más sensual y romántico, y Juan
Luis Guerra combinó canciones de mensaje social con
otras de amor. Ahora salseros tan conocidos como
Marc Anthony y La India continúan esta tradición, y hay
también intérpretes que mezclan los ritmos de salsa con
100 rap, techno y otros estilos musicales.

  Hoy en día, la música caribeña ha llegado a ocupar un
lugar de importancia mundial. Sin embargo, el Caribe es
mucho más que su música: es un mundo rico y vibrante
cuya riqueza cultural, ya sea religiosa, culinaria o musical,
105 proviene de la unión de razas de
África y Europa sobre la tierra
del continente americano.

▶ **Bailando la conga en Santiago
de Cuba.**

Actividad 13 ¡Datos incorrectos! Las siguientes oraciones son todas
incorrectas. Corrígelas de acuerdo con la información de la lectura.

1. Todas las naciones del Caribe son de habla española.
2. La mayor parte de los esclavos africanos en el Caribe eran del norte de África.
3. Los mulatos son personas de origen indígena y europeo.
4. La comida caribeña es una combinación de contribuciones africanas, asiáticas e indígenas.
5. Los esclavos africanos adoptaron totalmente la religión cristiana.
6. La santería ya no se practica.
7. La melodía tiene especial importancia en la música africana.
8. Puerto Rico ha sido la fuente de la mayoría de los ritmos y bailes afrocaribeños.

Actividad 14 La cultura caribeña Los términos de la siguiente lista
representan detalles y ejemplos de la lectura. Para ver si has entendido
bien, haz un mapa mental que refleje la organización de la lectura.
Comienza con el siguiente esquema y relaciona cada elemento con
la categoría correspondiente.

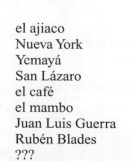

Elementos

la rumba	las plantaciones	los mulatos	el ajiaco
la malanga	los cabildos	mucho aceite	Nueva York
los esclavos	moros y cristianos	la improvisación	Yemayá
el merengue	la caña de azúcar	el plátano	San Lázaro
el sincretismo	bongoes	Willie Colón	el café
el banano	la salsa	el ritmo	el mambo
la plena	el tabaco	timbales	Juan Luis Guerra
Marc Anthony	Celia Cruz	tumbadoras	Rubén Blades
los yorubas	la Virgen de Regla	Babalú Ayé	???

Actividad 15   Tu propia herencia En parejas, usen el esquema básico de la Actividad 14 para hablar de las tradiciones étnicas y culturales que han influido en sus propias familias. También pueden mencionar otros aspectos, como lenguas o costumbres típicas que se mantienen en sus familias.

Cuaderno personal 4-2

¿Sobre qué aspectos de la cultura norteamericana han tenido influencia las culturas y las tradiciones africanas?

Lectura 3: Literatura

Identifying register and genre

Actividad 16   Frases conocidas El cuento "Habanasis" que vas a leer, se basa en una historia muy conocida. Las siguientes frases aparecen en esa historia judeocristiana. Lee todas las frases e identifica el nombre de esa historia o el libro donde se incluye esa historia. Después, escribe una traducción inglesa de cada frase.

1. "En el principio creó Dios los cielos y la tierra."
2. "Que haya luz."
3. "Júntense en un solo lugar las aguas que están debajo del cielo, y descúbrase lo seco. Y así fue."
4. "Y vio Dios que era bueno."
5. "Fructificad y multiplicaos."
6. "Y Dios quedó complacido."

En España, las formas de vosotros se asocian con el trato informal, pero en Latinoamérica su uso se asocia más bien con el lenguaje bíblico o literario.

Using syntax and word order to understand meaning

Actividad 17   El orden de las palabras Para entender las oraciones y las historias, es importante poder determinar quién hizo qué. Determina los componentes de las siguientes oraciones: S, V, CD, CI y/o CC.

1. Dios... dijo: "Que haya música."
2. Dijo Dios: "Que haya luna y estrellas..."
3. Le daré buenos compañeros.
4. Dios formó un Taíno de un puñado de arcilla roja.
5. El séptimo día, Dios sonrió.

Guessing meaning from format

Actividad 18   A leer **Parte A:** En parejas, miren el título, las fotos y la primera línea del cuento, y decidan a qué se refiere el título.

Active reading, Identifying tone

Parte B: Mientras lees el cuento, piensa en el tono en el que el autor lo ha escrito. ¿Tiene un tono serio, trágico, cómico, irónico, positivo, negativo...?

Richard Blanco es un poeta cuya historia personal es todo un símbolo de la mezcla cultural. Según el mismo autor, él fue "creado en Cuba, ensamblado en España, e importado a los Estados Unidos". Esto significa que su madre, embarazada de siete meses, y su familia se fueron de Cuba al exilio, primero a Madrid, donde nació el poeta en 1968, y después a Nueva York. Blanco también ha vivido en Miami y Washington, D.C. Ha trabajado como ingeniero y poeta, y también se divierte fabricando muebles, tocando el bongó y sacando fotos submarinas. Su primer libro de poemas y cuentos, City of a Hundred Fires (1997), recibió muchos elogios, ganó un premio importante y lanzó su carrera como poeta. El cuento/poema de "Habanasis" es una celebración de Cuba, tierra de origen de su familia.

Habanasis

Richard Blanco

En el principio, antes de que Dios creara Cuba, la tierra era un caos, vacía y sin forma, y sin música. El espíritu de Dios despertó sobre las oscuras aguas tropicales, y dijo: "Que haya

5 música". Y se oyó el ritmo suave de una conga, que comenzó a marcar un uno-dos en lo más profundo del caos.

Entonces Dios convocó a Yemayá y dijo: "Júntense todas las aguas bajo los cielos, y

10 descúbrase la tierra". Y así fue. La fértil tierra roja Dios la llamó Cuba, y las aguas las llamó el Caribe. Y Dios quedó complacido, marcando suavemente con los pies el ritmo de la conga.

Después dijo Dios: "Que haya papaya, coco y

15 la masa blanca del coco; malanga y mango en tonos de oro y ámbar; que haya tabaco y café, y azúcar para el café; que haya ron; que haya ondulantes plataneros y guayabos y todo lo tropical". Y Dios quedó complacido y entonces creó las palmeras —su *pièce de résistance.*

▲ Las hermosas palmeras de la isla de Cuba.

20 Dijo Dios: "Que haya luna y estrellas para alumbrar las noches tropicales sobre Tropicana, y sol los 365 días del año". Y Dios quedó complacido. Y Dios nombró la noche vida nocturna, y el día lo llamó paraíso.

Luego Dios dijo: "Que haya peces y aves de todo tipo".

Y hubo enchilado de camarones, fricasé de pollo y frituritas de bacalao.

25 Pero Dios quiso algo aun más sabroso y dijo: "Basta. Que haya carne de puerco". Y hubo masitas de puerco fritas, hubo asados, chicharrones y chorizos. Dios creó los chivos y usó sus pieles para bongoes y batúes; hizo claves y maracas y todos los cueros habidos y por haber.

Entonces, de un puñado de arcilla roja, Dios formó un Taíno, y lo puso

30 en una ciudad que llamó La Habana. Luego Dios dijo: "No es bueno que Taíno esté solo. Le daré buenos compañeros". Y así Dios creó la mulata

papaya, coco, mango, guayaba = frutas tropicales

malanga = una raíz similar a la papa o patata

ron = una bebida alcohólica hecha a base de caña de azúcar

Tropicana = club de espectáculos de La Habana

bacalao = un tipo de pescado

chivo = un animal cuya piel o cuero se usa para fabricar tambores

cuero = tambor

Taínos = el pueblo indígena más importante de Cuba

guaguancó y son = ritmos y bailes afrocubanos

quajiro = campesino cubano

Cachita = nombre coloquial de la Virgen de la Caridad del Cobre, patrona de Cuba, asociada en santería con Ochún, diosa del amor y la maternidad

para bailar el guaguancó y el son con Taíno; el guajiro para cultivar su tierra y su folklore, la santera
35 Cachita para marcar el compás de su música, y un poeta para elaborar los versos de su paraíso.

Dios les otorgó poder sobre todas las criaturas y todos los
40 instrumentos musicales y les dijo: "Creced y multiplicaos, comed carne de puerco, tomad ron, tocad música y bailad". El séptimo día, al contemplar los festejos y escuchar
45 la música, Dios sonrió y descansó de sus labores.

▲ Se ve una rica variedad de frutas y comidas en los mercados callejeros de Cuba.

Organizing information, Making inferences

Actividad 19 Lo cubano En "Habanasis" el autor representa lo cubano como una fusión de muchos elementos de origen variado. En grupos de tres, comenten las siguientes preguntas sobre el cuento.

1. ¿Por qué creen Uds. que el autor escogió el título "Habanasis"?
2. Según el cuento, ¿cuáles son los elementos esenciales de Cuba?
3. ¿Cuáles son tres cosas mencionadas en la lectura que se asocian con lo indígena? ¿Lo europeo? ¿Lo africano?
4. ¿El autor presenta las cosas y los elementos en el orden en que aparecieron en Cuba (primero lo indígena, después lo español, y luego lo africano), o los mezcla libremente? ¿Por qué?
5. ¿Hay algunos elementos que no tienen un solo origen? ¿Hay algunos que se crearon por primera vez en Cuba o el Caribe?

Making inferences

Actividad 20 Más allá de lo bonito El cuento de "Habanasis" es una gran celebración de lo cubano. En parejas, reflexionen sobre su significado al contestar las siguientes preguntas.

1. ¿Por qué o para qué creen que el autor escribió este cuento? ¿Creen que su historia personal influyó en el tono del cuento?
2. ¿Por qué decidió usar como base la historia judeocristiana de Génesis en vez de alguna leyenda de creación africana o indígena?
3. En el cuento el autor nos presenta una imagen de Cuba como un "paraíso". ¿Creen que esta presentación de Cuba está completa? ¿Por qué creen que se enfoca en los aspectos presentados y no en otros?

Cuaderno personal 4-3

¿Cuáles son los elementos o ingredientes fundamentales de la cultura de tu país? ¿Crees que tu país se puede presentar como un "paraíso"?

Redacción: Una biografía

Actividad 21 **La biografía y sus elementos**   **Parte A:** En parejas, contesten Defining purpose
las siguientes preguntas.

1. ¿Por qué se escriben biografías?
2. ¿Qué tipos de personas se escogen para las biografías?
3. ¿En qué consiste una buena biografía?
4. ¿Qué elementos o tipo de información contiene una biografía? Hagan una lista de cinco elementos.

Parte B: Ahora, en parejas, comparen su lista de tipos de información con la Organizing information
lista de tipos y preguntas que aparece abajo. ¿Creen que hay que incluir más
elementos?

1. **Nacimiento:** ¿Dónde nació? ¿Cuándo nació?
2. **Historia de su familia:** ¿Dóndo vivió su familia? ¿De dónde era su familia? ¿Qué efecto tuvo (o ha tenido) la historia familiar sobre su personalidad y perspectiva sobre la vida?
3. **Fechas claves:** ¿Cuándo empezó sus estudios? ¿Cuándo se casó/divorció/mudó? ¿Cuándo murió?
4. **Educación:** ¿Cómo influyeron sus estudios en su perspectiva sobre la vida?
5. **Experiencias importantes:** ¿Cómo influyeron sus experiencias en su perspectiva sobre su vida?
6. **Metas y objetivos:** Cuando era joven, ¿qué quería hacer? ¿A qué se dedicó?
7. **Personalidad:** ¿Qué tipo de persona era? ¿Cómo era?
8. **Creencias:** ¿En qué creía? ¿Qué era lo más importante de su vida?
9. **Éxitos:** ¿Qué pudo o quiso hacer en la vida? ¿Qué éxitos o logros tuvo?
10. **Remordimientos:** ¿Qué iba a hacer o quería hacer que nunca pudo hacer? ¿Qué hizo que lamentaba o se arrepintió de haber hecho?

ESTRATEGIA DE REDACCIÓN

Providing Smooth Transitions

Transition words provide the glue that holds a piece of writing together.
Transition words often refer to sequence; however, there are others that can
be used to express other types of relations and that can be important for
describing and explaining actions in a biography.

así que...	so . . . (*result*)
como resultado	as a result
entonces	so (*logical result*)
por eso	that's why
por lo tanto	therefore
sin embargo/no obstante	however
a pesar de (eso)	despite, in spite of (that)

Actividad 22 **La inmigración y sus consecuencias** **Parte A:** La biografía de los inmigrantes y de sus descendientes suele ser muy marcada por su historia de inmigración. Por ejemplo, en la Lectura 1 leímos una reseña biográfica de Celia Cruz, para quien el tema de la inmigración tuvo gran importancia. Termina las siguientes oraciones con una expresión de transición apropiada.

1. Celia se opuso a Fidel Castro, _____ decidió abandonar su país y emigrar a los Estados Unidos.

2. Celia salió de Cuba en 1960. _____ ella nunca olvidó su país de origen y lo recordó en casi todos sus conciertos.

3. A diferencia de algunos inmigrantes, Celia no quería salir de su país de origen. _____ conservó una gran nostalgia por Cuba y todo lo cubano durante sus más de cuarenta años en los Estados Unidos.

4. Los antepasados y parientes de Celia eran de origen africano y eran santeros, _____ ella también era santera y cantaba música afrocubana.

Parte B: En grupos de tres, completen las siguientes actividades sobre la biografía y la inmigración.

1. Hagan una lista de inmigrantes famosos (del pasado o del presente) cuyas vidas son muy interesantes para Uds.

2. Escojan una de esas personas. ¿Qué efectos tuvo la inmigración sobre su vida? Den dos ejemplos.

Actividad 23 **La investigación y la escritura** Ahora escoge a un/a inmigrante famoso/a y escribe una breve biografía. Puede ser un/a pariente o una persona famosa que identificaron en la actividad anterior. Presta atención a las siguientes sugerencias al preparar la biografía.

1. Usa Internet o enciclopedias para encontrar información sobre la persona.

2. Decide qué efectos tuvo la inmigración sobre su historia familiar y personal.

3. Decide qué es lo más interesante o lo más importante de su vida.

4. Decide la relación entre sus logros y su experiencia como inmigrante. ¿Tuvo éxito o problemas a causa de ser inmigrante o a pesar de ser inmigrante?

5. Decide qué información hay que incluir en la biografía y qué información se puede excluir y escribe su biografía.

Capítulo 5

Latinos americanos

◄ Juan Luis Gómez Pereira
Lugar de nacimiento: Guanajuato, México
Fecha de nacimiento: 1974
Ocupación: Ingeniero civil
Residencia actual: Los Ángeles

► María Eugenia Zamora Li
Lugar de nacimiento: La Habana, Cuba
Fecha de nacimiento: 1989
Ocupación: Estudiante
Residencia actual: Miami

◄ Mercedes Roca Salinas
Lugar de nacimiento: San Antonio, Texas
Fecha de nacimiento: 1974
Ocupación: Banquera
Residencia actual: Houston

► Gonzalo Perales Cruz
Lugar de nacimiento: Ponce, Puerto Rico
Fecha de nacimiento: 1982
Ocupación: Modelo
Residencia actual: Nueva York

www

See the *Fuentes* website for related links and activities:
http://college.hmco.com/languages/spanish/students

Activating background knowledge

Actividad 1   **¿De quiénes estamos hablando?**   **Parte A:** En parejas, definan cada término y digan los idiomas que se hablan en cada grupo.

hispanos   hispanoamericanos
latinos   latinoamericanos
mexicanos   mexicoamericanos
chicanos   centroamericanos
caribeños   suramericanos
cubanos   cubanoamericanos
puertorriqueños   neorriqueños
norteamericanos   americanos

Parte B: Miren las fotos e información de la página anterior y digan cuáles de los términos de la Parte A se pueden usar para caracterizar a cada individuo. ¿Son todos inmigrantes?

Lectura 1: Una entrevista

Guessing meaning from context

Actividad 2   **Palabras y nombres**   Busca una definición de la primera lista que corresponda con una palabra en negrita de las oraciones. Luego escribe la letra de la definición en el espacio. Estas palabras aparecen en la entrevista que vas a leer sobre el spanglish.

a. dos autores del siglo de oro de España, famosísimos por su uso elegante del español
b. la Real Academia (de la Lengua) Española, institución oficial fundada en Madrid en 1713 que publica diccionarios y gramáticas
c. un lenguaje muy coloquial y poco prestigioso que cambia rápidamente
d. desear algo que tiene otra persona
e. el sistema de computadoras conectadas por medio de la telecomunicación
f. un golpe en la cara
g. palabra o frase que se identifica o se asocia con un grupo u organización

1. _____ En el mundo hispano, el diccionario de mayor prestigio es el publicado por la **RAE.**

2. _____ El **lema** de la RAE es "limpia, fija y da esplendor".

3. _____ En el mundo hispano, las obras de **Góngora** y **Quevedo** se consideran ejemplos del buen uso del español.

4. _____ Los estudiantes universitarios tienen fama de usar mucho **argot,** como "uni", "biblio" y "facu".

5. _____ El español se usa cada vez más para el envío de mensajes electrónicos en la **red.**

6. _____ Muchas personas **envidian** a Bill Gates por su dinero y su poder.

7. _____ En las películas tradicionales de Hollywood, las mujeres enojadas les daban **bofetadas** a los hombres "frescos".

ESTRATEGIA DE LECTURA

Recognizing Symbols, Similes, and Metaphors

When reading, you must be careful not to take everything too literally. Many words and expressions are used for their symbolic potential. A symbol (**un símbolo**) signifies or represents something else, often more powerfully than a direct reference. For example, the skull and crossbones is a visual symbol used to warn of dangerous poisons. Similes and metaphors are comparisons between elements, which are often used with symbolic significance in writing. A simile (**un símil**) is explicit and uses the words *like* or *as* (**como**): *He's as cold as ice.* A metaphor (**una metáfora**) directly equates two elements <u>without</u> the use of *like* or *as*: *All the world's a stage.* Symbols, similes, and metaphors are used in all types of writing, though they are especially frequent in songs and poetry.

Actividad 3   Más allá de lo literal   Parte A: En parejas, miren el título y la foto del artículo y comenten las siguientes preguntas.

Activating background knowledge, Predicting

1. ¿Qué simboliza el título?
2. ¿De qué va a tratar la lectura?
3. ¿Qué opinan del spanglish? ¿Quiénes lo hablan?
4. ¿Conocen algún ejemplo de spanglish?

Parte B: Mientras lees individualmente, subraya las palabras o expresiones que se usan como símbolos, símiles o metáforas.

Active reading, Identifying symbols, similes and metaphors

"¿Cómo estás you el día de today?"

Entrevista con Ilán Stavans

Ima Sanchís, *La Vanguardia*

Nacido en Ciudad de México, Ilán Stavans es profesor en Amherst College, Massachusetts, donde tiene la primera cátedra de spanglish en Estados Unidos.

—*Buenas tardes, señor Stavans.*

—Hallo, gringa. ¿Cómo estás you el día de today?

—*Sin respuesta.*

—Verá, el spanglish no son sólo unas cuantas palabras en argot, es un mestizaje verbal entre el inglés y el español, un cruce de dos lenguas y dos civilizaciones. Es una revolución subversiva. ¿Y sabe qué es lo mejor?

—*Pues no.*

—Que el spanglish va más allá de la clase social, la raza, el grupo étnico y la edad. Lo hablan 40 millones de personas.

—*¿Y cuándo empezó a hablarse?*

—En 1848, en el momento en que México le vende por 15 millones de dólares a Estados Unidos dos terceras partes de su territorio con sus pobladores. Luego en 1898 la guerra hispano-americana arraiga todavía más la cohabitación verbal y cultural.

—*Pero otras lenguas han desaparecido de Estados Unidos.*

—Sí, el alemán, el francés, el polaco, el ruso, el italiano o el yiddish terminaron por desaparecer a partir de la segunda generación de inmigrantes. Sin embargo, el castellano tiene muchísima presencia, hay más emisoras de radio en California que en toda Centroamérica, dos cadenas nacionales de televisión y periódicos de amplia difusión.

—*¿Escriben y hablan en spanglish?*

—Sí, el otro día en un diario puertorriqueño leí: "Una de las actividades favoritas de la región es el

▲ Ilán Stavans

jangueo en los malls..."
—¿Y qué significa?
—Janguear, que viene del verbo inglés "to hang out", significa pasar el rato, divertirse, perder el tiempo. En su mayoría esas expresiones son adaptaciones literales del inglés, como "llamar pa'tras", que viene de "to call you back"; o "vacunar la carpeta", que significa pasar el aspirador por la alfombra.
—*La RAE no debe estar muy contenta.*
—No, pero es absurdo. ¿Cuál es el español puro y legítimo, el de Góngora y Quevedo? ¿Y quién lo habla en la actualidad? Que el lema de la RAE sea todavía el de "limpia, fija y da esplendor" me parece ofensivo.

—*¿Y cómo lo llevan los americanos?*
—En algunos estados se ha llegado a promulgar la ley English Only, pero EE.UU. es un país bilingüe... La realidad está en la calle y también tiene mucho que ver con los webones.
—*¿?*
—Los que se pasan todo el día conectados a la red... Pero todos somos webones, la cultura se ha webatizado en los últimos diez años.
—*¿Ciber-spanglish?*
—Sí, un lenguaje que se disemina por todo el mundo. Incluso ustedes hablan de "chatear" en lugar de charlar, del "maus" en lugar del ratón y "printean" en vez de imprimir.
—*¿Y los anglosajones hablan spanglish?*
—En los últimos años muchos lo hablan porque es muy cool.
—*¿Se ha puesto de moda?*
—Muchísimo. Veo que esa palabra la conoce. ¿Conoce coolísimo?
—*Ésa ya no.*

—Es un mexicanismo. Y los cubanos llaman al traidor "kenedito". El spanglish tiene muchas tipologías según el territorio en el que se desenvuelve; está el dominicanish, el spanglish cubano, el chicano.
—*¿Y hay literatura?*
—Hay novelas escritas en spanglish que tiran 3.000 ejemplares y los poetas nuyorriqueños están empezando a destacar.
—*¿Se convertirá en un idioma?*
—Yo creo que tiene futuro. Hay mucho que escribir y que soñar, y cuando se sueña en spanglish el sabor de los sueños es distinto, es más divertido porque es un idioma muy imaginativo, muy creativo, muy espontáneo, muy libre, se parece al jazz.
—*¿Y usted? ¿Se ha lanzado a hablar en spanglish?*
—Antes de que me entrara esta pasión por el spanglish tenía la sensación de vivir

𝒲e la gente de los Unaited Esteits, pa'formar una unión más perfecta, establisheamos la justicia, aseguramos tranquilidá doméstica, provideamos pa'la defensa común, promovemos el welfér, y aseguramos el blessin de la libertad de nosotros mismos y nuestra posterity, ordenando y establisheando esta Constitución de los Unaited Esteits de América.

▲ ¿Se debe usar el spanglish en documentos importantes?

encerrado en dos prisiones, la del idioma español y la del idioma inglés.

—*Así que estudiaba el spanglish, pero no lo hablaba.*

—Sí, y envidiaba a la generación de mis sobrinas y a mis estudiantes porque hablaban spanglish, pero

yo como profesor y como intelectual tenía que mostrar la corbata, el buen corte de pelo, el afeitado...

—*¿Se atrevió?*

—Sí, de repente me lancé y decidí utilizarlo incluso en mis clases, y en ese momento una libertad interior me invadió... Le pare-

cerá una estupidez, pero soy más feliz.

—*¿Difícil atraparlo en un diccionario?*

—Sí, se reinventa continuamente. Yo sé que en el momento en que se publique mi diccionario, el idioma se habrá transformado nuevamente.

—*Pues dígame: a día de hoy, ¿qué se le dice a una mujer para conquistarla?*

—"Olle, yo te lovyu muchísimo", y si no te da una bofetada es que la has conquistado.

Actividad 4   ¿En qué consiste el spanglish?   **Parte A:** Los expertos dicen que el spanglish consiste en dos tipos de mezcla:

Analyzing

- **los préstamos:** palabras o expresiones tomadas de un idioma y usadas en otro, típicamente con cambios de pronunciación y forma. Por ejemplo, el inglés usa varios préstamos del español: *burrito, taco, tapa, patio, plaza, ranch*. Las traducciones literales también son préstamos.

  préstamo = borrowing or loanword

- **el cambio de código:** la alternancia entre un idioma y otro, entre oraciones, dentro de una oración o con una sola palabra; cada palabra, expresión u oración mantiene su pronunciación y gramática original: "María llegó tarde. *I was really angry.* Siempre está *promising* cosas, pero *then she doesn't follow through*."

  cambio de código = code-switching

En grupos de tres, decidan qué tipo de mezcla se usa en cada ejemplo tomado de la entrevista con Ilán Stavans.

1. ¿Cómo estás *you* el día de *today*?
2. el jangueo en los malls
3. vacunar la carpeta
4. chatear, maus, printear
5. llamar pa'trás

pa'trás = **para atrás** = back, backwards

Parte B: En grupos de tres, contesten las siguientes preguntas sobre el cambio de código.

1. ¿Por qué no aparecen muchos ejemplos del cambio de código en la entrevista?
2. ¿Qué requiere el cambio de código que no requiere el uso de los préstamos?
3. Muchos dicen que se usa el spanglish porque sus hablantes no saben usar ni inglés ni español. ¿Creen que esto es verdad?

Actividad 5   Siete ideas populares   Las siguientes oraciones representan creencias populares sobre el spanglish. Después de leer la entrevista, imagina que eres Ilán Stavans y responde a cada idea.

Skimming and scanning, Summarizing

1. El spanglish no es más que un argot.
2. El spanglish sólo lo usan los pobres y los ignorantes.
3. El spanglish es un fenómeno muy reciente.
4. El spanglish se habla igual en todas partes.
5. El español y el spanglish van a desaparecer pronto en los Estados Unidos.
6. El spanglish se habla pero no se escribe.
7. El español siente la influencia del inglés sólo en los Estados Unidos.

Distinguishing fact from opinion

Actividad 6   Diferencias de opinión   **Parte A:** El spanglish es un tema que inspira reacciones muy fuertes en diferentes personas y grupos. En parejas, comenten las siguientes preguntas.

1. ¿Qué opina la RAE del spanglish? ¿Por qué?
2. ¿Qué opina Ilán Stavans? ¿Cómo se sentía antes de usar el spanglish en sus clases? ¿Cómo se siente ahora? ¿Por qué?
3. ¿Qué opinaban Uds. del spanglish antes de leer la entrevista? ¿Qué opinan ahora? ¿Por qué?
4. ¿Qué opina su profesor/a del spanglish? ¿Por qué?
5. En su opinión, ¿por qué surgió el spanglish? ¿Por qué se sigue usando?
6. ¿El spanglish va a sobrevivir en este país? ¿Por qué?

Recommending

Parte B: En parejas, completen las siguientes oraciones según la información dada en la entrevista y la información que ha salido durante la discusión en clase.

1. La Real Academia Española les exige a los hispanohablantes que...
2. Ilán Stavans les recomienda a los hablantes que...
3. Nosotros les aconsejamos a los otros estudiantes de la clase que...
4. Nuestro/a profesor/a nos pide que...

Cuaderno personal 5-1

¿Tiene más sentido llamar esta mezcla lingüística spanglish, espanglish o espanglés? ¿Por qué? ¿Hay otras posibilidades?

Lectura 2: Panorama cultural

Building vocabulary

Actividad 7   La palabra adecuada   Estudia la siguiente lista de palabras y expresiones de la lectura "La cara hispana de los Estados Unidos", y luego termina las oraciones de la página 81.

el crisol	melting pot
el desafío	challenge
el desempleo	unemployment
fomentar	to encourage, to promote
la herencia	heritage; inheritance
hispanohablante/hispanoparlante	Spanish-speaking, Spanish speaker
humilde	humble, modest, lowly
el orgullo	pride

1. Desde los años 60, los miembros de grupos étnicos de los Estados Unidos han mostrado más _____ de sus orígenes e historia.

2. Desde los años 70 _____ ha sido un gran problema en varias de las antiguas ciudades industriales del noreste de los Estados Unidos.

3. Los habitantes de gran parte de los Estados Unidos y Canadá son angloparlantes, mientras que los habitantes de Honduras, Venezuela y Uruguay son _____.

4. En los Estados Unidos la imagen o metáfora dominante para describir o comprender los procesos de inmigración y americanización es _____.

5. La comida es un aspecto esencial de _____ cultural de muchas comunidades de inmigrantes.

6. En las comunidades hispanas de los Estados Unidos existen organizaciones para _____ la cooperación y la ayuda mutua.

7. Con frecuencia, los inmigrantes son personas _____, sin mucho dinero ni otras ventajas como estudios avanzados.

8. Para la sociedad norteamericana es un gran _____ facilitar la convivencia entre tantos grupos étnicos diferentes.

Actividad 8   ¿Qué saben Uds. de los hispanos? En grupos de tres, contesten y comenten las siguientes preguntas. Luego, lean la siguiente lectura para ver si contestaron correctamente las preguntas 2, 3 y 4. ¿Hay información que les llame la atención?

Activating background knowledge, Active reading

1. ¿Conocen a algunos hispanos? ¿De dónde son? ¿Qué idioma hablan?
2. ¿En qué partes de los Estados Unidos viven los hispanos?
3. ¿De dónde son los hispanos que viven en los Estados Unidos?
4. ¿Cuándo llegaron los primeros hispanos a los Estados Unidos?

La cara hispana de los Estados Unidos

Nueva York, Miami, Los Ángeles, Chicago, San Antonio... Por todo el país encontramos evidencia de que los Estados Unidos son un país multilingüe y multicultural. La nación tiene una larga tradición de abrir sus puertas a los extranjeros, y durante las últimas décadas ha visto la entrada
5 de un número mayor de inmigrantes que durante cualquier época anterior. La mayor parte de ellos han llegado de Latinoamérica y el Caribe, y de éstos, la gran mayoría habla español. Su presencia ha hecho de los Estados Unidos el quinto de los países de habla española, y su llegada en masa ha convertido a los hispanos en el grupo étnico más grande del país, con unos
10 40 millones de personas de origen hispano. No obstante, es erróneo verlos a todos como miembros de un solo bloque monolítico, ya que su país de origen no es siempre el mismo, no todos son inmigrantes, no todos hablan español y no todos se identifican de la misma manera.

Los cuatro primeros países hispanohablantes: México, España, Colombia y Argentina.

La creciente población hispana de EE.UU.: 22.000.000 (1990), 35.000.000 (2000), 44.000.000 (2010), 55.000.000 (2020). La población hispana de Canadá: casi 1.000.000 de los 30.000.000 de canadienses (2000).

la guerra de 1846 = the Mexican American War. La guerra terminó con el Tratado de Guadalupe Hidalgo y les cedió a los EE.UU. los territorios de Nuevo México, Arizona, California, Nevada, Utah y parte de Colorado.

Anglosajón = una persona de origen europeo que no es hispana.

chicanos = término preferido por muchos mexicoamericanos nacidos en EE.UU., que también se asocia con una tradición de protesta política.

la guerra de 1898 = the Spanish American War (between Spain and U.S.)

Boricua (puertorriqueño) y **Borinquen** (la isla de Puerto Rico) son términos que usaban los taínos, habitantes originales de la isla.

Estado Libre Asociado = Commonwealth

Orígenes de la población hispana de los Estados Unidos

Los primeros hispanos "americanos" fueron los mexicanos, quienes estaban
15 establecidos desde 1598 en los territorios que perdió México después de la guerra de 1846. El núcleo español/mexicano más importante era el de Nuevo México, pero, por lo general, la región del suroeste tenía una población escasa hasta la segunda mitad del siglo XIX, cuando llegaron numerosos pioneros anglosajones. A principios del siglo XX, empezaron a llegar inmi-
20 grantes mexicanos que cruzaban la frontera para trabajar en la nueva indus- tria agrícola de California y para construir y mantener los ferrocarriles. En un principio, los hispanos del suroeste vivían y trabajaban en el campo, donde no tenían acceso ni a la educación ni a las demás oportunidades que ofrecía la ciudad. Sin embargo, a partir de los años 60, este grupo comenzó
25 a urbanizarse a grandes pasos. Ahora, la gran mayoría de la población de origen mexicano vive en las ciudades, y un número creciente de ellos forma parte de la clase media. Al mismo tiempo, la llegada de inmigrantes mexicanos ha continuado y ha convertido a los mexicoamericanos y chi- canos en el grupo hispano más importante de Estados Unidos.
30 A diferencia de los mexicanos, los puertorriqueños o boricuas han lle- gado a los Estados Unidos siendo ya ciudadanos estadounidenses. La isla de Puerto Rico fue convertida en territorio de los Estados Unidos después de la guerra de 1898; en 1917 sus residentes fueron declarados ciudadanos de este país, y en 1948 la isla fue declarada Estado Libre Asociado.
35 Después de 1945, se inició una migración masiva de puertorriqueños a las ciudades del norte, especialmente a Nueva York, donde se necesitaban tra- bajadores industriales. Los puertorriqueños llegaron con vistas a mejorar

► Las identidades y las lealtades hispanas son diversas y cambiantes. Aquí, un niño latino lleva ropa mexicana tradicional mientras agita una bandera tejana durante las celebraciones del Día de la Independencia de Texas, en Austin, Texas.

sus posibilidades económicas, las cuales se hallaban limitadas en la isla debido al constante desempleo. Con el pasar de los años, muchos puerto-
40 rriqueños pudieron abandonar los barrios pobres de Nueva York y formar parte de la clase media, dispersándose por otras partes de los Estados Unidos, al mismo tiempo que gran número de profesionales huían de la isla y se extendían por el país. Por otro lado, muchos pobres sin formación profesional se quedaron atrapados en los barrios pobres de las ciudades
45 norteñas después del declive del sector industrial en los años 70. Actualmente, la comunidad boricua de Nueva York, más que ninguna otra comunidad hispana, se ve plagada de problemas de pobreza y desempleo. A pesar de estos problemas, los "nuyoricans" mantienen un fuerte orgullo étnico y luchan por curar los males que afligen a su comunidad.
50   Los cubanos forman el tercero de los tres grandes grupos hispanos de los Estados Unidos. Los primeros inmigrantes cubanos se escaparon del régimen comunista de Fidel Castro después de 1959 y llegaron a Miami y Nueva York como refugiados políticos. A diferencia de otros grupos de inmigrantes, los primeros inmigrantes cubanos eran en su mayoría de las clases alta y media y
55 trajeron consigo conocimientos y experiencia de las profesiones y los nego-cios. Pronto se dieron cuenta de que no podían volver a Cuba y se dedicaron a crear una nueva vida. Su éxito ha sido notable: llegaron a extender sus nego-cios a toda Latinoamérica y convirtieron a la ciudad de Miami en una de las principales capitales financieras del continente. El panorama cambió algo a
60 partir de 1980, cuando empezaron a llegar cubanos de origen más humilde, pero los cubanoamericanos siguen constituyendo hoy día el único grupo his-pano de los Estados Unidos que, por lo general, disfruta de un nivel de vida parecido al de los americanos anglosajones.

La forja de la cultura latina en los Estados Unidos

Además de las tres comunidades principales de hispanos en los Estados
65 Unidos, hay varios millones de inmigrantes de diversos países, como la República Dominicana, Colombia, Ecuador, Guatemala, Honduras, El Salvador y Nicaragua. Sus razones de emigrar a los Estados Unidos varían según el país de origen. Los disturbios políticos han causado el éxodo de algunos, pero por lo general, la oportunidad económica ha atraído a los
70 demás. En todos los centros de población hispana, la presencia de estos inmi-grantes ha contribuido a crear y extender el concepto de comunidad latina o hispana, a diferencia de la estrictamente mexicana, cubana o puertorriqueña.
  La nueva identidad latina se ve expresada en su producción cultural. La salsa, música creada entre las islas caribeñas y Nueva York, combina ritmos
75 de muchos países sin ser de ninguno de ellos. En la literatura, autores como Sandra Cisneros (chicana de Chicago), Cristina García (cubana de Miami), Oscar Hijuelos (cubano de Nueva York) y Tato Laviera (puertorriqueño) publican libros que tratan de las experiencias de los latinos en los Estados Unidos. El arte mural que durante mucho tiempo se asoció sólo con México,
80 ahora se ha convertido en medio de expresión no sólo de la comunidad chicana sino de otras comunidades hispanas, sobre todo la puertorriqueña.
  El gran desafío que la cultura latina ha presentado al país ha sido su ataque a la imagen y al mito del gran crisol norteamericano. En vez de acep-tar la supuesta necesidad de abandonar su propia cultura para asimilarse y
85 desaparecer dentro de la cultura dominante de los Estados Unidos, muchos latinos, junto con los representantes de otras minorías, han propuesto un

Los residentes de Puerto Rico eligen a sus líderes locales y participan en las fuerzas armadas de los EE.UU., pero no votan para elegir presidente de los EE.UU. ni pagan impuestos federales.

La palabra **barrio** significa vecindario, pero en los EE.UU. tiene la connotación negativa de *ghetto*.

Roberto Goizueta, antiguo presidente de Coca-Cola, inmigró a los EE.UU. después de 1959.

Miami es la "capital cubana" de EE.UU. Se caracteriza por el bilingüismo, aunque no se reconoce a nivel oficial, y ha tenido más de un alcalde de origen cubano.

► El arte mural empezó como forma de expresión de la comunidad mexicoamericana, pero se ha extendido a otros grupos latinos. Este mural celebra la vida cultural puertorriqueña del Barrrio (*East Harlem*) en Nueva York.

modelo según el cual los distintos grupos étnicos pueden conservar su cultura y su lengua, formando así una "ensalada" o un "mosaico" cultural que permite la diferencia dentro de la unidad. Conservando su lengua y su cul-
90 tura no sólo mantienen viva la herencia de sus antepasados, sino que aportan a su país adoptivo la riqueza de una población bilingüe y bicultural.

La realidad, sin embargo, es que, a pesar de las apariencias, los latinos están asimilándose y adoptando el inglés como otros grupos inmigrantes. Lo que los diferencia de los grupos anteriores es que conservan el uso de la
95 lengua materna a la vez que aprenden el inglés. Esto ocurre por varias razones: la inmigración de los hispanos es superior a la de cualquier grupo anterior; el número de hispanohablantes y la constante llegada de nuevos inmigrantes fomentan el uso continuo del español; el avión, el teléfono e Internet hacen posible mantener fácilmente el contacto con la tierra natal,
100 cosa que no ocurría con los inmigrantes anteriores. Además, el concepto del multiculturalismo que surgió de los movimientos de los años 60, también ha fomentado una nueva actitud hacia la diferencia cultural al ver en ella un motivo de orgullo. Todos estos factores han contribuido a mantener vivo el uso del español en los Estados Unidos, pero la realidad es que la mayoría de
105 los hijos de los inmigrantes aprenden a usar el inglés junto con el español, y que los nietos ya tienen el inglés como primer, y a veces, único idioma. De hecho, los autores latinos más importantes tienden a escribir mayormente en inglés.

La importancia de la población hispana es innegable. Se manifiesta en
110 la elección de numerosos candidatos políticos de origen latino y en una mayor dispersión de su influencia cultural y económica. Los hispanos, como tantos grupos anteriores, están haciendo contribuciones importantes a la cultura de los Estados Unidos, cambiándola al mismo tiempo que se asimilan a ella. De hecho, la mutua adaptación y asimilación entre la
115 sociedad mayoritaria de los Estados Unidos y su minoría principal es uno de los grandes desafíos del siglo XXI.

Actividad 9 Los tres grupos originales   **Parte A:** Asocia cada uno de los
siguientes rasgos o hechos con los mexicanos o mexicoamericanos (M), los
cubanos o cubanoamericanos (C) o los puertorriqueños (P).

Scanning

1. _____ antepasados que llegaron antes del siglo XIX
2. _____ la revolución de 1959, refugiados políticos
3. _____ ciudadanos de los Estados Unidos antes de llegar
4. _____ la guerra de 1846 y el Tratado de Guadalupe Hidalgo
5. _____ la guerra de 1898, el Estado Libre Asociado
6. _____ Miami y Nueva York, una comunidad comercial de gran éxito
7. _____ Nueva York y ciudades norteñas, dispersión de la clase media por
   los EE.UU.
8. _____ la industria agrícola y los ferrocarriles del suroeste, urbanización
   posterior

Parte B: En parejas, reconstruyan la historia de uno de los tres grupos
principales, usando como base la lista de detalles de la Parte A.

Summarizing

Actividad 10 Una nueva identidad   En grupos de tres, contesten las
siguientes preguntas.

1. ¿En qué sentido es nueva la identidad latina?
2. ¿A qué se debe esta nueva identidad?
3. ¿Cuáles son algunas manifestaciones de la cultura latina?
4. ¿Cuál es el problema o desafío que presenta la cultura latina en los Estados
   Unidos?
5. ¿Creen que va a sobrevivir la cultura latina o representa sólo un paso hacia
   la asimilación total?

Actividad 11 ¿Americanización?   **Parte A:** En la historia de los Estados
Unidos, la mayoría de los inmigrantes se han asimilado a la cultura dominante.
En parejas, digan cuáles de los aspectos siguientes u otros son los más
importantes para mostrar que se es plenamente norteamericano. Si es posible,
usen expresiones como **Se habla..., Se viste..., Se come..., Se maneja...**

la comida (las bebidas)	tener ciudadanía legal
la ropa	tener hijos nacidos en Estados Unidos
manejar un carro	estar casado/a con un/a norteamericano/a
otras costumbres (¿cuáles?)	tener padres norteamericanos
el número de años que lleva	hablar inglés
en los Estados Unidos	no hablar otro idioma
tener pasaporte	

Parte B: En parejas, comenten las siguientes preguntas.

1. ¿Es posible ser latino (o chino, coreano, ruso, etc.) y norteamericano al
   mismo tiempo? ¿Por qué sí o no?
2. ¿Qué significa ser "plenamente (norte)americano"?
3. ¿Es posible definir una identidad latina —diferente de la "angloamericana"—
   a base de lo que se habla, se come o se viste?

Actividad 12 **¿Cómo debe ser?** En parejas, contesten las siguientes preguntas, imaginándose que son de El Salvador y que llegaron a los Estados Unidos a la edad de 13 años.

1. ¿Hablan mejor español o inglés?
2. ¿Se identifican como salvadoreños, hispanos, latinos u otra cosa?
3. ¿Se sienten "americanos"?
4. ¿Qué opinan de la cultura y las personas norteamericanas?
5. ¿Qué opinan de su cultura salvadoreña?

Cuaderno personal 5-2

¿Cómo ves a la sociedad norteamericana, como un crisol o como un mosaico (o una ensalada)? ¿Crees que a largo plazo los latinos van a mantener una identidad distinta o van a asimilarse completamente a la cultura general?

VIDEOFUENTES

¿Cómo refleja la experiencia personal de John Leguizamo la historia de los grupos hispanos en los Estados Unidos? ¿Las opiniones de Leguizamo sobre los hispanos reflejan o contrastan con las perspectivas presentadas en la lectura "La cara hispana de los Estados Unidos"? ¿Cómo?

Lectura 3: Literatura

ESTRATEGIA DE LECTURA

Approaching Poetry

Poetry is often written to express deep feelings. Relative to prose writing, it is marked by its careful, limited use of vocabulary and powerful use of symbols. Fewer words and more metaphors can make interpretation more challenging and more interesting. Some familiarity with the topic and with basic poetic devices (**recursos poéticos**) can aid comprehension. Many poems are characterized by:

- a rhythmic use of language (**el ritmo**)
- the grouping of words into lines (**versos**), stanzas (**estrofas**), and refrains or repeated lines (**estribillos**)
- the repetition (**la repetición**) of sounds, words, phrases, or structures to emphasize important aspects
- rhyme (**la rima**)
- frequent use of metaphors (**metáforas**) and symbols (**símbolos**)

This poem, actually the lyrics of a song by Willie Colón and Héctor Lavoe, contains examples of some poetic devices.

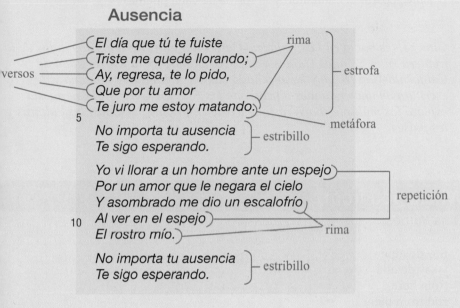

Ausencia

versos

rima

El día que tú te fuiste
Triste me quedé llorando;
Ay, regresa, te lo pido,
Que por tu amor
Te juro me estoy matando.

estrofa

5

metáfora

No importa tu ausencia
Te sigo esperando.

estribillo

Yo vi llorar a un hombre ante un espejo
Por un amor que le negara el cielo
Y asombrado me dio un escalofrío
10   Al ver en el espejo
El rostro mío.

repetición

rima

No importa tu ausencia
Te sigo esperando.

estribillo

Actividad 13   Dos poemas bilingües   Los dos poemas que Uds. van a leer fueron escritos por hispanos de los Estados Unidos y hablan de sus experiencias bilingües y biculturales. Teniendo en cuenta esta información, en parejas, hagan una lista de temas, ideas o elementos que piensan que van a aparecer en estos poemas.

Actividad 14   Contenido y forma   **Parte A:** Lee los dos poemas "Where you from?" y "Bilingual Blues". Después, en parejas, decidan las semejanzas y las diferencias entre los dos poemas, enfocándose en los siguientes aspectos.

Approaching poetry

- el origen del/de la poeta: ¿De dónde es?
- su mensaje: temas y sentimientos
- el uso del inglés y el español: ¿Por qué se usan los dos? ¿Cuándo se usa cada uno? ¿Cuál domina?
- el tono: enojado, amargado, triste, cómico, juguetón, serio, irónico, nostálgico

Parte B: En parejas, identifiquen los recursos poéticos que emplea cada poema. Busquen por lo menos un ejemplo de cada uno de los siguientes recursos.

	"Where you from?"	"Bilingual Blues"
el estribillo		
la repetición de palabras o expresiones		
la rima o la repetición de sonidos		
el ritmo		
símbolos o metáforas		

Parte C: En parejas, identifiquen las relaciones entre el contenido del poema y su forma. ¿Cómo refleja y refuerza la forma las ideas contenidas en el poema? ¿Es posible separar el contenido y la forma de cada poema?

Gina Valdés nació en Los Ángeles, California y se crio a los dos lados de la frontera entre Estados Unidos y México. Estudió en la Universidad de California–San Diego y ha enseñado cursos de literatura chicana y de escritura en universidades a través de los Estados Unidos. En su poesía explora las múltiples barreras que existen entre las personas, las culturas y los países.

Where you from?
Gina Valdés

Soy de aquí
y soy de allá
from here
and from there
5   born in L.A.
del otro lado
y de éste
crecí en L.A.
y en Ensenada
10 my mouth
still tastes
of naranjas
con chile
soy del sur
15 y del norte
left-handed ("wrong, clumsy")   creí zurda°
affected by the cold north wind y norteada°
cruzando fron
teras crossing
20 San Andreas
stuttering   tartamuda°
dizzy   y mareada°
where you from?
soy de aquí
25 y soy de allá
I didn't build
this border
that halts me
the word fron
30 tera splits
on my tongue.

▲ Barrera cerca de Tijuana y San Diego que marca la frontera entre México y los Estados Unidos.

Gustavo Pérez Firmat nació en La Habana pero se crio en Miami. Tiene doctorado en literatura comparada de la Universidad de Michigan y enseñó durante muchos años en la Universidad de Duke en Carolina del Norte. Ahora es profesor de la Universidad de Columbia en Nueva York. Además de escribir obras de crítica literaria, se ha dedicado a explorar la vida cubanoamericana a través de la poesía.

Bilingual Blues
Gustavo Pérez Firmat

Soy un ajiaco° de contradicciones   *sopa caribeña de muchos*
I have mixed feelings about everything.   *ingredientes*
Name your tema, I'll hedge;
name your cerca°, I'll straddle it   *fence*
5   like a cubano.
I have mixed feelings about everything.
Soy un ajiaco de contradicciones.
Vexed, hexed, complexed,
hyphenated, oxygenated, illegally alienated,
10   psycho soy, cantando voy:
You say tomato,
I say tu madre;
You say potato,
I say Pototo°.   *Personaje cómico del teatro*
15   Let's call the hole   *cubano*
un hueco, the thing
a cosa, and if the cosa goes into the hueco,
consider yourself en casa,
consider yourself part of the family.
20   Soy un ajiaco de contradicciones.
un puré de impurezas:
a little square from Rubik's Cuba
que nadie nunca acoplará°.   *fit together*
(Cha-cha-chá)

► ¡CHA-CHA-CHÁ!

Making inferences

Actividad 15 Reacciones personales En parejas, comenten las siguientes preguntas.

1. ¿Creen que las fotos que acompañan cada poema representan bien sus ideas? ¿Qué otras imágenes visuales se pueden usar para representar cada poema? ¿En qué línea(s) se basa su selección?
2. Imaginen que alguien quiere usar uno de los poemas como la letra de una canción. ¿Con qué tipos de música se puede combinar cada poema? ¿Cuál les parece mejor a Uds.?
3. Imaginen que Uds. tienen la oportunidad de conocer a uno de los dos poetas. ¿Cuál les parece más interesante como persona? ¿Qué preguntas sobre el poema tienen para ella o él?

Analyzing

Actividad 16 Voces dramáticas Cada poema incluye una variedad de voces: una voz en español, otra en inglés, una voz hispana, otra anglosajona. En grupos de cuatro, hagan una representación dramática de uno de los poemas.

1. Decidan qué voz o voces dice(n) cada línea o palabra, y con qué tono se debe leer cada línea o palabra (con alegría, tristeza, irónicamente, etc.).
2. Asignen cada verso o palabra a una persona o combinación de personas, y practiquen, enfatizando la pronunciación y la expresión.
3. Decidan si los movimientos físicos pueden ayudar a comunicar el significado del poema.

Actividad 17 Una identidad desdoblada **Parte A:** En cada poema se revela una personalidad desdoblada (*split*) entre diferentes fuerzas culturales. En parejas, compartan sus reacciones a las siguientes preguntas.

¿Se pueden sentir igualmente divididas las personas que no son inmigrantes? ¿Cómo? ¿Cuándo?

¿Te has sentido alguna vez "desdoblado" entre diferentes culturas o fuerzas culturales?

Parte B: Individualmente, escribe un breve poema bilingüe en el que expreses tus sentimientos de desdoblamiento o tus diferentes sentimientos respecto a algún aspecto de la vida. Para hacerlo debes:

- decidir el tema y la idea más importante: se puede expresar en una frase repetida o un estribillo
- escoger una metáfora central para expresar la idea principal y la idea de mezcla: se puede usar una imagen basada en una comida y sus ingredientes
- decidir cómo puedes usar la combinación de inglés y español para expresar diferentes perspectivas y sentimientos

Cuaderno personal 5-3

¿Qué símbolo o metáfora representa mejor tus sentimientos sobre tu identidad? ¿Por qué?

Redacción: Una entrevista

ESTRATEGIA DE REDACCIÓN

Interviewing

Interviews are the most effective means of finding out what individuals think about a specific topic. A successful interview begins with planning <u>before</u> the interview.

1. Decide the main topic(s) of the interview. The topic guides all other decisions. For example, for the interview you will conduct, the main topics are Hispanic cultural identity and Spanish language.

2. Find an appropriate Spanish speaker to interview. Explain to your candidate that the interview is for a Spanish class and what it is about, and politely ask if he or she can participate. Tell him/her that you would like to conduct the interview in Spanish but that some English is acceptable. Arrange a mutually convenient time and place for the interview.

3. Develop a list of questions to guide the interview. Decide if you will use both Spanish and English during the interview. Use open-ended questions whenever possible (yes-no questions lead to short, uninteresting answers).

4. Decide how long the interview should last.

5. Decide if you will take notes, record, or videotape the interview.

During the interview you should keep in mind the following tips.

1. Greet and thank your interviewee politely.

2. Ask one clear question at a time.

3. Listen carefully to your interviewee and be flexible. Ask a few questions that are not on your list in order to get more details, or simply respond appropriately to what is being said.

4. Avoid inappropriate and offensive questions. For example, in the interview you will conduct, do not assume that a person of Hispanic background is an immigrant, and do not ask directly about a person's immigration or residency status.

5. Don't talk about yourself: the interview is about what the other person thinks.

After the interview, prepare a written version, keeping in mind the following points.

1. Write up the interview (or at least your notes) as soon after the interview as possible.

2. Decide who your audience is and consider how this should affect your presentation.

3. Think of an interesting title.

4. Decide what parts of the interview are relevant to the topic. Discard those parts which are not.

5. Edit your content. Exclude filler words and sounds such as **este, aahhh, pues..., well, um,** etc. Eliminate unnecessary words or comments, but try not to alter the meaning of what the person said. You may need to change the order of actual questions and answers in order to keep the written version short and interesting.

Planning the interview

Actividad 18 **Quién, dónde, cómo, cuándo** Uds. van a hacer entrevistas con personas hispanas que viven en los Estados Unidos. Las entrevistas deben enfocarse en cuestiones de identidad y lengua. Aunque hay muchas personas hispanas en los Estados Unidos que no hablan español, para esta entrevista deben buscar una persona que hable español. En parejas, respondan a las siguientes preguntas para prepararse.

1. ¿Dónde y cómo se pueden poner en contacto con personas que hablan español?
2. ¿Es necesario grabar la entrevista o es suficiente tomar apuntes?
3. ¿Cuánto tiempo debe durar la entrevista? ¿Cuándo se puede hacer?
4. ¿Se puede usar algo de inglés durante la entrevista?

Preparing interview questions

Actividad 19 **Preguntas apropiadas... e inapropiadas** Es necesario llegar a la entrevista con una lista de preguntas preparadas. En parejas, decidan cuáles de las siguientes preguntas son apropiadas y cuáles no, y expliquen por qué. Una pregunta puede ser inapropiada por ser irrelevante, de poca importancia o por ser (posiblemente) ofensiva.

1. ¿Cómo se llama Ud.?
2. ¿Cuántos años tiene?
3. ¿Tiene familia? ¿Cómo es?
4. ¿De dónde es Ud.? ¿Dónde nació? ¿Cuánto tiempo lleva en Estados Unidos?
5. ¿Cómo se identifica Ud.? (como hispano, latino, American, americano, mexicoamericano, guatemalteco) ¿Se asocia mucho con otras personas de origen _____?
6. ¿Qué tradiciones culturales conserva de [su país de origen]?
7. Generalmente, ¿habla español o inglés?
8. Cuando Ud. era niño/a, ¿qué lenguas se hablaban en su casa?
9. ¿Prefiere Ud. hablar español o inglés? ¿En qué situaciones habla español? ¿e inglés?
10. ¿Ha tenido Ud. problemas o experiencias positivas por hablar español?
11. ¿Ud. mira la televisión o escucha la radio en español? ¿En inglés?

12. ¿Quiere que sus hijos aprendan a hablar español? (¿Es probable que lo hagan?)
13. ¿Qué opina Ud. del spanglish?
14. ¿Qué aspectos de la vida de este país le gustan más? ¿menos?
15. ¿Prefiere la vida en Estados Unidos o en su país de origen?
16. ¿Quisiera hacer un comentario final?

Actividad 20 De lo oral a lo escrito Después de la entrevista, prepara una versión escrita de la entrevista. Imagina que escribes una entrevista para estudiantes de español. Para hacerlo, piensa en los siguientes aspectos.

Writing the interview

1. Decide si tienes mejor información sobre el tema de la identidad o el tema de la lengua. Puedes enfatizar uno de los dos temas.
2. Escribe un título interesante que refleje las opiniones de la persona entrevistada. El título puede ser una cita directa.
3. Decide qué comentarios son más importantes e interesantes. La entrevista escrita no necesita incluir todo lo que se ha dicho en la entrevista oral. Además, es probable que tengas que cambiar el orden de algunas preguntas y respuestas para ayudar a los lectores de tu entrevista escrita.

Capítulo **6**

Dictadura
y democracia

▲ Una manifestación de las
Madres de Plaza de Mayo,
Buenos Aires, Argentina.

See the *Fuentes* website for related links and activities:
http://college.hmco.com/languages/spanish/students

Actividad 1 **Las responsabilidades de un gobierno**　**Parte A:** En grupos

Activating background knowledge

de tres, numeren las responsabilidades de un buen gobierno según su importancia (1 = la más importante; 11 = la menos importante). Después, decidan qué tipo de gobierno —dictadura o democracia— cumple mejor esas responsabilidades.

a. _____ la distribución justa de los recursos de la sociedad

b. _____ el mantenimiento de una economía estable

c. _____ el control del crimen

d. _____ la protección de los derechos humanos

e. _____ el mantenimiento de los valores dominantes de la sociedad

f. _____ la protección de los derechos civiles

g. _____ la conservación del medio ambiente

h. _____ la adquisición de nuevos recursos o territorios

i. _____ el mantenimiento de relaciones de paz con otros países

j. _____ la protección de la salud de los ciudadanos

k. _____ la defensa de las libertades (de palabra, de religión, etc.)

Parte B: La foto de la página anterior es de las Madres de Plaza de Mayo de Argentina. Los hijos de estas mujeres eran, en su mayoría, intelectuales y estudiantes que desaparecieron misteriosamente por protestar contra la junta militar de 1976–1983. Hubo más de diez mil desaparecidos, la mayoría de los cuales murieron después de ser torturados. Las manifestaciones de las madres ayudaron a poner fin a la dictadura y a restaurar la democracia. ¿Qué responsabilidades de la Parte A no cumplió el gobierno de la junta militar argentina?

Actualmente, las madres y abuelas siguen protestando contra la injusticia y mantienen un sitio de web: www.madres.org

Lectura 1: Una reseña de cine

ESTRATEGIA DE LECTURA

Dealing with False Cognates

English and Spanish have many cognates or words that have a similar form and meaning: **posible** = *possible*, **generosidad** = *generosity*. As you've studied, recognizing cognates can make reading much easier. However, some words, though of similar form, have slightly or completely different meanings: **asistir a** = *to attend*, **atender** = *to wait on/pay attention*, **embarazada** = *pregnant*. If you encounter an apparent cognate that does not seem to make sense in a particular context, it is likely to be a false cognate. The context may be sufficient to guess the meaning, but, if not, you will need to look up the word in the dictionary.

Dealing with false cognates, Using the dictionary

La historia oficial se estrenó en el año 1984.

Actividad 2   Amigos falsos   Las siguientes oraciones contienen cognados falsos que aparecen en la reseña de la película *La historia oficial*. Piensa en el contexto de la oración para adivinar el significado de cada palabra en negrita. Luego, busca la palabra en un diccionario bilingüe o en el glosario para ver si adivinaste.

1. En la película, vemos a una madre que le cuenta **historias** a su hija, como las de "El patito feo" y "Los tres cerditos".
2. El director narra la triste historia de una **forma** muy elegante.
3. La actriz Salma Hayek hizo el **papel** de Frida en la película del mismo nombre.
4. La **actuación** de Ian McKellan en *El señor de los anillos* me pareció muy buena.
5. A veces hay **manifestaciones** y protestas cuando se estrena una película de tema político o religioso.
6. A ese actor no le dieron el trabajo porque tenía malos **antecedentes.**

Guessing meaning from context

Actividad 3   Del contexto al significado   Antes de leer la reseña, escribe la traducción de las palabras en negrita, usando el contexto como guía.

1. _____ Cuando vuelvo a casa, siempre digo: "**Hogar,** dulce hogar".
2. _____ Los políticos suelen odiar a los reporteros y otros miembros de la **prensa.**
3. _____ No es lo mismo ver una película en video que en **pantalla** grande.
4. _____ Llegué tarde a la reunión porque **no me di cuenta de** la hora.
5. _____ Él buscó trabajo, pero su **búsqueda** no sirvió de nada.
6. _____ La cuestión de los desaparecidos es un **asunto** muy complicado.
7. _____ La película se basa en una novela, pero el **guion** de la película no fue escrito por el autor de la novela.
8. _____ Arnold Schwarzenegger solía **desempeñar** el papel del macho fuerte.
9. _____ Es una mujer **afligida:** no deja de llorar.

Activating background knowledge

Actividad 4   Los filmes políticos   La siguiente lectura es una reseña de una película argentina de contenido político. Esas películas suelen personalizar la política, es decir, mostrar los resultados de las acciones o pensamientos de un individuo en ciertas situaciones causadas por la política del país. Al mismo tiempo suelen enseñar una lección. En parejas, escojan una película de contenido político y describan su trama y cómo afecta la política a los personajes. ¿Cuál es la moraleja de la película? Posibilidades:

El pianista   *La lista de Schindler*
Malcolm X   *Bowling for Columbine*

Actividad 5   **Durante la lectura**   Mientras lees la reseña tomada de *El Nuevo Herald* de Miami, Florida, busca los siguientes datos.   Active reading

---

La historia oficial

Director:
Guionistas:
Lugar de producción:
Actores y papeles:
Premios recibidos:
Opinión de la redactora de la reseña:

LA HISTORIA OFICIAL

Por Beatriz Parga
Redactora de *El Nuevo Herald*

Ganadora de un Oscar a la mejor película extranjera, *La historia oficial,* una producción sobre el drama de "los desaparecidos" en Argentina, narra la tragedia de una madre que de pronto se enfrenta a esa dolorosa verdad cuando decide averiguar el origen de su hija adoptiva.

Los interrogantes del filme

El drama comienza cuando Alicia, la valiente madre protagonizada en la película por la galardonada actriz Norma Aleandro, empieza a preguntarse la razón por la que su hija adoptiva llegó hasta su hogar, después de ver una manifestación de familiares de los desaparecidos durante la dictadura militar, en la década de los setenta.

Impecable actuación

El papel desempeñado por Aleandro en la película, ha recibido la mejor crítica de la prensa mundial. Además, por su actuación en *La historia oficial,* la actriz argentina obtuvo un Oscar y premios en Cannes, Italia y Cartagena.

Entre los comentarios favorables que ha recibido esta película, se destaca la forma en que el drama fue llevado a la pantalla, en una forma mesurada y digna. La decidida investigación de Alicia sobre los antecedentes de la niña pone fin a su tranquilidad, dentro del ambiente cómodo en el que disfruta de las ventajas propias de una familia de buena posición económica y buenas conexiones.

Ese mundo feliz en el que ella vive, empieza a derrumbarse en la medida que va recogiendo las evidencias y se da cuenta de que una terrible verdad rodea el pasado de la pequeña Gaby, esa niña que desde su adopción se ha convertido en el centro de su vida.

El dolor de una madre

Solamente la angustia y el amor de una madre pueden hacer que la búsqueda se convierta en una faena realizada con la meticulosidad de un diestro investigador. Comenzando por los archivos del hospital donde nació la niña, Alicia empieza a encontrar las verdaderas raíces familiares de la niña que tiene bajo su tutela maternal.

▲ Alicia con su hija adoptiva Gaby.

Todo se complica cuando ella empieza a hacer preguntas, tropezando siempre con la preocupación y el hermetismo de su esposo Roberto, interpretado por Héctor Alterio, artista con otras dos grandes películas en su historia profesional: *Cría cuervos* y *Camila*.

Dudas y conflictos

Las dudas y conflictos de Alicia no encuentran en Roberto respuesta ni apoyo. Poco a poco, se va dando cuenta de que esa verdad que ella quiere descubrir a toda costa, no es vista con buenos ojos por su esposo, que prefiere que el pasado de la niña continúe permaneciendo en el misterio.

Finalmente, Alicia llega hasta la abuela legítima de su hija adoptiva, una mujer afligida que —entre lágrimas— habla de sus recuerdos mientras muestra fotos y papeles arrugados, el único testimonio que le queda de su hija y de su yerno, ambos desaparecidos en una forma inexplicable.

Pero ningún descubrimiento logra impactar tanto a Alicia como el conflicto que surge al sospechar la razón por la que su esposo prefiere el silencio a la descarnada verdad y la pared que se ha interpuesto entre ambos. Mientras que para ella la honesta búsqueda de la verdad es un asunto vital, Roberto está demasiado ligado a las fuerzas paramilitares y a los comerciantes que se han beneficiado de la corrupción oficial.

Desesperado final

Dirigida por Luis Puenzo, con guion de Puenzo y Aida Bortnik, esta película —con subtítulos en inglés— culmina cuando Alicia decide confrontar a su esposo con la verdad y éste reacciona con violencia y crueldad, reprochándole su intromisión en un mundo en el que el silencio es más importante que la misma existencia. Afligida, Alicia se da cuenta de que la búsqueda del pasado de su hija no solamente ha dejado una dolorosa cicatriz en su vida y un interrogante sin respuesta, sino que, además, ha destruido su matrimonio, la ha dejado con un sabor amargo y las manos vacías.

Identifying chronological organization

Actividad 6   La trama de la película   La reseña de *La historia oficial* incluye un resumen bastante completo de la trama (*plot*) de la película. Pon los siguientes sucesos en orden lógico y luego compara tus resultados con los de un/a compañero/a.

a. _____ Un día, Alicia ve una manifestación de las madres de los desaparecidos.

b. _____ Preocupada, se dedica a investigar el pasado de Gaby.

c. _____ También le hace preguntas a su marido, pero él no la quiere ayudar.

d. _____ Entonces, ella se da cuenta de que su marido no quiere que ella descubra la verdad.

e. _____ Como resultado, empieza a pensar en los orígenes de su hija.

f. _____ Alicia y Roberto adoptan a una niña, Gaby.

g. _____ Al final, Alicia se encuentra sola con su dolor.

h. _____ Comienza su búsqueda en los archivos del hospital donde nació la niña.

i. _____ Sin embargo, con el tiempo, Alicia encuentra a la abuela de Gaby, quien le muestra fotos de su hija y su yerno.

j. _____ Después de eso, Alicia confronta a su marido con la verdad y él se pone furioso.

Making inferences, Reacting to reading

Actividad 7   Deducciones y opiniones   En parejas, busquen en la reseña la información que apoye cada una de las siguientes deducciones. Después reaccionen a estas deducciones y a lo que pasó en la película, usando expresiones como **es lamentable / sorprendente / bueno / malo / fantástico / horrible / una pena que...**

▶ Es lamentable que mucha gente de negocios haya apoyado a la dictadura.

1. Al principio de la dictadura, Alicia vivía sin muchas preocupaciones.
2. Bajo la dictadura, los niños recién nacidos de los desaparecidos fueron robados.
3. Muchos miembros del mundo de los negocios apoyaron la dictadura.
4. Hubo diferencias de opinión hasta dentro de las familias.
5. El director de la película hizo una crítica de la dictadura.

Actividad 8   El dolor de varias generaciones   Las acciones de la dictadura tuvieron un impacto terrible sobre la vida de tres generaciones de personas, por lo menos: los abuelos, los hijos/padres y los nietos (como Gaby). En parejas, hagan una lista de efectos, con un efecto para cada generación. Después, expresen su opinión sobre cada efecto, usando expresiones como **nos da pena que...**, **lamentamos que...**, **estamos tristes de que...** Finalmente, expresen un deseo para las víctimas, usando la expresión **esperamos que...**

▶ Es terrible que los abuelos hayan perdido a sus hijos y nietos.

Actividad 9   Mi película   Individualmente, piensa en una película que hace un comentario político. Luego, busca una pareja y cuéntale brevemente la trama de la película. Explícale el comentario político que hace la película y después dile tu opinión de la actuación, del guion, del mensaje y por qué piensas así. Después, escucha los comentarios que hace tu compañero/a sobre su película.

Cuaderno personal 6-1

Imagina que tú eres Alicia al final de la película. ¿Cómo te sientes? ¿Qué vas a hacer?

VIDEOFUENTES

¿En qué se parecen o se distinguen la historia de Gaby en la película y la de Horacio en la vida real? ¿Por qué fue tan importante para Horacio descubrir la verdad? ¿Estás de acuerdo con él?

Lectura 2: Panorama cultural

ESTRATEGIA DE LECTURA

Recognizing Word Families

Many words with similar spelling and meaning share a common stem (**la raíz**) which is found in a base word. The base word is usually a shorter form, often a noun or verb and sometimes an adjective. For example: **enfermar, enfermo/a, un enfermo, enfermedad, enfermero** form a word family. **Enfermar(se)** (*to get sick*) is a verb and **enfermo/a** (*sick*) is an adjective. Either can be considered the base form for others in this group. **Un enfermo** (*a sick person*) is a noun, as are **una enfermedad** (*an illness*) and **un enfermero** (*a nurse*). Though each form has a precise meaning, they are all related to the concept of sickness. By combining your knowledge of base forms with information from the context, you can often guess the exact meaning of related words.

Recognizing word families

Adjectives such as **rico** and **desaparecido** can be turned into nouns: **el rico, los desaparecidos.**

Actividad 10   **Familias de palabras**   **Parte A:** Mira esta lista de palabras emparentadas y decide el significado de cada una. Algunas de sus formas aparecen en la lectura "Política latinoamericana: Pasos hacia la democracia". Si sabes el significado de cada palabra base (la que está en negrita), debes poder adivinar el significado de las otras formas, pero también puedes consultar el glosario o un diccionario.

Sustantivo	Verbo	Adjetivo
el asesinato / el **asesino**	asesinar	asesinado/a
la desaparición	**desaparecer**	desaparecido/a
el desarrollo	**desarrollar**	desarrollado/a
la elección	**elegir**	elegido/a
la (in)estabilidad	estabilizar	(in)**estable**
el gobierno / el gobernador	**gobernar**	gobernado/a
la (des)igualdad	igualar	(des)**igual**
la riqueza	enriquecer(se)	**rico/a**

Parte B: Completa las siguientes oraciones con una forma apropiada de las familias de palabras que aparecen en la Parte A.

1. La _____ económica es una de las causas de la inestabilidad política.
2. Los _____ militares de los años 70 y 80 encarcelaron y torturaron a muchas personas.
3. Se suele decir que el _____ de una tradición democrática requiere tiempo y cierta igualdad social y económica.
4. Decimos que existe un problema de corrupción cuando las miembros de un gobierno usan su posición para _____.
5. El _____ de John F. Kennedy ocurrió en 1963.
6. Entre 1976 y 1983, _____ muchas personas que habían protestado contra la dictadura de Argentina.
7. En el momento actual, casi todos los países latinoamericanos tienen un presidente _____.

Building vocabulary

Actividad 11   **La política**   Después de estudiar esta lista de palabras que aparecen en la lectura sobre la política latinoamericana, escoge la palabra adecuada para completar cada una de las oraciones.

derechista (de derecha)	rightist
exigir	to demand
la guerrilla	guerrilla warfare
la ira	ire, anger, wrath
izquierdista (de izquierda)	leftist
la jerarquización	hierarchization
la junta	board, council
la medida	measure, step
la renuncia	resignation
el soborno	bribery, bribe

1. En los parlamentos franceses, los conservadores se sentaban hacia la derecha y por lo tanto se llamaban _____.

(continúa en la página siguiente)

2. En el siglo XX los socialistas y los comunistas se consideraban

    _____.

3. En 1998, algunos políticos querían _____ la

    _____ del entonces presidente Clinton.

4. La _____ lucha contra un gobierno establecido por medio
   de pequeños ataques militares contra las instalaciones del gobierno.

5. El _____ ocurre cuando uno tiene que pagar por servicios o
   autorizaciones que normalmente no se pagan.

6. Una _____ militar es un grupo de generales u oficiales
   militares que gobiernan un país.

7. La _____ consiste en una división de la sociedad en varias
   clases desiguales, con una élite que controla la riqueza y el poder.

8. El aumento de los impuestos y otras _____ implementadas
   por el gobierno provocaron la _____ de los ciudadanos.

Actividad 12   Formas de gobierno   En grupos de tres, contesten y
comenten las siguientes preguntas antes de leer el texto.

Activating background knowledge

1. ¿Qué es una democracia?
2. ¿Qué es una dictadura?
3. ¿Cuál de estas formas de gobierno es más difícil de establecer? ¿Por qué?
4. ¿Cuál de estas formas de gobierno asocian Uds. con Latinoamérica? ¿Por
   qué?

Actividad 13   Las ideas principales   La siguiente lectura contiene diez
párrafos. Para cada párrafo, subraya la oración que resume la idea general o
escribe al lado una oración original que resuma la idea general del párrafo.

Active reading, Identifying main
ideas

Política latinoamericana:
Pasos hacia la democracia

Golpes de estado, dictaduras, revoluciones, violencia e inestabilidad:
estas son las nociones que se han asociado con la política latinoamericana durante los dos últimos siglos. Sin embargo, al empezar el siglo XXI,
casi todas las naciones de Latinoamérica gozan de presidentes elegidos y de
5 gobiernos democráticos, y se puede afirmar que la extensión general de la
democracia representa la nueva tendencia "revolucionaria" de la política
latinoamericana.

Las dictaduras

Aunque la democracia ha sido el ideal de casi todas las repúblicas latinoamericanas desde su nacimiento a principios del siglo XIX, es un ideal
10 que ha tardado mucho en hacerse realidad. Es difícil generalizar sobre todos
los países, pero se pueden señalar varios factores que han contribuido a su
historia turbulenta. En primer lugar, trescientos años de dominio imperial
español impidieron el desarrollo de tradiciones e instituciones democráti-
cas, dejando en cambio una fuerte tradición de control autoritario y patriar-

La mayoría de los países
hispanoamericanos se
independizaron entre 1810
y 1828, aunque Cuba no
logró su independencia
hasta 1898, y Puerto Rico
forma parte de los Estados
Unidos desde ese año.

15　cal. La tradición autoritaria se ha manifestado en la figura del caudillo
político o líder de un ejército que mantenía la paz social por medio de la
fuerza. Otro factor que ha impedido el desarrollo de una tradición estable
ha sido la enorme división entre pobres y ricos, complicada por el problema
racial en algunos países, y la acumulación de riqueza y poder político en
20　manos de pequeñas élites. En tercer lugar, la inseguridad económica ha contribuido a la inestabilidad política, ya que es difícil para un gobierno
elegido mantener el orden en momentos de crisis económica.

　　Estas generalizaciones, sin embargo, sólo son más o menos válidas
según el país del que se hable. En el siglo XIX, surgieron fuertes democra-
25　cias en algunos países, como Costa Rica, Chile y Uruguay. En otros, como
Paraguay, Bolivia y algunos países de Centroamérica, diversos tipos de dictadura se establecieron como norma desde el momento de su fundación
como repúblicas independientes. En la mayoría de los países latinoamericanos, sin embargo, generalmente ha existido una alternancia entre gobier-
30　nos elegidos y gobiernos autocráticos bajo un caudillo o dictador.

　　Un elemento común ha caracterizado a casi todos estos gobiernos: la
necesidad del apoyo de las fuerzas militares. El ejército siempre ha tenido
gran importancia en los países de la región y su función ha sido no tanto
defender al país de enemigos externos como mantener el orden interno.
35　Tradicionalmente, el ejército sólo intervenía directamente en la política
nacional durante breves períodos para restablecer el orden, pero a partir
de 1960, el ejército de varios países suramericanos empezó a tomar el poder
y a establecer juntas militares para gobernar de forma relativamente permanente. Esto ocurrió en Brasil, Argentina, Perú, Ecuador, Uruguay y Chile.
40　　De estas dictaduras, fueron especialmente sorprendentes las de
Uruguay y Chile, países que se reconocían como tradicionalmente
democráticos. En Uruguay, los militares tomaron el poder en 1973 para
combatir a grupos revolucionarios que buscaban el cambio social radical.
En el mismo año, el ejército de Chile, bajo el mando del general Augusto
45　Pinochet, asesinó al presidente legal-
mente elegido, Salvador Allende,
durante un período de disturbios
sociales, económicos y políticos.
La dictadura de Pinochet, que duró
50　dieciséis años, se conoció por su
abuso de los derechos humanos, la
tortura y la desaparición de más de
tres mil personas.
　　Aun más notorio fue el régimen
55　militar que se estableció en Argentina
en 1976. Una junta militar se apoderó

A excepción de Costa Rica, Centroamérica se ha conocido por numerosas y largas dictaduras tradicionales, como la de la familia Somoza en Nicaragua (1933–1979).

México no encaja bien en estas generalizaciones. Aunque hubo elecciones, durante la mayor parte del siglo XX, el país estuvo bajo el control de un solo partido político, el Partido Revolucionario Institucional (PRI). En el año 2000 Vicente Fox y su Partido de Acción Nacional ganaron las elecciones presidenciales, iniciando así una época de nuevas opciones políticas.

► Muchos artistas y cantantes latinoamericanos lucharon contra los abusos de los derechos humanos de los años 70 y 80, entre ellos, la conocida cantante argentina Mercedes Sosa. Sus apasionadas interpretaciones de canciones de resistencia como "Solo le pido a Dios" animaron la lucha por la justicia.

del gobierno durante una crisis política y económica, agravada por
ataques de la guerrilla. Durante la campaña de represión y terror del
gobierno contra los disidentes, desaparecieron unas treinta mil personas,
60 muchas de ellas jóvenes estudiantes. Finalmente, en 1983, las protestas de
las familias de los desaparecidos, la pérdida de la guerra de las Malvinas
contra Gran Bretaña y una economía en estado de caos llevaron a la caída
de la junta militar.

Las democracias

Los años 80 y 90 vieron el retorno de gobiernos constitucionales. Hubo
65 elecciones en casi todos los países que habían vivido bajo la dictadura y, en
gran parte, los militares se alejaron del campo político. Casi la última dictadura en caer fue la de Chile, donde en 1988 se realizó un histórico
plebiscito, por medio del cual los ciudadanos rechazaron el gobierno de
Pinochet. El regreso a la democracia en Latinoamérica se debe a diversos
70 factores. En primer lugar, la violación de los derechos humanos provocó la
ira de la población contra las dictaduras. En segundo lugar, los militares
fueron generalmente incapaces de manejar la economía. Y, por último, la
caída de la Unión Soviética y el fin de la Guerra Fría hicieron que los
Estados Unidos, que habían temido los movimientos revolucionarios
75 izquierdistas, no vieran la necesidad de apoyar a gobiernos represivos de la
extrema derecha.

Aunque los países recibieron a la democracia con aclamación casi total,
los gobiernos se siguen enfrentando a graves problemas que amenazan la
estabilidad. Desde los años 80, se ha observado un aumento constante en la
80 desigualdad entre pobres y ricos, un factor que siempre ha sido causa de
inestabilidad; y, en las dos últimas décadas, la adopción de medidas
económicas para establecer un mercado competitivo ha empeorado aun más
la situación de los pobres. Entonces, si se presentan disturbios sociales que
el gobierno civil no pueda controlar, es posible que los ejércitos, que todavía
85 tienen poder, estén dispuestos a imponer el orden, o que aparezcan políticos
"populistas" que sepan aprovechar la
frustración popular para llegar al poder
y acabar con la democracia.

Otro gran desafío al que se enfrenta
90 Latinoamérica es la eliminación de la corrupción. En toda la región, existe una larga
historia de favoritismo y soborno causada
por la jerarquización social, en que los
caudillos y una élite de grandes familias
95 controlaban los recursos y el poder, y
quien tenía un cargo político lo usaba para
enriquecerse y ayudar a sus familiares.
Para tener éxito, tradicionalmente ha sido
más importante tener buenos contactos
100 que estar bien capacitado y preparado. De
esta manera, no se desarrolló el sentido de
responsabilidad cívica necesaria en toda
democracia. Sin embargo, en años recientes
se han creado grupos cívicos que exigen una
105 conducta más responsable de parte de sus

Las protestas más eficaces contra la dictadura argentina fueron las de las Madres y Abuelas de Plaza de Mayo.

la guerra de las Malvinas = The Falkland Islands War (1982)

En varios países, hubo un intento de castigar a los militares por sus abusos contra los derechos humanos y, en Argentina, algunos fueron juzgados y encarcelados. Pero en general no se castigaron. En 1998, el juez español Baltasar Garzón intentó procesar a Pinochet por crímenes contra ciudadanos españoles ocurridos durante su dictadura, pero ese intento fracasó.

El favoritismo también se ve reflejado en el frecuente uso de las expresiones **tener palanca** y **tener enchufe**, que significan *to have connections*.

▲ La renovación política de Latinoamérica se pudo constatar en la reunión en 2004 de la Organización de los Estados Americanos, donde todos los líderes presentes habían sido elegidos democráticamente.

▶ Durante los años 80 el argentino Luis Moreno-Ocampo sirvió como fiscal que procesó a los antiguos jefes de la dictadura militar de su país. En los años 90 se convirtió en un líder del nuevo grupo Transparencia Internacional, que lucha contra la corrupción. Ahora sirve como el primer Fiscal General de la Corte Penal Internacional en La Haya, Holanda, donde investiga casos de genocidio, abusos de los derechos humanos y crímenes de guerra en todas partes del mundo.

El presidente venezolano Hugo Chávez, elegido en 1998, ha sido una figura polémica. Muchos venezolanos lo ven como un líder que puede acabar con la corrupción y los privilegios de la élite tradicional, pero otros lo ven como un político oportunista que ha prometido lo que no puede cumplir —una resolución inmediata de los problemas económicos— para ganar el poder y acabar con la democracia.

representantes elegidos. Por ejemplo, en los años 90 la activista indígena Rigoberta Menchú y la élite financiera de Guatemala se unieron para forzar la renuncia del presidente Jorge Elías Serrano por corrupción. Y en los últimos años, se han formado nuevos grupos internacionales, como
110 Transparencia Internacional (TI) y Periodistas Frente a la Corrupción (PFC), que luchan por eliminar la corrupción. La formación de grupos como éstos representa un gran cambio cultural, ya que por primera vez los ciudadanos están exigiendo una conducta responsable por parte de sus representantes.
115   No cabe duda de que el siglo XXI representa un momento de optimismo e incertidumbre para Latinoamérica. Por primera vez en su historia, casi todas las naciones gozan de un presidente legítimamente elegido, aunque hay que reconocer que algunos de ellos disfrutan de un poder tal vez excesivo y que la corrupción podría llevar de nuevo a la intervención
120 militar. Sin embargo, si se logra la estabilidad económica y un mejor nivel de vida, quizá la democracia sobreviva y se establezca como la nueva norma de la vida latinoamericana.

Scanning

Es verdad = es cierto

Actividad 14   Datos y detalles   Decide si cada oración es correcta o incorrecta según la lectura, y evalúa cada oración usando las expresiones **Es verdad que...** o **No es verdad que...** Después corrige todas las oraciones incorrectas con información de la lectura.

▶ La guerra de las Malvinas ocurrió en 1999.
No es verdad que la guerra de las Malvinas haya ocurrido en 1999. Ocurrió en 1982.

1. La vuelta a la democracia empezó en la década de los años 70.
2. La desigualdad entre ricos y pobres ha sido la única causa del lento desarrollo de la democracia en Latinoamérica.
3. Los caudillos eran figuras autoritarias tradicionales.
4. Durante la mayor parte de su historia, Chile, Uruguay y Costa Rica han funcionado como democracias.

5. Los grupos TI y PFC organizaron una campaña de terror y la desaparición de unas treinta mil personas en Argentina entre 1976 y 1983.
6. En 1988, los ciudadanos de Chile rechazaron el régimen de Pinochet en un plebiscito histórico.
7. La vuelta a la democracia durante los años 80 y 90 se puede explicar como el resultado de un solo factor: el fin de la Guerra Fría.
8. En la actualidad pocas personas o grupos se preocupan por el problema de la corrupción.

ESTRATEGIA DE LECTURA

Distinguishing Fact from Opinion

When reading informational texts, it is easy to assume that all the information is factual or true. However, nearly all texts contain opinions of the author. These are not necessarily flaws, since even in deciding what information to include and what not, the writer expresses an opinion. However, as a reader you must be alert to this distinction so that you can make decisions about the validity of what is being said. For example, it is a fact that there have been numerous dictatorships in Latin America. However, whether these dictatorships were necessary, good, bad, or counterproductive is a matter of opinion. In this sense, histories are often opinions that attempt to make sense of sets of observable facts.

Actividad 15 Hechos u opiniones   **Parte A:** En parejas, miren las oraciones de la Actividad 14 ya corregida y decidan qué ideas describen hechos y cuáles dan opiniones.

Distinguishing fact from opinion

Parte B: Ahora, miren las siguientes oraciones y decidan si describen hechos, opiniones o una mezcla de los dos. Luego, si son opiniones, decidan si están de acuerdo o no.

1. En 1973, el ejército de Chile, bajo el mando del general Augusto Pinochet, asesinó al presidente legalmente elegido, Salvador Allende, durante un período de disturbios sociales, económicos y políticos.
2. En los años 80 hubo elecciones en casi todos los países que habían vivido bajo la dictadura.
3. En 1983, las protestas de las familias de los desaparecidos, la pérdida de la guerra de las Malvinas contra Gran Bretaña y una economía en estado de caos llevaron a la caída de la junta militar de Argentina.
4. En su lucha contra los comunistas e izquierdistas durante la Guerra Fría, los Estados Unidos tuvieron que apoyar muchas dictaduras latinoamericanas.
5. La corrupción es uno de los mayores problemas de los gobiernos latinoamericanos.
6. El nepotismo es una clara señal de corrupción.
7. La libertad de prensa es fundamental para combatir la corrupción.
8. Es evidente que los países latinoamericanos necesitan un poder político central y un líder fuerte.

Actividad 16 **Desde otra perspectiva** **Parte A:** En grupos de tres, definan qué son los derechos humanos y decidan si el gobierno tiene la obligación de defenderlos. ¿Qué debe hacer un gobierno para defender los derechos humanos a nivel internacional?

Parte B: Aunque algunos dicen que las relaciones entre los Estados Unidos y los países latinoamericanos están mejor que nunca, no todos están de acuerdo. Hay muchos latinoamericanos que desconfían de la política exterior de los Estados Unidos. Lean la tira cómica y comenten la opinión del artista hacia los Estados Unidos. Según el artista, ¿qué es lo que quieren los Estados Unidos? ¿A Uds. les parece justa o injusta la opinión del artista?

Chenchito   Joaquín Velasco

Actividad 17 **¿Qué opinan ustedes?** **Parte A:** En grupos de tres, hagan una lista de tres hechos históricos o políticos comentados en la lectura y expresen sus opiniones.

▶ Nos sorprende que no hayan castigado a los dictadores como Pinochet.
▶ Esperamos que duren las democracias latinoamericanas.

Parte B: En grupos de tres, piensen en algunos hechos históricos o políticos mundiales y expresen sus opiniones. Por ejemplo, el comunismo, el Holocausto, los conflictos de los Balcanes, el 11 de septiembre, la invasión de Afganistán, la guerra de Irak, etc.

▶ Dudamos que el comunismo tenga importancia en el futuro.
▶ Esperamos que jamás vuelvan a ocurrir incidentes terroristas como el del 11 de septiembre.

Cuaderno personal 6-2

¿Es posible que un dictador tome el poder en los EE.UU.? ¿Por qué sí o no?

Lectura 3: Literatura

Actividad 18 Palabras fundamentales Usa las palabras de la siguiente
lista para terminar las oraciones.

el baldío	empty land, wasteland
jactarse de algo	to brag about something
la mancha de sangre	blood stain
el matorral	thicket, bushes, scrubland
el mendigo	beggar
la picana eléctrica	electric (cattle) prod
el puesto de canje	stall or booth for small trades or exchanges
el orificio de bala	bullet hole

1. Los _____ suelen pedir dinero a la gente que pasa por la calle.
2. Los habitantes de Buenos Aires adoran a su ciudad y suelen
   _____ sus glorias.
3. Muchas personas abandonan cosas inútiles y basura en los
   _____ de las afueras de la ciudad.
4. El policía, quien había estado en una pelea violenta, tuvo que tirar su
   camisa a la basura, ya que tenía varias _____.
5. Aunque uno puede comprar todo tipo de ropa en los grandes almacenes, las
   personas más humildes tienen que comprar ropa usada en pequeños
   _____.
6. El vaquero usaba una _____ para obligar a las vacas a moverse.

Actividad 19 Familias de palabras Busca el significado de la palabra base
de estas familias de palabras, y después termina las oraciones con formas apropiadas de cada familia de palabras.

Identifying word families

Remember that adjective forms can
be turned into nouns by adding
articles such as **el** or **la**.

el calzado	**calzar**	calzado/a
el consuelo	**consolar**	consolado/a
_____	**enterar**	enterado/a
el entierro	**enterrar**	enterrado/a
el **fin**	finar	finado/a
la quemadura	**quemar**	quemado/a

1. _____ de la desaparición de su hijo, los padres de Jaime
   Coretti llamaron inmediatamente a la policía para denunciar el caso.
2. Los padres describieron el físico de su hijo, y declararon que había salido
   de casa muy bien vestido, con un traje elegante, y bien _____,
   con unos zapatos de cuero negro.
3. Pocos días después, unos pobres descubrieron un cadáver sin
   _____ abandonado en un baldío.

(continúa en la página siguiente)

4. La autopsia reveló que el _____ era el estudiante universitario Jaime Coretti.

5. Al examinar el cadáver, los médicos descubrieron muchas
_____, aparentemente causadas por una picana eléctrica.

6. Los padres de Jaime lloraron mucho, pero a diferencia de muchos padres
de "desaparecidos", tuvieron el triste _____ de haber re-
cuperado el cuerpo de su hijo.

Predicting, Skimming and scanning

Actividad 20   Aproximación al texto   Parte A: En grupos de tres, comenten
las siguientes preguntas antes de leer "Los mejor calzados".

1. El cuento trata de acontecimientos que ocurrieron durante la dictadura
militar de Argentina entre 1976 y 1983. ¿A qué se puede referir el título
"Los mejor calzados"? ¿Cómo se traduce "Los mejor calzados"?

2. Miren el texto por encima. ¿Parece ser un monólogo o un diálogo?

3. Lean las tres primeras oraciones. ¿Por qué todos los mendigos tienen
zapatos? ¿De dónde vienen?

Focused reading, Identifying tone

Parte B: Ahora, lee el texto de "Los mejor calzados". Al leer, trata de contestar
las siguientes preguntas sobre el contenido y el tono. ¿De qué trata el cuento?
¿Parece un cuento tradicional? ¿Por qué sí o no? ¿Es cómico, serio, triste,
melancólico, irónico, alegre o amargo?

*Luisa Valenzuela nació en Buenos Aires en 1938. Desde muy joven, trabajó
de periodista, colaborando con el famoso diario argentino* La Nación. *Pasó
temporadas fuera de Argentina: en Francia escribió su primera novela a los
21 años y en los Estados Unidos, adonde se escapó durante la dictadura
militar en Argentina, dictó clases en la Universidad de Columbia y la
Universidad de Nueva York entre 1979 y 1989. Luego volvió a Argentina.
Los escritos de Valenzuela tratan los temas de la libertad, la censura y la
opresión, y critican los aspectos de la sociedad que apoyan esa opresión.
Es conocida por su uso de la ironía, juegos de palabras, metáforas, y su
preferencia por narrativas que evitan las estructuras claras y el orden
impuesto del cuento tradicional.*

Los mejor calzados
Luisa Valenzuela

Invasión de mendigos pero queda un consuelo: a ninguno le faltan zapatos, zapatos sobran. Eso sí, en ciertas oportunidades hay que quitárselo
a alguna pierna descuartizada que se encuentra entre los matorrales y sólo
sirve para calzar a un rengo. Pero esto no ocurre a menudo, en general se
5 encuentra el cadáver completito con los dos zapatos intactos. En cambio
las ropas sí están inutilizadas. Suelen presentar orificios de bala y manchas de sangre, o han sido desgarradas a latigazos, o la picana eléctrica

les ha dejado unas quemaduras muy feas y difíciles de ocultar. Por eso no
contamos con la ropa, pero los zapatos vienen chiche. Y en general se
10 trata de buenos zapatos que han sufrido poco uso porque a sus propietarios no se les deja llegar demasiado lejos en la vida. Apenas asoman la
cabeza, apenas piensan (y el pensar no deteriora los zapatos) ya está todo
cantado y les basta con dar unos pocos pasos para que ellos les tronchen
la carrera.
15   Es decir que zapatos encontramos, y como no siempre son del número
que se necesita, hemos instalado en un baldío del Bajo un puestito de canje.
Cobramos muy contados pesos por el servicio: a un mendigo no se le puede
pedir mucho pero sí que contribuya a pagar la yerba mate y algún bizco-
chito de grasa. Sólo ganamos dinero de verdad cuando por fin se logra
20 alguna venta. A veces los familiares de los muertos, enterados vaya uno a
saber cómo de nuestra existencia, se llegan hasta nosotros para rogarnos
que les vendamos los zapatos del finado si es que los tenemos. Los zapatos
son lo único que pueden enterrar, los pobres, porque claro, jamás les permitirán llevarse el cuerpo. Es realmente lamentable que un buen par de zapa-
25 tos salga de circulación, pero de algo tenemos que vivir también nosotros
y además no podemos negarnos a una obra de bien. El nuestro es un verdadero apostolado y así lo entiende la policía que nunca nos molesta mientras merodeamos por baldíos, zanjones, descampados, bosquecitos y demás
rincones donde se puede ocultar algún cadáver. Bien sabe la policía que es
30 gracias a nosotros que esta ciudad puede jactarse de ser la de los mendigos
mejor calzados del mundo.

Actividad 21   Las palabras del narrador   **Parte A:** En el texto el narrador
usa otras palabras para expresar todas las ideas que aparecen abajo. Identifica
la oración del texto donde el narrador expresa cada idea.

1. Hay muchos zapatos para todos los mendigos y pobres.
2. La ropa no se puede usar, pero los zapatos sí son útiles.
3. Ganan poco dinero vendiendo zapatos a los mendigos y los pobres.
4. Ganan bastante dinero vendiendo zapatos a las familias de los muertos.
5. Buscar y vender los zapatos de los muertos son actos de caridad.

Guessing meaning from context

Parte B: Contesta cada pregunta desde la perspectiva del narrador del cuento.

Scanning

1. ¿Por qué los mendigos buscan los zapatos y dejan la ropa?
2. ¿Quiénes son y cómo son los dueños del puesto de canje?
3. ¿Quiénes compran los zapatos? ¿Por qué?
4. ¿Por qué la policía no molesta a los dueños del puesto de canje?
5. ¿Dónde encuentran los cuerpos de los muertos?
6. ¿Quiénes son los muertos?

Making inferences

Actividad 22 ¿El narrador o la autora? **Parte A:** En parejas, decidan si cada oración expresa una opinión del narrador o de la autora del cuento. Justifiquen sus respuestas.

1. Es bueno que todos los mendigos tengan zapatos.
2. Es trágico que los mendigos lleven zapatos que antes pertenecían a víctimas de la dictadura.
3. Es bueno que se encuentren los cadáveres completos con los dos zapatos intactos.
4. Es horrible que abandonen los cadáveres en los baldíos y matorrales de las afueras de la ciudad.
5. Es una lástima que las ropas tengan manchas de sangre, orificios de balas y quemaduras dejadas por la picana eléctrica.
6. Es bueno que el pensar no deteriore los zapatos.
7. Es bueno que los zapatos no salgan de circulación.
8. Es lamentable que Buenos Aires se pueda jactar de tener los mendigos mejor calzados del mundo.

Parte B: En parejas, comenten las siguientes preguntas.

1. ¿En qué consiste la ironía? ¿Qué oraciones del cuento revelan opiniones que la autora ha expresado irónicamente?
2. ¿Por qué Valenzuela optó por expresar sus ideas irónicamente? ¿Por qué escribió este cuento?

Reacting to reading

Actividad 23 Las reacciones de los lectores En parejas, comenten los siguientes temas.

1. ¿Cuál es su reacción personal a la información revelada en el cuento?
2. ¿Cuál es su reacción personal al cuento como obra literaria? ¿Les gustó o no? ¿Por qué?
3. ¿En qué aspectos del cuento se basa su título? ¿Cuál es otro título posible para este cuento?

Cuaderno personal 6-3

Reflexiona un poco sobre la ironía. ¿La usas tú? ¿Cuándo? ¿Por qué? ¿Asocias su uso con algunas personas o grupos? ¿Por qué crees que a Luisa Valenzuela le gusta usar la ironía?

Redacción: Una reseña de cine

ESTRATEGIA DE REDACCIÓN

Reacting to a Film

When critics review films, they may simply describe the plot and characters, as well as give information about the actors. More frequently, a review centers on the critic's opinion of the film and the actors' performances. In this case, details of the plot are included only to support the declared opinion of the critic. The following words and expressions are useful when discussing films.

la trama	plot	**rodar una película**	to shoot a film
el personaje	character	**el montaje**	editing
tener lugar en	to take place in	**el doblaje (doblar)**	dubbing (to dub)
tratar de	to be about	**la banda sonora**	soundtrack
la escena	scene	**el reparto**	cast
el guion	script	**el decorado**	the set (decorations and props)

Actividad 24   Comparación de dos reseñas   La lectura siguiente es una reseña de *La historia oficial* que apareció en la revista española *Cambio 16.* Léela rápidamente (no es necesario entender todas las palabras) y compárala con la primera reseña que leíste. Después, en parejas, contesten las preguntas.

Using model texts

1. ¿Qué reseña describe más la acción?
2. ¿Cuál hace una crítica más profunda de la película? Den ejemplos.
3. Según César Santos Fontenla, ¿cómo es la película?

POLÍTICA A RITMO DE TANGO

«La historia oficial», de Luis Puenzo, con Norma Aleandro, Héctor Alterio, Hugo Arana, Guillermo Battaglia, Chela Ruiz. Color. 111 minutos.

Prácticamente desconocida entre nosotros, como el resto de las cinematografías latinoamericanas, la argentina, que a finales del pasado octubre presentó en Madrid una selección de sus últimos títulos, salta ahora a las pantallas comerciales con el que, en aquella semana, alcanzó mayor éxito. Se trata de *«La historia oficial»,* un hermoso melodrama político, que nos coloca ante el tremendo drama de los desaparecidos durante los años de dictadura, sobre los que, incansablemente, pedían — exigían — información las ya célebres Abuelas de la Plaza de Mayo.

Luis Puenzo, que en colaboración con Aida Bortnik es autor del guion, ha desarrollado con inteligencia y mesura — sin temer a la desmesura cuando la ocasión la requería — la bien urdida trama, basando su puesta en escena, fundamentalmente, en la dirección de actores y, sobre todo, en el trabajo de esa soberbia actriz que es Norma Aleandro, galardonada en el último Festival de Cannes. Y, sin ser extraordinaria — hay ciertas lagunas, determinados baches de credibilidad, algún ingenuismo — ha conseguido una obra sólida y en más de una ocasión realmente emocionante.

— **César Santos Fontenla**

Reacting to films

Actividad 25   Las películas del momento   **Parte A:** En grupos de tres, hagan una lista de las tres o cuatro películas más populares del momento.

Parte B: En grupos de tres, escojan una de las películas que Uds. ya han visto. Luego, contesten las siguientes preguntas para explicar de qué trata la película.

1. ¿Quiénes son los personajes principales y cómo son?
2. ¿Qué sucede en la película?
3. ¿Cuál es el tema principal? ¿Hay otros temas?
4. ¿Cuál es la escena más importante para Uds.?
5. ¿Qué es lo más impresionante de la película?
6. ¿Quiénes son los actores? ¿Cómo son sus actuaciones?
7. ¿Les recomiendan esta película a otras personas? ¿Por qué?

ESTRATEGIA DE REDACCIÓN

Using Transitions of Concession

Often when discussing or giving opinions, certain transition words and expressions are particularly useful for acknowledging the validity of another person's points or ideas, while at the same time challenging them.

a pesar de (que)	despite, in spite of
aunque	although, even though
con todo/aún así	still, even so, nevertheless
no obstante	nevertheless
sin embargo	however

A pesar de que la trama es excelente, hay, **sin embargo,** ciertas lagunas que afectan la credibilidad.

Writing a film review

Actividad 26   A escribir   Ahora, escribe una reseña de cine. Primero piensa en un título interesante que refleje tu reacción a la película. Después, escribe la reseña, usando el siguiente formato:

   I. Introducción [director, año, tema(s), tu opinión general]
  II. Breve resumen de la trama
 III. Discusión de detalles que apoyan tu opinión
 IV. Conclusión con recomendación

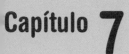

Capítulo **7**

La crisis ecológica

See the *Fuentes* website for related links and activities:
http://college.hmco.com/languages/spanish/students

113

Activating background knowledge   **Actividad 1   Problemas ecológicos**   En grupos de tres, miren la foto de la página anterior y decidan con cuáles de los siguientes problemas se relaciona el tema de la foto.

deforestación o desforestación

la deforestación
la contaminación del aire
la acumulación de basura
la pérdida de la biodiversidad
el calentamiento global

la contaminación del agua
la contaminación del mar
la urbanización excesiva
la explosión demográfica

Lectura 1: Un artículo

ESTRATEGIA DE LECTURA

Using Prefixes to Determine Meaning

Prefixes in Spanish and English have the same function: they modify the basic meaning of a word. Many prefixes in English and Spanish share similar or the same forms since they are largely derived from Greek and Latin roots. The following list includes the most common Spanish prefixes and their typical meanings.

Prefix	Meaning	Example
a-, an-	not	anormal, analfabeto
ante-	before	anteayer, anteojos
anti-/contra-	against, counter	antisocial, contraataque
auto-	self	autodefensa, autorretrato
bi-	two	bicicleta, bilingüe
co(m)-	with	copresidente, compadre
de(s)-	not, un-	desaparición, desforestar
extra-	beyond	extraterrestre, extraordinario
i-, in-, im-	not	ilegal, increíble, imposible
mal-	bad, mis-	malintencionado, maltrato
pre-	before	preservación, prever
re-	again; completely	recargar; rellenar
sobre-, super-	over, super-	sobrepoblar, superpoblación
sub-	under	subdesarrollo, subrayar

Prefixes also mark forms (especially verbs) derived from other forms: **grupo ⟶ agrupar, consejo ⟶ aconsejar.** The prefixes in some words merely indicate an altered meaning. For example:

coger to take ⟶   **recoger** to gather or collect
echar to throw (out) ⟶   **desechar** to discard, to throw away
perder to lose ⟶   **desperdiciar** to waste

Actividad 2 **Palabras con prefijos**   Usa tus conocimientos de los prefijos   Using prefixes
para determinar el significado de las siguientes palabras de la lectura. Primero,
determina la palabra base de cada palabra y escríbela entre los paréntesis. Por
ejemplo, la palabra base de **malintencionado** es **intención.** Después, escribe la
letra de la definición que corresponde a cada palabra derivada.

1. ____   enjabonarse (_____)   a. que no se puede usar
2. ____   refrescar (_____)   b. demasiado grande o pequeño
                                                    en relación con otra cosa
3. ____   el envenenamiento (_____) c. lo que se hace al lavarse las manos
4. ____   el inodoro (_____)   d. acción de tomar una sustancia química
5. ____   el repuesto (_____)   letal o peligrosa
6. ____   desproporcionado (_____)   e. aparato del baño para los excrementos
7. ____   inútil (_____)   f. una parte nueva que se usa para susti-
                                                    tuir otra parte vieja
                                                 g. quitar el calor

Actividad 3 **Del contexto al significado**   El artículo siguiente de la revista   Guessing meaning from context
mexicana (*Tiempo*) *Hispanoamericano* tiene treinta sugerencias para conservar
el medio ambiente. Busca en los apartados (*sections*) indicados el equivalente
español de cada expresión de la lista. Usa tus conocimientos, el contexto, los
cognados y los prefijos para escoger la palabra correcta.

Apartado	Expresión (inglés)	Apartado	Expresión (inglés)
2	light bulbs	14	to water
3	period/season	15	fast starts
4	pots and pans	16	hose
6	waste	17	to throw out
6	shower head	19	beef and pork
6	bucket	20	to strengthen
8	disposable	23	fireplace
11	rechargeable batteries	23	firewood
12	cardboard boxes	29	animal fur
12	pins from new clothes		

Actividad 4 **Durante la lectura**   **Parte A:** Antes de leer el artículo sobre   Activating background knowledge
las maneras de salvar el medio ambiente, contesta las siguientes preguntas y
después comenta tus respuestas con un/a compañero/a de clase.

1. ¿Es muy importante para ti la conservación del medio ambiente? ¿Por qué
   sí o no?
2. ¿Haces algo para conservar el medio ambiente? Da un ejemplo.

Parte B: Ahora, lee todo el artículo. Mientras lo haces, apunta tu reacción a   Active reading
cada sugerencia usando la siguiente escala.
   a = Ya lo hago.
   b = No lo hago, pero me parece buena idea.
   c = No lo hago y no me parece útil.
   d = No entiendo la idea.

30 Treinta formas para evitar la contaminación y la ruina ecológica 30

Por Alejandro Pescador

A Moira Karosuo y Heidi Cazés, inspiradoras de esta nota.

UNA MAYORÍA CONSIDERABLE de las personas está preocupada por el acelerado deterioro del medio ambiente. Muchos francamente se angustian al enterarse del absurdo desperdicio de energía, del creciente hueco en la capa superior del ozono, del calentamiento global, de la desaparición de especies, del envenenamiento masivo de los océanos, del arrasamiento de las selvas tropicales. El problema reside en que una buena parte de estas personas no sabe qué hacer individualmente para evitar el colapso ecológico y contribuir, en la medida de sus posibilidades, a lograr que haya un futuro viable para la especie humana.

En seguida se proponen treinta formas para que usted, como individuo y como miembro de una familia y una comunidad, realice un esfuerzo que, de multiplicarse, será un factor importante en la lucha que cada uno de nosotros debe emprender contra la contaminación y la ruina del medio ambiente.

1 No deje luces encendidas en habitaciones donde no se requieren.

2 Use focos de 15 o cuando mucho de 25 vatios.

3 En temporada de calor, evite el uso de aire acondicionado y de ventiladores; refresque el ambiente abriendo ligeramente las ventanas.

4 Al lavar los trastes, primero limpie el exceso de residuos y grasa con hojas de papel periódico. No retire los residuos con agua caliente.

5 Suspenda definitiva y completamente el uso de todo tipo de aerosoles o insecticidas.

6 Al cepillarse los dientes, lavarse las manos, rasurarse y bañarse, evite el desperdicio de agua. No deje correr el agua mientras se enjabona. Coloque bajo la regadera una cubeta, a fin de recoger agua que posteriormente podrá utilizarse en el inodoro.

7 Al ir de compras al mercado o al supermercado, lleve sus propias bolsas de fibra natural. Evite recargarse de bolsas plásticas y de papel.

8 Suprima el uso de pañuelos y servilletas desechables. Use pañuelos y servilletas de tela.

9 No adquiera refrescos en botellas plásticas ni en latas; si compra cerveza, que sea en envases de vidrio. Las botellas plásticas son admisibles sólo si son retornables.

10 No use platos, vasos ni cubiertos desechables, especialmente si son de plástico.

11 Prefiera usar baterías recargables para su radio, grabadora, linterna, etcétera, en vez de las baterías desechables.

12 Recicle todos los materiales susceptibles de varios usos, como cajas de cartón, sobres de correspondencia, alfileres de ropa nueva, envolturas, hilos, frascos de conservas y jugos.

13 Si no puede vivir sin su árbol de Navidad, adquiera uno vivo y consérvelo a lo largo de los años.

14 Procure regar sus plantas en las últimas horas de la tarde y nunca, por favor, ni en la mañana y mucho menos al mediodía.

15 Renuncie al uso excesivo del automóvil. Al manejar, procure evitar los arrancones bruscos y el exceso de velocidad, pues estos dos factores contribuyen de una

◀ Estos carteles anuncian una nueva campaña antibasura patrocinada por ECOCE, una compañía de reciclaje de plásticos creada por las compañías de bebidas.

manera desproporcionada al desperdicio de energía y, por lo tanto, a la contaminación.

16 Lave su coche en casa; use una cubeta de agua y no la manguera.

17 Con amabilidad, llame la atención a las personas irresponsables que botan basura en la calle.

18 Haga el esfuerzo por no adquirir productos que se ofrecen con empaques excesivos, sobre todo si se trata de contenedores plásticos.

19 Sin pretender que usted se convierta en vegetariano, trate de comer lo menos posible carnes de res y cerdo. Esto no sólo evitará la depredación de bosques y selvas, sino que contribuirá a que usted goce de una dieta más sana.

20 Explique a sus hijos la necesidad de evitar la contaminación en todas sus formas; fortalezca en los niños su innata inclinación por cuidar de la naturaleza. Que el ejemplo de usted les sirva como modelo.

21 No desperdicie papel; si por alguna razón una hoja de papel debe ser repuesta, recuerde que el reverso todavía puede servir para borradores, recados y otros usos. No tire las fotocopias que salieron mal; use el reverso.

22 No tire los periódicos viejos a la basura; obséquielos o véndalos a los gritones que pasan con sus carritos y los compran para reciclar en la producción de cartones.

23 Si usted es de los privilegiados que tienen chimenea, suprima el uso de leña; como habitante de la ciudad, usted no debe usar leña como combustible.

24 Si es de los pocos que pueden decidir qué tipo de computadora comprar, decídase por una *notebook* o una *laptop;* utilizan menos energía y no despiden rayos catódicos.

25 Si tiene perro, después de cada paseo "obligatorio" recoja con un pedazo de papel de periódico el excremento que dejó su mascota.

26 Denuncie a grupos ecologistas como Greenpeace la conducta inapropiada de particulares y de autoridades que contribuyen al deterioro del medio ambiente.

27 En su visita a parques públicos, playas, bosques y otras zonas de paseo, no deje basura; recójala y llévela hasta un depósito o hasta su misma casa si fuera necesario.

28 Si le es posible escoger, prefiera realizar sus vacaciones en transporte colectivo.

29 Si su capacidad económica lo coloca en una situación ventajosa, procure no adquirir artículos de piel, sobre todo de especies en peligro o de las criadas en condiciones de cautiverio que son del todo patéticas e inhumanas.

30 Procure mantenerse informado de todos los aspectos relacionados con la contaminación y fortalezca su conciencia de que sólo el ser humano puede salvar el planeta. Agregue a esta lista de sugerencias todas aquéllas que efectivamente contribuyan a disminuir el deterioro ambiental.

Actividad 5   ¿Para qué sirven?   Después de leer, piensa en cada   Classifying
recomendación y decide para qué sirve esa recomendación. Usa las ideas de
la siguiente lista, y escribe los números de las recomendaciones relevantes a
la derecha de cada función.

- ahorrar energía: _____
- evitar la contaminación del aire: _____
- evitar la contaminación del agua: _____
- evitar el desperdicio del agua: _____
- combatir la acumulación de basura: _____
- cambiar la cultura y las actitudes hacia el medio ambiente: _____
- conservar los bosques y los animales que viven allí: _____
- proteger la salud: _____

Reacting to reading

Actividad 6 Un sondeo Parte A: En grupos de cuatro, pregunten si los miembros del grupo hacen las siguientes actividades mencionadas en la lectura. Indiquen cuántas personas dicen que sí y cuántas dicen que no.

1. ¿Siempre apagas las luces cuando sales de una habitación?
2. ¿Vives sin aire acondicionado en el verano?
3. ¿Reciclas el papel siempre que puedes?
4. ¿Compras sólo árboles de Navidad vivos (con raíces)?
5. ¿Evitas el uso del automóvil?
6. ¿Usas una computadora portátil o laptop?
7. ¿Siempre llevas tu propia bolsa cuando vas al supermercado?
8. ¿Siempre viajas en transporte público cuando te vas de vacaciones?

Parte B: En grupos de cuatro, contesten las siguientes preguntas. Deben entrevistarse y usar las notas que tomaron para la Actividad 4.

1. ¿Hay alguna actividad mencionada en la lectura que hagan todos los miembros del grupo?
2. ¿Hay alguna actividad que no haga ninguno de Uds. nunca?
3. ¿Hay alguna actividad mencionada en la lectura que les parezca a Uds. especialmente buena o útil?
4. ¿Hay alguna actividad que les parezca especialmente tonta o inútil?
5. ¿Hay otras ideas que se puedan incluir en esta lista? Inventen tres.

Reacting to reading

Actividad 7 ¿Tonterías? En parejas, decidan cuál es la peor sugerencia de la lectura. Después, entre todos, hagan una lista de esas ideas en la pizarra. Cada pareja debe presentar y criticar su selección; los demás deben decir si están de acuerdo o no y por qué.

Comparing

Actividad 8 En nuestra comunidad En grupos de tres, comenten las actividades y programas ecologistas de su comunidad (universidad, vecindario o ciudad). Hagan las dos listas indicadas y después, compartan sus ideas con el resto de la clase.

a. actividades que se hacen ya
b. actividades que se deben implementar

▶ —Ya reciclamos los periódicos, pero no hacemos nada con otros tipos de papel.
　—Es verdad. Se necesita algún programa que...

Cuaderno personal 7-1

¿Haces algo para conservar el medio ambiente? ¿Por qué sí o no? ¿Crees que debes hacer más? ¿Por qué sí o no?

Lectura 2: Panorama cultural

ESTRATEGIA DE LECTURA

Using Suffixes to Distinguish Meaning

Suffixes can help you determine the function and meaning of a word. Certain suffixes are associated with certain parts of speech. The following suffixes often mark conceptual nouns (nouns that express a concept), as opposed to a concrete object or an agent.

-miento	el mantenimiento, el envenenamiento
-ancia, -encia	la importancia, la influencia
-dad, -tud	la sociedad, la magnitud
-io, -ía, -ia	el desperdicio, la presencia
-(c)ión	la conservación, la desaparición
-ado/a, -ido/a	el cuidado, la temporada
-aje	el reciclaje, el porcentaje
-ez	la validez, la honradez

Certain suffixes are generally masculine (**-miento, -aje**) or feminine (**-dad, -tud, -ción**). You can predict the gender of many words if you remember the usual gender of these suffixes.

Some conceptual nouns are the same as the **yo** form of the related verb.

el logro (yo logro)   el comienzo (yo comienzo)

Other suffixes can indicate a noun agent (doer of an action).

-ero/a	el/la cocinero/a, el/la enfermero/a
-dor/dora	el/la conquistador/a, el/la operador/a
-ante, -(i)ente	el/la cantante, el/la dependiente

Two well-known suffixes mark movements and their followers.

-ismo	el surrealismo, el ecoturismo
-ista	el/la surrealista, el/la capitalista

Adjectives may be marked with these suffixes.

-ante, -(i)ente	interesante, creciente
-ado/a, -ido/a	habitado, reconocida
-dor/dora	hablador, conservadora
-ero/a	casero/a, fiestero/a

Adverbs ending in **-mente** have an accent when the adjective they derive from has an accent: **rápido → rápidamente.**

Many adverbs do not end in **-mente: bien, temprano, mucho, despacio.**

Adverbs are often marked with **-mente: rápidamente, precisamente.**

Using suffixes to determine meaning

Actividad 9 Palabras con sufijos   **Parte A:** Usa el glosario o un diccionario para identificar la palabra base de cada palabra de la lista. Identifica también qué partes de la oración son la palabra base y la palabra con sufijo.

el esfuerzo	la ganadería	maderero/a	la escasez
minero/a	la explotación	la inversión	el/la ecologista
la riqueza	el desarrollo		

Parte B: Ahora, completa las siguientes oraciones con la palabra apropiada de la lista de la Parte A.

1. La _____ natural de Latinoamérica incluye tierra, madera, minerales y petróleo.

2. La industria _____ es una de las más importantes de Suramérica, y la exportación de productos como el cobre y el oro es una fuente importante de dinero y trabajos.

3. En los últimos años la industria _____ ha empezado a cultivar árboles, pero en gran parte de Latinoamérica esta industria destruye las selvas y los bosques.

4. La construcción de carreteras y ferrocarriles es una _____ importante para cualquier país.

5. El _____ de los recursos naturales es un objetivo importante de todos los países latinoamericanos.

6. Los gobiernos de ciudades como Bogotá y Santiago de Chile hacen grandes _____ por controlar el tráfico y la contaminación del aire.

7. En la cultura moderna, los _____ usan el color verde como símbolo de su movimiento.

8. Para muchos países, la _____ de los recursos naturales es necesaria si quieren mejorar su economía.

9. Hay muchos países que tienen que racionar el agua porque sufren de una constante _____ .

10. La _____ requiere áreas amplias de tierra para que las vacas puedan comer y moverse.

Building vocabulary

Actividad 10 Hablando del medio ambiente...   Después de estudiar la siguiente lista de vocabulario sacado de la lectura, escoge la mejor expresión para completar cada oración (en esta página y la que sigue).

las aguas negras	untreated sewage
la calidad	quality
el campesino	peasant (poor subsistence farmer)
la cantidad	quantity
demandar	to sue
el deshielo	melting, thawing
disponible	available
el efecto invernadero	greenhouse effect
fomentar	to promote, encourage
mejorar	to improve
el nivel de vida	standard of living

1. Los habitantes de un país viven mejor cuando tienen un
   _____ más alto.
2. Las ciudades que no tienen buenas instalaciones para el tratamiento de
   las _____ pueden llegar a tener serios problemas de
   contaminación.
3. La acumulación de ciertos gases en la atmósfera atrapa el calor del sol y
   crea el _____.
4. Una persona o grupo que sufre daño a causa de las acciones de otro puede
   _____ a éste último.
5. Las ciudades del mundo implementan muchas medidas para
   _____ la calidad del aire.
6. Se cree que el _____ de las capas de hielo polares puede
   causar una subida en el nivel del mar.
7. En años recientes muchos _____ han abandonado la vida
   rural para trasladarse a las grandes ciudades.
8. La capa de ozono ha sido dañada por el aumento de la _____
   de CFC (clorofluorocarbonos) en la atmósfera.

Actividad 11   Los problemas ecológicos   **Parte A:** En grupos de tres,
hagan una lista de los principales problemas ecológicos que afectan a este país.
Luego, pónganlos en orden de más grave a menos grave y justifiquen el orden.

Predicting, Active reading

Parte B: Lee individualmente el texto para ver cuáles de estos problemas se
mencionan para Latinoamérica. Si encuentras información que te sorprenda,
escribe tu reacción en el margen: por ejemplo, **¡Qué barbaridad! ¡Parece
mentira! No estoy de acuerdo. ¡Qué bien!** (etc.)

Latinoamérica y el medio ambiente: ¿Entre la espada y la pared?

Desde hace siglos se ha reconocido la enorme riqueza natural de
Latinoamérica: tierra para la agricultura y la ganadería, bosques y
madera para la construcción, minerales y petróleo para la industria. Desde
los siglos XIX y XX, los líderes latinoaméricanos, enfrentados con proble-
5 mas económicos, una población creciente y grandes números de pobres,
han venido afirmando que el futuro de la región está en la industrialización,
el desarrollo de las vastas tierras y la explotación de sus recursos naturales.
De hecho, la explotación de estas riquezas ha constituido, y sigue constituyendo, la principal esperanza de una vida mejor para los habitantes de
10 Latinoamérica.

Sin embargo, hasta el siglo XX, la geografía casi impenetrable de ríos,
selvas y montañas dificultó el aprovechamiento de estas riquezas, convir-
tiéndolas en una especie de "El Dorado" inaccesible. Pero, en los últimos
sesenta años, se han invertido enormes cantidades de dinero en proyectos de
15 desarrollo e industrialización, y se han utilizado nuevas tecnologías para llegar a nuevas tierras y explotar sus recursos. Estos esfuerzos han tenido gran
éxito, pero el desarrollo de los recursos ha traído consigo la destrucción del
medio ambiente, particularmente de las selvas tropicales.

El mito de **El (hombre) Dorado** se
refería originalmente a un príncipe
indígena que se cubría de oro,
después a una ciudad de oro y,
finalmente, a todo un país de
fabulosa riqueza, escondida en la
selva. Los conquistadores del siglo
XVI buscaron El Dorado sin éxito.

Aunque las selvas sí producen mucho oxígeno, las algas marinas producen el 90% del oxígeno de la atmósfera.

5.000.000.000 = cinco mil millones
una hectárea = 2,47 acres

20   Las selvas tropicales constituyen los ecosistemas más extensos de Latinoamérica y su papel en la evaporación del agua y la producción de lluvias es de importancia global. Las selvas cubren un 30% de la región y contienen casi el 40% de todas las especies de vida animal y vegetal del planeta. Más del 50% de los productos farmacéuticos modernos tienen ingredientes derivados de estas especies. Sin embargo, la destrucción
25 sistemática de las selvas que comenzó en el siglo XX, continúa en el siglo XXI. Cada año se queman unos 5.000.000.000 de hectáreas, creando grandes cantidades de gases que contaminan la atmósfera. Estos gases contribuyen al efecto invernadero, que está causando el aumento anormal de la temperatura del planeta y que puede tener como resultado el deshielo
30 en los polos y la subida en el nivel de los océanos.

    La destrucción de la selva amazónica es la más alarmante. La Amazonia se extiende por partes de Brasil, las Guayanas, Venezuela, Colombia, Ecuador, Perú y Bolivia y cubría originalmente un territorio casi igual al tamaño de los Estados Unidos continentales, pero cada día se
35 encuentra más reducido a causa de la devastación. Las industrias maderera, hidroeléctrica y minera causan gran parte de la deforestación y contaminación de ríos, pero los campesinos pobres también queman los árboles para cultivar la tierra y los rancheros lo hacen para criar el ganado. Después de algunos años, este uso ineficiente deja la tierra tan árida que no se puede
40 usar ni para la agricultura ni para la ganadería. Además, los campesinos dependen de la leña para cocinar, calentarse y sobrevivir, lo cual contribuye también a la destrucción de la selva. Se calcula que se ha perdido más de una séptima parte de la selva amazónica y que, si la destrucción continúa, no quedará nada dentro de cincuenta o cien años.

45   Aunque la destrucción de las selvas constituye la amenaza más alarmante, ya que es irreversible, las ciudades grandes de Latinoamérica también sufren de graves problemas ambientales, debido en gran parte a la rápida urbanización de la población. Desde 1950, decenas de millones de campesinos se han trasladado a las ciudades en busca de una vida mejor.
50 La ola de migración ha seguido sin pausa, aunque los emigrantes no tienen

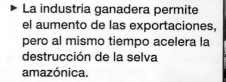

▶ La industria ganadera permite el aumento de las exportaciones, pero al mismo tiempo acelera la destrucción de la selva amazónica.

dónde vivir y acaban viviendo en barrios pobres sin electricidad ni otros servicios. La rápida concentración demográfica en las áreas urbanas ha creado problemas incontrolados de basura, escasez de agua potable, aguas negras y contaminación del aire.

55   México, caso ejemplar de este fenómeno, es la segunda ciudad más poblada del mundo y una de las más contaminadas. En 1950, tenía unos 3 millones de habitantes, aire limpio y cielos azules. Hoy tiene más de 30 millones de habitantes y se enfrenta con graves problemas ecológicos. Además, el gobierno ha fomentado con éxito la industriali-

60   zación: hoy existen 35.000 fábricas en el valle, de las cuales el gobierno mexicano considera unas 4.000 como extremadamente peli- grosas para el medio ambiente. Hay unos 3.500.000 automóviles que

65   echan gases a la atmósfera, además de docenas de miles de taxis y autobuses viejos e ineficientes. Para colmo, la ubicación de la ciudad de México en un valle rodeado de montañas, que

70   atrapa su aire contaminado, agrava aún más la situación. La conta- minación perjudica la salud de los habitantes, y un 35% de la población sufre de infecciones respiratorias,

75   hemorragias nasales o enfisema.

En años recientes, la destrucción ha provocado una fuerte reacción por parte de los ecologistas de la región y del mundo entero. Estos arguyen que

80   no tiene sentido sacrificar el medio ambiente para mejorar el nivel de vida material, ya que un medio ambiente

Mexico City = (ciudad de) México, "la capital" o el Distrito Federal (D.F.)

▼ Extracción de oro en el Amazonas. La fiebre del oro atrae a gran cantidad de pobres y acelera la deforestación.

limpio debe considerarse parte íntegra de un buen nivel de vida. Las críticas ecologistas y la presión de organismos internacionales han llevado

85   a algunos gobiernos a limitar la destrucción y crear innovadores programas ecologistas. Quizás el más conocido es la industria del ecoturismo, que se desarrolló primero en Costa Rica y ahora se ha extendido a otros países como Colombia y Ecuador. El ecoturismo permite que la conservación de la naturaleza se base en principios económicos. La compra de tierra para

90   parques y su mantenimiento se financia con el dinero de turistas "verdes", quienes pagan por visitar un lugar natural protegido y contribuyen así a su protección. El ecoturismo intenta minimizar el impacto del turismo sobre el medio ambiente, y también fomenta la educación sobre las maneras de salvar el medio ambiente.

95   Los ecologistas también han encontrado unos aliados inesperados: los habitantes indígenas de las selvas tropicales, quienes sufren directamente de la destrucción. Con la ayuda de organismos internacionales, los pueblos indígenas han comenzado a unirse y protegerse. Por ejemplo, en los años 90, varios grupos indígenas del norte del Ecuador demandaron a la petrolera

100   americana Texaco por daños ecológicos, y su éxito ha servido para animar a otros pueblos indígenas a defender la selva amazónica contra la explotación

Se estima que la selva amazónica del Ecuador contiene algunos de los depósitos más grandes de petróleo de Latinoamérica y del mundo. Están casi sin explotar.

► Los "bochos" alegran las calles de México, pero también contribuyen gravemente a la contaminación.

descontrolada. En otro caso conocido, los Yanomani de Venezuela y Brasil lucharon con éxito contra el gobierno de Brasil, el cual tuvo que concederles un territorio protegido de 11.000.000 de hectáreas. Los indígenas también han empezado a enseñar cómo viven ellos con la naturaleza sin des-
105 truirla. No sin razón, algunos han llamado a los indígenas los ecologistas más activos de Latinoamérica.

   Muchas ciudades latinoamericanas también han sido objeto de esfuerzos por mejorar las condiciones ambientales. Desde los años 90, el go-
110 bierno de la capital mexicana ha tomado medidas radicales. Se estableció, por ejemplo, el programa de "Hoy no circula", que prohíbe el uso de cada automóvil un día a la semana. Se eliminó también el uso de la gasolina con plomo y se ha promovido el uso del convertidor catalítico. En un caso que hizo historia, el presidente mexicano cerró una refinería de petróleo que
115 producía el 7% de la contaminación de la ciudad, a pesar de que la acción costó US$500.000.000 y 5.000 empleos en una sociedad que desesperadamente necesita el trabajo. Durante la década 2001–2010, se ha iniciado PROAIRE III, un nuevo programa para mejorar la calidad del aire de México, el cual incluye nuevas inversiones en el sistema de transporte
120 público y nuevos programas para cambiar la cultura y la conducta de los mexicanos.

   Estos logros son positivos, pero no son suficientes: todos los expertos afirman que la situación ecológica de Latinoamérica es cada día peor. Hay que hacer algo y, sin embargo, las naciones latinoamericanas parecen
125 estar entre la espada y la pared. En el año 2000, la población total de Latinoamérica superó los 500 millones y en el 2025 llegará a los 758 millones de habitantes. Este aumento explosivo de la población está creando mayores necesidades y aun más competencia por los recursos disponibles. Y el número de pobres sigue creciendo aun más rápidamente.
130 Muchos líderes quieren ayudar a estas personas a alcanzar un mejor nivel de vida, pero ¿cómo se puede hacer esto sin destruir y ensuciar el mismo mundo donde viven?

   Como otras regiones del mundo, Latinoamérica parece estar atrapada entre la necesidad de proteger el medio ambiente y el deseo de darles tra-
135 bajo a los pobres y mejorar así el nivel de vida de todos. Tanto los ecologis-

US$ es una abreviatura común en español. El símbolo "$", de origen español, se usa como abreviatura de *pesos* en varios países hispanos.

tas como los economistas sugieren que la única solución es buscar un equilibrio entre estas dos necesidades en el llamado "desarrollo sostenible", el cual
permitiría la extracción y el uso de recursos naturales, sin la destrucción del
ecosistema mundial. Nadie sabe si tal sistema puede funcionar, pero pocos
140 dudan que el sistema actual nos está llevando irremisiblemente al desastre.

Actividad 12 Falsedades   Las siguientes oraciones son todas falsas.
Corrígelas de acuerdo con la información de la lectura.

Scanning

1. Desde el siglo XIX la protección del medio ambiente ha sido una gran prioridad para los gobiernos latinoamericanos.
2. Los esfuerzos por explotar los recursos naturales han tenido poco éxito.
3. La destrucción de las selvas tropicales no es un problema particularmente grave, ni para Latinoamérica ni para el resto del mundo.
4. Las industrias maderera, hidroeléctrica y minera causan casi toda la deforestación de la Amazonia.
5. Durante los últimos 150 años, millones de personas han abandonado las ciudades para buscar una vida mejor en el campo.
6. Actualmente, la zona metropolitana de México tiene unos 3 millones de habitantes, aire limpio y cielos azules.
7. Cancún, México es uno de los centros del ecoturismo.
8. En su lucha por conservar la selva, los indígenas de la Amazonia han recibido mucha ayuda de las compañías petroleras.
9. Durante los años 90 se resolvieron la mayor parte de los problemas ecológicos de la ciudad de México.
10. Es seguro que Latinoamérica va a poder limitar la destrucción del medio ambiente en el futuro.

Actividad 13 En busca de soluciones   En grupos de tres, escojan uno
de los siguientes dilemas. Imaginen que tienen responsabilidades oficiales y
decidan cómo se puede resolver el dilema.

Making inferences

1. Uds. son concejales de la ciudad de México. La mayoría de las personas creen que las fábricas producen la mayor parte de la contaminación. En realidad, los automóviles producen el 75% de la contaminación. ¿Qué pueden hacer Uds. para animar a los ciudadanos a manejar menos?

un/a concejal/a = alderperson, town council member

2. Uds. son concejales de la ciudad de México. Las personas de clase media y alta creen que el metro es para los pobres. ¿Qué pueden hacer Uds. para animar a más personas a viajar en el metro?
3. Uds. son concejales de la ciudad de México. Hay 70.000 taxistas que conducen "bochos" de Volkswagen. Los taxistas adoran los bochos porque son baratos, duran mucho tiempo y son casi un símbolo de México. Pero los bochos son inseguros y echan muchos gases que contaminan el aire. ¿Qué pueden hacer Uds. para mejorar esta situación?

"bocho" = Mexican name for the original Volkswagen Beetle, first produced in Germany in 1936, but made until 2003 in Mexico

asesor = advisor

4. Uds. son asesores del presidente del Ecuador. El país necesita mejorar urgentemente su economía para crear más trabajo y ayudar a los pobres. En el este del país existen grandes depósitos de petróleo sin explotar. Sin embargo, los indígenas reclaman estos territorios y no quieren que se exploten los depósitos. ¿Qué pueden hacer Uds. para responder a las necesidades de todos?

Comparing and contrasting

 **Actividad 14 Diferencias y semejanzas** En parejas, comparen los problemas y soluciones ecológicos de Latinoamérica con los problemas y soluciones de Canadá y Estados Unidos. Traten de identificar una diferencia importante y una semejanza importante. Piensen en los siguientes temas: tipos de ecosistema, ideas de los ecologistas, impacto de la industria y el desarrollo en el medio ambiente, prioridades sociales y económicas, el desarrollo sostenible.

Reacting to reading

Actividad 15 ¿Cuándo, cuándo? En parejas, terminen las siguientes oraciones, y otras originales, de forma lógica, según la información del texto o basándose en otra información que sepan Uds.

1. La destrucción de las selvas no va a terminar hasta que...
2. Las industrias minera, maderera, hidroeléctrica, ganadera y petrolera van a preocuparse más por el medio ambiente tan pronto como (en cuanto)...
3. Las ciudades latinoamericanas van a ser más habitables cuando (después de que)...
4. No se va a definir un buen modelo de desarrollo sostenible mientras...
5. Los problemas ecológicos no van a desaparecer mientras (hasta que)...

Cuaderno personal 7-2

¿Cómo te afectan a ti los problemas ecológicos de Latinoamérica? ¿Cómo contribuyes tú a los problemas ecológicos de Latinoamérica?

VIDEOFUENTES

¿Qué aspectos de la vida tradicional asturiana se conservan gracias al turismo rural? ¿El turismo rural se puede considerar un tipo de ecoturismo? ¿Por qué sí o no?

Lectura 3: Literatura

Actividad 16 Agricultura y espiritualidad Estudia estas expresiones que aparecen en la próxima lectura de Rigoberta Menchú. Luego, lee las oraciones y complétalas con la forma adecuada de las expresiones apropiadas.

agradecer	to thank	**juntar**	to join or bring together
la cosecha	harvest	**la milpa**	cornfield
dañar	to damage	**rezar**	to pray
dar de comer	to feed	**sagrado/a**	sacred
herir	to wound	**sembrar**	to sow, plant seed

1. Hay que mostrar gran respeto a las cosas _____.
2. En el hemisferio norte, la primavera es la estación principal para _____.
3. El otoño es la estación de _____.
4. Todas las mañanas, el chico se levantaba para _____ a los animales hambrientos.
5. Los vegetarianos suelen creer que es malo _____ a un animal.
6. En muchas familias religiosas, todos _____ antes de cenar para _____ a Dios sus bendiciones.
7. Demasiada lluvia puede _____ la cosecha.
8. Todos los habitantes _____ sus recursos económicos para comprar la lotería.
9. Se siembra maíz en una _____.

Actividad 17 El concepto de lo sagrado **Parte A:** En toda cultura se aprecian algunas cosas más y otras cosas menos. En parejas, piensen en la cultura dominante de Norteamérica y hagan una lista de cuatro cosas "sagradas" de esta cultura. Expliquen por qué son importantes. Después, miren el título y subtítulo de la lectura para ver qué cosas se consideran sagradas en la cultura indígena quiché según Rigoberta Menchú. ¿Qué implicaciones tienen estas diferencias?

Parte B: Lee el texto para determinar por qué los quiché consideran sagrados a la tierra, el sol, el copal, el fuego y el agua.

Rigoberta Menchú nació en Guatemala en 1959. En 1992 ganó el Premio Nobel de la Paz por sus esfuerzos a favor de las comunidades indígenas de su país y del mundo. Menchú huyó de Guatemala en 1981, en medio de la lucha violenta entre el gobierno y los indígenas. En el exilio, tuvo que perfeccionar el español —idioma extranjero ya que su lengua materna era el quiché— para poder contar la historia trágica de su pueblo. Elizabeth Burgos transcribió el testimonio oral de Menchú y lo publicó en 1983 bajo el título Me llamo Rigoberta Menchú y así me nació la conciencia. *Hoy día, Menchú dirige la Fundación Menchú, organismo que defiende los derechos y las culturas de los indígenas del mundo entero. Su lucha incluye la defensa del medio ambiente, y la siguiente lectura es una sección de su libro que revela la perspectiva quiché de la relación entre el ser humano y la naturaleza.*

Me llamo Rigoberta Menchú y así me nació la conciencia

La Naturaleza. La tierra madre del hombre.
El sol, el copal, el fuego, el agua.

ladinos (*Guatemala*) = personas que rechazan los valores indígenas y se orientan hacia la cultura occidental europea

Entonces también desde niños recibimos una educación diferente de la que tienen los blancos, los ladinos. Nosotros, los indígenas, tenemos más contacto con la naturaleza. Por eso nos dicen politeístas. Pero, sin embargo, no somos politeístas... o, si lo somos, sería bueno, porque es nuestra cultura, nuestras costumbres. De que nosotros adoramos, no es que adoremos, sino que respetamos una serie de cosas de la naturaleza. Las cosas más importantes para nosotros. Por ejemplo, el agua es algo sagrado. La explicación que nos dan nuestros padres desde niños es que no hay que desperdiciar el agua, aunque haya. El agua es algo puro, es algo limpio y es algo que da vida al hombre. Sin el agua no se puede vivir, tampoco hubieran podido vivir nuestros antepasados. Entonces, el agua la tenemos como algo sagrado y eso está en la mente desde niños y nunca se le quita a uno de pensar que el agua es algo puro. Tenemos la tierra. Nuestros padres nos dicen "Hijos, la tierra es la madre del hombre porque es la que da de comer al hombre". Y más, nosotros que nos basamos en el cultivo, porque nosotros los indígenas comemos maíz, fríjol y yerbas del campo y no sabemos comer, por ejemplo, jamón o queso, cosas compuestas con aparatos, con máquinas. Entonces, se considera que la tierra es la madre del hombre. Y de hecho nuestros padres nos enseñan a respetar esa tierra. Sólo se puede herir la tierra cuando hay necesidad. Esa concepción hace que antes de sembrar nuestra milpa, tenemos que pedirle permiso a la tierra. Existe el pom, el copal, es el elemento sagrado para el indígena, para expresar el sentimiento ante la tierra, para que la tierra se pueda cultivar.

El copal es una goma que da un árbol y esa goma tiene un olor como incienso. Entonces se quema y da un olor bastante fuerte. Un humo con un olor muy sabroso, muy rico. Cuando se pide permiso a la tierra, antes de cultivarla, se hace una ceremonia. Nosotros nos basamos mucho en la candela, el agua, la cal. En primer lugar se le pone una candela al representante de la tierra, del agua, del maíz, que es la comida del hombre. Se considera,

5

10

15

20

25

30

según los antepasados, que nosotros los indígenas estamos hechos de maíz. Estamos hechos del maíz blanco y del maíz amarillo, según nuestros antepasados. Entonces, se ponen esas candelas y
35 se unen todos los miembros de la familia a rezar. Más que todo pidiéndole permiso a la tierra, que dé una buena cosecha.

Se menciona en primer lugar, el representante de los animales, se habla de nombres de perros. Se
40 habla de nombres de la tierra, el Dios de la tierra. Se habla del Dios del agua. Y luego, el corazón del cielo, que es el sol... y luego se hace una petición concreta a la tierra, donde se le pide "Madre tierra, que nos tienes que dar de comer, que somos tus
45 hijos y que de ti dependemos y que de ese producto que nos das pueda generar y puedan crecer nuestros hijos y nuestros animales..." y toda una serie de peticiones. Es una ceremonia de comunidades, ya que la cosecha se empieza a
50 hacer cuando todo el mundo empieza a trabajar, a sembrar.

Luego para el sol, se dice "Corazón del cielo, tú como padre, nos tienes que dar calor, tu luz, sobre nuestros animales, sobre nuestro maíz, nues-
55 tro fríjol, sobre nuestras yerbas, para que crezcan para que podamos comer tus hijos". Luego, se promete a respetar la vida del único ser que es el hombre. Y es importantísimo. Y decimos "Nosotros no somos capaces de dañar la vida de uno de tus hijos, que somos nosotros. No somos capaces de matar a uno de tus seres, o sea
60 ninguno de los árboles, de los animales". Es un mundo diferente. Y así se hace toda esa promesa, y al mismo tiempo, cuando está la cosecha tenemos que agradecer con toda nuestra potencia, con todo nuestro ser, más que todo con las oraciones... Entonces, la comunidad junta sus animalitos para comer después en la ceremonia.

▲ Indígenas guatemaltecos realizando labores de siembra.

Actividad 18   Los elementos sagrados de la vida maya   En parejas,   Scanning
expliquen por qué son sagrados para los quiché los siguientes elementos.

el agua
el maíz
la tierra
el sol
el copal (el pom)
el hombre, los árboles y los animales

Making inferences

Actividad 19 **Los quiché y los ladinos** **Parte A:** Rigoberta Menchú habla de las creencias y la educación de su pueblo, que son diferentes de las creencias y la educación de los "ladinos". En parejas, indiquen cómo cada una de las siguientes observaciones contrasta con los valores y el estilo de vida de las culturas modernas occidentales.

1. Nosotros, los indígenas, tenemos más contacto con la naturaleza.
2. ...somos politeístas... respetamos una serie de cosas de la naturaleza.
3. ...el agua es algo sagrado... no hay que desperdiciar el agua.
4. ...no sabemos comer... jamón o queso, cosas compuestas con aparatos, con máquinas.
5. Sólo se puede herir la tierra cuando hay necesidad... tenemos que pedirle permiso a la tierra.
6. Cuando se pide permiso a la tierra, antes de cultivarla, se hace una ceremonia.
7. No somos capaces de matar a uno de tus seres, o sea ninguno de los árboles, de los animales.

Parte B: En parejas, contesten y comenten las siguientes preguntas sobre la lectura.

1. En su opinión, ¿cuál es el origen de la visión indígena de la naturaleza y el ser humano? ¿Por qué difiere tanto de la perspectiva dominante en las culturas modernas occidentales?
2. ¿Qué podemos aprender nosotros de los indígenas?
3. ¿Creen que los contrastes son tan radicales como implica Menchú? ¿Es posible que ella haya idealizado las diferencias? ¿Por qué?

Actividad 20 **Un poema de protesta** En el poema de la página 131, el autor Eduardo Galeano expresa sus reacciones a los cambios que han ocurrido en el mundo actual. En parejas, hagan una lista de tres cambios problemáticos del mundo actual. Después, lean el poema individualmente para ver si sus ideas aparecen en el poema.

▶ Activistas de Greenpeace protestan contra el peligroso transporte de desechos nucleares por el territorio de Chile.

Eduardo Galeano nació en Uruguay en 1940. Es un autor y periodista muy conocido por sus elocuentes y feroces protestas contra la represión y la injusticia.

Fin de siglo
Eduardo Galeano

Está envenenada° la tierra que nos entierra°   *poisoned / buries*
   o destierra°.   *exiles*
Ya no hay aire, sino desaire°.   *gracelessness,*
Ya no hay lluvia, sino lluvia ácida.   *rudeness*
5 Ya no hay parques, sino *parkings*.
Empresas° en lugar de naciones.   *Companies*
Consumidores en lugar de ciudadanos°.   *citizens*
Aglomeraciones en lugar de ciudades.
Competencias mercantiles en lugar de
10   relaciones humanas.
No hay pueblos, sino mercados.
No hay personas, sino públicos°.   *audiences*
No hay realidades, sino publicidades.
No hay visiones, sino televisiones.
15 Para elogiar una flor, se dice: "Parece
   de plástico".

Actividad 21   Contrastes con el pasado   **Parte A:** Galeano establece una   Approaching poetry
serie de contrastes entre el pasado y el presente. En parejas, hagan una lista de
todos los símbolos de la vida del pasado y otra lista de los símbolos de la vida
actual que menciona el autor. Expliquen qué respresenta o a qué se refiere cada
símbolo, e identifiquen los juegos de palabra o repeticiones que Galeano usa
para subrayar los contrastes.

Parte B: En parejas, contesten y comenten las siguientes preguntas.   Reacting to reading

1. ¿Se ven reflejados en este poema los valores de Rigoberta Menchú?
2. ¿Creen que el pesimismo de Galeano es justificado?
3. ¿Creen que escribir poemas como éste puede cambiar la cultura y mejorar la situación?

Cuaderno personal 7-3

Muchos ecologistas afirman que la sociedad moderna necesita un cambio de valores. ¿Estás de acuerdo? ¿Por qué sí o no? ¿Qué valores debemos cambiar?

Redacción: Un reportaje

ESTRATEGIA DE REDACCIÓN

Writing a News Report

News reports attempt to summarize the most important facts about an event, person, problem, crisis, or discovery. All news articles include:

- **title:** mentions the most significant information of the article
- **dateline:** place of origin of the report
- **introduction:** answers the questions *what?, who?, when?, where?, why?, how?* The summarization of these points at the beginning of the article allows readers to quickly skim to see if it interests them. The introduction begins by answering the most important or relevant of these questions. Some very short articles amount to little more than this introduction.
- **body:** allows for the development of details in a longer article. The details chosen will depend on the most interesting points in the introduction. Sources of information (**fuentes**) and quotes (**citas**) by experts or involved persons may also be included.
- **conclusion:** recapitulates the main points, emphasizes the overall significance of the issue, and/or includes opinions of the author. Many news articles, however, do not contain a conclusion.

Using a model

Actividad 22 El reportaje Lee el artículo de la página 133 y busca las respuestas a las preguntas: ¿qué? ¿quién? ¿cuándo? ¿dónde? ¿por qué? y ¿cómo? Identifica si hay introducción, cuerpo y conclusión, y el tipo de información que contiene cada parte.

Writing a news report

Actividad 23 A investigar y escribir Imagínate que trabajas para un periódico español local y el jefe de redacción ha pedido más noticias sobre temas ecológicos.

Parte A: Busca información en Internet o en revistas y periódicos en la biblioteca sobre los temas ambientales más importantes del momento. Selecciona un tema que te interese y sobre el cual haya bastante información.

Parte B: Basándote en la información que tienes, contesta las siguientes preguntas antes de escribir el reportaje.

- ¿Qué? ¿Quién? ¿Cuándo? ¿Dónde? ¿Por qué? ¿Cómo?
- ¿Cuál de estos puntos es más importante? O sea, ¿por qué es importante esta noticia?
- ¿Para qué puntos hay que elaborar detalles?
- ¿Hay otras preguntas que se deben considerar? (¿cuántos? ¿cómo?)

Después, escribe un artículo breve, con título, introducción y cuerpo.

Indígenas ecuatorianos sientan precedente ecológico mundial

QUITO, ECUADOR. Cuatro tribus indígenas de Ecuador sentaron un precedente ecológico a nivel mundial al demandar a la petrolera estadounidense Texaco por unos 1.500 millones de dólares como indemnización por daños y contaminación de grandes áreas del Amazonas ecuatoriano. La demanda, que causó revuelo en la opinión pública mundial, fue presentada el 3 de noviembre en una corte federal estadounidense y se espera que antes de seis meses haya un pronunciamiento judicial.

Pero a pesar de que se acusa a la cuarta compañía petrolera de los Estados Unidos de causar deterioros considerables en la ecología ecuatoriana, Texaco se defiende señalando que no es posible determinar si la "supuesta" contaminación presente en el área se ha generado en una fecha reciente o años atrás.

"Si se descubre ahora que hay gran contaminación en la zona, no se sabe si fue hecha hace un año o ahora", dijo a Reuters Rodrigo Pérez Pallares, representante legal de Texaco en Ecuador.

Indígenas de las tribus Quichua, Secoya y Cofan, habitantes de la Amazonia ecuatoriana, fueron en representación de las etnias afectadas a Nueva York a presentar dos demandas, con las que pretenden demostrar que Texaco vertió desechos tóxicos en los ríos de la región.

"Se vertieron a los ríos de la región oriental del Ecuador alrededor de 4,3 millones de galones (unos 16 millones de litros) diarios de sustancias extraídas de los pozos petroleros, durante 20 años", afirmó Cristóbal Bonifaz, abogado defensor de los indígenas. Todo esto ha provocado, según el mismo representante, que los pobladores de la región no puedan utilizar las fuentes de agua, porque se corre el riesgo de contraer cáncer, o padecer de enfermedades gastrointestinales y respiratorias.

Capítulo 8

En busca de seguridad económica

Puertas abiertas a la competencia extranjera

Padre sin trabajo roba para dar de comer a su familia

Enorme poder de compra de los latinos en EE.UU.

Trabajadores mexicanos reclaman mejores salarios

Estados Unidos promueve la creación del Área de Libre Comercio de las Américas

El mercado libre: ¿Los ricos más ricos y los pobres más pobres?

CHILE: MODELO DEL NEOLIBERALISMO

Empresa española Telefónica invierte 700 millones de dólares en Argentina

DESEMPLEO AFECTA 30% DE POBLACIÓN NACIONAL

Deuda sobre deuda para pagar la deuda

Explosión en la publicidad hispana en EE.UU. y Latinoamérica

El siglo XXI: Época de mercado libre, competencia y... ¿crisis social?

See the *Fuentes* website for related links and activities:
http://college.hmco.com/languages/spanish/students

Actividad 1 **Noticias económicas de Latinoamérica** En grupos de tres, lean los titulares y consulten el glosario para buscar los términos que no conozcan. Después, identifiquen:

- dos o tres tendencias reflejadas en los titulares
- dos o tres problemas a que se enfrentan las economías latinoamericanas
- dos o tres datos que les sorprendan a Uds.

Lectura 1: Un artículo

Actividad 2 **Del contexto al significado** Las palabras en negrita en las siguientes oraciones aparecen en la lectura sobre Goya Foods. Lee cada oración y escribe a su lado la letra de un sinónimo apropiado para la palabra indicada.

Guessing meaning from context

a. de comida
b. en el presente
c. la cantidad, el precio
d. vende, cobra, recibe
e. futuros
f. ideal, norma
g. tiene sus orígenes en
h. nombres comerciales

1. _____ General Mills y Beatrix Foods son las compañías **alimenticias** más importantes de los Estados Unidos.

2. _____ La empresa es todo un éxito: **factura** casi 700 millones de dólares al año.

    empresa = firm, business

3. _____ Cuando compraron la compañía, el **monto** de la operación fue de sólo dos millones de dólares.

4. _____ La historia del negocio **se remonta** hasta los años 30, época en la que Prudencio y Carolina Unanue fundaron la empresa.

5. _____ Comenzaron un pequeño negocio para poder mantener a toda la familia, inclusive a sus descendientes **venideros.**

6. _____ Coca-Cola y McDonald's son **marcas** conocidas en casi todo el mundo.

7. _____ En la **actualidad,...** Goya Foods abastece a más de 25 mil distribuidores minoristas.

8. _____ Los descendientes decidieron conservar el **patrón** establecido siete décadas atrás por los fundadores: preservar la empresa dentro de los márgenes de la familia.

Building vocabulary

Actividad 3   Un negocio familiar   Un equivalente de cada una de las siguientes palabras inglesas aparece en las oraciones que las siguen. Escribe el equivalente español al lado de cada término en inglés.

sweat: _____

determination: _____

flavor: _____

broke, bankrupt: _____

transfer: _____

support: _____

1. Aunque fue muy difícil al principio, trabajaron con empeño durante muchos años para convertir su pequeño negocio en una compañía grande.
2. Se vendieron muy bien los productos de comida porque tenían un sabor especial.
3. La compañía tuvo tanto éxito que se convirtió en el sustento principal de la familia.
4. A sus fundadores les gustaba decir que la empresa había tenido éxito gracias a una combinación de buena suerte y sudor de la frente.
5. La segunda generación mantuvo la compañía durante años, pero al final la vendieron. El traspaso a los nuevos propietarios ocurrió hace cinco años.
6. Los nuevos propietarios no tuvieron suerte, y ahora la compañía está en quiebra.

Activating background knowledge

rentable = profitable

Active reading

Actividad 4   Una compañía rentable   **Parte A:** En grupos de tres, hagan una lista de cinco características de una compañía rentable o exitosa.

Parte B: Ahora, lee el artículo del periódico de Los Ángeles *La Opinión* para ver cuáles de estas características se ven reflejadas en Goya Foods.

Goya Foods: Suerte, sudor y empeño

LA OPINIÓN
Valeria Agis

La compañía que empezó con un dólar, factura casi 700 millones de dólares anuales y es la marca alimenticia número uno en el sector latino de EU

La fortuna comienza con el primer dólar.

En el caso de Goya Foods, nunca mejor dicho. Un dólar fue el precio de traspaso de la marca de un negocio marroquí en quiebra con el que comenzó este imperio alimenticio que hoy factura más de 680 millones de dólares anuales.

"Increíblemente, el monto de la operación fue un dólar. Así comenzó la empresa verdadera, sólo con un dólar", cuenta entusiasmado Andrew Unanue, nieto de los fundadores.

La historia de aquel dólar se remonta hasta los años 30, época en la que sus abuelos, Prudencio y Carolina Unanue, inmigrantes españoles, llegaron al puerto de Nueva York en busca de fortuna.

La idea era simple: comenzar un pequeño negocio que estuviera relacionado con sus costumbres ibéricas y que se convirtiera con el correr del tiempo en el principal sustento de los descendientes venideros de la familia.

Casi siete décadas más tarde y dos generaciones después, Goya Foods es una de las mayores compañías hispanas de EU, con una variedad de más de mil productos en el mercado.

[...]

Como en las mejores recetas, el lugar geográfico —Nueva York— y el nicho de mercado elegido por los Unanue —inmigrantes ávidos por encontrar alimentos típicos de sus lejanos terruños— fueron la mezcla ideal para hacer del precario proyecto una empresa líder en su industria, no sólo ya como distribuidora de productos sino también como fabricante de alimentos bajo una marca propia.

Expansión

"Nuestro departamento de compras busca los sabores más representativos de cada país hispanoamericano para incluirlos en nuestra línea", indica Unanue. "No sólo compramos productos y materias primas de España, sino también de Sudamérica y Centroamérica, y de diferentes partes de Europa, Asia y África". Por eso, Goya Foods excede lo meramente "hispano" para convertirse en un negocio de productos internacionales.

"Nos gusta tener sabores exóticos de todas partes del mundo en nuestra línea, pero siempre le damos prioridad al paladar latino", explica. "Un español siente que Goya es una marca de comida española, un mexicano cree que es mexicana, un colombiano cree que es colombiana y así con los diferentes países hispanoamericanos", asegura Unanue.

Algunos de los productos tradicionales que incluye la línea Goya son el arroz, los jalapeños, el característico aceite de oliva, el mole, las aceitunas, el adobo, los condimentos especiales y una amplia variedad de legumbres.

Precisamente, según los especialistas, esta multiplicidad de productos y nacionalidades, es uno de los factores que hicieron de la compañía un líder con reconocimiento y continuidad en la industria.

En la actualidad, y sólo dentro de EU, Goya Foods abastece a más de 25 mil distribuidores minoristas. Según ellos, la principal zona de distribución se ubica en el noreste del país, en New Jersey, Nueva York, Boston y Philadelphia, ya que allí están ubicados sus principales centros de consumo.

"Allí es donde comenzamos y allí es donde más vendemos", afirma Unanue. "Pero también incluimos otras grandes ciudades típicamente hispanas, como Miami, Los Ángeles, Houston y Chicago".

Además de la distribución en EU, los sabores de Goya Foods trasponen las fronteras y se extienden por el Caribe y algunos puntos de Europa y Sudamérica.

Todo en familia

Al margen de todas las hábiles estrategias comerciales, indudablemente el secreto de la fortuna de Goya Foods radica, para sus propietarios y ejecutivos, en haber conservado el patrón establecido siete décadas atrás por los fundadores: preservar la empresa dentro de los márgenes de la familia.

En la actualidad, son ocho los miembros del clan Unanue los que se desempeñan activamente en el negocio familiar... "trabajar en familia nos da una ventaja competitiva que otras empresas no tienen. Sopesamos cada decisión entre todos y alentamos el crecimiento de la firma porque representa nuestra tradición", explica Unanue.

En español

Como toda buena empresa de origen hispano, Goya Foods da prioridad al español dentro de sus campañas publicitarias, no sólo en pos de llegar al consumidor latino

sino también para reforzar el espíritu y la tradición de la marca.

"Cerca del 80% de nuestra publicidad es en español. Los hispanos son la mayor parte de nuestro mercado y nunca nos vamos a olvidar de eso", explica Unanue.

Su más reciente estrategia de mercado incluye un fuerte apoyo en línea, a través de la página que la compañía posee en la Internet (www.goya.com) y en la que, entre otras cosas, se publican recetas típicas de fácil preparación que para Unanue, "no sólo atraen a los hispanos sino a muchos anglosajones que valoran el buen paladar de los latinos".

En cuanto al futuro, Goya continúa apoyándose en un mercado que crece día a día en EU, el de los hispanos y su descendencia.

◀ Los productos Goya se encuentran en supermercados de todas partes de los Estados Unidos.

Scanning

Actividad 5 Datos fundamentales El artículo da mucha información sobre la historia y las operaciones de Goya Foods. Completa la información para cada aspecto indicado.

Lugar de fundación: _____

Los fundadores: _____

Época de fundación: _____

Actuales propietarios: _____

Actuales países de distribución: _____

Número total de productos: _____

Productos típicos: _____

Tipo de consumidores: _____

Dirección de Internet: _____

Scanning, Making inferences

marketing = **la mercadotecnia, el mercadeo, el marketing**

Para más ideas sobre el marketing de Goya Foods, busca y mira su página web.

Actividad 6 La mercadotecnia de Goya Foods El artículo comenta el éxito de las estrategias de mercadotecnia y campañas de publicidad de Goya Foods. En parejas, hagan una lista de los aspectos positivos de la mercadotecnia y la publicidad de la compañía.

Scanning, Making inferences

Actividad 7 Todo en familia El artículo comenta también que Goya Foods, como muchas empresas hispanas, es una empresa familiar. En parejas, expliquen primero por qué creen los dueños que esto importa. Después, piensen en otros aspectos de una empresa que pueden ser ventajas o desventajas.

Actividad 8 En años venideros Después de leer y comentar el artículo, completa las siguientes oraciones sobre el futuro de Goya Foods. Luego, en parejas, comenten sus ideas. ¿Goya Foods va a tener un buen futuro? *Making inferences*

1. Goya Foods va a seguir creciendo siempre y cuando.../con tal de que...
2. Las ventas de Goya Foods van a aumentar sin que.../porque...
3. Los consumidores no latinos no van a comprar más productos de Goya Foods a menos que...
4. Goya Foods va a expandir sus operaciones a muchos países para que…

Cuaderno personal 8-1

En tu opinión, ¿qué compañía tiene la mejor publicidad en este país? ¿Por qué es la mejor? ¿Cómo se puede describir su publicidad?

Lectura 2: Panorama cultural

ESTRATEGIA DE LECTURA

Determining Reference

Written texts attempt to link ideas together in the clearest manner possible. In order to refer to a previously mentioned idea or fact, writers use pronouns and connecting words. These include:

subject pronouns (**yo, tú, él, ella, Ud.,** etc.)
direct-object pronouns (**me, te, lo, la,** etc.)
indirect-object pronouns (**me, te, le,** etc.)
reflexive pronouns (**me, te, se,** etc.)
demonstrative adjectives and pronouns (**este/a, estos/as, éste/a, éstos/as, esto; ese/a,** etc.; **aquel/aquella,** etc.)
relative pronouns (**que, quien, lo que, el/la que, lo cual,** etc.)
possessive adjectives and pronouns (**mi, mío, tu, tuyo,** etc.)

These words are the glue that holds together a cohesive text. Understanding what they refer to will increase your comprehension of the text.

Actividad 9 ¿A qué se refiere? Lee las siguientes oraciones de la lectura sobre las economías latinoamericanas. Luego, identifica a qué se refiere cada palabra en negrita. *Determining reference*

1. Los gobiernos latinoamericanos pidieron préstamos al Banco Mundial para pagar el petróleo y continuar sus programas de desarrollo, **lo cual** llevó a una seria crisis de la deuda en los años 80.

2. Aunque los programas de la dictadura de Pinochet tuvieron un gran éxito económico, sólo **lo** pudieron lograr a costa de las libertades civiles y humanas.

3. Con el retorno a la democracia en 1989, el gobierno **les** subió los impuestos a los negocios y a los ricos.

4. En Chile se ha observado una nueva aproximación entre pobres y ricos, de **la que** depende la estabilidad del gobierno democrático.

5. ¿Es posible reproducir "el milagro chileno" en otros países? ¿Cuál es la mejor manera de hacer**lo**?

Guessing meaning from context

Actividad 10 **Del contexto al significado** Lee cada oración y da un sinónimo en español, una definición en español o un equivalente en inglés para cada una de las palabras en negrita. Estas palabras aparecen en la lectura sobre las economías latinoamericanas. En caso de duda, usa el glosario o un diccionario para confirmar tus respuestas.

1. Ayer los presidentes firmaron un **acuerdo** económico.
2. Los Estados Unidos y Canadá son dos países que **se asemejan** mucho en cultura, lengua dominante y economía.
3. Con el nuevo programa, el gobierno **logró** una gran mejora en el nivel de vida de los ciudadanos.
4. La empresa **pertenecía** a la familia González, pero los nuevos dueños son unos inversionistas japoneses.
5. Todos se quejan de que no hay suficientes casas, pero el gobierno no hace nada para remediar esta escasez de **vivienda.**
6. Los países **desarrollados** suelen tener altos niveles de tecnología y grandes recursos financieros.
7. El sistema capitalista depende de la **inversión** de dinero en empresas privadas.
8. Una industria nacionalizada es una industria que pertenece al **estado.**
9. Cuando hay graves problemas de inflación, muchos gobiernos deciden **congelar** los precios.
10. Para evitar la acumulación de **deudas,** hay que reducir los **gastos.**

Activating background knowledge

Actividad 11 **El mercado libre** **Parte A:** En la siguiente lectura se discute el desarrollo de las economías latinoamericanas y la importancia del mercado libre para estas economías. En grupos de tres, decidan cuáles de los siguientes términos se asocian con el concepto del mercado libre y expliquen de qué manera. Expliquen también por qué excluyeron algunos términos.

la nacionalización	la privatización
las importaciones	las exportaciones
la protección del empleo	la competencia
la eficiencia	la protección del salario mínimo
la mano de obra barata	las tarifas altas sobre las importaciones

Active reading

Parte B: Ahora, lee el artículo. Mientras lees, escribe en el margen tus reacciones a la información: dudas, sorpresas, reacciones contrarias.

Corrientes cambiantes de las economías latinoamericanas

Desde los años 80, el mundo comercial y laboral latinoamericano se asemeja cada vez más al de los Estados Unidos, Europa y Japón. Se privilegian la competencia, el mercado libre y la eficiencia productiva, y se adoptan técnicas y métodos de administración norteamericanos. Estos cam-
5 bios han generado nuevas esperanzas de prosperidad y también nuevas tensiones sociales, pero para comprender los cambios y sus consecuencias, hay que echar un vistazo al pasado económico de la región.

La dependencia económica poscolonial

El sistema económico poscolonial dependía de la exportación de recursos minerales y productos agrícolas a los países europeos y a los Estados
10 Unidos. Con el dinero obtenido de las exportaciones, los países latinoamericanos importaban de los países más desarrollados productos manufacturados. Durante el siglo XIX, este sistema creció y entre 1850 y 1930, grandes inversiones de dinero de Gran Bretaña y los Estados Unidos permitieron el desarrollo de ferrocarriles, sistemas eléctricos
15 y telecomunicaciones.

Algunos países se hicieron bastante ricos; en los años 20, Argentina llegó a ocupar el décimo lugar en el mundo en cuanto a nivel de vida.

La búsqueda de la independencia económica

La Gran Depresión de 1929 llevó a la destrucción de las fuentes tradicionales de ingresos: bajaron las exportaciones y desaparecieron las inversiones de capital extranjero. Para remediar esta situación, muchos gobiernos buscaron la solución dentro de sus propios países. Decidieron desarrollar
20 industrias para los mercados nacionales, creando así trabajos e industria con un mercado doméstico garantizado, sin necesidad de dinero extranjero. Los gobiernos fomentaron estos proyectos
25 de "sustitución de importaciones" con el propósito de garantizar mayor independencia económica y nacionalizaron muchas industrias que habían pertenecido a empresas extranjeras. Además, para proteger las
30 nuevas industrias de la competencia extranjera se impusieron altas tarifas sobre las importaciones.

En 1938 México nacionalizó la industria petrolera para obtener mejor control de su economía. Hoy, esta industria sigue sin privatizar por la importancia simbólica que tiene para muchos mexicanos.

Estas políticas, aunque promovieron la variedad industrial, crearon nuevos
35 problemas. Las altas tarifas impedían el comercio internacional, y el control ineficiente y burocrático por parte del estado causó que muchas industrias perdieran dinero. No obstante, los grandes problemas no
40 se hicieron visibles hasta 1973 y 1979 cuando el precio del petróleo subió dramáticamente. Los

▲ Trabajadores en un depósito de café, Costa Rica. Desde la época de la colonia, el café ha sido una exportación importante para varias regiones de Latinoamérica.

▶ Mexicanos desempleados anuncian sus servicios esperando algún trabajo ocasional.

La crisis de la deuda nunca ha desaparecido, ya que los países latinoamericanos siguen sacando préstamos para pagar los intereses sobre la deuda acumulada del pasado. Como resultado, la deuda externa ha pasado de casi nada en 1945, a US$374.000.000.000 en 1985, a US$750.000.000.000 en el año 2000.

En los años 70 y 80 también hubo graves problemas de inflación causados por los gastos excesivos de los gobiernos. Las tasas de inflación llegaron hasta el 7.000% (Perú) y el 14.000% (Nicaragua).

El neoliberalismo, que favorece un mercado sin restricciones de ningún tipo, se basa en ideas de Milton Friedman y otros economistas de la Universidad de Chicago. Sus estudiantes implementaron las ideas neoliberales en Chile en los años 70.

gobiernos latinoamericanos pidieron préstamos al Banco Mundial para pagar el petróleo y continuar sus programas de desarrollo, lo cual llevó a una seria crisis de la deuda en los años 80. A partir de 1982, los bancos
45 internacionales y los gobiernos latinoamericanos empezaron a renegociar el pago de la deuda. Al mismo tiempo, los bancos comenzaron a insistir en que se hicieran cambios radicales en el sistema económico de los países afectados, cambios que ya se habían implementado en Chile.

El milagro chileno y el neoliberalismo

Después de 1973, la dictadura militar de Pinochet respondió a la crisis
50 económica aplicando una serie de medidas neoliberales drásticas. Se congelaron los salarios y se descongelaron los precios y, como resultado, hubo primero inflación y después recesión. Se privatizaron bancos, fábricas y empresas que habían pertenecido al gobierno. Se eliminaron las tarifas sobre las importaciones y el mercado se inundó de productos extranjeros
55 baratos. Al mismo tiempo, las empresas locales o se adaptaron al nuevo mercado competitivo o se declararon en bancarrota. Un tercio de los trabajadores quedó sin trabajo y, como consecuencia, hubo disturbios sociales; pero el gobierno usó la represión política para controlar a la población.

Sin embargo, después de varios años difíciles, Chile empezó a experi-
60 mentar un crecimiento económico extraordinario del 6 ó 7% anual. Se expandió tanto la variedad como la cantidad de las exportaciones, se aumentaron las inversiones extranjeras y la inflación fue reducida a un nivel mínimo. Este éxito, descrito como "el milagro chileno", fue visto por otros países con graves problemas económicos como el camino de
65 su propia salvación.

Los años 90: mercado libre e integración económica

Durante los años 80 y 90, los líderes latinoamericanos abandonaron sus antiguas ideas sobre la independencia económica a favor de una mayor integración en el mercado mundial. Por ejemplo, al igual que Chile, México bajó las tarifas de importación, redujo los gastos gubernamentales, vendió
70 muchas industrias estatales a inversionistas privados y fomentó la inversión

extranjera. Es más, los líderes políticos decidieron que la mejor esperanza para México era su integración a un mercado libre con Canadá y los Estados Unidos y, en 1993, se firmó el Tratado de Libre Comercio de América del Norte (TLC). Otros países han seguido una política parecida:
75　por ejemplo, en 1995 entró en vigor Mercosur, un acuerdo de mercado libre entre Argentina, Uruguay, Paraguay y Brasil que ha creado la mayor fuerza agrícola del mundo.

　　Sin embargo, estos logros económicos han llegado acompañados de la implementación generalizada de "programas de austeridad", los cuales han
80　reducido drásticamente los gastos en programas sociales, dando como resultado un aumento de la pobreza en muchos países y el deterioro de los sistemas de educación, salud y transporte. En casi todos los países se ha visto un gran aumento en el desempleo y en la diferencia entre pobres y ricos. Y en algunos casos la aplicación de medidas neoliberales ha llevado a
85　nuevas crisis como el colapso total de la economía argentina en 2001, que ocurrió cuando Argentina se declaró incapaz de pagar su exhorbitante deuda externa.

¿Una vía media?

Los problemas de injusticia social han llevado a muchos observadores a rechazar las ideas neoliberales. Otros, sin embargo, argumentan que existe
90　una "vía media" entre la eficacia del mercado libre que tiende a aumentar las diferencias entre ricos y pobres, y una política social progresista que tiende a producir más igualdad. De nuevo, Chile es el país que ha servido de modelo a los demás. Aunque los programas de la dictadura de Pinochet tuvieron gran éxito económico, sólo lo pudieron lograr a costa de las libertades civiles
95　y humanas, y pagando un alto precio social al crear desempleo y pobreza. Con el retorno a la democracia en 1989, el gobierno chileno les subió los impuestos a los negocios y a los ricos y utilizó el dinero en viviendas, salud y educación. Aumentó también el salario mínimo de los trabajadores y promovió el establecimiento de negocios pequeños. En los primeros tres años,
100　estos programas sacaron a un millón de personas de la pobreza. Lo sorprendente es que los chilenos también hayan podido mantener la salud

Otras organizaciones regionales de libre comercio incluyen la Comunidad Andina, el Mercado Común Centroamericano y la Comunidad del Caribe.

La pobreza se limita en parte gracias al dinero que los inmigrantes hispanos en Estados Unidos mandan a sus familiares en sus países de origen. Por ejemplo, cada año los mexicanos mandan **remesas** de más de US$10.000.000.000 a México.

◀ La mina chilena de Chuquicamata, la mina de cobre más grande del mundo. La economía chilena ha desarrollado muchas industrias, pero la extracción y la exportación del cobre siguen siendo fundamentales para la economía nacional.

económica de su sociedad: inflación mínima, presupuesto equilibrado, crecimiento fuerte, alto nivel de inversión extranjera y tasa de desempleo baja. De todos los países latinoamericanos, sólo en Chile se ha observado 105 una nueva aproximación entre pobres y ricos, una aproximación de la que depende, dicen muchos, la estabilidad del gobierno democrático.

En la actualidad los líderes latinoamericanos se enfrentan a una serie de desafíos comunes. ¿Es posible reproducir "el milagro chileno" en otros países? ¿Cuál es la mejor manera de hacerlo? ¿Es la "vía media" la mejor 110 solución para todos? Actualmente, los Estados Unidos promueven la creación de un Área de Libre Comercio de las Américas (el ALCA), que creará un mercado libre para todo el hemisferio occidental. ¿El ALCA les conviene a los ciudadanos de las naciones latinoamericanas? Estas son las cuestiones que se debaten y que requieren de una pronta respuesta para 115 que todos los latinoamericanos puedan alcanzar nuevas posibilidades de prosperidad.

Scanning

Actividad 12 Detalles y fechas Indica qué significa cada término y con qué se asocia cada fecha, y di por qué es importante en la lectura.

TLC   Mercosur   ALCA 1979   1982   2001

Scanning and summarizing

Actividad 13 Tres etapas de desarrollo económico Parte A: En parejas, busquen una característica, un objetivo y un problema del sistema económico dominante de una de las tres épocas económicas.

1. la época poscolonial
2. la época de "sustitución de importaciones"
3. la época del neoliberalismo

Scanning, Making inferences

Actividad 14 El ejemplo de Chile Con frecuencia se nombra a Chile como modelo del éxito del neoliberalismo. En parejas, comenten las siguientes preguntas que tratan de Chile y la creación de la "vía media".

1. ¿Es Chile un ejemplo perfecto del neoliberalismo?
2. ¿En qué consiste la "vía media"?
3. ¿Es posible que la "vía media" cree todavía más problemas?
4. ¿Este concepto es importante también para este país?

Making inferences

Actividad 15 ¿Cómo votan? Hay dos candidatos principales en las elecciones presidenciales. Pérez defiende la postura neoliberal y los "programas de austeridad". López dice que hay que adoptar "la vía media" de Chile y proteger más a los trabajadores. En grupos de tres, decidan por quién vota cada una de las siguientes personas. También es posible que una persona no vote por ninguno de estos dos candidatos.

1. Felipe trabajaba en una fábrica que pertenecía al estado, pero privatizaron la fábrica y los nuevos dueños decidieron eliminar muchos trabajos en nombre de la eficiencia. Actualmente, Felipe no tiene trabajo, pero se están abriendo nuevos negocios y nuevas fábricas.

2. Consuelo gana un buen sueldo, y paga sus impuestos, pero el 40% de todo lo que paga sirve para pagar las deudas del estado y los intereses de esas deudas. Además, todo el dinero acaba en los países de Estados Unidos, Canadá, Europa y Japón. Consuelo cree que esto es injusto para su país.

3. Carlos trabaja como cajero en un banco. Su vida no ha cambiado mucho desde la implementación de las medidas neoliberales, pero ahora no hay mucha inflación y él puede ahorrar dinero sin miedo de que pierda su valor.

Cuaderno personal 8-2

¿Crees que el gobierno tiene la obligación de ofrecer servicios de salud, educación y asistencia pública a los pobres? ¿Crees que el mercado libre es capaz de ofrecer todos estos servicios?

Lectura 3: Literatura

Actividad 16   Según el contexto Las palabras en negrita aparecen en el cuento "La carta". Lee las oraciones y después asocia las palabras indicadas con su significado.

Guessing meaning from context

a. estampilla que indica que se ha pagado el envío de una carta
b. pintura, dibujo o fotografía de una persona
c. casi sentarse de manera que las nalgas estén cerca del suelo
d. una prenda de vestir que cubre la cabeza y la frente para protegerlas del sol.
e. poner juntas dos partes de un papel
f. papel en el cual y se envía una carta
g. escribir el nombre en un documento
h. parte inferior de una puerta o entrada
i. que ha perdido el uso de una mano

1. _____ Pablo terminó de escribir la carta y la **firmó.**

2. _____ Luego, **dobló** la carta y la metió en el **sobre.**

3. _____ Antes de cerrar el sobre, metió dentro un pequeño **retrato** suyo —una foto que le habían sacado varios años antes.

4. _____ Al final, buscó un **sello** y lo puso en el sobre, y salió para la estación de correos.

5. _____ Pablo no quería que nadie lo reconociera, así que bajó la **gorra** sobre la frente y miró hacia abajo.

6. _____ Cuando Pablo se acercó a la entrada, vio un hombre sentado en el **umbral.**

7. _____ **Se acuclilló** para hablar con el hombre, y éste le explicó que era **manco** y necesitaba que alguien le ayudara a escribir una carta.

Determining reference

Actividad 17 ¿A quién se refiere? El cuento que vas a leer contiene una carta. El escritor de la carta le se dirige a su destinatario y también habla de otras personas. Antes de leer, determina a qué o a quién se refiere cada pronombre en negrita de las siguientes oraciones.

1. Querida mamá: Como yo **le** decía antes de venirme...
2. Me pagan ocho pesos la semana y con **eso** vivo como don Pepe el administrador.
3. La ropa aquella que quedé de mandar**le,** no **la** he podido comprar.
4. Díga**le** a Petra que cuando vaya por casa **le** voy a llevar un regalito al nene de ella.
5. Voy a ver si **me** saco un retrato un día.
6. ... Su hijo que **la** quiere y **le** pide la bendición, Juan.

Activating background knowledge

Actividad 18 En busca de trabajo **Parte A:** En parejas, respondan a una de las siguientes preguntas.

1. ¿Has buscado trabajo alguna vez? Describe tu peor experiencia o la de otra persona que no haya tenido éxito con la búsqueda de trabajo.
2. ¿Qué debe o puede hacer una persona que no encuentra el trabajo deseado? ¿Debe aceptar cualquier puesto?
3. ¿Las personas buscan trabajo sólo para ganar dinero o el trabajo es importante por otras razones?

Active reading

Parte B: Ahora lee la primera parte del cuento —"la carta"— para ver quién escribe la carta y qué dice.

José Luis González (1926–1996) nació en la República Dominicana de padre puertorriqueño y madre dominicana. Se crió en Puerto Rico, y siempre se consideró puertorriqueño aunque pasó la mayor parte de su vida adulta trabajando en México. Fue conocido como ensayista, periodista, novelista, y sobre todo, cuentista. Sus escritos se caracterizan por una gran preocupación por los problemas sociales de su época.

La carta

José Luis González

San Juan, puerto Rico
8 de marso de 1947
Qerida bieja:
    Como yo le desia antes de venirme, aqui las cosas me van vién. Desde que llegé enseguida incontré trabajo. Me pagan 8 pesos la semana y con eso bivo como don Pepe el aliministradol de la central allá.
    La ropa aqella que quedé de mandale, no la he podido compral pues quiero buscarla en una de las tiendas mejores. Digale a Petra que cuando valla por casa le boy a llevar un regalito al nene de ella.
    Boy a ver si me saco un retrato un dia de estos para mandálselo a uste. El otro dia vi a Felo el ijo de la comai María. El está travajando pero gana menos que yo. Bueno recueldese de escrivirme y contarme todo lo que pasa por alla.
    Su ijo que la qiere y le pide la bendision.
    Juan

Después de firmar, dobló cuidadosamente el papel ajado y lleno de
borrones y se lo guardó en el bolsillo de la camisa. Caminó hasta la
estación de correos más próxima, y al llegar se echó la gorra raída sobre la
frente y se acuclilló en el umbral de una de las puertas. Dobló la mano
5   izquierda, fingiéndose manco, y extendió la derecha con la palma hacia arriba.

Cuando reunió los cuatro centavos necesarios, compró el sobre y el
sello y despachó la carta.

Actividad 19   Hablar y escribir en puertorriqueño   Parte A: La carta está   Dealing with different registers
escrita con muchos errores ortográficos. Algunos de los errores revelan el
dialecto hablado de Juan, el escritor. Estos rasgos incluyen:

- la confusión de la **-r** y la **-l** al final de sílaba, y la pérdida de la **-r** al final de
  palabra
- la pérdida de la **-d** al final de palabra y de la **-d-** entre dos vocales
- la sustitución de la **e** por la **i** (**e → i**) en sílabas no acentuadas
- la aspiración de la **-s** al final de sílaba: o sea, se pronuncia como **h** en inglés
  y a veces se pierde completamente
- **para → pa'**

Busca en la carta de Juan un error que refleje cada rasgo dialectal. ¿Hay algún
rasgo que no se vea reflejado en la carta? ¿Hay errores no asociados con estos
rasgos dialectales?

Parte B: Corrige todos los errores ortográficos de la carta. Después, compara   Focusing on surface form
tus correcciones con las de un/a compañero/a de clase.

ESTRATEGIA DE LECTURA

Making Inferences

When reading, it is often necessary to read between the lines, that is, to extract information and conclusions that are not explicitly stated. This may include information or beliefs that the author takes for granted, or additional conclusions that may be drawn from the information presented. For example, it is safe to conclude from the preceding reading that the author of the letter has little formal schooling.

Making inferences

Actividad 20 La carta de Juan La carta provee mucha más información de la que aparece literalmente en el texto. Después de leer, contesta las siguientes preguntas y justifica cada respuesta con información de "la carta". Después, compara tus respuestas con las de otra persona.

1. ¿Quién es Juan? ¿Cómo es? ¿Ha tenido estudios?
2. ¿De dónde es Juan? ¿Dónde vive? ¿Qué tipo de trabajo tiene? ¿Por qué se mudó?
3. ¿Quién es su "vieja"? ¿Dónde vive su "vieja"?

Recognizing chronological order

Actividad 21 Las acciones de Juan Los párrafos finales del cuento "La carta" describen cuidadosamente las acciones y los movimientos de Juan. Pon las siguientes acciones en orden cronológico. Después, compara tus respuestas con las de un/a compañero/a de clase, y comenten la importancia de estas acciones para nuestra interpretación de la carta misma.

_____ Extendió la mano derecha con la palma hacia arriba.
_____ Se puso la gorra sobre la frente.
_____ Compró el sobre y el sello y mandó la carta.
_____ Dobló el papel y lo guardó en el bolsillo de la camisa.
_____ Caminó hasta la estación de correos.
_____ Dobló la mano izquierda contra su pecho.
_____ Recibió cuatro centavos.
_____ Firmó la carta.
_____ Se acuclilló en el umbral de una puerta.

Considering implications

Actividad 22 La experiencia de Juan La experiencia de Juan refleja la de muchos campesinos pobres que empezaron a mudarse a las ciudades latinoamericanas después de la Segunda Guerra Mundial (1939–1945). En grupos de tres, comenten las siguientes preguntas.

1. ¿Qué buscaba Juan en la ciudad?
2. ¿Qué encontró?
3. ¿Qué problemas pueden surgir cuando hay millones de personas en la situación de Juan?

Cuaderno personal 8-3

El trabajo, los estudios y los deportes pueden ser muy importantes para la dignidad personal. ¿Has mentido alguna vez para proteger tu reputación pública y/o tu autoestima? ¿Cuándo? ¿Por qué?

VIDEOFUENTES ☐

A veces las personas no pueden conseguir un trabajo porque existen estereotipos sobre qué clases de personas pueden hacer ciertos tipos de trabajo. En la película de Almodóvar, ¿qué personajes tienen trabajos sorprendentes? ¿Qué problemas han tenido estos personajes a causa de sus trabajos? En tu opinión, ¿por qué el director insiste en presentar a algunos personajes en puestos atípicos?

Redacción: El curriculum vitae y la carta de solicitud

ESTRATEGIA DE REDACCIÓN

Using Models

One way to improve your writing is to use examples of texts as models and to imitate their style and/or format. This is frequently done when preparing documents with fixed formats such as formal letters.

Actividad 23 Un curriculum **Parte A:** Aunque el curriculum vitae tradicionalmente no ha sido muy importante en Latinoamérica, con el aumento de la influencia comercial norteamericana en la región, se está extendiendo el uso del curriculum al estilo norteamericano. En grupos de tres, traten de contestar las siguientes preguntas.

Using a model

- ¿Por qué el curriculum vitae es y ha sido tan importante en la cultura comercial y profesional de Norteamérica?
- ¿Por qué el curriculum vitae no ha tenido tradicionalmente mucha importancia en la cultura comercial y profesional de los países latinoamericanos?

Parte B: Al preparar el curriculum propio, generalmente se usa el de otra persona como base y modelo. En parejas, miren el siguiente curriculum y observen el vocabulario que se usa y cómo está organizado. ¿Hay otras maneras de organizar un curriculum?

maestría o **master** = master's degree

licenciatura = un título un poco más avanzado que *bachelor's degree*

bachiller = *high school graduate*

Rosa Cunningham-González
67 Chula Vista Road
Los Ángeles, California 50215
(213) 789-2389

Fecha de nacimiento

15 de agosto de 1981

Objetivo profesional

Gerente de ventas y mercadeo

Preparación académica

2003–2005	Universidad de California, Los Ángeles, CA
	Maestría
	Especialización: Administración de empresas
1999–2003	Universidad de Georgia, Athens, Georgia
	Licenciatura *magna cum laude*
	Especialización: español e inglés
1995–1999	Las Palmas High School, Los Ángeles, CA
	Bachiller

Experiencia profesional

2004 (verano)	Ventamundo, S.A., México, D.F.
	Asistente ejecutiva
2001–2003	Toyland, Inc., Atlanta, GA
(veranos)	Vendedora regional

Experiencia adicional

2003–2005	Club de Estudiantes de Negocios, tesorera
1999–2003	Asociación de Estudiantes Latinos, presidenta

Preparación adicional

Mecanografía y procesamiento de datos
Dominio de inglés y español
Conocimiento elemental de portugués

Becas y premios

2004	Beca Salinas (mejor estudiante del programa)
2003	Phi Beta Kappa (por excelencia académica)

Intereses

Baile popular, música caribeña, navegación

Using a model

Parte C: Individualmente, preparen el borrador de un curriculum propio similar al del modelo. Usen el diccionario o hablen con su profesor/a si necesitan vocabulario específico.

Actividad 24 Una carta de solicitud   Las cartas en español generalmente   Using a model
tienen un formato diferente al de las cartas en inglés y emplean un lenguaje
muy formal y formulaico. Mira la carta modelo en la página 152, que es una
solicitud escrita para acompañar el curriculum vitae anterior, y haz lo siguiente.

1. Identifica lo siguiente.
   a. el encabezamiento   d. el cuerpo
   b. el destinatario   e. la despedida
   c. el saludo   f. la firma y la dirección del/de la remitente
2. Identifica las diferencias entre el formato de esta carta y el de una carta en
   inglés.
3. Identifica el párrafo en el cual aparece la siguiente información.
   a. el puesto deseado y cómo se informó del puesto el/la solicitante
   b. la información más importante del curriculum vitae
   c. otros datos no incluidos en el curriculum vitae
   d. razón de su interés en el puesto
   e. esperanzas en cuanto al trabajo
   f. las gracias
4. Busca dos ejemplos de lenguaje muy formal o de fórmulas que se usan.

ESTRATEGIA DE REDACCIÓN

Focusing on Surface Form

Writing involves several stages: generating ideas, focusing on specific ideas,
organizing, composing, and, for more formal texts, polishing surface form.
Surface form includes physical layout, punctuation, spelling, and use of
capital letters. Since it is the first thing the reader notices, it can be very
important in determining the reader's initial reaction to a text, its content,
and/or the writer. Here are some suggestions for polishing what you write.

1. Make sure that margins are clearly set.

2. Check punctuation. Though similar in formal Spanish and English,
   remember: inverted question and exclamation marks must be used in
   Spanish; commas are not used before **y** or **o** in a series (**rojo, blanco y
   azul**); use of commas and periods in numbers differs in English and
   Spanish (*GPA: 3.67* = **Promedio de notas: 3,67** and *2,000 dollars* =
   2.000 dólares).

3. Watch your spelling, including accents. Do not let English influence
   your spelling of cognates (*professional*/**profesional**) and remember
   that the use of accents can differ between singular and plural forms
   (**recomendación/recomendaciones**). Most native speakers do not use
   written accents on capital letters.

4. The use of capital letters (**mayúsculas**) is more restricted in Spanish.
   Use capital letters for the first word of a sentence or title (**Cien años de
   soledad**); for names of people, clubs, organizations, or businesses; and
   for abbreviated titles (**Ud., Sr.**). Do not use capital letters for days of
   the week (**lunes**), months (**enero**), seasons (**primavera**), languages or
   nationalities (**inglés**), religions (**catolicismo**), compass points (**norte**),
   or adjectives (**católico**).

Writing an application letter

Actividad 25   Redacción de la carta   Imagina que quieres pasar algún tiempo trabajando en Hispanoamérica para perfeccionar tu español y decides solicitar un puesto de trabajo en el campo de mercadeo.

Parte A: Haz una lista de los datos de tu curriculum que quieres enfatizar en la carta de solicitud. Incluye información que te hará un candidato interesante.

Parte B: Escribe la carta. Incluye información semejante a la de la carta modelo. Decide qué partes de la carta modelo debes copiar y qué partes tienes que adaptar para personalizar tu carta.

Focusing on surface form

Parte C: Después de redactar el primer borrador, corrígelo pensando en su presentación: el formato, la puntuación y el uso de letras mayúsculas.

Los Angeles, 14 de julio de 2005

Sra. María Elena Pérez Pereira
Directora de personal
Juguetes Xochimilco, S.A.
Sagredo 263
Colonia Guadalupe Inn
010020 México, D.F.

Estimada señora:

Atentamente me dirijo a Ud. para comunicarle mi interés en el puesto de director de desarrollo de productos en su empresa y para enviarle copia de mi curriculum vitae de acuerdo con el anuncio que apareció en *Uno Más Uno* el 1º de julio de 2005.

El reciente mayo pasado me gradué de la Universidad de California en Los Angeles con maestría en administración de empresas. Tengo gran interés en mercadeo, asignatura que estudié intensamente durante la carrera universitaria.

En cuanto a mi competencia lingüística, domino tanto el español como el inglés ya que he crecido en una familia bicultural y he viajado a México varias veces. Creo que tanto mi experiencia profesional, adquirida en una empresa americana conocida, como mis conocimientos lingüísticos y culturales hacen de mí una buena candidata para el puesto solicitado. Me interesa este puesto ya que su empresa tiene mucho prestigio en este campo y goza de gran éxito en el mercado norteamericano. Creo también que mis capacidades parecen corresponder a sus necesidades.

Le agradecería que me diera la oportunidad de conocerla en persona y de visitar sus instalaciones. Me gustaría hablar con usted tanto de los requisitos del puesto como de las contribuciones que yo podría ofrecer a su empresa.

Agradeciéndole anticipadamente su atención, quedo en espera de su pronta respuesta.

Muy atentamente,

Rosa Cunningham-González

Rosa Cunningham-González
67 Chula Vista Road
Los Angeles, CA 50215

En español, la dirección del/de la remitente suele aparecer al final de la carta, debajo de la firma.

Capítulo **9**

Arte, identidad y realidad

▲ *Autorretrato en la frontera entre México y los Estados Unidos*, 1932, Frida Kahlo (México).

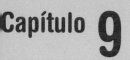

See the *Fuentes* website for related links and activities:
http://college.hmco.com/languages/spanish/students

153

Activating background knowledge,
Anticipating

Frida Kahlo estaba casada con el
artista Diego Rivera cuando pintó
este autorretrato; Carmen Rivera
era su nombre de casada.

Actividad 1   Interpretación del arte   **Parte A:** En grupos de tres, miren
y comenten los cuadros que aparecen en este capítulo, usando las siguientes
preguntas.

1. ¿Qué tipo de arte son? (pinturas, dibujos, esculturas, etc.)
2. Expliquen el tema o el mensaje de dos o tres de las obras.
3. ¿Cuáles son las dos que les gustan más? Comparen su contenido o su tema.

Parte B: Muchos artistas usan el arte para explorar su mundo y su propia
identidad. El cuadro que aparece en la página anterior fue pintado por la artista
mexicana Frida Kahlo durante una visita a Detroit, Michigan. En grupos de tres,
miren la pintura y hagan la siguiente actividad usando el vocabulario que
aparece a continuación.

la ambigüedad	la explotación	la metáfora
lo arcaico	lo femenino	lo moderno
la bandera	la fertilidad	el pasado
Carmen Rivera	el futuro	el pedestal
el cigarrillo	lo indígena	la tecnología
lo colonial	la inhumanidad	la yuxtaposición
el crecimiento	lo masculino	

1. Comparen el lado izquierdo con el lado derecho.
2. Expliquen por qué la artista se representa en el centro.
3. Traten de adivinar lo que quiere expresar la artista.
4. Busquen un tema que aparezca en este cuadro y que aparezca también en
   otro cuadro del capítulo.

Lectura 1: Reseña de un libro

ESTRATEGIA DE LECTURA

Recognizing Clauses and Phrases

A characteristic of Spanish writing is the frequent use of long sentences.
Understanding the structure of these sentences can help you understand
their meaning. Some are simple sentences with a single main conjugated
verb; others are compound sentences, which link two shorter sentences, or
two independent clauses, with a conjunction such as **y** or **pero: Él pinta
muchos cuadros, pero nunca logra venderlos.** Complex sentences are
composed of a main clause and one or more dependent clauses. The dependent clause contains a conjugated verb and is introduced by the word **que**
for noun clauses, by relative pronouns (**que, quien, el/la cual,** etc.) for
adjective clauses, or by adverbial conjunctions (**aunque, porque, para que,
como, cuando, ya que, si,** etc.) for adverbial clauses.

A good way to analyze complex sentences is to break them down into smaller sentences.

Los cuadros **que había pintado Elena Climent** se vendieron rápidamente. =
(1) Los cuadros se vendieron rápidamente
+ (2) Elena Climent había pintado los cuadros

The adjective clause in the preceding example is a restrictive clause; it limits the paintings to those painted by Elena Climent. The information in restrictive clauses is important for determining the grammatical subject. On the other hand, a nonrestrictive clause, set off with commas, adds extra, nonessential information.

Las naturalezas muertas, **las cuales Climent había pintado el año anterior,** se vendieron rápidamente.

Another important element of Spanish sentences is the **complemento circunstancial,** which allows the inclusion of extra information describing where, when, how, with whom, etc.

Los cuadros que ella había pintado se exhibieron en **una galería de arte.**
Los cuadros que había pintado se vendieron **el año pasado.**
Los cuadros que había pintado el año anterior se vendieron **por medio millón de dólares.**

> The **complemento circunstancial** is often equivalent to a prepositional phrase.

Actividad 2 Análisis de oraciones Mira la lectura sobre el arte en Latinoamérica y busca un ejemplo de cada tipo de oración.

> Recognizing clauses and phrases

- una oración simple
- una oración compuesta (dos cláusulas independientes)
- una oración compleja (cláusula principal + cláusula dependiente)
- una oración con complemento circunstancial

Actividad 3 Preparación léxica Después de mirar las siguientes palabras sacadas de la lectura sobre Frida Kahlo, escoge una palabra adecuada para completar cada una de las siguientes oraciones.

> Building vocabulary

atávico/a	atavistic (related to ancestors' traits, primitive and/or visceral)	**atónito/a**	astonished, amazed
		capacitado/a	qualified
		el sostén	support
		la varilla	rod, rail

> En algunos países, **el sostén** = *bra.*

1. Ella sintió un temor _____ al ver las serpientes en el zoológico.
2. La tuvieron que llevar al hospital porque una _____ metálica le había penetrado en el cuerpo.
3. La empresa no me contrató para el trabajo porque no me consideraba _____ para el puesto.
4. Él se quedó _____ al ver la conducta de su amigo borracho.
5. Ella tuvo que trabajar y contribuir al _____ de su familia.

Guessing meaning from context

Actividad 4 **Contextos significativos** Las palabras indicadas en cada oración aparecen en la lectura sobre Frida Kahlo. Lee las oraciones y después asocia las expresiones de la segunda columna con las de la primera.

1. La mujer iba muy **ataviada:** llevaba un vestido negro elegante y collar de perlas.
2. El público se quedó atónito por la **indumentaria** del poeta: llevaba zapatos y ¡nada más!
3. Frida Kahlo dijo que pintaba **autorretratos** porque así llegaba a conocerse mejor.
4. Picasso pintó cientos de **telas** durante su vida.
5. El artista **padeció** una enfermedad grave durante muchos años y murió joven.
6. El nuevo estudiante no se llevaba bien con sus **condiscípulos,** pero se llevaba divinamente con los profesores.
7. La **convivencia** puede resultar difícil si una de las personas no contribuye lo suficiente al bienestar común de la pareja.
8. En mi familia no sabemos nada de leyes y por eso **acudimos** a un abogado.
9. El cocinero se había cortado el dedo y le **manaba** mucha sangre de la herida, pero él siguió su trabajo como si tal cosa.

1. _____ ataviado
2. _____ la indumentaria
3. _____ el autorretrato
4. _____ la tela
5. _____ padecer
6. _____ el/la condiscípulo/a
7. _____ la convivencia
8. _____ acudir
9. _____ manar

a. una pintura de un/a artista hecha por él/ella mismo/a
b. el/la compañero/a de clase
c. el vivir juntos
d. ir en busca de alguien o algo
e. sufrir
f. vestido elegantemente
g. fluir
h. la pintura, el cuadro
i. la ropa

Annotating and reacting

Actividad 5 **Reacciones e ideas importantes** Mientras lees la siguiente reseña de un libro sobre Frida Kahlo, apunta en el margen tus reacciones (**¡qué fascinante!, ¡qué raro!, ¡qué barbaridad!, estoy de acuerdo, basura, no comprendo,** etc.). Apunta o subraya también las ideas más importantes.

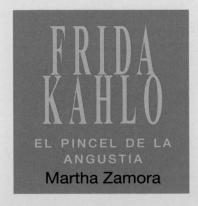

FRIDA KAHLO
EL PINCEL DE LA ANGUSTIA
Martha Zamora

Frida Kahlo, una de las figuras más celebradas de la pintura mexicana y la artista latinoamericana más conocida entre las de su generación, fue la esposa del gran muralista Diego Rivera. *Frida Kahlo: El pincel de la angustia* es una elogiable adición a la creciente lista de publicaciones sobre Kahlo.

La nueva biografía de Martha Zamora, que apareció en 1987 en una edición privada bajo el título *El pincel de la angustia,* contiene más de un centenar de ilustraciones magníficas, incluyendo reproducciones de pinturas de Kahlo, fotografías de la pintora y recuerdos suyos.

Enferma de poliomielitis a los seis años, Frida padeció enfermedades durante toda su vida. Conoció a Diego mientras éste pintaba un mural en la Escuela Preparatoria Nacional donde ella estudiaba, pero en esa época Frida estaba enamorada de un condiscípulo y, aunque importunó a Rivera y dejó atónitos a sus

▲ *Autorretrato con collar de espinas y colibrí*, 1940.

actividades políticas, afiliándose al partido comunista y concurriendo a manifestaciones. Durante períodos prolongados pintó

Frida Kahlo: El pincel de la angustia, **de Martha Zamora.** Traducción al inglés de Marilyn Sode Smith con el título *Frida Kahlo: The Brush of Anguish* (San Francisco, Chronicle Books, 1990)

escasamente, pero a cierta altura comenzó a dedicar más tiempo a su trabajo y en algún momento se convirtió en una artista importante por derecho propio.

Asimismo en su *Autorretrato con collar de espinas y colibrí,* la sangre gotea de las heridas de su cuello.

Las dos Fridas, pintado el año de su divorcio de Diego, consiste en un doble autorretrato que sugiere la dualidad de la artista y su soledad: Frida es la única compañía de Frida. La de la izquierda aparece ataviada con el tipo de indumentaria tehuana preferido por Diego, con el vestido abierto y dejando a la vista su corazón herido. Representa a la Frida que Diego había amado una vez. De un extremo de una vena abierta manan gotas de sangre que caen sobre la falda, y el otro extremo se halla conectado al corazón de una Frida totalmente vestida. Una vena se envuelve en torno al brazo de esta segunda Frida y termina en un retrato minúsculo de Diego niño, el Diego que alguna vez fue, símbolo del amor perdido.

En su introducción, Martha Zamora explica cómo su concepto sobre Frida se vio alterado por la investigación que requirió la biografía. "Comencé mi trabajo totalmente fascinada por la perfecta heroína romántica, la que sufrió enormemente, murió joven y habló directamente, con su arte, a nuestros temores atávicos frente a la esterilidad y la muerte". Bajo la influencia de las pinturas y los escritos de Frida, en los cuales ésta proyectó la imagen de una artista atormentada, vio al principio a su personaje como una artista maravillosa aunque bastante improductiva, una esposa fiel y resignada, y una semi-inválida que había llevado una vida triste y recluida. Sin embargo, sus investigaciones sacaron a luz una rebelde amante de las diversiones y dada a la bebida, que tuvo incontables aventuras amorosas, con hombres y con mujeres. Frida viajó intensamente y llevó una vida activa, aparte de la de su marido. Además, pintó muchas más telas que las supuestas originalmente por Zamora.

compañeros de clase proclamando que adoraría tener un hijo del pintor, en realidad no llegó a conocerlo bien sino varios años más tarde.

A los dieciocho años, Frida sufrió un serio accidente de tránsito en el cual la varilla metálica de un pasamanos penetró en su cuerpo dañándole el útero. Comenzó a pintar durante su convalecencia y, tras recuperarse, debió comenzar a trabajar para ayudar al sostén de su familia. Fue entonces que acudió a Rivera para solicitarle su opinión acerca de su pintura, pues necesitaba saber si estaba o no capacitada para ganarse la vida como artista. Se enamoraron y en 1929, cuando ella tenía 19 años y Rivera 43, se casaron.

Al principio Frida subordinó su trabajo al de Diego. Cuidó de la casa para él y participó en sus

Aunque Rivera apoyó su carrera e hizo mucho para que lograra el reconocimiento que merecía, era un hombre con el cual la convivencia resultaba difícil. Además de habérselas con sus enfermedades, Frida tenía que lidiar con el temperamento, las mentiras y los constantes amoríos de su marido. En 1939 Frida y Diego se divorciaron, pero al año siguiente volvieron a casarse.

Las pinturas de Frida, en su mayoría autorretratos, muestran a una mujer angustiada, a menudo con lágrimas en los ojos. Su autorretrato de 1948 la presenta ataviada con un hermoso vestido tehuano: tanto ella como Diego adoraban las artesanías mexicanas tradicionales y Frida vestía casi siempre trajes regionales. En su *Autorretrato dedicado al doctor Eloesser* aparece con un collar de espinas que lacera su piel.

▲ *Las dos Fridas*, 1940.

Aunque la biógrafa insiste en la amplitud de su investigación, el texto contiene escasa información que no aparezca en otras biografías, como la de Hayden Herrera titulada *Frida: Una biografía de Frida Kahlo.* Zamora disipa el viejo mito de la obsesión de Frida con su maternidad frustrada, perpetuado por Bertram Wolfe, biógrafo de Rivera, y por otros. Zamora señala que Frida se sometió a varios abortos, no todos por razones terapéuticas.

Sin embargo, lo mejor del libro de Zamora no es, realmente, el texto, sino las ilustraciones. Escogidas con inteligencia y bellamente reproducidas, las pinturas de Frida cobran vida en estas páginas, y las fotografías de la artista, muchas de ellas tomadas por fotógrafos famosos, revelan en mayor grado que la prosa de Zamora, la pasión y la complejidad de Frida. Aunque Martha Zamora brinda algunas advertencias importantes, en definitiva las imágenes tienen mayor resonancia que las palabras.

Summarizing

Actividad 6   Las partes de una reseña   Una reseña de libro es un resumen parcial y un comentario del mismo. Una buena reseña tiene la información indicada en el siguiente cuadro. Complétalo según la reseña que acabas de leer.

Título del libro:

Autor(a):

Tipo de texto (novela, historia, biografía, etc.):

Tema:

Personajes:

Lugar y época:

Acontecimientos principales:

Conceptos/aspectos importantes:

Comparación con otros textos:

Evaluación final:

Actividad 7 · La vida y el arte **Parte A:** Coloca en orden cronológico los siguientes sucesos de la vida de la artista mexicana Frida Kahlo, refiriéndote al texto cuando sea necesario.

_____ Frida acompaña a Diego en sus actividades políticas.

_____ Frida declara que quiere tener un hijo de Diego Rivera.

_____ Frida sufre de poliomielitis.

_____ Comienza a estudiar en la Escuela Preparatoria Nacional.

_____ Frida Kahlo vuelve a casarse con Diego Rivera.

_____ Solicita la opinión de Diego Rivera sobre su arte.

_____ Frida sufre un serio accidente automovilístico.

_____ Frida y Diego se casan por primera vez.

Parte B: En parejas, reaccionen a los sucesos de la vida de Kahlo, incluyendo algunos de la Parte A además de otros que se comentan en la lectura. Usen oraciones como las siguientes.

▶ Fue trágico que ella tuviera un accidente automovilístico.

▶ Me sorprende que se casara dos veces con Diego Rivera.

Actividad 8 · Detalles e interpretaciones En parejas, miren los dos autorretratos que aparecen en la lectura y el que está al principio del capítulo. Expliquen lo que creen que representan algunos detalles de cada retrato.

▶ Ella tiene un cigarrillo en la mano. Eso muestra su asociación con la vida moderna.

▶ Es probable que haya pintado dos Fridas para mostrar que...

Actividad 9 · Una compra importante En grupos de tres, imagínense que Uds. son los directores de un museo de arte y han decidido adquirir una obra de la artista mexicana Frida Kahlo. Están en venta tres autorretratos de Frida Kahlo: _Autorretrato en la frontera_, _Las dos Fridas_ y _Autorretrato con collar de espinas y colibrí_. Decidan cuál es el cuadro que quieren comprar y después preparen un breve informe para justificar su decisión ante la junta general del museo.

Cuaderno personal 9-1

¿Crees que un/a artista tiene que sufrir mucho para crear grandes obras de arte? Cuando tú sufres, ¿cómo expresas tus sentimientos?

Lectura 2: Panorama cultural

ESTRATEGIA DE LECTURA

Dealing with Different Registers

A register is the type of language used in a particular situation. Formal and informal speech are examples of registers: *Good morning, sir.* versus *Hey!*, or **¿Cómo está Ud.?** versus **¿Qué tal?** In the same way that different registers are used in speech, there are different registers in writing. Some expressions and grammatical structures are only appropriate for informal uses, while other expressions and constructions, such as *be that as it may* or *thus,* may sound unusual in informal situations, but appropriate in formal writing and formal speech. Similarly, formal letters in Spanish may begin with **Estimado/a señor/a** and close with **Atentamente,** while a letter to a friend may begin with **Querido/a...** and end with **Besos.** Authors generally use the register expected in the kind of text they are writing. For example, legal writing uses many legal terms, and academic writing is characterized by very formal language. On the other hand, a creative writer of literature can break these conventions for artistic effect.

Dealing with formal registers

Actividad 10 **El registro académico y artístico** Las siguientes expresiones formales aparecen en la lectura "Realidad, identidad y arte en Latinoamérica". Decide cuál es el sinónimo de cada expresión y escribe la letra en el espacio correspondiente. Usa el diccionario sólo para confirmar tus decisiones.

1. _____ a la par con
2. _____ el advenimiento
3. _____ adinerado/a
4. _____ de antaño
5. _____ autóctono/a
6. _____ didáctico/a
7. _____ empero
8. _____ el motivo (arte)
9. _____ occidental
10. _____ primordial
11. _____ pujante
12. _____ sea como fuere
13. _____ la vanguardia
14. _____ la yuxtaposición

a. con vigor
b. propio o natural de un lugar
c. acción de poner una cosa junto a otra
d. juntamente, al mismo tiempo
e. rasgo característico que se repite en un obra
f. lo que precede o va delante
g. fundamental
h. la llegada
i. que enseña
j. rico
k. del pasado
l. del oeste
m. no importa cómo sea
n. sin embargo

fuere = futuro del subjuntivo de **ser.** Actualmente, sólo se usa en ciertas expresiones hechas.

Actividad 11   ¿Por qué el arte?   **Parte A:** En grupos de tres, antes de leer, comenten las siguientes preguntas.

Activating background knowledge

¿Cuáles son los temas y motivos más frecuentes del arte?
¿Por qué o para qué se crea el arte?

Parte B: Mientras lees, escribe en un margen tus reacciones personales (por ejemplo, **interesante, imposible, ¡¿qué?!, ¿por qué?, confuso**), y escribe en el otro margen (o subraya) las ideas y los detalles más importantes. Estos apuntes te pueden ayudar a discutir la lectura en clase y a preparar un buen bosquejo.

Annotating and reacting

Realidad, identidad y arte en Latinoamérica

Después de un largo proceso de desarrollo económico y cultural, la expresión artística latinoamericana, tanto en las bellas artes como en la literatura, ha llegado a reconocerse a nivel mundial como una fuerza pujante y vital. Según la perspectiva de la crítica artística tradicional, las
5 bellas artes y la literatura tienden a evolucionar y madurar a la par con la sociedad. Y como el desarrollo económico de Latinoamérica ha sido lento y difícil, ante los ojos de los críticos, el arte y la literatura de las antiguas colonias portuguesa y españolas no habían salido de una larga "niñez".
10 Desde el siglo XX, sin embargo, las artes latinoamericanas se han independizado de la tradición europea para encontrar su propia voz e identidad. Se han colocado, entonces, entre la vanguardia del movimiento artístico, a medida
15 que la industrialización, el avance de los medios de comunicación y la globalización han derrumbado las barreras que aislaban a los diversos países.

Durante siglos el arte y la identidad lati-
20 noamericanos se han venido formando a través del enfrentamiento con seis fuerzas culturales íntimamente ligadas: la Iglesia Católica, la conquista y colonización españolas, las monarquías española y portuguesa, las culturas precolombi-
25 nas, la civilización occidental y el aislamiento geográfico y psicológico de la región. Los latinoamericanos han ido moldeando el arte de sus países por medio de una búsqueda de identidad, y el enfrentamiento con estas fuerzas culturales
30 ha contribuido a formar su expresión artística.

▲ *Collage de Bolívar,* 1979, Juan Camilo Uribe (Colombia).

La Iglesia Católica ha sido un factor primordial en el desarrollo histórico y cultural latinoamericano. Por un lado, muchos consideran que ha ofrecido unidad y estabilidad social, mientras que otros ven su función como un medio de opresión de las masas. Sea como fuere, el papel predo-
35 minante de la Iglesia se refleja de una manera u otra en el arte de toda la región, que abarca desde los temas netamente religiosos hasta la sátira y la crítica religiosa.

► *Cinq siècles après (Cinco siglos después)*, 1986, José Gamarra (Uruguay).

A semejanza de la Iglesia, la conquista y la colonia han dejado una huella indeleble en la conciencia latinoamericana y en su arte. En países
40 como México, donde se mezclaron las razas y predomina la población mestiza, el arte ha representado la explotación de los indígenas y de los pobres por parte de los conquistadores de antaño y de la clase adinerada y los grandes terratenientes de hoy. El tema de esta dominación y subyugación, de la lucha por la propia identidad política y social y del orgullo de la tradi-
45 ción indígena ha encontrado su expresión artística en el muralismo, arte mexicano por excelencia. Las obras de los tres grandes muralistas de principios del siglo XX, Diego Rivera, José Clemente Orozco y David Alfaro Siqueiros, y las de otros artistas contemporáneos, no sólo reflejan la realidad de la vida mexicana sino que constituyen una declaración pictórica
50 social, económica y política accesible a un pueblo en gran parte analfabeto.

A la par con las clases dominantes y la jerarquía tradicional de la Iglesia, las monarquías española y portuguesa dejaron un legado de tiranía y paternalismo en Latinoamérica. Y, aunque el artista latinoamericano, por lo general, se abstiene de atacar directamente a un líder específico, a menudo
55 ridiculiza al ejército, a las opresivas dictaduras militares y a los jefes y caciques políticos con una sátira aguda y letal.

La herencia de las culturas indígenas y africanas también ha desempeñado un papel de suma importancia en la evolución del arte latinoamericano. El arte autóctono que antes se despreciaba, empezó a admirarse desde
60 que floreció el movimiento de "vanguardia" de principios del siglo XX. Poco a poco, la belleza y autenticidad de las artes indígenas y africanas fue penetrando e influyendo en la obra de artistas contemporáneos.

▼ *Sueño de una tarde dominical en la Alameda,* 1947–48, Diego Rivera (México).

Especialmente en países con numerosa población indígena como Guatemala, México y los países de la región andina, el orgullo de la
65 herencia precolombina es una reafirmación de la identidad cultural tanto del artista como de su pueblo. Los motivos humanos y animales, las representaciones tomadas de los ritos religiosos y las expresiones de la naturaleza, unen al artista a sus raíces indígenas o africanas.
      Empero, es importante reconocer que, a pesar de la influencia
70 histórica y cultural de estas tradiciones, el artista latinoamericano se ha formado dentro del contexto de la civilización occidental. Ser latinoamericano total es ser el producto de herencias indígenas, africanas y europeas que forman una identidad única. El latinoamericano funciona dentro de sus tradi-
75 ciones, pero a la vez, dentro de la educación y las exigencias del mundo contemporáneo. Los artistas latinoamericanos viajan durante largos períodos a Europa y a los Estados Unidos, se mantienen en contacto con sus culturas y son
80 parte activa de la comunidad artística internacional. Como resultado, sus obras reflejan las tendencias cambiantes del mundo actual. A menudo, la religión, el indigenismo y las tradiciones van mano a mano con el materialismo,
85 la tecnología, la sociedad de consumo y la globalización que dominan el mundo actual. No obstante, el peso de las culturas europea y norteamericana ha llevado a los artistas latinoamericanos a reaccionar contra ellas y a
90 intentar definir una identidad propia y separada de esas culturas extranjeras. Algunos han echado mano de las artesanías del pueblo, incorporando elementos indígenas en pinturas o murales, sobre todo en países como México,
95 mientras que en países como Chile y Argentina, donde la población indígena es muy pequeña, usan telas, muñecas o vasijas de fabricación tradicional y motivos autóctonos en las obras de arte.

▲ *La familia presidencial,* 1967, Fernando Botero (Colombia).

100   No como una paradoja sino como último elemento en esta mezcla de influencias, el aislamiento, tanto geográfico como psicológico, ha ayudado a definir la identidad del arte latinoamericano. La abrupta geografía de grandes montañas, ríos caudalosos y selvas impenetrables mantuvo a Latinoamérica casi totalmente aislada hasta el advenimiento de la aviación
105   a principios del siglo XX. Por otra parte, las guerras de fronteras entre países vecinos han alimentado cierta separación. Pero este aislamiento va más allá del que demarcan los límites geográficos: es el aislamiento íntimo del individuo que habita el mundo moderno, un mundo deshumanizado por la mecanización y la tecnología que se reflejan en el lenguaje
110   universal del arte.

Todo artista, todo escritor es el producto de una realidad y la refleja en su creación artística. Los escritores y artistas latinoamericanos, a su vez, tratan en sus obras aquellos temas sociales, políticos y culturales que han forjado su realidad y su identidad nacionales. Sus países de origen son
115   países ricos en recursos, pero un gran sector de la población vive en la pobreza. Son países donde la inestabilidad política es un fenómeno de la vida diaria; donde la relación de opresor-oprimido continúa entre descendientes de conquistadores y conquistados o esclavos. Esta realidad, a veces percibida como absurda y fantástica, ha sido la fuente de inspiración
120   para artistas que, tanto en las letras como en el arte pictórico, utilizan a menudo imágenes fantásticas para representarla.

Bien se sabe que el uso de imágenes fantásticas en el arte y en la literatura no es nada nuevo ni exclusivo de Latinoamérica. La fantasía ha sido,

▲ *Colombia,* 1976, Antonio Caro (Colombia).

► *Ojo de luz,* 1987, Oswaldo Viteri (Ecuador).

por ejemplo, un elemento esencial del surrea-
125 lismo europeo, pero sigue las normas de una
corriente articulada y metódica. Lo fantástico
latinoamericano, en cambio, surge espontánea
e intuitivamente de la imaginación; nace de
culturas, religiones, historias y geografías ricas
130 y contradictorias, y del choque de la perspectiva
práctica y racional occidental con la realidad
compleja, conflictiva y a veces absurda de
Latinoamérica. Lo fantástico, que ha llegado
a ser casi sinónimo de la literatura y el arte
135 latinoamericanos, se manifiesta en la distorsión,
la inserción de elementos absurdos en escenas
"normales" y la yuxtaposición inesperada de
elementos muy diferentes. Esta espontaneidad
casi mágica hace difícil de comprender la
140 fantasía latinoamericana al observador europeo
o norteamericano.
　　No obstante el hecho de que la aceptación
del arte de Latinoamérica haya sido lenta y
penosa, cada día se van abriendo paso más y
145 más figuras notables en la escena artística y
literaria mundial. Artistas de muchos países
latinoamericanos son reconocidos; sus obras se
exhiben en las mejores galerías y museos del
mundo y sus libros se leen en diversos idiomas.
150 Con su creación artística, aportan ellos una
vivacidad, frescura y originalidad propia que
surgen de la realidad singular y la identidad
vital de Latinoamérica y sus habitantes.

▲ *El norte es el sur,* 1943,
Joaquín Torres-García
(Uruguay).

Actividad 12　Conceptos y corrientes　**Parte A:** En grupos de tres, asocien　Scanning and summarizing
los términos de la segunda columna con una o más de las seis fuerzas culturales
de la primera columna. Justifiquen sus respuestas, e indiquen si la asociación se
hace de forma explícita o implícita en la lectura.

Fuerzas culturales	Términos y conceptos
la Iglesia Católica	cosas de fabricación tradicional
la conquista y colonización	imágenes tomadas de ritos religiosos
españolas	el muralismo
las culturas precolombinas	la tecnología y la sociedad
las monarquías española	de consumo
y portuguesa	la opresión y la subyugación
la civilización occidental	la unidad y estabilidad social
el aislamiento geográfico	
y psicológico	

Parte B: En grupos de tres, expliquen por qué ha sido importante cada una de
las seis fuerzas culturales. Vuelvan a mirar la lectura si es necesario.

Parte C: En grupos de tres, preparen una definición de la corriente artística y literaria conocida como "lo fantástico latinoamericano" e indiquen un cuadro de este capítulo en el que se ven elementos fantásticos.

Making inferences

Actividad 13 Crítica de arte   Parte A: En parejas, miren las reproducciones que acompañan la lectura y el cuadro de Frida Kahlo que aparece al principio del capítulo. Identifiquen rápidamente el tema o temas de la lectura que se ven reflejados en cada obra y justifiquen su identificación con detalles de las obras.

▶ El cuadro *Ojo de luz* refleja la conquista, la colonización y la formación de una jerarquía que excluyó a las masas...

Parte B: En parejas, escojan uno de los cuadros y preparen una breve presentación oral. Su presentación debe incluir una descripción de los elementos principales del cuadro y una interpretación detallada del cuadro. Usen la voz pasiva para presentar el cuadro.

▶ La pintura *La familia presidencial* fue pintada por el colombiano Fernando Botero en 1967. Creemos que este cuadro muestra...

Analyzing and evaluating

**Actividad 14 La obra maestra   **En grupos de tres, imagínense que han sido seleccionados para juzgar las obras de una exhibición de arte: "Arte latinoamericano: entre la realidad y la fantasía". Uds., los jueces, tienen que escoger la obra maestra de entre las diez mejores (las diez que aparecen en este capítulo). También tienen que justificar su selección, considerando aspectos como la calidad artística, la importancia del tema, la reacción del público, la originalidad. Elijan a un/a portavoz para informar al público (la clase) sobre su selección.

Cuaderno personal 9-2

El arte (música, literatura) muchas veces refleja una reacción a la sociedad y a los valores dominantes. ¿Crees que el arte pueda afectar o cambiar la sociedad? Explica por qué.

VIDEOFUENTES

¿Se menciona o se ve el impacto de algunas de las seis fuerzas culturales en las obras de la artista mexicana Elena Climent? ¿Se mencionan o se ven elementos fantásticos en sus obras?

Lectura 3: Literatura

Actividad 15   Hablando de novelas   El cuento que vas a leer, "Continuidad   Activating background knowledge
de los parques", trata de un hombre que lee una novela. En parejas, háganse y
contesten las siguientes preguntas sobre las novelas.

1. ¿Qué tipos de novelas te gustan más: amorosas, históricas, policíacas, de
   fantasía, de ciencia ficción?
2. ¿Cuál es una novela que has leído últimamente?
3. ¿Cuál es la trama (*plot*) de la novela?
4. ¿Quiénes son los protagonistas o los personajes (*characters*) principales?
5. ¿El autor supo describir o "dibujar" bien a los personajes? ¿Eran verosímiles?
6. ¿Fue más interesante la lectura del primer capítulo o del último capítulo?
   ¿Por qué?
7. ¿Dónde y cuándo leíste la novela? ¿Por qué la leíste?
8. ¿Te gustó la novela? ¿Se la recomendaste a alguien?

Actividad 16   El principio del cuento   **Parte A:** En el cuento que van a leer,   Building vocabulary, Predicting
un hombre está terminando la lectura de una novela. Para comprender el cuento,
es importante visualizar al personaje principal y su situación al principio del
cuento. En parejas, miren el siguiente vocabulario y contesten las preguntas que
aparecen a continuación.

desgajar	to pull away from, separate from
de espaldas a la puerta	with his/her back to the door
el estudio	study, library
la finca	farm; estate
el mayordomo	butler
el parque de los robles	oak grove
el respaldo del sillón	the back of the armchair
retener	to retain; to hold back
rodear	to surround
el sillón de terciopelo verde	green velvet armchair
los ventanales	large windows

1. ¿Qué imagen se forman Uds. al mirar la lista?
2. ¿Cómo es el hombre que lee la novela: rico, pobre, elegante, culto, joven, viejo?
3. ¿Dónde está el hombre?
4. ¿Qué relación pueden tener palabras como **rodear, desgajar** y **retener** con
   la lectura de una novela?

Parte B: Ahora lee la primera parte del cuento hasta la línea 26. Después, en   Skimming and scanning
parejas, respondan a las siguientes preguntas.

1. ¿Qué hace el hombre antes de entrar en su estudio?
2. ¿Qué acciones, objetos y elementos del cuento están representados en el
   dibujo que aparece al principio del cuento?

Building vocabulary, Predicting

Actividad 17 **¿La trama de la novela?** **Parte A:** La segunda parte del cuento —que empieza en la línea 27— revela la trama y los personajes de la novela que está leyendo el hombre. En parejas, miren la siguiente lista y escriban tres oraciones que describan posibles eventos de la novela.

la alameda	tree-lined lane
el/la amante	lover
anochecer; al anochecer	to get dark; at nightfall (**noche**)
atardecer; al atardecer	to grow dim; at dusk, evening (**tarde**)
la cabaña	cabin
la caricia; acariciar	caress; to caress
la coartada	alibi
entibiar	to grow warm, tepid (**tibio**)
la escalera	stairway
ladrar	to bark
lastimado/a	hurt, injured
latir	to beat (*heart*)
el peldaño	step (*of a porch or stairs*)
el puñal	dagger
receloso/a	suspicious, apprehensive
rechazar	to reject

Skimming and scanning

Parte B: Ahora, lee individualmente la segunda parte del cuento para ver si algunas de las hipótesis son correctas. Intenta leer sin preocuparte por palabras desconocidas y sin buscar más palabras.

Julio Cortázar (1914–1984) fue uno de los autores más conocidos del "boom" de la literatura latinoamericana del siglo XX. Nació y pasó la primera parte de su vida en Argentina, especialmente Buenos Aires, y a partir de 1951 vivió en París. Toda la vida y toda la obra de Cortázar se caracterizaron por el rechazo de la realidad cotidiana, de las cosas normalmente aceptadas, de la injusticia social. Hoy día se reconoce como uno de los maestros del cuento fantástico latinoamericano. "Continuidad de los parques" salió en 1956 en su colección de cuentos Final de juego.

Continuidad de los parques
Julio Cortázar

Había empezado a leer la novela unos días antes. La abandonó por negocios urgentes, volvió a abrirla cuando regresaba en tren a la finca; se dejaba interesar lentamente por la trama, por el dibujo de los personajes. Esa tarde, después de escribir una carta a su apoderado y discutir con el
5 mayordomo una cuestión de aparcerías volvió al libro en la tranquilidad del estudio que miraba hacia el parque de los robles.

Arrellanado en su sillón favorito de espaldas a la puerta que lo hubiera molestado como una irritante posibili-
10 dad de intrusiones, dejó que su mano izquierda acariciara una y otra vez el terciopelo verde y se puso a leer los últi-mos capítulos. Su memoria retenía sin esfuerzo los nombres y las imágenes de
15 los protagonistas; la ilusión novelesca lo ganó casi en seguida. Gozaba del placer casi perverso de irse desgajando línea a línea de lo que lo rodeaba, y sentir a la vez que su cabeza descansaba cómoda-
20 mente en el terciopelo del alto respaldo, que los cigarrillos seguían al alcance de la mano, que más allá de los ventanales danzaba el aire del atardecer bajo los

robles. Palabra a palabra, absorbido por la sórdida disyuntiva de los héroes,
25 dejándose ir hacia las imágenes que se concertaban y adquirían color y movimiento, fue testigo del último encuentro en la cabaña del monte. Primero entraba la mujer, recelosa; ahora llegaba el amante, lastimada la cara por el chicotazo de una rama. Admirablemente restañaba ella la sangre con sus besos, pero él rechazaba las caricias, no había venido para repetir
30 las ceremonias de una pasión secreta, protegida por un mundo de hojas secas y senderos furtivos. El puñal se entibiaba contra su pecho, y debajo latía la libertad agazapada. Un diálogo anhelante corría por las páginas como un arroyo de serpientes, y se sentía que todo estaba decidido desde siempre. Hasta esas caricias que enredaban el cuerpo del amante como
35 queriendo retenerlo y disuadirlo, dibujaban abominablemente la figura de otro cuerpo que era necesario destruir. Nada había sido olvidado: coartadas, azares, posibles errores. A partir de esa hora cada instante tenía su empleo minuciosamente atribuido. El doble repaso despiadado se interrumpía apenas para que una mano acariciara una mejilla. Empezaba a anochecer.
40 Sin mirarse ya, atados rígidamente a la tarea que los esperaba, se sepa-raron en la puerta de la cabaña. Ella debía seguir por la senda que iba al norte. Desde la senda opuesta él se volvió un instante para verla correr con el pelo suelto. Corrió a su vez, parapetándose en los árboles y los setos, hasta distinguir en la bruma malva del crepúsculo la alameda que llevaba
45 a la casa. Los perros no debían ladrar, y no ladraron. El mayordomo no estaría a esa hora, y no estaba. Subió los tres peldaños del porche y entró. Desde la sangre galopando en sus oídos le llegaban las palabras de la mujer: primero una sala azul, después una galería, una escalera alfombrada. En lo alto, dos puertas. Nadie en la primera habitación, nadie en la segunda. La
50 puerta del salón, y entonces el puñal en la mano, la luz de los ventanales, el alto respaldo de un sillón de terciopelo verde, la cabeza del hombre en el sillón leyendo una novela.

Actividad 18   El estilo literario   **Parte A:** Cortázar emplea un registro normal al principio y al final del cuento, pero emplea un registro muy literario en las secciones centrales del cuento. Vuelve a leer el cuento e indica cuáles de las descripciones en lengua cotidiana del segundo grupo (a–g) corresponden a las citas literarias del primer grupo (1–7). Indica también la línea del cuento donde aparece cada expresión citada del primer grupo.

1. _____ ... dejándose ir hacia las imágenes que se concertaban y adquirían color y movimiento...

2. _____ ... en la bruma malva del crepúsculo...

3. _____ El puñal se entibiaba contra su pecho, y debajo latía la libertad agazapada.

4. _____ ... más allá de los ventanales danzaba el aire del atardecer bajo los robles...

5. _____ Un diálogo anhelante corría por las páginas como un arroyo de serpientes...

6. _____ Admirablemente restañaba ella la sangre con sus besos...

7. _____ ... atados rígidamente a la tarea que los esperaba...

a. se veía por las grandes ventanas que el aire se movía entre los árboles
b. pensando cada vez más en los personajes y las escenas bien descritos de la novela
c. detenía la sangre con sus besos
d. tenía el cuchillo en su chaqueta y pensaba en la libertad que les traería a él y a su amante la muerte del marido
e. los amantes hablaban rápida y ansiosamente del asesinato que habían planeado en secreto
f. pensando sólo en lo que tenían que hacer
g. en la niebla que al atardecer parecía de color violeta pálido

Parte B: En parejas, digan cuáles son las características del estilo literario que emplea el autor.

Actividad 19 Las imágenes del cuento **Parte A:** Después de leer la segunda parte del cuento, que empieza en la línea 27, pon las siguientes imágenes en orden. Escribe un número (1–7) debajo de cada dibujo, indica las líneas exactas a las que corresponde cada imagen, y apunta dos o tres palabras que demuestran la relación.

Parte B: En parejas, decidan cuál es la última escena del cuento y cuál es la última escena de la novela. ¿Qué importancia tiene esta escena?

Actividad 20 ¿Ficción o realidad? En parejas, contesten las siguientes preguntas sobre el significado del cuento.

1. ¿Qué significa el título? ¿Puedes pensar en otro título para el cuento?
2. ¿En qué momento del cuento te das cuenta de que pasa algo raro?
3. ¿Conoces otros cuentos, novelas o películas en los que se mezclen la realidad y la ficción?
4. ¿Qué quería Cortázar que pensáramos después de leer este cuento?
5. ¿En qué sentido es este cuento un ejemplo de literatura "latinoamericana"?

Cuaderno personal 9-3

¿En tu vida hay o ha habido momentos en los que la realidad parece ficción, o la ficción parece realidad? ¿Cuándo?

Redacción: Ensayo

ESTRATEGIA DE REDACCIÓN

Writing an Essay

In this and following chapters, you will have the opportunity to practice writing different types of essays. An essay usually consists of three or more paragraphs, in which you present, develop, and defend your ideas on a particular topic. The essay is normally structured into three main parts: an introduction, in which you present the topic, explain its importance, and give a thesis—a clear and concise explanation of the main idea; the body, in which you develop the thesis and provide specific evidence to support it; and a conclusion, in which you summarize main points and consider possible further implications.

Several strategies are often employed by effective writers to develop the body of their essay. Examples and definitions of unfamiliar terms can help your reader follow your ideas. Descriptions of people, places, or particular elements may also be appropriate, and sometimes the narration of a short anecdote or event can help to support your thesis. You may also choose to break certain ideas down into their component parts, compare and contrast elements or ideas, look for causes and effects, or argue for a particular course of action. Any of these strategies can also serve as the organizational backbone of an essay. For example, in describing a work of art you may briefly describe and analyze its different elements, or you may compare and contrast similar but different works of art.

Points to consider while composing your essay:

- Keep your audience in mind when writing, whether your instructor, classmates, or some other group. How will they react to what you are saying? Is your style appropriate to them? What objections will they present to what you say?

- Keep your thesis in mind. Is discussion in the body pertinent to the thesis?

- Make up a title. It can be either informative or imaginative, but it must reflect the main idea of the essay. In any case, it should pique the reader's curiosity.

- Keep in mind a working title. It will help keep you on track, but change it if your ideas change.

ESTRATEGIA DE REDACCIÓN

Analyzing

Analysis is a way of thinking and organizing that requires the division of something into its component parts or aspects. The study of the parts may allow better understanding of a complex whole.

Nearly anything can be analyzed: the structure of an atom, a human being, a work of art or a short story. First you must decide the parts, elements, or aspects to which the object of analysis can be reduced. Then you must describe the parts and look for relationships between them, allowing your own insights and other information to guide you. For example, key elements of a short story would include the protagonist, the narrator, the setting, etc. Analysis often leads to classification, or the grouping of specific parts or aspects into new categories. For example, **Lectura 2** includes a breakdown of certain cultural influences or forces on the development of visual art in Latin America.

You can use the results of your analysis as the basis of organization of an essay. In a short essay you will have to isolate the most important elements and limit discussion to how they lead to a clearer understanding of the object under study.

Actividad 21   El análisis de una obra de arte   Parte A: Para poder escribir un ensayo sobre una obra de arte, es necesario analizarla para llegar a una comprensión profunda de la obra. En parejas, miren el cuadro de Frida Kahlo que aparece al principio del capítulo y consideren los siguientes aspectos. Traten de describir cada uno.

Analyzing a work of art

1. FORMA: ¿Qué tipo de obra es: pintura, dibujo, mural, collage, fotografía, escultura?

2. ESTILO: ¿La obra se parece a otras obras que conoces o es completamente diferente? ¿La obra pertenece a un estilo histórico como el surrealismo o rechaza cualquier estilo convencional? ¿Cuáles son los rasgos clave de ese estilo?

3. CONTEXTO HISTÓRICO: ¿Cuándo y dónde fue creada la obra? ¿Qué relación puede existir entre la obra y el contexto geográfico, histórico, político, social y/o cultural de su producción?

4. ARTISTA: ¿Quién es el/la artista? ¿Conoces otras obras de este/a artista? ¿Qué sabes o puedes descubrir sobre él/ella? Busca una biografía. ¿Cómo influye la biografía del/de la artista en tu interpretación de la obra?

5. ELEMENTOS Y COMPOSICIÓN: ¿Cuáles son los elementos importantes? ¿Cómo son y qué importancia tienen las formas, los colores, la luz, el espacio? ¿Hay variedad, contrastes o unidad de diseño? ¿Hay equilibrio y simetría o una distribución asimétrica? ¿Qué implicaciones tienen estas características para la interpretación de la obra?

6. CONTENIDO: ¿Qué símbolos hay? ¿Qué quería comunicar el/la artista por medio de estos símbolos y este cuadro?

7. EVALUACIÓN PERSONAL: ¿Cómo te sientes al contemplar esta obra? ¿Qué reacciones o recuerdos personales evoca en ti la obra? ¿Te identificas con el/la artista? ¿Te gustaría tener esta obra en tu casa para poder verla todos los días? ¿Aprecias la obra más o menos después de haberla estudiado?

Actividad 22   Una obra de arte   Vas a escribir un ensayo analítico sobre una obra de arte. Antes de escribir, debes escoger una obra específica y hacer investigación.

Parte A: Con toda la clase, haz una lista de artistas hispanos cuyas obras se pueden estudiar en un ensayo.

Parte B: Fuera de clase, haz investigación en Internet para encontrar una obra de uno de estos artistas. Decide qué obra quieres estudiar.

Parte C: Busca información detallada sobre la obra de arte en enciclopedias, revistas, libros o en Internet. Toma apuntes de la información artística o biográfica que te pueda ayudar en la interpretación de la obra.

Parte D: Determina qué aspectos de la obra y su historia son más importantes para su interpretación, y decide también qué aspectos no hay que comentar. Formula una interpretación general de la obra basada en tu análisis de los detalles de la obra y su historia.

Actividad 23   A escribir   **Parte A:** Escribe el primer borrador del ensayo, basándote en tus decisiones de la Actividad 22. Incluye expresiones de transición y asegúrate de incluir lo siguiente:

- un título interesante que presente o se refiera al tema del ensayo y despierte la curiosidad en los lectores
- una introducción que identifique la obra y que declare tu tesis o interpretación general de la obra
- una discusión de los detalles y símbolos que justifiquen tu interpretación
- una conclusión que resuma tu perspectiva de la relación entre los detalles y tu interpretación general de la obra

Parte B: Ahora, en parejas, intercambien los ensayos. Dense consejos sobre el contenido e interés del título, la introducción, el cuerpo y la conclusión.

Parte C: Individualmente, escriban la segunda versión pulida, incorporando los cambios recomendados en la Parte B y revisando para asegurarse de que haya:

- organización clara
- transiciones buenas y claras
- gramática y ortografía correctas
- vocabulario apropiado

Capítulo 10

Lo femenino y lo masculino

▲ Una ejecutiva habla con sus colegas durante una reunión de negocios en Caracas, Venezuela.

Activating background knowledge

Actividad 1 **¿Lo femenino y lo masculino?** En grupos de tres, respondan a las siguientes preguntas que tratan de las categorías "femenino" y "masculino".

- ¿Son diferentes los hombres y las mujeres? ¿En qué sentido?
- ¿Existen las mismas diferencias en todas las culturas?
- Si son diferentes, ¿a qué factores o causas se deben las diferencias?

Lectura 1: Un ensayo

Activating background knowledge

Actividad 2 **Las palabras y el género** En el siguiente ensayo, "El idioma español y lo femenino", la autora critica el uso del género en español. Después de leer la información del cuadro, aplica las reglas a la lista de palabras que se da a continuación. Determina el género, el artículo y la regla pertinente para cada palabra. Si es necesario, mira el diccionario o el glosario.

A	En general, las palabras que terminan en **-a** son de género femenino y las que terminan en **-o** son de género masculino.	**la casa, el perro**
B	Las palabras que terminan en consonante o en **-e** pueden ser de género masculino o femenino.	**el papel, la luz, el puente, la gente**
C	Algunas palabras simplemente conservan el género original del latín.	**el día, la mano**
D	Algunas palabras abreviadas conservan el género original.	**la moto(cicleta), la foto(grafía)**
E	Las palabras griegas terminadas en **-ma, -ta** tienen género masculino en español.	**el idioma, el planeta**
F	Las palabras con el sufijo **-ista** son masculinas o femeninas.	**el/la pianista, los/las comunistas**
G	Las palabras que empiezan con **(h)a** acentuada, aunque sean femeninas, van precedidas del artículo **el** o **un** cuando aparecen en forma singular.	**el agua** pura, **un águila** negra

Hoy día se suele usar **poeta** para referirse a hombres y mujeres. Antes las mujeres eran **poetisas,** pero **poetisa** adquirió una connotación negativa ya que los hombres poetas consideraban a las mujeres poetas como inferiores.

alma	violinista	problema	fuente
ansia	artista	poema	puente
ave	orden	sistema	clase
arena	árbol	poeta	bici

Actividad 3   ¿Cuál es la palabra?   Las palabras en negrita aparecen en la
lectura sobre el idioma y lo femenino. Después de estudiarlas, úsalas en las
oraciones que les siguen.

Guessing meaning from context

el afán	el deseo
la cacofonía	palabras que juntas suenan mal
escamotear	hacer desaparecer; robar
espigar	tomar, recoger
el estado civil	condición de soltero o casado
el giro	la forma de expresión
hechizo/a	artificial
trasvasijar	pasar de un recipiente a otro
el varón	el hombre

1. Ella lo hizo con el _____ de ayudarme.
2. Bill habla bien el español pero no entiende muchos de los _____
   diferentes del idioma.
3. Las mujeres españolas no cambian de apellido cuando cambian de
   _____.
4. En todos los formularios hay que indicar el sexo: _____ o mujer.
5. La excesiva repetición del sonido "p" en "Pérez pide plata para pobres" crea
   _____.
6. A mí no me llaman la atención las cosas _____; prefiero las
   cosas reales y auténticas.
7. Las personas muy finas prefieren _____ el vino a un recipiente de cristal fino antes de tomarlo.
8. Yo he _____ muchos datos en estos libros.
9. La niña _____ todos los dulces que había en la mesa.

Actividad 4   El sexismo en el lenguaje   La cuestión del sexismo en el
lenguaje se ha discutido mucho en los Estados Unidos. En parejas, respondan
a las siguientes preguntas.

Activating background knowledge

- ¿Cuáles son algunos de los cambios que se han aceptado en inglés? Den
  ejemplos.
- ¿Creen que estos cambios han mejorado la situación de las mujeres
  norteamericanas? ¿Por qué?
- En su opinión, ¿existen problemas parecidos en español? Den ejemplos.

ESTRATEGIA DE LECTURA

Identifying Tone

The tone of a text reveals the author's attitude toward the topic, and it is also
used to influence readers' reaction to a text. Tone is expressed through word
choice and content, and can reveal feelings or judgments such as sincerity,
joy, praise, hope, anger, shame, regret, bitterness, criticism, humor, and irony.
Identifying the tone or tones of a text allows you to interpret it more fully.

Active reading, Identifying tone   **Actividad 5   Sutilezas**   Ahora lee individualmente el ensayo para comprender las ideas básicas. Mientras lees, decide:

- si los problemas comentados existen sólo en español o si afectan al inglés también
- si la autora escribe con tono triste, enojado, sincero y/o irónico
- si el tono afecta el significado del ensayo o tu reacción al ensayo

El idioma español y lo femenino

Teresa de Jesús

El idioma español se estructura a partir de una gramática compleja que ostenta sus irregularidades no con el afán de complicar su acceso, sin duda, sino con el propósito de hacer sus giros más interesantes.

El idioma especializó sus partes como un cuerpo especializa las suyas. Así, el verbo es la acción, el sustantivo la cosa, etc. Y el género juega un rol importante. Dos géneros solamente: masculino y femenino para que no haya mucho donde perderse. Pero se perdió el idioma, en detrimento de lo femenino las más de las veces.

En ocasiones quiso echar pie atrás y se enredó, para empezar, en su propia denominación que, aún siendo femenina, se dice "el idioma" en lugar de "la idioma".

Pero esto es sólo el principio de una larga lista de caprichos idiomáticos. El sinónimo de humanidad, por ejemplo, es "el hombre" con lo cual se margina a la mujer.

Cuando hablamos de grupos de personas decimos hijos, alumnos, empleados, amigos, etc. para luego entrar a especificar si se trata de grupos mixtos o no. En las reuniones tendemos a ocupar el masculino aunque éstas sean puramente femeninas. Y aún más, si en un conglomerado femenino hay aunque sea sólo un hombre, nos sentimos forzadas a hablar en masculino: nosotros todos somos cuerdos, claros, precisos, justos, etc., pero si quien habla no se percata de la presencia del varón y dice nosotras todas somos cuerdas, claras, precisas, justas… él protesta y las mujeres acogen su reclamo sin chistar.

Cuando las mujeres cambian de estado civil, pasan de señoritas a señoras para volver a señoritas si hay separación o divorcio. La viuda sigue siendo señora, como dependiendo aún del esposo muerto. El hombre será "don" o "señor" desde su juventud hasta la muerte.

La idioma —perdón, el idioma —espigó en el lote femenino y entregó una buena gavilla a lo masculino. Por eso, se dice el rentista, el conferencista, el modista, el violinista, el financista, el oficinista, el artista, etc.

En la misma línea, esta vez aduciendo la intención de evitar cacofonías, fueron pasadas al otro equipo las palabras agua, ansia, asma, alma, anca, águila, asta, etc. Se escaparon de tan singular trasvasije los vocablos harina, arena, angustia, admiración, agonía, arista, azucena, amatista, abuela, ameba, etc.

También se trasvasijaron los términos problema, planeta, cometa, mapa, sistema, anatema, teorema, esquema, anacoreta, edema, enema, etc.

Pero donde se le pasó la mano al idioma fue con los poetas; a ellos les adjudicó el femenino anteponiendo el artículo masculino y a ellas, que tienen el más absoluto e irrefutable derecho al título, las relegó a una suerte de cosa hechiza, como de segunda mano, y las llamó "poetisas".

Yo propongo, para ir allanando el camino de la valoración de lo femenino en el lenguaje, una reformulación de éste en los siguientes términos:

Primero: Que se cree un tercer género gramatical para ser aplicado cuando los grupos de cosas, entes o personas a los que se refiera el hablante estén constituidos por ambos géneros. Que este tercer género se denomine "mixto" y termine en "e". Ejemplo:

Todos iremos al río
Todas iremos al río
Todes iremos al río

Que se modifiquen asimismo los pronombres personales, sustantivos y adjetivos correspondientes. Ejemplo:

Nosotros - nosotras - nosotres
Los hijos - las hijas - les hijes
Contentos - contentas - contentes, etc.

Segundo: Que se cambie por "o" la "a" final en los vocablos terminados en "ista" cuando éstos se refieran a varones. Ejemplo: artisto, aliancisto, oficinisto, dentisto, optimisto, socialisto, etc.

Tercero: Que con los vocablos femeninos como idioma, aroma, etc., se usen los artículos correspondientes a su género y se diga la idioma, la aroma, etc.

Cuarto: Que para las mujeres se use el trato de señorita hasta los 15 años más o menos, y señora después de esa edad, independientemente de su estado civil (ejemplo de Francia).

Quinto: Que con los vocablos femeninos comenzados en "a" se use el artículo correspondiente a su género, a pesar de la cacofonía resultante. Ejemplo: la agua, la alma, la ansia, etc.

Sexto: Que con los vocablos femeninos en general se use el artículo correspondiente a su género y se diga la mapa, la problema, la sistema, etc.

Séptimo: Que se denominen poetos y poetas respectivamente a los varones y mujeres que ejerzan el oficio con propiedad y nobleza, y poetisos y poetisas a aquéllos que lo hagan con pobreza de inspiración, estilo o lenguaje.

Octavo: Que quede abierto este articulado para les estudioses que deseen hacer otros aportes, sean elles (les estudioses) maestres, escritores, poetes, etc.

Como los idiomas son vivos, el nuestro resistirá la operación y sin duda saldrá de ella airoso y ganancioso, más racional, más justo y más armonioso.

Leamos, pues, un párrafo modificado según esta propuesta. "Lo que me preocupa como marino y especialisto de la sistema acuática mundial es que resulta cada día más difícil aislar los productos industrialos nocivos de la sistema de la agua. Esta misma agua que bebemos y sin la cual no podríamos vivir…" (Jacques Cousteau, Rueda de Prensa, París, enero 1977).

O bien: "Les niñes salían con amigues los domingos. Flaques y débiles, no tenían buen aspecto, pero cuando regresaban, alegres y optimistes, llenaban las calles con sus risas. Sólo un niño nunca estaba alegro, por el contrario permanecía tristo todo el tiempo. La problema con él era la mala sistema de estudio pues su profesoro lo exigía demasiado con las mapas y las esquemas".

P.D. Les devolvemos la mano, perdón, el mano a los varones.

Teresa de Jesús es el seudónimo de la poeta chilena Teresa Pérez.

▲ Lengua, pensamiento, comportamiento: ¿Cuál es la relación?

Actividad 6 Ideas equivocadas Las siguientes oraciones se refieren a las ideas importantes de la lectura. Sin embargo, cada oración contiene información equivocada. Para cada una, identifica el problema y corrígela.

1. El idioma es como una máquina y los hombres lo diseñaron para marginar a las mujeres.
2. En una reunión, se usan formas masculinas si hay más hombres y formas femeninas si hay más mujeres.
3. El trato de cortesía para los hombres pasa de señorito para los solteros a señor o don para los casados.
4. El término poetisa significa exactamente lo mismo que poeta.
5. La autora propone la eliminación de los géneros del castellano para que se parezca más al inglés.
6. La autora propone que todas las palabras terminen en **-e.**
7. La autora propone que los mejores poetas reciban el nombre de poetiso/a.

Actividad 7 ¿Sexismo en el lenguaje? En parejas, discutan su opinión de los siguientes casos lingüísticos. ¿Pueden afectar negativamente la actitud o forma de pensar de una persona? ¿De qué manera? ¿Se debería cambiar alguno para evitar posibles efectos negativos?

1. Una mujer suele referirse a su esposo como "mi marido" y un hombre a su esposa como "mi mujer".
2. En algunos países como España, la mujer que se casa no cambia de apellido y sigue usando como primer apellido el de su padre y como segundo el de su madre.
3. La expresión "el hombre" se usa para referirse a la humanidad, que incluye tanto varones como mujeres.
4. El género gramatical de la palabra **sol** es masculino y el de **luna** es femenino.

Actividad 8 El idioma y las ideas Los argumentos de Teresa de Jesús y otras feministas se basan en la idea de que el idioma puede influir en nuestra manera de pensar. En grupos de tres, comenten las siguientes preguntas y justifiquen sus reacciones.

1. ¿Sería buena idea implementar los cambios sugeridos por Teresa de Jesús?
2. ¿Sería mejor simplemente eliminar el género como categoría en español?
3. ¿Creen que la gente de habla española aceptará estos cambios si se implementan?

Cuaderno personal 10-1

¿Desaparecerá el lenguaje sexista en el futuro?
¿Por qué sí o no?

Lectura 2: Panorama cultural

Actividad 9   Términos necesarios   Estudia la siguiente lista de   Building vocabulary
vocabulario de la lectura y luego completa las oraciones con las palabras y
expresiones adecuadas. Adapta las formas al contexto de cada oración.

abnegado/a	self-sacrificing
alejar	to distance, to keep away from
el cargo	important position
cariñoso/a	loving, affectionate
cuidar (de)	to take care of, to look after
desafiar	to challenge; to defy
luchar	to struggle, to fight for
negar	to deny
la reclusión	seclusion
sumiso/a	submissive
superar	to overcome; to outnumber

1. El padre de José Luis era un hombre _____: estaba dispuesto a hacer cualquier cosa para que sus hijos fueran felices.

2. Paco y Eugenia nunca han tenido mucho éxito profesional, a lo mejor
   porque son demasiado _____ y por eso nadie les hace caso.

3. El matrimonio Ramos era muy tradicional: el Sr. Ramos trabajaba y mantenía la familia, mientras que la Sra. Ramos _____ la casa y
   de sus hijos.

4. ¡_____ no es! Es una de las personas más frías que jamás he
   conocido.

5. Mercedes siempre _____ las normas tradicionales de conducta femenina: no usa maquillaje, nunca lleva falda y se niega a cocinar.

6. Las dos trabajan en el mismo lugar, pero Carmen es recepcionista mientras
   que Gloria ocupa un _____ alto en la empresa.

7. El padre trabajaba mucho ya que _____ por ganar cada vez
   más dinero, pero su ausencia lo _____ de su mujer y de sus
   hijos.

8. La mayoría de los países democráticos le _____ el voto a la
   mujer hasta el siglo XX.

9. La familia Estrada es rarísima; no hablan con nadie y viven en una
   _____ casi total.

10. En el mundo político y comercial, el número de hombres que ocupan altos
    cargos suele _____ al número de mujeres.

Activating background knowledge   **Actividad 10   Machismo y feminismo**   La siguiente lectura discute el machismo y otras ideas relacionadas con las sociedades hispanas.

Parte A: En grupos de tres, respondan a las siguientes preguntas.

1. En las culturas tradicionales ha habido siempre una diferencia entre las responsabilidades del hombre y de la mujer. ¿Qué diferencias ha habido? ¿Por qué?
2. ¿Qué es el machismo? ¿Hay ejemplos de machismo en la sociedad de su país? ¿Qué implicaciones tiene el machismo para las mujeres?
3. ¿Qué es el feminismo? ¿Uds. se consideran feministas? ¿Por qué sí o no?

Active reading   **Parte B:** Mientras lees, subraya o apunta la idea general de cada párrafo.

Hombre y mujer en el mundo hispano contemporáneo

¿Es posible la verdadera igualdad entre las mujeres y los hombres? Este es un tema particularmente candente en el mundo hispano, donde la tradición ha enfatizado las diferencias entre hombre y mujer. En toda sociedad tradicional se tiende a asociar a la mujer con la casa y la
5 vida privada, mientras que se asocia al hombre con la vida pública y los aspectos políticos, económicos y militares. Sin embargo, las culturas hispanas se han diferenciado de otras culturas, especialmente las del norte de Europa, por cierta polarización de los papeles ideales del hombre y de la mujer.

El legado del marianismo y el machismo

10 Las raíces de estas diferencias se pueden encontrar en la historia de España y sus dos grandes religiones, el islam y el cristianismo católico. El islam fue la religión de los moros, quienes estuvieron en España durante casi ocho siglos. Como seguidores del islam, los moros llevaron a España costumbres que requerían la segregación de los sexos, la reclusión de la
15 mujer y la negación de cualquier rol público para la mujer. Ciertos aspectos de estas tradiciones sobrevivieron en la España cristiana, y más que en otros países europeos, las mujeres debían permanecer detrás de las rejas y paredes del hogar.

   La herencia árabe poco a poco se fue mezclando con el marianismo,
20 el culto cristiano a la Virgen María como imagen de la mujer perfecta, y se fue formando así un nuevo conjunto de ideales de conducta femenina. La mujer que emulaba a la Virgen creía que su meta en la vida era aceptar su situación y su destino. Como buena mujer, tenía que proteger su virginidad y los valores morales de la sociedad; como buena esposa, tenía

◀ Un escaparate de abanicos. Además de su evidente función práctica, en la cultura española los abanicos también tenían funciones sociales: las mujeres los usaban para taparse el rostro y, por medio de un código especial, para comunicar mensajes a los hombres.

25 que cuidar de la casa y las necesidades del marido y
    aceptar sus decisiones; como buena madre, tenía que
    cuidar a sus hijos y sacrificarse por ellos. En suma,
    ser "buena" significaba ser pura, sumisa, paciente y
    abnegada.
30   Las normas de conducta femenina tenían su
    complemento masculino en lo que se llama actual-
    mente "machismo". El hombre debía ser fuerte,
    dominante, independiente y, a menudo, rebelde.
    Tenía la responsabilidad de mantener y proteger a
35 la familia por medio de sus actividades en la vida
    pública. Asimismo, debía proteger su honor y el de
    su familia contra las ofensas de los demás.
        Los dos modelos de conducta tuvieron un gran
    impacto en la vida de los habitantes de España e
40 Hispanoamérica. Los dos se complementaban y
    proporcionaban ciertos beneficios tanto para los
    hombres como para las mujeres. Al hombre le daban
    mayor autoridad y libertad, a la vez que lo obligaban
    a ser responsable y cortés y a tratar a las mujeres con
45 respeto. A la mujer le daban un sentido de superiori-
    dad y autoridad moral dentro de la familia. De hecho, son
    muchos los ejemplos de mujeres matriarcas en las grandes
    familias hispanas.
        A su vez, la polarización entre lo masculino y lo
50 femenino presentaba desventajas. Aunque el machismo,
    por su parte, tendía a alejar emocionalmente al padre de
    sus hijos, las grandes desventajas de este doble sistema
    afectaban mayormente a las mujeres, quienes no tenían
    control sobre su vida: legalmente, se consideraban
55 menores de edad, dependientes del padre o el marido;
    hasta el siglo XX, se les negaba la educación y el voto; y sólo podían salir
    de casa si iban acompañadas. La rigidez con la que la sociedad juzgaba a la
    mujer hacía cualquier transgresión casi imposible: la mujer o era pura y
    buena o pasaba a ser una "perdida". Por consiguiente, los hombres sólo
60 estaban obligados a proteger a las mujeres de su propia familia mientras que
    a las demás las veían a menudo como meros objetos sexuales.
        En la actualidad, estas ideas polarizadas no han desaparecido total-
    mente. Sus manifestaciones son numerosas, dejando mucha libertad para
    el hombre y una vida más restringida para la mujer. Por lo general, se
65 sigue apreciando al hombre fuerte, independiente y protector, alabando su
    hombría, aunque se usa el término "machista" con connotación negativa
    para criticar al hombre que abusa de sus privilegios. Igualmente, todavía se
    sigue viendo el cuidado del hogar y la familia como la responsabilidad de
    la mujer, incluso cuando trabaja fuera de casa. Sin embargo, también es
70 verdad que hoy en día se va perdiendo la aceptación de estas limitaciones
    y se va abriendo paso a cambios radicales.

hombría = *manliness.* El término suele tener una connotación positiva.

Nuevas ideas, nuevas acciones

La ruptura del sistema de valores tradicionales se debe a varias causas.
En primer lugar, han llegado las ideas feministas de Europa y los Estados

▲ Mireya Moscoso, presidenta de Panamá de 1999 a 2004 y la tercera mujer latinoamericana que ha servido como jefe de gobierno de su país. Aunque resultó ser una figura contro-vertida, su elección representó un avance importante para las mujeres latinoamericanas.

En la España actual, económica y culturalmente integrada a la Unión Europea, las mujeres ocupan una posición semejante a la de las mujeres del resto de Europa y los Estados Unidos. España ha servido como un modelo para las feministas latinoamericanas.

En Latinoamérica, las mujeres de clase media y alta disfrutan de más tiempo porque suelen tener empleadas domésticas de clase obrera que limpian la casa y cuidan a los hijos.

Unidos, sobre todo desde los años 70 y 80, cuando las feministas lucharon
75 por sus derechos y se unieron en contra de las dictaduras de la época y a favor de la democracia. En Hispanoamérica, la influencia de las ideas feministas ha sido mayor entre las mujeres de las clases media y alta: éstas pueden estudiar y adoptar ideas progresistas y suelen disfrutar de más tiempo para desarrollarse profesionalmente. Por tanto, no es raro encontrar
80 mujeres que ocupen altos cargos en el gobierno y los negocios.

Las mujeres pobres y las de clase obrera no han adoptado necesariamente el feminismo de la clase media, pero todas han tenido que luchar con una difícil situación económica. Muchas de éstas salen a trabajar por necesidad, puesto que o no tienen marido o éste no gana lo suficiente
85 para mantener solo a la familia. Las mujeres pobres tienden a cuestionar menos los valores tradicionales y suelen aceptar el cuidado de la familia como su mayor responsabilidad; pero para cumplir con este deber, tienen que desafiar los límites tradicionales trabajando fuera de casa y participando en la vida pública. En otro plano, la preocupación tradicional de
90 las mujeres hispanas por el bienestar de su familia las ha llevado a la protesta política. Por ejemplo, en Chile, una coalición de mujeres de diferentes clases sociales y perspectivas políticas organizó protestas contra la dictadura de Pinochet (1973–1989). De manera semejante, las Madres y Abuelas de Plaza de Mayo, quienes protestaron contra la dic-
95 tadura militar de Argentina, tuvieron éxito gracias a la autoridad moral que tenían como madres.

La combinación de ideas feministas y necesidades económicas ha alterado la posición de la mujer en todas partes de Hispanoamérica. Colombia es uno de los países donde han ocurrido los cambios más radicales; hoy en día
100 se cuenta entre las naciones latinoamericanas donde más mujeres trabajan, y el número de mujeres que terminan los estudios universitarios supera al de los hombres. Por otro lado, muchas mujeres pobres han podido abrir sus propios negocios gracias a la intervención de un organismo internacional llamado Acción International, que ofrece programas de educación y ayuda
105 para la obtención de préstamos para pequeños negocios. Según dirigentes del programa, no son los hombres sino las mujeres, encargadas del bienestar de sus familias, quienes más asisten a las clases, aprenden a llevar un
110 negocio y reciben los préstamos.

A través del panorama social latinoamericano actual, la presión combinada de mujeres y un número

► Un cartel del Instituto de la Mujer del Distrito Federal (México), que anuncia una campaña por la igualdad de los sexos dentro de la familia.

creciente de hombres está llevando al cambio de las normas sociales y
115 legales. En las últimas décadas, se ha legalizado el divorcio y se han
aprobado nuevas leyes castigando la violencia contra las mujeres en casi
todos los países hispanoamericanos. Además, con la vuelta general a la
democracia de los años 80 y 90, se han establecido oficinas y ministerios
gubernamentales "de la mujer", que sirven para facilitar la cooperación
120 entre grupos feministas, organizar programas de ayuda para mujeres pobres
y fomentar cambios sociales y políticos que favorecen la igualdad de los
sexos. Uno de los cambios políticos más importantes ha sido el establecimiento de cuotas de mujeres en los partidos políticos. En los años 90 se
observó que sólo un 10% de los candidatos políticos de las naciones his-
125 panoamericanas eran mujeres. Ahora existen nuevas leyes que especifican
que un porcentaje mínimo de los candidatos de cada partido tienen que ser
candidatas: la cuota mínima de mujeres alcanza el 30% en Argentina,
Bolivia, México y Panamá, e incluso el 40% en Costa Rica.
    Es difícil generalizar sobre el papel actual de los sexos en las culturas
130 hispanas ya que en gran parte depende del país, de la clase social y de las
propias creencias del individuo. Lo que sí se puede afirmar es que la mujer
de hoy tiene oportunidades que su madre nunca tuvo. La familia y los papeles tradicionales de mujer y hombre siguen teniendo una resonancia fuerte
pero parece seguro que en los años venideros, será cada vez más normal ver
135 a las mujeres participando plenamente en la vida pública de sus países y a
los hombres en el cuidado de la familia y de la casa.

El aborto se ha legalizado sólo en Cuba y Puerto Rico, pero se sigue debatiendo en toda Latinoamérica.

Algunos de estos nuevos organismos incluyen el Servicio Nacional de la Mujer, o SERNAM (Chile) y el Instituto Nacional de las Mujeres (México).

Actividad 11   Una historia de polarización   Vuelve a mirar la primera
parte de la lectura, "El legado del marianismo y el machismo", y termina las
siguientes oraciones.

Scanning

1. El ideal tradicional de conducta femenina tenía sus orígenes en...
2. Ese ideal de conducta femenina obligaba a la mujer a...
3. Asimismo, el ideal de conducta masculina obligaba al hombre a...
4. Este sistema presentaba ciertas ventajas y desventajas para el hombre, ya que...
5. El sistema tenía algunas ventajas para la mujer, puesto que...
6. Sin embargo, las desventajas para la mujer eran predominantes, ya que...
7. Se ve que las ideas tradicionales todavía influyen en la gente porque...

Actividad 12   Un mundo de cambio   En parejas, comenten las siguientes
preguntas sobre la segunda parte de la lectura, "Nuevas ideas, nuevas acciones".

Scanning, Making inferences

1. ¿Entre qué grupos han tenido más éxito las ideas feministas? ¿Por qué?
2. Se ha dicho que algunas mujeres son "feministas accidentales", o sea
mantienen valores tradicionales pero en realidad sus acciones promueven
el feminismo. ¿Hay ejemplos de "feministas accidentales" en la lectura?
¿Cuáles son?
3. Se ha mejorado mucho la posición de la mujer hispana en los últimos años.
Den tres ejemplos de mejoras en la educación, el trabajo, las leyes y/o la
política.
4. ¿Qué generalización se puede formular sobre la posición de la mujer en el
mundo hispano contemporáneo?

Cristina Saralegui es la conocida presentadora del *talkshow* de Univisión *El Show de Cristina*, y se ha convertido en la Oprah Winfrey de las comunidades hispanas de los Estados Unidos.

Actividad 13   El show de Cristina   En dos grupos grandes, hagan los papeles de tradicionalistas y no tradicionalistas en un programa de televisión. Uds. deben discutir cuestiones relacionadas con los papeles de los hombres y las mujeres. Elijan a un/a animador/a (Cristina o Cristóbal), quien debe usar las siguientes preguntas para empezar la discusión.

1. ¿Vivían mejor los hombres antes del feminismo?
2. ¿Por qué algunas mujeres se niegan a llamarse feministas?
3. ¿Una mujer puede tener una carrera profesional sin ser feminista?
4. ¿Es posible ser feminista y también ser femenina?
5. Si somos iguales, ¿por qué los hombres no llevan falda y maquillaje?
6. Si somos iguales, ¿por qué las mujeres todavía tienden a cuidar de la casa, incluso cuando trabajan?
7. ¿Dejarías de trabajar si tu esposa/o te mantuviera? (*a hombres y mujeres*)

Cuaderno personal 10-2

¿Cómo cambiaría tu vida si fueras una persona del sexo opuesto?

VIDEOFUENTES

¿Qué ideas o expectativas tradicionales de los papeles del hombre y de la mujer se ven en el cortometraje *En la esquina*? ¿Cómo y cuándo se rompen estas expectativas? ¿Qué comentarios hace la película sobre las relaciones entre los sexos?

Lectura 3: Literatura

ESTRATEGIA DE LECTURA

Note that **idioma** (*language*) and *idiom* (**modismo**) are false cognates.

Watching Out for Idioms

An idiom (**modismo**) is an expression, often based on an earlier metaphor, whose meaning is different from that of the individual words that compose it. Idioms are very frequent in conversation and literature. Like false cognates, they often will appear to make no sense in a given context if interpreted literally. For example, **tomarle el pelo a alguien** means *to pull someone's leg*. If you encounter what appears to be an idiom, you should first try to guess the meaning from context. If this fails and the expression seems important, decide which word is most important in the expression and look it up in the dictionary. Remember that idioms are usually included at the end of most dictionary entries.

Actividad 14 Modismos Las siguientes expresiones en negrita aparecen
en la crónica "El difícil arte de ser macho". Lee cada oración y adivina un
equivalente en español o inglés para cada una. Si tienes dudas, busca la
expresión en el diccionario o el glosario.

Watching out for idioms

1. Se ha debatido mucho la relación entre el pensamiento y el lenguaje sexista,
   pero todavía no se **ha dicho la última palabra.**
2. El jefe de esa compañía es muy exigente: siempre quiere más, más, más.
   Los pobres empleados **no reciben tregua.**
3. Si quieres tener éxito en un trabajo y subir de rango, tienes que **ser el uno.**
4. **¡Válgame Dios!** ¡Si vuelvo a oír una pregunta más voy a explotar!

valga = presente del subjuntivo de
valer

Actividad 15 Familias de palabras Busca el significado de cada verbo en
el glosario o en un diccionario. Después, termina cada oración con un verbo o
un sustantivo o adjetivo relacionado.

Identifying word families

Sustantivo	Verbo	Adjetivo
	comprobar	comprobado/a
	reventar	reventado/a
arreglo	arreglar	arreglado/a
desgaste	desgastar(se)	desgastado/a
autoexigencia	exigir	
duración	durar	

1. En las sociedades modernas, muchas personas se _____
   demasiado a sí mismos, y como resultado su salud se deteriora.
2. Los científicos suelen _____ sus ideas experimentalmente.
3. El pobre hombre estaba tan frustrado y cansado que murió con el corazón
   _____ .
4. Tuvieron problemas con las luces de la casa, así que llamaron a un electricista para hacer unos _____ .
5. Una larga enfermedad puede provocar el _____ del cuerpo.
6. No hay mal ni bien que cien años _____ .

Building vocabulary

Actividad 16   Palabras justas   Las palabras y expresiones en negrita de las siguientes oraciones aparecen en la lectura "El difícil arte de ser macho". Lee cada oración y escoge el equivalente en inglés de cada expresión en negrita.

a. to do, to make real, to achieve
b. to intend, to aim to
c. to cause, to bring
d. to give oneself the luxury of
e. to run the risk
f. lazy, slack
g. widow
h. proud
i. exploits, feats

1. _____ El exceso de trabajo puede **acarrear** muchos problemas de salud.

2. _____ Las personas que fuman mucho **corren el riesgo** de contraer cáncer.

a mí me toca = it's my turn to . . ., I have to . . .

3. _____ A mí me toca trabajar todo el tiempo; quisiera **darme el lujo de** hacer un viaje largo por el Caribe.

4. _____ Muchos jóvenes **pretenden** llegar a ser médicos.

a mi modo de ver = in my view, the way I see it

5. _____ A mi modo de ver, una persona siempre debe sentirse **orgullosa** después de hacer un buen trabajo.

6. _____ Muchos jóvenes sueñan con hacerse jugadores profesionales de fútbol o béisbol, pero pocos **realizan** sus sueños.

7. _____ Al abuelo le encantaba contar las grandes **proezas** que realizó cuando era joven.

8. _____ El jefe le dijo al empleado que trabajara más, pero aclaró que no quería insinuar de ningún modo que el empleado fuera **vago.**

de ningún modo = in no way

9. _____ Muchas **viudas** se quedan completamente solas y no tienen quien les ayude a mantener la casa ni a hacer los arreglos.

Activating background knowledge, Anticipating

Actividad 17   La vida del macho moderno   **Parte A:** La siguiente lectura habla de la situación de los hombres en la sociedad moderna. El texto es una *crónica* —un tipo de artículo de periódico que combina el periodismo y la literatura y en el que el autor o narrador comenta la vida actual. En parejas, comenten las siguientes preguntas antes de leer.

En el mundo actual, ¿es más difícil ser hombre o ser mujer? ¿Por qué? ¿Qué factores afectan la respuesta?

Identifying the audience

Parte B: Ahora, en parejas, miren el título y los dos primeros párrafos y contesten las siguientes preguntas.

1. ¿Parece serio o irónico el título? ¿Por qué?
2. ¿Cuál es el público de esta crónica? ¿Cómo lo saben Uds.?
3. ¿A qué se refiere el autor cuando dice que no quiere "abandonar la fiesta"?

Identifying tone

Parte C: Ahora, lee toda la crónica, y trata de determinar si el autor/narrador es machista o no. Piensa también en el tono del texto. ¿Tiene un tono sincero, triste, irónico, o...?

Pedro Juan Gutiérrez nació en Cuba en 1950. Desde entonces, se ha dedicado a explorar la vida, trabajando en diferentes ocasiones como vendedor de helados, cortador de caña, contrabandista, soldado, pintor, escultor y periodista. También es autor —un autor a quien le gusta asomarse por la ventana y observar todo lo que le rodea, para recrearlo y comentarlo en sus libros, cuentos y crónicas. Su obra más conocida es Trilogía sucia de La Habana. *La siguiente crónica es un buen ejemplo de su estilo directo y sencillo.*

El difícil arte de ser macho

Pedro Juan Gutiérrez

Está comprobado estadísticamente que los hombres morimos antes que las mujeres. Mire a su alrededor y lo comprobará. En los viejos matrimonios usualmente el hombre muere y la mujer lo sobrevive, en ocasiones hasta veinte años.

5   Siempre me ha inquietado eso por la sencilla pero contundente razón de que a mí me toca morirme primero y abandonar la fiesta.

De ningún modo deseo que las mujeres mueran primero. Válgame Dios. Pero tal vez los hombres pudiéramos intentar durar un poquito más, porque lo cierto es que la fiesta comienza a ponerse buena cuando uno tiene
10 sesenta años más o menos.

Es decir, cuando uno ya se jubila, los hijos al fin dejaron de ser horriblemente adolescentes, ya uno tiene serenidad y experiencia para disfrutar los placeres más simples y cotidianos de la vida, porque a esa edad ya nadie aspira a las proezas de todo tipo que pretendió realizar o realizó entre los
15 veinte y los cincuenta y pico.

Confieso que llevo años pensando en el asunto y, por supuesto, he hablado mucho del tema con la gente más diversa. Al parecer todo el mundo coincide en que el hombre se desgasta más. El hombre moderno se exige demasiado a sí mismo y
20 por eso se acarrea los infartos y lo demás.

Hay otra hipótesis en boga, de carácter bioquímico: la mujer está mejor preparada genéticamente que
25 el hombre. Y puede ser. En definitiva, la mujer es una maravillosa fábrica de vida.

Por ahora los científicos no dicen la última palabra. Pero me
30 inclino a pensar que en el asunto puede haber un poco de bioquímica y mucho de desgaste excesivo y autoexigencia del hombre.

Creo que es un problema de
35 organización de la sociedad moderna. No sólo en el Tercer Mundo. Hasta en Europa y Norteamérica

—que supuestamente van delante—sucede lo mismo: el macho no recibe tregua. Desde que nace hasta que muere lo inyectan en la cabeza que "el
40 hombre es el sostén de la familia", que "el hombre es el que tiene que traer la comida a la casa", y que "los machos no lloran", que "los hombres tienen que ser fuertes y valientes, nada de cobardía".

A mi modo de ver ahí está el origen del problema. Es muy difícil ser macho: tienes que ser físicamente fuerte, no puedes llorar, siempre tienes
45 que poseer dinero en el bolsillo, sexualmente tienes que ser el uno, porque ese es un campo muy competitivo para algunas mujeres.

No te puedes dar el lujo de estar un día triste, alicaído, depresivo. En la casa debes ser además de buen padre y esposo, carpintero, plomero, albañil, mecánico, electricista, etc., o corres el riesgo de que te acusen de inútil y
50 vago.

En fin, conozco mujeres que una vez viudas se arrepienten de todo lo que le exigieron al marido a lo largo de su vida y hasta tienen complejo de culpa porque el hombre murió con el corazón reventado.

Una vecina, de 68 años, es irremediablemente peor. Perdió al marido
55 hace unos meses y me confiesa que a veces lo invoca para reprocharle que se murió sin arreglarle unas ventanas y sin reparar y pintar algunas paredes descascaradas. "Un hombre que sabía hacer de todo, y por vago me dejó sin terminar de hacer esos arreglitos". Parece un chiste, pero juro que es rigurosamente cierto. Espero que ella no lea esta crónica.
60 Así las cosas, hay que dejar que las mujeres asuman cada día más responsabilidad, y no creernos tan importantes. Y digo responsabilidad pensando en grande: hasta dejarles el gobierno de las naciones. Que asuman todo el poder. En definitiva, los hombres gobernando durante siglos hemos acarreado al mundo guerras, hambre, miseria, contaminación y todo tipo de
65 problemas e insensateces. Así que no debemos estar orgullosos porque nos ha salido bastante mal.

Hay que aprender de ellas. Yo por lo menos cada día aprendo más de las mujeres que me rodean y trato de ser menos macho y más hombre.

Distinguishing fact from opinion

Actividad 18 Realidades y perspectivas Las siguientes oraciones resumen ideas claves de la crónica "El difícil arte de ser macho". En parejas, decidan si cada idea representa un hecho o una opinión. Después, digan si están de acuerdo o no con cada opinión y por qué.

1. Los hombres suelen morir antes que las mujeres.
2. La fiesta (la vida) comienza a ponerse buena cuando uno tiene sesenta años más o menos.
3. El hombre moderno se exige demasiado a sí mismo y por eso se acarrea los infartos.
4. La mujer está mejor preparada genéticamente que el hombre.
5. Desde que nace hasta que muere, el hombre aprende que "el hombre es el sostén de la familia" y "los machos no lloran".
6. En la casa el hombre debe ser buen padre, esposo, carpintero, plomero, albañil, etc. o corre el riesgo de que lo acusen de inútil y vago.
7. Es muy difícil ser macho.
8. Las mujeres deben asumir el poder y el gobierno de las naciones ya que los hombres sólo han acarreado guerras, hambre, miseria, contaminación...

Actividad 19   ¿Hombre o macho?   En parejas comenten las siguientes   Making inferences
preguntas, y piensen en las implicaciones de las respuestas.

1. ¿Cómo será el narrador? ¿Cuántos años tendrá? ¿Cómo lo saben?
2. ¿Cuál es el público de esta crónica? ¿Los hombres, las mujeres o los dos?
   ¿Cómo lo saben? ¿Qué implicaciones tiene este hecho?
3. ¿Qué opina el autor/narrador de las mujeres? Consideren las siguientes citas:
   a. "El hombre moderno se exige demasiado a sí mismo."
   b. "...sexualmente tienes que ser el uno, porque ese es un campo muy
      competitivo para algunas mujeres."
   c. "En la casa debes ser además de buen padre y esposo, carpintero,
      plomero, albañil, mecánico, electricista, etc., o corres el riesgo de que
      te acusen de inútil y vago."
   d. "...la mujer es una maravillosa fábrica de vida."
   e. "Que [las mujeres] asuman todo el poder. En definitiva, los hombres
      gobernando durante siglos hemos acarreado al mundo guerras, hambre,
      miseria, contaminación..."
4. ¿Es "machista" el autor/narrador? ¿Por qué sí o no?

Actividad 20   Nuevas condiciones   En grupos de tres, terminen las siguientes   Making inferences
oraciones pensando en la lectura y la discusión de las actividades anteriores.

1. Los hombres vivirían más tiempo si...
2. Si las mujeres asumieran el poder y el gobierno de todas las naciones,
   entonces...
3. El autor/narrador cambiaría de opinión si...

Cuaderno personal 10-3

En tu opinión, ¿las diferencias entre los hombres y las mujeres
se basan en la biología, en la cultura o en las dos? ¿Por qué?

Redacción: Ensayo

ESTRATEGIA DE REDACCIÓN

Comparing and Contrasting

You compare and contrast whenever you analyze two or more items and
look for similarities or differences between them. When you make choices,
you are comparing and contrasting, and when learning, you often compare
and contrast new information with information you already know. Comparing and contrasting are ways of thinking that can be used in all types of
writing, but can also serve as a way of organizing your writing. If you are
looking at two different objects, you may talk about first one object and

then the other (**comparación secuenciada**) or you may compare and contrast both objects point by point (**comparación simultánea**). The following outlines show these two basic types.

Tema: Papeles del hombre y de la mujer en el
programa de televisión *Friends* (*Amigos*)

Comparación secuenciada	**Comparación simultánea**
I. Los hombres	I. Características personales
A. características personales	A. Mujeres
B. temas de conversación	B. Hombres
C. ocupaciones	II. Temas de conversación
II. Las mujeres	A. Mujeres
A. características personales	B. Hombres
B. temas de conversación	III. Ocupaciones
C. ocupaciones	A. Mujeres
	B. Hombres

In a comparison and contrast essay, you may choose to emphasize either similarities or contrasts or to emphasize the description of unfamiliar items over familiar ones. Using transition expressions to mark comparisons and contrasts will also help you improve the style and clarity of your writing.

Comparación

al igual que/a semejanza de	just like, as
de la misma manera/forma, del mismo modo	in the same way
parecerse a	to resemble
ser similar/parecido/semejante a	to be similar to
tan (+ *adjetivo*) **como**	as (*adj.*) as
tanto A como B	both A and B

Contraste

a diferencia de	unlike
diferenciarse de	to differ from
en cambio	on the other hand, instead
en contraste con	in contrast to/with
más/menos (+ *adj./sustantivo*) **que**	more/less/fewer (*adj./noun*) than
por un lado...	on the one hand . . .
por otro lado/por el otro...	on the other hand/on the other . . .
sin embargo/no obstante	however

Analyzing

Actividad 21   La televisión y el género   **Parte A:** Se ha estudiado mucho la representación del hombre y de la mujer en la televisión, ya que éste es el medio de comunicación que los niños y adultos ven con más frecuencia. En grupos de tres, comenten las siguientes preguntas.

1. ¿Cuáles son las cinco series de televisión más populares del momento?
2. ¿Cuáles de estos programas presentan a hombres y mujeres?
3. ¿Cuáles de estos programas tienen un público de hombres y mujeres?
4. ¿Cuál de estos programas sería más útil para una comparación de los papeles de la mujer y del hombre?

Parte B: En los mismos grupos de tres, escojan un programa que todos conocen, y hagan un análisis pensando en los siguientes aspectos. Decidan cuáles de los siguientes aspectos se pueden analizar en una comparación del papel del hombre y el papel de la mujer.

1. el número de personajes masculinos frente al número de personajes femeninos
2. la cantidad de diálogo: hombres frente a mujeres
3. los temas de conversación de los hombres en comparación con los de las mujeres
4. el número de personajes simpáticos/antipáticos: hombres frente a mujeres
5. el número de éxitos o problemas personales que tienen los hombres y las mujeres
6. las ocupaciones de los hombres y de las mujeres
7. los gustos y las características personales de los hombres y las mujeres

Parte C: Ahora, hagan una lista de tres conclusiones que pueden sacar de su análisis de los diferentes aspectos de este programa. Las conclusiones deben considerar las implicaciones del análisis, además de los cambios que resultarían de una representación más (o menos) igualitaria de los sexos.

▶ Si las mujeres tuvieran trabajos menos tradicionales, entonces el programa tendría una influencia más positiva sobre las personas que lo ven.

Actividad 22 La redacción del análisis   **Parte A:** Repite los pasos de la   Writing an essay
Actividad 21 y después escribe una oración de tesis para tu ensayo. Luego, haz una lista de aspectos de la serie de televisión que vas a analizar y comparar, como en el bosquejo que aparece en la Estrategia de redacción de las páginas 191–192. Piensa también en una conclusión—o varias—que se pueda sacar del análisis comparativo.

Parte B: Trabajando individualmente, prepara el primer borrador del ensayo. Incluye un título, introducción con oración de tesis, cuerpo con detalles tomados del análisis y conclusión o conclusiones.

Capítulo 11

Actos ilegales

▲ Un soldado colombiano quema bolsas de cocaína confiscadas en redadas contra los narcotraficantes.

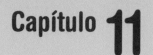

See the *Fuentes* website for related links and activities:
http://college.hmco.com/languages/spanish/students

Actividad 1   Causas, efectos y soluciones   La siguiente lista incluye   Activating background knowledge
cinco de los problemas de delincuencia con los que se enfrentan los países
latinoamericanos y muchos otros países del mundo. En grupos de tres,
determinen para cada problema por lo menos una causa, un efecto y una
solución. Luego, compartan sus ideas con el resto de la clase.

- el tráfico de drogas
- los atracos y robos de casas
- los asesinatos
- el crimen organizado
- el soborno y la corrupción en el gobierno

Lectura 1: Un editorial

Actividad 2   A propósito de las drogas   Antes de leer el editorial escrito   Building vocabulary
por el director de la revista española *Cambio 16,* asocia cada una de las palabras
de la primera columna, las cuales aparecen en el artículo, con la palabra o
expresión correspondiente de la segunda. Usa tus conocimientos de cognados y
raíces para adivinar. Consulta el vocabulario o un diccionario sólo cuando sea
necesario.

1. _____ adormilado/a   a. juicio, prudencia
2. _____ adulterado/a   b. inundación
3. _____ el coraje   c. cantidad de medicina que se toma
4. _____ la cordura   d. mala costumbre
5. _____ la dosis   e. valor
6. _____ enganchado/a   f. que produce ganancias o intereses
7. _____ rentable   g. mezclado con sustancias peligrosas
8. _____ la riada   h. que depende de una droga
9. _____ el vicio   i. drogadicto
10. _____ el drogata   j. con sueño

Actividad 3   La droga ilegal y sus efectos   *Cambio 16,* la revista de   Activating background knowledge
noticias más importante de España, lanzó hace varios años una campaña para
legalizar las drogas. Como parte de esa campaña, el director de *Cambio 16,*   Muchas personas famosas
Juan Tomás de Salas, escribió el siguiente editorial. Antes de leerlo, en parejas,   apoyaron la campaña, incluso el
hagan una lista de dos o tres problemas que causa el uso ilegal de las drogas.   conocido autor colombiano Gabriel
Luego compartan sus ideas sobre la mejor solución: la prohibición, la   García Márquez, ganador del
legalización parcial o la legalización total.   Premio Nobel de Literatura, quien
                                                escribió el manifiesto de la
                                                campaña a favor de la legalización
                                                de las drogas.

ESTRATEGIA DE LECTURA

Annotating and Reacting to Reading

You can write in the margins of the text if space allows. If not, take notes on a separate sheet of paper.

Taking notes on important or interesting ideas can aid you in organizing and understanding a reading. You can use notes on information contained in the reading to guide your studying and to prepare outlines. Emotional reactions and doubts can be used as prompts to discuss and ask questions about difficult parts of the reading. Note taking is most useful when done methodically, so you should develop a method that is comfortable for you. One possibility is to record notes on content to the left and emotional reactions to the right, while underlining important unfamiliar vocabulary and highlighting significant details.

Active reading, Annotating and reacting

Actividad 4 **Efectos y reacciones** Mientras lees el siguiente editorial, subraya los posibles efectos de la legalización, y apunta en el margen o en otra hoja tus reacciones (**¡qué fascinante!, ¡qué raro!, ¡qué barbaridad!, no estoy de acuerdo, no comprendo,** etc.) a detalles específicos del editorial.

Legalización de las drogas

¿Qué pasaría si, en un gesto de cordura y de coraje sin precedentes, el Gobierno español despenalizara el consumo y comercio de drogas, autorizando su venta libre en las farmacias o estancos del país? Pasarían varias cosas:

1. De inmediato se detendría la sangría de muertos provocados por el consumo de droga, adulterada hasta el ladrillo, que es la que hoy se vende en el mercado nacional. Algún muerto habría, por sobredosis o imprudencia, pero la riada de jóvenes asesinados con porquería en sus venas se detendría de inmediato.

2. Las farmacias, con las condiciones razonables del caso, expenderían, a precio también razonable, las dosis de droga demandada por los ciudadanos. El producto estaría garantizado contra adulteraciones y sería tan seguro —y dañino— como indicara exactamente en el prospecto.

3. El precio de la venta de la droga sería una fracción de los feroces precios actuales de la droga clandestina. Ello detendría en el acto la riada de pequeños y grandes deli-

tos que los drogatas actuales cometen para poder financiar su vicio. Si pocos roban para comprarse cerveza, bien pocos lo harían para comprarse dosis a precio normal. Al respecto conviene no olvidar que el costo original de la droga es bien bajo, lo astronómico del precio es resultado de la prohibición, no de la droga.

4. El Estado cobraría un fuerte impuesto sobre las drogas vendidas, como hace con alcoholes y tabacos. Con ello podría financiar masivamente programas de rehabilitación y de pre-

vención del consumo de drogas. Igualmente podría dedicar parte de ese impuesto a financiar escuelas de educación profesional para una juventud como la nuestra que hemos condenado al paro y a la droga entre todos.

5. Millares de funcionarios —policías, aduaneros, jueces y oficiales, etc.— quedarían de inmediato liberados de la imposible tarea de impedir su tráfico, que es el más rentable del planeta, y contra el que han fracasado en todo el mundo. Con ello se reduciría el déficit público, mejoraría la justicia y policía común de nuestras calles, y hasta quedarían recursos

humanos para luchar contra esa lacra, aún vigente, que es el terrorismo.

6. Posiblemente, como ocurrió al abolir la prohibición norteamericana del alcohol a principios de los años 30, el consumo legalizado de drogas aumentaría ligeramente. Sólo los puritanos extremos temen que la legalización traería consigo una drogadicción masiva. Pero un cierto aumento del consumo es casi seguro. Pero sólo el consumo, no la muerte. Habría algunos jóvenes más enganchados, es decir, adormilados y soñadores, poco útiles, quizás para la producción en cadena, pero no habría muertos.

JUAN TOMÁS DE SALAS

Actividad 5   Los efectos de la despenalización   **Parte A:** En grupos de tres, hagan una lista de todos los posibles efectos propuestos por Salas, terminando la siguiente oración.

Summarizing

Si el Gobierno (español) despenalizara el consumo y comercio de drogas, ...

Parte B: En parejas, indiquen cómo reaccionaría a la legalización la mayoría de los miembros de los siguientes grupos.

Reacting

aduanero = customs officer

los policías   los dueños de negocios
los aduaneros   los padres de familia
los jueces   los estudiantes universitarios

Parte C: La campaña de legalización lanzada por *Cambio 16* no tuvo éxito. Pero, si el Gobierno hubiera decidido despenalizar el consumo y comercio de drogas, ¿qué habría pasado? En parejas, den sus opiniones personales, haciendo una lista de dos efectos positivos y dos efectos negativos, por lo menos, y terminando de manera original la siguiente oración.

Si el Gobierno (español) hubiera despenalizado el consumo y comercio de drogas, ...

Actividad 6   ¿Qué es una droga?   El autor del artículo no especifica las drogas a las que se refiere. En grupos de tres, decidan cuáles de las siguientes sustancias se deben prohibir o legalizar. Expliquen por qué.

el café   el alcohol   la coca   el éxtasis
el tabaco   la mariguana   la cocaína

Actividad 7   El consumo y la cárcel   En grupos de cuatro, compartan sus reacciones a las siguientes preguntas.

1. ¿Conocen a alguien que consuma o haya consumido drogas?
2. ¿Creen que esa persona merece estar en la cárcel? ¿Por qué sí o no?

Cuaderno personal 11-1

¿Estás a favor o en contra de la legalización de las drogas? Justifica tu respuesta.

Lectura 2: Panorama cultural

Actividad 8   Palabras claves Las palabras indicadas en las oraciones son de la lectura "Modernización y delincuencia en Latinoamérica". Asocia cada palabra indicada en negrita con su equivalente de la lista que aparece a continuación.

a. to take for granted
b. involved
c. overwhelming
d. crime
e. standards
f. characteristic of a region

g. to take root
h. seed
i. devastation
j. harmful
k. narcotic
l. government employee or civil servant

1. _____ Decir la verdad no es **delito.**
2. _____ Los problemas de violencia criminal **han echado raíces** en las sociedades en vías de desarrollo.
3. _____ Algunas personas **dan por descontado** el derecho de llevar armas; otras lo disputan.
4. _____ Los **patrones** de conducta no se pueden mantener sin un sistema de sanciones y castigos.
5. _____ La violencia criminal es **endémica** en algunas sociedades en vías de desarrollo.
6. _____ Los **estupefacientes** suelen impedir la percepción clara de la realidad.
7. _____ El crimen organizado causa graves **estragos** en la sociedad.
8. _____ Muchas personas de alto rango social están **involucradas** en el crimen organizado.
9. _____ A nivel mundial, los problemas ocasionados por la delincuencia son **abrumadores.**
10. _____ La **semilla** de la delincuencia está en el colapso de los sistemas tradicionales de control social.
11. _____ Muchas medicinas tienen efectos positivos y efectos **nocivos** al mismo tiempo.
12. _____ En principio, la obligación de todo **funcionario** es servir a los ciudadanos del país.

Activating background knowledge

Actividad 9   Delitos y crímenes **Parte A:** En grupos de tres, hagan una lista de tipos de delincuencia que son problemas en la sociedad de su país. Después, decidan cuáles son los dos problemas principales.

Active reading, Annotating and reacting

Parte B: Al leer el artículo sobre la delincuencia en Latinoamérica, apunta en los márgenes la idea general de cada párrafo y tus reacciones a esas ideas. Después, vuelve a leer todo el artículo con más cuidado para asegurarte de que entendiste bien la idea principal de cada párrafo.

Modernización y delincuencia en Latinoamérica

La violencia es una de las enfermedades que ha afligido al mundo entero en las últimas décadas. Latinoamérica, al igual que otras regiones del mundo, tiene una larga tradición de violencia, mas en el pasado, ésta se ha caracterizado principalmente como violencia política, es decir, la represión

5 de gobiernos dictatoriales y los movimientos que utilizaban la lucha armada de guerrilla, secuestro y terrorismo en contra de dichos gobiernos. Sin embargo, en las últimas décadas, la violencia está dejando de ser una lucha por ideales sociales y políticos para convertirse en una violencia asociada con la delincuencia. A

10 través de Latinoamérica, el problema de la delincuencia y criminalidad se ha convertido en una de las principales preocupaciones de los gobiernos y del público.

mas = pero

Efectos de la modernización

Aunque parezca irónico que la violencia criminal aumente precisamente cuando la violencia política disminuye, en

15 realidad el aumento de la delincuencia es en parte un efecto normal de los cambios sociales y económicos que afectan a América Latina. Por una parte, la vuelta a la democracia ha eliminado la dura represión que era típica de las dictaduras. Por otra parte, los países latinoameri-

20 canos pertenecen al grupo de países "en vías de desarrollo", es decir, los que han participado en el proceso de modernización, industrialización y urbanización, pero que se encuentran en una situación intermedia entre la sociedad tradicional y la plenamente modernizada.

25   El proceso de modernización implica profundos cambios en la sociedad. Para empezar, los campesinos abandonan el campo, donde la mecanización de la agricultura y la globalización los deja sin trabajo y se trasladan a buscarlo a las ciudades industrializadas. Como resultado de la migración

30 en masa, se crean grandes urbes densamente pobladas. Los efectos más agudos de esta rápida urbanización son la pérdida de influencias estabilizadoras, como las viejas relaciones personales y la familia extendida y su sustitución por nuevas relaciones impersonales. La familia deja de ejercer un control

35 directo sobre las acciones del individuo y pierde influencia en la formación de los valores personales.

▲ Esta mujer intenta ganarse la vida vendiendo frutas en las calles de Lima, Perú. Muchos pobres se trasladan a la ciudad en busca de una vida mejor, pero encuentran que la vida urbana no es fácil.

         La modernización se ha producido en varios países de Latinoamérica en el espacio de unas pocas decenas de años y, al mismo tiempo, la población ha crecido con una rapidez alarmante. La mezcla de estos dos factores ha

40 agravado la situación de las ciudades. En las afueras de las grandes ciudades donde viven muchos de los recién llegados, se han creado enormes villas miseria, donde a menudo los habitantes no tienen ni agua corriente ni electricidad. El contraste entre su situación y la de las clases acomodadas ha contribuido a alimentar la semilla de la delincuencia. En la ciudad, los

45 campesinos suelen abandonar su tradicional fatalismo al encontrar una nueva ética de consumo y materialismo. Es decir que, en vez de resignarse a

En Latinoamérica la desigualdad de ingresos es enorme. El 10% más rico de la población recibe un 35% de los ingresos, mientras un 43% de la población vive por debajo de la línea de la pobreza.

► Estas elegantes rejas protegen una casa hondureña contra posibles robos.

su posición y su pobreza como lo hubieran hecho anteriormente, luchan por obtener y consumir más. A menudo, les es imposible alcanzar una vida mejor por medio del trabajo, y el delito se ofrece como la ruta más directa
50 hacia la adquisición de bienes materiales. Es así que han aumentado tanto los delitos contra la propiedad —robos y atracos— como los crímenes contra la persona —asaltos y asesinatos.

La corrupción

Un tipo de delito endémico en las sociedades que se encuentran en vías de desarrollo es la corrupción que existe en el gobierno. En Latinoamérica hay
55 dos razones principales de esta corrupción. En primer lugar, lo que actualmente se considera corrupción se daba por descontado en las sociedades tradicionales. Un funcionario con acceso al poder tenía la obligación de usar su poder para ayudar a parientes y amigos, ya que la familia extendida era la unidad social y económica más importante. Con la modernización
60 actual, sin embargo, ha surgido mayor necesidad de adoptar y proteger patrones de conducta más amplios y generales. En segundo lugar, la situación económica inestable limita el sueldo de los funcionarios, quienes se ven obligados a buscar ingresos en forma de regalos, contribuciones o sobornos. De todas formas, las protestas en contra de la corrupción están
65 echando raíz en Latinoamérica y muchos gobiernos están tomando medidas para resolver el problema.

En México, el soborno a un funcionario se llama **mordida** (*bite*).

El narcotráfico

Además de los problemas de delincuencia y corrupción, la forma de criminalidad más perniciosa que azota a Latinoamérica es el narcotráfico. Éste también se puede considerar como el resultado de la modernización, puesto
70 que depende de la globalización comercial y los avances de la tecnología del transporte. El narcotráfico latinoamericano ha aumentado a medida que ha aumentado la demanda de estupefacientes por parte de los países desarrollados, donde la cocaína se ha establecido como una droga de moda por la cual los consumidores pagan precios exorbitantes. De hecho, entre 1990 y
75 2000 el consumo de cocaína a nivel mundial subió un 50% por ciento (de 400 a 600 toneladas métricas).

El consumo de cocaína se ha estabilizado en los EE.UU. desde los años 90, pero sigue creciendo en Europa y otras partes del mundo.

Este consumo insaciable fomenta la producción, el transporte y la distribución de la droga. El clima de los países andinos se presta al cultivo de la coca, planta autóctona de la región que fue cultivada por los incas. La mayor parte de la coca se cultiva en Perú, Bolivia y Colombia, donde cientos de miles de campesinos abandonan otros cultivos para dedicarse a esta cosecha más rentable. Se transporta la coca a laboratorios en Colombia donde se usa para producir la cocaína y luego el producto acabado se transporta para vender en otros países del mundo, especialmente los Estados Unidos, Canadá y los países de Europa.

La coca es un cultivo tradicional de los indígenas de Perú y Bolivia, pero la guerra contra la droga ha llevado a una gran disminución de su producción. Al mismo tiempo, la producción de coca ha aumentado en Colombia, y desde 1995 es el país donde se cultiva más coca.

El proceso de producción y distribución de la cocaína requiere una organización internacional a gran escala. Durante los años 80 y 90, los grandes carteles colombianos se conocieron por su riqueza, poder y violencia. De hecho, los narcotraficantes o "narcos" desestabilizaron las elecciones colombianas, llegando a matar en 1990 a tres candidatos presidenciales que apoyaban los esfuerzos del gobierno por eliminar los carteles. Hoy día, sin embargo, los carteles son más pequeños, más numerosos, más difíciles de localizar y, por lo tanto, más difíciles de eliminar. Su influencia y la delincuencia asociada afectan no sólo a Colombia, sino también a las repúblicas andinas y a los países de América Central, el Caribe y sobre todo México, por donde se tiene que transportar la cocaína. De hecho, las actividades de los carteles se extienden a todo rincón del continente americano y más allá a muchas otras partes del mundo, y la ONU juzga que actualmente se "lavan" hasta unos 100.000 millones de dólares al año en Latinoamérica, cifra que sigue creciendo.

Los carteles más grandes ya no se encuentran en Colombia sino en México.

ONU = Organización de las Naciones Unidas

Es fácil reconocer que la creciente influencia de las organizaciones internacionales del crimen es nociva, pero no hay acuerdo en cuanto a cómo combatirla. Muchos gobiernos se encuentran relativamente impotentes ante la amenaza. A veces sus presupuestos ni siquiera llegan a la altura de los ingresos de los carteles. Desde los años 80 los Estados Unidos han mantenido una guerra contra la droga, mandando equipo militar y miles de millones de dólares para destruir los campos de coca y para luchar contra los carteles. No obstante, estos esfuerzos no han logrado eliminar la demanda y el consumo en los Estados Unidos y otros países, y mientras éstos existan, habrá personas dispuestas a arriesgarse para enriquecerse.

Por otra parte, la delincuencia latinoamericana asociada con la droga comienza a asemejarse a la de los Estados Unidos. Cabe notar que, aunque el narcotráfico ha sido un gran problema durante varias décadas, hasta hace poco el consumo de drogas entre los jóvenes latinoamericanos se había mantenido bastante bajo. Sin embargo, la introducción de una droga barata, la PBC (pasta básica de cocaína), inició un cambio en la situación. La PBC es un producto intermedio del proceso de producción de la cocaína, el cual contiene queroseno y ácidos muy dañinos para el cuerpo humano. En los países andinos, la PBC, conocida popularmente como "el basuco", ha producido estragos parecidos a los del *crack* entre los jóvenes urbanos de los Estados Unidos. Además el consumo de cocaína está aumentando a lo largo de Latinoamérica,

◄ Un barrio pobre en las afueras de Caracas, Venezuela.

Con todo, el uso de drogas se mantiene bastante bajo en México, donde sólo un 5% de la población ha consumido drogas ilegales, frente a un 35% en los Estados Unidos.

y en algunos países como El Salvador y Brasil se está extendiendo el abuso del *crack*. La consecuencia es que los robos y otros delitos asociados con el
130 consumo de drogas plagan hoy tanto a algunos países latinoamericanos como a los Estados Unidos.

Con los cambios que ha traído la modernización a Latinoamérica y con sus consecuencias de corrupción y delincuencia, vale preguntarse cuál es la solución para este aumento de criminalidad en la región. Hay quienes abo-
135 gan por el orden impuesto de la dictadura militar, solución ya intentada muchas veces, pero que trae sus propias formas de violencia al limitar las libertades individuales. Otros predicen que el índice de criminalidad debe bajar después de las primeras etapas de modernización. Mientras tanto, el gran desafío para Latinoamérica es responder a la pobreza abrumadora, a
140 la explosión demográfica y a la crisis de la estructura familiar, y controlar la violencia de manera que pueda encauzar sus sociedades hacia un futuro de paz y prosperidad.

ESTRATEGIA DE LECTURA

Outlining

An outline (**bosquejo**) is a plan showing the relationship between main topics and supporting ideas. A good outline can both help your understanding of a reading and serve as a check that you have understood a passage. Use the notes you take while reading as a starting point and try to sort the ideas by their relative importance. In traditional outlining, the most important ideas are usually listed with Roman numerals (I, II, III, etc.), lesser ideas are listed with capital letters (A, B, C, etc.) under each Roman numeral, and details may be listed with Arabic numerals (1, 2, 3, etc.), small letters (a, b, c, etc.), or small Roman numerals (i, ii, iii, etc.).

Outlining

Actividad 10   Un bosquejo   En parejas, vuelvan a mirar la lectura y preparen un bosquejo. Pueden usar los temas de la siguiente lista pero tienen que organizarlos. Después, comparen su bosquejo con el de otra pareja.

la corrupción
el narcotráfico
¿soluciones para la delincuencia?
la lucha contra el narcotráfico
las villas miseria y sus efectos
la violencia criminal en Latinoamérica

el consumo de drogas en Latinoamérica
el impacto de la democratización y la modernización
el sistema de distribución y los carteles
el sistema de producción y transporte
la rápida urbanización demográfica

Scanning

Actividad 11   Datos y detalles   Lee las siguientes oraciones e indica si son ciertas o falsas según la lectura. Corrige las falsas.

1. _____ El aumento rápido de la violencia criminal es un fenómeno relativamente reciente en Latinoamérica.

2. _____ Los campesinos se trasladan a las ciudades porque allí tienen trabajo garantizado.

3. _____ Las villas miseria son comunidades de pobres que se encuentran en zonas rurales.

4. _____ Los campesinos que se trasladan a las ciudades mantienen sus valores tradicionales.

5. _____ En parte, la corrupción es el resultado de una actitud que enfatizaba las obligaciones familiares.

6. _____ La demanda mundial por la cocaína ha bajado desde 1990.

7. _____ Los centros de producción de la cocaína son Bolivia y Perú.

8. _____ Aunque los países latinoamericanos exportan cocaína, sólo en años recientes se ha visto un aumento en el consumo de drogas por parte de la población local.

Actividad 12 Los delincuentes En parejas, describan el papel que desempeñan los siguientes grupos en relación con cada tipo de delincuencia comentada en la lectura (los delitos y crímenes, la corrupción, las drogas).

los pobres urbanos   los funcionarios   los jóvenes urbanos
los campesinos   los narcotraficantes

Actividad 13 Soluciones hipotéticas En grupos de tres, comparen los   Making inferences
problemas de violencia criminal que existen en Latinoamérica con los de los Estados Unidos. ¿Qué semejanzas y diferencias existen? Después, escojan uno de estos problemas y terminen la siguiente oración.

Este problema ya habría desaparecido (o disminuido) en Latinoamérica/Estados Unidos si...

Actividad 14 En el año 2050 En grupos de tres, discutan qué se habrá hecho o qué habrá ocurrido en el año 2050 con respecto a cada uno de los siguientes problemas sociales en este país, en Latinoamérica y en el mundo: ¿Se habrá solucionado o eliminado? ¿Habrá aumentado o bajado su frecuencia? ¿Se habrá legalizado? Justifiquen sus respuestas.

▶ Para el año 2050 (no) se habrá eliminado la corrupción porque...

la corrupción   el terrorismo   los secuestros
el narcotráfico   el consumo de drogas   los asesinatos
los atracos   los robos   las violaciones

Cuaderno personal 10-2

¿Quiénes tienen la responsabilidad del narcotráfico: los países consumidores o los países productores? Justifica tu respuesta.

VIDEOFUENTES ☐

¿Cuál es el objetivo de las actividades del Día Latino de Fenway Park? ¿Es realmente útil este tipo de programa? ¿Por qué sí o no? ¿Qué más se puede o debe hacer para ayudar a los jóvenes a evitar la delincuencia?

Lectura 3: Literatura

Building vocabulary

Actividad 15 Palabras claves Estudia la siguiente lista de palabras y expresiones tomadas de los cuatro minicuentos que vas a leer. Después, termina las oraciones que aparecen a continuación con una expresión apropiada.

arrancar	to start (*a car*); to start moving, get going
el cornudo	cuckold (man whose wife cheats on him)
darle vuelta a algo	to stir something (*e.g., coffee*)
dar una cornada	to gore (*with horns*)
detenerse	to detain; to stop
disparar	to fire, shoot
la fiereza	fierceness, ferocity; cruelty
hacer caso a	to pay attention to, to take notice of
el lobo	wolf
pararse	to stop
el ruido	noise

torero = bullfighter

1. Muchos toreros han muerto a causa de las _____ que han recibido de los toros.

2. En las culturas hispanas tradicionales, el _____ era un tipo que se consideraba peligroso y patético al mismo tiempo.

3. El hombre daba vueltas al café, y se oía el _____ de la cuchara contra el cristal del vaso.

el alto = stop sign or traffic light. Compare English *halt*.

4. La mujer tuvo que esperar diez minutos en el alto, y cuando por fin la luz se puso en verde, ella puso el coche en marcha y _____.

5. El lobo es un animal muy conocido por su _____.

6. El conductor del coche _____ cuando vio la luz roja del alto.

Dealing with idioms

Actividad 16 Modismos Los autores de los cuatro minicuentos que vas a leer utilizan varios modismos. Lee cada oración y usa el contexto para determinar el mejor equivalente en inglés.

a. to make one's blood boil
b. to get one's own way
c. to stick to one's guns
d. to be pitch black
e. to get all high and mighty
f. to cheat on

1. _____ El policía **se subió a la parra** cuando el motorista le dijo que estaba equivocado.

2. _____ El interior de la casa **estaba oscura como boca de lobo,** así que los policías tuvieron que entrar con linternas.

3. _____ Los niños mimados siempre quieren **salirse con la suya,** pero los padres tienen que imponer límites.

4. _____ Muchas personas le pidieron al juez que cambiara su sentencia, pero el juez **siguió en sus trece,** y la sentencia quedó sin alterar.

5. _____ A la mujer **se le revolvió la sangre** al saber que su jefe había criticado su trabajo.

6. _____ Los vecinos sabían que la mujer se reunía todos los días con el dueño de la tienda, pero el marido de la mujer no sabía que ella **le estaba poniendo los cuernos.**

Ponerle los cuernos a alguien literally means "to put horns on somebody," and **cuernos** have become the symbol of the victim of cheating. The metaphor may have arisen because the cuckold could become angry and aggressive —like a billy goat or bull— upon discovering his situation.

Actividad 17 **En busca de un móvil** Cada uno de los siguientes minicuentos explora diferentes móviles por los cuales se cometen los crímenes. Al leer los cuentos, decide con qué tono se ha escrito cada cuento (irónico, cómico, serio, didáctico), a qué crimen o crímenes se refiere cada cuento, y qué móviles se insinúan en cada caso. Apunta tus ideas y reacciones en el margen.

Active reading, Identifying tone, Annotating and reacting

un móvil = a motive (for a crime)

un crimen = a violent crime, often murder

Max Aub (1903–1972) fue dramaturgo y escritor de novelas y cuentos. Nació en París en 1903, se mudó con su familia a España en 1914, y después de la guerra civil española (1936–1939) se fue a vivir a México, donde pasó el resto de su vida. En México escribió y publicó la mayor parte de su obra literaria en español, que se conoce por su carácter realista y, a veces, de humor sarcástico.

Empezó a darle vuelta...

Max Aub

Empczó a darle vuelta al café con leche con la cucharita. El líquido llegaba al borde, llevado por la violenta acción del utensilio de aluminio. (El vaso era ordinario, el lugar barato, la cucharilla usada, pastosa de pasado.) Se oía el ruido del metal contra el vidrio. Ris, ris, ris,
5 ris. Y el café con leche dando vueltas y más vueltas, con un hoyo en su centro. Maelstrom. Yo estaba sentado enfrente. El café estaba lleno. El hombre seguía moviendo y removiendo, inmóvil, sonriente, mirándome. Algo se me levantaba de adentro. Le miré de tal manera que se creyó en la obligación de explicarse.
10   —Todavía no se ha deshecho el azúcar.
    Para probármelo dio unos golpecitos en el fondo del vaso. Volvió en seguida con redoblada energía a menear metódicamente el brebaje. Vueltas y más vueltas, sin descanso, y el ruido de la cuchara en el borde del cristal. Ras, ras, ras. Seguido, seguido,
15 seguido sin parar, eternamente. Vuelta y vuelta y vuelta y vuelta. Me miraba sonriendo. Entonces saqué la pistola y disparé.

borde = límite

deshacer = disolver
golpecitos = pequeños golpes (*taps*)
en seguida = inmediatamente

Ahí está lo malo
Max Aub

Ahí está lo malo: Que ustedes creen que yo no le hice caso al alto. Y sí. Me paré. Cierto que nadie lo puede probar. Pero yo frené y el coche se detuvo. En seguida la luz verde se encendió y yo seguí. El policía pitó y yo no me detuve porque no podía creer que fuera por mí. Me alcanzó en

5 seguida con su motocicleta. Me habló de mala manera: "Que si por ser mujer creía que las leyes de tránsito se habían hecho para los que gastan pantalones". Yo le aseguré que no me pasé el alto. Se lo dije. Se lo

10 repetí. Y él que si quieres. Me solivianté: la mentira era tan flagrante que se me revolvió la sangre. Ya sé yo que no buscaba más que uno o dos pesos, y tres a lo

15 sumo. Pero bien está pagar una mordida cuando se ha cometido una falta o se busca un favor.

¡Pero en aquel momento lo que él sostenía era una mentira monstruosa! ¡Yo había hecho caso a las luces! Además el tono: como sabía que no tenía razón

20 se subió en seguida a la parra. Vio una mujer sola y estaba seguro de salirse con la suya. Yo seguí en mis trece. Estaba dispuesta a ir a Tránsito y armar un escándalo. ¡Porque yo pasé con la luz verde! Él me miró socarrón, se fue delante del coche e hizo intento de quitarme la placa. Se inclinó. No sé qué pasó entonces. ¡Aquel hombre no tenía ningún derecho a hacer lo que estaba

25 haciendo! Yo tenía la razón. Furiosa, puse el coche en marcha, y arranqué...

René Avilés Fabila, quien nació en la ciudad de México en 1940, es periodista, ensayista y escritor de cuentos, conocido por su exploración de los sentimientos y las pasiones humanas.

Sangre y arena
René Avilés Fabila

Bajó la cabeza apuntando los cuernos hacia el cuerpo de su enemigo. Bufaba al tiempo que con su pata derecha rascaba violentamente la tierra. Estaba rabioso y del hocico salían

5 espumarajos. De una sola y brutal cornada quería acabar con el hombre que asustado lo miraba. Con toda la fuerza que le fue posible atacó. Uno de los pitones alcanzó el vientre atravesando órganos vitales; el tipo cayó al suelo, agonizaba. La esposa del astado gritó al contemplar la escena. Su

10 marido triunfante miraba a la víctima desangrarse. Después intervinieron los vecinos y al final la policía. Recogieron el cadáver y el esposo ofendido fue a la cárcel. Además de cornudo, asesino dijo el juez al darle veinte años de trabajos forzados.

---

mordida = en México, el soborno que pide un policía

la placa (de matrícula) = la hoja de metal que tiene el número del coche

Sangre y arena = una novela famosa sobre las corridas de toros del autor español Vicente Blasco Ibáñez

bufar = respirar con furia
pata = pie y pierna de un animal
hocico = nariz y boca de un animal
espumarajos = saliva con espuma

pitones = cuernos
astado = que tiene cuernos

Apuntes para ser leídos por los lobos
René Avilés Fabila

El lobo, aparte de su orgullosa altivez, es inteligente, un ser sensible y hermoso con mala fama, acusaciones y calumnias que tienen más que ver con el temor y la envidia que con
5 la realidad. Él está enterado, mas no parece importarle el miserable asunto. Trata de sobrevivir. Y observa al humano: le parece abominable, lleno de maldad, cruel; tanto así que suele utilizar proverbios tales como: "Está
10 oscuro como boca de hombre", para señalar algún peligro nocturno, o "El lobo es el hombre del lobo", cuando este animal llega a ciertos excesos de fiereza semejante a la humana.

altivez = actitud de superioridad

temor = miedo
enterado = informado

"El hombre es el lobo del hombre" = frase empleada por el filósofo Thomas Hobbes para describir su perspectiva negativa de la naturaleza del ser humano

Identifying main ideas

Actividad 18 Crímenes y móviles Decide si cada una de las siguientes oraciones se refiere principalmente al crimen o al móvil. Después, asocia cada una de las oraciones con uno de los cuatro cuentos. Escribe el título a la derecha de cada oración.

1. Una mujer mató a un hombre conduciendo su coche encima de él.
2. Los seres humanos son esencialmente violentos y crueles.
3. Un hombre mató a otro con una pistola.
4. Un hombre mató a otro, probablemente con un cuchillo o puñal (*dagger*).
5. Un hombre molestó a otro al repetir incesantemente la misma acción.
6. Un hombre sufrió un ataque de celos porque su mujer se había acostado con otro.
7. Una mujer se enojó porque un policía trataba de sacarle dinero.

Actividad 19 De forma detallada En parejas, analicen los siguientes aspectos de cada uno de los minicuentos.

Analyzing

1. ¿Se narra en primera o tercera persona?
2. ¿Cuántos personajes hay y cómo son?
3. ¿Cuáles son los actos ilegales que se cometen? ¿Por qué se cometen?
4. ¿Hay castigos?
5. ¿Cuál es el tono del cuento? ¿Qué nos dice de la perspectiva del autor?
6. ¿Qué metáforas se emplean?

Comparing and contrasting, Making inferences

Actividad 20 Comparaciones y contrastes En parejas, comenten las siguientes preguntas.

1. ¿Cuáles de los cuentos parecen explorar móviles que son específicos de las culturas hispanas?
2. ¿Cuáles exploran móviles "universales" que se pueden encontrar en cualquier sociedad humana?
3. ¿Cuáles son los dos cuentos más parecidos? ¿Por qué?
4. ¿Cuáles son los dos cuentos más interesantes? ¿Por qué?

Actividad 21 Historias verdaderas Max Aub dijo que sus cuentos de crímenes se basaban en hechos reales. En parejas, cuéntense breves historias de crímenes que conocen (reales o ficticias), y después especulen sobre los móviles de los criminales en cada caso. Cada persona debe contar una historia.

Cuaderno personal 11-3

¿Cuál de estos cuentos te gustó más? ¿Cuál menos? ¿Por qué?

Redacción: Ensayo

ESTRATEGIA DE REDACCIÓN

Analyzing Causes and Effects

In this chapter you have been reading about causes and effects, for example, the causes of criminal violence and the possible effects of drug legalization. Analyzing cause and effect is both a way of organizing thoughts and a means of organizing writing. It is a useful strategy to employ when you need to answer the question *Why?* The discussion of a cause automatically assumes an effect and vice versa, but in writing, one of these two aspects may become the focus. In **Lectura 1,** Juan Tomás de Salas sees several effects for one cause, drug legalization. On the other hand, **Lectura 2** looks at many causes for one broad phenomenon, a rise in crime, and the stories in **Lectura 3** explore different causes (motives) for different effects (crimes).

Using cause and effect as a basis for your writing requires clear thinking on your part. Think about the following points before writing.

1. Determine whether you want to analyze the causes of an event or phenomenon, its effects, or both. Make a list of the points you want to discuss.
2. Distinguish clearly between causes and effects or indicate where this is difficult to do. For example, is violence on television a cause or an effect of increasing violence in society?

3. Avoid the assumption that one event causes another simply because one precedes the other; there may be no causal relation. For example, a change in curriculum at a school is followed by a gradual fall in test scores, but other factors besides the change in curriculum, such as broader changes in society, may have actually caused the fall in test scores.

4. Finally, be aware that it is not possible to fully explain many phenomena. The number of potential causes is in reality infinite, and you should limit yourself to speculation about those that are most important or immediate or to those for which you have the most compelling arguments.

The following expressions are often useful for discussing causes and effects.

así que	thus, so
como consecuencia, como resultado	as a consequence, as a result
el factor; la causa	factor; cause
por consiguiente, por eso, por lo tanto	therefore
porque + *verbo conjugado*	because
una razón por la cual	one reason why
el resultado	result
ya que, puesto que, como	since
a causa de (que), debido a (que)	because of, due to
por + *infinitivo/sustantivo*	because of, for
causar, provocar, producir	to cause
conducir a, llevar a	to lead to
deberse a (que)	to be due to
resultar de	to result from
tener como/por resultado	to result in

Actividad 22   Fenómenos y causas   **Parte A:** La siguiente lista incluye   Analyzing causes and effects
temas candentes o importantes en este país. En grupos de tres, escriban
oraciones sobre algunos de los fenómenos asociados con estos temas.

▶ Cada vez hay más (o menos) personas que consumen drogas.

el consumo y tráfico de drogas
el crimen violento (asesinatos, asaltos, violaciones)
el crimen organizado
el terrorismo

el número de cárceles y prisioneros
la pena de muerte
la corrupción en el gobierno
la violencia en los medios de comunicación

Parte B: Escojan uno de los fenómenos y hagan una lista de causas posibles.
Usen las sugerencias de la Estrategia de redacción para discutir qué causas son
posibles. Luego, de las que queden, decidan cuáles son más importantes y
cuáles menos importantes.

Writing an essay

Actividad 23 La redacción Vas a redactar un ensayo para explicarles a tus compañeros las causas del fenómeno social escogido en la Actividad 22B.

Parte A: Escribe el título y la introducción de forma que presenten el tema general. Si tu público no conoce bien el fenómeno social que vas a tratar, tendrás que incluir evidencia, como estadísticas o comentarios hechos por expertos, para demostrar su existencia y su importancia.

Parte B: Basándote en tu lista de causas importantes, decide si vas a enfocarte en una o varias causas en el cuerpo de tu ensayo. Presenta evidencia para apoyar cada causa.

Parte C: Escribe la conclusión haciendo un resumen de las causas presentadas y considerando otra vez la importancia del tema y otras implicaciones.

Capítulo 12

Cruzando fronteras

▲ Una estudiante de intercambio de los Estados Unidos conoce por primera vez a su nuevo "hermanito" y a los demás miembros de su familia anfitriona en Uruguay.

Actividad 1 **El contacto entre culturas** **Parte A:** La globalización es un fenómeno del mundo actual que trae consigo un creciente nivel de contacto entre personas de diferente origen cultural. En grupos de tres, hagan una lista de dos o tres factores que contribuyen al aumento del contacto entre diferentes culturas. Después, digan por lo menos un aspecto positivo y un aspecto negativo de ese contacto. Justifiquen sus respuestas.

Parte B: En la foto de la página anterior, una estudiante de intercambio norteamericana llega a Uruguay. En grupos de tres, hagan una lista de tres o cuatro tipos de diferencia cultural que ella pueda encontrar en su nuevo país. Luego, hagan una lista de las ventajas de viajar a otros países y conocer otras culturas.

Lectura 1: Un ensayo

estudiante de intercambio = exchange student

Actividad 2 **Recuerdos de Daniel** Las siguientes oraciones describen las experiencias de un estudiante de intercambio norteamericano en Colombia. Completa cada oración con una expresión apropiada de la lista que sigue.

botar	to discard, throw away
despedirse de	to say good-by to
dominar (una lengua)	to speak (a language) well
enterarse de (algo)	to find out about (something)
extrañar	to miss
una metedura de pata	a faux pas
mudarse	to move, change residence
pegar	to hit
reprender	to scold; to correct (*someone's behavior*)
saludar	to greet, say hello to

meter la pata = to put your foot in it

metedura de pata (*España*) = **metida de pata** (*Latinoamérica*)

1. El programa de intercambio estuvo muy bien organizado y Daniel _____ de su destino—Cali—y de su familia anfitriona —los Valderrama—un mes antes de irse.

2. Cuando llegó a Cali, su familia anfitriona lo estaba esperando en el aeropuerto. Aunque no sabía español, Daniel _____ a cada miembro de la familia con una frase que había memorizado: "Mucho gusto en conocerle".

3. Daniel se dedicó a aprender muy bien español. Su mejor profesor era su hermanito de ocho años, que lo ayudaba con la pronunciación de la erre y lo _____ cuando conjugaba mal los verbos.

4. Durante los primeros meses, Daniel tuvo algunos problemas con la lengua. Por ejemplo, pasó dos meses exclamando "¡Estoy tan embarazado!" ¡Qué _____!

embarazada = pregnant

5. Daniel lo pasaba muy bien en Cali, pero le pidió a su madre que le mandara mantequilla de maní JIF porque también _____ a su familia y su vida en los Estados Unidos.

6. Después de seis meses, Daniel _____ de su familia de Cali y _____ a Bogotá para conocer otra región del país.

7. Al final del año, Daniel había acumulado muchos libros, CDs, fotos y otros recuerdos. No quería _____ nada, así que tuvo que comprarse una maleta nueva para llevar todas las cosas.

8. Después de su año en Colombia, Daniel _____ bastante bien el español.

Actividad 3   ¿Estudiar en el extranjero? **Parte A:** En parejas háganse las siguientes preguntas.

Activating background knowledge

1. ¿A ti te gustaría estudiar en el extranjero? ¿Dónde? ¿Por qué sí o no?
2. Si eres (o si fueras) un/a norteamericano/a de origen latino/hispano, ¿te gustaría estudiar en algún país hispanohablante? ¿Por qué sí o no?

Parte B: Ahora, lee individualmente la siguiente historia de un estudiante latino y sus experiencias interculturales dentro y fuera de los Estados Unidos. Al leer, decide si las experiencias de Hugo reflejan o no tus ideas, y apunta tus reacciones en los márgenes.

Active reading

Hugo Aparicio estudió en la Universidad de Emory, donde se especializó en biología y español. Ahora es estudiante de medicina en la Universidad de Pennsylvania. El siguiente texto contiene sus reflexiones sobre la experiencia de crecer y vivir en contacto con diferentes culturas.

Una educación intercultural
Hugo Javier Aparicio

"¿No es que ya sabes hablar español?" ¡Cuántas veces he escuchado esta pregunta! Mientras mis amigos se especializaron en la universidad con asignaturas como ingeniería, ciencias políticas o negocios, yo decidí concentrar mis estudios en la lengua
5 española. Al enterarse de mi concentración, algunas personas respondieron con una mezcla de incredulidad e indignación —"¡Pero eres *hispano*! ¿Para qué te sirve estudiar español?"

Soy latino y he hablado español toda mi vida, pero la situación no es así de sencilla.
10 Nací en La Paz, Bolivia, pero cuando tenía tres años mi familia inmigró a los Estados Unidos y nos establecimos en Lexington, Kentucky. Años después, durante el octavo curso de escuela primaria, falté a un día de clases para visitar Frankfort, la capital de Kentucky. El próximo día, les conté a mis compañeros que mis padres se habían naturalizado y que yo, como hijo,
15 también me había convertido en ciudadano estadounidense. Al oír esto, estaban completamente sorprendidos. Se habían olvidado que yo no había nacido en Kentucky y que no había sido americano toda mi vida.

Este texto auténtico refleja el español que habla Hugo Aparicio. Se nota la influencia de diferentes variedades de español y también del inglés.

Y yo siempre tenía un dilema cuando alguien me preguntaba "¿de donde eres?". Tenía una variedad de respuestas posibles:

20   1. "Soy de Bolivia", decía yo.

"Ese país", a veces respondían, "es ahí al lado de Honduras, ¿no?"

2. "Soy sudamericano."

"¡Wow!" decían, "tu inglés está perfecto."

3. "Soy de Kentucky."

25   "Qué extraño", respondían, "¿un latino en Kentucky?"

Más interesante, quizás, es como me identifican personas de diferentes partes del mundo. En los Estados Unidos usualmente piensan que soy mexicano. En América Latina, notan mi acento e inmediatamente creen que soy *gringo*. En Europa, me identifican como americano porque hablo inglés y

30 porque llevo pantalones cortos y una gorra de béisbol.

Sin embargo, esta ambigüedad de identificación y mi deseo de mejorar mi uso del español me empujaron a aprender más sobre los países que había dejado como niño.

Cuando llegué a la universidad decidí que era importante dominar el

35 español, así que empecé mis estudios de la lengua. Al principio fue fácil leer los textos y añadir a la discusión en clase, pero pronto reconocí mis defectos. Por falta de una comprensión de la gramática y la sintaxis, no sabía cómo escribir bien. Encima, no podía entender vocabulario más avanzado de lo que había hablado en la casa. Tuve que aprender mucho esos

40 primeros años, pero al mismo tiempo yo estaba sumamente interesado en aprender más sobre las culturas hispanas.

La experiencia durante mi carrera que más me abrió mis ojos fue la oportunidad de ir a España como estudiante de intercambio. Descubrí, durante mi tiempo ahí, muchas diferencias importantes entre la gente del

45 mundo hispanohablante y entre los Estados Unidos y Europa.

Estudié ese semestre en la Universidad de Salamanca, una antigua y prestigiosa institución, fundada en el año 1218. Además, durante mi estancia, me quedé con una familia española para sumergirme completamente en la cultura del país. Fue interesante vivir y estudiar en el extranjero,

50 siendo ya en mi propio país (los Estados Unidos) una persona *del* extranjero.

La transición a la cultura española no debería haber sido difícil, en vista de que había crecido hablando la lengua en mi casa y aprendiendo sobre las diferentes culturas de mi familia en Sudamérica. Sin embargo, los países hispanohablantes no son todos lo mismo. Había visitado Bolivia y Ecuador,

55 donde vive mi familia en Sudamérica, pero visitar a España fue una experiencia distinta.

Tuve que adaptarme desde el primer día. Cuando primero conocí a mi *señora*, la madre de la familia con la que yo iba a quedarme, le saludé con sólo un beso en la mejilla. Siendo latino, yo estaba acostumbrado a dar sólo

60 un beso cuando saludaba a mis amigas y familiares. Es costumbre en España, al conocer a alguien, dar y recibir dos besos, pero yo me olvidé varias veces de esta convención. Cada vez que cometí esta metedura de pata, mi señora me reprendió, aunque con paciencia y humor.

Entre las culturas que yo conocía, había siempre que tomar en cuenta

65 las diferentes convenciones sociales. La distancia entre tú y la persona con quien hablas, por ejemplo, variará de un país al otro. Por un lado, la gente española y latina, incluyendo mi familia en Kentucky, se acercan mucho cuando hablan y no tienen miedo del contacto físico. Por otro lado, muchos

▲ Hugo Aparicio, durante una excursión a la ciudad española de Segovia. Detrás de él se ven los arcos del acueducto romano.

americanos están incómodos con
70 estas transgresiones del espacio
personal; si tratas de dar un beso a
una americana, cuando recién la
estás conociendo, es muy posible
que te pegue.

75   Vi durante mis viajes que la
cultura latina ponía mayor importancia en la conexión de familia.
En la casa de mi señora vivía casi
toda la familia, aunque algunos de
80 los hijos ya se habían graduado de
la universidad. Reconocí algo
semejante en la casa de mis parientes en Ecuador, donde vive
mucho de la familia extendida
85 bajo un techo. Esto no ocurre en los Estados Unidos,
donde me parece que los niños están botados del hogar al
cumplir los 18. Sin embargo, esta tradición en España está
cambiando, visto que la generación joven se está mudando
de los pueblos para encontrar trabajo en las ciudades o donde hay turismo.
90 La hija de mi señora, por ejemplo, está contemplando mudarse a la costa
para encontrar mejor trabajo.

▲ Desde hace siglos, la Plaza Mayor ha servido como eje de la vida social de la ciudad de Salamanca, sede de la universidad más antigua del mundo hispano.

     Adaptarme a las diferentes culturas, al final, no fue tanto trabajo como
fue siempre usar el español y tratar de entender las diferencias lingüísticas
entre España y América Latina. Primeramente, noté que muchas palabras en
95 mi vocabulario no correspondían a las cosas en España: llegamos conduciendo el coche, no manejando el carro; escribía mis trabajos en el ordenador, no en la computadora; yo me despedía de la gente con ciao pero ellos
siempre me decían adiós. Ciertamente, la lengua que hablaban, el castellano,
no era el español que yo usaba.
100   Además, yo había aprendido a hablar usando usted y ustedes, pero me
hicieron comprender en mi casa adoptiva que estas formas son demasiado
formales con familia, que es casi un insulto usarlas con gente que conoces
bien. Lentamente, empecé a hablar con la forma de vosotros, aunque mis
padres se reían cuando decía por teléfono, "Y vosotros, ¿cómo estáis?"
105   Después de un semestre muy divertido, mi familia en Kentucky ya me
echaban de menos (en español boliviano: me extrañaban). Tuve que regresar a los Estados Unidos, pero ya me había educado en no sólo las costumbres y el idioma de otra cultura, sino también en las diferencias y semejanzas que yo reconocía entre mis propias culturas.
110   Ahora estoy acostumbrado a cómo mi identidad está cambiando continuamente. Para diferentes grupos, entre diferentes culturas, soy algo distinto.
Esto me encanta, ser boliviano, americano, latino e indoeuropeo. Reconozco
que soy afortunado por tener tanta riqueza de cultura, lengua y experiencias.
     Sudamérica. Los Estados Unidos. España. En estos lugares he recibido
115 una educación entre y adentro de múltiples culturas. Al notar las diferencias
entre ellas y tratar de comprender los hábitos, las costumbres y las pecu-
liaridades de los países que visité, he podido cambiar mis ideas sobre el
mundo y sobre mí mismo. De hecho, estas experiencias han sido las más
ricas de mis años de universidad.

Scanning, Making inferences

Actividad 4 **¿Qué dijo Hugo?** En parejas, contesten las siguientes preguntas sobre la lectura.

1. ¿Dónde nació?
2. ¿Cuándo inmigró a los Estados Unidos?
3. ¿Por qué les sorprendió a sus amigos saber que no había sido siempre ciudadano?
4. ¿Cuándo se convirtió en ciudadano de los Estados Unidos?
5. ¿Cómo se identifica Hugo? ¿Cómo lo identifican los demás?
6. ¿Adónde fue Hugo como estudiante de intercambio?
7. ¿Por qué la *señora* reprendía a Hugo?
8. Cuando Hugo fue estudiante en España, ¿qué semejanzas descubrió entre la cultura española y la de su familia? ¿Entre la cultura española y la norteamericana?
9. ¿Qué diferencias descubrió entre la cultura española y la boliviana? ¿Entre la cultura española y la norteamericana?
10. ¿Por qué la experiencia fue valiosa para Hugo? ¿Qué efectos tuvo sobre él?

Making inferences, Forming hypotheses

Actividad 5 **¿Por qué será?** Hugo hace varias generalizaciones sobre las culturas que él conoce. En grupos de tres, lean las siguientes generalizaciones y traten de explicar las razones de cada fenómeno descrito.

1. Los norteamericanos suelen guardar mayor distancia física cuando hablan con otra persona.
2. Los norteamericanos suponen que los hijos deben irse de la casa de los padres a partir de los 18 años.
3. Los bolivianos y ecuatorianos usan las formas de **usted/ustedes** (además de **tú**) con mucha más frecuencia que los españoles.
4. España, Bolivia y Ecuador tienen diferentes maneras de hablar español.

Comparing and contrasting

Actividad 6 **Comparando experiencias** Muchas personas deciden estudiar en el extranjero. En grupos de tres, digan si Uds. han tenido experiencia en el extranjero o si han conocido a algún estudiante de intercambio o una persona extranjera que viva en los Estados Unidos. Después, háganse las siguientes preguntas.

1. Si tú estudiaras en un país hispanohablante, ¿qué aspectos de tu experiencia serían diferentes de la de Hugo?
2. ¿Has tenido confusión o algún malentendido causado por una diferencia entre dos culturas? ¿Cuándo y por qué surgió? ¿Aprendiste algo de la experiencia?
3. ¿Conoces a otra persona que haya tenido confusión o algún malentendido causado por una diferencia entre dos culturas? ¿Cuándo y por qué surgió? ¿Aprendió esa persona algo de la experiencia?

Cuaderno personal 12-1

¿Te gustaría estudiar en el extranjero? ¿Por qué
sí o no? ¿Adónde irías y por qué?

VIDEOFUENTES ☐

¿En qué se asemejan o se diferencian las experiencias de Hugo Aparicio y
las de las personas entrevistadas en el video? ¿A qué factores se deben
estas semejanzas o diferencias?

Lectura 2: Un ensayo

Actividad 7 **¿Amenazas a la seguridad?** **Parte A:** Existen muchas
amenazas naturales y climatológicas que afectan a los habitantes de
Norteamérica. En parejas, digan con qué estaciones y con qué regiones de
Norteamérica se asocia cada amenaza natural.

Building vocabulary

amenaza = menace, threat

alergias
incendios forestales
terremotos
hielos/heladas
riadas o inundaciones
tornados
huracanes
tempestades de nieve

Parte B: En parejas, hagan una lista de peligros o amenazas sociales que
preocupan a los habitantes de Norteamérica.

Building vocabulary

Actividad 8 **Palabras necesarias**   **Parte A:** Las palabras de la lista aparecen en la lectura "El amor al miedo". Míralas y después completa las oraciones que siguen con una forma apropiada de una palabra de la lista.

acechar	to lie in wait for
aliviar	to relieve
el bombero	firefighter
el camión cisterna	fire engine
la cotidianidad	everyday life, "everydayness"
de temporada	of the season, of the moment
indespegable	inseparable
la inquietud	concern
perecer	to perish
el porvenir	the future
el siniestro	disaster
la toma directa	live shot (*e.g., of a news report*)
la vecindad	vicinity; proximity

cotidiano/a = daily, everyday

temporada de ópera = opera season,
temporada de fútbol = soccer season

1. Cuando sonó la alarma, todos los _____ subieron al _____ y salieron para apagar el incendio.
2. El hombre caminaba sin saber que un delincuente lo _____ a la vuelta de la esquina. Al doblar la esquina, el delincuente lo amenazó con un cuchillo y le robó la cartera.
3. La _____ norteamericana incluye el uso constante del carro y el consumo de mucha "fast-food".
4. Todos los habitantes del pueblo _____ en el huracán; no sobrevivió ninguno.
5. María Mercedes y Pepa parecen _____; siempre se ven juntas.
6. Cuando llegó el huracán, los de la estación de televisión sacaron unas _____ impresionantes del _____.
7. Iván es un gran aficionado a los deportes y siempre está pegado a la tele viendo el deporte _____, sea el béisbol, el fútbol o el baloncesto.
8. Don Carlos sufría mucho, pero la inyección que le puso el médico le _____ el dolor.
9. El _____ le preocupa a mucha gente porque es imposible predecir todo lo que va a pasar.
10. La estación de bomberos quedaba muy cerca de su casa, y esta _____ le quitaba muchas _____ a Carmen.

Activating background knowledge

telediario = daily news program

Actividad 9 **Las noticias en EE.UU.**   **Parte A:** El ensayo que Uds. van a leer incluye un análisis de los telediarios norteamericanos. En grupos de tres, comenten las siguientes preguntas.

1. ¿Qué tipos de noticias se presentan en los telediarios?
2. ¿En qué orden se suelen presentar? ¿Por qué?

3. ¿Cuánto tiempo se dedica a cada tipo de noticia?
4. ¿Quiénes (o qué tipo de personas) presentan cada tipo de noticia?
5. ¿Por qué la gente mira los telediarios?

Parte B: Lee individualmente el ensayo. Al leer, compara tus ideas sobre los telediarios norteamericanos con las de Vicente Verdú. Apunta las ideas más importantes y tus reacciones personales en los márgenes.

Active reading, Annotating and reacting

Vicente Verdú es pensador y periodista español. Escribe con frecuencia para el conocido periódico español El país. *Durante los años 90 pasó una temporada en los Estados Unidos, y después puso sus reflexiones sobre su experiencia en el libro de ensayos* El planeta americano. *En este libro, Verdú argumenta que la globalización es realmente un proceso de americanización, y que es necesario entender la cultura americana para entender los cambios culturales que están ocurriendo en todas partes del mundo. Según Verdú, uno de los aspectos más destacados de la cultura norteamericana es su creación y reproducción constante del miedo.*

El planeta americano
Vicente Verdú

El amor al miedo

Los telediarios locales norteamericanos ofrecen tres secciones principales. Una dedicada a los crímenes y catástrofes, otra destinada a los deportes y una tercera concentrada en el tiempo. Los cuatro presentadores que aparecen se dividen así: dos para lo general, en cuya generalidad el
5 crimen junto al siniestro de temporada ocupa el minutaje más largo. Luego, un presentador— no una presentadora —desenfadado habla de la marcha deportiva del béisbol, el baloncesto o el hockey. Después le toca el turno al hombre o la mujer del tiempo. Ocasionalmente se ofrecen algunas noticias políticas y algún reportaje curioso, pero
10 no son tan distinguibles y asiduos como aquel trinomio fundamental.

La primera parte es, por su énfasis, la más determinante para el espectador. Estados Unidos aparece en esa primera sección como un país amenazado por individuos o fuerzas
15 naturales, que acechan a la población, modifican el territorio y conmueven las expectativas inmediatas. La narración deportiva de la segunda entrega alivia este efecto de inquietud pero mantiene no obstante el espíritu excitado. Finalmente el porvenir climatológico restablece una cotidianidad
20 relativamente predecible. Hay pocas informaciones de instituciones excepto si se refieren a departamentos de sanidad desde donde se notifican nuevos peligros dietéticos o medioambientales a tener en cuenta. Puede ser que algunos telediarios se aderecen con reportajes sobre animales o niños a
25 los que suceden por lo general hechos positivos, pero incluso esas alusiones más benévolas podrían estar aliñadas con los peligros que siempre merodean.

▲ Las amenazas y los desastres predominan también en los telediarios de las cadenas de televisión hispanas de los Estados Unidos.

El tiempo suele ser lo más rutinario comparativamente hablando, pero las alergias son una plaga en primavera y enseguida se redoblan los incen-
30 dios forestales en verano, la sesión de huracanes, la formación de tornados en la zona, los movimientos de tierra en la Costa Oeste o las riadas en la mitad del país. Como dicen algunos carteles urbanos, *Disaster never rests* (El desastre no descansa nunca): cada diez minutos ocurre un desastre. La Cruz Roja ha adaptado el lenguaje de sus paneles a la sensibilidad
35 popular tanto con el fin de disminuir el efecto de las devastaciones como para contribuir a cultivar la vecindad del cataclismo.

En julio de 1994 se anunciaba una colección de vídeos titulada *Eyewitness of Disaster* (Testigos Oculares del Desastre) con escenas aterradoras para la degustación privada. El terremoto de Los Ángeles, las inun-
40 daciones del Mississippi, el resultado de los vientos y los hielos..., tomas directas de gentes en circunstancias que les llevaban a perecer angustiosamente. Todo esto para pasar el rato en casa. De hecho, las devastaciones podrían formar parte del programa televisivo estacional, y los incendios en la barriada provocados o no, a pesar de las múltiples prevenciones y sis-
45 temas de alarma, son parte de las noticias diarias. Cada seis segundos hay una llamada a los bomberos: se queman 40 veces más casas per cápita en Estados Unidos que en Japón pese a que en Japón se construyen buena parte de ellas en madera y papel. El fuego arrasador aparece en los informativos de la tarde y de la noche, pero su presencia se vive sin necesidad
50 de mediación por las ventanas, en directo, sobresaltado por la estridente carrera de los camiones cisterna. De igual modo, el crimen y los accidentes todavía sin nombre no sólo se escuchan en las emisoras, se presienten en la luminotecnia y los alaridos de las sirenas que sortean el tráfico a cualquier hora. La sensación de amenaza parece indespegable de América. Una
55 atmósfera de miedo directo y cinematográfico, oral, visual y estereofónico es parte de la cotidianidad real. Contemplados en Europa, las películas y telefilmes de violencia pueden parecer cosa de la ficción, pero los norteamericanos identifican entre los personajes de la cinta aquellos prototipos fisiognómicos del barrio con los que se cruzan y que acaso esconden a
60 violadores, ladrones, pirómanos o asesinos psicópatas.

El miedo circunda a la población, y los demás medios lo recogen y multiplican en sus planos, sus argumentos, sus efectos especiales. El crimen es excitación y espectáculo. La sociedad norteamericana es espectáculo y excitación. Los dos cabos se alían potenciando el sensacionalismo de la
65 vida. ¿Aman esto los norteamericanos? No faltan políticos que acusan a los media de contribuir a la desmoralización y perjudicar la base de la sociedad civil, pero la corriente se mantiene y no es improbable, conociendo el marketing norteamericano, que se corresponda con una efectiva demanda nacional de adrenalina.

Identifying main ideas, scanning   **Actividad 10 Según Vicente Verdú** El autor del ensayo expone sus análisis e interpretaciones de ciertos aspectos de la sociedad norteamericana. En parejas, contesten las siguientes preguntas según lo dicho por Verdú en el ensayo.

1. ¿Cuál es la secuencia típica de un telediario norteamericano? ¿Cuál es la parte más importante de los telediarios? ¿Por qué?
2. ¿Cuándo aparecen noticias de instituciones?
3. ¿Por qué la parte sobre el tiempo no es meramente rutinaria?

4. ¿Los carteles *"Disaster never rests"* son una causa o un efecto de la cultura del miedo?
5. ¿Qué video veían los norteamericanos para pasar el rato en casa?
6. ¿El cine norteamericano refleja la realidad de la vida cotidiana norteamericana?
7. ¿Por qué el miedo es tan atractivo para los norteamericanos?

ESTRATEGIA DE LECTURA

Summarizing

A summary includes the most important information from a reading. It can be a good study aid because it goes beyond notes and outlines by bringing out important relations between ideas. To prepare a summary, start with notes you make while reading and with an outline of the material. If you are summarizing an informative or argumentative text, you should make the thesis of the text the first sentence of your summary. Each paragraph or main idea may then be summarized with one sentence, or you may opt to reorganize the information in order to present it more succinctly. Use transition expressions to help point out the relations between ideas, and restate the material in your own words, since this will deepen your understanding and permit greater concision.

Actividad 11   Preparación de un resumen   **Parte A:** En parejas, usen sus   Summarizing
apuntes para decidir si la siguiente lista contiene los términos más importantes de la lectura. Si es necesario, quiten o añadan términos y organicen los términos para reflejar las conexiones entre ellos. Luego, escriban una oración que resuma la tesis del ensayo y empleen los términos de su lista final para escribir un breve resumen. Usen expresiones de transición para conectar las ideas.

Aspectos importantes de la lectura

el sensacionalismo	amenazas sociales
los telediarios	los medios (media) de comunicación
amenazas naturales	las emisoras de radio
el miedo	la vida real o cotidiana
el cine	

Parte B: En grupos de tres, lean los resúmenes y decidan cómo se pueden mejorar, usando las siguientes sugerencias.

• Hay que expresar de forma más clara o concisa la tesis.
• Hay que alargar el resumen para que incluya todas las ideas importantes.
• Hay que acortar un poco el resumen.
• Hay que eliminar algunos detalles para que resalten las ideas principales.
• Hay que añadir algunos detalles para apoyar mejor las ideas principales.
• Hay que corregir la información incorrecta.
• Hay que organizar mejor el resumen.

Reacting and analyzing

Actividad 12   Reacciones personales   En parejas, comenten las siguientes preguntas.

1. ¿Les gusta el tono del ensayo? ¿Por qué sí o no?
2. ¿Están de acuerdo con el argumento general de Verdú? ¿Por qué sí o no?
3. ¿Les parece igualmente válida toda la evidencia ofrecida por Verdú?
4. ¿Con qué ideas o interpretaciones específicas no están de acuerdo?

Analyzing, Forming hypotheses

Actividad 13   Las sobregeneralizaciones   Uno de los grandes desafíos de las personas que tratan de entender otras culturas es la tendencia a sobregeneralizar. En parejas, comenten las siguientes preguntas sobre el contacto intercultural y las sobregeneralizaciones.

1. ¿Qué sobregeneralizaciones pueden identificar Uds. en el ensayo de Verdú?
2. Al hacer sus generalizaciones, ¿Verdú disminuye la importancia de algunos aspectos de la realidad norteamericana?
3. Si Uds. fueran a vivir a otro país y otra cultura, ¿creen que también harían sobregeneralizaciones? ¿Por qué?
4. ¿Cómo se pueden evitar las sobregeneralizaciones?

Cuaderno personal 12-2

¿Crees que los medios de comunicación en los Estados Unidos fomentan el miedo? ¿Por qué sí o no?

Lectura 3: Un artículo

Building vocabulary

Actividad 14   Palabras claves   Las siguientes oraciones contienen palabras en negrita que aparecen en la lectura "La identidad y los McDonald's". Después de leer cada oración, decide qué término en inglés corresponde mejor a cada palabra en negrita, y pon su letra en el espacio en blanco.

a. apocryphal, inauthentic
b. crazy
c. franchise
d. linked, bound
e. of another
f. own
g. relieved
h. to assault, attack, commit an outrage against
i. to run over
j. to swallow

1. _____ Los terroristas **atentaron** contra el restaurante de McDonald's.
2. _____ Todos quedaron **aliviados** al descubrir que la amenaza había sido una falsa alarma.
3. _____ McDonald's, KFC y Starbuck's tienen muchas **franquicias** en todas partes del mundo.
4. _____ La comida de Taco Bell no es comida mexicana auténtica; es más bien una versión **apócrifa.**
5. _____ Esa mujer siempre grita en la calle; todos dicen que está **chiflada.**
6. _____ España y México están **vinculados** por una lengua común.
7. _____ Tenía tanta hambre que **se tragó** tres hamburguesas seguidas.
8. _____ El hombre casi **atropelló** al niño que salió corriendo a la carretera, pero pudo frenar a tiempo y no ocurrió nada.
9. _____ Muchas personas elogian su **propia** cultura y desprecian las culturas **ajenas.**

Actividad 15   La identidad norteamericana   Todos nosotros tendemos a categorizar a los extranjeros según ciertas características estereotípicas nacionales. En parejas, escriban una definición de lo que significa para Uds. la expresión "ser americano/a".

Activating background knowledge

ser americano/a = to be American

el ser americano = the American being; compare **el ser humano** = human being

ESTRATEGIA DE LECTURA

Increasing Reading Speed

If you want to increase reading speed, you must learn to decide how carefully to read any particular text. Slow readers often believe they must read and understand every word. Though this is sometimes necessary, a quick first reading can help you see the broader context and facilitate later, closer readings. Some suggestions:

1. On a first reading, focus on understanding broad meaning and allow yourself to skip or only semi-comprehend some words.

2. Use your eyes efficiently. Many slow readers allow their eyes to wander back repeatedly to words they have just read without improving comprehension. Try to move your eyes over each line in smooth sweeps from left to right.

3. Read in short phrases rather than words. The brain absorbs information several words at a time, so read chunks or groups of words rather than individual words. Though there are no hard and fast rules for these groupings, they are often closely related by meaning: a noun plus its modifiers, a prepositional phrase, or a verb and its complements.

Actividad 16   El lector eficiente   **Parte A:** Divide el primer párrafo de la lectura "La identidad y los McDonald's" en frases cortas, manteniendo juntas las palabras que tienen alguna relación de significado. Luego, compara tus divisiones con las de un/a compañero/a.

Increasing reading speed

Parte B: Lee cada párrafo de la lectura tan rápido como puedas, leyendo en frases cortas sin volver atrás. Al final de cada párrafo, apunta en el margen la idea general del párrafo. Después, vuelve a leer todo el artículo con más cuidado para asegurarte de que entendiste bien la idea principal de cada párrafo.

Active reading

Carlos Alberto Montaner nació en La Habana, Cuba, en 1943. Reside en Madrid desde 1970. Es escritor y periodista, y ha sido profesor universitario en diversas instituciones de América Latina y Estados Unidos. Varias decenas de diarios de América Latina, España y Estados Unidos recogen desde hace treinta años su columna semanal. La revista española Cambio 16 *lo ha calificado como el columnista más leído de lengua española, y una colección de sus ensayos se puede encontrar en el sitio web de Firmas Press. El siguiente artículo explora los problemas que surgen de los intentos de definir una identidad nacional.*

La identidad y los McDonald's

— CARLOS ALBERTO MONTANER —

Hace unos años el francés José Bové, líder de los antiglobalizadores, saltó a las primeras páginas de los periódicos cuando intentó destruir un McDonald's. No se trataba de un problema de odio a las calorías, sino de patriotismo. Le parecía que el restaurante norteamericano, con sus emblemáticos arcos amarillos, era una amenaza a la identidad de su país. Y no era la suya una conducta excéntrica: poco antes, y por razones parecidas, Jack Lang, el ministro de Cultura de Francia, le había declarado la guerra al cine estadounidense con una pasión similar a la que la Academia Francesa entonces ponía en combatir los americanismos que penetraban en el idioma.

Pero ni siquiera estábamos ante una moda venida de Francia. En España escuché razonamientos parecidos cuando la empresa Disney se debatía entre crear un parque infantil en París o cerca de Barcelona. Mickey Mouse, aparentemente, atentaba contra algo que tenía que ver con la esencia de España. Los empresarios norteamericanos finalmente se decidieron por París y los nacionalistas culturales españoles respiraron aliviados, aunque se perdieron dos millones de turistas anuales y quince mil puestos de trabajo permanentes.

En Estados Unidos, curiosamente, tienen otra visión mucho más inteligente de las influencias extranjeras. Es verdad que el músculo empresarial norteamericano, para furia de los antiglobalizadores, ha creado en México 270 franquicias de McDonald's, pero, mientras tanto, sin una sola protesta, en Estados Unidos existen 6.000 Taco Bell en los que se expende una versión apócrifa y menos picante de la cocina popular mexicana. Simultáneamente, florecen las cadenas de comida japonesa, china, vietnamita, italiana o de cualquier lugar del planeta que tenga algo que ofrecer al incansable paladar estadounidense.

► Uno de los muchos restaurantes McDonald's de México, donde se siente cada vez más la influencia comercial y cultural norteamericana.

La paradoja consiste en que mientras medio mundo lucha contra la influencia americana, como si peligrara la identidad nacional, los norteamericanos absorben y metabolizan todas las influencias extranjeras, modificando constantemente y sin miedo el propio perfil del país, sin perder un minuto en la absurda definición y defensa del "ser americano", entre otras razones, porque esa criatura, como el *big foot* de California, nunca ha podido ser encontrada.

A nadie, con la excepción de unos cuantos racistas chiflados, se le ocurre definir cuál es la esencia del *homo americanus* y dedicarse a proclamar sus virtudes o a defenderlo de los rasgos culturales o de los usos y costumbres de otros pueblos. Por el contrario, deambulan por el país casi 300 millones de personas, procedentes de todos los rincones de la tierra, coloreadas por todas las posibles combinaciones de acentos y dosis de melanina, frágilmente vinculados por las instituciones, la historia y los intereses, quienes libremente eligen el modo de buscar la felicidad según les indican sus preferencias y su sentido común.

Intuitivamente —porque ni siquiera existe un debate nacional— esa actitud es la que ha permitido que los inmigrantes europeos trajeran el gran cine, los alemanes de la Bauhaus le colocaran su esbelto acento arquitectónico a New York, o los músicos caribeños —con Paquito D'Rivera a la cabeza— introdujeran o potenciaran el *jazz* latino en el hambriento oído de una sociedad que con el mismo apetito musical se traga a los Beatles británicos que al *bossa nova* de los brasileros. En suma, el fundamento

▲ Este letrero multilingüe del estado de California refleja un esfuerzo por incluir a todos los ciudadanos americanos en el proceso democrático.

en que descansa el país es muy simple: el americano, como idea platónica, como abstracción, no existe. El americano es un ser dinámico, en constante evolución, que sabe que su asombrosa vitalidad no es la consecuencia de las virtudes de una incontaminada cultura primigenia, sino de la capacidad para adoptar y adaptar un talento ajeno que inmediatamente pasa a ser propio. Es el genio del mestizaje cultural y no la exclusión lo que engrandece a la nación.

Es bueno que así sea. Hay pocas actividades más peligrosas que definir el ser nacional. Ese es el punto de partida de todos los fascismos. La Alemania de los nazis no comenzó con Adolfo Hitler, sino con el nacionalismo cultural, la Kulturkampf impulsada por Bismarck medio siglo antes. Cuando los grupos dominantes

de una sociedad definen el perímetro sagrado de la cultura propia, inevitablemente acabarán atropellando a quienes parcialmente escapan o disienten de esa definición. Cuando orgullosamente creen haber identificado el arquetipo nacional, molde y modelo del ciudadano perfecto, lo que realmente están haciendo es condenar a la muerte o a la marginalidad a quienes se diferencian de esa peligrosa construcción. El horror del holocausto no sólo descansaba en un monstruoso prejuicio sobre la supuesta naturaleza de los judíos, sino en la idealización del arquetipo germano, suma y resumen de todas las virtudes y talentos. Se empieza, traviesamente, por tirarles piedras a los cristales de los McDonald's. Se acaba creando campos de exterminio.

Scanning

Actividad 17   Según Montaner   Las siguientes oraciones deben expresar la idea principal de cada párrafo. En parejas, decidan si son ciertas y falsas, y corrijan las falsas.

1. _____ Para algunos franceses, los McDonald's, el cine norteamericano y las palabras de origen norteamericano se convirtieron en una amenaza a la identidad francesa.

2. _____ A diferencia de los franceses, los españoles reaccionaron muy bien cuando la compañía Disney propuso el establecimiento de Euro-Disney en España.

3. _____ Las influencias extranjeras no presentan ningún problema para la cultura norteamericana.

4. _____ La paradoja consiste en que mientras McDonald's vende una versión auténtica de la comida americana, Taco Bell vende una versión no auténtica de la comida mexicana.

5. _____ Sólo a algunos chiflados se les ocurre intentar definir la esencia de la identidad americana.

6. _____ Lo que caracteriza a los Estados Unidos como nación es el mestizaje cultural, del cual existen numerosos ejemplos.

7. _____ El horror del holocausto se basó principalmente en el prejuicio contra los judíos.

Summarizing

Actividad 18   Un resumen   **Parte A:** En parejas hagan una lista de los conceptos y términos más importantes de la lectura. Después, escriban una oración de tesis que resuma el argumento principal de la lectura. Luego, preparen un bosquejo de un resumen y compartan su resumen con la clase en voz alta.

Parte B: Escribe individualmente un breve resumen del ensayo de Montaner.

Reacting and analyzing

Actividad 19   Reacciones y análisis   En parejas, comenten las siguientes preguntas.

1. ¿Están de acuerdo con la tesis principal de Montaner? ¿Por qué sí o no?
2. ¿Creen que Montaner tiene razón o se equivoca con respecto a su interpretación de la cultura norteamericana? Den ejemplos y justifiquen su opinión.
3. ¿Creen que Montaner idealiza demasiado la cultura de los Estados Unidos? ¿Hay contraejemplos que demuestren que su perspectiva es una sobregeneralización?
4. Tanto Vicente Verdú como Carlos Montaner hablan del miedo en los Estados Unidos. ¿En qué se asemejan o se diferencian las dos perspectivas sobre el miedo en la cultura norteamericana? ¿Es posible aceptar la perspectiva de uno sin rechazar la del otro?

Defending a position

Actividad 20   Un debate   Montaner dice que los americanos aceptan las diferencias culturales sin problema y sin debate. En grupos de tres, busquen evidencia y desarrollen argumentos a favor de este argumento o en contra de él. Apunten sus ideas y, después, presenten sus ideas a la clase.

Cuaderno personal 12-3

¿Crees que los extranjeros tienen una perspectiva más objetiva de una cultura que no sea la suya? ¿Qué ventajas o desventajas tiene un extranjero cuando tiene que interpretar y entender una cultura?

Redacción: Ensayo

ESTRATEGIA DE REDACCIÓN

Defending a Position

When you declare your opinion on a topic, you must be ready to defend your position. Ideally, you can also convince others to share your views. In order to defend your position, you must garner facts that will support it, such as examples, statistics, statements by authorities, or even personal experiences. However, facts can lead to very different opinions on a specific issue, depending on your broader values and beliefs. The best way to convince your readers of the validity of your position is by showing them that, if they hold the same values and beliefs as you do, then the logical position to take is the one you are defending. Strategies such as the ones you have already practiced can help you build your argument: narrating, describing, analyzing, comparing and contrasting, looking at causes and effects, and hypothesizing. Acknowledging opposing points of view and maintaining a reasonable tone can also make the reader more willing to accept what you have to say.

Actividad 21 Defensa de una postura   **Parte A:** En grupos de tres, miren la   Defending a position
lista y decidan qué diferencias de opinión pueden surgir con respecto a cada tema.

- la inmigración (a los Estados Unidos, Canadá o Europa)
- el movimiento *English Only* en los Estados Unidos
- la educación bilingüe y la identidad nacional
- la globalización (¿homogeneización?) económica y/o cultural
- las cuotas que favorecen a las minorías étnicas y raciales

Parte B: Escojan un tema de la lista que les parezca importante. Primero, definan la polémica. ¿Por qué hay desacuerdo? Luego, adopten una postura y hagan una lista de argumentos a favor de esta postura y otra lista de contraargumentos, o sea, argumentos a favor de la postura opuesta. Traten de explorar el tema en un tono moderado y objetivo.

Parte C: Escojan los mejores argumentos de su lista y decidan qué tipo de evidencia se necesita para apoyar cada argumento. Luego, miren los contra-argumentos y decidan si es necesario mencionar alguno de éstos. De ser así, tendrán que refutar el argumento o mostrar que no es muy importante.

Actividad 22 La redacción   Vas a escribir un ensayo para convencer a los demás miembros de tu clase del valor de tu postura.

Parte A: Escribe una introducción en la que demuestres, con estadísticas o ejemplos, que el asunto o la polémica existe, y en la que la oración de tesis presente claramente tu postura.

Parte B: Basándote en las ideas de la Actividad 21, escribe el cuerpo de tu ensayo presentando argumentos específicos y evidencia para apoyarlos.

Parte C: Escribe la conclusión en la que resumas tus argumentos y tu tesis. Puedes elaborar un poco: ¿Qué pasará en el futuro? ¿Qué deben hacer las personas que asumen esa postura?

Spanish-English Vocabulary

This vocabulary includes both active and passive vocabulary found throughout the chapters. The definitions are limited to the context in which the words are used in the book. Exact or reasonably close cognates of English are not included, nor are certain common words that are considered to be within the mastery of a second-year student, such as numbers, articles, pronouns, and possessive adjectives.

The gender of nouns is given except for masculine nouns ending in **-l, -o, -n, -e, -r,** and **-s** and feminine nouns ending in **-a, -d, -ión,** and **-z.** Adjectives are given only in the masculine singular form.

The following abbreviations are used in this vocabulary.

adj.	adjective	*irreg.*	irregular verb	*p.p.*	past participle
adv.	adverb	*m.*	masculine	*prep.*	preposition
f.	feminine	*n.*	noun	*sing.*	singular
inf.	infinitive	*pl.*	plural		

abanico folding fan
abarcar to include, span
abastecer to supply
abierto (*p.p. of abrir*) open
abnegado self-sacrificing
abogar por to advocate; to plead for
abreviatura abbreviation
abrumador *adj.* overwhelming, crushing
abstenerse *irreg.* to abstain
aburrir to bore
acabar to finish, complete; **acabar con** to put an end to; to finish with; **acabar de** (+ *inf.*) to have just (done something)
acariciar to caress
acarrear to cause; to bring
acaso *adv.* perhaps, maybe; **por acaso** by chance; **por si acaso** just in case
acechar to lie in wait for
aceite oil
aceituna olive
acelerar to accelerate
acercarse to come near, draw near
acertar (ie) to guess right, to hit the target
acoger to welcome, receive
acomodado well-off, well-to-do
aconsejar to advise
acontecimiento event
acoplar to fit together
acostarse (ue) to go to bed
actitud attitude

actuación performance
actual *adj.* present-day, current
actualidad: en la actualidad nowadays, at the present time
actuar to perform; to act upon/as
acuclillarse to squat down
acudir to come, come up
acuerdo agreement; **de acuerdo con** in accordance with; **estar de acuerdo** to agree
además in addition; besides
adentro within; inside
aderezarse to adorn oneself
adinerado wealthy, well-off
adivinar to guess
adjudicar to award
adobo seasoning
adormilado sleepy, drowsy
adquirir acquire
aduanero customs officer
aducir *irreg.* to bring forward; to offer as proof
adueñarse to take possession of
adulterado adulterated, made impure
advenimiento *n.* coming, advent
advertencia warning; observation
advertir (ie, i) to warn, notify
afán desire, urge
afligido distressed, grieved
afligir to afflict, trouble
afueras *f. pl.* outskirts
agarrar to grab, grasp
agazaparse to crouch down; to hide

aglomeración built-up area
agotado exhausted; spent
agonizar to be dying
agradecer to thank, to be grateful
agregar to add
agrupar to group, assemble
aguas negras *f. pl.* untreated sewage
agudo acute; sharp; witty
águila *f.* (*but* **el águila**) eagle
ahorrar to save
aire: al aire libre outdoors
airoso graceful, elegant
aislado isolated
aislamiento isolation
aislar to isolate
ajado creased, wrinkled
ajeno of another; not one's own
ají *m.* bell pepper; chili pepper
ajiaco a Caribbean stew containing a varied mix of ingredients
alabar to praise
alameda tree-lined lane
alarido howl, scream
alba *f.* (*but* **el alba**) dawn
albañil bricklayer, mason
albergar to give shelter to; to house
albóndiga meatball
alcance: al alcance de within reach of (*the hand, the eye*)
alcanzar to reach; to manage to; to succeed in
alegrar to cheer, to brighten up
alejar to distance; to keep away from

alentar (ie) to encourage, cheer on
alfiler pin
alfombrado carpeted
alguien somebody, someone
aliado ally
alianza alliance, union
alicaído *adj.* drooping, weak; downcast, depressed
alimentar to feed
alimenticio nourishing; nutritional; related to food
alimento *n.* food
aliñado spiced; prepared
alistar to enlist, enroll; **alistarse** to get ready
aliviado relieved
aliviar to relieve
allanar to smooth, level
alma soul
almorávides Almoravids (Islamic dynasty)
alpinismo mountain climbing
alrededor around
altivez arrogance, haughtiness
alto *n.* stop sign, traffic light; *adj.* high
altura height; stage
alumbrar to light, light up
amante *m./f.* lover
amargado embittered
amargo bitter
ambicioso ambitious
ambiente atmosphere, environment
ambos both
amenaza threat
amenazar to threaten
amigable friendly
amistad friendship
amo master, boss
amorío love affair, romance
amparo *n.* protection, shelter
ampliar to extend, enlarge
amplio wide, full; broad
amplitud extent, size
anfitrión host
angloparlante *adj.* English-speaking; *n. m./f.* English speaker
angustia anguish, distress
angustiarse to be distressed; to grieve
angustioso distressed; distressing
anhelante *adj.* yearning, longing
animar to cheer up; encourage; to inspire; to animate
anochecer to get dark; **al anochecer** at nightfall
antaño *adv.* long ago
antecedente *adj.* preceding; *m. pl.* record, history
antepasado ancestor

anteponer *irreg.* to place in front of; to prefer
anterior *adj.* previous
antes before; **antes de eso** before that; **cuanto antes** as soon as possible
antiguo former; ancient
antillano West Indian, from the Antilles (Caribbean islands)
anuncio personal personal ad
apagar to put out; to turn off
aparcería share-cropping, tenant farming
aparecer to appear
apariencia física outward physical appearance
apartado section
apellido surname
apócrifo *adj.* apocryphal, not authentic
apoderado *n.* attorney, agent
apoderarse de to seize power, to take over
aportar to bring, contribute
aporte contribution
apostolado apostolate
apoyar to support
apoyo *n.* support; **apoyo en línea** online support
apresar to capture, arrest
aprobar (ue) to approve
aprovechamiento good use, development
aprovechar to make good use of; to make the most of
apuntar to take notes; to point out; to aim, point (*a gun*)
apuntes *m. pl.* written notes
árbol tree
archivo file (record); filing; archive
arcilla clay
arco arc; arch
arena sand
argot *m.* slang
armar to arm; to assemble
arraigar to take root; to become established
arrancar to start (*a car*); to start moving, get going
arrancón sudden starting (*of a car*)
arrasador *adj.* devastating, destructive
arrasamiento leveling, destruction
arrebatar to snatch, seize
arreglo *n.* arrangement; repair
arrellanarse to stretch out, make oneself comfortable
arrepentirse (ie, i) to repent, regret
arriesgar to risk
arroyo stream
arrugado wrinkled
artesanía crafts, handicrafts

articulado *n.* article (*of a proposal or bill*)
asado roast
asegurar to make sure
asemejarse to be like, resemble
asesinar to murder; to assassinate
asesinato murder
asesino murderer
asesor advisor
así so, thus; **así que** so
asiduo assiduous; frequent
asignatura subject; course
asimismo *adv.* likewise, in like manner
asistir a to attend
asomar to show, stick out; to lean out
asombrado astonished, amazed
asombro *n.* astonishment, amazement
astado horned
asunto issue, affair, matter
asustado scared, frightened
atado tied
atardecer to grow dim; **al atardecer** at dusk, evening
ataviado dressed up
atávico atavistic
atemorizar to frighten, scare
atender (ie) to wait on; to pay attention
atentar to assault, attack; to commit an outrage against
aterrado terrified, horrified
aterrador terrifying, fearful
atónito astonished, amazed
atraco holdup, robbery
atrás behind; back
atravesar (ie) to cross; to pass through
atreverse to dare
atrevido daring; insolent
atropellar to run over
audaz daring, audacious
aumentar to increase
aumento *n.* increase
aun even
aún still, yet
aunque although, even though
aurora dawn
ausencia absence
autóctono *adj.* native, indigenous
autoexigencia self-demand, demand(s) made of oneself
autorretrato self-portrait
ave *f.* (*but* **el ave**) bird
aventurero *n.* adventurer; *adj.* adventurous
averiguación investigation, inquiry
averiguar to investigate, ascertain; to find out, look up
azar *n.* chance; accident
azotar to lash; to whip
azúcar sugar

bacalao codfish
bache pothole; rough spot
bachiller *m./f.* high school graduate
bahía bay
bajar to lower; to go down; to bring, take down
bajo *adj.* low, short; *prep.* under; *n.* bass (guitar)
bala: orificio de bala bullet hole
baldío empty land, wasteland
bancarrota bankruptcy
banda sonora soundtrack
bandera flag
barrera barrier
barriada quarter, district; slum area
barrio neighborhood, quarter; ghetto
bastar to be enough
bastante enough, quite, rather; quite a lot
basura trash, garbage
batata sweet potato
beca scholarship, grant
bendición blessing
bienestar well-being, welfare
bizcocho sponge cake
bocho Volkswagen Beetle (*México*)
bofetada slap
boga: en boga in vogue
bolsa bag
bombero firefighter
bondad goodness, kindness
borde edge
borrador rough draft
borrar to erase
borrón blot or stain left by an erasure
bosque woods; forest; jungle
bosquejo *n.* outline
botar to discard, throw out
brebaje brew, concoction
brillar to shine
brindar to offer; to present
bruja witch
brujo wizard, sorcerer
bruma mist, fog
brusco sudden, abrupt; rude
buey ox
bufar to snort
busca: en busca de in search of
buscar to seek, to look for
búsqueda search

cabaña cabin
caber *irreg.* to fit; to be possible
cabildo town council
cabo end
cacique chief; political boss
cacofonía cacophony, discordant repetition of sound
cadáver corpse

cadena chain; television network; **producción en cadena** production-line assembly
caer(se) to fall, fall down; **caerle bien** to be to the liking of
caída fall
cajero cashier, teller
calentamiento heating, warming
calidad quality
calificar to describe
callejero *adj.* pertaining to the streets
calzado *adj.* wearing shoes; *n.* footwear
calzar to shoe, provide with shoes
camarón shrimp
cambiante changing
cambiar to change; **cambiar de papel** to switch roles
cambio de código code-switching
camino path, road, way
camión cisterna *m.* fire engine
campaña campaign
campesino peasant
campo field; country, countryside
candente *adj.* red-hot; burning, important
canje barter, exchange
cantante *m./f.* singer
cantidad quantity
caos chaos, confusion
capacitado qualified
capaz capable, able
capricho caprice, whim
cárcel *f.* prison, jail
cargo important position
caribeño *adj.* Caribbean
caricia caress
caridad charity
cariñoso loving, affectionate
carrera area of study; career; race
cartel poster; drug cartel
cartón cardboard; carton
casi almost
castaño *adj.* chestnut brown
castigar to punish
castigo *n.* punishment
caudaloso swift, large; abundant
caudillo leader; tyrant; political boss
cautiverio captivity
cazador hunter
celos *m. pl.* jealousy
celoso jealous
centenar *n.* a hundred (*of something*)
cerca *n.* fence
cerdo pig; **carne de cerdo** pork
chacra small farm
charlar to chat, talk
chicharrón pork rind
chiche *adv.* easily
chicotazo lash, swipe
chiflado crazy

chimenea fireplace; chimney
chino *n.* kid, youngster; *adj.* Chinese
chisme piece of gossip
chistar to say a word; to speak
chivo goat
chocante *adj.* shocking
choque crash, shock; clash, conflict
chorizo pork sausage
chorrear to gush; to drip
cicatriz scar
cifra figure, number, numeral
circundado surrounded
circundar to surround
ciudadano citizen
clarear to clear up; to become lighter
clave *f.* key; clue
coartada alibi
cobardía cowardice
cobrar to charge; to receive; **cobrar vida** to come alive
cobre copper
código code
colega *m.* colleague
colibrí *m.* hummingbird
colmo: para colmo to cap it all
colocar to place
comadre godmother; neighbor; midwife
comestible edible, food-related
cómico *adj.* funny
como like, as; **como si tal cosa** as if nothing had happened
compadecerse de to pity, be sorry for
compañero companion, friend, workmate
compartir to share
complacido pleased, satisfied
complejo complex
componer *irreg.* to compose; **componerse de** to be composed of
comportamiento behavior
comportarse to behave
comprobar (ue) to confirm; to check
concejal alderperson, town council member
concentración concentration; gathering, meeting, rally
concertar to arrange, set up
concurrir to converge, meet; to concur
concurso contest
condiscípulo fellow student
conducir *irreg.* to lead; to drive
confiado trustful, confident
confiar en to trust, have faith in
confundir to confuse, to mix up; **confundirse** to make a mistake
congelar to freeze
conjunto set, collection, whole; musical group, band
conmover (ue) to move; to touch emotionally

conocer to know; to meet
conocido well-known
conocimiento knowledge
conquistar to conquer
conseguir (i, i) to get, obtain; to attain, achieve, succeed in
consejo council; advice
conservación conservation
conservado preserved
conservar to keep, preserve; to conserve
consolar (ue) to console, comfort
constatar to confirm, verify
consuelo solace; consolation
contados few
contaminación pollution
contar to count; to tell
controvertido controversial
contundente *adj.* forceful, convincing, overwhelming
conversador *adj.* talkative, chatty; *n.* conversationalist
convivencia "living together"; term describing the coexistence of Christians, Jews, and Moslems in medieval Spain
convocar to call, summon, convene
copal resin, incense
coraje courage
cordura good sense; sanity
cornada: dar una cornada to gore (*with horns*)
cornudo cuckold (*man whose wife cheats on him*)
correo mail
correr to run; **correr el riesgo** to run the risk
corriente *adj.* common, current; *f.* trend, tendency
cortador de caña sugar cane cutter
cortés courteous, polite
cortometraje short film
cosa thing; **como si tal cosa** as if nothing had happened
cosecha harvest
costumbre *f.* custom, tradition
cotidianidad *n.* everyday life, "everydayness"
cotidiano *adj.* everyday, daily
crecer to grow
creciente *adj.* growing, increasing
crecimiento growth
creencia belief
creíble believable
crepúsculo twilight, dusk, dawn
criada servant, maid
criado *n.* servant; (*p.p. of* **criar**) raised
crimen violent crime; murder
crisol melting pot

crónico chronic
cruce crossing
cruzar to cross
cuadro box, table, chart; painting, picture
cualquier any
cuanto antes as soon as possible
cubeta pail, bucket
cuenca basin
cuenta: darse cuenta de to realize
cuento story
cuerdo *adj.* sane
cuerno horn; **ponerle** (*irreg.*) **los cuernos a alguien** to cheat on someone
cuero leather; drum skin
cuidar (de) to take care of, look after
culminar to culminate
cultivo cultivation of land, farming
culto *n.* worship, adoration; *adj.* cultured, educated
cumplir to carry out, perform; **cumplir con** to carry out, fulfill
cura *m.* priest

dama lady
dañar to damage, harm
dañino harmful, destructive
daño *n.* damage
dar to give; **dar de comer** to feed; **dar por descontado** to take for granted; **dar una cornada** to gore (*with horns*); **dar vueltas a** to stir (*coffee*); **darse cuenta de** to realize; **darse el lujo de** to give oneself the luxury of
dato piece of information; **datos** *m. pl.* data
deambular to roam about
deber *n.* duty
deberse a (que) to be due to
debidamente properly, duly
debilitar to weaken, enervate
declive *n.* decline
decorado *n.* set (*decorations and props*)
degustación action of tasting
dejar to leave; to lend; to let, allow
delgado thin
delincuencia crime
delito crime, offense
demandar to sue
demás: los demás the others, the rest
demasiado *adv.* too; *adj.* too much, too many
demente crazy, insane
denominar to name, denominate
denunciar to report, denounce
depósito warehouse
derechista *m./f.* rightist

derechos humanos *m. pl.* human rights
derrumbar to overthrow; to throw down; **derrumbarse** to collapse
desafiante challenging, defiant
desafiar to challenge, defy
desafío *n.* challenge
desagradable unpleasant
desaire gracelessness, rudeness
desangrarse to bleed profusely
desaparecer to disappear
desaparecido *adj.* disappeared; *n.* missing person
desarrollado developed
desarrollar to develop
desarrollo *n.* development; **en vías de desarrollo** developing (*e.g., nation*)
descampado *n.* empty, abandoned ground
descarnado raw, harsh
descascarado chipped
desconcierto confusion
desconfiar to distrust
descongelar to unfreeze
descontado: dar por descontado to take for granted
descrito (*p.p. of* **describir**) described
descuartizar to carve up; to tear apart
desde since, from
desdén disdain
desdoblamiento splitting
desechable disposable
desechar to discard; to throw away
desechos waste, garbage
desempeñar to carry out; to fulfill; to play (*a part*)
desempleo unemployment
desenfadado free, uninhibited, casual
desenlace denouement, conclusion
desenterrar (ie) to dig up
desentrañar to unravel, disentangle
desenvolverse (ue) to evolve, unfold
deseo: pozo de los deseos wishing well
desesperar to despair, lose hope
desgajar to pull away from, separate from
desgarrado torn, ripped
desgastar to wear away
desgaste *n.* wear and tear; erosion
deshacer *irreg.* to undo; to dissolve
deshielo melting, thawing
desmesura excess, lack of restraint
despachar to dispatch, send
despacio *adv.* slowly
despedir (i, i) to emit; **despedirse de** to say good-bye to
despenalizar to decriminalize

desperdiciar to waste
desperdicio *n.* waste
despiadado inhuman, merciless
desplegar (ie) to unfold, unfurl; to display
despreciado despised
despreciar to scorn, despise
desprecio scorn; contempt
desproporcionado out of proportion
después afterward, later; **después de eso** after that
destacar to stand out
desterrar (ie) to exile
destinatario addressee
detalle detail
detenerse *irreg.* to detain; to stop
detenido *adj.* detailed; thorough; arrested
deterioro deterioration; damage
deuda debt
diario *n.* daily newspaper
dictadura dictatorship
diestro skilled
diferenciarse de to differ from
difundir to disseminate, spread
difusión diffusion; broadcasting
dirigente *n. m./f.* leader
discutir to discuss; to argue
disentir (ie, i) to disagree, differ
disfrutar de to enjoy
disminuir to lower, diminish
disolver (ue) to dissolve; to destroy
disparar to fire, shoot
disponerse *irreg.* to get ready
disponible available
dispuesto willing; ready
distinto different; distinct
disyuntiva alternative, choice; dilemma
divertido *adj.* fun, entertaining
doblaje dubbing (*of a film*)
doblar to dub; to fold; to bend; to turn
doloroso painful
dominante dominant
dominar to dominate, to master; **dominar una lengua** to speak a language well
dominical Sunday
dominio authority, control
dorado golden
dosis *f.* dose, dosage
drogata *m./f.* drug addict (*slang*)
dueño owner, landlord; master of the house
durar to last

echar to throw, toss; **echar de menos** to miss; **echar mano de** to make use of; **echar pie atrás** to back out, down; **echar raíces** to take root; **echar un vistazo** to take a look at

ecologista *n. m./f.* environmentalist
eficacia *n.* effectiveness; efficiency
egoísta *adj.* selfish
eje axis; center
ejemplar copy (*of a book*)
ejemplificar to exemplify
ejercer to practice, perform; to exercise, wield
elegir (i, i) to elect; to choose, select
elogiable praiseworthy
elogiar to praise
embarazada pregnant
embargo: sin embargo however
emisora radio station
empeño determination
empeorar to worsen
empero *conj.* but; yet; however
empleado employee
emprendedor enterprising
emprender to undertake; to start
empresa company, firm, business
empujar to push
encajar to fit; to insert; to fit in
encantar to delight, charm
encanto *n.* enchantment; magic spell
encarcelar to put in jail
encargado *adj.* in charge
encauzar to channel, direct
encender to light; to light up; to turn on
encerrar (ie) to lock up
enchilado shellfish stew (*Cuba*)
enchufe plug, socket; **tener (*irreg.*) enchufe** to have connections
encima on top, above; **por encima** superficially
endémico endemic, characteristic of a region
enfatizar to emphasize
enfermar(se) to get sick
enfermedad illness
enfermero *n.* nurse
enfermo *adj.* sick, ill
enfrentamiento clash, confrontation
enfrentarse (a/con) to deal (with), confront
enganchado hooked
enganchar to hook
engañar to deceive; to cheat on
engrandecer to enhance
enjabonar to soap, lather up
enloquecer to drive crazy; to delight; **enloquecerse** to go crazy
enojarse to get angry
enredarse to get tangled up
enriquecer to enrich; **enriquecerse** to get rich
ensayo essay; rehearsal
enseguida at once, immediately
ensuciar to dirty; to pollute
ente entity

enterado informed
enterarse de to find out about
enterrar (ie) to bury
entibiar to grow warm, tepid
entre between; among
entrega delivery; installment
entregar to deliver, hand over, hand in
entrevista interview
entrevistado *adj.* interviewed; *n.* interviewee
entrevistador interviewer
entrevistar to interview
envenenamiento poisoning
envenenar to poison
enviar to send
envidia *n.* envy
envidiar to envy
envío dispatching; shipment
envoltura wrapping
envolver (ue) to wrap; **envolverse en** to get wrapped up in
época time, period, age
equilibrado balanced
equivocado mistaken
equivocarse to be wrong
esbelto graceful; slender
escalera stairway
escalofrío chill, shiver
escamotear to snatch away, make vanish
escaparate shop window
escaramuza skirmish
escasamente scarcely
escasez shortage, lack
escaso scarce; very limited; **escaso de** short of
escena scene
escenario stage, setting; situation, scenario
escénico *adj.* pertaining to the stage
esclavizar to enslave
esclavo *n.* slave
escoger to choose
escombros *m. pl.* rubble, debris
escondite hideout
esforzar(se) to strive, to make an effort
esfuerzo *n.* effort
esmerarse to do one's best; to shine
espada sword; **entre la espada y la pared** between a rock and a hard place
espaldas: de espaldas a with one's back to
especie *f.* species; sort, type
especificar to specify; to define
esperanza hope
espigar to glean; to collect
espina thorn
espumarajo foam, froth (*from the mouth*)

estabilizar to stabilize
estable stable
establecer to establish
establecido established
establecimiento establishment
estado state, condition; national state, government; **golpe de estado** coup d'état; **estado civil** marital status
estancia stay
estanco tobacco shop
estrago devastation
estrella star
estrenar to show or wear for the first time
estribillo refrain (*of a poem*)
estridente strident, shrill
estrofa stanza, verse
estudio study, library
estudioso scholar
estupefaciente *n.* narcotic
etapa stage, phase
evitar to avoid
evolucionar to evolve, develop
excluir to exclude; to expel
exhibir to exhibit, display
exigencia demand, requirement
exigente *adj.* demanding
exigir to demand, require
éxito success
exitoso successful
expectiva expectation
expender to sell
explotación exploitation, development
explotar to exploit; to explode
extender (ie) to extend, expand
extranjero *adj.* foreign; *n.* foreigner; **al/en el extranjero** abroad
extrañar to miss
extraño *adj.* strange; foreign

fabricante maker
fácil easy
facilitar to facilitate, make easy
facturar to invoice, bill; to receive
faena task, job
falta *n.* lack; error, mistake; offense
faltar to be missing or lacking; **faltar a** to miss (*class*)
fama fame; reputation
familiar *adj.* pertaining to the family; *n. m./f.* relation, member of the family
fatalista *adj.* fatalistic
fatigarse to wear oneself out
feroz ferocious
festejo celebration, festivity
fiebre *f.* fever
fiel faithful
fiereza fierceness, ferocity, cruelty
fijamente fixedly, attentively

fijar to fix, set, establish
filmoteca film library/archive/club
fin end; **por fin** finally
finado deceased
final ending; **al final** in the end
finalidad purpose, aim
finar to die, pass away
finca farm; estate
fingir to pretend
firmar to sign
fiscal *n.* prosecutor; **fiscal general** Attorney General
físico physicist; physique
fisiognómico pertaining to the face or physical appearance as indicative of character
florecer to flourish, bloom
florecimiento flowering, blossoming
foco spotlight; light bulb; head lamp
fomentar to encourage, promote
fondo bottom
forja forging, making
forjar to forge, shape, make
forma form; way, manner
fortalecer to strengthen
fracasado unsuccessful
fracasar to fail
franquicia franchise
frasco bottle, jar
frenar to restrain; to brake
frente *m.* front; *f.* forehead; **frente a** *prep.* facing, in front of
frescura freshness; coolness
fritura fritter
frontera border; frontier
fructífero fruitful
fuente *f.* fountain; spring; source; serving platter
fuerza strength, force, power
funcionario government employee, civil servant
fundación founding; foundation
fundar to found
fundir to fuse; to merge
fusilamiento shooting, execution

galardonar to award, to give an award to
galopar to gallop, go at a gallop
ganadería cattle raising
ganadero *adj.* cattle; *n.* rancher
ganado *n.* cattle
ganador winner
ganancia profit; **ganancias** *f. pl.* earnings
ganancioso profitable
ganar to win; to win over; to earn
gandules *m. pl.* pigeon peas
garantizar to guarantee
gasto expense; expenditure

gavilla bundle, sheaf
género gender; genre (*type of text*)
gesto gesture; expression
giro turn of phrase, expression
gobernar (ie) to govern
gobierno government
golpe blow; **de golpe** suddenly; **golpe de estado** coup d'état
golpecito tap
goma rubber; tree gum
gorra cap
gota drop
gotear to drip
gozar to enjoy, delight in
grabación recording
grabar to record
grado grade; degree
gritón *n.* shouter; street vendor or collector
guardar to put away; to keep
guardería de niños day care center
guayaba guava
guerrero *n.* warrior; *adj.* warlike
guerrilla guerrilla warfare
guía *m./f.* guide
guion script
guionista *m./f.* script writer
gusto *n.* like, interest; taste

hábil clever, skillful
habitante *m./f.* inhabitant
hacer to do; to make; **hacer caso de/a** to pay attention to, to take notice of; **hacer pesas** to lift weights; **hacer un papel** to play a role
hacia towards, to
hada madrina fairy godmother
hallar to find; to discover
hallazgo finding, discovery
hambriento hungry
harina flour
hechizo *adj.* artificial; *n.* magic spell
hecho *n.* fact, deed; **de hecho** in fact
helada freeze, frost
herencia heritage; inheritance
herido *adj.* wounded
herida wound
herir (ie, i) to wound
hermetismo secrecy, silence, reserve
hilo thread
hielo ice; freeze, frost
hispanohablante *adj.* Spanish-speaking; *n.* Spanish speaker
hispanoparlante *adj.* Spanish-speaking; *n.* Spanish speaker
historia story; history
hocico snout
hogar home; hearth

hoja   leaf; sheet
hombría   manliness
honrado   honest, decent
hoyo   hole
hueco   hole
huella   trace; footprint
huir   to flee; to escape
humo   smoke
humilde   humble, modest, lowly
huracán   hurricane
husmear   to sniff out; to pry into

idioma *m.*   language
igualar   to make equal; to match
igualdad   equality
imponer   to impose
impresionante   impressive, amazing
impuesto *adj.*   imposed; *n.*   tax
impureza   impurity
incansable   tireless
incendiar   to set on fire
incendio forestal   forest fire
incertidumbre *f.*   uncertainty, doubt
incluso   even; including
incómodo   uncomfortable
inconfundible   unmistakable
incontable   countless, innumerable
indespegable   inseparable, "not
   unstickable"
índice   index; rate
indígena americano *m./f.*   Native
   American
indumentaria   clothing, apparel,
   dress
inesperado   unexpected
inestabilidad   instability
inestable   unstable
infancia   infancy
infarto   heart attack
ingenuismo   naiveté, ingenuousness
ingreso   admission; **ingresos**
   m. pl.   income
iniciar   to start, begin
inmigrar   to immigrate
innato   innate, inborn
innegable   undeniable
inodoro   toilet
inquietar   to worry, disturb
inquietud   concern, worry
insaciable   insatiable
inscribirse en   to enter, sign up for
insensatez   senselessness, stupidity
intentar   to attempt, to try to
intercambiar   to exchange
**intercambio: estudiante de
   intercambio** *m./f.*   exchange student
internar   to admit (hospitalize);
   internarse   to go deeply into
interrogante *n.*   query, question
intromisión   insertion; interfering
inundación   flood

inútil   useless
invasor   invader
invencible   invincible; unconquerable
invernadero *n.*   greenhouse
inversión   investment
inversionista *m./f.*   investor
invertir (ie, i)   to invest
involucrado   involved
irremisiblemente   unpardonably
izquierdista *m./f.*   leftist

jabón *m.*   soap
jactarse   to brag
jamás   never
jefe   head; chief; boss
jerarquía   hierarchy
jerarquización   hierarchization
jorobado   hunchback
jubilar(se)   to retire
judío *n.*   Jew; *adj.*   Jewish
juez *m.*   judge
jugador   player
juguetón   playful
juicio   judgment
junta   board, council; **junta
   militar**   military junta
juntar   to join, bring together
jurar   to swear, take an oath
justo   just, fair
juventud   youth
juzgar   to judge

lacra   blot, blemish
ladino   person who has adopted
   Spanish and Hispanic culture
   (*Guatemala*)
lado   side; **por un lado**   on the one
   hand; **por otro lado**   on the other
   hand
ladrar   to bark
ladrón   thief
lágrima   tear
laguna   lacuna, gap
lamentar   to lament, mourn
lanzador   pitcher (*in baseball*)
lanzar   to throw; to launch;
   lanzarse   to begin to
largo   long; **a lo largo de**   along,
   throughout
lastimado *adj.*   hurt
latigazo   lashing, lash (*of a whip*)
latir   to beat
lazo   tie
leal   loyal
lealtad   loyalty
lecho   bed; **lecho de muerte**
   deathbed
lector   reader
lectura   reading
legado *n.*   legacy
legumbre *f.*   vegetable

lema *m.*   motto, slogan
lengua: dominar una lengua
   to speak a language well
lenguaje *m.*   mode or style of
   language
lento   slow
leña   firewood
libre pensador   free thinker
licenciatura   university degree, tradi-
   tionally requiring five years of study
lidiar   to fight; to deal with
ligado   linked
ligeramente   slightly
llamar la atención   to attract attention
llegada   arrival
llenar   to fill
llevar   to carry; to lead; to have been;
   llevarse   to carry away
lobo   wolf
loco   crazy
lograr   to manage to; to succeed in
logro *n.*   achievement
lote   portion, share
lucha *n.*   struggle, fight
luchar   to struggle; to fight for
luego   then, next, later
lugar   place
lujo: darse el lujo de   to give or allow
   oneself the luxury of
luminotecnia   lighting

madera   wood
maderero *adj.*   pertaining to timber or
   lumber
madurar   to ripen; to mature
maestría   mastery; master's degree
mago   magician; wizard
malanga   root vegetable
maldad   evil; evil act
maldecir *irreg.*   to curse
maldito   damned
malentendido   misunderstanding
malva   mauve
manar   to flow, run
mancha de sangre   blood stain
manco   one-handed, one-armed
mandar   to send; to order, command
manejar   to run, manage; to drive;
   to use
manguera   hose
maní *m.*   peanut
manifestación   manifestation, show,
   sign; demonstration, rally
manifestar (ie)   to show, display
manifiesto   statement, declaration
mantener *irreg.*   to maintain, keep;
   to support
mantenimiento   maintenance; support
mantequilla de maní   peanut butter
mañana   morning; **muy de mañana**
   very early in the morning

manchar to stain, get dirty
marca brand, make
marcharse to go away, leave
mareado dizzy
marginar to marginalize, exclude
marianismo devotion to the Virgin Mary
marrón *adj.* dark brown
mas but, however
más more; **es más** what's more
masa mass; pulp; dough
materia subject matter; **materia prima** raw material
matorral thicket, bushes, scrubland
mazorca corncob
mayordomo butler
mecanografía typing
medida measure; step
medio *adj.* middle; half; average; *n.* means; **media naranja** better half (spouse); **medio ambiente** *m.* natural environment; **por medio de** by means of; **medios de comunicación** media
mediocridad mediocrity
mejorar to improve
mendigo beggar
menear to move, shake
menos less; **echar de menos** to miss; **por lo menos** at least
mensaje message
menudo: a menudo often
mentir (ie, i) to lie
mercadeo marketing
mercader merchant
mercadotecnia marketing
merecer to deserve
merodear to prowl about
mestizaje mixing of races and cultures (European and Native American)
mesura moderation, restraint
meta goal, aim
metáfora metaphor
metedura de pata faux pas
meter la pata to put your foot in it
mezcla *n.* mixture
mezclar to mix
mezquita mosque
miel *f.* honey
mientras while; **mientras tanto** meanwhile
milagro miracle
millar *n.* thousand
milpa corn field
mimado spoiled, pampered
mina mine
minero *adj.* mining, pertaining to mining
minorista *adj.* retail; *n.* retailer
minutaje total time in minutes
mira *n.* aim, intention

mirada look, glance
mito myth
moda: de moda in style, fashionable, popular; **ponerse** (*irreg.*) **de moda** to come into fashion
modismo idiom
modista fashion designer
modo mode, manner, way; **a mi modo de ver** in my view, the way I see it; **de ningún modo** in no way
montaje editing
monto sum, total
moraleja moral (*of a story*)
morder (ue) to bite
mordida bribe (*México*)
moreno olive-skinned; dark-skinned; tanned
moro *n.* Moor; *adj.* Moorish
mostrar (ue) to show
motivo motif; reason, motive
móvil motive for a crime
mudarse to move to another house
muerte *f.* death
muestra sample; display
multiplicidad great number; multitude
multisecular *adj.* many centuries old
mundial *adj.* world, worldwide
muñeca doll
muralla city wall
musulmán *adj.* Moslem

nacer to be born
nadie no one, nobody, (not) anybody
nalga buttock, rump
narrar to narrate
natal *adj.* native, home
navegante *m./f.* navigator, sailor
neblina fog, mist
necesidad *n.* need, necessity
negación denial; refusal
negar (ie) to deny; **negarse a** to refuse to
negocio *n.* business
negrita: en negrita in boldface
ni siquiera not even
nieve *f.* snow; **tempestad de nieve** snowstorm
nicho niche, recess
ningún, ninguno no, not any, none; **de ningún modo** in no way
niñez childhood
nivel level; **nivel de vida** standard of living
nocivo harmful
noticias *f. pl.* news
nudo knot; climax (*of a novel, drama*)
numerar to enumerate, number

ñame yam (*similar to sweet potato*)

obra *n.* work; **obra maestra** masterpiece; **obra de bien** good deed
obrero *n.* worker; **clase obrera** working class
obsequiar to offer as a gift
obstante: no obstante however, nevertheless
obstinado obstinate, stubborn
occidental *adj.* western
ocultar to hide
odiar to hate
odio hatred
ofendido insulted, hurt
oficio trade, job
ola wave
olla pot, pan
olor smell
olvidar to forget
ondulante undulating, waving
oprimir to oppress
opuesto opposite
oración prayer; sentence
orden *m.* order, arrangement, disposition; *f.* command
ordenador computer (*España*)
organismo organization
orgullo pride
orgulloso proud
orificio de bala bullet hole
orisha *m.* god/saint of santería
oro gold
orquestado orchestrated
oscurecer to get dark
oscuro dark; **estar oscura como boca de lobo** to be pitch black
ostentar to show off, have
otorgar to grant, give

padecer to suffer from
paladar *n.* palate, taste
palanca lever, crowbar; **tener** (*irreg.*) **palanca** to have connections
paloma dove
pantalla screen
papa *f.* potato
Papa *m.* Pope
papel paper; role; **cambiar de papel** to switch roles; **hacer un papel** to play a role
par couple, pair; **a la par con** at the same time as, while
parapetarse to hide oneself
parar to stop; **pararse** to stand up
parecer to seem; **parecerse a** to resemble; **al parecer** apparently
parecido similar
pared wall; **entre la espada y la pared** between a rock and a hard place
pareja pair, couple; partner

paro unemployment (*Spain*)
parque de los robles oak grove
parra: subirse a la parra to get all high and mighty
particular *adj.* particular; *n.* individual
partir to leave, depart; **a partir de** beginning in/on/with
pasamanos *m. sing. or pl.* handrail
pasar to pass; to go through; **pasársele la mano** to go too far, to cross the line
pasear al perro to walk the dog
paseo walk, stroll
paso step, stride; **a grandes pasos** by leaps and bounds
pastoso doughy, pasty
pata foot and leg of an animal; **metedura de pata** faux pas; **meter la pata** to put your foot in it
patrocinado sponsored; patronized
patrón patron; standard; boss, master
pedazo piece
pedir (i, i) to ask for; to order; **pedir prestado** to borrow
pegar to hit; to stick, glue
peldaño step (*of a porch or stairs*)
pelear to argue, quarrel
película film; **rodar (ue) una película** to shoot a film
peligrar to be in danger
peligro danger
peligroso dangerous
penoso painful, distressing
pensador: libre pensador free thinker
pensamiento thought; idea
percatarse de to notice, take note of
pérdida loss
perdido *adj.* lost; **perdida** loose woman
perdiz partridge
perecer to perish
perfil profile
periodista *m./f.* journalist
perjudicar to damage, harm, impair
permanecer to remain
personaje character (*in a novel*)
pertenecer to belong
pesar to weigh; **a pesar de** despite, in spite of
pesas: hacer pesas to lift weights
pez *m.* fish
picado chopped
picana eléctrica electric (cattle) prod
picante very hot, highly seasoned
pie: echar pie atrás to back out, down
piel *f.* skin; leather; fur
pincel paintbrush
pitar to blow a whistle; to honk

pitón horn (*of a bull*)
placa de matrícula license plate
plagar to plague; to infest
platanero banana tree
platicar to talk, chat (*México*)
plazo: a largo plazo *adv.* in the long run, *adj.* long-term
pleno full; **en pleno verano** in the middle of summer, at the height of the summer
plenamente fully, completely
plomo lead
población population
poblador inhabitant, settler
pobreza poverty
poder (ue) *v.* to be able; *n.* power
poema *m.* poem
poeta *m./f.* poet
polémica controversy, debate
polifacético multifaceted
politeísta *adj.* polytheistic
poner *irreg.* to put, to place; **ponerse de moda** to come into fashion
por by; for; through; **por acaso** by chance; **por dónde** because of this; **por encima** superficially; **por si acaso** just in case; **por supuesto** of course
pormenor *n.* detail, particular
porque because
porquería filth, garbage
portavoz *m./f.* spokesperson
porteño of or from Buenos Aires
porvenir *n.* future
pos: en pos de after, in pursuit of
postura position, stand
potencia power, ability
potenciar to foster, promote; to strengthen
pozo *n.* well; **pozo de los deseos** wishing well
predecible predictable
predecir *irreg.* to predict, foretell
prejuicio prejudice
prensa press, media
preocuparse de to worry about
prestado: pedir prestado to borrow
préstamo borrowing; loan
presupuesto *n.* budget
pretender to intend; to aim to
prever *irreg.* to foresee, predict
previsible foreseeable
primero *adj., adv.* first
primigenio original, primitive
primordial basic, fundamental, essential
principio principle; beginning; **al principio** at first
problema *m.* problem
procedencia origin

procesamiento de datos data processing
procesar to prosecute, put on trial
procurar to endeavor, to try to
proeza exploit, feat
promover (ue) to promote, encourage
promulgar to put (*a law*) into force
pronto soon; **de pronto** suddenly
propiedad property; propriety
propietario owner; landlord
propio own; one's own; very same
propósito purpose
protagonizar to take a leading part in
provenir *irreg.* to come from
provocar to provoke; to cause
prueba proof, evidence
público *n.* audience
pueblo people of a region or country; town, village
puente bridge
puerco pig; **carne de puerco** pork
puesto (*p.p. of* **poner**) put; placed; **puesto de canje** *n.* stall or booth for small trades or exchanges; **puesto que** because, since
pujante strong, vigorous
puñado fistful
puñal *m.* dagger

quedarse to stay, remain
quejarse to complain
quemadura burn
quemar to burn
queroseno kerosene
quiebra: en quiebra broke, bankrupt
quiebre breakdown, collapse
quitar to take away, remove
quizás perhaps, maybe

rabioso furious, angry
rabo tail
radicar to be rooted in; to lie in
raído frayed, threadbare; shameless
raíz root; **echar raíces** to take root
rango rank
rascar to scratch
rasgo trait, feature
rasurarse to shave
rato *n.* a while, short period of time; **pasar el rato** to pass the time
razonamiento reasoning
real real; royal
realizado accomplished, fulfilled
realizar to do; to make real; to achieve
rebelde *adj.* rebellious; *n.* rebel
recado message; errand
recargar to recharge; to load down
recargable rechargeable
receloso suspicious, apprehensive
receta recipe; prescription

rechazar   to reject
recibir tregua   to get a break, relief
recién   newly; just, recently
recipiente   container
reclamar   to claim, demand
reclusión   seclusion
recoger   to gather, collect
reconocer   to recognize
reconocimiento   recognition
recuerdo *n.*   memory, recollection
recurso   resource; **recurso poético**
   poetic device
red   net; network; Internet
redacción   composition; writing
redactar   to write, draft
redactor   editor, writer
redada   police raid
redentor *adj.*   redeeming
reforzar (ue)   to reinforce, strengthen
refrescar   to refresh; to cool down
regadera   shower head
regalo   gift
regar (ie)   to water
regresar   to return
reina   queen
reino *n.*   kingdom
reír (i, i)   to laugh at
reja   iron grille, screen (*on a window*)
remediar   to remedy; to put right
remesa   remittance
remitente *m./f.*   sender (*of a letter*)
remontarse   to go back to, to date from
remordimiento   remorse
renacer   to be reborn
rengo   lame
rentable   profitable
rentista   stockholder
renuncia   resignation
reparto *n.*   cast (*of a play, film*)
repente: de repente   suddenly
reprender   to scold, correct
repuesto (*p.p. of* **reponer**)   replaced;
   n. replacement
res: carne de res   beef
reseña   review
residuo   residue
respaldo   back (*of a chair*)
respetado   respected, honored
respetuoso   respectful
restañar   to staunch, stop the flow of
restringido   restricted, limited
resultar   to turn out, to be
resumen   summary
retener *irreg.*   to retain; to hold back
retrato   portrait
reunión   meeting, gathering
reventado   broken, smashed
revista   magazine
revolverse (ue)   to revolve;
   revolvérsele la sangre   to make
   one's blood boil

revuelo   fluttering; stir, commotion
rey *m.*   king
rezar   to pray
riada   flood
rico   rich
riesgo   risk; **correr el riesgo**
   to run the risk
rincón   inside corner
riqueza   riches, wealth
risa   laughter
rizado   curly
rodar (ue)   to roll; **rodar una**
   película   to shoot a film
rodeado   surrounded
rodear   to surround
rogar (ue)   to beg, plead
rostro   face
ruego   request, entreaty
ruido   noise

sabor *n.*   flavor; taste
sabroso   delicious
sacar   to take out, extract
sacerdote   priest
sagrado   sacred
salario   wage, wages
salida   departure; exit
salir *irreg.*   to leave, go out; **salirse**
   con la suya   to get one's own way
saltar   to jump, leap
saludar   to greet, say hello to
salvaje   wild; savage
salvar   to save
sangre *f.*   blood; **mancha**
   de sangre   blood stain;
   revolvérsele (ue) la sangre
   to make one's blood boil
sangría   spilling of blood; Spanish
   punch with red wine and fruit
sangriento   bloody
santería   religion of mixed African
   and Christian origin
sapo   toad
secuestro   kidnapping; hijacking
sede *f.*   seat, place; venue
seductor *adj.*   seductive; *n.* seducer;
   charmer
seguida: en seguida   immediately
seguidor *m.*   follower
seguir (i, i)   to follow; to continue, to
   keep on; **seguir en sus trece**   to
   stick to one's guns
según   according to
sello   stamp; seal
selva   jungle, forest
sembrar (ie)   to sow, plant seed
semejante   similar
semejanza   similarity, likeness;
   a semejanza de   just like, as
semilla   seed
senda   path, track

sendero   path, track
sensibilidad   sensitivity
sensible   sensitive
sentar (ie)   to seat; to set, establish
sentido   meaning, sense; **sentido del**
   humor   sense of humor
sentimiento   feeling
sentirse (ie, i)   to feel
señalar   to point out; to indicate
sequía   drought
ser *v.*   to be; **ser el uno**   to be the
   best; *n.* being
seto   hedge, fence, enclosure
siembra   sowing
siglo   century
significado   meaning
significar   to mean; to signify
siguiente   following
sillón   armchair; **sillón de terciopelo**
   verde   green velvet armchair
símil   simile
simpático   pleasant, likable
sin   without; **sin embargo**   however;
   sin límite   limitless
sinagoga   synagogue
sincrético   syncretic
sincretismo   syncretism
siniestro   disaster
sino   but
siquiera   even; **ni siquiera**   not even
sistema *m.*   system
soberbio   magnificent, superb; proud
soborno   bribery; bribe
sobrar   to be left over, to be more than
   enough
sobre *n.*   envelope
sobredosis *f.*   overdose
sobregeneralizar   to overgeneralize
sobrepoblación   overpopulation
sobresaliente   outstanding
sobresalir *irreg.*   to stand out
sobresaltar   to fall upon; to attack
sobretodo *n.*   overcoat
sobrevivir   to survive
socarrón *adj.*   cunning; sarcastic,
   ironic
sofreír (i, i)   to sauté
soledad   solitude, loneliness
soler (ue)   to be in the habit of;
   to usually (do)
solicitud   application
soliviantarse   to become angry,
   get roused
solo *adj.*   alone; sole
sólo *adv.*   only
soltero *adj.*   single, unmarried; *n.*
   unmarried person
someterse   to submit to; to undergo
sonreír (i, i)   to smile
sonriente   smiling
soñador *n.*   dreamer; *adj.* dreamy

sopesar   to test the weight of; to consider

sortear   to dodge, avoid; to decide by chance; to draw lots (for)

soslayo: de soslayo   sideways; obliquely

soso   tasteless, insipid, dull

sospechar   to suspect

sostén   support

subir   to go up; to get on (*a bus, train*); to climb; **subirse a la parra**   to get all high and mighty

suceder   to happen

suceso   event

sudor   sweat

sueldo   salary

suelo   ground; floor; soil

suelto   loose, free; flowing

sueño   dream; sleep

sumamente   extremely, exceedingly, highly

sumiso *adj.*   submissive

superar   to surpass, exceed; to overcome

superpoblación   overpopulation

supervivencia   survival

suprimir   to suppress; to abolish; to cut out

supuesto   supposed; **por supuesto**   of course

surgimiento   emergence

surgir   to appear; to emerge; to arise

susceptible de   liable to; capable of

sustantivo   noun

sustento   support; sustenance

sutileza   subtlety

tal   such

tamaño   size

también   also, too

tambor   drum

tanto   as much, so much, such a; **por lo tanto**   therefore

tapar   to cover up

tarea   task; homework

tarifa   tariff, tax

tartamudo *adj.*   stuttering

tasa   rate; **tasa de desempleo**   unemployment rate

tela   fabric; oil painting

telediario   daily news program

tema *m.*   topic, theme

temer   to fear

temor *n.*   fear

tempestad de nieve   snowstorm

temporada   period, season; **de temporada**   of the season, of the moment

tender (ie)   to stretch; to extend; to tend to

tener *irreg.*   to have; **tener como/por resultado**   to result in; **tener enchufe**   to have connections; **tener palanca**   to have connections; **tener vergüenza**   to be ashamed

tercio *n.*   third

terciopelo   velvet

terminar   to end, finish

término   term; end, conclusion

terrateniente *m./f.*   landowner

terremoto   earthquake

terruño   native land

testigo   witness

tibio   tepid

tierno   affectionate, tender

tildar de   to label, characterize as

tipología   typology

tira cómica   comic strip

título universitario   academic degree

tocar   to touch; to play (*a musical instrument*); **tocarle a uno**   to be one's turn or obligation

toma directa *n.*   live shot

tomar   to take; **tomar(se) en cuenta**   to take into account

tontería   foolishness, silliness

torero   bullfighter

torno: en torno a   about; around

trabajador *adj.*   hardworking; *n.*   worker

tragar   to swallow

trama   plot

tras   after; behind

trasladar   to transfer, move

traspaso   transfer

trasponer *irreg.*   to transpose; to move across

trastes *m. pl.*   housewares, pots and pans

trasvasijar   to pour into another container

tratar   to treat; to deal with; **tratar de**   to try to; to be about

través: a través de   across, through

travieso   naughty, mischievous

trece: seguir en sus trece   to stick to one's guns

tregua   truce; **no recibir tregua**   not to get a break

trinomio   something composed of three elements

triunfar   to triumph; to succeed

tronchar   to cut down, to cut off

tropezar (ie)   to stumble, trip; to bump into

tumbadora   large conga drum

tutela   tutelage, protection

ubicación   placement, location

ubicar   to locate, place

último *adj.*   last; **por último** *adv.*   lastly

umbral   threshold

único *adj.*   only, sole

unir   to unite; to join together

uno: ser el uno   to be the best

urbe *f.*   large city

urdido   put together, contrived

útil   useful

vacío *adj.*   empty; *n.m.*   void

vago   lazy, slack

valer   to be worth; **valerse de**   to make use of

¡válgame Dios!   God help me!

valioso   valuable

valor   value; courage

valoración   valuation, appraisal

vanguardia   vanguard; avant-garde

varilla   rod, rail

varón   male, man

vasallo   vassal

vasija   vessel, pot, dish

vatio   watt

vecindad   vicinity, nearness

vecindario   neighborhood

veloz   quick, fast

veneno   poison; venom

venidero *adj.*   coming, future

venta   sale, selling

ventaja   advantage

ventanal   large window

ventilador   electric fan

verano: en pleno verano   in the middle of summer, at the height of the summer

verdadero   true

vergüenza   shame; **tener** (*irreg.*) **vergüenza**   to be ashamed

verso   line of a poem

verter (ie)   to pour or dump out

vestirse (i, i)   to get dressed

vez   time, occasion; **en vez de**   instead of; **otra vez**   again; **a la vez**   at the same time; **a su vez**   in turn

vía   way, road, track; **vía media**   middle way; **en vías de desarrollo**   developing (*e.g., nation*)

vicio   vice; bad habit

vidrio   glass

vientre   stomach, belly

vigente   current, in force

vigor: entrar en vigor   to take effect, come into force

villa miseria   shantytown

vinculado   linked, bound

violador   rapist

vista   view; **en vista de**   in view of, considering

vistazo: echar un vistazo   to take a look at
viuda   widow
vivienda   housing
vivo   alive; lively
vocablo   word
volver   to turn; to return; **volverse**   to become; **volver a**   to do again

vuelta   turn; return; a trip around something; walk, stroll; **dar vueltas** to turn around, to move around, to go around, to circle, to stir (*coffee*)

ya   already; now; **ya no**   not any more; **ya que**   since, as

yautía   a starchy, edible root
yerba   herb; **yerba mate**   herbal tea (*Argentina*)
yuxtaposición   juxtaposition

zanjón   gully, ditch
zurdo   left-handed; clumsy

Permissions and Credits

189-190, "El difícil arte de ser macho," by Pedro Juan Gutiérrez, from *Cuentos de la Habana Vieja,* Olalla ediciones, Copyright © 1997, pages 113-117. **Chapter 11:** pages 196-197, "Legalización de las drogas," by Juan Tomás de Salas. Originally printed in *Cambio 16,* No.1, 154, January 3, 1994, page 5. 205, "Empezó a darle vuelta..." and 206, "Ahí está lo malo," From *Crímenes ejemplares,* by Max Aub. Copyright © 1996. Reprinted by permission of Calambur Editorial, S.L. 206, "Sangre y arena," and 207, "Apuntes para ser leídos por los lobos," Reprinted by permission of René Avilés Fabila. **Chapter 12:** pages 213-215, "Una educación intercultural," by Hugo Javier Aparicio. Reprinted by permission of Hugo Javier Aparicio. 219-220, "El amor al miedo," From *El planeta americano,* by Vicente Verdú. Copyright © 1996. Reprinted by permission of Editorial Anagrama. 224-225, "La identidad y los McDonald's," Reprinted by permission of Firmas Press.; Cortesía de *La Opinión.*

Realia

Chapter 3: pages 52 and 57, Copyright © 2001 by Houghton Mifflin Company. Reproduced by permission from *The American Heritage Spanish Dictionary, Second Edition.* **Chapter 6:** page 106, Joaquín Velasco. **Chapter 7:** page 116, ECOCE. **Chapter 10:** page 184, Instituto de las Mujeres del Distrito Federal.

Illustrations

Anna Veltfort

Photographs

Chapter 1: page 3 *top,* Tom & Dee Ann McCarthy/Corbis; 3 *bottom,* Edward Bock/Corbis; 4 *top,* Ariel Skelley/Corbis; 4 *bottom,* Bill Miles/Corbis; 5 *top,* Royalty-Free/Corbis; 5 *bottom,* José Luis Pelaez, Inc./Corbis; 7 *top left,* David Simson; 7 *top center,* Beryl Goldberg; 7 *top right,* Beryl Goldberg; 7 *bottom left,* Victor Englebert; 7 *bottom center,* David Simson; 7 *bottom right,* Beryl Goldberg; 12 *top,* Gene Blevins/Corbis; 12 *middle left,* Reuters/Corbis; 12 *middle right,* Reuters/Corbis; 12 *bottom right,* Servin Humberto/Corbis Sygma; 13, Fred Prouser/Reuters/Corbis. **Chapter 2:** page 17 *top left,* Fernando Alda/Corbis; 17 *top center,* James Sparshatt/Corbis; 17 *top right,* Roger Antrobus/Corbis; 17 *middle left,* Ruggero Vanni/Corbis; 17 *middle right,* Macduff Everton/Corbis; 17 *bottom left,* Christopher J. Hall; Eye Ubiquitous/Corbis; 17 *bottom center,* Eric and David Hosking/Corbis; 19, Allied Artists/The Kobal Collection; 20 *top,* Pedro Costa/Sigepaq/Canal+/The Kobal Collection/De Amo, Ignacio; 20 *bottom,* Warner Bros./The Kobal Collection/Appleby, David; 21 *top,* Parallax/The Kobal Collection; 21 *bottom,* BF/AGUS/Queen/ZUMA Press; 24, Nik Wheeler/Corbis; 26, Scala/Art Resource, NY; Museo del Prado, Madrid, Spain. **Chapter 3:** page 38, Enzo & Paolo Ragazzini/Corbis; 43, Robert Frerck, Odyssey Productions, Chicago; 47, Chip & Rosa Maria Peterson; 48, Corbis/Bettmann; 49, Frerck/Odyssey/Chicago; 50, Gary Payne/Liaison Agency; 53, Courtesy, National Museum of the American Indian, Smithsonian Institution. **Chapter 4:** page 62, Christian Augustin/Action Press/ZUMA Press; 67 *top,* Angelo Cavalli; 67 *bottom,* Ulrike Welsch; 68, Aurora Quanta Productions; 69, Angelo Cavalli; 71, Angelo Cavalli; 72, Ulrike Welsch. **Chapter 5:** page 75 *top left,* Chronis Jons/Tony Stone Images; 75 *top right,* Frerck/Odyssey/Chicago; 75 *bottom left,* Bob Daemmrich/Stock Boston; 75 *bottom right,* Esbin-Anderson/The Image Works; 78, Frank Ward, Amherst College; 82, Bob Daemmrich/PhotoEdit; 84, Beryl Goldberg; 88, Kevin McKiernan/SIPA Press; 89, Hulton-Deutsch Collection/Corbis. **Chapter 6:** page 94, Carrion Carlos/Corbis Sygma; 97, Everett Collection; 102, Reuters/Corbis; 103, AP/Wide World; 104, Antoine Gyori/France Reportage/Corbis. **Chapter 7:** page 113, Ferry/JB Pictures; 122, Randall Hyman/Stock Boston; 123, Juca Martins/F4/DDB Stock Photo; 124, Royalty-Free/Corbis; 129, Frerck/Tony Stone Images; 130, Reuters/Corbis. **Chapter 8:** page 138, Kayte Deioma/PhotoEdit; 141, Ulrike Welsch; 142, Frerck/Odyssey/Chicago; 143, Charles O'Rear/Corbis. **Chapter 9:** page 153, *Autorretrato en la frontera entre México y los Estados Unidos,* 1932, Frida Kahlo (México). Courtesy of Christie's; 157, *Autorretrato con collar de espinas y colibrí,* 1940, Frida Kahlo. Harry Ransom Humanities Research Center, The University of Texas at Austin. Reproducción autorizada por el Instituto Nacional de Bellas

Artes y Literatura; 158, *Las dos Fridas,* 1940, Frida Kahlo. © Bob Schalkwijk/Art Resource; 161, *Collage de Bolívar,* 1979, Juan Camilo Uribe (Colombia). Collection of the Artist; 162, *Cinq siècles après* (Cinco siglos después), 1986, José Gamarra (Uruguay). Courtesy of the Donald Morris Gallery, Inc.; 163 *top, Sueño de una tarde dominical en la Alameda*, 1947–8, Diego Rivera (México). ©Bob Schalkwijk/Art Resource; 163 *bottom, La familia presidencial,* 1967, Fernando Botero (Colombia). Oil on canvas, 6'8-1/8"x 6'5-1/4" (203.5 x 196.2 cm). The Museum of Modern Art, New York. Gift of Warren D. Benedek. Photograph © 1996 The Museum of Modern Art New York; 164 *left, Colombia,* 1976, Antonio Caro (Colombia). Collection of the Artist; 164 *right, Ojo de luz,* 1987, Oswaldo Viteri (Ecuador). Collection of the Artist; 165, *El norte es el sur,* 1943, Joaquín Torres-García (Uruguay). Cecilia de Torres, Ltd., New York. **Chapter 10:** page 175, JFPI Studios, Inc./Corbis; 179, Ulrike Welsch; 182, David R. Frazier Photolibrary; 183, Contifoto/Corbis Sygma. **Chapter 11:** page 194, Les Stone/Corbis Sygma; 199, Greg Smith/Corbis Saba; 200, David Simson/Stock Boston; 201, Ulrike Welsch. **Chapter 12:** page 211, Joe Viesti/Viesti Associates; 214, Courtesy of Hugo Aparicio; 215, Courtesy of José Luis Boigues; 219, Beryl Goldberg; 224, David H. Wells/Corbis; 225, David Young-Wolff/PhotoEdit.

América del Sur

Mapa

OCÉANO ATLÁNTICO

OCÉANO PACÍFICO

Mar Caribe

VENEZUELA
- Barranquilla
- Cartagena
- Maracaibo
- Caracas
- La Guaira
- San Carlos
- Ciudad Bolívar
- Salto Ángel

TRINIDAD Y TOBAGO
- Puerto España

GUYANA
- Georgetown

SURINAM
- Paramaribo
- Cayena

GUAYANA FRANCESA

COLOMBIA
- Medellín
- Zipaquirá
- Bogotá
- Cali
- Popayán
- San Agustín

ECUADOR
- Otavalo
- *Pichincha*
- Quito
- Santo Domingo de los Colorados
- *Chimborazo*
- Guayaquil
- Iquitos

CORDILLERA DE LOS ANDES

Ecuador

BRASIL
- Manaos
- Belén
- Recife
- Salvador
- Brasilia
- Bello Horizonte
- Río de Janeiro
- San Pablo
- Santos
- Puerto Iguazú
- Puerto Alegre

Río Orinoco
Río Negro
Río Amazonas
Río Madeira

PERÚ
- Sipán
- Trujillo
- Callao
- Lima
- Machu Picchu
- Cuzco
- Puno
- Arequipa
- Arica
- Iquique

Lago Titicaca

BOLIVIA
- La Paz
- Tiahuanaco
- Cochabamba
- Sucre
- Potosí

PARAGUAY
- Filadelfia
- Asunción

Río Paraguay
Río Paraná
Río Uruguay

Trópico de Capricornio

CHILE
- Antofagasta
- Viña del Mar
- Valparaíso
- Santiago
- Concepción
- Bariloche
- Puerto Montt
- Punta Arenas

ARGENTINA
- Salta
- San Miguel de Tucumán
- Resistencia
- Córdoba
- *Aconcagua*
- Mendoza
- Rosario
- Buenos Aires
- La Plata
- Mar del Plata
- Bahía Blanca

Río Colorado

CORDILLERA DE LOS ANDES

PATAGONIA

URUGUAY
- Montevideo
- Punta del Este

Río de la Plata

Estrecho de Magallanes
TIERRA DEL FUEGO
Islas Malvinas
Cabo de Hornos

Recuadro

ISLAS GALÁPAGOS
- San Salvador
- Santa Cruz
- San Cristóbal
- Isabela

Ecuador

ECUADOR
- Quito
- Guayaquil

Escala

| 0 | 250 | 500 Km. |
| 0 | 250 | 500 Mi. |